Ihr Vorteil als Käufer dieses Buches

Auf der Bonus-Webseite zu diesem Buch finden Sie zusätzliche Informationen und Services. Dazu gehört auch ein kostenloser **Testzugang** zur Online-Fassung Ihres Buches. Und der besondere Vorteil: Wenn Sie Ihr **Online-Buch** auch weiterhin nutzen wollen, erhalten Sie den vollen Zugang zum **Vorzugspreis**.

So nutzen Sie Ihren Vorteil

Halten Sie den unten abgedruckten Zugangscode bereit und gehen Sie auf **www.galileodesign.de**. Dort finden Sie den Kasten **Die Bonus-Seite für Buchkäufer**. Klicken Sie auf **Zur Bonus-Seite/Buch registrieren**, und geben Sie Ihren **Zugangscode** ein. Schon stehen Ihnen die Bonus-Angebote zur Verfügung.

Ihr persönlicher Zugangscode

Andreas Zerr, Manuel Skroblin

Final Cut Pro X
Das umfassende Handbuch

Liebe Leserin, lieber Leser,

dass Apple immer wieder für Überraschungen gut ist und sich nicht scheut, neue Produkte und Innovationen auf den Markt zu bringen, ist allgemein bekannt. Dass Apple aber »einfach mal so« seine über Jahre hinweg gewachsene, professionelle Videoschnittsoftware komplett umkrempelt, hat dann doch einige Anwender ziemlich überrascht und auch so manchen verärgert. Auch unsere beiden Autoren Andreas Zerr und Manuel Skroblin waren zunächst skeptisch, vor allem weil wichtige Profi-Funktionen in der ersten Version der Software gefehlt haben.

Nun haben sich die Gemüter aber beruhigt, Apple hat in einigen Updates wichtige Funktionen nachgeliefert, und auch unsere Autoren sind mittlerweile von der neuen Version überzeugt. Denn so ein Neuanfang bietet natürlich auch immer Raum für Verbesserungen. Wenn Sie also von Final Cut Pro 7 umsteigen, hoffe ich, dass auch Sie sich von Version X begeistern lassen und von den neuen Bedienkonzepten für Ihre kreative Arbeit profitieren können. Unsere beiden Autoren helfen Ihnen dabei mit zahlreichen Tipps und Workarounds, damit Sie weiterhin professionell und effizient arbeiten können. Im Buch selbst wird Version 10.0.3 behandelt, auf *www.galileodesign.de* finden Sie aber auch einen Überblick über die Neuerungen bis Version 10.0.8.

Sollten Sie Fragen oder Verbesserungsvorschläge haben, zögern Sie nicht, sich bei mir zu melden.

Ihre Katharina Geißler
Lektorat Galileo Design
katharina.geissler@galileo-press.de

www.galileodesign.de
Galileo Press • Rheinwerkallee 4 • 53227 Bonn

Manu widmet dieses Buch:
Barbara und Olli

Andreas widmet dieses Buch:
Johanna

Auf einen Blick

TEIL I Final Cut Pro X

1	Los geht's – das erste Projekt	21
2	Technische Grundlagen	53
3	Ereignisse erstellen und Medien importieren	83
4	Medien organisieren	133
5	Projekte anlegen und organisieren	175
6	Grundlegende Schnitt-Techniken	197
7	Feinschnitt	235
8	Audiobearbeitung	305
9	Effekte	353
10	Compositing und Animation	423
11	Ausgabe	481

TEIL II Motion & Compressor

12	Motion 5	507
13	Compressor 4	585

Inhalt

TEIL I Final Cut Pro X

1	**Los geht's – das erste Projekt**	21
1.1	Die Benutzeroberfläche	22
1.2	Wichtige Grundbegriffe	23
1.3	Medien importieren	24
1.4	Ein neues Projekt anlegen	26
1.5	Clips sichten	28
	1.5.1 Vorschau in der Ereignisübersicht – skimmen	28
	1.5.2 Vorschau im Viewer	29
	1.5.3 Die JKL-Steuerung	29
1.6	Erste Schnitte	31
	1.6.1 In-Punkt und Out-Punkt	31
	1.6.2 Timecode – die Grundlagen	32
	1.6.3 Ab in die Timeline	33
	1.6.4 Schnitt per Drag & Drop	35
	1.6.5 Aus der Timeline löschen	35
1.7	Der Aufbau der Timeline	36
	1.7.1 Magnetische Timeline	36
	1.7.2 Timeline-Navigation	37
	1.7.3 Video in der Timeline	39
	1.7.4 Verbundene Clips	40
	1.7.5 Timeline-Darstellung	44
1.8	Sanfte Übergänge – Videoblenden	45
	1.8.1 Vorsichtiger Einsatz von Blenden	45
	1.8.2 Blendendauer anpassen	47
1.9	Bandlos arbeiten – Material importieren	47
	1.9.1 Von der Kamera importieren	47
	1.9.2 Aufnehmen von Band	50
1.10	Bereitstellen und Exportieren	50

2	**Technische Grundlagen**	53
2.1	Programmarchitektur	53
	2.1.1 QuickTime	53
	2.1.2 Optimierte Formate	54
	2.1.3 Zusammenfassung der Funktionsweise	55
2.2	Videoformate	56
	2.2.1 Grundlagen der Videotechnik	56
	2.2.2 Die Apple-ProRes-Familie	61

	2.2.3	Bandlose Formate	64
	2.2.4	Bandbasierte Formate	71
	2.2.5	Speicherbedarf der Formate	73
2.3	Standbildformate		74
2.4	Audioformate		77
2.5	Video-Monitoring, Audiopegel und zusätzliche Hardware		78
	2.5.1	Videohardware	79
	2.5.2	Videoausgabe	80
	2.5.3	Videomessgeräte benutzen	80
	2.5.4	Audio-Monitoring	81

3 Ereignisse erstellen und Medien importieren 83

3.1	Ereignisse erstellen und verwalten		83
	3.1.1	Ein neues Ereignis erstellen	83
	3.1.2	Ereignisordner auf der Festplatte	84
	3.1.3	Kopieren und Bewegen von Clips	86
	3.1.4	Ereignisse zusammenführen und teilen	88
	3.1.5	Kopieren und Verschieben von Ereignissen	89
	3.1.6	Ereignisse sortieren	90
	3.1.7	Ereignisse ausblenden	92
	3.1.8	Ereignisse und Clips löschen	93
3.2	Medien importieren		94
	3.2.1	Import von der Festplatte	94
	3.2.2	Medien in den Ereignisordner kopieren	95
	3.2.3	Als Schlagwortsammlung importieren	95

	3.2.4	Beim Import transcodieren	97
	3.2.5	Beim Import analysieren	99
	3.2.6	Intelligente Sammlungen	102
	3.2.7	Analysieren – ja oder nein?	104
	3.2.8	Audio-Importoptionen	104
	3.2.9	Importeinstellungen für Drag & Drop	106
3.3	Import von bandlosen Aufnahmen		107
	3.3.1	Kamera oder Speicherkarte mit dem Mac verbinden	107
	3.3.2	Clips importieren	108
	3.3.3	Kamera-Archive	114
	3.3.4	Segmentierte Clips importieren	116
	3.3.5	Import von der eingebauten Kamera	117
	3.3.6	Import von iPhone, iPod und iPad	118
	3.3.7	Import von der digitalen Spiegelreflexkamera (DSLR)	118
	3.3.8	Exkurs: XDCAM-Import	120
	3.3.9	Import aus anderen Programmen	122

3.4	Aufnahmen vom Band	128
	3.4.1 (H)DV-Bänder aufnehmen	128
	3.4.2 Von MAZ einspielen	131

4 Medien organisieren — 133

4.1	Die Ereignisübersicht anpassen	134
	4.1.1 Die Filmstreifen-Darstellung	134
	4.1.2 Die Listendarstellung	136
4.2	Clips umbenennen	138
	4.2.1 Clips automatisch umbenennen	138
	4.2.2 Originalnamen wiederherstellen	142
4.3	Clips sortieren und bewerten	143
	4.3.1 Clips sortieren	143
	4.3.2 Clips gruppieren	144
	4.3.3 Clips bewerten	145
	4.3.4 Clips löschen	146
4.4	Arbeiten mit Notizen	147
4.5	Arbeiten mit Schlagwörtern	149
	4.5.1 Der Schlagwort-Editor	149
	4.5.2 Schlagwörter verwenden	152
	4.5.3 Schlagwortsammlungen: Clips schneller finden	153
	4.5.4 Analyseschlagwörter	154
4.6	Funktionen erstellen und verwalten	154
	4.6.1 Funktionen zuordnen	155
	4.6.2 Funktionen bearbeiten	156
	4.6.3 Funktionen anwenden	157
4.7	Clips suchen und finden	160
	4.7.1 Finden, aber schnell	160
	4.7.2 Finden, aber gezielt	161
	4.7.3 Finden, aber mit Köpfchen: intelligente Sammlungen	163
	4.7.4 Ordnung mit Ordnern, Sortieren mit Sinn	164
4.8	Metadaten	165
4.9	Medien neu zuordnen	168
	4.9.1 Offline-Medien erkennen	169
	4.9.2 Dateien neu verbinden	169

5 Projekte anlegen und organisieren — 175

5.1	Ein neues Projekt beginnen	175
	5.1.1 Projekte sichern	178
5.2	Die Projekt-Mediathek	178
	5.2.1 Projekte öffnen und Vorschau	179
	5.2.2 Ordner erstellen	180
	5.2.3 Hinweise und Fehler	180

5.3		Projekteinstellungen	182
	5.3.1	Eigenschaften ändern	182
	5.3.2	Dateiverweise ändern	183
5.4		Projekte duplizieren, kopieren und mit anderen teilen	184
	5.4.1	Projekte duplizieren	184
	5.4.2	Projekte kopieren und verschieben	186
	5.4.3	Projekte bewegen	188
	5.4.4	Projekte konsolidieren	189
	5.4.5	Projekte und Ereignisse im Finder sichern	191
	5.4.6	Projekte und Ordner löschen	192
5.5		SAN-Speicherorte	192
5.6		Arbeiten mit Proxys	193

6 Grundlegende Schnitt-Techniken 197

6.1		Clips in der Timeline	197
	6.1.1	Clips zur Timeline hinzufügen	197
	6.1.2	Verschieben von Clips in der Timeline	202
	6.1.3	Clips schneiden	206
	6.1.4	Elemente duplizieren und kopieren	208
	6.1.5	Clips ersetzen	210
	6.1.6	Match Frame	213
6.2		Verbundene Clips	214
	6.2.1	Arbeiten mit verbundenen Clips	214
	6.2.2	Verbundene Clips in die primäre Handlung übernehmen und extrahieren	217
6.3		Zwei- und Drei-Punkte-Schnitt	219
	6.3.1	Drei-Punkte-Schnitt	219
	6.3.2	Zwei-Punkte-Schnitt	226
6.4		Handlungen	226
	6.4.1	Handlungen erstellen	227
	6.4.2	Clips zu Handlungen hinzufügen und löschen	228
	6.4.3	Handlungen auflösen und löschen	230
	6.4.4	Mit Handlungen schneiden	230
	6.4.5	Handlungen und Effekte	234

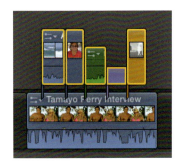

7 Feinschnitt 235

7.1		Zusammengesetzte Clips	235
	7.1.1	Zusammengesetzte Clips erstellen	236
	7.1.2	Zusammengesetzte Clips bearbeiten	238
	7.1.3	Zusammengesetzte Clips trennen	240
7.2		Clips – erweiterte Techniken	240
	7.2.1	Clips isolieren	240
	7.2.2	Clips deaktivieren	241
	7.2.3	Platzhalter einfügen	241

7.3	Multicam-Schnitt	242
	7.3.1 Vorbereitung und Planung	243
	7.3.2 Clips für den Multicam-Schnitt importieren	243
	7.3.3 Multicam-Clips erstellen	245
	7.3.4 Multicam-Clips sichten und bearbeiten	251
	7.3.5 Multicam-Clips schneiden	257
7.4	Trimmen – der letzte Schliff	260
	7.4.1 Länge ändern	261
	7.4.2 Das Trimmen-Werkzeug	265
	7.4.3 Trimmen in verbundenen Clips und Handlungen	268
	7.4.4 Der Präzisions-Editor	269
7.5	Getrennte Schnitte	272
	7.5.1 Audio/Video erweitern	272
	7.5.2 Bild und Ton trennen	275
7.6	Arbeiten mit Alternativen	276
	7.6.1 Alternative erstellen	276
	7.6.2 Alternativen testen	277
	7.6.3 Weitere Clips hinzufügen	278
	7.6.4 Zwischen Alternativen auswählen	278
	7.6.5 Alternative fertigstellen	280
	7.6.6 Alternativen und Effekte	280
	7.6.7 Alternativen in Ereignissen erstellen	281
	7.6.8 Schlagwörter und Marker	282
7.7	Marker	283
	7.7.1 Setzen von Markern	284
	7.7.2 Bearbeiten von Markern	285
7.8	Der Timeline-Index	287
	7.8.1 Navigieren und Clips bearbeiten	288
	7.8.2 Marker und Schlagwörter	290
	7.8.3 Funktionen	291
7.9	Benutzereinstellungen anpassen	292
	7.9.1 Fensteranordnung	292
	7.9.2 Timeline- und Mediatheken-Darstellung	296
	7.9.3 Projektübergreifende Benutzereinstellungen	296
	7.9.4 Tastatur-Einstellungen	299

8	**Audiobearbeitung**	305
8.1	Audioschnitt	306
8.2	Lautstärke beurteilen und einstellen	307
	8.2.1 Der Audiopegel	307
	8.2.2 Audiowellenform	309
	8.2.3 Lautstärke anpassen	310
	8.2.4 Blenden und Übergänge	311
	8.2.5 Arbeiten mit Keyframes	313

8.3	Audiobalance und Surround-Bearbeitung 318
	8.3.1 Audiobalance 318
	8.3.2 Surround-Ton 320
8.4	Kanalkonfiguration 324
	8.4.1 Audiokanäle anpassen 325
	8.4.2 Autoanalyse 326
8.5	Bild und Ton synchronisieren 326
8.6	Audioverbesserungen 328
	8.6.1 Zauberstab und Analyse 329
	8.6.2 Entzerrung und Equalizer 331
	8.6.3 Audioclips aneinander anpassen 333
	8.6.4 Weitere Audioverbesserungen 336
8.7	Final Cut Pro Sound Effects 338
	8.7.1 Sound Effects finden und anwenden 339
	8.7.2 Sound Effects nachbearbeiten 340
8.8	Audioeffekte – Filter für Audioelemente 341
	8.8.1 Audiofilter finden und anwenden 342
	8.8.2 Compressor und Multiband Compressor 344
	8.8.3 Adaptive Limiter 345
	8.8.4 Linear Phase EQ 346
	8.8.5 Echo, Space Designer und andere Hall-Filter ... 346
	8.8.6 Radios und Fernseher 348
8.9	Voice Over 348
	8.9.1 Voice Over vorbereiten 349
	8.9.2 Voice Over aufzeichnen 350
	8.9.3 Voice Over nachbearbeiten 351

9 Effekte 353

9.1	Übergänge 354
	9.1.1 Übergänge auswählen und anwenden 354
	9.1.2 Übergänge nachbearbeiten 358
	9.1.3 Audioblenden 363
	9.1.4 Standardlänge der Übergänge 365
	9.1.5 Übergänge speichern 365
	9.1.6 Besonderheiten wichtiger Übergänge 367
9.2	Farbkorrektur 369
	9.2.1 Das Videobild interpretieren – Videoscope 370
	9.2.2 Erste Korrekturen: automatische Balance 373
	9.2.3 Primäre Farbkorrektur 376
	9.2.4 Eigene Farbkorrektur als Voreinstellung 380
	9.2.5 Weitere Korrekturen hinzufügen 382
	9.2.6 Sekundäre Farbkorrektur 383
	9.2.7 Farbkorrektur-Tipps 389

9.3	Weitere Korrekturen: Stabilisierung und Rolling Shutter	390
9.4	Geschwindigkeit ändern	394
	9.4.1 Lineare Geschwindigkeitsänderung	394
	9.4.2 Veränderte Tonhöhe – Pitch Shifting	397
	9.4.3 Variable Geschwindigkeitsänderung – einfach	398
	9.4.4 Variable Geschwindigkeitsänderung – Temporampe	400
	9.4.5 Wiedergabequalität des Retimers	404
9.5	Videoeffekte – Filter für Videoelemente	405
	9.5.1 Effekte-Übersicht für Videofilter	405
	9.5.2 Filter anwenden und bearbeiten	407
	9.5.3 Filtereinstellungen animieren	408
	9.5.4 Filter deaktivieren, löschen und zurücksetzen	412
	9.5.5 Filterreihenfolge	413
	9.5.6 Filter kopieren und speichern	414
	9.5.7 Wichtige Filter im Überblick	415

10   Compositing und Animation ... 423

10.1	Bild-in-Bild-Effekt	424
10.2	Elemente transformieren	425
	10.2.1 Skalieren	425
	10.2.2 Positionieren	427
	10.2.3 Rotation	428
	10.2.4 Anker	428
	10.2.5 Beschneiden	429
	10.2.6 Verzerren	432
	10.2.7 Transformationsparameter zurücksetzen	433
10.3	Schattenwurf	433
10.4	Deckkraft	436
10.5	Animieren mit Keyframes	438
10.6	Blend Modes	445
10.7	Keyer	450
10.8	Titel und Texte	457
	10.8.1 Titel anwenden	457
	10.8.2 Titel formatieren	458
	10.8.3 Titel animieren	461
	10.8.4 Wichtige Textgeneratoren im Überblick	462
	10.8.5 Bauchbinden und sonstige Titeleinblendungen	466
	10.8.6 Schriftstile	467
10.9	Generatoren	468
	10.9.1 Generatoren anwenden	469

		10.9.2	Generatoren bearbeiten	469
		10.9.3	Wichtige Generatoren im Überblick	470
	10.10	Themen		473
	10.11	Rendern		476

11	**Ausgabe**			**481**
	11.1	Ausgabe als Medienübersicht und für Apple-Geräte		481
		11.1.1	Export-Grundfunktionen	482
		11.1.2	Optionen zur Mehrfachausgabe	483
		11.1.3	Erweitert und Übersicht	485
	11.2	DVD und Blu-ray erstellen		486
		11.2.1	Basis-Optionen	486
		11.2.2	Erweiterte Einstellungen und Brennen	488
	11.3	Podcast-Produzent und E-Mail		488
		11.3.1	Podcast-Produzent	488
		11.3.2	E-Mail	489
	11.4	YouTube, Facebook, Vimeo		489
		11.4.1	Film auf YouTube bereitstellen	489
		11.4.2	Film auf Facebook veröffentlichen	490
		11.4.3	Filme auf Vimeo hochladen	491
	11.5	Medien exportieren		491
	11.6	Einzelne Bilder und Bildsequenzen sichern		493
		11.6.1	Aktuelles Bild sichern	493
		11.6.2	Bildsequenz exportieren	494
	11.7	Für HTTP-Live-Streaming exportieren		495
	11.8	Compressor		497
		11.8.1	An Compressor senden	497
		11.8.2	Mithilfe Compressor-Einstellungen exportieren	498
	11.9	XML-Export		499
	11.10	Export als OMF und AAF mit Automatic Duck		501
	11.11	Playouts		503

TEIL II   Motion & Compressor

12	**Motion 5**			**507**
	12.1	Kauf und Installation		509
	12.2	Die Benutzeroberfläche		510
		12.2.1	Die Dateiübersicht	511
		12.2.2	Die Bibliothek	512
		12.2.3	Informationen	512
		12.2.4	Darstellungs- und Renderoptionen	513

12.2.5	Werkzeugleiste	515
12.2.6	HUD oder die Schwebepalette	516
12.2.7	Die Abspielsteuerung	518
12.2.8	Timeline, Keyframe-Editor und Audio-Editor	520
12.2.9	Ebenen, Medien, Audio	522

12.3 Wichtige Einstellungen 525
- 12.3.1 Allgemein 525
- 12.3.2 Erscheinungsbild 525
- 12.3.3 Projekt 525
- 12.3.4 Dauer 526
- 12.3.5 Cache 526
- 12.3.6 Voreinstellungen 526

12.4 Erstes Projekt: Titel 527
- 12.4.1 Hintergrundbild 528
- 12.4.2 Weitere Elemente und Partikelsysteme 530
- 12.4.3 Erste Animationen 532
- 12.4.4 RAM-Vorschau 534
- 12.4.5 Maskierung 535
- 12.4.6 Vordergrundelemente platzieren 537
- 12.4.7 Anwenden von Filtern 539
- 12.4.8 Titel schreiben 540
- 12.4.9 Verhalten einfügen 543
- 12.4.10 Optimieren des Timings 544
- 12.4.11 Soundeffekte 546
- 12.4.12 Ausgabe 550

12.5 Zweites Projekt: Stabilisierung 552
12.6 Drittes Projekt: Tracking 557
12.7 Viertes Projekt: 3D-Generator für Final Cut Pro X 561
- 12.7.1 Generator-Projekt anlegen 562
- 12.7.2 Erstes Textelement 563
- 12.7.3 Kamera und 3D-Raum 564
- 12.7.4 Navigation im 3D-Raum 566
- 12.7.5 Vier Textobjekte 567
- 12.7.6 Erste Tests 570
- 12.7.7 Licht und Schatten 572
- 12.7.8 Untergrund für den Schattenwurf 574
- 12.7.9 Reflexion 577
- 12.7.10 Schärfentiefe 578
- 12.7.11 Rigs für die Übergabe an FCP X 580
- 12.7.12 Generator in Final Cut Pro X 582
- 12.7.13 Animation und Textänderung in Final Cut Pro X 584

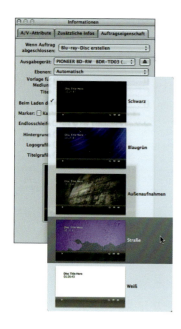

13 Compressor 4 585
13.1 Die Benutzeroberfläche 587
  13.1.1 Workflow I – Senden aus Final Cut Pro X 589
  13.1.2 Workflow II – Arbeiten mit QuickTime-Dateien 589
  13.1.3 Jobverwaltung 590
13.2 Vorlagen 592
13.3 Voreinstellungen 595
  13.3.1 Anwendung von Einstellungen 597
  13.3.2 Vorschau 598
  13.3.3 Name und Zielort 599
  13.3.4 Ab die Post! – Encoding starten 601
  13.3.5 Share Monitor 602
  13.3.6 Programmeinstellungen 603
  13.3.7 Kompressionsvoreinstellungen 604
  13.3.8 Kompressionsvoreinstellungen für DVD (Standard PAL) 605
  13.3.9 Kompressionsvoreinstellungen für Blu-ray-Discs 609
  13.3.10 Kompressionsvoreinstellungen für MPEG-4 (HD für Internet und Computer) 612
  13.3.11 Kompressionsvoreinstellungen für MPEG-4 (klein für Geräte und Abnahmen) 615
  13.3.12 Wissenswertes 616

Die DVD zum Buch 619
Index 621

Vorwort

Ja, nun haben wir den Salat. Alles wurde anders als erwartet. Teilweise besser, teilweise aber auch nicht. Man kann aber nicht alles so schwarz-weiß sehen wie zwei Dalmatiner beim Schach.

Die Erde ist rund, und sie bewegt sich. Neue Technologien kommen, haben es häufig schwer, sich durchzusetzen, und haben nur dann Bestand, wenn die Anwender daran glauben und diese auch einsetzen. Nun gibt es viele Meinungen darüber, ob Final Cut Pro X nun besser oder überhaupt professionell ist, denn kaum ein Produkt von Apple hat jemals eine so kontroverse Diskussion ausgelöst.

Wir glauben an Final Cut Pro X, denn es bietet für viele (wenn auch nicht alle) Anwender eine unglaubliche Menge an nützlichen und einfach zu erlernenden Funktionen und Workflows. Keine uns bekannte Software bietet zu dem Preis ein solches Füllhorn voll neuer und innovativer Technologien und nutzt die bestehende Hardware so gut aus wie Apples neues Schnittprogramm. Von der Wurzel bis zur Spitze.

Allen Unkenrufen zum Trotz wird Final Cut Pro X vielen Anwendern die Tür in die kanarienbunte Welt des Videoschnitts öffnen und dabei sowohl die täglichen Aufgaben des Hartschnitts bewältigen als auch unendlich viele Möglichkeiten zur puren Entfaltung der Kreativität bieten. Denn je weniger man sich mit der Technik beschäftigen muss, desto mehr Raum bleibt für die Realisierung der eigenen Ideen. Ein Schnittprogramm »for the rest of us«.

Final Cut Pro X ist zwar noch kein 100%ig ausgereiftes Programm, aber Apple gibt sich jede Mühe, auf die Anwender zu hören und notwendige Funktionen ständig nachzurüsten. Daher sind wir überzeugt, dass Final Cut Pro X nicht nur bereits viele Fans gewinnen konnte, sondern auch in Zukunft mehr und mehr Anwender begeistern wird. Denn welche Firma kann es sich schon leisten, den Videoschnitt mal eben neu zu erfinden?

Und glauben Sie uns, so viel Bullshit-Bingo, wie Sie alleine auf dieser einen Seite gelesen haben, werden Sie auf den nächsten 600 nicht mehr finden.

Und nun viel Spaß.
Manuel Skroblin und Andreas Zerr

Danke!

Wir danken unserer ewig geduldigen, überaus sortierten und mehr als ambitionierten Lektorin Katharina ganz herzlich, sowie allen Mitarbeitern von Galileo Design, ganz besonders auch PB, deren oder dessen Kürzel wir immer unter den korrigierten Textdateien finden, aber nie genau wissen, wer es eigentlich ist. Außerdem danken wir Martin Kuderna und den Jungs von PRfection sowie Apple und den Herstellern, deren Video-Hardware und -Software wir für dieses Buch benutzen durften.

Für das wunderbare Bildmaterial danken wir den Rebel Rockern, speziell Che, sowie den Kameraleuten Oli Kratz und Günter Wallbrecht, ebenso auch Matthias Bremer und Modo Bierkamp.

Einen dicken Kuss schicken wir auf diesem Weg an folgende Menschen, die eigentlich nichts mit dem Buch zu tun haben, aber durch ihre Geduld, ihre Motivation oder durch ihren seelischen Beistand dieses Buch ermöglicht haben: Sonja Skroblin, Sophie »Kleini« und Gregor (LG-GTr) Trachsel, Carmen und Anni, David, Guntram und Ursel, Wolfgang und Marion, Doris, Dinko und Lea, Karsten, Johanna, Jonas, Leander und unserer Klein-Ida, Steffen, Astrid und den Kids, der rakete Bildproduktion, namentlich Gordon und Malte, Jörn und Felix, freeeye.tv, sprich Matze, Max, Rainer, Marco, dem Gastmann und dem ewig suchenden (aber kaum was findenden) Eppert, Carsten, Andrea und der kleinen Mona Muhr, Marc Lerche und Angela Kautz, Sabrina, Kim, Sebastian, Julia, Basti, Patrick und Nadine, Nilspferd und Larshorn, Maibäumchen, Constan-Dingens von Freiphalen-Herrenwest ... ach ... WTF, Anika, Monika, Gerrit, Ange und den Gören, Mike Koberstein, Ralph Misske-Meindl, JD, Angela und deren Nachwuchs (Anm. d. Red: Für die Kinder ist dieses Buch nichts.), Andrea Rübenacker und Charles Achaye-Odong von der Deutschen Welle, Frau Mayer vom Café Mayer, Carsten, Andrea und Mona, Sereina, Matthies und Elias, dem Norddeutschen Rundfunk, der ARD.ZDF medienakademie, Olympus, video2brain.com, Christian Wiedemann und Marc Jonas von Nachtblau, den lustigen RTL-Redakteuren, dem FC St. Pauli und dem HSV (aber nicht Rostock und auf gar keinen Fall Werder), Salzbrenner, Beck's (auch wenn's aus Bremen kommt), Sagres, Absolut Vodka, dem Baby und Baby sein Dschungel, auf jeden Fall dem Le Fongue, Bombay Sapphire Gin, den Foo Fighters, Mozart, dem Manu sein MacBook Pro (MIA), dem Udong-Laden und der Glutamat-Hölle am Neuen Pferdemarkt, Bei Heidi und Renato, Otis Redding, Batman, Band Of Horses und Steve Jobs.

TEIL I
Final Cut Pro X

1   Los geht's – das erste Projekt

Willkommen! In diesem Buch werden wir versuchen, Ihnen die Arbeit mit Final Cut Pro, Motion und Compressor möglichst verständlich zu erklären. Unser Ziel ist es dabei, Ihnen nicht nur das erforderliche Fachwissen, sondern auch und vor allem Spaß am Videoschnitt zu vermitteln. Zu weiten Teilen haben wir deshalb auf zu viel Hochgestochenes und Technisches verzichtet und stattdessen das Gestalterische in den Vordergrund gerückt. Wir hoffen, dass Sie schnelle Erfolge erzielen und schon bald glückliche Mitglieder der immer größer werdenden Final-Cut-Pro-Gemeinde werden. Legen wir los!

Das richtige Format | Ziel des ersten Kapitels ist es, Ihnen alle Grundfunktionen von Final Cut Pro nahezubringen. Vom Digitalisieren Ihres Videos über einen einfachen, aber soliden Schnitt bis zum Export auf DVD oder zur Erstellung eines Clips für das Internet.

Da die Artenvielfalt in unserem kleinen Videodschungel immer weiter ansteigt und es mittlerweile fast so viele Formate gibt wie Vogelarten im Amazonasgebiet, sind wir gezwungen, uns für die Auswahl der Praxisbeispiele in diesem Buch auf ein Videoformat zu konzentrieren. Unsere Wahl fiel dabei auf das von Panasonic etablierte DVCPRO-HD-Format. Dennoch gelten die meisten Tipps und Einstellungen für alle anderen Formate gleichermaßen. Und sollte dies einmal nicht der Fall sein, erklären wir natürlich alle Unterschiede. Sie können also, wenn Sie mögen, auch alle Schritte in diesem Kapitel mit Ihrem eigenen Videomaterial nachvollziehen.

Die DVD zum Buch | Für die folgenden Schritte haben wir Ihnen Beispielmaterial auf die beiliegende DVD gepackt. So können Sie, wenn Sie mögen, alles gleich in der Praxis selbst umsetzen, und der Lernerfolg ist hoffentlich am größten. Kopieren Sie zunächst den Ordner VIDEOMATERIAL auf Ihre Festplatte. Generell ist zwar

Ordner VIDEOMATERIAL

ein Arbeiten direkt von der DVD möglich, aber nicht zu empfehlen. Auf der DVD finden Sie einen Ordner für das erste Kapitel und weitere Clips im gleichnamigen Ordner.

1.1 Die Benutzeroberfläche

Wenn Sie Final Cut Pro zum ersten Mal starten, müssen Sie sich nicht lange mit technischen Fragen auseinandersetzen, sondern können im Prinzip gleich anfangen, ihre Videoaufnahmen zu importieren und zu bearbeiten. Genau darin liegt die Stärke des Programms, allerdings auch eine seiner Schwächen. Doch dazu später mehr. Zunächst wollen wir uns mal einen generellen Überblick darüber verschaffen, wie Final Cut Pro aufgebaut ist.

Was ist wo? | Im Grunde besteht die Software nur aus einem einzigen Fenster, das in verschiedene Abschnitte unterteilt ist. Oben links finden wir die EREIGNIS-MEDIATHEK ❶, in der alle für ein Projekt relevanten Daten wie Videoaufnahmen, Musik oder Grafiken gesammelt werden. Rechts daneben liegt der VIEWER ❷, in dem eine Vorschau von allen Videos aus der Ereignis-Mediathek abgespielt werden kann. Darunter befindet sich unten rechts die TIMELINE ❸. Hier findet der eigentliche Schnitt statt, dass heißt, hier reihen Sie Videoaufnahmen aneinander, erstel-

▼ **Abbildung 1.1**
Die Benutzeroberfläche in Final Cut Pro besteht aus einem Fenster mit mehreren Abschnitten.

len Übergänge, Grafiken und Effekte. Das Ergebnis Ihrer Arbeit können Sie dann wieder im VIEWER bewundern. Links neben der Timeline finden Sie die PROJEKT-MEDIATHEK ❹, in der Sie Ihre PROJEKTE verwalten können. Alle anderen kleinen Felder, Tasten und Schalter erklären wir Ihnen dann im Verlauf der folgenden Kapitel an den entsprechenden Stellen.

1.2 Wichtige Grundbegriffe

Ereignis-Mediathek? Viewer? Projekt? Sie merken schon, dass wir dabei sind, in eine andere Welt einzutauchen – und das, obwohl wir gerade zum ersten Mal Final Cut Pro geöffnet haben. Aber was der Jäger und der Angler machen, dürfen wir Bildkünstler allemal – uns nämlich einer eigenen Sprache bedienen. Damit Sie allerdings nicht gleich am Anfang den Überblick verlieren, haben wir Ihnen hier alle wichtigen Grundbegriffe zusammengefasst.

- **Medien**: Als Medien bezeichnen wir alles, was Sie in Final Cut Pro importieren und woraus später ein Film entsteht (Video, Grafik, Musik, ...).
- **Ereignis**: Ein Ereignis ist wie ein Ordner innerhalb von Final Cut Pro, in dem Ihre Medien abgelegt werden. Final Cut Pro verwaltet alle importierten Medien automatisch in Ereignissen nach Datum. Sie können Ereignisse aber auch neu erstellen, umbenennen oder die darin enthaltenen Medien umsortieren.
- **Ereignis-Mediathek**: Die Ereignis-Mediathek enthält alle verfügbaren Ereignisse.
- **Ereignisübersicht**: Haben Sie in der Ereignis-Mediathek ein bestimmtes Ereignis ausgewählt, werden alle darin enthaltenen Medien in der Ereignisübersicht angezeigt.
- **Clip**: Als Clip bezeichnen wir unser Roh- oder Ausgangsmaterial. Also im Prinzip alles, was Bewegtbild, Musik oder Grafik ist.
- **Timeline**: Hier findet der eigentliche Schnitt statt, die Komposition von Video, Audio und Effekten.
- **Viewer**: der Vorschau-Monitor für Clips aus Ereignissen und für die Timeline. Hier können Sie Ihre Clips sichten und treffen eine Auswahl, welche Teile Sie in Ihren Film übernehmen wollen.
- **Projekt**: Das Projekt ist zunächst einmal die Datei, mit der Final Cut Pro arbeitet. Außerdem bezeichnen wir so unseren Film, unser Kunstwerk, unseren Schatz. Verlieren Sie das Projekt, können Sie Ihre Arbeit von vorn beginnen.

Wo ist der Canvas?

Alle Leser, die schon mit einer Vorgängerversion von Final Cut Pro gearbeitet haben, werden sich wahrscheinlich wundern. Wo ist denn das zweite Vorschaufenster, der altbekannte Canvas geblieben? Die Antwort ist simpel: im digitalen Nirwana. Allerdings können wir Sie beruhigen, denn nachdem wir anfangs auch verdattert waren, mussten wir feststellen, dass er uns bei der Arbeit nicht fehlt. Höchstens ein bisschen. Aus Nostalgie.

Versionsunterschiede

Wir werden im Verlaufe des Buches immer mal wieder auf Unterschiede zu alten Final-Cut-Pro-Versionen hinweisen, weil die Änderungen wirklich grundlegend sind. Damit wollen wir denjenigen Lesern, die schon Erfahrungen mit der Software sammeln konnten, den Umstieg leichter machen.

Diese Übersicht finden Sie auch zum Ausdrucken auf der DVD im Ordner PDF-DATEIEN.

- **Film**: Der Film ist die Komposition von allen Video- und Audioclips in der Timeline (siehe auch »Projekt«).
- **Projekt-Mediathek**: Hier finden Sie alle Projekte, die Sie auf Ihrem Mac angelegt haben, und können sie verwalten.
- **Schnittmarker**, auch **Playhead** oder **Wiedergabe-Marker**: die senkrechte graue Positionsmarkierung in der Timeline.
- **Skimmer**: die pinkfarbene, senkrechte Linie in der Timeline oder der Ereignisübersicht. Mit dem Skimmer können Sie Filme und Clips überfliegen. Je schneller Sie die Maus bewegen, desto schneller wird die Abspielgeschwindigkeit.
- **Frame**: Ein einzelnes Videobild nennt sich Frame. 25 Frames ergeben eine Sekunde (im PAL-Format).
- **Timecode**: Der Timecode ordnet jedem Frame einen eindeutigen Zeitwert zu und wird zusammen mit dem Video oder der Audiodatei gespeichert.

All diese Begriffe werden Ihnen im Laufe dieses Kapitels und des gesamten Buches noch öfter über den Weg laufen. Aber Sie wissen ja jetzt, wo Sie im Zweifel nachschauen können, was sie bedeuten.

1.3 Medien importieren

Nun ist es endlich Zeit, richtig durchzustarten und die ersten Clips in Final Cut Pro zu importieren. Dazu reicht ein einziger Klick auf das Feld DATEIEN IMPORTIEREN in der Ereignis-Mediathek.

> **Mehrere Dateien importieren**
>
> Da wir von Natur aus faul sind und unnötige Arbeit vermeiden wollen, werden wir alle Clips aus dem Ordner auf einmal importieren, anstatt jeden einzeln der Ereignis-Mediathek hinzuzufügen. Dazu können Sie entweder mit gedrückter ⌘-Taste mehrere Clips anklicken oder einfach den übergeordneten Ordner ❶ auswählen – dann werden alle Clips mit einem Schwung übernommen.

▲ Abbildung 1.2
Ein Klick auf das Feld DATEIEN IMPORTIEREN öffnet den entsprechenden Dialog.

Es öffnet sich ein Dialog, in dem Sie zu dem Ordner FCP_Kapitel 1 auf der DVD zum Buch navigieren können (am besten vorher auf die lokale Festplatte kopieren). Mit diesen Clips wollen wir nun unsere ersten Schritte auf den Brettern des Videoschnitts gehen.

Neues Ereignis erstellen | Bevor Sie auf den Button Importieren klicken, stellen Sie sicher, dass Sie die Option Neues Ereignis erstellen unter ausgewählt haben. Hier sollten Sie immer einen eindeutigen Namen vergeben, zum Beispiel »FCP Kapitel 1« ❷. Ansonsten sammeln sich in kurzer Zeit schnell viele Ereignisse an, die alle nach dem jeweiligen Erstellungsdatum benannt sind, und Sie verlieren den Überblick.

Der Dialog Dateien importieren bietet Ihnen noch eine Reihe anderer Optionen, die wir allerdings an dieser Stelle ignorieren, denn wir wollen ja möglichst schnell unsere ersten Schnitte vollführen. Klicken Sie also spätestens jetzt auf die verheißungsvolle Taste Importieren ❹.

▼ **Abbildung 1.3**
Über den Dialog Dateien importieren laden wir unsere Clips in ein Ereignis.

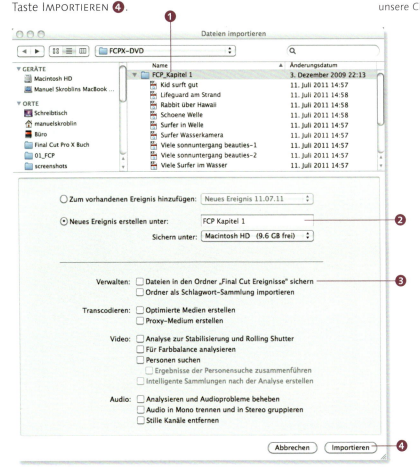

Final Cut Ereignisse

Final Cut Pro bietet Ihnen an, alle Clips, die Sie importieren, automatisch in das entsprechende Verzeichnis auf Ihrer Festplatte zu kopieren. (Dateien in den Ordner »Final Cut Ereignisse« sichern ❸). Welcher Weg der bessere ist, entscheidet sich von Fall zu Fall. Wenn Sie die Clips bereits von der DVD auf Ihre Festplatte kopiert haben, sollten Sie hier kein Häkchen machen, denn ansonsten würden alle Dateien ein weiteres Mal kopiert, und somit würde unnötiger Speicherplatz verschwendet. Arbeiten Sie allerdings mal mit vielen externen Festplatten oder unterschiedlichen Quellen, macht dieser Weg schon Sinn, denn dann stellen Sie sicher, dass Sie immer alle Dateien zu einem Final-Cut-Pro-Ereignis in Ihrem Verzeichnis haben und Ihnen nichts ungewollt abhanden kommt.

▲ **Abbildung 1.4**
Links sehen Sie in der Ereignis-Mediathek Ihr neues Ereignis. Rechts erscheinen die Medien, die Sie gerade importiert haben.

Automatische Sortierung | Die Medien, die Sie in Ihr Ereignis importieren, werden automatisch nach dem Aufnahmedatum sortiert, wie Sie es vielleicht schon aus anderen Anwendungen, wie z. B. iPhoto kennen ❶. Die Zahl in Klammern hinter dem Datum zeigt Ihnen die gesamt Anzahl an Clips eines Aufnahmedatums an: in unserem Fall also acht Clips vom 19.01.2008 und einer, der am 10.07.2007 aufgezeichnet wurde.

1.4 Ein neues Projekt anlegen

Bis jetzt haben wir ein neues Ereignis angelegt und Medien importiert. Der nächste Schritt ist nun, ein neues Projekt anzulegen. Hier werden dann alle Schnitte und folgenden Bearbeitungsschritte gespeichert, die Sie in der Timeline machen. Man kann sagen, dass das Projekt Ihren Film beinhaltet.

Klicken Sie jetzt auf das Feld Neues Projekt erstellen in der Timeline. Es öffnet sich ein Dialogfenster, in dem Sie Ihrem Projekt einen Namen geben können.

Im Bereich Videoeigenschaften sollten Sie Automatisch basierend auf dem ersten Videoclip einstellen auswählen, denn so stellen Sie sicher, dass Ihr Projekt perfekt auf Ihre Clips angepasst wird. Die Möglichkeiten, die Ihnen die Option Angepasst bietet, erklären wir Ihnen weiter hinten in Abschnitt 5.1, »Ein neues Projekt beginnen«.

Damals und heute

Hier noch ein Hinweis für alle, die schon mit der Vorgängerversion von Final Cut Pro gearbeitet haben: Es gibt grundlegende Änderungen bei den Bezeichnungen innerhalb des Schnittprogramms. Was früher als Projekt bezeichnet wurde, ist heute in etwa das Ereignis. Das, was in Final Cut Pro X wiederum das Projekt ist, wurde früher als Sequenz bezeichnet.

Bei den AUDIO- UND RENDER-EIGENSCHAFTEN möchten wir Sie dagegen bitten, die Option ANGEPASST auszuwählen und im Aufklappmenü AUDIOKANÄLE die Option STEREO auszuwählen. Die AUDIO-ABTASTRATE sollte unverändert bei 48 kHz bleiben und das RENDERFORMAT auf APPLE PRORES 422 stehen. Auch zu diesen Themen erfahren Sie später noch mehr. An dieser Stelle sei nur kurz erwähnt, dass wir Surround-Ton als Standardeinstellung für überflüssig halten, weil das schlicht und einfach an der Realität im Produktionsalltag der meisten Anwender vorbeigeht. In nahezu allen Fällen werden Sie hier den Ton Ihres Projekts auf STEREO einstellen, und sollten Sie tatsächlich mal einen Film in Dolby-Surround produzieren, werden Sie die Audiomischung wahrscheinlich auch gar nicht mit Final Cut Pro machen, sondern mit einer speziellen Audiosoftware wie Steinbergs Nuendo oder Apple Logic Pro.

Sobald Sie auf OK geklickt haben, öffnet sich ein frisches, neues und leeres Projekt in Ihrer Timeline und wartet darauf, von Ihnen mit bunten Bildern und spannenden Geschichten gefüttert zu werden.

▲ **Abbildung 1.5**
Links: Mit einem Klick auf das entsprechende Symbol in der Timeline erstellen Sie ein neues Projekt. Danach öffnet sich ein Dialog (rechts), ...

▲ **Abbildung 1.6**
... in dem Sie das Projekt benennen sowie weitere Einstellungen vornehmen können.

▼ **Abbildung 1.7**
Die leere Timeline wartet sehnsuchtsvoll darauf, von Ihnen mit Bildern, Tönen und Effekten versorgt zu werden.

Automatische Sicherung | Jeder, der sich mit Computern beschäftigt und nicht erst seit gestern mit einem Mac arbeitet, kennt das Problem von Programmabstürzen und dem lustigen kleinen Regenbogenball, von Kennern auch liebevoll *Wheel of Death* genannt, der uns den zeitweisen Totalausfall unseres digitalen Wegbegleiters anzeigt. Wir alle haben wohl auch schon mal laut geflucht, nachdem uns durch einen Absturz mehr oder weniger viel Arbeit verloren gegangen ist und wir wieder ein paar Schritte weiter vorne beginnen mussten – und das nur, weil wir wieder einmal vergessen hatten, unser Dokument zu speichern.

Apple beschreitet nun mit Final Cut Pro X neue Wege – und hat sich gleich ganz von der Funktion *Speichern* getrennt. Was zunächst einige Anwender in Schockstarre versetzt, ist wohl überlegt und begründet. Denn die Software übernimmt das Speichern nun vollkommen eigenständig und ohne ein aktives Zutun des Menschen am Computer-Keyboard. Jeder Arbeitsschritt, den sie ausführen, wird automatisch gespeichert, vorbei sind Zeiten der überflüssigen doppelten Arbeit.

1.5 Clips sichten

Stellen Sie sich vor, Sie waren mit der Kamera unterwegs und haben viele schöne Bilder eingefangen. Anschließend haben Sie in Final Cut Pro ein neues Ereignis angelegt und Ihre Aufnahmen importiert. Dann besteht jetzt der nächste Schritt darin, Ihre Clips zu sichten. Damit verschaffen Sie sich einen Überblick über Ihr Drehmaterial und können beurteilen, ob die Aufnahmen Ihren Erwartungen entsprechen.

1.5.1 Vorschau in der Ereignisübersicht – skimmen

Um mit dem Sichten zu beginnen, bewegen Sie einfach den Mauszeiger über einen Clip in Ihrer Ereignisübersicht, zum Beispiel über den Clip »Surfer in Welle«. Sobald sich der Mauspfeil darüber befindet, sehen Sie eine Vorschau des Videos im Viewer, und es erscheint eine pinkfarbene, senkrechte Linie über dem Clip. Zusätzlich sollten Sie außerdem noch den Ton des Clips hören. Jetzt können Sie sich einen mehr oder weniger groben Überblick über das aufgenommene Video verschaffen, indem Sie den Mauszeiger vorsichtig nach links oder rechts verschieben. Achten Sie jedoch darauf, dass Sie sich dabei immer über dem Piktogramm befinden. Je schneller Sie den Mauszeiger bewegen, desto schneller spielen Sie damit das Video ab. Zur besseren Orientierung ändert sich zeitgleich auch immer das Piktogramm des Clips in der Ereignisübersicht.

Am besten, Sie probieren diese Technik mal an verschiedenen Clips aus. Dabei müssen Sie nicht einmal einen einzigen Mausklick ausführen, ein einfaches Bewegen des Mauszeigers über die Clips reicht vollkommen.

Der Skimmer

Die pinkfarbene Linie nennen wir Skimmer (englisch *to skim*: gleiten, streichen), dementsprechend bezeichnen wir diese Art der Clipvorschau auch als *skimmen*.

TIPP

Mit der Taste [S] deaktivieren Sie die Skim-Funktion bzw. aktivieren sie erneut.

▲ **Abbildung 1.8**
Mit dem Skimmer können Sie Ihre Clips sichten, indem Sie den Mauszeiger über ein Video in der Ereignisvorschau bewegen.

1.5.2 Vorschau im Viewer

Für eine etwas präzisere Vorschau, gerade bei langen Aufnahmen, kann es mitunter helfen, wenn Sie einen Clip aus einem Ereignis anklicken und ihn so in den Viewer laden. Hier können Sie dann mithilfe der kleinen Play-Taste ❸ die Wiedergabe starten. Das Video wird dann von der aktuellen Position des grauen Playheads ❶ bis zum Ende des Clips abgespielt oder bis Sie ein zweites Mal die Play-Taste drücken und so die Wiedergabe stoppen.

◄ **Abbildung 1.9**
Präzisere Vorschau im Viewer. Die graue Linie (Playhead) ❶ über dem Piktogramm hilft Ihnen bei der Orientierung.

Die kleinen Pfeile ❷ links von der Play-Taste im Viewer können Sie benutzen, um sich einzelbildweise durch Ihre Clips zu schleichen. Für große Sprünge, nämlich zum Anfang bzw. Ende eines Clips, warten die Pfeile ❹ rechts von der Play-Taste auf Ihren Mausklick. Klicken Sie zweimal hintereinander auf einen dieser Pfeile, springen Sie direkt zum nächsten Clip. So können Sie schnell viele Clips hintereinander sichten und effizient arbeiten.

Tastenkürzel | Unser Tipp an dieser Stelle ist allerdings, dass Sie sich bereits jetzt an den Umgang mit der Tastensteuerung über das Keyboard Ihres Macs gewöhnen, die wir Ihnen im nächsten Abschnitt vorstellen. Sie können so wesentlich schneller und effizienter arbeiten, und Sie werden feststellen, dass es obendrein der effektivste Weg ist, ein Video zu sichten oder ein Musikstück anzuhören.

1.5.3 Die JKL-Steuerung

Um die Wiedergabe eines Clips zu starten oder zu stoppen, drücken Sie die Leertaste. Um im Clip zu navigieren und vor- oder zurückzuspulen, ist die sogenannte JKL-Steuerung sicherlich die bequemste Methode. Sie hat ihren Namen von den Tasten bekommen, mit denen sie vorgenommen wird:

Shutteln

Das Sichten von Clips mithilfe der Tastatur bezeichnen wir auch als »shutteln« (engl. to shuttle = pendeln). Dieses Wort leitet sich von den alten Analog-Schnittplätzen ab, wo noch durch Bänder gespult wurde.

- Zum Abspielen des Clips drücken Sie [L] einmal; drücken Sie die Taste ein zweites Mal, verdoppelt sich die Abspielgeschwindigkeit. Der dritte Tastendruck verdoppelt sie erneut. Sie spulen also nun mit vierfacher Geschwindigkeit vor. Insgesamt können Sie auf diese Weise die Abspielgeschwindigkeit auf das 16fache beschleunigen.
- Drücken Sie nun [K], um den Abspielvorgang zu stoppen.
- Mit [J] spielen Sie den Clip rückwärts ab, und auch hier funktioniert die Geschwindigkeitsmultiplikation durch mehrmaliges Betätigen der [J]-Taste.

Vorschau in Zeitlupe und einzelbildweise | Sie können sich auch Teile des Clips in Zeitlupe anschauen, genauer gesagt, mit 50 % der Originalgeschwindigkeit. Halten Sie hierfür [K]+[L] gleichzeitig gedrückt. Für eine Zeitlupe rückwärts halten Sie [K]+[J] gedrückt.

Um einzelbildweise durch den Clip zu navigieren, benutzen Sie bitte die Pfeiltasten [←] und [→] Ihrer Tastatur. Pro Tastendruck bewegen Sie sich nun einen Frame vorwärts bzw. rückwärts. Mit permanent gedrückter [⇧]-Taste springen Sie mit jedem Druck auf eine der Pfeiltasten um zehn Frames vor oder zurück.

Zum Anfang bzw. Ende eines Clips gelangen Sie über die Tastenkürzel [Ö] bzw. [Ä]. Drücken Sie [↑] bzw. [↓] auf Ihrer Tastatur, springen Sie direkt zum nächsten Clip.

Immer im Blick | Damit Sie nicht ständig hin- und herblättern müssen und sich möglichst schnell an den Umgang mit der Tastatur gewöhnen, haben wir Ihnen alle Kurzbefehle in einer Tabelle zusammengefasst, die Sie auch auf der DVD zum Buch finden und sich ausdrucken können.

Diese Tabelle finden Sie auch zum Ausdrucken auf der DVD im Ordner PDF-DATEIEN.

Aktion	Kürzel
Start/Stopp	Leertaste
Start (mehrfach [L]: beschleunigte Wiedergabe)	[L]
Stopp	[K]
Wiedergabe rückwärts (mehrfach [J]: beschleunigte Wiedergabe)	[J]
Wiedergabe mit 50 % Geschwindigkeit	[K]+[L]
Wiedergabe rückwärts mit 50 % Geschwindigkeit	[K]+[J]
1 Frame vorwärts	[→]
10 Frames vorwärts	[→]+[⇧]

Tabelle 1.1 ▸
Tastenkürzel für die Clip-Navigation

Aktion	Kürzel
1 Frame rückwärts	[←]
10 Frames rückwärts	[←]+[⇧]
Clipanfang	[Ö]
Zum vorherigen Objekt im Ereignis	2 × [Ö] / [↑]
Clipende	[Ä]
Zum nächsten Objekt im Ereignis	2 × [Ä] / [↓]

◄ **Tabelle 1.1**
Tastenkürzel für die Clip-Navigation (Forts.)

1.6 Erste Schnitte

Videoschnitt besteht zu einem wesentlichen Teil darin, eine bestehende Auswahl immer weiter einzuschränken. Zunächst schauen Sie sich das Material an, das Sie mit der Kamera aufgezeichnet haben. Die besten Aufnahmen speichern Sie auf Ihrer Festplatte. Hier findet also die erste Auswahl statt. Die digitalisierten Clips sichten Sie nun, wie oben erklärt, im Viewer. Dort grenzen Sie dann Ihre Auswahl mithilfe so genannter In- und Out-Punkte (oder »Schnittpunkt«) weiter ein und markieren den Bereich eines Clips, den Sie in die Timeline und damit in Ihren Film übernehmen wollen.

1.6.1 In-Punkt und Out-Punkt

Es gibt im Grunde genommen zwei Wege, um In- und Out-Punkte festzulegen. Welcher dabei der bessere ist, lässt sich nicht pauschal sagen. Einer ist eher für Maus-Menschen und ein bisschen ungenauer, dafür aber sehr schnell, wenn es nicht auf den einzelnen Frame ankommt. Sozusagen die Axt im Bilderwald. Der andere ist eher auf die Arbeit mit der Tastatur ausgelegt, ein wenig langsamer, dafür aber präziser. Also gewissermaßen die Laubsäge.

In-Punkt und Out-Punkt mit der Maus | Fangen wir mit dem schnellen Weg an. Dazu klicken Sie, während Sie über einen Clip in der Ereignisübersicht skimmen, einfach mit der Maus darauf. Sogleich erscheint ein gelber Rahmen mit kleinen Steuerelementen (die doppelten Linien links und rechts) ❶, und der Clip wird in den Viewer geladen. Im Prinzip haben Sie jetzt schon Ihre ersten Schnittpunkte gesetzt, und zwar ganz am Anfang und ganz am Ende des Clips. Nun können Sie die Steuerelemente mit der Maus greifen und Richtung Clipmitte ziehen. Damit verschieben

▲ **Abbildung 1.10**
Der gelbe Rahmen markiert den Bereich zwischen den Schnittpunkten, das kleine Zusatzfenster zeigt Ihnen die Dauer an. Die Steuerelemente können Sie mit der Maus greifen und verschieben.

Alles markieren
Um den gesamten Clip, vom ersten bis zum letzten Frame, zu markieren, drücken Sie die Taste X.

Auswahlstart und -ende
Einen In-Punkt bezeichnen wir auch als Auswahlstart, einen Out-Punkt dementsprechend auch als Auswahlende.

Clip »Surfer in Welle«

Sie den In-Punkt (linkes Steuerelement) bzw. den Out-Punkt (rechtes Steuerelement) und legen so den Teil eines Clips fest, den Sie in Ihren Film übernehmen möchten. Ein kleines zusätzliches Fenster ❷ zeigt Ihnen dabei an, wie viel Zeit zwischen In- und Out-Punkt liegt.

In-Punkt und Out-Punkt mit der Tastatur | Auch hier wählen Sie zunächst einen Clip aus Ihrem Ereignis und laden ihn in den Viewer. Das können Sie entweder per Mausklick erledigen oder mit den ↑- oder ↓-Tasten auf Ihrem Keyboard. Dann navigieren Sie durch den Clip und drücken die Taste I, um einen In-Punkt zu setzen, und die Taste O für einen Out-Punkt.

Diese Shortcuts können Sie beim Sichten eines Clips im Viewer jederzeit drücken und so Ihre Schnittpunkte festlegen. Dabei ist es egal, ob Sie zur Vorschau lieber skimmen oder klassisch durch einen Clip shutteln. Allerdings können Sie mit der JKL-Steuerung und den ←- und →-Tasten wesentlich präziser einen bestimmten Punkt in Ihrem Clip ansteuern als mit dem Skimmer.

Laden Sie bitte aus dem Ereignis FCP_KAPITEL 1 den Clip »Surfer in Welle« in den Viewer, und navigieren Sie den In-Punkt zu der Stelle, an der das Bild von der schäumenden Welle zu der Welle mit den vielen Surfern wechselt. Den Out-Punkt setzen wir, kurz nachdem unser Surfer in den Fluten verschwindet. Probieren Sie ruhig beide oben beschriebenen Methoden einmal aus, Sie werden merken, dass die eine ein wenig schneller ist und Sie dafür mit der anderen den ersten Frame nach der schäumenden Welle besser ansteuern können.

An dieser Stelle wird es Zeit, Ihnen einen lieben Freund und Helfer vorzustellen, den **Timecode**. Jeder Clip verfügt über einen Timecode, der als Hintergrundinformation, auch Metadaten genannt, zusammen mit dem Clip gespeichert wird.

1.6.2 Timecode – die Grundlagen

In der Regel wird der Timecode bereits von der Kamera während der Aufzeichnung generiert. Er ist im Grunde nichts anderes als eine Übersetzung der zeitlichen Abfolge, wobei jedem Einzelbild ein bestimmter Wert zugeordnet wird. Die kleinste Einheit ist der Frame. 25 Frames ergeben eine Sekunde, 60 Sekunden eine Minute und 60 Minuten eine Stunde. Bei anderen Dateien, wie zum Beispiel Musik, generiert Final Cut Pro den Timecode automatisch, beginnend bei null.

In unserem Beispiel ist der In-Punkt bei Timecode 22:06:44:00 und der Out-Punkt bei Timecode 22:06:53:14. Die Länge des von uns markierten Clips beträgt also genau neun Sekunden und fünfzehn Frames und wird unten in der Ereignis-Mediathek angezeigt. Jetzt haben wir das erste Stück unseres Films markiert und werden es nun in die Timeline befördern.

◀ **Abbildung 1.11**
In der Symbolleiste zeigt das Timecode-Fenster ❹ die aktuelle Position an. Unten in der Ereignis-Mediathek sehen Sie die Zeit zwischen In- und Out-Punkt ❸ (hier 9 Sekunden und 15 Frames).

1.6.3 Ab in die Timeline

Jetzt sind Sie nur noch einen Mausklick von Ihrem ersten Schnitt mit Final Cut Pro X entfernt. Und diesen Mausklick setzen Sie gezielt mit Schwung und Elan auf das Feld ANHÄNGEN ❻ (Tastenkürzel E) in der Symbolleiste der Timeline. Sogleich erscheint der von Ihnen mit In- und Out-Punkten festgelegte Bereich unten in der Timeline ... tadaa!

Wenn Sie die Funktion ANHÄNGEN benutzen, werden die Clips im Normalfall immer an das Ende Ihres Films kopiert. Um einen Clip zwischen zwei anderen zu platzieren, die bereits in der Timeline liegen, können Sie die Taste EINFÜGEN ❺ (Tastenkürzel W) auf der Symbolleiste drücken. Dabei wird der Clip aus Ihrem Ereignis immer an die Stelle der Timeline kopiert, an der sich der senkrechte graue Strich, der so genannte *Playhead* oder *Wiedergabe-Marker* befindet. Sie müssen also zunächst in der Timeline an die Stelle navigieren, an der der neue Clip eingefügt werden soll.

Sobald Sie einen Clip in die Timeline einfügen, werden alle nachfolgenden Clips um die Dauer des neuen Clips nach rechts verschoben. Achten Sie auch darauf, dass Sie mit dieser Technik Clips teilen, wenn sich der Playhead nicht genau zwischen zwei Elementen befindet!

▲ **Abbildung 1.12**
Klicken Sie auf ANHÄNGEN ❻ oder EINFÜGEN ❺, um einen Clip aus der Ereignisübersicht in die Timeline zu kopieren.

Oben Video, unten Audio | Der Clip, der in der Timeline ankommt, ist optisch in zwei Teile getrennt. Der obere mit dem Piktogramm steht für das Video, der untere mit dem Wellenmuster für das Audio. Je nach Aufnahme kann ein Clip durchaus mehrere Audiokanäle beinhalten, doch dazu folgt später im Buch mehr.

Bei Videospuren gilt das Prinzip »Highlander«: Es kann nur eine geben. Kein einfacher Clip kann jemals zwei oder mehr Videospuren beinhalten.

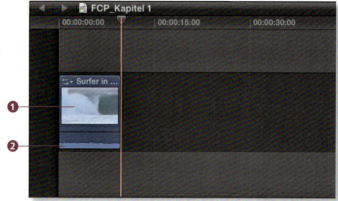

Abbildung 1.13 ▶
Der Clip in der Timeline zeigt oben ein Piktogramm für das Video ❶, unten wird der Ton als Wellenform ❷ dargestellt.

Neue Schnittpunkte | Sind Sie mit den gesetzten Schnittpunkten bei einem Clip in Ihrer Ereignisübersicht nicht zufrieden, so setzen Sie kurzerhand neue. Dazu können Sie auch den gelben Rahmen greifen und Auswahlstart und Auswahlende verschieben. Es ist also nicht nötig, zuerst alte Schnittpunkte zu löschen, bevor Sie neue erstellen.

Mehrere Schnittpunkte in einem Clip | Wichtig ist, sich klarzumachen, dass es sich beim Markieren von Clips im Viewer stets nur um eine Referenz auf einen so genannten Master-Clip, also eine Videodatei, handelt. Die Schnittpunkte definieren also einen bestimmten Bereich des Master-Clips. Es kann aber durchaus vorkommen, dass Sie mehrere Bereiche eines Master-Clips in Ihren Film übernehmen möchten. Kein Problem! Definieren Sie einfach einen neuen In- und einen neuen Out-Punkt, und schneiden Sie den so markierten Bereich in Ihre Timeline.

In der Praxis sieht das folgendermaßen aus: Sie schneiden Clip A mithilfe zweier Schnittpunkte und der Symbolleiste in die Timeline, öffnen dann Clip B, schneiden diesen, dann Clip C, Clip D etc., und irgendwann fällt Ihnen ein, dass Sie noch Material aus dem ersten Clip verwenden möchten, weil es sich um eine tolle Aufnahme handelt. Laden Sie daher Clip A einfach erneut aus der Ereignisübersicht in den Viewer, setzen Sie Ihre Schnittpunkte an die gewünschten Stellen, und kopieren Sie den »neuen« Clip wieder in die Timeline. Voilà!

1.6.4 Schnitt per Drag & Drop

Die Alternative zu dem Schnitt mithilfe der Symbolleiste heißt wie so oft Drag & Drop. Bewegen Sie den Mauszeiger über den Clip »Surfer in Welle« mit den festgelegten Schnittpunkten, dann wird aus dem Pfeil eine kleine Hand. Greifen Sie nun den Clip, indem Sie darauf klicken, und bewegen Sie ihn mit gedrückter Maustaste in die Timeline. Hier lassen Sie den Clip wieder los. So einfach kann Videobearbeitung sein.

▲ **Abbildung 1.14**
Wenn Sie den Mauszeiger über den Clip bewegen, wird daraus eine kleine Hand.

◄ **Abbildung 1.15**
Mit gedrückter Maustaste greifen Sie den Clip und ziehen ihn in die Timeline. Hier lassen Sie dann die Maustaste wieder los, und der Clip landet in Ihrem Film.

1.6.5 Aus der Timeline löschen

Mindestens genauso wichtig wie das Schneiden in die Timeline ist das Löschen aus der Timeline. Denn gerade am Anfang macht das Experimentieren mit dem neuen Programm Spaß, und zum Experimentieren gehört nun einmal auch, nicht auf Anhieb alles richtig zu machen.

Zunächst markieren Sie den Clip, den Sie loswerden möchten, und wählen dann aus dem Menü BEARBEITEN • LÖSCHEN aus oder drücken die Taste ⎯←⎯. Der Clip verschwindet, und alle nachfolgenden Clips rutschen automatisch nach links, so dass keine Lücke in der Timeline entsteht.

Die wichtigsten Grundfunktionen sind Ihnen nun bekannt, also viel Spaß beim Ausprobieren!

1.7 Der Aufbau der Timeline

Und? Macht Spaß, oder? Leider geht es jetzt aber schon weiter mit der trockenen Theorie. Wir haben ja schon festgestellt, dass die Timeline der Ort ist, an dem Ihr Film entsteht. Hier werden Video, Audio, Grafik und Effekte miteinander kombiniert. Nun ist es an der Zeit, Sie mit den Details der Timeline bekannt zu machen.

Man kann die Timeline in vier Abschnitte unterteilen:

- Die **Symbolleiste** ganz oben bietet Ihnen verschiedene Informationen und Tasten an, von denen Sie mittlerweile schon das Timecode-Fenster und die Funktionen ANFÜGEN und EINSETZEN kennen sollten.
- Der Bereich **Navigation** dient der Orientierung und hilft Ihnen dabei, schnell zu einer bestimmten Stelle in Ihrem Film zu gelangen.
- Als **Handlungen** bezeichnen wir Sequenzen von mehreren Clips. Ihr Film kann mehrere Handlungen gleichzeitig beinhalten, jedoch immer nur eine Primärhandlung. Die Primärhandlung ist Ihre Hauptbildsequenz und wird in der Timeline dunkelgrau dargestellt.
- Im Bereich **Darstellung** können Sie die Größe der Clips verändern oder weiter in die Timeline hineinzoomen.

▲ Abbildung 1.16
Die Timeline teilt sich in vier Abschnitte: Symbolleiste, Navigation, Handlungen und Darstellung.

1.7.1 Magnetische Timeline

Wenn Sie schon einige Clips per Drag & Drop in die Timeline bewegt haben, haben Sie sicher auch schon bemerkt, dass sich jedes neue Element, das Sie dort abgelegt haben, von den anderen, die schon in der Timeline liegen, wie magisch angezogen fühlt. Dieser Magnetismus soll verhindern, dass ungewollte Lücken zwischen zwei Clips entstehen. Außerdem können Sie so sehr schnell arbeiten, denn Sie brauchen sich zunächst nicht um die korrekte Position jedes einzelnen Clips zu kümmern, sondern können fleißig ein Element nach dem anderen in die Timeline schubsen. Final Cut Pro kümmert sich schon darum, dass sie alle brav wie die Perlen auf der Kette hintereinanderliegen.

1.7.2 Timeline-Navigation

Die Navigationsleiste verleiht der Timeline gewissermaßen ihren Namen. Beginnend mit dem Start-Timecode des Projekts zeigt sie uns an, wie lang der Film ist bzw. an welcher Stelle wir uns gerade befinden. Die framegenaue Position zeigt das Timecode-Fenster in der Mitte der Symbolleiste an.

Um in der Timeline zu einer bestimmten Stelle zu navigieren, greifen Sie das kleine Dreieck des Schnittmarkers und bewegen es nach links oder rechts.

◀ **Abbildung 1.17**
Zum Navigieren ziehen Sie den Schnittmarker nach links oder rechts.

Nun passieren zwei Dinge gleichzeitig: Der Timecode in der Anzeige folgt Ihrer Mausbewegung genauso wie das Videobild im Viewer. Sie *shutteln* durch Ihren Film.

Skimmen in der Timeline | Skimmen funktioniert in der Timeline ähnlich wie bei der Vorschau von Clips aus der Ereignisübersicht. Mit der pinkfarbenen, senkrechten Linie fliegen Sie über Ihren Film, und im Viewer sehen Sie immer den aktuellen Frame. Anders als bei der Navigation mit dem Schnittmarker hören Sie dabei sogar noch den Ton.

Skimmer deaktivieren

Mit der Taste [S] können Sie den Skimmer deaktivieren und auf Wunsch genauso wieder aktivieren. Sollten Sie gerne mit dem Skimmer arbeiten, aber von dem ständigen, abgehackten Ton genervt sein, drücken Sie mal [⇧]+[S], dann sollte Ruhe herrschen.

Bild für Bild navigieren | Anstelle der Maus und der JKL-Steuerung können Sie auch mit den Pfeiltasten auf Ihrer Tastatur innerhalb des Videos navigieren. [→] lässt den Playhead in der Timeline einen Frame weiter nach rechts springen, während [←] den Playhead einen Frame zurück (Richtung Clip- oder Projektanfang) bewegt.

Halten Sie die Pfeiltasten gedrückt, wird das Video, abhängig vom Format und von Ihrer Rechnerleistung, Frame für Frame in etwa der halben Geschwindigkeit abgespielt. Halten Sie [⇧] gedrückt, während Sie die Pfeiltasten betätigen, springt der Playhead um genau zehn Frames nach vorn oder nach hinten. Halten Sie neben der [⇧]-Taste auch die Pfeiltaste gedrückt, wird das Material in ca. achtfacher Geschwindigkeit abgespielt.

JKL-Steuerung

Die Navigation in der Timeline mithilfe der JKL-Steuerung funktioniert genauso wie in der Ereignisvorschau (siehe Abschnitt 1.5.3).

Schnitt für Schnitt navigieren | Sie können mit der Maus direkt auf einen Schnittpunkt springen, indem Sie im Viewer auf die

Buttons ZUM NÄCHSTEN BEARBEITUNGSPUNKT bzw. ZUM VORHERIGEN BEARBEITUNGSPUNKT klicken. Diese Funktion bewirkt, dass Sie entweder auf den nächsten oder zum vorherigen Clip springen oder zum nächsten In- bzw. Out-Punkt.

Zugegeben, etwas effizienter als die Buttons ist die Nutzung der Pfeiltasten auf der Tastatur. Mit ⎵↓⎵ oder ⎵Ä⎵ springen Sie zum nächsten Clip/Schnittpunkt, mit ⎵↑⎵ oder ⎵Ö⎵ zum vorherigen Clip/Schnittpunkt.

Abbildung 1.18 ►
Mit den Tasten ZUM VORHERIGEN bzw. NÄCHSTEN BEARBEITUNGSPUNKT lässt sich bequem durch die Timeline navigieren. Mit den Pfeiltasten geht es noch effektiver.

Zum Anfang und Ende navigieren | Um bei Filmen mit vielen Schnitten schnell zum Anfang oder zum Ende der Timeline zu gelangen, müssen Sie nicht von Clip zu Clip springen, denn es gibt natürlich eine Abkürzung. Drücken Sie dazu auf Ihrer Tastatur ⎵⇞⎵ (Timeline-Anfang) oder ⎵⇟⎵ (Timeline-Ende). Sollten Sie ein MacBook nutzen und Ihnen diese Tasten fehlen, dann drücken Sie die Tasten ⎵fn⎵+⎵←⎵ bzw. ⎵fn⎵+⎵→⎵. Das Ergebnis ist das gleiche.

Wir haben sogar noch einen dritten Weg, um zum Ziel zu gelangen. Wenn Sie aus der Menüleiste MARKIEREN • GEHE ZU • ANFANG/ENDE auswählen, dann springt der Playhead ebenfalls an die gewünschte Position in der Timeline. Ob Sie dann allerdings viel Zeit sparen, steht auf einem anderen Blatt.

In der folgenden Tabelle haben wir für Sie noch mal alle Tastenkürzel für die Timeline-Navigation zusammengefasst. Sie finden diese Tabelle auch zum Ausdrucken auf der DVD zum Buch.

Diese Tabelle finden Sie auch zum Ausdrucken auf der DVD im Ordner PDF-DATEIEN.

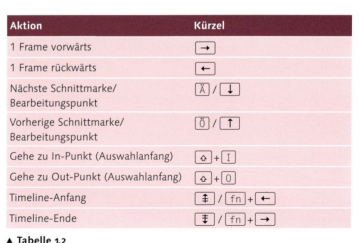

▲ **Tabelle 1.2**
Tastenkürzel für die Navigation in der Timeline

Mit Timecode navigieren | Stellen Sie zunächst sicher, dass Sie die Timeline aktiviert haben. Um dann direkt an eine bestimmte Stelle im Film zu springen, klicken Sie in das Timecode-Fenster (Tastenkürzel [Ctrl]+[P]) und geben einen Ziel-Timecode ein, zum Beispiel 01:00:03:00. Anschließend drücken Sie [↵], und sofort springt der Schnittmarker zu der entsprechenden Stelle. Die Doppelpunkte können Sie bei der Eingabe ruhig weglassen.

Final Cut Pro beginnt bei eingegebenen Zahlen immer bei der kleinsten Einheit, also dem Frame. Geben Sie nur eine oder zwei Ziffern ein, springt der Schnittmarker an den entsprechenden Frame. Bei drei oder mehr eingegebenen Ziffern springen Sie zu der entsprechenden Sekunde usw. Die Details zur Timecode-Navigation finden Sie im Abschnitt »Verschieben mittels Timecode« auf Seite 205.

◀ **Abbildung 1.19**
Im Timecode-Fenster der Timeline geben Sie die Position an, zu der Sie springen möchten.

1.7.3 Video in der Timeline

Hoffentlich erwarten Sie jetzt nicht, dass wir Ihnen in diesem kurzen Absatz alle Funktionen, Besonderheiten und Details des Videosegments der Timeline erklären. Hier soll es erst einmal nur um die Grundlagen gehen.

Sie haben ja sicher schon festgestellt, wie gut die magnetische Timeline funktioniert. Immer, wenn Sie einen Clip in Ihre primäre Handlung einfügen oder dort einen Clip verschieben, machen alle anderen Clips brav Platz und rücken zur Seite. Beim Schneiden eines Films möchten Sie allerdings manchmal auch einen Clip über einen anderen legen, sodass man zum Beispiel den Ton eines Interviewpartners noch hören kann, man aber ein anderes Bild sieht.

Primäre Handlung

In Final Cut Pro arbeiten Sie mit Handlungen. Jedes Projekt hat einen Haupterzählstrang, die sogenannte »primäre Handlung«; das ist der dunkelgraue Bereich in der Timeline. Verbundene Clips werden daran angehängt.

Das Ebenenprinzip | Um dies zu erreichen, arbeiten wir mit *verbundenen Clips*. Wer die Arbeit mit Photoshop gewohnt ist, sollte bereits mit dem Ebenenprinzip vertraut sein. Im Grunde gibt es hier wenig Unterschiede. Wenn Sie einen Clip in Ihrer primären Handlung haben und darüber einen weiteren Clip positionieren, überlagert der verbundene Clip den Clip der Primärhandlung. So können Sie zum Beispiel ein Interview in die primäre Handlung schneiden und darüber so genannte Zwischen- oder Schnittbilder als verbundene Clips platzieren, um das Interview aufzulockern oder um bestimmte Sachzusammenhänge besser zu verdeutlichen.

> **Keine Spuren mehr**
>
> Wer bereits mit Final Cut Pro 7 gearbeitet hat, wird sich vielleicht schon gewundert haben, wo denn die guten alten Videospuren geblieben sind. Die Verwunderung ist berechtigt, denn Apple hat bei der Weiterentwicklung der Software neue Wege beschritten und sich ganz von Spuren in der Timeline getrennt.

Clip »Rabbit über Hawaii«

Das klingt wahrscheinlich ziemlich kompliziert, aber sobald Sie den nächsten Abschnitt gelesen haben, sollte Ihnen klar sein, was genau wir meinen.

1.7.4 Verbundene Clips

Öffnen Sie nun den Clip »Rabbit über Hawaii«, und setzen Sie einen In-Punkt bei Timecode 06:12:27:00 und einen Out-Punkt bei 06:12:45:18. (Bei der Benennung des Clips wollten wir uns übrigens nicht über den guten Mann lustig machen, »Rabbit« ist einfach sein Spitzname.)

Audiokanäle auswählen | Klicken Sie dann ganz rechts in der Symbolleiste auf das kleine »i« ❸, das zu Recht so aussieht wie das Piktogramm, das jeder schon mal bei einer Touristeninformation gesehen hat. Damit öffnen Sie nämlich das Informationen-Fenster von Final Cut Pro. Hier erfahren Sie wichtige Fakten über Ihren Clip und können verschiedene Einstellungen vornehmen.

Oben in der Mitte sollte bereits AUDIO ❶ ausgewählt sein. Sollte das nicht der Fall sein, möchten wir Sie bitten, das nun zu tun. Im Bereich KANALKONFIGURATION sehen Sie vier Mono-Audiokanäle. Das liegt daran, dass die Kamera bei der Aufnahme vier Tonkanäle aufgezeichnet hat. Für uns sind an dieser Stelle aber nur die Kanäle 1 und 2 von Bedeutung, da hier der Interview-Ton mit einem externen Mikrofon aufgezeichnet wurde. Deaktivieren Sie also bitte die Kanäle 3 und 4, indem Sie die Häkchen in den entsprechenden Kästchen ❷ durch einen Mausklick entfernen.

Wenn Sie jetzt den Clip in Ihre Timeline legen, bekommen Sie nur den Ton mit der besten Qualität.

Abbildung 1.20 ▼
Im Informationen-Fenster können Sie durch Entfernen der Häkchen die entsprechenden Audiokanäle deaktivieren.

Schnittüberlagerung mit Schnittbildern | So weit, so gut. Jetzt gehen Sie wieder zurück zu unserem Masterclip, wir werden noch einen weiteren Satz des Interviews in den Film schneiden. Dabei wollen wir unseren Interviewpartner natürlich in einem guten Licht zeigen und gleichzeitig die Nerven unserer Zuschauer nicht allzu sehr strapazieren, deswegen nehmen wir den kleinen Verhaspeler bei Timecode 06:12:45:12 heraus und setzen unseren nächsten In-Punkt bei 06:12:47:04 und unseren nächsten Out-Punkt bei 06:13:04:07.

Den markierten Clip schneiden Sie bitte genau hinter den ersten. Wenn Sie sich das Interview nun anschauen und dabei besonders auf den Übergang zwischen den beiden Clips achten, werden Sie feststellen, dass der Text zwar einen schönen Sinn ergibt, aber das Bild an dieser Stelle springt.

> **Timecode direkt eintragen**
>
> Sie können auch den Timecode direkt in das Timecode-Fenster in der Symbolleiste eintragen und sich so das Navigieren ersparen.

Clip »Surfer in Welle«

▲ **Abbildung 1.21**
So sollte Ihre Timeline jetzt aussehen. Die beiden Teile des Interviews liegen direkt hintereinander.

Unser Ziel ist es nun, diesen Sprung mit einem Schnittbild zu überdecken, sodass der Zuschauer den Fehler nicht bemerkt, und das werden wir mit einem verbundenen Clip erledigen.

Öffnen Sie nun den Clip »Surfer in Welle« im Viewer, und setzen Sie In- und Out-Punkte an sinnvollen Stellen. Anschließend navigieren Sie zu dem Schnitt in der Timeline. Den neuen Clip wollen wir über den beiden Teilen des Interviews platzieren, damit er den Schnitt überlagert. Klicken Sie dazu in der Symbolleiste auf das Feld AUSGEWÄHLTEN CLIP MIT PRIMÄRER HANDLUNG VERBINDEN, oder drücken Sie Q auf Ihrer Tastatur.

Sollten Sie lieber mit der Maus und per Drag & Drop arbeiten, ziehen Sie das Schnittbild aus der Ereignisübersicht einfach an die entsprechende Stelle in der Timeline. An dem Schnitt zwischen den beiden Interviewteilen sollte der Clip kleben bleiben, so dass Sie ihn genau platzieren können.

▲ **Abbildung 1.22**
Klicken Sie auf das Feld AUSGEWÄHLTEN CLIP MIT PRIMÄRER HANDLUNG VERBINDEN ❹ in der Symbolleiste, oder drücken Sie die Taste Q, um einen verbundenen Clip zu erstellen.

Abbildung 1.23 ▶
Der neue Clip überlagert den Schnitt und versteckt ihn so.

Wenn Sie nun Ihren Film abspielen, merkt niemand mehr, dass Sie das Interview geschnitten haben.

Nun schneiden Sie bitte aus unserem Interview mit Rabbit den letzten Teil von 06:13:07:01 bis 06:13:15:18 in die primäre Handlung (zum Beispiel mit dem Tastenkürzel E). Anschließend sichten Sie den Clip »Schoene Welle«, setzen In- und Out-Punkte und verdecken damit den Clip, und zwar so, dass die beiden Schnittbilder, also die Surf-Action, direkt aufeinanderfolgen.

Clip »Schoene Welle«

Abbildung 1.24 ▶
Schnittbilder gestalten den Film interessant. Verbundene Clips erkennen Sie an dem kleinen Strich ❶ zwischen den übereinanderliegenden Clips.

Masterclip unbeeinflusst

Öffnen Sie den Clip »Schoene Welle« aus Ihrer Ereignisübersicht heraus, werden Sie feststellen, dass die Tonkanäle wieder eingeblendet sind. Die Einstellungen, die Sie an einem Clip in der Timeline vornehmen, haben also keinen Einfluss auf Ihren Masterclip.

Clips stumm schalten | In unserem Beispiel hören Sie während des Schnittbildes »Schoene Welle« im Hintergrund einen Sprecher am Strand. Diese zweite Stimme lenkt vom eigentlichen Interview ab und irritiert den Zuschauer. Um den Ton an dieser Stelle zu entfernen, klicken Sie den Clip zunächst an. Anschließend klicken Sie wieder auf das kleine »i« in der Symbolleiste und öffnen den Reiter KANALKONFIGURATION. Hier können Sie dann die beiden Häkchen vor den Audiokanälen entfernen. Der Ton wird dadurch ausgeblendet, während Sie weiterhin das Bild des Clips in der Timeline sehen.

Verbundene Clips | Der Vorteil von verbundenen Clips liegt darin, dass Sie Ihre Schnittbilder mit den Clips in der primären

Handlung fest verbinden können. Wenn Sie Ihr Interview noch einmal umschneiden, bewegen sich Ihre Zwischenschnitte einfach mit. Sie erkennen übrigens einen verbundenen Clip an dem kleinen Strich ❶ zwischen der primären Handlung und dem darüber liegenden Schnittbild. Probieren Sie das ruhig mal aus, indem Sie zum Beispiel den mittleren Teil des Interviews mit der Maus hinter den letzten Teil bewegen, die beiden Schnittbilder sollten dann brav dem primären Clip folgen.

Verbundene Clips verschieben | Um verbundene Clips zu verschieben, sie also an einen anderen Clip aus der primären Handlung anzuheften, greifen Sie sie einfach mit der Maus und positionieren sie an anderer Stelle – der kleine Strich wandert dann mit, und der Clip verbindet sich mit einem anderen Teil der primären Handlung.

Sie können allerdings nur Clips mit Teilen der primären Handlung verbinden und nicht untereinander.

Verbundene Clips in die primäre Handlung übernehmen | Wenn Sie einen verbundenen Clip hinter das letzte Element in der primären Handlung bewegen, löst sich die Verbindung, und der Clip fällt eine Etage tiefer und wird so selbst Teil der primären Handlung. Genauso leicht können Sie Clips aus der primären Handlung auch wieder nach oben ziehen und sie mit anderen Clips verbinden.

◄ **Abbildung 1.25**
Der obere Clip überlagert den unteren; der überdeckte Teil ist im Film nicht mehr zu sehen. Das kleine Fenster ❷ zeigt den Versatz an.

Verbundene Clips verschachteln | Final Cut Pro verhindert das versehentliche Überschreiben von Clips mit anderen Inhalten effektiv. Wenn Sie in unserem Beispiel das hintere der beiden Schnittbilder mit der Maus greifen und es weiter nach vorne, also zum Anfang der Timeline bewegen, rutscht das erste Schnittbild automatisch weiter nach oben und macht so den nötigen Platz. Das kleine schwarze Fenster ❷ zeigt Ihnen dabei die Sekunden und Frames an, um die Sie den Clip verschieben. Dadurch, dass sich die beiden Clips nun überlagern, haben Sie im Grunde genommen das zweite Schnittbild vorne gekürzt, denn der Teil, der unter dem anderen Clip liegt, wird nun überdeckt und ist nicht mehr zu sehen, wenn Sie Ihren Film im Viewer anschauen.

Natürlich können Sie die beiden Clips auch tauschen, indem Sie den unteren über den oberen ziehen. Dann ist der Anfang des zweiten wieder zu sehen, dafür wird dann das Ende des ersten überdeckt. Sie bleiben natürlich trotzdem mit der primären Handlung verbunden.

Abbildung 1.26 ▶
Tauschen Sie die Clips, überlagert der Anfang des zweiten das Ende des ersten.

1.7.5 Timeline-Darstellung

In der rechten unteren Ecke der Timeline finden Sie weitere Steuerelemente. Diese dienen der besseren Übersicht und erleichtern die Navigation beim Schnitt.

▶ Die Zoomsteuerung zoomt zur framegenauen Bearbeitung (cmd + + / cmd + -) in die Timeline hinein bzw. aus ihr hinaus.
▶ Der Schieberegler dient zum Hin- und Herschieben des Timeline-Inhalts und zur Navigation in der Timeline.

▲ **Abbildung 1.27**
Durch ein Verschieben der Zoomsteuerung ändern Sie die Timeline-Darstellung.

▲ **Abbildung 1.28**
Mit den grauen Balken verschieben Sie den Timeline-Inhalt vertikal bzw. horizontal.

Über die Clipdarstellung können Sie das Erscheinungsbild Ihrer Clips in der Timeline anpassen. Um das Fenster zu öffnen, klicken Sie auf den kleinen Schalter ❷ rechts neben der Zoomsteuerung. Nun können Sie verschiedene Dinge ihren persönlichen Vorlieben anpassen.

- CLIPDARSTELLUNG ❶ ändert die Darstellungsgröße der Video-Piktogramme und der Audio-Wellenform Ihrer Clips. Aus sechs verschiedenen Einstellungen können Sie wählen: nur Wellenform, nur Piktogramme oder vier Varianten mit jeweils unterschiedlichem Verhältnis zwischen Audio- und Videodarstellung.
- CLIPHÖHE ändert die vertikale Größe der Clips.
- VERBINDUNGEN EINBLENDEN zeigt den kleinen Strich bei verbundenen Clips an bzw. blendet ihn aus.

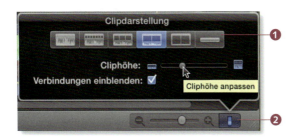

◄ **Abbildung 1.29**
Passen Sie die Darstellung der Clips in der Timeline Ihren persönlichen Vorlieben an.

1.8 Sanfte Übergänge – Videoblenden

Wie schon erklärt, dient dieses Kapitel dazu, Ihnen einen ersten Überblick über die Grundfunktionen unseres Lieblingsprogramms zu geben. Dazu gehört auch der Einsatz von Videoblenden. Wie bei den anderen Techniken auch, kratzen wir hier aber wieder nur an der Oberfläche des Themas Bildübergänge. Die Materie in allen Einzelheiten erklären wir Ihnen dann in Kapitel 9, »Effekte«.

1.8.1 Vorsichtiger Einsatz von Blenden

Der Einsatz von Blenden macht sicherlich so manchen harten Übergang geschmeidiger, und darum lassen sich gerade Anfänger dazu verleiten, sie sehr häufig einzusetzen und vielleicht ein wenig überzustrapazieren.

Sicherlich ist eine Blende von Zeit zu Zeit angebracht, aber oftmals ist es doch der elegantere Weg, saubere Schnitte zu setzen und so einen flüssigen Film zu erschaffen, um im Idealfall dem Zuschauer den Eindruck zu vermitteln, es habe gar keinen Schnitt gegeben.

Clips »Viele Sonnuntergang Beauties-1« und »Viele Sonnuntergang Beauties-2«

Die kleine Render-Schule

Sie haben bestimmt schon bemerkt, dass am oberen Rand der Timeline eine Veränderung stattgefunden hat. Und zwar ist eine schmale, orangefarbene Linie unterhalb des Timecodes aufgetaucht. Erschrecken Sie nicht, denn das Ganze hat einen guten Grund: Das Ineinanderblenden von Video erfordert eine gewisse Rechenleistung, schließlich arbeiten wir hier mit HD-Material. Final Cut Pro muss also an dieser Stelle das Videomaterial neu berechnen. Dieser Prozess nennt sich Rendern. In den vorhergehenden Versionen musste man der Software immer noch mit einem Befehl sagen, dass sie mit dem Rendern beginnen soll. Final Cut Pro X startet damit automatisch und im Hintergrund, und zwar standardmäßig, nachdem Sie fünf Sekunden nicht mit dem Programm gearbeitet oder die Maus bewegt haben. Die große Render-Schule folgt dann in Abschnitt 10.11, »Rendern«.

Zeitspanne überbrücken | Andererseits ist eine Blende in einigen Fällen sinnvoll, sowohl aus ästhetischen als auch aus erzählerischen Gründen. Eine gute Situation für eine Blende ist zum Beispiel, wenn Sie vermitteln möchten, dass eine gewisse Zeitspanne vergangen ist. Wir werden nun mit den Clips »Viele Sonnuntergang Beauties-1« und »Viele Sonnuntergang Beauties-2« arbeiten. Setzen Sie im ersten Clip einen In-Punkt bei ca. 22:10:50:00 und den Out-Punkt etwa sechs Sekunden später. Nachdem der Clip in der Timeline gelandet ist, öffnen Sie den zweiten und markieren einen Zehn-Sekunden-Clip ab Timecode 22:12:00:00. Diesen Clip schneiden Sie bitte direkt hinter den ersten.

Dann wandern Sie mit der Maus über den Schnitt und klicken ihn an, sobald sich der Zeiger zu einer eckigen Klammer ändert. Achten Sie darauf, dass Sie wirklich den Schnitt auswählen und nicht etwa den gesamten Clip. Dass Sie alles richtig gemacht haben, erkennen Sie an der gelben, eckigen Klammer um den Schnitt ❶. Aus der Menüleiste wählen Sie anschließend Bearbeiten • Überblenden hinzufügen (cmd + T).

Abbildung 1.30 ▶
Klicken Sie zunächst den Schnitt ❶ an, auf den Sie eine Blende setzen möchten. Dann wählen Sie Bearbeiten • Überblenden hinzufügen aus der Menüleiste aus oder drücken cmd + T .

1.8.2 Blendendauer anpassen

In der Standardkonfiguration ist eine Blende eine Sekunde lang und wird sowohl auf die Videospur als auch auf die entsprechenden Audiokanäle gesetzt. Die Anpassung der Blendendauer ist ein gutes Beispiel für die intuitive Bedienung von Final Cut Pro. Greifen Sie mit der Maus einfach den Rand der Blende, und schon können Sie durch das Bewegen des Mauszeigers die Länge der Blende exakt regulieren.

◄ **Abbildung 1.31**
Die neue Dauer der Blende sowie die Anzahl der hinzugefügten Frames erscheinen automatisch.

Mit der Blende haben Sie in diesem Fall nicht nur den Übergang weicher gestaltet, denn das Bild wäre ohne die Blende gesprungen, sondern Sie haben dem Zuschauer auch sanft beigebracht, dass die Zeit weiter vorangeschritten ist. Also haben Sie den Übergang gestalterisch und erzähltechnisch sinnvoll eingesetzt.

> **Blenden löschen**
>
> Zum Entfernen von Blenden klicken Sie diese zunächst an und drücken dann die ← -Taste. Schwupp, ist die Blende weg.

1.9 Bandlos arbeiten – Material importieren

Ein Verkaufsargument für Final Cut Pro ist die hohe Kompatibilität mit einer Vielzahl von verschiedenen Videocodecs und Aufzeichnungsformaten. Gerade in jüngster Zeit sind auf diesem Gebiet alle Formate im Vormarsch, die bei der Aufzeichnung auf Bänder verzichten, und so enthält mittlerweile auch fast jeder Camcorder, egal ob Amateur- oder Profi-Modell, eine Speicherkarte, auf der Videoclips bandlos als Datei aufgezeichnet werden. Häufig wird dazu ein so genannter MXF-Container (P2/XDCAM/AVCHD) benutzt, um die Dateien darin zu speichern. Der Mac selbst und gängige Software wie zum Beispiel QuickTime können allerdings den Inhalt dieser Ordner nicht richtig interpretieren, sprich, Sie können sich Ihre Aufnahmen zunächst nicht ansehen.

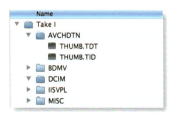

▲ **Abbildung 1.32**
Der Inhalt von bandlosen Speicherkarten ist für den Mac zunächst nicht als Video erkennbar. P2- und AVCHD-Karten zeichnen in so genannten MXF-Containern auf.

1.9.1 Von der Kamera importieren

Im ersten Schritt mounten Sie Ihre Speicherkarte am Mac. Je nachdem, mit welcher Art von Karten Sie arbeiten, geschieht das auf unterschiedlichem Wege. Bei P2-Karten verbinden Sie die Kamera via FireWire-Kabel mit dem Computer. Bei anderen Kameras nutzen Sie entweder ein USB-Kabel oder einen zusätzlichen Kartenleser. Die Karte erscheint dann als eigenes Volume mit dem Namen No Name auf Ihrem Schreibtisch.

Clips sichten | Um Ihre Aufnahmen sichten zu können, klicken Sie in der Menüleiste ganz links auf das Kamerasymbol oder wählen aus der Menüleiste Ablage • Aus Kamera importieren (cmd+I) aus.

Nun öffnet sich der Inhalt Ihrer Speicherkarte in dem Importieren-Fenster automatisch. Sollte dies nicht der Fall sein, klicken Sie bitte unten links auf Archiv öffnen ... ❶, und fügen Sie dann das Volume manuell hinzu. Wichtig ist, dass Sie immer den obersten Ordner auswählen und nicht etwa einen Unterordner, in dem Sie zum Beispiel die Videodateien vermuten.

Abbildung 1.33 ▶
Speicherkarten können Sie über das Fenster Kameraimport in Final Cut Pro übertragen.

Alle Clips auf der Speicherkarte werden nun als Piktogramm mit Clipbezeichnung und Dauer angezeigt und können in Final Cut Pro übertragen werden. Klicken Sie mit der Maus auf einen Clip, dann erscheint im Vorschaumonitor das dazugehörige Bild. Mit den Ihnen vertrauten Steuerelementen und der JKL-Steuerung können Sie sich den Clip nun anschauen. Natürlich können Sie zum Sichten von Clips auch den Skimmer benutzen, sollten Ihnen dieses Werkzeug mehr zusagen.

Clips auswählen | Sie können entweder einen einzelnen, mehrere oder alle Clips gleichzeitig importieren. Um mehrere Clips auszuwählen, halten Sie die [cmd]-Taste gedrückt, und markieren Sie dann mit der Maus die Clips, die Sie in Ihr Ereignis übernehmen möchten. Oder Sie ziehen mit der Maus einen Rahmen um die Aufnahmen, die Sie importieren möchten.

Clips importieren | Danach reicht ein Mausklick auf den Button AUSWAHL IMPORTIEREN ❷, schon gelangen Sie in den Dialog, den Sie schon vom Dateiimport kennen. Hier können Sie sich entscheiden, ob Ihre Aufnahmen zu einem bestehenden oder zu einem neuen Ereignis hinzugefügt werden sollen. Alle anderen Details dieses Dialogs besprechen wir dann in Abschnitt 3.2, »Medien importieren«.

Sobald Sie IMPORTIEREN ❸ drücken, fängt Final Cut Pro an, die Clips auf Ihre Festplatte zu übertragen. Hierbei wird ein neuer QuickTime-Film für jeden einzelnen Clip erstellt und gespeichert.

◀ **Abbildung 1.34**
Über den Import-Dialog fügen Sie Ihre Aufnahmen entweder einem bestehenden oder einem neuen Ereignis hinzu.

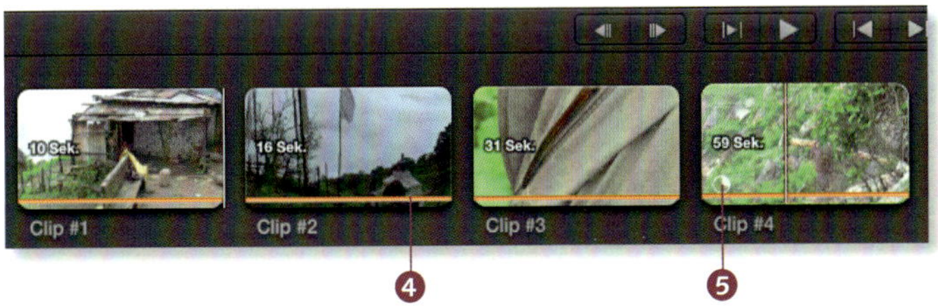

◀ **Abbildung 1.35**
Bereits importierte Clips werden durch einen orangefarbenen Querstreifen ❹ gekennzeichnet. Bei Clips, die gerade importiert werden, wird unten links eine kleine Uhr ❺ eingeblendet, die den Fortschritt anzeigt.

Auswahl einschränken | Durch das Setzen von In- und Out-Punkten beim Importieren ermöglicht Final Cut Pro es Ihnen, vor dem Import eine Auswahl zu treffen. Sie müssen also nicht zwangsläufig mehr Daten kopieren, als Sie für den Schnitt tatsächlich benötigen. Benutzen Sie hierfür am besten die Tasten [I] und [O]. Das Schöne daran ist: Sie können aus einem Clip von

▲ **Abbildung 1.36**
Mithilfe von In- und Out-Punkten schränken Sie Ihre Auswahl ein. Unnötig große Dateien und Ballast während des Schnitts lassen sich so vermeiden.

Ihrer Speicherkarte beliebig viele Segmente übertragen – zum Beispiel bei einem Interview nur die Antworten, die für Sie interessant sind.

1.9.2 Aufnehmen von Band

Das klassische Aufnehmen von Video vom Band ist ab dieser Version für Final Cut Pro eigentlich nicht mehr vorgesehen und wurde von den Entwicklern in Kalifornien kurzerhand rausgeschmissen. Übrig geblieben ist lediglich eine abgespeckte Variante, wie Sie Clips vom Band via USB- oder FireWire-Kabel importieren können. Aber wir wären ja nicht Experten auf diesem Gebiet, wenn wir nicht trotzdem einen Weg gefunden hätten, wie Sie Ihre Bänder in das Schnittprogramm importieren könnten. Wie genau dieser Umweg funktioniert und was Sie dazu brauchen, lesen Sie druckfrisch in Abschnitt 3.4, »Aufnahmen vom Band«.

1.10 Bereitstellen und Exportieren

So, nun sollten Sie zumindest einen kurzen Film schneiden und einfache Übergänge gestalten können. Hoffentlich haben Sie Gefallen an der Arbeit mit Final Cut Pro gefunden und schon einen Einblick erhalten in das, was Sie noch erwartet.

Um dieses Kapitel zu vervollständigen, erklären wir Ihnen jetzt noch, wie Sie Ihren Film exportieren können. Denn das fertige Machwerk soll ja auch dem Kunden präsentiert oder zumindest auf Facebook gepostet werden.

Export als Datei | Final Cut Pro X bietet Ihnen zahllose Wege und Möglichkeiten, Ihr Projekt zu exportieren. Egal ob Sie den fertigen Film in optimaler Qualität an den Kunden ausliefern möchten, eine Blu-ray-Disc erstellen müssen oder Ihr Werk auf Ihrer Homepage veröffentlichen wollen – Sie finden immer das passende Werkzeug.

Wie umfassend dieses Thema ist, erkennen Sie schon daran, dass wir ihm ein eigenes Kapitel gewidmet haben: Kapitel 11, »Ausgabe«. Deswegen bleiben wir jetzt unserem Credo treu und erläutern Ihnen den unserer Ansicht nach besten Weg, schnell ein gutes Exportergebnis zu erzielen, das Sie sowohl am Mac als auch am PC anschauen oder auch auf Ihr iPhone kopieren können.

Bereitstellen für Apple-Geräte | Öffnen Sie Ihr Projekt in der Timeline, und wählen Sie dann aus der Menüleiste Bereitstellen • Apple-Geräte aus. Sogleich öffnet sich ein Dialog mit vielen bunten Bildern, die dem Anwender, also Ihnen, anzeigen, für welches Gerät der Film bereitgestellt werden soll. Zur Auswahl stehen iPhone, iPad, Apple TV sowie Mac und PC.

Jede Einstellung erstellt ein für das jeweilige Gerät optimiertes Video, wobei wir für die Resultate für iPhone, iPad und Apple TV keinerlei Unterschied feststellen konnten. Lediglich der Export für Mac und PC ist größer und von einer besseren Qualität. Exportieren Sie einen Film für eines der Apple-Geräte, erstellt Final Cut Pro einen MPEG-4-Clip mit der Dateiendung *.m4v*. Erstellen Sie einen Clip für Mac und PC, bekommen Sie eine *.mp4*-Datei. Generell ist die Qualität aller Exporte gut und durchaus zu empfehlen.

◄ **Abbildung 1.37**
Über die Menüleiste können Sie Ihr Projekt schnell und einfach exportieren.

◄ **Abbildung 1.38**
Im Bereitstellen-Dialog können Sie zwischen verschiedenen Exportvarianten wählen, alle liefern Ergebnisse guter Qualität.

Letzte Kontrolle | Um sicherzustellen, dass Sie auch das richtige Projekt exportieren und nicht etwa eine ältere Version, können Sie jetzt noch mal schnell durch die kleine Vorschau ❶ im Bereitstellen-Dialog skimmen.

◄ **Abbildung 1.39**
Praktisch, Final Cut Pro fügt Ihre Exporte gleich der iTunes-Mediathek hinzu.

Zu iTunes hinzufügen | Standardmäßig fügt Final Cut Pro Ihren fertigen Export auch gleich der iTunes-Mediathek hinzu. Dort können Sie dann mit Ihrem Film wie gewohnt umgehen, ihn

> **Noch mehr Optionen**
>
> Hinter dem verlockend klingenden Button DETAILS EINBLENDEN ❹ birgt dieses Fenster noch weitere Optionen und Überraschungen, die wir Ihnen in Abschnitt 11.1.2, »Optionen zur Mehrfachausgabe«, näher erläutern.

anschauen oder eben auf eines Ihrer Apple-Geräte kopieren. Achten Sie lediglich darauf, dass Sie bei ZU ITUNES HINZUFÜGEN ❷ ein Häkchen gemacht haben, bevor Sie auf BEREITSTELLEN ❸ klicken.

Einen anderen Ausgabepfad wählen

Nicht immer möchten Sie einen Export auch Ihrer iTunes-Mediathek hinzufügen. Wenn Sie zum Beispiel dem Kunden nur mal kurz einen Zwischenstand auf den Server legen oder ein Projekt archivieren wollen, macht ein anderer Speicherort mehr Sinn. In diesem Fall nehmen Sie das Häkchen in der entsprechenden Checkbox einfach raus. Dadurch ändert sich der Button BEREITSTELLEN in WEITER, und Sie können einen beliebigen Speicherpfad auswählen.

Abbildung 1.40 ▶
Wenn Sie Ihren Film nicht automatisch zur iTunes-Mediathek hinzufügen wollen, nehmen Sie den Haken aus der Checkbox und wählen einen beliebigen Speicherpfad.

Das war schon mal ein schneller Überblick über die Grundfunktionen von Final Cut Pro X. Viele Grundbegriffe wie Frame oder Timecode sind Ihnen jetzt nicht mehr fremd, und Sie haben sicherlich ein Gefühl für das bekommen, was noch vor Ihnen liegt. Hoffentlich haben Sie auch Spaß an der Arbeit mit Final Cut Pro gefunden, denn der sollte bei der Lektüre dieses Buches immer im Vordergrund stehen und keinesfalls zu kurz kommen.

2   Technische Grundlagen

Die ersten Schritte sind gegangen, die ersten Bilder haben laufen gelernt, und Sie haben die wichtigsten Funktionen von Final Cut Pro schon einmal kennengelernt. Nun ist es an der Zeit für die technischen Grundlagen, auf denen Final Cut Pro aufbaut, und für das Basiswissen, das man für den Videoschnitt immer parat haben sollte.

Das heißt, hier hört der Spaß auf! In diesem Kapitel erwartet Sie nichts Kreatives, sondern nur trockene Theorie. Was ist der Unterschied zwischen den einzelnen HD-Formaten? Welche Video-Codecs gibt es? Was ist ein Zeilensprung? Diese und ähnliche Themen lesen Sie hier. Sicherlich können Sie das Kapitel einfach überspringen, oft aber erleichtert ein fundiertes Hintergrundwissen die Arbeit in Problemsituationen – und sagen Sie dann nicht, wir hätten es Ihnen nicht auf dem Silbertablett serviert.

2.1   Programmarchitektur

Im Grunde ist Final Cut Pro nur ein Sammelbecken für Dateiverknüpfungen und Verweise. Wenn Sie zum Beispiel einen Videoclip importieren, liegt nicht die Datei selbst im Ereignis, sondern nur eine Verknüpfung zu der Datei. Zudem ist unser liebes Schnittprogramm QuickTime-basiert. Das heißt, Final Cut Pro versteht auch nur die Dateien, die sich mit QuickTime öffnen lassen. Man kann also sagen, dass Final Cut Pro die Benutzeroberfläche für eine mächtige Hintergrundarchitektur ist.

2.1.1   QuickTime

QuickTime ist ein Sammelbecken für verschiedene Video-Codecs. Man kann sich das in etwa wie den Werkzeugkoffer eines Handwerkers vorstellen, für jede Gelegenheit hat er stets das richtige Utensil dabei. Die Werkzeuge im Koffer sind in unserem

Eisberg voraus

QuickTime ist wie ein Eisberg. Als Spitze aus dem Wasser schaut nur das Programm hervor. Der mächtige Unterbau verbirgt sich unter der Oberfläche.

Fall die Softwarekomponenten oder auch *Codecs*, der Koffer ist QuickTime.

Die Softwarekomponenten bestimmen, wie die Bildinformationen in einem Video abgelegt sind. Das kann unkomprimiert sein, das kann im Apple-ProRes-Codec geschehen oder als H.264-Video. Die Dateiendung ist dabei immer .mov. Es gibt zahlreiche Formate und Codecs, die bereits in QuickTime integriert sind, auf jeden einzelnen genau einzugehen, würde ein komplettes Kapitel füllen. Wichtig ist zu wissen, dass zum Beispiel der Apple-ProRes-422-Codec, alle HD-Codecs sowie die unkomprimierten Codecs für die Bearbeitung mit Final Cut Pro enthalten sind. Die einzelnen Videoformate, wie beispielsweise DVCPRO HD, erläutern wir Ihnen in diesem Kapitel ab Seite 56.

> **Weitere Codecs installieren**
>
> Sie können in QuickTime noch weitere Codecs installieren, sollte ein Film sich nicht abspielen lassen. Da Apple auch Softwarekomponenten von Drittanbietern zulässt, kommen von Zeit zu Zeit neue hinzu.

Alle Formate und Größen möglich | Dank des leistungsfähigen QuickTime-Unterbaus bietet Final Cut Pro die Möglichkeit, von der Kinoauflösung bis zum Web-Daumenkino nahezu alle gängigen Formate und Größen zu bearbeiten, sprich von Tausenden Pixeln bis (theoretisch) 1 × 1 Pixel, und das bei allen üblichen Bildraten pro Sekunde. Sie können sogar alle Formate, Codecs, Größen und Frameraten in einem Projekt, also in einer Timeline mischen, um zu einem einheitlichen Ergebnis zu gelangen.

Abbildung 2.1 ▸
Lange Liste: Final Cut Pro versteht alle Formate, die in QuickTime installiert sind.

2.1.2 Optimierte Formate

Einige Videoformate sind besser für den Schnitt mit Final Cut Pro geeignet als andere, weil sie zum Beispiel in ihrer Beschaffenheit weniger komplex und damit weniger rechenintensiv sind. In diesem Fall sprechen wir von »optimierten Formaten«. In der folgenden Liste erhalten Sie einen Überblick.

> **Perfekt geeignet**
>
> Die Formate dieser Liste werden über die Option OPTIMIERTE MEDIEN ERSTELLEN nicht umcodiert.

- **Videoformate**
  - Apple-Animation-Codec
  - Apple-Intermediate-Codec
  - Apple ProRes (alle Versionen)
  - AVC-Intra
  - AVCHD (inkl. AVCCAM und AVCHD Lite)
  - DVCPRO (25/50)
  - DV
  - DVCPRO HD
  - H.264
  - iFrame
  - MPEG IMX (D-10)
  - HDV
  - Unkomprimiertes 8-Bit 4:2:2
  - Motion JPEG
  - Unkomprimiertes 10-Bit 4:2:2
  - XDCAM (HD/EX/HD422)

- **Audioformate**
  - AAC
  - WAV
  - AIFF
  - BWF
  - CAF
  - MP4

- **Grafiken**
  - BMP
  - TGA
  - GIF
  - TIFF
  - PNG
  - PSD
  - RAW

Alle Formate, die nicht in dieser Tabelle aufgeführt sind, sollten Sie am besten in den Apple-ProRes-422-Codec umwandeln. Wie das automatisch und komfortabel schon beim Import geht, lesen Sie in Abschnitt 3.2.4, »Beim Import transcodieren«.

Feine Unterschiede

Alle Formate haben so ihre kleinen Besonderheiten, allerdings ist die Bearbeitung in Final Cut Pro fast immer identisch.

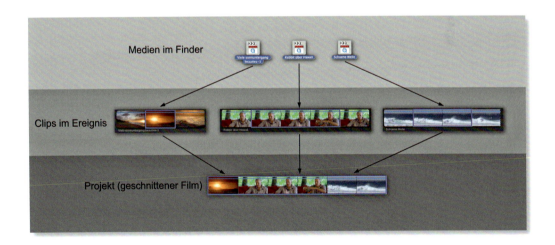

▲ Abbildung 2.2
Der Aufbau von Final Cut Pro: Die Medien liegen immer unverändert auf Ihrer Festplatte und werden in Ereignissen verwaltet. Der Schnitt findet in Projekten statt.

2.1.3 Zusammenfassung der Funktionsweise

Fassen wir die Funktionsweise und die wichtigsten Begriffe von Final Cut Pro noch mal zusammen: auf Ihrer Festplatte liegen Ihre *Mediendateien* – das können Videos, Grafiken oder Musik sein. Alle Medien werden innerhalb von Final Cut Pro in *Ereignissen* verwaltet und sortiert. Innerhalb von Final Cut Pro bezeich-

2.1 Programmarchitektur | **55**

nen wir Medien auch als *Clips*. Der eigentliche Schnitt findet in *Projekten* statt, von denen Sie beliebig viele anlegen können. Die Dateien auf Ihrer Festplatte bleiben dabei unverändert, und Sie können sie immer wieder auch für andere Filme verwenden.

2.2 Videoformate

Wenn Sie einen Film produzieren und schneiden möchten, dann ist die Wahl des richtigen Videoformats nicht ganz unwichtig. Dabei geht es nicht nur um die Entscheidung, ob Sie in SD- oder HD-Auflösung aufnehmen, denn mittlerweile finden Sie ja kaum noch Kameras, die in SD aufzeichnen.

Es gibt auch eine schier unüberschaubare Anzahl an verschiedenen Codecs, Frameraten und Bildgrößen, die alle ihre Berechtigung haben. Die Herausforderung besteht darin, sich für das richtige Format zu entscheiden, den Überblick zu behalten und zu verstehen, was die einzelnen Begriffe genau bedeuten.

Deswegen werden wir Ihnen nun alles zu Themen wie Halbbild, Apple ProRes, Pixelformat oder 720p erklären, denn wenn man sich mal in Ruhe die Unterschiede angeschaut hat, dann ist es gar nicht mehr so kompliziert.

2.2.1 Grundlagen der Videotechnik

Wir in Westeuropa nutzen ja bekanntlich das PAL-Format zur Übertragung von Fernsehbildern. PAL, das heißt 720 × 576 Bildpunkte bei 25 Frames (Einzelbildern) pro Sekunde (fps). Die Abkürzung PAL steht für *Phase Alternation Line* und beschreibt eigentlich nur den technischen Weg der Farbübertragung von der Sendeanstalt ins heimische Wohnzimmer. Die genauen Details sind sehr technisch (und langweilig), deswegen an dieser Stelle nur so viel: Das rote Farbdifferenzsignal wird in jeder zweiten Bildzeile um 180° phasenverschoben (alternierend) übertragen, um eine farbechte Wiedergabe zu garantieren. Klingt spannend? Dann viel Spaß bei der weiteren Recherche. Wir wollen uns weiterhin auf Praxisanwendungen konzentrieren.

Seitenverhältnis | Die Geburtsstunde von PAL lässt sich genau feststellen: Am 25. August 1967 startete Willy Brandt im Rahmen der Funkausstellung im damaligen West-Berlin das Farbfernsehen. Damals entschied man sich für das Seitenverhältnis 4:3. Wie Sie wissen, ist aber – durch den durch Kinofilme entstandenen Seheindruck – mittlerweile 16:9 das zeitgemäße Seitenverhältnis. Jetzt noch einen 4:3-Fernseher zu bekommen, dürfte Sie vor

Noch breiter
Hersteller wie Philips bieten mittlerweile sogar Fernseher im 21:9 Kinoformat an. Die Reise kann also weitergehen.

ernsthafte Herausforderungen stellen, und auch im Produktionsalltag hat 16:9 mittlerweile die Oberhand gewonnen.

Auflösung in Pixeln | Die digitale Auflösung wird bekanntlich in Pixeln angegeben. Da es ja auch mal ein analoges Videozeitalter gab, wurden die Pixelwerte für die Höhe aus der Anzahl der Zeilen ermittelt, während die Breite aus dem 4:3-Verhältnis errechnet wurde. Daraus ergeben sich 576 Pixel in der Höhe und 768 Pixel in der Breite. Eigentlich hat ein PAL-Signal bei der analogen Übertragung 625 Zeilen. Dort befinden sich noch Zusatzinformationen wie zum Beispiel der Videotext. Für die digitale Verarbeitung ist aber nur das sichtbare Bild interessant, und so kann auf die zusätzlichen Zeileninformationen verzichtet werden.

Bei NTSC – der amerikanischen Fernsehnorm – gilt die Auflösung 640 × 480. Die NTSC- und PAL-Formate wurden für die Digitalisierung angeglichen, sodass beide trotz unterschiedlicher Bildraten und Auflösungen auf die gleiche Datenrate kommen, vermutlich, um Hard- und Software für die Entwicklung zusammenzufassen. Daraus hat sich für PAL eine Auflösung von 720 × 576 Pixeln und für NTSC von 720 × 480 Pixeln ergeben. Hier hat man allerdings nicht mehr ein 4:3-Seitenverhältnis, sondern 5:4 bei PAL bzw. 3:2 bei NTSC.

Um bei der Ausgabe trotzdem wieder bei 4:3 zu landen, hat man das Seitenverhältnis der Pixel geändert. Daraus ergibt sich, dass man nicht mit quadratischen Pixeln arbeitet, sondern mit rechteckigen. Diese Bilder wirken verzerrt, wenn die Pixel nicht rechteckig dargestellt werden können. Bei der Ausgabe über Geräte und Programme, die mit den rechteckigen Pixeln umgehen können, erscheint das Bild hingegen normal – so auch bei der PAL-Video-DVD, deren MPEG-2-Signal ebenfalls eine Auflösung von 720 × 576 Pixeln besitzt.

So gilt für alle SD-Formate bei PAL die Auflösung von 720 × 576 Pixeln mit 25 Bildern (50 Halbbildern) pro Sekunde. Das Pixelseitenverhältnis beträgt ca. 1,6667. Für DVCPRO und DVCPRO 50 gilt dasselbe, ebenso für unkomprimiertes 8- und 10-Bit-SD-PAL. Die Auflösung von Full HD liegt bei 1.920 × 1.080 Pixel.

16:9 als aktueller Standard | Inzwischen haben alle Fernsehsender ihr Programm auf 16:9 umgestellt, um so auf die aktuellen Entwicklungen zu reagieren, und viele sind auch schon einige Schritte in Richtung HD gegangen.

Für 16:9 hat man bei SD ein noch extremeres Pixelseitenverhältnis von circa 1,42. Wir sprechen hier auch von **anamorphotischem Video**.

> **Nerd-Humor**
>
> Aufgrund der schlechten Qualität der Farbübertragung steht die Abkürzung NTSC bei deutschen Fernsehtechnikern auch für »Never The Same Color«

> **Anamorphotisch**
>
> Der Begriff beschreibt die Verzerrung der Pixel, durch die der 16:9-Seheindruck entsteht, obwohl tatsächlich die gleiche Pixelanzahl übertragen wird wie bei einem 4:3-Video.

Aufgrund der Abwärtskompatibilität mit bestehenden Fernsehstandards nutzt also auch ein anamorphotisches 16:9-Bild die volle 4:3-Auflösung. Bei der Darstellung auf einem 4:3-Gerät wird das Bild dann entsprechend gestaucht, sodass oben und unten die schwarzen Balken erscheinen (Letterbox). Ein echtes 16:9-Gerät besitzt in der Höhe auch die vollen 576 Zeilen, bietet aber in der Breite im Verhältnis 1.024 Bildpunkte (die es bei Röhrengeräten so natürlich nicht gibt). Die 720 rechteckigen Pixel werden dann auf den imaginären quadratischen 1.024 Bildpunkten abgebildet.

Bei 16:9-Flachbildschirmen liegt die Auflösung meist wesentlich höher, mittlerweile eigentlich immer bei Full HD, also 1.920 × 1.080 Pixeln. Da hier aber nicht mehr Pixel gleich Pixel gilt, sind die Signalprozessoren für die Interpolation von großer Bedeutung für die Bildqualität. Deswegen ist auf dem Fernseher in Ihrem Wohnzimmer die Qualität von Blu-ray-Discs auch so viel besser als die des normalen Fernsehbilds. Denn während die Blu-ray-Disc für jeden Pixel des TV-Geräts auch einen Pixel liefert, sendet die TV-Übertragung nur 720 × 576 Pixel. Der Fernseher muss also das angelieferte Signal auf die volle Auflösung skalieren, wobei natürlich die Qualität leidet.

> **Die Pixelanzahl**
>
> Die Pixelanzahl ist mit 720 × 576 genauso wie beim 4:3-Format. Der Clou liegt im Pixelseitenverhältnis. Durch die einseitige Verzerrung der Pixel lässt sich ein 16:9-Bild erzeugen.

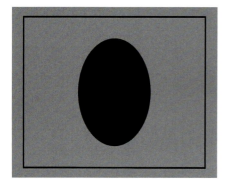

▲ **Abbildung 2.3**
720 × 576 Pixel mit quadratischen Pixeln. Das 16:9-Bild wird gequetscht dargestellt. Der Kreis gleicht einem Ei.

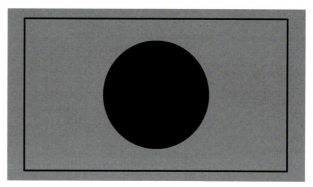

▲ **Abbildung 2.4**
Das gleiche Seitenverhältnis nach einer Pixelseitenverhältnis-Korrektur (anamorphotisch)

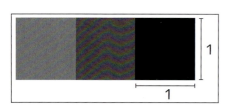

▲ **Abbildung 2.5**
Hier sehen Sie ein quadratisches Pixel in einem 4:3-Bild.

▲ **Abbildung 2.6**
Das anamorphotische Bild hat ein verzerrtes Pixelseitenverhältnis. Es entsteht ein 16:9-Bild.

HD-Pixelformate | Einige HD-Formate verwenden übrigens den gleichen Trick mit quadratischen und rechteckigen Pixeln. Ein Beispiel ist DVCPRO HD, das 1.440 × 1.080 Pixel aufzeichnet, während Full HD immer 1.920 × 1.080 Pixel bedeutet. Durch die breiteren, rechteckigen Pixel entsteht für das Auge des Zuschauers das gleiche Bild. Der Vorteil besteht vor allem in dem geringeren Speicherbedarf, den DVCPRO HD benötigt, denn für jede der 1.080 Bildzeilen müssen ja immerhin rund 500 Pixel weniger gespeichert werden. Man spart also insgesamt 518.400 Pixel

16:9-Grafiken erstellen | Wenn Sie 16:9-Material am Rechner erzeugen (Photoshop, After Effects, Cinema 4D), raten wir dazu, möglichst in quadratischen Pixeln mit 1.024 × 576 Pixel (SD) bzw. 1.920 × 1.080 Pixel (HD) zu arbeiten. Dadurch hat man bei der Bearbeitung eine bessere Kontrolle. In Final Cut Pro ziehen Sie die Grafik dann einfach in Ihr Projekt, wo sie automatisch an das aktuelle Pixelseitenverhältnis angepasst wird. Das ist zwar nicht gerade die feine videophile Art, aber das Auge fällt nun mal darauf herein, und das ist, was zählt. Bei einer 16:9-Video-DVD passiert ebenfalls genau das.

> **Andere Seitenverhältnisse**
>
> Auch wenn gerade bei Spielfilmen die Seitenverhältnisse 1,87:1 oder 2,35:1 angegeben sind, heißt das nur, dass auf dem 16:9-Bild noch zusätzlich oben und unten schwarze Balken sind.

Vollbilder und Halbbilder | Als die ersten Röhrengeräte entstanden, richtete sich die Framerate nach der Frequenz im Stromnetz (Wechselstrom), die in unseren Breiten 50 Hz betrug. Daraus aber 50 Vollbilder pro Sekunde zu übertragen, wäre eine pure Bandbreitenverschwendung gewesen. Man entschied sich für 25 Vollbilder pro Sekunde, was auch sehr nah an der Bildrate von Film lag. Allerdings würde ein 25-Hz-Signal auf einer Bildröhre derartig flackern, dass man es kaum ertragen würde. Die 25 Vollbilder werden daher als 50 Halbbilder über die Flimmerkiste geschickt.

Das Ganze geschieht auch noch ineinander verschachtelt, also »interlaced«. Erklären lässt sich der Vorgang am besten am Bespiel von Röhrenfernsehern. Im so genannten **Zeilensprungverfahren** werden je nach Norm zunächst die ungeraden (PAL) oder geraden (NTSC) Zeilen geschrieben. Danach folgt die Austastlücke, und der Kathodenstrahl der Bildröhre springt zurück nach oben, um die anderen Zeilen zu schreiben.

Der Begriff **Halbbilddominanz** beschreibt dabei, welches Halbbild zuerst dargestellt wird. Wichtig ist vor allem, dass Sie sich merken, dass für den Regelfall eine ungerade Halbbilddominanz korrekt ist, also das erste Halbbild zuerst geschrieben wird.

In Zeiten höherer Übertragungsraten, schnellerer Festplatten und verbesserter Videotechnik ist es mittlerweile immer beliebter,

> **LCD- und Plasma-Fernseher**
>
> Zwar arbeiten die modernen LCD- und Plasma-Fernseher heute mit anderen Methoden, jedoch hat sich bis dato nichts an der Übertragung vom Fernsehsender ins Wohnzimmer geändert, sodass oben Genanntes immer noch die Grundlage für die Sendetechnik bildet.

> **Besser Vollbilder**
>
> Produzieren Sie ein Video ausschließlich für das Web oder die Präsentation auf einem Computermonitor, empfehlen wir Ihnen mit Vollbildern zu arbeiten, also progressiv.

anstatt mit verschachtelten Halbbildern mit Vollbildern (progressiv) zu arbeiten. Durch die Aufzeichnung von Vollbildern wirkt das Bild etwas weicher und rückt insgesamt näher an den Look von echtem Film, weswegen vor allem bei Kurzfilmen und höherwertigen Produktionen häufig zu progressiven Formaten gegriffen wird. Einen generellen Ratschlag, welche Aufzeichnungsart besser ist, können wir Ihnen allerdings nicht geben, denn das hängt immer von der Art Ihres Films ab.

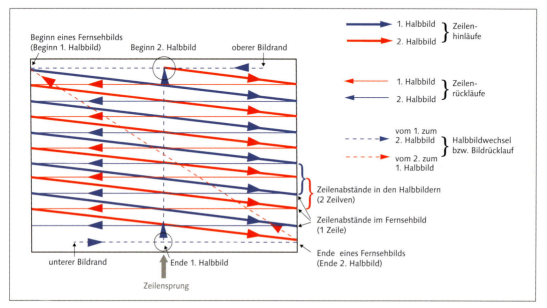

▲ **Abbildung 2.7**
Das PAL-Fernsehbild besteht aus 50 verschachtelten Halbbildern.

Begriff	Definition
Pixel	Ein einzelner Bildpunkt
Auflösung	Die Anzahl der Pixel, aus denen sich ein Videobild zusammensetzt (SD PAL 720 × 567, Full HD 1.920 × 1.080)
Zeilensprungverfahren	Manche Formate teilen ein Videobild in zwei Halbbilder auf, die ineinander verschachtelt werden.
Halbbilddominanz	Gibt an, welches Halbbild beim Zeilensprungverfahren zuerst geschrieben wird. In Europa ist in der Regel das ungerade Halbbild dominant. Ausnahme: DV-PAL (SD).
Framerate	Die Anzahl der Bilder (Frame) pro Sekunde (fps)
Codec	Art der Kompression von Video (z. B. Apple ProRes oder DVCPRO HD)
Format	Eine zusammenfassende Beschreibung. Ein Videoformat ist zum Beispiel »Apple ProRes 422 1080i50«. Übersetzt: Codec (Apple ProRes 422) + Auflösung (1920 × 1080) + Halbbilddominanz (interlaced) + Framerate (50 fps)

▲ **Tabelle 2.1**
Begriffe in der Videotechnik

Formate erkennen | Die Bezeichnungen für die unterschiedlichen HD-Formate setzen sich häufig aus den oben genannten Komponenten zusammen. Wenn Sie also irgendwo »**Apple ProRes 1080i50**« lesen, dann können Sie nun ableiten, dass es sich dabei um Video im Apple-ProRes-Codec mit einer Auflösung von 1.920 × 1.080 Pixeln handelt. Das kleine »i50« steht für 50 ineinander verschachtelte (interlaced) Halbbilder.

Formate, die progressiv, also ohne Zeilensprung arbeiten, lassen sich schnell an einem kleinen »p« erkennen; zum Beispiel **XDCAM HD 720p25**. Da die Übertragung von 25 Vollbildern wesentlich schnellere Datenwege und Festplatten erfordert als die Übertragung von 50 Halbbildern, haben die Entwickler zunächst an der Auflösung gespart und diese auf 1.280 × 720 Pixel reduziert. Dadurch sinkt natürlich auch der benötigte Speicherplatz. In der letzten Zeit sind Speicherkarten und Chips allerdings immer schneller und besser geworden, deswegen können auch immer mehr Kameras inzwischen mit 50 und mehr Vollbildern pro Sekunde aufzeichnen, und das sogar bei voller HD-Auflösung.

Formate wie **DVCPRO HD** nehmen mit einer Auflösung von 1.440 × 1.080 Pixeln auf. Durch ein rechteckiges Pixelseitenverhältnis entsteht zwar ebenfalls ein 16:9-Bild, allerdings wird weniger Speicherplatz benötigt.

2.2.2 Die Apple-ProRes-Familie

Nachdem wir uns angeschaut haben, was die wichtigsten Komponenten eines Videoformates sind und was sie bedeuten, werfen wir nun einen gezielten Blick auf das Format, mit dem Sie es bei der Arbeit mit Final Cut Pro wahrscheinlich am häufigsten zu tun haben werden. Und das, obwohl uns keine Kamera bekannt ist, die im Apple-ProRes-Format aufzeichnet.

Mit der Veröffentlichung von Final Cut Studio 2 im April 2007 hat Apple auch einen neuen Video-Codec auf den Markt gebracht. Das Ziel bestand darin, einen Codec zu etablieren, der sowohl SD- als auch HD-Clips in hoher Qualität und mit vertretbaren Dateigrößen speichern kann. Insgesamt gibt es fünf verschiedene Versionen, die sich allesamt in der Kompression und damit in der Qualität unterscheiden:

- Apple ProRes 4444
- Apple ProRes 422 (HQ)
- Apple ProRes 422
- Apple ProRes 422 (LT)
- Apple ProRes 422 (Proxy)

Formate leicht unterscheiden

Ob ein Videoformat progressiv oder interlaced arbeitet, lässt sich meistens schon am Namen erkennen. Wenn Sie zum Beispiel irgendwo Apple ProRes 422 1080i lesen, dann steht das »i« für interlaced, also verschachtelte Halbbilder. Bei dem Format XDCAM EX 720p hingegen handelt es sich um ein progressive Aufzeichnung, zu erkennen am »p«.

Codec und Auflösung

Obwohl jeder Codec theoretisch unabhängig von der Auflösung ist, arbeiten die meisten Formate mit festgelegten Werten. Das liegt allein schon daran, dass Hersteller wie Sony oder Panasonic ihre Kameras schon entsprechend konfigurieren. Je nachdem, mit welchem Modell Sie arbeiten, entscheidet sich automatisch auch gleich, in welchem Format Sie aufzeichnen.

Schauen wir uns die Gemeinsamkeiten und Unterschiede der Codecs in Hinblick auf Anwendbarkeit und Praxis an. Gemeinsam ist allen Codecs, dass sie in Framerate, Auflösung und Zeilensprung flexibel sind. Das heißt, dass Ihnen alle Versionen des Codecs für alle SD- und HD-Formate zur Verfügung stehen. Die Wahl des richtigen Apple-ProRes-Formats ist also immer eine Entscheidung nach qualitativen Gesichtspunkten und dem zur Verfügung stehenden Speicherplatz und folgt nicht den Spezifikationen der Videostandards.

Apple ProRes 4444 | Der ProRes-4444-Codec ist der qualitativ hochwertigste der fünf verschiedenen Versionen. Der Name erlaubt bereits Rückschlüsse auf das Verfahren, das bei der Kompression angewendet wird. Die ersten drei Vieren stehen für das Luminanzsignal (Grauwerte), das rote Farbdifferenzsignal und das blaue Farbdifferenzsignal. Aus diesen drei Werten besteht ein Videobild. Da das menschliche Auge über mehr Hell-Dunkel-Rezeptoren als über Farbrezeptoren verfügt, arbeiten viele Codecs mit einer Reduktion der Farbinformation, da hier Einschränkungen weniger auffallen. Der Nachteil: Gerade bei aufwendigen Farbkorrekturen oder Compositings fehlen einem genau diese Informationen. Apple ProRes 4444 verzichtet auf dieses so genannte **Chroma-Subsampling** und gewährleistet so höchste Qualität für anspruchsvolle Filmarbeiten – und daher leitet sich auch der Name ab, denn von allen Kanälen werden alle vier von vier Anteilen gespeichert.

Die vierte Vier steht für den Alphakanal, über den dem Video eine Transparenzinformation hinzugefügt werden kann. Diese Eigenschaft, über die vorher nur der Animation-Codec verfügte, prädestiniert Apple ProRes 4444 auch für Animationen, die in Programmen wie Motion oder After Effects erstellt wurden und an Final Cut Pro übertragen werden.

Ein weiterer Faktor, der für die gute Qualität mitverantwortlich ist, ist die *Bitrate*. Die Bitrate bestimmt die Anzahl der Abstufungen bei den Helligkeits- und Farbwerten. Bei einer Rate von 1 Bit für den Farbkanal Blau hätten Sie zum Beispiel nur 2 mögliche Abstufungen: Schwarz und Blau. Da die Bitrate immer eine Potenz beschreibt, haben Sie bei 8 Bit (2 hoch 8) folglich schon 256 Abstufungen. Um in der obersten Liga der Codecs mitspielen zu können, arbeitet Apple ProRes 4444 mit einer 12-Bit-Codierung, also 4.096 Abstufungen für jeden Farb- und Helligkeitskanal, und beim Alphakanal sogar mit 16 Bit.

Aufgrund der hohen Standards, die Apple hier setzt, ist auch der Speicherbedarf entsprechend hoch: Die Datenraten reichen von ca. 92 MBit/s bei PAL bis zu 275 MBit/s bei HD (1920 × 1.080, 25 fps) und 315 MBit/s bei 2K. Für eine Minute Video benötigen Sie folglich zwischen 690 MB (PAL) und 2,06 GB (HD) Speicherplatz und dementsprechend schnelle und große Festplatten. Empfohlen wird dieser Codec vor allem für Aufnahmen, die mit der RED-Kamera, auf Film oder auf HDCAM entstanden sind.

> **Sampling**
>
> Immer, wenn wir von *Sampling* oder *Farbtiefe* im Zusammenhang mit Videosignalen sprechen, meinen wir präziser formuliert das *Chroma-Subsampling*. Um Platz zu sparen, werden beim Speichern eines Bildes Informationen weggelassen. Da das menschliche Auge Helligkeitsunterschiede deutlicher wahrnimmt als Farbunterschiede, wird natürlich auch in erster Linie hier gespart. 4:2:2 bedeutet, dass die Helligkeitsinformation (Luma) unverändert ist (sprich 4/4), während die Farbdifferenzsignale für Rot und Blau jeweils halbiert wurden (2/4). 4:2:0 heißt, zwischen den Farbdifferenzsignalen nach jeder Zeile zu wechseln, nicht etwa eine Farbe ganz wegzulassen.

Apple ProRes 422 (HQ) | Diese Version des Codecs arbeitet mit einer 4:2:2-Codierung. Der Helligkeitswert wird also komplett, die beiden Farbwerte zur Hälfte reduziert übertragen. Ein Alphakanal ist nicht implementiert. Die Farbtiefe liegt mit 10 Bit immer noch sehr hoch, aber dafür ist die Datenrate im Vergleich zum großen Bruder mit 61 MBit/s (PAL) und 184 MBit/s (HD) deutlich abgesunken.

Wir empfehlen diesen Codec für Projekte, die hohen Ansprüchen genügen müssen und die auch schon mit einer entsprechenden Qualität aufgezeichnet wurden, zum Beispiel XDCAM HD.

Ebenso geeignet ist Apple ProRes 422 (HQ) für Produktionen, die mit verschiedenen Kameras aufgezeichnet wurden. Stellen Sie sich vor, Sie haben für eine Reportage unterschiedliche Kameras und Aufzeichnungsformate genutzt, weil zum Bespiel die gewünschte Kamera kurzfristig nicht zu leihen war. Ursprünglich wollten Sie auf DVCPRO HD filmen, jetzt sind aber außerdem noch Aufnahmen in HDV und in XDCAM EX entstanden. Anstatt nun jede Aufnahme im ursprünglichen Format zu lassen und während des Schnitts an die Besonderheiten jedes einzelnen Formats denken zu müssen, lassen Sie alle Clips von Final Cut Pro schon während des Imports in Apple ProRes 422 umwandeln.

Apple ProRes 422 | Apple ProRes 422 verfügt über das gleiche Chroma-Subsampling und mit ebenfalls 10 Bit auch über die gleiche Farbtiefe wie Apple ProRes 422 (HQ). Geschraubt wurde lediglich an der Kompression und damit an der Datenrate. Die

> **Kein Gewinn bei AVCHD**
>
> Aufnahmen im AVCHD-Format oder Clips vom iPhone gewinnen nicht an Qualität, wenn sie in Apple ProRes 422 (HQ) konvertiert werden. In diesem Fall reicht sicherlich Apple ProRes 422 vollkommen aus.

> **In Apple ProRes 422 umwandeln**
>
> Wie Sie Clips während des Imports in Apple ProRes 422 umwandeln, lesen Sie in Abschnitt 3.2.4, »Beim Import transcodieren«.

2.2 Videoformate | **63**

liegt mit 41 MBit/s (PAL) bzw. 122 MBit/s (HD) dann auch deutlich unter der hochqualitativen Version. Laut Apple sind diese Unterschiede mit dem bloßen Auge nicht sichtbar, und so ist der Codec am besten für Produktionen geeignet, die mit wenig Nachbearbeitung auskommen und viele gedrehte Minuten enthalten. Bestes Beispiel: Nachrichten und tagesaktuelle Magazinbeiträge.

Apple ProRes 422 (LT) | Das *LT* im Namen dieses Codecs steht für *light*. Und mit »leicht« ist in erster Linie das »Gewicht« gemeint, mit dem sich jede Minute gedrehtes Video auf Ihrer Festplatte niederlegt. Mit Datenraten zwischen 28 MBit/s (PAL) und 85 MBit/s (HD) lassen sich dann immerhin bis zu 5 Minuten Video pro Gigabyte speichern und bearbeiten. Auch diese Unterart des Apple-ProRes-422-(HQ-)Codecs arbeitet mit 4:2:2-Chroma-Subsampling und 10 Bit Farbtiefe, gespart wird wieder einmal an der Datenrate. Die Qualität ist immer noch erstaunlich gut, vorausgesetzt, man plant keine Farbkorrektur oder digitale Effektbearbeitung mit den entstandenen Aufnahmen.

Auch dieses Format wurde für die tagesaktuelle Berichterstattung geschaffen. Geeignet ist es außerdem für Multi-Kamera-Live-Produktionen, bei denen die Videosignale von mehreren Kameras gleichzeitig von einem Mac und den dazugehörigen Festplatten aufgezeichnet werden.

Apple ProRes 422 (Proxy) | Nun ist aber Schluss! Zumindest mit den sendefähigen Bildern. Allerdings ist dieser Codec dazu auch gar nicht gedacht. Eigentlich handelt es sich bei Apple ProRes 422 (Proxy) nur um einen Platzhalter, gewissermaßen um den Parkplatzwächter der Apple-ProRes-Familie. Bei diesem Format geht es vor allem darum, Festplattenspeicherplatz zu sparen. Obwohl Apple ProRes 422 (Proxy) ebenfalls ein Sampling von 10 Bit vorweisen kann und mit Frameauflösungen zwischen PAL (720 × 576 Pixel), HD (1.920 × 1.080 Pixel) und 2K (2.048 × 1.152 Pixel) spielend umgeht, hat es doch nur eine Datenrate zwischen 12 MBit/s (PAL) und 38 MBit/s (HD).

Seine Existenzberechtigung erhält Apple ProRes 422 (Proxy) durch den Offline-Schnitt, bei dem Sie zunächst Ihr Video in einer geringen Auflösung schneiden (zum Beispiel auf einem MacBook Pro) und erst später für den Export auf die Clips mit der hohen Auflösung umschalten.

> **Offline-Schnitt**
>
> Alles zum Umgang mit Offline-Medien erfahren Sie in Abschnitt 4.9, »Medien neu zuordnen«.

2.2.3 Bandlose Formate

Natürlich gibt es neben Apple ProRes noch eine Reihe anderer Formate, die einen näheren Blick wert sind. Wir konzentrieren uns dabei auf diejenigen, die vor allem als Aufzeichnungsformat bei Kameras verbreitet sind. Früher haben wir in diesem Abschnitt immer zwischen SD und HD unterschieden. Aber wer dreht denn heutzutage noch SD? Eben. Denn selbst, wenn Sie eine DVD produzieren oder Ihr Kunde ein TV-Sender ist, macht es trotzdem Sinn, mit einer HD-Kamera aufzuzeichnen und in HD-Auflösung zu schneiden. Erst anschließend konvertieren Sie den fertigen Film in SD. Im Ergebnis ist die Qualität deutlich besser, und Sie haben auch bei der Farbkorrektur oder der Effektbearbeitung mehr Spielraum.

Außerdem gibt es noch eine weitere Entwicklung, die sich in der letzten Zeit immer weiter durchgesetzt hat. Während noch vor wenigen Jahren 90 % aller Aufnahmen auf Videoband entstanden, wird mittlerweile überwiegend mit bandlosen Formaten gearbeitet. Die Vorteile sind unbestritten, denn man ist flexibler und kann deutlich kostengünstiger arbeiten. Abgesehen davon, kann man inzwischen schon mit jedem Smartphone HD-Video aufzeichnen, und wer viel Wert auf Bildgestaltung legt, greift sowieso zur digitalen Spiegelreflexkamera.

Egal also, ob Handy, Profi-Camcorder oder DSLR-Kamera, die Marschrichtung ist klar, und deswegen werden wir uns nun zunächst ausführlich dem Thema bandlose Aufzeichnung widmen und Ihnen die Besonderheiten aller Formate erklären, wobei wir uns in der Qualität der Formate immer weiter steigern. Wie Sie die Aufnahmen der unterschiedlichen Kameras in Final Cut Pro importieren, lesen Sie dann in Abschnitt 3.3, »Import von bandlosen Aufnahmen«.

Vor- und Nachteile

Sicherlich gibt es viele Vorteile, die für einen Verzicht auf Bänder sprechen, wie zum Beispiel einen Geschwindigkeitsvorsprung bei der Übertragung in Ihr Schnittsystem; andererseits sind Sie gezwungen, ein digitales Archiv für alle Daten anzulegen, die Sie im Zweifel noch einmal brauchen könnten, denn Sie können die Kassette ja nun nicht mehr ins Regal stellen, um sie zu archivieren. Na ja, zum Glück für uns alle purzeln die Festplattenpreise ja weiter, und notfalls kaufen Sie sich eben für jedes Projekt eine neue und stellen diese dann ins Regal.

◄ **Abbildung 2.8**
Videoaufnahmen vom iPhone lassen sich in Final Cut Pro problemlos bearbeiten.

iPhone und iPod | iPhone und iPod touch zeichnen Video als MPEG-4 mit der Dateiendung *.m4v* und einer Auflösung von 1.280 × 720 Pixeln auf. Dieser Codec basiert auf einer so genannten H.264-Kompression. Die Aufnahmen sind natürlich für professionelle Zwecke ungeeignet und von geringer Qualität, es gibt aber tatsächlich schon ganze Filme, die nur mit den kleinen Wunderwaffen aus dem Hause Apple aufgenommen wurden. Bei guten Lichtverhältnissen sehen die Bilder dann auch gar nicht so schlecht aus und haben bestimmt auch schon öfter als zweite Kamera den Weg in Filme und Beiträge gefunden, in denen man sie nicht vermutet hätte. Kein Wunder also, dass es von diversen Zusatz-Objektiven bis hin zum Steadycam-System schon alle möglichen Aufsätze und Spielereien für das iPhone gibt. Die Aufnahmen lassen sich auch dementsprechend problemlos in Final Cut Pro importieren und verarbeiten.

iFrame | iFrame basiert auf der H.264-Kompression und ist ebenfalls eine Entwicklung aus dem Hause Apple, die sich aber nie richtig durchgesetzt hat. Es gibt zwar von verschiedenen Herstellern Camcorder, die im iFrame-Format aufzeichnen, die Liste ist jedoch sehr übersichtlich. Die Idee dahinter war, ein Format anzubieten, dass sich mit Final Cut Pro und iMovie besser verarbeiten lässt als andere H.264-Codecs. Mit einer maximalen Auflösung von 960 × 540 Pixeln bieten die Clips mit der Dateiendung *.mov* jedoch nicht genug Spielraum für ambitionierte Videofilmer.

> **Große Unterschiede**
>
> Da AVCHD nicht nur von unterschiedlichen Herstellern angeboten wird, sondern auch verschiedene Aufnahmemedien (Speicherkarte, DVD) unterstützt, gibt es große Unterschiede in den aufgezeichneten Datenraten. Nach unseren Recherchen bewegen sie sich je nach Kamera zwischen 12 MBit/s und 28 MBit/s.

AVCHD | AVCHD ist dabei, der Nachfolger von DV als Standard-Consumer-Format zu werden. Es ist das erste Format, das herstellerübergreifend akzeptiert wird, und sogar die beiden großen Konkurrenten Sony und Panasonic arbeiten hier zusammen und haben mehrere Camcorder in ihrem Portfolio.

AVCHD steht für *Advanced Video Codec High Definition* und basiert ebenfalls auf dem hervorragenden H.264-Codec. Es bietet sowohl Aufnahmen in 1080i als auch in 720p an und nutzt ein 4:2:0-Sampling. Durch die gute Arbeitsweise des Codecs lässt sich das aufgenommene Video wesentlich kleiner zusammenpacken als mit MPEG-2, ohne an Qualität zu verlieren.

Der Clou ist, dass die Kameras Video auf normalen SD-Karten (90 Min./4 GB) speichern, die dementsprechend klein und robust sind. Durch den Verzicht auf Tapes arbeiten die Kameras auch bei starken Erschütterungen fehlerlos und eignen sich so hervorragend als On-Board- oder Helm-Kamera. Für uns ist aber entscheidend, dass die gelieferten Bilder überzeugen, auch in Kombination mit anderem HD-Material. Einzig in problematischen Lichtsituationen stößt der Codec an seine Grenzen, trotzdem ist AVCHD der Codec für alle Hobbyfilmer und hat durchaus das Potenzial, auch den Sprung in die Profiliga zu schaffen, zumindest als unterstützendes Format. Die SD-Karten können mit jedem handelsüblichen Lesegerät oder direkt von der Kamera via USB in Final Cut Pro eingelesen werden (siehe auch Abschnitt 3.3.1, »Kamera oder Speicherkarte mit dem Mac verbinden«).

H.264 (DSLR) | Die Fotokamera *Canon 5D Mark II*, die seit längerem mit HD-Aufnahmen in bestechender Optik und mit einer ungeahnten Lichtstärke für Furore auf dem Bewegtbildsektor sorgt, nimmt Videos mit dem H.264-Codec, einem 4:2:0-Sampling und der Dateiendung *.mov* auf. Der 21-Megapixel-Sensor ermöglicht Aufnahmen mit sehr geringer Tiefenschärfe und liefert dadurch einen überzeugenden Filmlook.

Auch eine Anzahl anderer digitaler Fotokameras mit Videofunktion zeichnet in diesem Format auf, wobei meistens mit Auflösungen von 1.920 × 1.080 oder 1.280 × 720 Pixeln gearbeitet wird. Die Qualität ist beeindruckend und der Import in Final Cut Pro kinderleicht. Entweder kopieren Sie die Clips direkt von der Speicherkarte in einen Ordner auf Ihrer Festplatte und von da in Ihr Ereignis, oder Sie nutzen das Kameraimport-Tool (siehe Abschnitt 3.3.7, »Import von der digitalen Spiegelreflexkamera (DSLR)«).

HDV | HDV wurde von Sony, Canon und Sharp als so genanntes *Prosumer*-Format entwickelt, also als ein Format, das sowohl *Profis* als auch *Consumer*, also Laien, ansprechen soll. Der Codec ist MPEG-2-basiert und kann, je nach Kamera, sowohl auf Bändern als auch bandlos auf Speicherkarten aufgezeichnet werden. HDV hat eine Auflösung von 1.440 × 1.080 Pixeln und ist demzufolge ein anamorphotisches Format.

Wie bei allen DV-Formaten ist die Qualität in Ordnung, allerdings haben Sie durch eine starke Kompression und den MPEG-2-Codec für eine Farbkorrektur wenig Spielraum. Wegen seines guten Preis-Leistungs-Verhältnisses wird HDV hauptsächlich von kleineren Fernsehproduktionen genutzt und ist bei VJs sehr beliebt.

AVC-Intra | AVC-Intra ist ein von Panasonic entwickeltes I-Frame-only-Format, das ebenfalls auf einer H.264-Komprimierung basiert. Aufzeichnen können Sie dieses Format in zwei Qualitätsstufen:

> **Nächste Generation**
>
> Auch Canon hat auf den Hype um die DSLR-Kameras auf dem Videosektor reagiert und mit der EOS C300 eine Kamera gebaut, die sich an professionelle Anwender richtet. Mit ca. 15.000 Euro liegt der Preis zwar deutlich höher als bei der Fotokamera 5D Mark II, dafür ist aber auch das Aufzeichnungsformat für die Bewegtbildproduktion besser geeignet.

▲ Abbildung 2.9
DSLR-Kameras glänzen mit tollen Optiken und einem großen Chip für die Aufzeichnung. Einziger Nachteil: Der H.264-Codec ist stark komprimiert.

2.2 Videoformate | **67**

- mit 100 MBit/s bei einer Auflösung von 1.920 × 1.080 bzw. 1.280 × 720 Pixeln und einem 4:2:2-Farbsampling oder
- mit einer geringeren Qualität von 50 MBit/s und einer Auflösung von 1.440 × 1.080 bzw. 960 × 720 Pixeln sowie einem 4:2:0-Farbsampling.

Beide Versionen arbeiten mit einer Farbtiefe von 10 Bit. AVC-Intra ist sozusagen der große Bruder von AVCHD und wird von Profikameras auf so genannten P2-Karten aufgezeichnet. Der native Codec ist sehr rechenintensiv, und es kann unter Umständen sinnvoll sein, die Clips schon beim Import in Final Cut Pro in einen Apple-ProRes-Codec umzuwandeln. Wie Sie das anstellen, erfahren Sie in Abschnitt 3.2.4, »Beim Import transcodieren«.

XDCAM | Auch XDCAM wurde vom Vorreiter Sony kreiert und ist eigentlich zweierlei: einerseits ein Speichermedium, auf dem sowohl DVCAM als auch IMX und XDCAM HD gespeichert werden können, und andererseits ein Video-Codec. Von außen sieht es aus wie eine DVD in einer Plastikummantelung, die die DVD vor mechanischen Schäden schützt. In der Hülle befindet sich ein optischer Datenträger ähnlich der Blu-ray-Disc mit dem etwas komischen Namen *Professional Disc*. Beachtliche 128 GB passen auf eine Quad-Layer-XDCAM, sie bietet so Platz für vier Stunden HD-Footage. SD-Videoaufnahmen auf einem XDCAM-Speichermedium sind nur entweder im DVCAM- oder im IMX-Format möglich. Der Codec XDCAM ist nur für High-Definition-Aufnahmen vorgesehen.

Die Vorteile von XDCAM liegen im Komfort beim Handling und in der Bearbeitungsgeschwindigkeit. Parallel zu den HD-Clips werden MPEG-4-Videos in niedriger Auflösung gespeichert, die zum Beispiel vom Redakteur schon mal gesichtet werden können. Anschließend importieren Sie die hochauflösenden Clips und stellen Ihren Film fertig. Gerade bei der tagesaktuellen Berichterstattung sind diese zeitlichen Vorsprünge von entscheidender Bedeutung, und deswegen produzieren auch große Häuser wie der WDR oder RTL auf XDCAM.

XDCAM HD | XDCAM HD nutzt eine MPEG-2-Kompression mit einer Long-GOP-Struktur bei einer Full-HD-Auflösung von 1.920 × 1.080 bzw. 1.280 × 720 Pixeln zum Aufzeichnen. Wie bei allen HD-Formaten stehen auch hier bei den meisten Kameras verschiedene Aufzeichnungsformate und Frameraten (50i, 25p, 50p) zur Auswahl. Die Bitrate lässt sich auf 18 MBit/s, 25 MBit/s oder 35 MBit/s einstellen.

XDCAM Transfer

Die Clips von Ihrer XDCAM oder Ihrer SD-Speicherkarte (XDCAM EX) laden Sie mit der Software *XDCAM Transfer* auf den Mac. Am besten googeln Sie danach, denn der Link zu der Seite würde hier locker vier Zeilen einnehmen, und Sie müssen sich auf der Homepage von Sony registrieren. Das Programm selbst ist gratis. Da XDCAM ein beliebtes Format ist, erklären wir Ihnen den Umgang mit XDCAM Transfer im nächsten Kapitel in einem kleinen Exkurs ab Seite 120.

Grundsätzlich können wir XDCAM HD als HD-Format empfehlen. Wer allerdings eine aufwendigere digitale Weiterverarbeitung, zum Beispiel mit *Color* (erfahrene Nutzer erinnern sich) plant, der sollte an seinem Camcorder die höchstmögliche Qualität zur Aufzeichnung wählen.

XDCAM EX | XDCAM EX bezeichnet wiederum ein Aufnahmemedium, auf das verschiedene SD- und HD-Formate gespeichert werden können. XDCAM-EX-Speicherkarten basieren auf der Flash-Speicher-Technologie und werden über ein Lesegerät auf Ihren Mac übertragen. Die bandlosen Aufnahmen lassen sich also ohne größere Investitionen auf den Mac übertragen und anschließend schneiden.

Sony hat XDCAM EX auf den Markt gebracht, um die Lücke zwischen den relativ teuren XDCAM Professional Discs und bezahlbarem DV-Video zu schließen. Es handelt sich folglich um ein Prosumer-Format. Dementsprechend bieten die japanischen Videospezialisten auch nur XDCAM-EX-Camcorder an, mit denen sich vor allem die Adjektive »leicht«, »mobil« und »flexibel« verbinden lassen. Zielgruppe sind vor allem kleinere Produktionsfirmen, Videojournalisten und Hobbyfilmer. Da aber auch hier im XDCAM-HD-Codec aufgezeichnet werden kann, können wir auch diesem Format unsere Empfehlung aussprechen.

> **IMX und Co.**
>
> Wir erheben mit den hier aufgeführten Formaten keinen Anspruch auf Vollständigkeit, sondern haben uns an unserer langjährigen Erfahrung orientiert. Natürlich können Sie mit der entsprechenden Hardware auch andere Formate, wie zum Beispiel IMX, mit Final Cut Pro bearbeiten. Das Prinzip ist dabei immer das gleiche: Am besten wandeln Sie Ihre Clips vor dem Schnitt in den Apple-ProRes-422-Codec um.

DVCPRO HD | DVCPRO HD (oder DVCPRO 100) wurde von Panasonic ins Leben gerufen und ist eine ernst zu nehmende Konkurrenz für HDCAM. Das bei vielen wohl schlagkräftigste Argument für dieses HD-Format wird in jedem Fall der Preis sein. Panasonic war viel daran gelegen, ein kostengünstiges Einsteigermodell der Kamera anbieten zu können und so gerade bei kleinen und mittleren Produktionsfirmen einen Kundenstamm aufzubauen. Mit dem entsprechenden Zubehör erreicht man zwar derzeit noch die 5.000-Euro-Grenze, aber das ist für die gebotene Qualität ein durchaus fairer Preis.

DVCPRO HD kann entweder mit 1080i oder 720p aufzeichnen, wobei bei 720p gerade bei schnellen Kamerabewegungen Vorsicht geboten ist, da es schnell zu einem Zittern im Bild kommen kann. DVCPRO HD nimmt mit einem 4:2:2-Sampling und intern mit 1.440 × 1.080 (1080i) bzw. 960 × 720 (720p) Pixeln auf und kann sowohl auf P2-Speicherkarten als auch auf Bändern aufgezeichnet werden. Bei der Wiedergabe eines DVCPRO-HD-Bandes werden allerdings 1.920 × 1.440 (1.280 × 720) wiedergegeben, also Full HD. Der Grund dafür liegt auf der Hand, denn so ist DVCPRO HD mit HDCAM kompatibel. Der ursprüngliche

Name *DVCPRO 100* verrät Ihnen auch gleich die Bitrate von 100 MBit. Die erscheint dem einen oder anderen auf den ersten Blick eventuell etwas gering, entscheidend ist aber die Qualität, die in Final Cut Pro ankommt, und die ist in jedem Fall überzeugend. Auch bei aufwendigen Farbkorrekturen oder einer Weiterverarbeitung in After Effects sind wir bis jetzt von DVCPRO HD nie enttäuscht worden. Im Gegenteil, es ist derzeit unsere Empfehlung an alle, deren Budget begrenzt ist, die aber nicht bereit sind, Abstriche bei der Qualität in Kauf zu nehmen.

Ein Feature, das alle DVCPRO-HD-Kameras bieten, ist ein FireWire-Ausgang, über den direkt auf eine angeschlossene Festplatte aufgezeichnet werden kann. Digitalisierung und Kopiervorgänge lassen sich auf diese Weise elegant umgehen. Sie brauchen allerdings eine Festplatte mit unabhängiger Stromversorgung.

DVCPRO 50 | Bei allen Kameras, die DVCPRO HD aufzeichnen, können Sie sich auch immer für DVCPRO 50 entscheiden. Bei diesem Codec ist nicht nur die Bitrate geringer, es handelt sich tatsächlich um ein SD-Format. Genau wie die HD-Version können wir Ihnen auch die PAL-Version empfehlen, und die guten Optiken, mit denen die Kameras meistens ausgestattet sind, tragen ihr Übriges zu hochwertigen Aufnahmen bei.

Nach der Einführung des Formats hat Panasonic noch eigene DVCPRO-HD-Bänder angeboten, aber weil das Innenleben der Kassetten bei DVCPRO 25, 50 und 100 identisch ist, gibt es nur noch DVCPRO-Kassetten zu kaufen. Mit welcher Bitrate Sie aufzeichnen, ist völlig egal, nur die Laufzeit ändert sich. Auf ein 100-Minuten-Band passen dann 100 Minuten DVCPRO 25, 50 Minuten DVCPRO 50 und 25 Minuten DVCPRO 100. Aber keine Sorge, Sie müssen nichts weiter einstellen als Ihr Aufnahmeformat, den Rest regelt die Kamera über die Bandlaufgeschwindigkeit automatisch.

REDCODE | Der REDCODE ist ein Codec, der ausschließlich von der RED-Kamera aufgezeichnet wird. Die RED-One-Kamera ist vor allem bei Werbe- und Imagefilm-Produktionen beliebt. Aufgezeichnet wird in Kinoqualität in einer dieser vier Varianten:

- 2.048 × 1.152 Pixel (Seitenverhältnis 16:9)
- 2.048 × 1.024 Pixel (Seitenverhältnis 2:1)
- 4.096 × 2.304 Pixel (Seitenverhältnis 16:9)
- 4.096 × 2.048 Pixel (Seitenverhältnis 2:1)

Andere Kameras
RED bietet neben der RED-One derzeit noch die EPIC und die SCARLET an.

Man spricht hier auch von 2K- und 4K-Auflösungen. In welcher Qualitätsstufe Sie aufzeichnen, hängt vom jeweiligen Projekt ab:

Aufnahmen im Seitenverhältnis 16:9 sind eher für TV-Produktionen gedacht, während das Seitenverhältnis 2:1 eher auf Filmproduktionen ausgerichtet ist. Die technischen Grundlagen und der Workflow sind aber im Grunde gleich.

Leider hat Apple für die aktuelle Version von Final Cut Pro die native Unterstützung für das RED-Format eingestellt und sich damit unter den professionellen Anwendern nicht gerade Freunde gemacht. Nun müssen Sie alle Aufnahmen zunächst mit der Gratissoftware REDCINE-X in das Apple-ProRes-422-Format umwandeln, bevor der Schnitt losgehen kann. Der entscheidende Vorteil, nämlich den vollen Zugriff auf alle Farbinformationen zu behalten, geht damit verloren. Mehr erfahren Sie auf www.red.com.

▲ Abbildung 2.10
Leider hat die Unterstützung für die RED-Kameras unter der neuen Version von Final Cut Pro gelitten.

2.2.4 Bandbasierte Formate

Bandbasierte Formate sind auf dem Rückmarsch, daran glaubt auch Apple fest und hat kurzerhand alle professionellen Möglichkeiten aus Final Cut Pro entfernt, um Bänder für den Schnitt zu digitalisieren. Übrig geblieben ist nur ein mehr schlechter als rechter Weg, von FireWire-Kameras aufzuzeichnen; alle anderen Formate haben erst mal das Nachsehen. Der einzige Ausweg besteht derzeit in der Software, die die Anbieter der Videokarten (zum Beispiel AJA oder Blackmagic Design) gratis zur Verfügung stellen und mit deren Hilfe Sie Bänder digitalisieren und anschließend als Clips in Final Cut Pro importieren können.

Werfen wir also einen Blick auf die populärsten Bandformate und die technischen Hintergründe, und in Abschnitt 3.4, »Aufnahmen vom Band«, lesen Sie dann, welche Hintertür Sie öffnen müssen, um Ihre Aufnahmen in Final Cut Pro zu bearbeiten.

HDCAM | Wie so oft ist Sony Vorreiter in der Entwicklung gewesen und hat mit seinem HDCAM-Format die Messlatte ziemlich hoch gehängt. Die Qualität ist beeindruckend, und mit einer Auflösung von 1.920 × 1.080 nutzt HDCAM die komplette Anzahl der zur Verfügung stehenden Pixel. Beeindruckend sind allerdings auch die Preise: Das Einsteigermodell der Kameraserie liegt derzeit bei rund 40.000 Euro – wohlgemerkt mit dürftiger Ausstattung. Inklusive veritabler Optik kommen Sie gut und gerne auf das Doppelte. Die MAZ dazu bekommen Sie dann für rund 35.000 Euro. Aber wieder einmal hat Sony auch den Standard definiert, denn wann immer Sie eine HD-Sendung einer Fernsehstation anbieten, wird diese als einziges Format HDCAM akzeptieren – weltweit.

> **MAZ ab!**
>
> Wer kennt den Begriff »MAZ« nicht noch aus alten Fernsehsendungen. Aber was bedeutet er? Eigentlich nichts anderes als »Magnetaufzeichnung«. Früher sagten die Moderatoren immer »MAZ ab« und schon fing der Film an, heute wird der Begriff synonym für professionelle Videorecorder verwendet.

Bei der Aufzeichnung des Signals in der Kamera gibt es allerdings Unterschiede: Der klassische Weg ist das HDCAM-Band, auf das mit einer 3:1:1-Komprimierung aufgezeichnet wird. Allerdings wird das Bild zunächst intern auf 1.440 × 1.080 verkleinert, um alle Informationen auf dem Band speichern zu können. Deswegen hat Sony noch das sogenannte *HDCAM SR* auf den Markt geworfen, auf dessen Bänder mit einer höheren Datendichte gespeichert werden kann und das auf einer MPEG-4-Kompression basiert. Hier werden dann tatsächlich 1.920 × 1.080 Pixel geschrieben, mit einem 4:4:4-Sampling und Bitraten von 440 MBit. Sony spricht mit diesem Format allerdings weniger die TV-Branche als vielmehr Filmemacher an. Deswegen haben sich die Entwickler für Kameras, die auf SR aufzeichnen, auch den Markennamen **Cine Alta** ausgedacht. Der Vorteil des Formatderivats liegt für alle auf der Hand, die höchste Ansprüche an Qualität stellen, und zwar auch nach der Weiterverarbeitung, wie zum Beispiel dem Erzeugen digitaler Effekte: Die Bandbreite lässt Ihnen alle Möglichkeiten, das aufgezeichnete Material gehörig durch die digitale Mangel zu drehen, zu keyen, zu graden (Farbkorrektur) und zu fazen (auf Film auszubelichten).

Immer rein in die gute Stube
Wie Sie Ihre DV-Bänder in Final Cut Pro bearbeiten, erfahren Sie in Abschnitt 3.4.1, »(H)DV-Bänder aufnehmen«.

Fakt ist, dass Sie bei der Aufzeichnung auf ein Band nicht um eine Komprimierung herumkommen. Allerdings sind die Unterschiede zu unkomprimiertem Material für Kinoproduktionen durchaus interessant. Wenn Sie also nicht auf Mobilität angewiesen sind und auf Band aufzeichnen müssen, sondern auch eine Festplatte mit sich herumschleppen können, bietet Sony Ihnen ein unkomprimiertes Signal via HD-SDI als Ausgang der Kamera an.

DigiBeta | Der Klassiker unter den Formaten ist die DigiBeta, ebenfalls von Sony. Dieses Format bietet trotz seines hohen Alters eine sehr gute Qualität, und die Geräte sind nach wie vor häufig in Agenturen und Produktionsfirmen zu finden. Es gibt wohl keinen Standard, der über so viele Jahre hinweg so verbreitet war wie die DigiBeta, und jeder Sender nimmt die Kassetten nach wie vor gerne an.

Aufgezeichnet wird in 8 Bit PAL mit einer sehr guten Kompression, die auch noch Spielraum für digitale Nachbearbeitung lässt. Unserer Erfahrung nach wird DigiBeta mittlerweile von vielen Firmen als reines Ausspielformat genutzt, um die in HD produzierte Sendung als SD-Version an den Sender weiterzugeben.

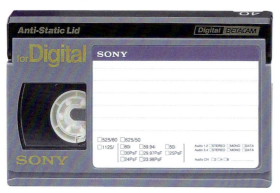

▼ **Abbildung 2.11**
DigiBeta schlägt sich trotz des hohen Formatalters tapfer. Noch immer findet sich ein Recorder in vielen Produktionsfirmen.

Betacam SP | Nennen Sie uns Nostalgiker, aber Betacam SP in unserem Buch nicht zu erwähnen, können wir einem Format, das uns so lange treu begleitet hat, nicht antun. Auch wenn wohl kaum einer noch auf Betacam SP produziert, werden Sie Ihre Kassette nach wie vor bei jedem Sender los, ohne ausgelacht zu werden. Zwar wird die alte Dame langsam müde und kommt kaum noch vor die Tür, aber noch ist sie nicht unter der Erde.

Unter allen Formaten, die wir hier auflisten, ist es das einzige analoge. Klar also, dass in SD-PAL aufgezeichnet wird.

Digital Video (DV) | Digital Video, kurz DV, war sicherlich lange Zeit das beliebteste Format für die Videoproduktion in Final Cut Pro. Das Format bietet einen sehr guten Kompromiss zwischen niedriger Datenrate und guter Bild- und Tonqualität.

DV ist das einzige Bandformat, das Sie direkt und ohne zusätzliche Hard- und Software mit Final Cut Pro bearbeiten können – um es aufzuzeichnen, reicht ein FireWire-Kabel. Die Qualität von DV ist nicht schlecht, aber nicht mehr zeitgemäß. Abgesehen davon, dass es sich um ein SD-Format handelt, haben längst die bandlosen Nachfolger wie AVCHD die Führung übernommen.

Für Motion Graphics und Animationen ist DV fast nicht zu gebrauchen. Hier bricht die Qualität aufgrund der hohen Kompression und des 4:2:0-(PAL-)Samplings deutlich ein.

> **Ein bisschen Geschichte**
> Ursprünglich als reines Consumer-Format gedacht, war die Qualität von DV dann doch so gut, dass es bis in das semiprofessionelle und professionelle Umfeld vorrücken konnte. Die beiden Platzhirsche Avid und Adobe hatten es anfangs auch prompt verschlafen, das DV-Format ernst zu nehmen und ihre Applikationen darauf auszurichten. Apple als Erfinder der FireWire-Technologie, die ja in jedem DV-Gerät verbaut ist, brachte dann kurzerhand Final Cut Pro auf den Markt. Zusammen mit der zweiten wichtigen Inhouse-Technologie QuickTime war das ein schlauer Schritt, der nicht nur Buchautoren zugutekommt.

2.2.5 Speicherbedarf der Formate

Zur besseren Übersicht haben wir Ihnen hier noch mal alle Datenraten zusammengefasst und für Sie den benötigten Speicherbedarf pro Minute errechnet. Diese Tabelle finden Sie auch zum Ausdrucken auf der DVD zum Buch.

▼ Tabelle 2.2
Datenraten und Speicherbedarf

Videoformat	Datenrate	Speicherbedarf pro Sekunde	Speicherbedarf pro Minute
DV/HDV (variabel durch MPEG-2)	25 MBit/s	ca. 3,6 MB	ca. 216 MB
DVCPRO 25	25 MBit/s	ca. 3,6 MB	ca. 216 MB
DVCPRO 50	50 MBit/s	ca. 7 MB	ca. 420 MB
DVCPRO HD 1080i50	100 MBit/s	ca. 12,5 MB	ca. 750 MB
DVCPRO HD 720p25	40 MBit/s	ca. 5 MB	ca. 300 MB
Unkomprimiert 8-Bit	166 MBit/s	ca. 20 MB	ca. 1,2 GB
Unkomprimiert 10-Bit	207 MBit/s	ca. 27 MB	ca. 1,6 GB
Unkomprimiert 8-Bit 1080i50	440 MBit/s	ca. 55 MB	ca. 3,3 GB
Apple ProRes 4444 1080i50	275 MBit/s	ca. 34,4 MB	ca. 2,1 GB
Apple ProRes 4444 SD-PAL	92 MBit/s	ca. 11,5 MB	ca. 690 MB

Videoformat	Datenrate	Speicherbedarf pro Sekunde	Speicherbedarf pro Minute
Apple ProRes 422 (HQ) 1080i50	184 MBit/s	ca. 23 MB	ca. 1,4 GB
Apple ProRes 422 (HQ) SD-PAL	61 MBit/s	ca. 7,6 MB	ca. 456 MB
Apple ProRes 422 1080i50	122 MBit/s	ca. 15,3 MB	ca. 918 MB
Apple ProRes 422 SD-PAL	41 MBit/s	ca. 5,1 MB	ca. 306 MB
Apple ProRes 422 (LT) 1080i50	85 MBit/s	ca. 10,6 MB	ca. 636 MB
Apple ProRes 422 (LT) SD-PAL	28 MBit/s	ca. 3,5 MB	ca. 210 MB
Apple ProRes 422 (Proxy) 1080i50	38 MBit/s	ca. 4,8 MB	ca. 285 MB
Apple ProRes 422 (Proxy) SD-PAL	12 MBit/s	ca. 1,5 MB	ca. 90 MB
H.264 (Canon 5D Mark II) 1080i50	38 MBit/s	ca. 4,8 MB	ca. 285 MB

▲ **Tabelle 2.2**
Datenraten und Speicherbedarf (Forts.)

Diese Tabelle finden Sie auch zum Ausdrucken auf der DVD im Ordner PDF-DATEIEN.

2.3 Standbildformate

Grafiken werden nach demselben Schema wie auch Filmdateien importiert, sprich, über das Drag & Drop in ein Ereignis bzw. den Import-Dialog. Eines müssen Sie hierbei jedoch beachten: Bilder und Grafiken haben im Vergleich zu Filmdateien keine spezifische Dauer, das heißt, ein Bild kann von einem Frame bis zu mehreren Stunden (beispielsweise beim Wasserzeichen eines Films) eingeblendet werden.

Abbildung 2.12 ▶
Über die STANDARD-LÄNGE ❶ legen Sie die Dauer für alle importierten Grafiken und Bilder fest.

Diese Dauer können Sie später in Final Cut Pro über das Setzen von Schnittmarken im Viewer bestimmen, oder Sie legen mit FINAL CUT PRO • EINSTELLUNGEN • BEARBEITUNG eine Standardlänge fest, die für alle importierten Bilder und Grafiken gilt. Speziell dann, wenn Sie Bildsequenzen, beispielsweise aus framebasierten Effektwerkzeugen wie Adobe After Effects, importieren, ist es sehr hilfreich, eine globale Dauer für alle Einzelbilder festzulegen, anstatt unter Umständen nachträglich Hunderte von Bildern manuell anzupassen.

Fast alle Formate möglich | Bekanntlich sind in Final Cut Pro alle Bilder und Grafiken importierbar, die auch QuickTime lesen kann. Demnach macht es keinen Unterschied, ob Sie ein TIFF, JPEG, GIF, TGA oder eine PNG-Datei importieren.

Tatsache ist, dass man ohne große Vorkenntnisse über Videoauflösungen einfach irgendwelche Grafikdaten in die Timeline werfen kann. Wenn die Grafiken etwas zu groß sind, macht das nichts, denn was nicht passt, wird passend gemacht – und das ganz automatisch, denn wenn Sie eine Grafik in die Timeline bringen, wird sie automatisch an die richtige Größe angepasst. Größer ist auch immer besser als kleiner, denn ein Hochskalieren bedeutet immer Qualitätsverlust in Form von Unschärfe und Skalierungsartefakten. Beim Herunterskalieren hingegen muss man darauf achten, keine Feinheiten zu verlieren. Optimal wäre natürlich die Vorbereitung der Grafiken in einem Programm wie Photoshop. Bei der Skalierung hat man hier auch mit Weichzeichnungsfiltern noch besseren Einfluss.

> **Auflösung nicht limitiert**
>
> Die Auflösung der Bilder ist dabei scheinbar nicht limitiert, denn wir haben Dateien jenseits der 25.000 Pixel importieren und in der Timeline verarbeiten können, darunter auch eine 50 cm große Druckvorlage mit 300 dpi und 600 MB Dateigröße. Dazu raten wir aber niemandem, es sei denn, Sie möchten sich vom Regenbogenrad in Mac OS X hypnotisieren lassen.

Auflösung und Bildmodus | Obwohl es die Auflösung von 72 dpi bei Computermonitoren und Fernsehern nicht gibt, entspricht die Auflösung von Video in etwa dieser Pixeldichte, das heißt, Sie können auch Bilder mit geringer Auflösung – beispielsweise aus dem Internet – noch mit annehmbarer Qualität in Final Cut Pro bearbeiten. Nach oben hin sind der Auflösung keine Grenzen gesetzt: Sie können also auch Bilder mit 300, 600 und 1.200 dpi, wie zum Beispiel Scans, in Final Cut Pro importieren.

Was für Video einzig und allein zählt, ist die Auflösung in Pixeln. Wie man zum Beispiel in Photoshop im BILD-Menü unter BILDGRÖSSE gut erkennen kann, ändert sich auch die Pixelauflösung, wenn man die dpi-Werte verändert. Die Beschränkung auf den *RGB-Modus* sollte man ebenfalls beachten, da Final Cut Pro zwar Bilder importiert, die im *CMYK-Modus* (Druck) gespeichert sind, hier aber – zumindest nach Anwenderberichten – Probleme bei der Bearbeitung auftreten können (Codec-Fehler). Zur Sicherheit können Sie auch hier wieder Applikationen wie Photoshop nutzen, um den Farbraum von CMYK in RGB zu ändern.

> **Günstige Alternative**
>
> Für die Videobildbearbeitung reicht übrigens in vielen Fällen auch schon das günstige Photoshop Elements, das von vornherein nur den RGB-Modus unterstützt.

Alphakanal wird erkannt | Beim Import von Bildern und Grafiken erkennt Final Cut Pro auch automatisch einen vorhandenen Alphakanal (Transparenz) und stellt ihn entsprechend dar, das heißt, freigestellte Objekte werden von vornherein ohne schwarzen oder weißen Hintergrund interpretiert. Voraussetzung hierfür ist natürlich, dass das gewählte Grafikformat einen Alphakanal unterstützt. So werden bei Photoshop- und PNG-Dateien die Informationen des Alphakanals mit den Bildern gespeichert, wohingegen Sie bei Formaten wie TIFF und TGA den Alphakanal von Hand anlegen müssen. JPEG- oder GIF-Dateien können gar keine Transparenzinformationen enthalten. Sollten Sie also ein Bild freistellen, dann achten Sie darauf, es in einem entsprechenden Format zu speichern.

Abbildung 2.13 ▶
Bilder mit integriertem Alphakanal werden automatisch als freigestellt erkannt (Schachbrettmuster im Hintergrund) und verarbeitet.

Photoshop-Dateien | Photoshop arbeitet ja bekanntlich ebenenbasiert, Final Cut Pro X setzt hingegen neue Maßstäbe und kommt ohne Videospuren aus. Trotzdem können Sie die Ebenenstruktur einer Photoshop-Datei ganz einfach übernehmen. Importieren Sie eine PSD-Grafik, erzeugt Final Cut Pro einen zusammengesetzten Clip und interpretiert jede Ebene als verbundenen Clip. Damit liegen dann alle Ebenen übereinander und Sie können sie einzeln ein- oder ausblenden, animieren oder mit Effekten versehen; integrierte Alphakanäle werden ebenfalls erkannt.

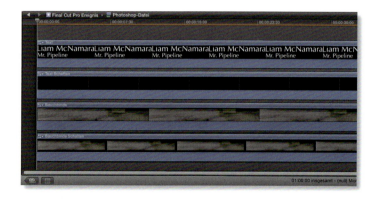

Abbildung 2.14 ▶
Photoshop-Dateien werden als zusammengesetzte Clips interpretiert. Alle Ebenen liegen übereinander.

◄ **Abbildung 2.15**
Schneiden Sie eine PSD-Grafik in Ihr Projekt, wird die Transparenz übernommen.

Dennoch sollten Sie einige Dinge im Umgang mit ebenenbasierten Grafiken beachten. Wichtig ist, dass Ebeneneffekte, die Sie innerhalb von Photoshop erstellen, von Final Cut Pro nicht erkannt werden. Hier sollten Sie also die entsprechenden Ebenen vor dem Speichern rastern.

Ändern Sie die Grafik nach dem Import noch einmal in Photoshop, werden diese Änderungen automatisch in Final Cut Pro übernommen. Einzige Ausnahmen: Sie dürfen weder die Anzahl noch die Reihenfolge oder die Bezeichnung der Ebenen ändern. Tun Sie es trotzdem, kommt Final Cut Pro durcheinander und Sie müssen die Datei erneut importieren. Das heißt natürlich, dass Sie dadurch auch schon geleistete Arbeit verlieren können, denn löschen Sie die Mediendatei aus dem Browser, verlieren Sie sie auch in Ihren Projekten.

Vektorgrafiken und PDF | Vektorgrafiken (.ai, .eps, .swf) lassen sich grundsätzlich nicht in Final Cut Pro importieren. Sie müssen also vorher in Pixelgrafiken umgewandelt werden. Das Gleiche betrifft PDF-Dateien.

2.4 Audioformate

Gemeinhin unterscheiden wir zwischen mehreren Formaten und auch Kompressionen (Codecs), die Sie grundsätzlich in Final Cut Pro importieren können. QuickTime und damit auch Final Cut Pro unterstützen die Formate AIFF, WAV (Wave), Core Audio und natürlich MP3. Wir gehen auf diese und ein paar weitere Formate kurz näher ein:

- **AIFF**: Der Standard beim Mac ist AIFF (Audio Interchange File Format), meist unkomprimiert und praktisch in jedem Programm verfügbar, das irgendwie mit Audio zu tun hat. In Mac OS X werden die Titel auf einer Audio-CD direkt als

AIFF-Tracks angezeigt. Auch iTunes kann in den Voreinstellungen für den Import das AIFF-Format anstelle von MP3 oder AAC verwenden. Wenn Sie hier noch 48.000 Hz als eigene Einstellung benutzen, sind die Tracks perfekt für ein Final-Cut-Pro-Projekt verwendbar.

- **WAV**: Das WAV-Format ist ein hauptsächlich auf Windows-Rechnern gebräuchliches, meist unkomprimiertes Audioformat und wird Ihnen daher sicher einmal über den Weg laufen, speziell wenn Sie mit Soundstudios zusammenarbeiten, die Windows-Rechner einsetzen (ja, die gibt es wirklich). Final Cut Pro arbeitet mit allen WAV-Formaten (also auch mit B-WAV).
- **MP3**: MP3 ist ein stark komprimiertes Format, das von Final Cut Pro ohne Probleme verarbeitet werden kann, auch wenn es, wie alle MPEG-Formate, durch die Kompression zusätzliche Systemressourcen bei der Wiedergabe beansprucht.
- **MP4**, **AAC**, **M4A**: Diese drei sind Formate mit einer MPEG-Codierung, die von Final Cut Pro verarbeitet werden können. Eigentlich handelt es sich immer um das gleiche Format, lediglich mit unterschiedlichen Dateiendungen.
- **CAF**: Das Core Audio Format (CAF) ist gewissermaßen das Gegenstück zu QuickTime im Videobereich. Es handelt sich um einen Container, der verschiedene Audioformate (zum Beispiel AIFF oder WAV) enthalten kann und von Apple entwickelt wurde. Soundtrack Pro und Logic Pro nutzen CAF-Dateien für Loops und Soundeffekte, und natürlich versteht auch Final Cut Pro die Dateien.
- **MIDI**: QuickTime kann auch MIDI-Dateien lesen und abspielen, für den Gebrauch in Final Cut Pro müssen sie aber konvertiert werden.
- **OMF**: Das OMF-Format speichert neben der reinen Audioinformation auch noch alle Schnitte und Kanäle. Praktisch jedes professionelle Tonstudio arbeitet mit diesem Format. Leider können Sie es in Final Cut Pro nicht importieren und auch nur mithilfe eines Plugins von *www.automaticduck.com* exportieren.

2.5 Video-Monitoring, Audiopegel und zusätzliche Hardware

In der ersten Programmversion von Final Cut Pro X wurde die Möglichkeit eines externen Monitorings noch schmerzlich vermisst und sorgte für große Häme in den Internetforen. Mit dem

Update auf Version 10.0.3 kann aber auch Final Cut Pro das Bild Ihres Viewers wieder extern auf einem professionellen Monitor wiedergeben.

2.5.1 Videohardware

Die Auswahl an unterschiedlicher Videohardware ist inzwischen ziemlich groß und es gibt eigentlich für jeden Anwender die passenden Geräte; von der mobilen Schnitteinheit bis hin zum kinotauglichen High-End-System. Wir geben Ihnen deswegen hier nur einen kurzen Überblick und empfehlen Ihnen, sich mit einem Fachhändler zu unterhalten, sollten Sie den Kauf einer Monitor-Lösung planen.

Intern und extern | Generell unterscheiden wir zwischen interner und externer Videohardware. Interne Videohardware sind PCIe-Karten, die Sie in Ihren Mac Pro einbauen können. Externe Lösungen werden über ein Thunderbolt- oder FireWire-800-Kabel angeschlossen und können demzufolge auch mit iMacs oder MacBooks verwendet werden. Wegen der größeren Flexibilität sind gerade diese Geräte derzeit auf dem Vormarsch.

AJA und Blackmagic Design | Die beiden Platzhirsche unter den Herstellern sind AJA und Blackmagic Design. Beide bieten Produkte an, die wir uneingeschränkt empfehlen können. Die Frage ist, wie genau Sie die Hardware nutzen möchten, denn Sie können damit nicht nur Ihr Videobild auf einem externen Monitor abspielen, sondern haben auch unterschiedliche Möglichkeiten, was das Ein- und Ausspielen von bandbasierten Medien angeht. Arbeiten Sie zum Beispiel ausschließlich mit blipbasierten Aufnahmen und nutzen den Monitor lediglich zu Vorschauzwecken, reicht sicherlich eine einfache Lösung wie die »Blackmagic Design DeckLink SDI« für ca. 260 €.

▼ **Abbildung 2.16**
Links: Praktisch und mobil sind die meisten externen Lösungen; hier die »Intensityy Shuttle Thunderbolt« von Blackmagic Design.

▼ **Abbildung 2.17**
Rechts: Für diejenigen, die vor allem vielseitige Möglichkeiten brauchen, bieten sich PCIe-Lösungen an; zum Beispiel die«Kona 3G« von AJA.

Der richtige Monitor | Da die Viewer-Anzeige in Final Cut Pro in erster Linie eine Vorschau und daher nicht verbindlich ist, verwendet man für die Videoproduktion zusätzlich sogenannte **Referenzmonitore**.

Hier gibt es große Unterschiede in Preis, Größe und Qualität. Praktisch überall stehen hierfür Sony-Geräte in den Produktionsumgebungen. Günstigere Einstiegsmodelle im Profibereich gibt es von JVC oder Panasonic. Auch Apple hält sein Cinema Display für tauglich, wir allerdings nicht.

Grundsätzlich ist es wichtig, wie man das Gerät signaltechnisch anschließt. Bei **digitalen** Monitoren bedient man sich des SDI-Anschlusses, und bei HD analog dazu eines HD-SDI-Signals. Zusätzlich bieten Ihnen einige Videokarten den Komfort, direkt ein DVI- oder HDMI-Signal auf den Vorschaumonitor auszugeben. Flachbildfernseher werden so zu Präsentationsmonitoren, und Ihr Kunde freut sich über große, bunte Bilder. Außerdem ist eine Kontrolle über ein LCD-TV immer noch besser als gar keine Alternative zum Vorschaufenster, sollte Ihnen mal kein amtlicher Referenzmonitor zur Verfügung stehen.

Bei **analogen** Röhrengeräten sollte man dafür Komponentenanschlüsse verwenden, bei denen Y (Helligkeit), U und V (Farbdifferenzsignale) separat übertragen werden.

Man unterscheidet bei Monitoren die **Qualitätsklassen** 1, 2 und 3, wobei nur Klasse-1-Monitore eine hundertprozentige Referenz darstellen. Das Problem ist hier wieder einmal der Preis. Für den Sony BVM L-231 müssen Sie dem Händler Ihres Vertrauens circa 24.100 € überweisen. Im Vergleich dazu liegt ein Standard-HD-Monitor bei günstigen 2.000 €.

> **Vor dem Kauf**
> Generell gilt bei Monitoren, dass auch immer der subjektive Eindruck mitentscheidet. Sollten Sie überlegen, sich einen Monitor anzuschaffen, vereinbaren Sie mit Ihrem Händler einen Termin, und lassen Sie sich die unterschiedlichen Modelle zeigen.

2.5.2 Videoausgabe

Um das Bild des Viewers auf dem externen Monitor anzuzeigen, gehen Sie zunächst in die Programmeinstellungen ([cmd]+[,]) von Final Cut Pro und dort in den Bereich WIEDERGABE. Unter A/V-AUSGABE können Sie dann Ihre Videohardware auswählen. Beachten Sie jedoch, dass dafür auch Ihr Betriebssystem mindestens OS X Lion 10.7.2 sein muss.

Anschließend wählen Sie aus der Menuleiste FENSTER • A/V-AUSGABE aus und bringen so Ihr Bild auf den großen Schirm.

2.5.3 Videomessgeräte benutzen

Neben den Kontrollmonitoren gibt es auch Videomessgeräte, die Sie an die Videokarten anschließen können. Diese Geräte muss man zunächst in zwei Darstellungsformen aufteilen, nämlich in HELLIGKEIT (die sogenannte Waveform-Anzeige) und in FARB-

INFORMATION (Vektorscope). Ältere Geräte können oft sogar nur eine der beiden Darstellungen anzeigen, sodass man dann zwei verschiedene Geräte benutzen muss. Angeboten werden SD-, HD- und Kombi-Modelle. In professionellen Produktionsumgebungen gehört so ein Gerät zur Standardausstattung, denn es gilt die legalen Pegel einzuhalten.

Bei Final Cut Pro gibt es das Ganze auch als integrierte Software-Darstellung (FENSTER • VIDEOSCOPES EINBLENDEN (cmd + 7)), mit der sich sogar ganz ordentlich arbeiten lässt. Trotzdem ist es immer nützlich, ein Messgerät zu haben, denn wenn man gelernt hat, die Anzeige zu lesen, kann man durchaus mehr erkennen, als einem das bloße Videobild sagt. Außerdem macht es einen sehr intelligenten Eindruck, denn Ihre Kunden halten Sie dann für jemanden, der »die Matrix« lesen kann.

> **Pegelkontrolle**
> Bei jedem Sender erfolgt eine technische Abnahme durch einen oder mehrere Mitarbeiter, die nichts anderes machen, als sich Ihr Video messtechnisch anzuschauen. Dabei sind Ästhetik und Inhalt absolut unbedeutend. Fällt Ihr Werk durch die technische Abnahme, wird es nicht gesendet.

2.5.4 Audio-Monitoring

Klirrende PC-Lautsprecher in Ihrem Mac eignen sich keinesfalls als Referenz für die Tonausgabe. Hier sollten Sie zumindest auf Kopfhörer oder Multimedia-Lautsprecher zurückgreifen, wenn Sie eine halbwegs genaue Kontrolle über den Sound haben möchten. Idealerweise sitzen Sie in einem schallisolierten und für die Soundbearbeitung gestalteten Raum mit ordentlichen Studio-Lautsprechern.

Der Mercedes unter den Audiomonitoren sind die Geräte des finnischen Herstellers *Genelec*, aber auch andere Hersteller wie *Mackie* liefern zuverlässige Produkte. Einzelne Modelle vorzustellen wäre müßig, denn genau wie beim Videomonitor-Kauf gilt, dass der persönliche Eindruck entscheidet. Am besten sind Lautsprecher, die gegen magnetische Strahlen abgeschirmt sind, um die Computerdisplays und eventuell den Videomonitor zu schützen.

Audiomessgeräte | Neben den Lautsprechern gibt es auch Messgeräte für den Audiopegel, darunter das so genannte **Peakmeter**. Da es einen sehr maßgeblichen Hersteller gibt, sagt man auch oft nur *RTW* – den Herstellernamen. Bei Final Cut Pro findet man zwar auch einen Audiopegel als Softwaredarstellung. Das Fenster ist aber eher ein Schätzeisen als ein verlässliches Messgerät. Ein externes RTW ist sehr viel genauer und als eigenes Gerät auch größer zur Betrachtung. Es sollte ebenfalls in jeder ernsthaften Produktionsfirma vorhanden sein. Richtig ausreizen kann man das Ganze dann auch mit meh-

▼ **Abbildung 2.18**
Anbieter von Studio-Lautsprechern gibt es viele. Am besten ist es, wenn die Geräte über eine magnetische Abschirmung verfügen.

reren oder kombinierten Peakmetern für Multikanalaudio, einem Korrelationsgradmesser für die Mono-Kompatibilität und einem Audio-Vektorskop (Stereosichtgerät), die sowohl über digitale als auch analoge Eingänge verfügen.

Abbildung 2.19 ▶
Audiomessgeräte gibt es von einfachen Stereopegeln (oben) bis hin zu digitalen Mehrkanal-Surround-Messgeräten. Ein einfaches RTW gehört zur Mindestausstattung einer Produktionsfirma.

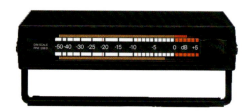

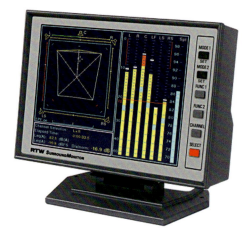

3 Ereignisse erstellen und Medien importieren

In diesem Kapitel und den folgenden beiden Kapiteln geht es darum, wie Sie Clips von Ihrer Kamera möglichst effektiv importieren und so organisieren, dass Sie jederzeit den Überblick behalten. Wir werden Ereignisse erstellen, Projekte verwalten und Ihnen zeigen, wie hilfreich Schlagwörter sind und wie Sie möglichst viele Aufgaben automatisieren können. Und auch wenn es zunächst so aufregend klingt wie drei Folgen Traumschiff hintereinander, ist der Umgang mit Medien eines der wichtigsten Themen bei der Arbeit mit Final Cut Pro, denn hier legen Sie den Grundstein für Ihre Filme und Ihre schöpferische Arbeit. Je solider das Fundament ist und je weniger Sie sich darum kümmern müssen, Clips zu suchen und zu sichten, desto mehr Zeit bleibt für Kreativität.

3.1 Ereignisse erstellen und verwalten

Zur Erinnerung: In Final Cut Pro arbeiten wir mit Ereignissen und Projekten. Ein Ereignis ist eine Art Ordner, der alle Medien enthält, die Sie für Ihren Film benötigen. Das können Videos, Musik oder Grafiken sein. Alle Ausgangsmedien bleiben während der Arbeit mit Final Cut Pro unverändert.

In Projekten erstellen Sie Ihren Film. Hier findet der Schnitt statt und das Hinzufügen von Musik und Effekten.

3.1.1 Ein neues Ereignis erstellen

Grundsätzlich können Sie alle Medien aus einem Ereignis in beliebig vielen Projekten verwenden. Im Umkehrschluss heißt das, dass Sie theoretisch nur ein Ereignis benötigen, in dem Sie alle Ihre Filme schneiden können. Wir empfehlen Ihnen allerdings, für jeden neuen Auftrag auch ein neues Ereignis anzulegen. So behalten Sie den Überblick über Ihre Medien und können Filme leichter archivieren und Backups Ihrer Arbeit erstellen.

> **TIPP**
>
> Sie können sich Ereignisse anlegen, die Sie für verschiedene Aufträge und Filme immer wieder benötigen. Diese beinhalten dann zum Beispiel Ihr Logo und die Logos Ihrer Kunden, Musik und Soundeffekte oder einen wiederkehrenden Vorspann für Ihre Filme.

> **Ordner**
>
> Ordner in Ereignissen funktionieren nicht ganz so, wie Sie es zum Beispiel aus dem Finder gewohnt sind. Sie können Clips nicht einfach mit der Maus hineinbewegen, sondern müssen mit Schlagwörtern (siehe Abschnitt 4.5) oder intelligenten Sammlungen (siehe Abschnitt 4.7.3) arbeiten.

Um ein neues Ereignis anzulegen, wählen Sie aus der Menüleiste ABLAGE • NEUES EREIGNIS oder drücken gleichzeitig [alt]+[N].

▲ Abbildung 3.1
Legen Sie am besten für jeden neuen Film ein neues Ereignis an.

Das neue Ereignis ❶ erscheint nun in der Ereignis-Mediathek, und Sie können ihm einen sinnvollen Namen verpassen, zum Beispiel »Imagefilm XY« oder »Beitrag RTL Exclusiv«. In dieses Ereignis importieren Sie dann alle benötigten Medien und legen gegebenenfalls noch Unterordner an, in denen Sie Clips, Musik und Grafiken noch genauer sortieren können.

Abbildung 3.2 ▶
Ereignisse bieten Übersicht und helfen Ihnen, Ihre Medien sinnvoll zu sortieren.

3.1.2 Ereignisordner auf der Festplatte

Sobald Sie ein Ereignis in Final Cut Pro erstellt haben, wird automatisch auf Ihrer Festplatte ein Ordner mit dem gleichen Namen angelegt. Dieser Ordner erscheint, sollten Sie die Standardeinstellungen von Final Cut Pro nicht verändert haben, in Ihrem Benutzerordner unter FILME • FINAL CUT EVENTS.

In dem Ereignisordner werden alle relevanten Daten gespeichert, die Sie in Ihr Ereignis importieren. Clips, die Sie von einer Kamera oder direkt von der Festplatte in Ihr Ereignis übertragen, werden in den Unterordner ORIGINAL MEDIA kopiert. Sollten Sie Effekte anwenden, die gerendert werden müssen, dann speichert Final Cut Pro diese Informationen unter RENDER FILES ab.

Zusätzlich enthält der Ereignisordner immer auch eine Datei »CurrentVersion.fcpevent« mit dem aktuellen Speicherstatus des Ereignisses.

> **Rendern**
>
> Als Rendern bezeichnen wir das Berechnen von Effekten.

> **Automatische Sicherung**
>
> Final Cut Pro X speichert Ihre Arbeit permanent selbstständig ab. So sollten Sie auch bei einem Programmabsturz nicht wieder von weiter vorne beginnen müssen.

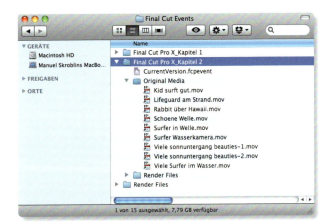

◄ **Abbildung 3.3**
Für jedes Ereignis in Final Cut Pro wird auf Ihrer Festplatte ein Ordner erstellt.

Original und Alias | Wenn Sie Clips direkt von einer Festplatte in ein Ereignis importieren, können Sie entscheiden, ob alle Medien in den Ordner ORIGINAL MEDIA kopiert werden sollen oder ob lediglich Verweise darauf, so genannte Alias-Dateien erstellt werden. Der Vorteil von Alias-Dateien ist, dass sie sehr klein sind. Dementsprechend nehmen sie kaum Speicherplatz auf Ihrer Festplatte ein, und Sie vermeiden doppelte Datenbestände.

Allerdings sind die Alias-Dateien auch nur verwendbar, solange sich die Originaldateien ebenfalls auf Ihrem Computer befinden. Ein Beispiel: Sie erhalten für ein Projekt von Ihrem Kunden eine externe Festplatte mit Clips und kopieren nur die Alias-Dateien, dann können Sie nur schneiden, solange die externe Festplatte mit Ihrem Mac verbunden ist – ohne die Festplatte sind die Originalmedien nicht verfügbar.

Clips sammeln | Durch die Vermischung von Originalmedien und Alias-Dateien in Ihrem Ereignisordner auf der Festplatte kann schnell ein beachtliches Durcheinander entstehen. Solange Sie es schaffen, den Überblick zu behalten, oder nur mit internen Festplatten arbeiten, muss das auch gar nicht schlimm sein. Aber was, wenn Sie ein Backup erstellen, einfach mal aufräumen oder aus anderen Gründen Ihre Daten konsolidieren möchten?

Final Cut Pro bietet Ihnen dafür die Möglichkeit, alle verwendeten Medien in Ihrem Ereignisordner zu sammeln und alle Alias-Dateien durch Originale zu ersetzen. Wählen Sie zuerst das entsprechende Ereignis aus Ihrer Mediathek aus, und wählen Sie anschließend aus der Menüleiste ABLAGE • EREIGNISDATEIEN VERWALTEN. Nachdem Sie bei einer Warnmeldung auf FORTFAHREN geklickt haben, beginnt die Software damit, fleißig alle Medien zusammenzusuchen. Anschließend befinden sich dann sämtliche verwendeten Medien an einem Ort.

> **Kopiert, nicht verschoben**
> Bei der Verwaltung von Ereignisdateien werden Medien immer kopiert und niemals verschoben. Achten Sie also auf Datendoppelbestände.

Abbildung 3.4 ▶
Das Sammeln von Medien in dem Ereignisordner kann nicht rückgängig gemacht werden.

Ereignisse umbenennen | Sie können ein Ereignis jederzeit umbenennen, wenn Sie der Meinung sind, dass ein anderer Name besser passt oder Sie noch weitere Medien hinzugefügt haben. Dazu wählen Sie das Ereignis in Ihrer Mediathek zunächst aus und klicken dann, nach ca. einer Sekunde, erneut darauf. Beachten Sie aber, dass sich dadurch auch der Name des Ordners auf Ihrer Festplatte ändert, in dem Ihre Medien gespeichert wurden.

3.1.3 Kopieren und Bewegen von Clips

Sie können Clips von einem Ereignis in ein anderes verschieben oder kopieren. Zum Beispiel, wenn ein Kunde nach dem ersten Job, den Sie für ihn erledigt haben, so zufrieden mit Ihnen ist, dass Sie gleich noch den Auftrag für den Schnitt von zehn weiteren Filmen ergattern.

Legen Sie dann für jeden der zehn Filme ein neues Ereignis an, können Sie bestimmte Clips wie Intro oder Outro aus einem älteren Ereignis kopieren oder verschieben. Wichtig dabei ist, dass Sie immer beachten, auf welcher Festplatte Ihre Medien gespeichert sind, denn wenn Sie einen Clip in ein anderes Ereignis bewegen, verschieben Sie ihn immer auch automatisch in einen anderen Ereignisordner auf der Festplatte. In der Praxis könnte das so aussehen: Ereignis A liegt auf Ihrer internen Festplatte und Ereignis B auf einer externen. Nun verschieben Sie einen Clip von Ereignis A in Ereignis B. Der Clip liegt nun nur noch auf Ihrer externen Festplatte. Stöpseln Sie die Festplatte ab, ist der Clip in Final Cut Pro nicht länger verfügbar. Kopieren Sie stattdessen den Clip in das Ereignis B, kopieren Sie ihn auch auf die externe Festplatte. Der Clip liegt nun auf beiden Festplatten.

> **Einfache Backups**
> Auf diesem Weg lassen sich auch leicht Backups von Ereignissen erstellen.

Clips kopieren | Um einen Clip in ein anderes Ereignis zu kopieren, gelten die gleichen Regeln wie beim Kopieren von Daten im Finder Ihres Macs. Wenn beide Ereignisse auf der gleichen Festplatte liegen, greifen Sie aus der Mediathek einen oder mehrere Clips ❷, drücken anschließend die alt -Taste und ziehen dann die Clips auf das Ereignis ❶, in das Sie sie kopieren möchten.

Liegen die Ereignisse auf unterschiedlichen Festplatten, reicht ein einfaches Drag & Drop. Die Clips werden dann automatisch kopiert.

▲ **Abbildung 3.5**
Bewegen Sie die Clips mit der Maus, um sie in ein anderes Ereignis zu kopieren.

Wichtig ist, dass ein Kopieren von Clips in ein anderes Ereignis immer die Originaldatei auf der Festplatte kopiert und nie ein Alias. Sie erhalten also immer ein Duplikat Ihrer Ausgangsmedien, selbst wenn Sie in Ihr ursprüngliches Ereignis nur Verweise kopiert haben.

Kopieren im Hintergrund | Das Schöne daran ist, dass Sie trotzdem sofort mit der Arbeit beginnen können und so, zumindest bei größeren Datenmengen, viel Zeit sparen. Denn Final Cut Pro übernimmt das Kopieren im Hintergrund, sodass Sie zwar zunächst mit einem Alias arbeiten, davon aber überhaupt nichts mitbekommen. Ebenso heimlich, still und leise wird dann später das Alias durch die kopierte Originaldatei ersetzt.

Um trotzdem einen Überblick über den Kopiervorgang zu erhalten, können Sie über die Symbolleiste ein Fenster öffnen, das Ihnen die Hintergrundaktivitäten anzeigt.

> [cmd]+[Z] **ist keine Lösung**
> Ein Kopiervorgang lässt sich mit dem allseits beliebten Tastenkürzel [cmd]+[Z] nicht rückgängig machen. Sollten Sie die falschen Clips kopiert haben, ist Handarbeit gefragt.

◀ **Abbildung 3.6**
Klicken Sie auf die kleine Prozentzahl ❸, um das Fenster HINTERGRUNDAKTIONEN zu öffnen. Solange die Clips kopiert werden, können Sie schon mit den Alias-Dateien schneiden.

Clips verschieben | Um Clips zwischen Ereignissen zu verschieben, reicht ein einfaches Drag & Drop, vorausgesetzt, die Ereignisse liegen auf der gleichen Festplatte. Liegen sie auf unterschiedlichen, halten Sie bitte zusätzlich cmd gedrückt.

3.1.4 Ereignisse zusammenführen und teilen

Um zwei Ereignisse zusammenzulegen und so ein einzelnes daraus zu machen, greifen Sie ein Ereignis mit Ihrer Maus und bewegen es auf ein anderes. Auf die gleiche Weise können sogar mehrere Ereignisse gleichzeitig zu einem neuen zusammengefasst werden.

> **Über die Menüleiste**
>
> Über das Menü ABLAGE • EREIGNISSE ZUSAMMENFÜHREN gelangen Sie zum gleichen Ziel.

Abbildung 3.7 ▶
Aus vier mach eins. Ziehen Sie Ereignisse, die Sie zusammenlegen möchten, einfach aufeinander.

Sobald Sie die Maustaste loslassen, erscheint ein Dialog, in dem Sie für das zusammengelegte Ereignis einen Namen vergeben und ein Speicherlaufwerk auswählen können. Denn wie Sie sich sicher schon gedacht haben, bewirkt ein Zusammenlegen von Ereignissen in Final Cut Pro auch ein Zusammenlegen der Ereignisordner auf Ihrer Festplatte.

Abbildung 3.8 ▶
Über den Dialog bestimmen Sie einen Namen für das zusammengelegte Ereignis und können sich für ein Speicherlaufwerk entscheiden.

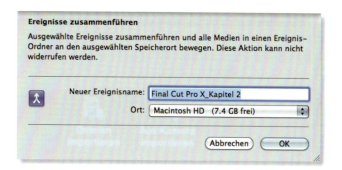

Ereignisse teilen | Im Grunde wissen Sie schon, wie man ein Ereignis auf mehrere aufteilt. Denn dazu erstellen Sie einfach ein neues (alt+N) und verteilen Ihre Clips anschließend per Drag & Drop. Dabei gibt es keinen Unterschied zum Bewegen von Clips zwischen Ereignissen (siehe Seite 86). Achten Sie also auch darauf, auf welchem Speicherlaufwerk Ihre Ereignisse liegen, damit Sie nicht aus Versehen Clips auf die falsche Festplatte verschieben und diese Ihnen nachher fehlt.

3.1.5 Kopieren und Verschieben von Ereignissen

Sie können nicht nur Clips innerhalb von Ereignissen verschieben und kopieren, sondern auch gleich ein ganzes Ereignis am Stück auf ein anderes Speicherlaufwerk. Das kann nützlich sein, wenn Sie zum Beispiel ein Ereignis von Ihrem schnellen Video-Raid auf eine langsamere Festplatte verschieben wollen, um es zu archivieren und es ins Regal zu stellen. Oder Sie übernehmen ein Projekt von jemand anderem, der Ihnen Clips auf einer USB-Festplatte anliefert; dann können Sie mit dieser Technik das gesamte Ereignis auf Ihren Speicher kopieren.

Kopieren von Ereignissen | Um ein Ereignis zu kopieren, schließen Sie zunächst die Festplatte an, auf die Sie es übertragen möchten. Eigentlich sollte das Laufwerk daraufhin automatisch in der Ereignis-Mediathek erscheinen. Wir haben allerdings die Erfahrung gemacht, dass es genau das manchmal nicht macht. Meistens hilft es dann, auf das kleine Zahnradsymbol unten in der Ereignis-Mediathek zu klicken und die Option EREIGNISSE NACH VOLUME GRUPPIEREN einmal zu deaktivieren und anschließend wieder zu aktivieren.

Sobald das Laufwerk verfügbar ist, können Sie loslegen und ein beliebiges Ereignis via Drag & Drop oder Tastenkürzel ([cmd]+[D]) duplizieren.

▲ **Abbildung 3.9**
Ziehen Sie ein komplettes Ereignis auf ein anderes Volume, um es zu duplizieren.

> **Letzter Ausweg**
>
> Manchmal hilft selbst der Trick mit der Option EREIGNISSE NACH VOLUME GRUPPIEREN nicht, um eine Festplatte zu aktivieren, und das, obwohl das Laufwerk von Ihrem Mac problemlos erkannt wird. Als letzten Tipp haben wir dann nur noch einen Neustart Ihres Computers und schlimmstenfalls die Neuformatierung Ihrer Festplatte über das Festplattendienstprogramm anzubieten.

Anschließend können Sie über ein Dialogfenster dem Duplikat einen Namen geben und noch mal sicherstellen, dass Sie das richtige Ziellaufwerk ausgewählt haben.

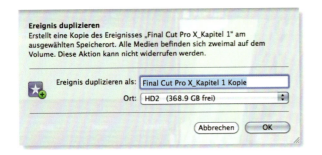

◄ **Abbildung 3.10**
Im Dialog vergeben Sie einen Namen und wählen das Ziellaufwerk aus. Sobald Sie auf OK klicken, beginnt der Kopiervorgang.

> **HINWEIS**
>
> Festplatten bzw. Partitionen werden am Mac auch *Volume* genannt.

Jetzt wird eine Kopie Ihres Ereignisordners auf dem angegebenen Volume erstellt, und in der Mediathek erscheinen alle in dem Ereignis enthaltenen Medien ebenfalls ein zweites Mal. Je nachdem, wie groß Ihr Ereignis ist, kann der Kopiervorgang allerdings einige Zeit in Anspruch nehmen – Zeit, die Sie sinnvoll nutzen sollten, zum Beispiel für eine Kaffeepause.

Bewegen von Ereignissen | Wenn Sie ein Ereignis lediglich verschieben und nicht kopieren möchten, wählen Sie es zunächst in Ihrer Ereignis-Mediathek aus und gehen anschließend auf Ablage • Ereignis bewegen. Sie sind eher der Maus-Mensch? Auch kein Problem: Halten Sie cmd gedrückt, wenn Sie das Ereignis auf das Zielvolume bewegen.

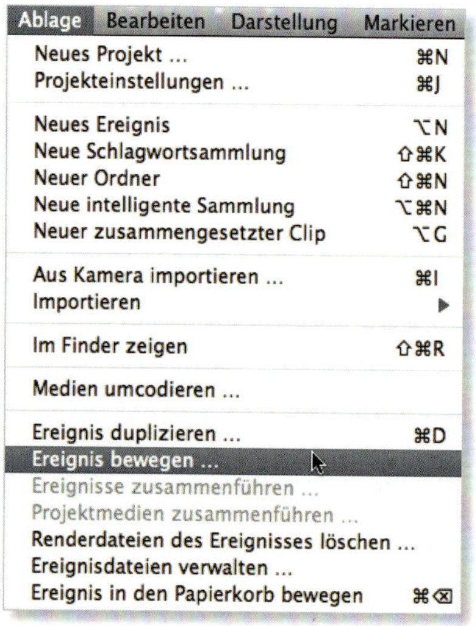

Abbildung 3.11 ▶
Über das Ablage-Menü oder per Drag & Drop bewegen Sie ein Ereignis auf ein anderes Volume.

Alle Medien in Ihrem Ereignisordner werden nun auf das Ziellaufwerk übertragen und vom Quelllaufwerk gelöscht.

3.1.6 Ereignisse sortieren

Sie können Ereignisse in Ihrer Mediathek nach verschiedenen Kriterien sortieren oder gruppieren. Zur Verfügung stehen Ihnen:

- nach Volume gruppieren
- nach Datum gruppieren
- alphabetisch sortieren
- nach Erstellungsdatum sortieren

Dabei lassen sich auch Gruppierungen miteinander kombinieren. So können Sie Ihre Ereignisse nach Volumes sortieren und innerhalb der Volumes noch nach Datum. Allerdings können Sie nicht ein Volume nach Datum sortieren und ein anderes alphabetisch. Hier gilt immer ein Kriterium für die gesamte Mediathek.

Gruppieren nach Volume | Um Ihre Ereignisse nach Volumes zu gruppieren, klicken Sie auf das kleine Zahnrad am unteren Rand der Mediathek und wählen Ereignisse nach Volume gruppieren aus.

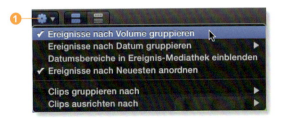

◄ Abbildung 3.12
Klicken Sie auf das kleine Zahnrad ❶, um Ihre Ereignisse nach verschiedenen Kriterien zu sortieren.

Jedes Volume, das von Final Cut Pro erkannt wird, erscheint nun in der Liste. Darunter stehen jeweils die darauf gespeicherten Ereignisse.

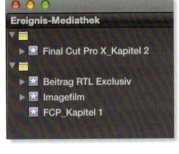

◄◄ Abbildung 3.13
Unter jedem Volume (hier HD2 und Macintosh HD) werden die darauf gespeicherten Ereignisse angezeigt.

◄ Abbildung 3.14
Sind die Ereignisse nicht nach Volumes gruppiert, stehen sie einfach untereinander, in diesem Fall sortiert nach Datum und Jahr.

Gruppieren nach Datum oder alphabetisch | Um Ereignisse nach Datum zu gruppieren, stehen Ihnen drei Optionen zur Verfügung. Nach Jahr, nach Jahr und Monat oder weder noch, wobei die letzte Möglichkeit einer alphabetischen Sortierung entspricht.

▲ Abbildung 3.15
Sie können Ereignisse nach Jahr, Jahr und Monat oder nicht nach Datum gruppieren. Die letzte Möglichkeit entspricht einer alphabetischen Sortierung.

Abbildung 3.16 ▶
Gruppiert nach Jahr und Monat ...

Abbildung 3.17 ▶▶
... oder nach Alphabet

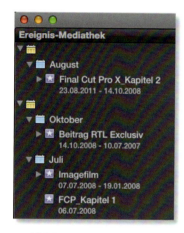

▲ **Abbildung 3.18**
Datumsbereiche zeigen die Zeitspanne an, in der die Clips eines Ereignisses aufgenommen wurden.

Zusätzlich können Sie sich noch über die Option DATUMSBEREICHE IN EREIGNIS-MEDIATHEK EINBLENDEN genauere Informationen über die Entstehungsgeschichte Ihrer Lieblinge anzeigen lassen. Hier können Sie dann genau sehen, in welcher Zeitspanne zum Beispiel die Clips eines Ereignisses aufgenommen wurden.

Nach Erstellungsdatum sortieren | Eine letzte Möglichkeit, Ihre Ereignisse zu sortieren, haben wir noch im Angebot. Ein Häkchen hinter EREIGNISSE NACH NEUESTEN ANORDNEN bewirkt, dass Ihre Ereignisse nach dem neuesten darin enthaltenen Clip geordnet werden. Nehmen Sie das Häkchen weg, steht das Ereignis mit dem ältesten Erstellungsdatum ganz oben in der Liste, alle anderen folgen brav chronologisch.

3.1.7 Ereignisse ausblenden

Wie schon erwähnt, sammelt Final Cut Pro, wie ein fleißiges Eichhörnchen seine Nüsschen im Herbst, alle jemals erstellten Ereignisse in der Ereignis-Mediathek. Über einen längeren Zeitraum kreativen Schaffens kommt so natürlich einiges zusammen. Oft ist es praktisch, den Zugriff auf alte Ereignisse zu behalten, falls Sie mal in die Situation kommen, bestimmte Clips in weiteren Projekten nutzen zu müssen. Andererseits kann es irgendwann nerven, ständig eine große Anzahl an alten Ereignissen mit sich herumzuschleppen, die Sie eigentlich nicht mehr brauchen. Außerdem nimmt dadurch die Arbeitsgeschwindigkeit der Software auch nicht gerade zu.

Mit folgendem kleinen Trick können Sie allerdings Ihre Ereignisse ein- oder ausblenden, ohne Clips zu verlieren.

Ereignisse verschieben | Die Tatsache, dass Final Cut Pro alle Ereignisse in dem Ordner FINAL CUT EVENTS speichert und auch nur dort nach ihnen sucht, können wir uns zu Nutze machen.

Denn durch das Verschieben eines Ereignisses in einen anderen Ordner im Finder können Sie es in der Ereignis-Mediathek ausblenden. Auf diesem Weg behalten Sie den Überblick über Ihre Ereignisse und blenden sich nur diejenigen ein, die Sie tatsächlich benötigen. Folgendes sollten Sie dabei aber unbedingt beachten:

- Beenden Sie immer zuerst Final Cut Pro, bevor Sie ein Ereignis im Finder verschieben, ansonsten kommt das Programm durcheinander und erstellt eine neue »currentversion.fcpevent«-Datei.
- Durch das Bewegen des Ereignisordners verschieben Sie natürlich auch immer die darin enthaltenen Medien. In Projekten, die diese Medien nutzen, entstehen dann Offline-Clips.

Offline-Clips

Als »Offline« werden Clips bezeichnet, die ihre Verbindung zu den originalen Medien verloren haben. In Final Cut Pro werden Offline-Clips rot dargestellt, und Sie können sie nicht mehr abspielen. Wie Sie die Clips erneut verbinden, lesen Sie in Abschnitt 4.9 »Medien neu zuordnen«.

Ereignisse austauschen | Wenn Sie ein Ereignis einfach so von einem Ordner in den anderen verschieben können, liegt es nahe, dass Sie auf diesem Weg auch Ereignisse mit anderen Final-Cut-Pro-Nutzern austauschen können. Dazu kopieren Sie ein Ereignis auf eine externe Festplatte und von dort in den Ereignisordner des Empfängers. Jetzt brauchen Sie nur noch Final Cut Pro neu zu starten, schon ist das Ereignis übertragen. Das Praktische daran ist, dass Sie nicht nur die Medien an sich kopiert haben, sondern auch alle Schlagwörter, Funktionen und intelligenten Sammlungen.

Backup

Wenn Sie das Verschieben von Ereignisordnern nutzen, um ein Backup zu erstellen, sollten Sie vorher über den Menübefehl ABLAGE • EREIGNISDATEIEN VERWALTEN alle Medien sammeln (siehe Abschnitt »Clips sammeln« auf Seite 85).

Haben wir jetzt alles zu Ereignissen gesagt? Fast. Denn ein wichtiger Punkt fehlt noch: Wie werde ich ein Ereignis oder einen Clip eigentlich wieder los? Wie schicke ich sie auf den digitalen Friedhof? Nichts einfacher als das.

3.1.8 Ereignisse und Clips löschen

Markieren Sie einen Clip oder ein ganzes Ereignis, und klicken Sie mit der rechten Maustaste. Aus dem Kontextmenü wählen Sie dann EREIGNIS IN DEN PAPIERKORB BEWEGEN aus, oder Sie nehmen einfach Vorlieb mit dem Tastenkürzel cmd + ←. Der Effekt ist in jedem Fall derselbe: Es öffnet sich ein Fenster mit der Warnung, dass Sie im Begriff sind, wichtige Dateien zu löschen, und dass Ihre Filme dann gegebenenfalls nicht mehr wiedergegeben werden können.

▼ **Abbildung 3.19**
Links: Um ein Ereignis oder einen Clip zu löschen, bewegen Sie sie in den Papierkorb.

▼ **Abbildung 3.20**
Rechts: Bevor die Clips tatsächlich gelöscht werden, erhalten Sie noch eine Warnung.

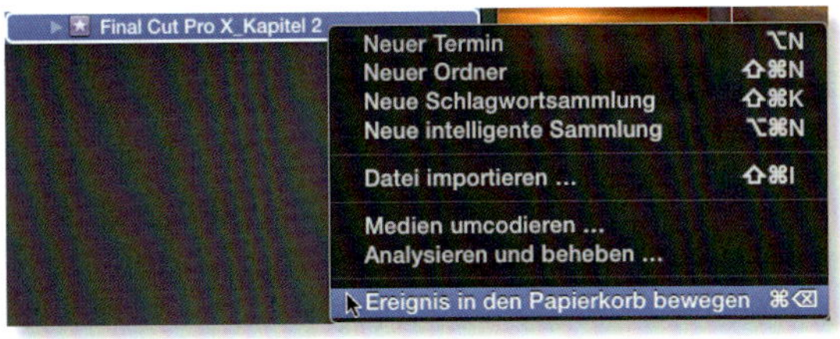

Klicken Sie auf FORTFAHREN, werden alle Medien aus dem Ereignis in der Ereignis-Mediathek gelöscht. Gleichzeitig werden alle Dateien in dem Ereignisordner auf Ihrer Festplatte in den Papierkorb verschoben. Hier besteht nun die letzte Chance zur Rettung. Den Papierkorb sollten Sie also nur dann leeren, wenn Sie sich Ihrer Sache ganz sicher sind.

3.2 Medien importieren

Im ersten Kapitel dieser lehrreichen Lektüre haben wir Ihnen ja bereits kurz erklärt, wie Sie Videoaufnahmen von Ihrer Festplatte oder Ihrer Kamera in Final Cut Pro importieren, um daraus dann einen Film zu schneiden. Im folgenden Abschnitt werden wir uns mit diesem Thema noch ausführlicher beschäftigen und Ihnen erklären, wie Sie Clips analysieren können und wie Final Cut Pro mit Programmen wie iTunes oder iPhoto zusammenarbeitet.

3.2.1 Import von der Festplatte

Clips, Grafiken und Musik sind die Basis für jeden Film. Vor dem Schnitt steht also der Import Ihrer Medien: Er kann direkt von der Kamera erfolgen, oder Sie verwenden bereits digitalisierte Clips, wie zum Beispiel die von der DVD zum Buch. Final Cut Pro bietet Ihnen schon während des Imports allerlei nützliche Funktionen, die Ihnen das Leben erleichtern und Ihnen helfen, den Überblick zu behalten.

Drag & Drop | Ein gängiger und praktischer Weg, Dateien zu importieren, ist sicherlich das altbewährte Drag & Drop. Wir nutzen diese Methode natürlich ebenfalls, und es gibt auch keinerlei Einwände dagegen. Trotzdem werden wir uns nun zunächst mit dem Importieren-Dialog beschäftigen, denn dieser bietet Ihnen die erwähnten zusätzlichen Optionen am übersichtlichsten.

Importieren-Dialog | Um loszulegen, wählen Sie in Final Cut Pro ABLAGE • IMPORTIEREN • DATEIEN ([⇧]+[cmd]+[I]) aus und öffnen damit das entsprechende Fenster. Im oberen Bereich navigieren Sie zu den Dateien, die Sie importieren möchten. Dabei können Sie entweder einen einzelnen Clip, mehrere Clips gleichzeitig ([cmd] gedrückt halten) oder einen ganzen Ordner importieren.

Im Abschnitt darunter legen Sie fest, ob Ihre Medien zu einem schon bestehenden Ereignis ❶ hinzugefügt werden sollen oder ob Sie ein neues ❷ erstellen möchten. In diesem Fall können Sie gleich an Ort und Stelle einen sinnvollen Namen verge-

---

Drag & Drop

Um Dateien per Drag & Drop in ein Ereignis zu importieren, ziehen Sie diese einfach mit der Maus aus dem Finder in Final Cut Pro. Um globale Einstellungen für den Import via Drag & Drop zu konfigurieren, lesen Sie bitte den Abschnitt 3.2.9, »Importeinstellungen für Drag & Drop«.

Ereignisse

Alles zu Ereignissen lesen Sie im vorigen Abschnitt ab Seite 83.

ben und das Volume festlegen, auf dem das Ereignis gespeichert werden soll.

Die weiteren Importoptionen ❸ unterhalb des grauen Strichs besprechen wir in den folgenden Abschnitten, denn hier ist ein etwas genauerer Blick sinnvoll.

◄ **Abbildung 3.21**
Der Importieren-Dialog teilt sich in drei Bereiche: Dateiauswahl, Ereignisse verwalten und analysieren.

3.2.2 Medien in den Ereignisordner kopieren

Sie können alle Clips, die Sie in Final Cut Pro importieren automatisch in den Ereignisordner auf Ihrem Arbeitsvolume kopieren. Damit stellen Sie sicher, dass Sie alle Dateien an einem Ort gespeichert haben, und können Ereignisse leichter archivieren und den Überblick besser behalten. Andererseits kann es in manchen Fällen sinnvoll sein, die Dateien nicht zu kopieren, beispielsweise, wenn Sie ein umfangreiches Projekt auf einer externen Festplatte bearbeiten.

Dateien später kopieren
Haben Sie die Clips beim Import nicht in Ihren Ereignisordner kopiert, können Sie diesen Schritt später einfach nachholen, indem Sie aus der Menüleiste ABLAGE • EREIGNISDATEIEN VERWALTEN auswählen.

◄ **Abbildung 3.22**
Um alle Medien auf Ihre Festplatte zu kopieren, machen Sie ein Häkchen bei DATEIEN IN DEN ORDNER »FINAL CUT EREIGNISSE« SICHERN.

Für mehr Informationen über diese Option schlagen Sie bitte auch in Abschnitt 3.1.2, »Ereignisordner auf der Festplatte«, nach.

3.2.3 Als Schlagwortsammlung importieren

In Final Cut Pro können Sie Ihren Medien Schlagwörter wie beispielsweise Interview oder Sonnenuntergang verpassen und so

3.2 Medien importieren | **95**

Clips mit ähnlichem Inhalt zu Schlagwortsammlungen zusammenfassen. Diese Funktion ist praktisch, und wir benutzen sie zum Beispiel, um unsere Clips übersichtlich zu strukturieren. Wie Sie Schlagwörter innerhalb von Ereignissen vergeben, verwalten und einsetzen, werden wir Ihnen weiter hinten in diesem Kapitel, in Abschnitt 3.2.6, noch genau erklären. Für den Augenblick konzentrieren wir uns auf die automatische Vergabe von Schlagwörtern beim Import von Clips.

Automatische Schlagwörter bedeutet dabei natürlich nicht, dass Final Cut Pro den Inhalt der einzelnen Clips erkennt und entsprechend benennt. So schlau ist unsere Lieblingssoftware leider noch nicht. Vielmehr werden beim Import die Namen der Ordner im Finder in Schlagwortsammlungen umgewandelt, und jeder darin enthaltene Clip wird mit diesem Schlagwort markiert.

Abbildung 3.23 ▶
Beim Import können Sie aus den Namen von Ordnern automatisch Schlagwörter erstellen.

Abbildung 3.24 ▶
In Ihrem Ereignis werden dann daraus Schlagwortsammlungen erstellt, in denen alle entsprechenden Clips enthalten sind.

Gerade bei umfangreichen Projekten, für die mehrere hundert einzelne Clips gedreht wurden, ist der Import als Schlagwortsammlung eine sehr hilfreiche Funktion, die uns schon viel Arbeit erspart hat. Dabei ist es gar nicht nötig, dass die Clips, wie in unserem Beispiel, schon nach Inhalten sortiert sind. Schon allein Schlagwörter wie »Drehtag 1«, »Kamera 2« oder »Schnittbilder« sind nützlich.

3.2.4 Beim Import transcodieren

Wir haben Ihnen im vorherigen Kapitel ja bereits viele Informationen zu den verschiedenen Videoformaten an die Hand gegeben, mit denen Sie in Final Cut Pro arbeiten können. Einige dieser Formate sind dabei besser für den Videoschnitt geeignet als andere, weil sie weniger Rechenleistung beanspruchen. In der Praxis bedeutet das, dass zum Beispiel das Rendern von Effekten im Apple-ProRes-Codec deutlich schneller geht als im H.264-Codec.

Optimierte Medien erstellen | Um sicherzustellen, dass Sie mit einem Format arbeiten, das eine möglichst hohe Qualität und Rechengeschwindigkeit gewährleistet, können Sie Ihre Medien bereits während des Imports entsprechend umwandeln. Aktivieren Sie dazu im Importieren-Dialog die Funktion OPTIMIERTE MEDIEN ERSTELLEN. Videoclips in nicht für den Schnitt optimalen Formaten werden dann automatisch in den Apple-ProRes-422-Codec transcodiert und Standbilder in JPG bzw. PNG (mit Alphakanal).

> **Was gleich bleibt**
>
> Wenn Sie optimierte Medien erstellen, ändert sich nur der eigentliche Video-Codec, zum Beispiel von H.264 in Apple ProRes 422. Alle anderen Eigenschaften wie die Bildgröße (z. B. 1920 × 1.080 Pixel), die Framerate (z. B. 25 fps) oder das Pixelseitenverhältnis bleiben gleich.

◄ Abbildung 3.25
Machen Sie einfach ein Häkchen bei OPTIMIERTE MEDIEN ERSTELLEN, und Final Cut Pro kümmert sich um den Rest.

Was alle Arbeitgeber freuen wird: Final Cut Pro codiert Ihre Clips im Hintergrund um. Zunächst werden sie im Originalformat (zum Beispiel H.264) in Ihr Ereignis übernommen. Ganz heimlich, still und leise beginnt Final Cut Pro dann mit dem Umcodieren und ersetzt nach und nach die alten Clips durch die neuen im Apple-ProRes-422-Format. Sie können also sofort mit der Arbeit beginnen, ohne auf die transformierten Clips warten zu müssen. Damit entfällt dann auch die Spiegel-online-Pause.

◄ Abbildung 3.26
Über den kleinen Kreis ❶ in der Symbolleiste können Sie sich die Hintergrundaktionen anzeigen lassen. Unter TRANSCODIEREN UND ANALYSE sehen Sie den Fortschritt der Umcodierung.

> **DVCPRO HD**
>
> Die Clips auf der DVD zum Buch werden übrigens nicht umgewandelt, auch wenn Sie die Option ausgewählt haben, weil sie im DVCPRO-HD-Format aufgezeichnet wurden.

Die Funktion ist natürlich bequem und eigentlich ebenso narrensicher. Trotzdem sollten Sie noch einige Dinge dabei beachten. Wichtig ist vor allem, dass auch andere Videoformate, wie zum Beispiel DVCPRO HD oder XDCAM, ebenfalls für den Schnitt mit Final Cut Pro gut geeignet sind. Diese Formate werden also nicht automatisch in Apple ProRes umgewandelt.

Die umcodierten Clips müssen natürlich irgendwo gespeichert werden, denn die Originale bleiben bei der gesamten Aktion unverändert. Final Cut Pro legt dafür in Ihrem Ereignisordner auf der Festplatte einen neuen Unterordner mit dem Namen HIGH QUALITY MEDIA an, in dem die neuen Clips abgelegt werden. Dabei spielt es keine Rolle, ob Sie beim Import die Funktion DATEIEN IN DEN ORDNER »FINAL CUT EREIGNISSE« SICHERN angewählt haben oder nicht. Sie sollten also immer den entsprechenden Platz auf Ihrem Volume zur Verfügung haben, um die neu entstandenen Dateien unterbringen zu können – oder sich zumindest nachher nicht wundern, warum die Festplatte immer voller wird.

Abbildung 3.27 ▶
Die umcodierten Clips werden in dem Ereignisordner auf Ihrer Festplatte gespeichert.

> **Proxys in der Praxis**
>
> Wenn Sie zum Beispiel ein umfangreiches Projekt auf Ihrem kraftvollen Mac Pro beginnen und dann auf eine Geschäftsreise fahren, können Sie Proxys Ihrer Clips auf Ihr MacBook kopieren und dann abends im Hotelzimmer weiterschneiden, während sich Ihre Kollegen an der Hotelbar vergnügen. Wir lieben Proxys.

Proxys erstellen | Als Proxy bezeichnen wir die Kopie eines hochauflösenden Clips in geringerer Qualität. Proxys werden dazu benutzt, Speicherplatz zu sparen oder im Schnitt ein flüssiges Arbeiten und eine hohe Performance zu gewährleisten. Später werden dann die Proxys wieder durch die hochauflösenden Originale ersetzt, sodass Sie für den Kunden die beste Qualität garantieren können.

Medien später umcodieren | Optimierte Medien und Proxy-Medien können Sie übrigens auch später noch jederzeit erstellen, auch wenn Sie diese Option beim Import nicht ausgewählt haben. Dazu wählen Sie die entsprechenden Clips in Ihrem Ereignis aus und klicken dann in der Menüleiste auf ABLAGE • MEDIEN UMCODIEREN. Sobald Sie eine Auswahl getroffen und auf OK geklickt haben, beginnt Final Cut Pro mit dem Transcodieren.

Natürlich ebenfalls im Hintergrund, sodass Sie währenddessen in Ruhe weiterarbeiten können. Die Clips in Ihrem Ereignis werden dann einfach ersetzt.

3.2.5 Beim Import analysieren

Final Cut Pro ist in der Lage, Clips auf verschiedene Eigenschaften hin zu analysieren und zum Teil auch zu korrigieren. Verwackelte Aufnahmen lassen sich stabilisieren, Farbstiche werden registriert und behoben, und sogar die Anzahl der Personen in einem Clip wird erkannt.

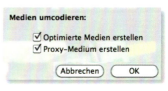

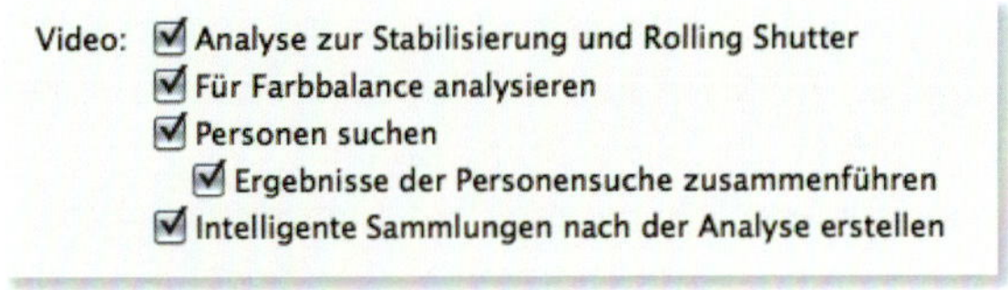

▲ **Abbildung 3.28**
Sie können Ihre Medien nicht nur beim Import umcodieren, sondern auch jederzeit später.

▲ **Abbildung 3.29**
Wählen Sie beim Import aus, welche Eigenschaften Final Cut Pro analysieren soll.

Stabilisierung und Rolling Shutter | Fangen wir mal oben an. Die ANALYSE ZUR STABILISIERUNG UND ROLLING SHUTTER erkennt automatisch, ob ein Clip stark verwackelt oder verzerrt ist. Sollte das der Fall sein, wird Final Cut Pro versuchen, diese Bildfehler automatisch zu korrigieren.

Zunächst werden alle ausgewählten Clips wie gewohnt in Ihr Ereignis übernommen, im Hintergrund startet dann die zeitintensive Analyse. Ist Final Cut Pro der Meinung, ein Clip sollte entzerrt oder stabilisiert werden, wird automatisch der entsprechende Effekt auf den Clip angewendet, und alle Parameter werden eingestellt. Das heißt also, dass der Originalclip selbst unverändert bleibt und Sie auch später noch von Hand Verbesserungen an den Einstellungen vornehmen oder den Effekt auch wieder entfernen können.

Unsere Erfahrungen mit der automatischen Stabilisierung sind allerdings eher durchwachsen. Viele Wackler werden leider nicht erkannt, und oft sind die vorgenommenen Korrekturen dann auch nicht hundertprozentig zufriedenstellend. Unser Tipp: Importieren Sie zunächst alle Clips ohne die Analyse, und wenden Sie später den Effekt auf die Clips an, die tatsächlich verwackelt sind (siehe Abschnitt 9.3, »Weitere Korrekturen: Stabilisierung und Rolling Shutter«). Oder, wenn es gut werden soll, exportieren Sie die verwackelten Bereiche, und stabilisieren Sie sie mit Motion oder Adobe After Effects.

> **Rolling Shutter**
>
> Der Rolling-Shutter-Effekt bezeichnet Verzerrungen im Bild, die durch schnelle Bewegungen der Kamera oder des aufgenommenen Objekts entstehen: zum Beispiel bei Aufnahmen aus dem fahrenden Auto heraus oder an einer Rennstrecke. Der Rolling-Shutter-Effekt tritt vor allem bei Kameras mit einem CMOS-Sensor auf, zum Beispiel einer digitalen Spiegelreflexkamera.

Farben analysieren | Markieren Sie im Importieren-Dialog FÜR FARBBALANCE ANALYSIEREN, untersucht Final Cut Pro Ihre Clips auf eventuelle Farbfehler, die zum Beispiel durch einen falschen Weißabgleich oder eine unachtsam gewählte Blende während der Aufnahme entstanden sind. Allerdings wird die berechnete Korrektur nicht automatisch auf die entsprechenden Clips angewendet, sie muss erst von Hand aktiviert werden. Blenden Sie dazu über die Symbolleiste ❷ die Clip-Informationen ein, und aktivieren Sie anschließend mit einem Klick auf das kleine blaue Quadrat ❶ die berechnete Farbkorrektur.

Abbildung 3.30 ▼
In den Clip-Informationen findet sich das Ergebnis der Farbanalyse.

Abbildung 3.31 ▶
Zum Vergleich: So sieht der Clip ohne die automatische Farbkorrektur aus.

Ungenaue Analyse | Die Schwachstelle bei allen Korrekturen, die Sie dem Computer überlassen, ist, dass Final Cut Pro immer ein Bild finden muss, das als Referenz gilt. Bei der automatischen Farbkorrektur wird dazu der Frame in der Mitte des Clips benutzt.

Das Schnittprogramm interpretiert dabei die hellsten und die dunkelsten Bildbereiche als Weiß und Schwarz und versucht eventuelle Farbstiche auszugleichen. Zusätzlich wird der Kontrast im Bild auf das Maximum eingestellt, sodass Sie hoffentlich ein knackiges Resultat erhalten.

Nach unserer Erfahrung schießt Final Cut Pro dabei allerdings manchmal über das Ziel hinaus. Zum Beispiel hätten wir uns den Surfer auf Abbildung 3.30 ein wenig heller gewünscht, damit wir auch noch Details des Gesichts erkennen können. So wirkt er fast wie eine Silhouette. Häufig werden Sie also auch an automatisch korrigierte Clips selber Hand anlegen müssen.

◄ **Abbildung 3.32**
Nach der zusätzlichen manuellen Farbkorrektur kann man noch Details des Gesichts erkennen. Außerdem haben wir den Blaustich noch weiter reduziert.

An manchen Clips beißt sich Final Cut Pro sogar komplett die Zähne aus. Interessanterweise häufig an denjenigen, an denen es gar nichts zu korrigieren gibt.

▼ **Abbildung 3.33**
Links (ohne automatische Farbkorrektur) wirken die Hauttöne natürlich. Rechts hat Final Cut Pro einen unschönen Farbstich hinzugefügt.

Personen suchen | Final Cut Pro ist in der Lage, die Anzahl der Personen in einem Clip zu erkennen; dabei wird zwischen Aufnahmen mit einer Person, zwei Personen oder einer Gruppe unterschieden. Außerdem erkennt Final Cut Pro die gewählte Ein-

> **Einstellungsgröße**
>
> Die Einstellungsgröße ist der Bildausschnitt einer Filmaufnahme. Ganz weitwinkelige Einstellungen werden als Totale bezeichnet. Wenn Sie mit Ihrer Kamera an ein Objekt heranzoomen, ändern sich die Einstellungsgrößen von Halbtotale über Halbnahe und Nahaufnahme bis hin zur Großaufnahme. Neben diesen klassischen Grundformen gibt es noch eine Reihe weiterer Einstellungsgrößen wie Amerikanische Einstellung (Porträt inklusive Hut und Colt), Detailaufnahmen oder auch die so genannte Italienische Einstellung, bei der man nur die Augen sieht. (Wer erinnert sich nicht an das legendäre Duell zwischen Charles Bronson und Henry Fonda in »Spiel mir das Lied vom Tod«?)

stellungsgröße und differenziert zwischen Nahaufnahmen, Halbtotalen und Totalen. Nach dem Import werden dann so genannte **Analyseschlagwörter** vergeben, zum Beispiel **Eine Person**, **Halbtotale Einstellung**. Nach diesen Schlagwörtern können Sie Ihre Clips anschließend sortieren oder suchen.

Der Clou bei der Sache ist, dass Final Cut Pro sogar merkt, wenn sich die Anzahl der Personen oder die Einstellungsgröße ändert, beispielsweise wenn Sie die Kamera einfach mal laufen lassen und dabei ein längerer Clip entsteht. Dann wird an der entsprechenden Stelle automatisch ein neues Schlagwort vergeben.

Aktivieren Sie vor dem Import die Option ERGEBNISSE DER PERSONENSUCHE ZUSAMMENFÜHREN, unterteilt Final Cut Pro längere Clips in zweiminütige Segmente und vergibt für jedes dieser Segmente nur jeweils ein Schlagwort für die Personenanzahl und für die Einstellungsgröße. Beginnt ein Segment in Ihrem Clip zum Beispiel mit einer halbtotalen Einstellung, in der eine Person zu sehen ist, und wechselt dann zu einer Totalen mit mehreren Personen, so werden die Analyseschlagwörter **Eine Person**, **Halbtotale Einstellung** vergeben, weil das Segment mit diesen Bildern beginnt. Mit dem Zusammenführen der Ergebnisse verhindern Sie, dass Final Cut Pro zu viele Schlagwörter vergibt und Sie dadurch den Überblick verlieren.

Theorie und Praxis | So weit die gut klingende Theorie. Was die Umsetzung dieser Funktion in der Praxis angeht, müssen wir Sie allerdings wieder mal enttäuschen. Denn leider kommt Final Cut Pro auch hier oft durcheinander und vergibt die falschen Schlagwörter. Ein durchgängig aufgezeichnetes Interview mit zwei Personen bekommt dann schon mal einfach beide Schlagwörter: **Eine Person** und **Zwei Personen**. Oder ein Clip wird ohne erkennbaren Grund in mehrere Segmente unterteilt. Leider kann man auch, anders als bei normalen Schlagwörtern, bei Analyseschlagwörtern später nicht eigenhändig etwas verändern oder ein Schlagwort neu vergeben. Wenigstens können Sie falsch vergebene Analyseschlagwörter aber später wieder löschen.

3.2.6 Intelligente Sammlungen

Unser Tipp, wenn Sie die Videoanalyse von Final Cut Pro nutzen, ist, dass Sie immer auch die Option INTELLIGENTE SAMMLUNGEN NACH DER ANALYSE ERSTELLEN aktivieren. Dadurch werden in der Ereignis-Mediathek für jedes gefundene Analyseschlagwort Ordner angelegt, in denen die Clips abgelegt werden.

Natürlich kann ein Clip auch mehrere Schlagwörter bekommen (zum Beispiel **Eine Person**, **Nahaufnahme**, **Steady Shot**) und demzufolge auch gleichzeitig in verschiedenen intelligenten Sammlungen auftauchen. Aus welchem Ordner Sie dann den Clip in die Timeline ziehen, um ihn Ihrem Film hinzuzufügen, ist dabei egal, denn letztendlich handelt es sich immer um den gleichen – und damit auch um die gleiche QuickTime-Datei auf Ihrer Festplatte.

◀ **Abbildung 3.34**
Links die Ordner für die intelligenten Sammlungen, rechts die Clips, in denen Final Cut Pro eine Person vermutet

◀ **Abbildung 3.35**
Der Clip »Tamayo Interview« wird in vier Segmente unterteilt. In zweien findet Final Cut Pro zwei Personen, in den beiden anderen eine Person. Analyseschlagwörter lassen sich nicht von Hand ändern.

Analyseschlagwörter löschen | Nun haben Sie alle Clips beim Import feinsäuberlich analysiert und in intelligenten Ordnern kategorisiert. Und was nun? Final Cut Pro macht aus einem Interview mit zwei Personen vier Clips, von denen zwei im Ordner »Eine Person« und zwei im Ordner »Zwei Personen« landen – unpraktisch.

Wie werden Sie die Analyseschlagwörter denn nun wieder los? Nichts einfacher als das. Markieren Sie die entsprechenden Clips in Ihrer Mediathek, und wählen Sie dann aus der Menüleiste MARKIEREN • ALLE ANALYSE-SCHLAGWÖRTER ENTFERNEN aus. Damit löschen Sie dann allerdings, das Wörtchen »alle« lässt es vermuten, auch die Schlagwörter für die Analyse der Einstellungsgrößen. Ein getrenntes Löschen der Personen-Analyseschlagwörter ist nicht möglich. Die Ergebnisse der Farbbalance- und Stabilisierungsanalyse bleiben Ihnen aber zum Glück erhalten.

▲ **Abbildung 3.36**
Entfernen Sie die Analyseschlagwörter über die Menüleiste.

3.2 Medien importieren | **103**

3.2.7 Analysieren – ja oder nein?

Generell ist eine automatische Analyse zwar sehr verlockend, aber wir setzen sie nur sehr selten in der Praxis ein. Zum einen haben wir Ihnen ja in den einzelnen Abschnitten weiter oben erklärt, wo die Schwachstellen der Stabilisierungs-, Farb- und Personenanalyse liegen. Zum anderen nimmt die Analyse aller Clips sehr viel Zeit in Anspruch.

Unsere Empfehlung lautet daher, dass es effektiver ist, zunächst alle Clips ohne Analyse zu importieren. Sollten dann einzelne Aufnahmen verwackelt sein oder sollten Sie während des Schnitts merken, dass Sie doch gerne die Personenanzahl ermitteln möchten, klicken Sie einfach mit der rechten Maustaste auf den entsprechenden Clip und wählen aus dem Kontextmenü ANALYSIEREN UND BEHEBEN aus.

Abbildung 3.37 ▶ Um einzelne Clips im Nachhinein zu analysieren, wählen Sie aus dem Kontextmenü ANALYSIEREN UND BEHEBEN aus.

3.2.8 Audio-Importoptionen

Wie wir alle wissen, wird ein guter Ton bei der Videoproduktion oft vernachlässigt. Dabei ist die Audioqualität gerade bei Interviews im Grunde genauso wichtig wie ein optisch ansprechendes und technisch einwandfreies Bild. Der Kameramann kann sich noch so viel Mühe geben, eine Hollywood-reife Perspektive zu finden – wenn der Tonassistent unsauber arbeitet, wird das Interview niemals den Weg in die Wohnzimmer schaffen.

Zum Glück bietet Final Cut Pro die Werkzeuge, die Sie benötigen, um kleinere Fehler im Ton auszugleichen und Ihre Tonspuren zu sortieren, und das schon beim Import. Wenn Sie den Import-Dialog öffnen (zum Beispiel über das Tastenkürzel (cmd + ⇧ + I)), stehen Ihnen insgesamt drei verschiedene Analysen zur Auswahl.

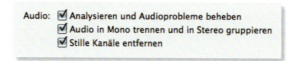

Abbildung 3.38 ▶ Final Cut Pro analysiert Ihre Audiospuren in drei Kategorien.

Audioanalyse | Wählen Sie ANALYSIEREN UND AUDIOPROBLEME BEHEBEN aus, prüft Final Cut Pro Ihre Clips im Hinblick auf eine gleichmäßige Lautstärke, übermäßige Hintergrundgeräusche und ungewolltes Brummen. Schwerwiegende Probleme werden rot gekennzeichnet und automatisch behoben. Leichtere Probleme werden gelb gekennzeichnet, allerdings nicht sofort behoben. In diesem Fall ist Handarbeit gefragt. Nach der Analyse können Sie Ihren Clip in der Mediathek auswählen und über das kleine »i« ❷ in der Symbolleiste die Clip-Informationen einblenden. In der Rubrik AUDIO ❶ werden die Analyseergebnisse angezeigt.

◂ **Abbildung 3.39**
Hier wurden mögliche (leichtere) Probleme gefunden.

◂ **Abbildung 3.40**
Schwere Probleme werden rot gekennzeichnet …

◂ **Abbildung 3.41**
… und gleich von Final Cut Pro gelöst.

Wenn Sie auf den kleinen Pfeil ❸ klicken, öffnet sich ein Untermenü, in dem Sie die Korrekturen der Audiospuren von Hand nachbessern können oder, falls Sie mit der automatischen Analyse von Final Cut Pro nicht einverstanden sind, einzelne Filter aktivieren bzw. deaktivieren können. Alle Details zu diesen Filtern erklären wir Ihnen dann in Kapitel 8, »Audiobearbeitung«.

Mono, Stereo und stille Kanäle | Die Anzahl der Videokameras, die momentan erhältlich sind, ist nahezu endlos. Und genauso unterschiedlich wie die Formate, mit denen sie arbeiten (Speicherkarten, Disc oder Band), erfolgt auch die Aufzeichnung der Tonspuren. Manche nehmen zwei Spuren auf, andere vier oder sechzehn. Einige lassen Spuren stumm, andere doppeln Kanäle.

Damit Sie sich während der Arbeit mit Final Cut Pro nicht mit zu vielen oder überflüssigen Tonspuren herumplagen müssen, können Sie die Clipanalyse nutzen, um ein wenig aufzuräumen und Ordnung in das Chaos zu bekommen.

Aktivieren Sie vor dem Import die Option Audio in Mono trennen und in Stereo gruppieren, um zum Beispiel aus zwei identischen Monospuren eine Stereospur zu erstellen. Machen Sie Ihr Häkchen bei Stille Kanäle entfernen, um gleich zu Beginn alle stillen und damit überflüssigen Audiospuren zu löschen.

Analyseergebnisse anpassen | Sind Sie mit den von Final Cut Pro vorgenommenen Änderungen an Ihren Clips nicht einverstanden, können Sie jederzeit über die Clip-Informationen Ihre Originalkanalkonfiguration wieder einstellen und stumme Kanäle wieder aus der Versenkung holen. Alles Weitere zur Kanalkonfiguration lesen Sie bitte in Abschnitt 8.4.

▲ **Abbildung 3.42**
Automatisch eingestellte Kanalkonfigurationen können Sie jederzeit von Hand wieder ändern.

3.2.9 Importeinstellungen für Drag & Drop

Wenn Sie eher der Drag-&-Drop-Typ sind und Ihre Clips lieber direkt aus dem Finder in Final Cut Pro ziehen, als den Import-Dialog zu benutzen, haben wir hier noch einen praktischen Hinweis für Sie. Über Final Cut Pro • Einstellungen • Import können Sie Standard-Importoptionen festlegen. Will sagen, Sie definieren einmal Einstellungen für die Verwaltung, die Transcodierung und die Analyse, und jeder Clip wird dann auf die entsprechenden Kriterien hin untersucht und importiert. Denken Sie nur daran, die Einstellungen wieder zu ändern, wenn Sie Ihre Clips nicht mehr automatisch analysieren oder transcodieren möchten.

Abbildung 3.43 ▶
Über die Einstellungen von Final Cut Pro können Sie auch für den Import via Drag & Drop Clips verwalten, transcodieren oder analysieren.

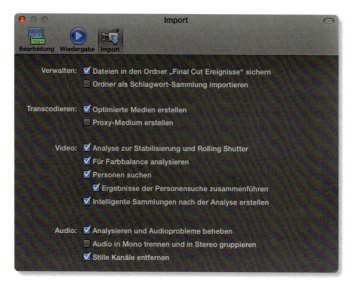

3.3 Import von bandlosen Aufnahmen

Egal ob Profi-Camcorder, digitale Spiegelreflexkamera oder iPhone. Mit Final Cut Pro sind Sie in der Lage, nahezu alle gängigen Videoformate zu importieren und zu bearbeiten. Allerdings unterscheiden wir generell zwischen bandlosen (clipbasierten) Formaten und solchen, die auf Bändern aufzeichnen. Welche Arbeitsweise dabei die bessere ist, lässt sich pauschal nicht beantworten, beide haben ihre Eigenheiten, Vorzüge und Nachteile. Fakt ist in jedem Fall, dass die bandlosen Formate auf dem Vormarsch sind und in näherer Zukunft wohl die gute alte Videokassette verdrängen werden. Bedienkomfort, Geschwindigkeit und Preis sind in der Regel besser als bei bandbasierten Kameras, und darüber hinaus entspricht es mittlerweile auch eher unserer Gewohnheit, auf digitalen Speicherkarten aufzuzeichnen.

Diese Entwicklung sehen die Entwickler bei Apple genauso und haben ihren Fokus ebenfalls auf die Arbeit mit Clips gelegt – und wer wären wir dann, wenn wir nicht auch auf diesen Zug aufspringen und Ihnen zunächst erklären würden, wie Sie die Clips von Ihrer Speicherkarte in Ihr Ereignis importieren können? Ein bisschen weiter unten lesen Sie dann, was Sie tun müssen, um Ihr Videoband zu digitalisieren.

3.3.1 Kamera oder Speicherkarte mit dem Mac verbinden

Der erste Schritt zum Einlesen Ihrer Clips besteht natürlich darin, die Kamera oder Speicherkarte mit Ihrem Mac zu verbinden. (Ob Sie das ohne unser Buch herausgefunden hätten?) Die meisten Kameras schließen Sie dazu einfach mit einem USB-, FireWire- oder Thunderbolt-Kabel an den Computer an und schalten dann die Kamera ein und auf den VTR-Modus. Mit dem VTR-Modus (Video Tape Recorder) stellen Sie Ihren Camcorder quasi um: von einer Kamera zu einem Videorecorder. Neuere Modelle erkennen mittlerweile automatisch, ob Sie mit einem Computer verbunden sind, und stellen sich dann von alleine auf den Wiedergabemodus ein.

Speicherkarten | Nimmt Ihre Kamera nicht auf eine interne Festplatte auf (wie zum Beispiel das iPhone), dann können Sie auch die Speicherkarte herausnehmen und Ihre Clips über ein Kartenlesegerät oder den SDXC-Kartensteckplatz an Ihrem MacBook Pro importieren. In jedem Fall sollte ein Volume mit dem Namen No Name oder Untitled auf Ihrem Schreibtisch erscheinen, in dem sich die aufgenommenen Clips befinden.

> **DVDs importieren**
>
> Wenn Sie eine Kamera, die auf DVDs aufzeichnet, an Ihren Mac anschließen, dann wird sich wahrscheinlich automatisch auch der DVD-Player öffnen. Lassen Sie sich davon nicht ablenken, sondern schließen Sie ihn einfach wieder. Danach können Sie Ihre Medien ungestört in Final Cut Pro importieren.

Loggen

Als Loggen bezeichnen wir das Sichten und Aussortieren von Videoaufnahmen. Nur die besten Aufnahmen übernehmen Sie in Ihr Ereignis, den Rest nicht. Sie können natürlich auch immer alle Clips in voller Länge von der Kamera auf Ihre Festplatte übertragen, allerdings benötigen Sie dann natürlich auch mehr Speicherplatz.

▼ **Abbildung 3.45**
Über das Kameraimportfenster sichten Sie Ihre Aufnahmen und wählen aus, welche Clips Sie in Ihr Ereignis übernehmen möchten.

3.3.2 Clips importieren

Mit der Tastenkombination [cmd]+[I] oder mit einem Klick auf die kleine Kamera in der Symbolleiste öffnen Sie das Kameraimportfenster.

▲ **Abbildung 3.44**
Mit einem Klick auf die kleine Kamera in der Symbolleiste öffnen Sie das Kameraimportfenster.

In der Spalte links ❶ werden alle verfügbaren Speicherkarten, Kameras und Kamera-Archive aufgelistet. Hier sollte dann auch das Volume No Name auftauchen. Klicken Sie darauf, um die Clips von Ihrer Kamera loggen und übertragen zu können. Im rechten Teil des Kameraimportfensters finden Sie oben den Vorschaumonitor ❷ mit der Wiedergabesteuerung und unten alle verfügbaren Clips ❸ sowie einige Darstellungsoptionen ❹ und die Befehlstasten, um den eigentlichen Import zu starten und Kamera-Archive zu verwalten ❺.

Wie Sie Ihre Clips sichten, auswählen und importieren, haben wir Ihnen ja bereits im ersten Kapitel in Abschnitt 1.5 erklärt. Der Vollständigkeit halber möchten wir Ihnen aber hier noch mal einen ausführlichen Überblick verschaffen.

Clips sichten | Sie sind eher der besonnene Typ Mensch, der sich für seine Projekte Zeit nimmt, und möchten sich erst mal einen Überblick über die Ausbeute des Drehtages verschaffen? Klicken Sie einfach mit der Maus auf einen Clip, und navigieren Sie mit den Steuerelementen unter dem Vorschaumonitor, dem Skimmer oder der JKL-Steuerung durch Ihre Aufnahmen (siehe auch Abschnitt 1.5.3, »Die JKL-Steuerung«).

> **Skimmer aktivieren**
>
> Mit dem Skimmer überfliegen Sie Ihre Clips. Um ihn zu aktivieren, drücken Sie am besten die Taste [S]. Genauso schalten Sie ihn auch wieder ab.

- **Einzelbildweise navigieren:** Um sich Frame für Frame durch Ihre Clips zu wühlen, drücken Sie die Pfeiltasten ❻ ganz links unter dem Vorschaumonitor oder die [←]- und [→]-Tasten auf Ihrer Tastatur.
- Wenn Sie sich mit dem Skimmer mitten in einem Clip befinden, können Sie mit dem eingerahmten Pfeil ❼ jederzeit die Wiedergabe **von Beginn an starten**.
- Mit der Play-Taste ❽ starten Sie die **Wiedergabe** eines Clips. Das Piktogramm ändert sich dann zu einer Pause-Taste, und ein erneuter Klick stoppt die Wiedergabe.
- Mit den Tasten rechts der Wiedergabesteuerung ❾ springen Sie direkt **zur nächsten oder vorherigen Schnittmarke**. Eine Schnittmarke ist in diesem Fall entweder der nächste In- oder Out-Punkt oder das Ende bzw. der Anfang eines Clips.
- Klicken Sie ganz rechts auf die beiden sich verfolgenden Pfeile ❿, um eine **Endloswiedergabe** der Clips zu aktivieren. Diese Taste bleibt so lange aktiv, bis Sie erneut darauf klicken und die Endloswiedergabe stoppen.

Darstellungsoptionen | Die Darstellungsoptionen im Kameraimportfenster entsprechen im Wesentlichen denen in der Ereignis-Mediathek. Sie können, um die Übersicht besser zu behalten, alle bereits importierten Clips ausblenden ❶. Die kleine Zahl in der Mitte ❷ zeigt Ihnen die Anzahl aller verfügbaren Objekte an, wobei bereits importierte und ausgeblendete Clips nicht mitgezählt werden. Über den Schieberegler ❸ rechts stellen Sie die Dauer ein, die Ihnen pro Vorschauclip angezeigt werden soll. Je weiter Sie diesen Regler nach links ziehen, desto präziser können Sie zum Beispiel mit dem Skimmer durch Ihre Clips shuttlen. Über das Aufklappmenü ❹ rechts daneben blenden Sie eine grafische Wellenformdarstellung der Audiokanäle ein und regulieren die Höhe der Clips.

▲ Abbildung 3.47
Die Darstellungsoptionen dienen der Übersicht und dem Bedienkomfort beim Import von der Kamera.

Alle Clips importieren | Sie können entweder alle Clips, einige Clips oder nur bestimmte Teile von Clips in Ihr Ereignis übertragen. Um alle Clips vollständig zu übertragen, stellen Sie sicher, dass Sie keinen bestimmten ausgewählt haben, und klicken Sie dann unten rechts auf die Schaltfläche ALLE IMPORTIEREN.

Abbildung 3.48 ▶
Zusammen hereinspaziert! Klicken Sie auf ALLE IMPORTIEREN, um sämtliche Aufnahmen von Ihrer Speicherkarte oder Kamera in Ihr Ereignis zu übertragen.

Ausgewählte Clips importieren | Anstatt alle Clips in einem Rutsch zu importieren, können Sie auch nur einige auswählen. Auf diesem Weg schonen Sie Ihre Festplatten und schleppen auch während des Schnitts nicht unnötigen Ballast in Form von Clips mit sich herum, die Sie sowieso nicht benötigen. Um einige Clips auszuwählen, ziehen Sie entweder mit der Maus einen Rahmen darum oder wählen einzelne Clips aus, indem Sie die cmd -Taste dabei gedrückt halten. Danach klicken Sie auf AUSWAHL IMPORTIEREN.

◀ **Abbildung 3.49**
Die Guten ins Töpfchen, die Schlechten bleiben, wo sie sind. Nur die gelb markierten Clips werden auf Ihre Festplatte kopiert.

Verwalten, transcodieren, analysieren | Nachdem Sie auf IMPORTIEREN geklickt haben, öffnet sich ein Dialogfenster, das Ihnen bekannt vorkommen sollte. Denn auch beim Import von der Kamera können Sie Ihre Clips verwalten, transcodieren und analysieren, genauso, wie Sie es schon in Abschnitt 3.2, »Medien importieren«, gelernt haben. Im oberen Bereich des Fensters wählen Sie aus, ob importierte Clips zu einem vorhandenen Ereignis hinzugefügt werden sollen oder ob Sie ein neues erstellen möchten.

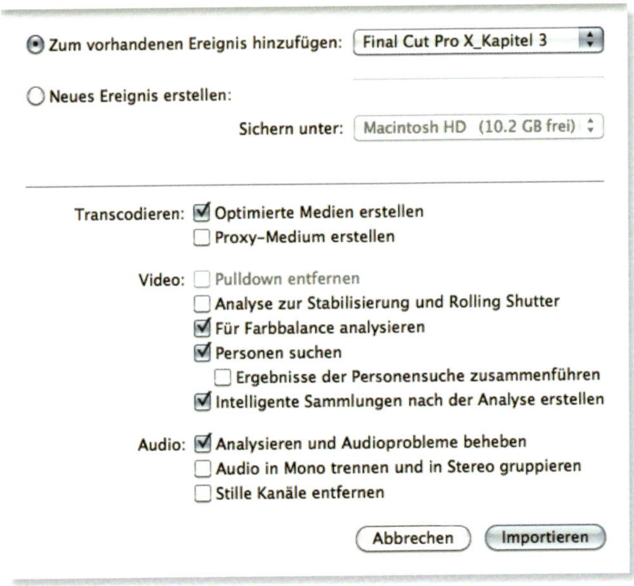

◀ **Abbildung 3.50**
Optimierte Medien erstellen, Farben analysieren und Audioprobleme beheben – beim Import von der Kamera können Sie Ihre Clips verwalten.

Nachträgliche Analysen

Sollten Sie sich unsicher sein, in welche Kästchen Sie einen Haken setzen sollen, ist unser Tipp: Lesen Sie in Kapitel 2, »Technische Grundlagen«, nach, ob der Codec Ihrer Kamera für den Schnitt optimiert ist, und wählen Sie in den Rubriken VIDEO und AUDIO lieber einen Punkt weniger aus als einen zu viel. Alle Analysen lassen sich notfalls auch später noch von Hand durchführen.

Welche Transcodierungen und Analysen sinnvoll sind, hängt dabei von dem Format ab, mit dem Ihre Clips von der Kamera aufgezeichnet wurden, und von der Qualität der Aufnahmen selbst. Sind zum Beispiel viele Aufnahmen mit dem Stativ entstanden oder verfügt Ihr Kameramann über den Ruhepuls eines Biathleten, können Sie sich die ANALYSE ZUR STABILISIERUNG UND ROLLING SHUTTER sicher sparen. Haben Sie mit einer digitalen Spiegelreflexkamera aufgenommen, könnte es Sinn machen, die Option OPTIMIERTE MEDIEN ERSTELLEN auszuwählen.

Clipteile importieren | Wer beim Import noch genauer vorgehen möchte, der überträgt nur einzelne Teile von einem Clip in sein Ereignis. Diese Arbeitsweise macht vor allem dann Sinn, wenn Sie mit langen Aufnahmen arbeiten, und bietet zwei Vorteile. Zum einen spart es Speicherplatz, zum anderen dient es der Übersicht. Bei ausführlichen Interviews zum Beispiel werden Sie wahrscheinlich einen durchgehenden Clip bekommen, der dreißig bis sechzig Minuten lang ist. Wenn Sie jetzt schon beim Import alle Antworten des Interviewpartners in einzelne Clips unterteilen, dann sparen Sie sich im Schnitt das mühsame Herumsuchen nach der richtigen Antwort bzw. der richtigen Stelle im Clip.

Am effektivsten ist es, wenn Sie bei einem Clip die Wiedergabe starten und am Anfang des Bereichs, den Sie importieren möchten, mit dem Tastenkürzel I einen In-Punkt setzen. Dann schauen Sie sich den Clip weiter an und setzen am Ende des interessanten Teils mit der Taste O einen Out-Punkt. Anschließend klicken Sie auf AUSWAHL IMPORTIEREN und übernehmen den Clip in Ihr Ereignis. Dabei können Sie auch immer, wie oben beschrieben, eine Clipanalyse vornehmen.

Selbstverständlich haben wir für Sie auch noch einen zweiten Weg, um das gleiche Ziel zu erreichen. Schließlich möchten wir die Mausliebhaber unter unseren treuen Lesern nicht enttäuschen. Klicken Sie einfach an einer beliebigen Stelle auf einen Clip, und ziehen Sie mit gedrückter Maustaste einen Rahmen um den Bereich, den Sie importieren möchten. Im Vorschaufenster sehen Sie dabei framegenau, an welcher Stelle des Clips Sie sich gerade befinden, und auf dem Clip selbst erscheint eine kleine Box, die Ihnen die Dauer des gewählten Bereichs anzeigt.

▲ Abbildung 3.51
Der gelbe Rahmen markiert den Bereich zwischen In- und Out-Punkt, der in das Ereignis importiert wird. Links finden Sie die gesamte Dauer des Clips.

▲ Abbildung 3.52
Mit der Maus ziehen Sie einen Rahmen um den Bereich, den Sie importieren möchten. Rechts in der Box steht die Dauer, in diesem Fall 7 Sekunden und 10 Frames.

Schwachstellen | Leider ist diese Art des Imports in Final Cut Pro X nicht sehr durchdacht und hat im Vergleich zu der Vorgängerversion deutlich nachgelassen. Der größte Nachteil ist, dass Sie Clips und Bereiche nicht frei benennen können. Sollten Sie also die Antworten aus einem Interview einzeln importieren wollen, so heißen in Ihrem Ereignis erst mal alle Clips gleich. Zwar können Sie anschließend noch eigene Namen vergeben, dazu müssen Sie aber natürlich auch wieder jeden Clip einzeln anfassen und abspielen.

Außerdem stört uns, dass man nicht eine Liste mit Bereichen anlegen kann, die dann nachher am Stück importiert wird. So müssen Sie immer zwei Arbeitsschritte (AUSWAHL IMPORTIEREN und Importieren-Dialog bestätigen) durchführen, bevor Sie weiterarbeiten können. Zu guter Letzt löscht Final Cut Pro X nach einem Import automatisch den In- und Out-Punkt, sodass Sie zuerst immer von neuem an die Stelle im Clip navigieren müssen, die Sie zuletzt bearbeitet haben, und nicht einfach ab dort weiterarbeiten können – ein Mehraufwand, der gerade bei umfangreichen Projekten und langen Clips viele Nerven kosten kann.

Wir empfehlen Ihnen also, nur dann einzelne Bereiche Ihrer Clips zu übertragen, wenn Sie wirklich große Mengen überflüssiger Aufnahmen bekommen, von denen Sie sicher wissen, dass sie niemals den Weg in Ihren fertigen Film finden, oder wenn Ihr Festplattenspeicherplatz sehr knapp ist.

Importieren stoppen | Um den Import von Clips oder Clipbereichen anzuhalten, klicken Sie am unteren Rand des Fensters auf IMPORTIEREN STOPPEN. Final Cut Pro unterbricht dann sofort die Übertragung der Clips auf Ihre Festplatte, übernimmt sie aber als sogenannte »vorgemerkte Clips« trotzdem in Ihr Ereignis. Das klingt zugegebenermaßen verwirrend, lässt sich aber einfach erklären. Die Clips liegen zwar in Ihrem Ereignis, allerdings befinden sich die eigentlichen Medien noch auf der Kamera oder in einem Kamera-Archiv. Stöpseln Sie die Kamera von Ihrem Mac ab, können Sie auch die Clips im Ereignis nicht mehr abspielen.

Vorgemerkte Clips | Damit Sie vorgemerkte, aber noch nicht importierte Clips leicht erkennen können, werden diese in der Mediathek durch ein Kamerasymbol ❶ gekennzeichnet.

> **Separater Ton**
>
> Gerade in Produktionen, bei denen das Bild mit einer digitalen Spiegelreflexkamera aufgezeichnet wird, wird häufig der Ton separat aufgenommen. Die Qualität der Tonaufnahmen ist dadurch deutlich besser. Wie Sie den separat aufgezeichneten Ton mit Ihren Bildern automatisch synchronisieren, erfahren Sie in Abschnitt 8.5, »Bild und Ton synchronisieren«.

◂ **Abbildung 3.53**
Die kleine Kamera ❶ zeigt Ihnen an, welche Clips sich zwar schon in Ihrem Ereignis, aber noch nicht auf Ihrer Festplatte befinden.

Normalerweise können Sie vorgemerkte Clips wie gewohnt abspielen und sogar in Ihr Projekt schneiden. Allerdings empfiehlt sich dieses Vorgehen nicht, denn abgesehen davon, dass Sie die Kamera immer betriebsbereit neben Ihrem Schnittplatz stehen haben müssen, wird auch Final Cut Pro nicht in der Lage sein, viele solcher Clips ruckelfrei abzuspielen. Dazu ist die Datenverbindung zu der Kamera einfach zu langsam, zumal die Clips auch häufig nicht in einem für den Schnitt geeigneten Codec aufgenommen, sondern erst beim Import konvertiert werden.

Importieren fortsetzen | Um auch die Medien hinter den Clips auf Ihre Festplatte zu übertragen, klicken Sie in der Menüleiste auf Ablage • Importieren • Aus Kamera/Archiv erneut importieren. Nachdem Sie den Warnhinweis gelesen und auf Fortfahren geklickt haben, beginnt Final Cut Pro dann mit dem Import Ihrer Medien. Vorausgesetzt natürlich, Sie haben die Kamera mit der entsprechenden Speicherkarte vorher angeschlossen.

▲ **Abbildung 3.54**
Links: Nachdem Sie bei dem Warnhinweis auf Fortfahren geklickt haben, ...

▲ **Abbildung 3.55**
Rechts: ... beginnt Final Cut Pro mit dem Import der Originalmedien. Den Fortschritt erkennen Sie an der kleinen Stoppuhr ❶ unten links.

Sollten Sie die Clips dagegen tatsächlich nicht mehr benötigen, können Sie sie mit der Tastenkombination [cmd]+[Entf] kurzerhand in den Papierkorb befördern.

3.3.3 Kamera-Archive

Kamera-Archive sind ein nützliches Werkzeug, um Videoaufnahmen langfristig zu sichern oder mit Arbeitskollegen, Kunden und anderen Abteilungen auszutauschen. Über einen einzigen Arbeitsschritt erstellen Sie ein Backup Ihrer Aufnahmen und können die Speicherkarten für weitere Aufnahmen nutzen.

Der Vorteil zum direkten Kopieren aller Dateien auf der Speicherkarte der Kamera auf eine externe Festplatte besteht darin, dass Final Cut Pro zum Import ein eigenes Volume, also ein eigenes Laufwerk, erwartet. Und ein solches Volume erzeugen Sie schnell und unkompliziert mithilfe von Kamera-Archiven. Erzeugen Sie kein Kamera-Archiv, müssen Sie für einige Videoformate später aufwendig von Hand ein Volume erstellen, damit Final Cut Pro auf die Clips zugreifen kann.

Kamera-Archiv erstellen | Zuerst wählen Sie aus der linken Spalte in Ihrem Kameraimportfenster die Speicherkarte aus, die Sie archivieren möchten. Ein Klick auf die Taste ARCHIV ERSTELLEN öffnet einen Dialog, in dem Sie Ihrer Sammlung einen Namen geben können. Einen Speicherort können Sie dagegen nur eingeschränkt auswählen, denn Final Cut Pro sichert Kamera-Archive immer im Stammverzeichnis des Programms, in der Regel also im Ordner FILME unter Ihrem Benutzernamen oder auf der obersten Ebene einer anderen Festplatte.

▲ **Abbildung 3.56**
Sie können Kamera-Archiven einen eigenen Namen geben, aber den Speicherpfad nicht frei wählen.

Abbrechen unmöglich

Dieser Vorgang lässt sich im Übrigen nicht unterbrechen oder aufhalten. Sollten Sie also zu spät feststellen, dass Sie im Begriff sind, die falsche Speicherkarte zu archivieren, dann nützt kein Fluchen und kein Nörgeln, und Sie müssen warten, bis das Archiv vollständig erstellt ist. Aber Ihren Ärger darüber können Sie ja in der Zwangspause immer noch bei Facebook posten.

Sobald Sie auf OK geklickt haben, wird das Archiv erstellt und anschließend sofort in der Seitenleiste des Kameraimportfensters verfügbar gemacht. Ein Kamera-Archiv benötigt immer genauso viel Speicherplatz wie die Originaldaten auf der Speicherkarte der Kamera.

▲ **Abbildung 3.57**
Kamera-Archive werden im Stammverzeichnis angelegt und sind speicherintensiv.

Eins nach dem anderen

Sie können zur gleichen Zeit immer nur ein Kamera-Archiv und niemals mehrere parallel anlegen.

Kamera-Archive laden | Alle Kamera-Archive, die im Stammverzeichnis von Final Cut Pro oder auf der obersten Ebene einer anderen Festplatte liegen, werden automatisch in der Seitenleiste des Kameraimportfensters angezeigt. Zum Öffnen wählen Sie es mit der Maus aus. Final Cut Pro beginnt dann damit, alle Clips in das Vorschaufenster zu laden, und eine kleine Stoppuhr zeigt Ihnen währenddessen den Fortschritt an.

▲ **Abbildung 3.58**
Kamera-Archive werden in der Seitenleiste aufgelistet.

3.3 Import von bandlosen Aufnahmen | **115**

> **Nur mit Final Cut Pro**
>
> Sie können Kamera-Archive nicht ohne weiteres aus dem Finder heraus öffnen oder auf die darin enthaltenen Daten zugreifen, sondern benötigen dafür immer das Kameraimportfenster von Final Cut Pro.

Kamera-Archive verschieben | Natürlich können Sie Kamera-Archive auch an einen anderen Ort (also nicht das Stammverzeichnis) *verschieben* oder direkt auf eine externe Festplatte *kopieren* (und hier nicht die oberste Ebene auswählen) und sich diese dann ins Regal stellen. Weil Final Cut Pro aber nur im Stammverzeichnis oder der obersten Ebene anderer Festplatten automatisch nach Archiven sucht, müssen Sie den Dateipfad manuell auswählen, wenn Sie das Kamera-Archiv an einen anderen Ort abgelegt haben. Nichts leichter als das: Sprach's und klickte auf Archiv öffnen am unteren Rand des Kameraimportfensters. Schon erschien ein Dialog, und das Kamera-Archiv ward rasch ausgewählt.

3.3.4 Segmentierte Clips importieren

Bei Kameras, die mit zwei oder mehr Speicherkarten arbeiten, kann es sein, dass ein Clip bei der Aufnahme auf verschiedene Karten aufgeteilt wird. In diesem Fall sprechen wir von segmentierten Clips. Um einen segmentierten Clip vollständig importieren zu können, müssen alle Speicherkarten, auf denen sich die einzelnen Teile befinden, gemountet, also mit dem Computer verbunden sein. Wenn Sie direkt von der Kamera importieren, mit der Sie aufgezeichnet haben, sollte das kein Problem sein, denn logischerweise können Sie auf diesem Weg ja mehrere Karten gleichzeitig mit Ihrem Mac verbinden. Was aber, wenn Sie von Ihrem Kameramann zwei Speicherkarten bekommen haben, aber nur über ein Lesegerät verfügen? Die Lösung des Problems liegt im Anlegen von Kamera-Archiven, die wir Ihnen im vorangegangenen Abschnitt vorgestellt haben.

Kamera-Archive erstellen | Am besten erstellen Sie für jede Speicherkarte ein Archiv und speichern es auf einer gesonderten Festplatte ab. Damit haben Sie dann auch schon im selben Arbeitsschritt ein Backup Ihrer Daten angelegt. Im nächsten Schritt öffnen Sie alle Archive, die zu Ihrem Projekt gehören und Segmente des aufgeteilten Clips beinhalten. Nun sollte in jedem Kamera-Archiv der segmentierte Clip vollständig zur Verfügung stehen und bereit sein für den Import in Ihr Ereignis.

Final Cut Pro ist sogar so nett, dass es Ihnen mithilfe eines kleinen Symbols anzeigt, ob alle Teile eines segmentierten Clips vollständig vorliegen oder ob noch einzelne Abschnitte fehlen. Und weil vier Bilder mehr sagen als fünfzig Worte, haben wir Ihnen unten alle Symbole mit der entsprechenden Bedeutung zusammengefasst.

◄ Abbildung 3.59
Segmentierte Clips können verschiedene Symbole haben.

- Vollständig übertragen: Das Symbol ❶ ganz links erscheint bei vollständig übertragenen segmentierten Clips.
- Anfang übertragen: Das Symbol mit der abgerissenen Kante rechts ❷ heißt, dass es sich um den Anfang eines segmentierten Clips handelt.
- Mittelteil übertragen: Das Symbol mit den abgerissenen Kanten links und rechts ❸ heißt, dass es sich um den Mittelteil eines segmentierten Clips handelt.
- Ende übertragen: Das Symbol mit der abgerissenen Kante links ❹ heißt, dass es sich um das Ende eines segmentierten Clips handelt.

Nach dem Import finden Sie den segmentierten Clip dann vollständig zusammengesetzt in Ihrem Ereignis. Wenn alles nach Plan verlaufen ist, sollten Sie auch keinen Unterschied mehr zu nicht segmentierten Clips feststellen und das Video unterbrechungsfrei abspielen können. Liegen Ihnen nicht alle Teile eines segmentierten Clips vor, dann können Sie jeden Abschnitt einzeln importieren. In Ihrem Ereignis gibt es dann für jedes Segment einen eigenständigen Clip.

3.3.5 Import von der eingebauten Kamera

Gute Nachrichten für alle Videoblogger und Fans digitaler Tagebücher: Um schnell einige mehr oder weniger sinnvolle Sätze für die Internetgemeinde festzuhalten, können Sie auch direkt die eingebaute Kamera an Ihrem MacBook oder iMac nutzen. In der linken Spalte des Kameraimportfensters wählen Sie dazu die integrierte FaceTime-HD- oder iSight-Kamera aus. Sogleich sollte Ihnen ein attraktives Gesicht entgegenstrahlen und Ihre Laune heben. Um mit der Aufnahme zu beginnen, klicken Sie auf IMPORTIEREN. Daraufhin gelangen Sie in den bekannten Dialog zum Transcodieren, Analysieren und Verwalten (siehe Abschnitt 3.2.1). Die Option OPTIMIERTE MEDIEN ERSTELLEN ist in diesem Fall schon ausgewählt und lässt sich nicht deaktivieren. Aufgezeichnet wird im Apple-Intermediate-Codec, und ein Klick auf IMPORTIEREN startet die Aufnahme.

▲ Abbildung 3.60
Wählen Sie die integrierte Kamera Ihres Macs aus, um zum Beispiel einen Videoblog aufzuzeichnen.

Action. Cut. Aufnahme beenden. Wenn Sie mit Ihrer Aufzeichnung zufrieden sind, wählen Sie IMPORTIEREN STOPPEN am unteren Rand des Fensters aus. Daraufhin landet Ihr Clip in dem ausgewählten Ereignis und wird dort unter dem aktuellen Datum

> **Fenster »Schließen«**
>
> Klicken Sie auf SCHLIESSEN am unteren Rand des Kameraimportfensters oder, wie gewohnt, auf das rote X links oben, wenn Sie mit dem Import fertig sind. Anschließend können Sie an Ihrem Projekt weiterarbeiten.

inklusive exakter Uhrzeit abgespeichert. Und nein, wir werden an dieser Stelle keinen Screenshot davon machen, wie wir – ganz die Schreiberlinge – mit strubbeligem Haar und im Wollpulli vor unserem Laptop sitzen und versuchen, sinnvolle Zeilen zu Papier zu bringen.

3.3.6 Import von iPhone, iPod und iPad

Grundsätzlich gibt es keinen Unterschied zwischen dem Import von einem der Apple-eigenen Technikspielzeuge und dem von einer Kamera oder Speicherkarte. Schließen Sie Ihr Gerät an den Mac an, und öffnen Sie über das Tastenkürzel [cmd]+[I] oder das kleine Kamerasymbol in der Symbolleiste das Kameraimportfenster. In der Seitenleiste erscheint dann Ihr Gerät, und Sie können alle darauf abgespeicherten Videos und Fotos, wie im vorherigen Abschnitt beschrieben, importieren.

Abbildung 3.61 ▸
Ihre Apple-Geräte erscheinen in der Seitenleiste des Kameraimportfensters.

3.3.7 Import von der digitalen Spiegelreflexkamera (DSLR)

Digitale Spiegelreflexkameras zeichnen in der Regel im H.264-Codec auf und legen die Clips in einer festgelegten Dateistruktur auf der Speicherkarte ab. Leider ist Final Cut Pro nicht in der Lage, diese Dateistruktur über das Kameraimportfenster zu erkennen, sodass Sie für den Import immer den Umweg über den Finder machen müssen. Im Grunde gibt es also keinen Unterschied zum Import von Dateien von der Festplatte, wie wir ihn in Abschnitt 3.2.1 beschrieben haben. Dennoch sollten Sie einiges beachten.

> **Bug Report**
>
> Wir haben leider die Erfahrung gemacht, dass gerade beim Anschluss von iPhone und iPod zwar die Geräte als solche von Final Cut Pro erkannt werden, nicht aber die darauf abgespeicherten Filme und Fotos. In diesem Fall müssen Sie Ihre Clips zunächst in iTunes auf die Festplatte kopieren und von dort aus in Final Cut Pro importieren.

Kamera anschließen | Nachdem Sie Ihre digitale Spiegelreflexkamera an den Computer angeschlossen haben, sollte ein Volume in der Seitenleiste des Finders erscheinen. Normalerweise liegt darin ein Ordner mit dem Namen DCIM, in dem – manchmal verborgen in weiteren Unterordnern – sich die mit der Kamera aufgenommenen Videos befinden. Dass Sie auf der richtigen Fährte sind, erkennen Sie an den Dateien mit der Endung .mov. Zu jedem Videoclip gehört außerdem eine Thumbnail-Datei (.thm) mit dem gleichen Namen. Dabei handelt es sich um Standbilder, die von Ihrer Spiegelreflexkamera zur Vorschau benötigt werden. Weil Sie für den Schnitt mit Final Cut Pro nur die Videoclips gebrauchen können, nicht aber die Thumbnails, sortieren Sie den Ordner am besten nach »Art«. Auf diese Weise stehen alle Clips brav übereinander und warten geduldig auf den Import.

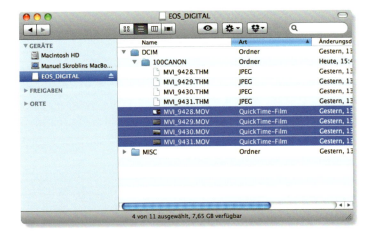

◄ Abbildung 3.62
In Reih und Glied sortiert nach »Art« importieren Sie am bequemsten.

Clips importieren | Nun können Sie die Clips per Drag & Drop in Ihr Ereignis ziehen, oder Sie benutzen den Importieren-Dialog, den Sie über ABLAGE • IMPORTIEREN • DATEIEN (cmd+⇧+I) öffnen.

Denken Sie aber daran, dass Sie Final Cut Pro beim Import befehlen, alle Clips in den Ordner FINAL CUT EREIGNISSE zu sichern, denn ansonsten arbeiten Sie direkt von der Kamera. Sie würden sich dann wahrscheinlich wundern, warum Ihr Rechner auf einmal so langsam arbeitet, und außerdem müssten Sie die Kamera permanent angeschlossen und eingeschaltet lassen. Natürlich können Sie Ihre Clips auch vor dem Import auf eine interne oder externe Festplatte kopieren. Dann müssen Sie DATEIEN IN DEN ORDNER »FINAL CUT EREIGNISSE« SICHERN nicht mehr anklicken.

Clips umcodieren | Der H.264-Codec, mit dem die DSLR-Kameras aufzeichnen, wird zwar generell von Final Cut Pro unterstützt, ist aber nicht ideal für den Schnitt geeignet. Deswegen empfehlen wir Ihnen, in der Rubrik TRANSCODIEREN ebenfalls die Option OPTIMIERTE MEDIEN ERSTELLEN auszuwählen.

> **Drag & Drop**
>
> Wenn Sie Ihre Clips per Drag & Drop importieren, dann können Sie aus der Menüleiste FINAL CUT PRO • EINSTELLUNGEN aufrufen und dort in der Rubrik IMPORT die gewünschten Optionen auswählen. Diese Einstellungen gelten dann allerdings für sämtliche Dateien, die Sie importieren, und so lange, bis sie wieder geändert werden.

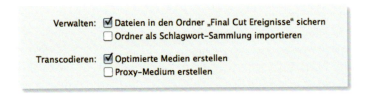

◄ Abbildung 3.63
Stellen Sie sicher, dass sich alle Clips auf Ihrer Festplatte befinden und für den Schnitt optimiert sind.

> **MXF-Container**
>
> XDCAM-Clips werden in so genannten MXF-Containern abgespeichert. Das heißt, die eigentlichen Videoinformationen werden quasi noch mal mit einer anderen Datei umwickelt, um eine hohe Kompatibilität zu gewährleisten. Da Final Cut Pro den MXF-Container nicht öffnen kann, benötigen Sie *XDCAM Transfer*.

Was genau die anderen Verwaltungs- und Analysefunktionen beim Import bedeuten, lesen Sie bitte in Abschnitt 3.2, »Medien importieren«, nach.

3.3.8 Exkurs: XDCAM-Import

Wie schon in Kapitel 2 erwähnt, gehört der XDCAM-Codec (EX und HD) zwar zu den Formaten, die für den Schnitt mit Final Cut Pro optimiert sind, jedoch müssen Sie vor dem Import die Clips auf der Speicherkarte mit einer zusätzlichen Software umwandeln.

Weil XDCAM bei Final-Cut-Pro-Nutzern durchaus beliebt ist, haben wir uns entschlossen, diesem Thema einen eigenen Abschnitt zu widmen, in dem wir Ihnen den Umgang mit dem Programm XDCAM Transfer erklären.

Software installieren | Das heißt, zuerst steht ein Besuch auf der Webseite *www.sony.com/xdcam* an, auf der Sie sich die Software XDCAM Transfer herunterladen können. Je nachdem, mit welchem Lesegerät Sie Ihre Clips importieren möchten, kann es sein, dass Sie noch weitere Treiber benötigen. Alle Informationen dazu finden Sie ebenfalls auf der Webseite.

Nach der Installation schließen Sie Ihr XDCAM-Laufwerk oder Ihre Kamera an den Mac an, und es erscheint ein Symbol auf Ihrem Schreibtisch, hinter dem sich Ihre Aufnahmen in diversen Ordnern verbergen.

> **Speicherpfad ändern**
>
> Im Menü PREFERENCES können Sie später jederzeit den Speicherpfad ändern.

Programm starten | Die Software starten Sie aus Ihrem PROGRAMME-Ordner heraus, und gleich zu Beginn müssen Sie sich festlegen, an welchem Ort auf Ihrer Festplatte importierte Clips gespeichert werden sollen. Praktisch: XDCAM Transfer legt in der Regel für jede Speicherkarte, die Sie importieren, im Finder einen neuen Ordner an.

Clips loggen | XDCAM Transfer teilt sich in vier verschiedene Abschnitte: die Bereiche SOURCE, ÜBERSICHT, VORSCHAU und LOGGEN.

Im Bereich SOURCE können Sie über die Tasten ADD und REMOVE ❶ XDCAM-(HD-)Laufwerke hinzufügen oder wieder loswerden. Alle gemounteten Laufwerke erscheinen dann in der Liste und können nacheinander geloggt werden. Sobald Sie ein Laufwerk markiert haben, werden die darin enthaltenen Clips in der ÜBERSICHT angezeigt und können nun wiederum selbst ausgewählt werden.

Im Abschnitt LOGGEN erfahren Sie unter dem Tab INFORMATION eine ganze Fülle von Details über Ihren Clip, von denen Sie die Einzelheiten über Audio und Video am brennendsten interessieren dürften. Die Formate XDCAM EX und XDCAM HD sind sehr wandelbar und können verschiedene Auflösungen wie zum Beispiel 1080i50 und 1080p25 aufzeichnen, und das Ganze mit Bitraten von 18 MBit/s bis zu 35 MBit/s. Achten Sie also stets darauf, mit welchen Einstellungen Sie es zu tun haben.

▲ **Abbildung 3.64**
Das Programm XDCAM Transfer teilt sich in vier Bereiche.

Der Abschnitt VORSCHAU dürfte Ihnen in den Grundfunktionen vertraut sein, denn der einzige Unterschied zum Importfenster von Final Cut Pro besteht im Layout und darin, dass Sie für Schnittpunkte ebenfalls Tasten zur Verfügung haben. Auch das Prinzip ist das gleiche: Durch Setzen von In- und Out-Punkten markieren Sie die Teile der Clips, die Sie übernehmen möchten, oder Sie wählen gleich mehrere Objekte aus der ÜBERSICHT aus. Durch einen Klick auf IMPORT ❷ schicken Sie die Clips dann auf die Reise auf Ihre Festplatte. Im Loggen-Bereich des Fensters können Sie zuvor noch detailliertere Informationen zum Clipinhalt und Bandnamen eintragen.

In Final Cut Pro übernehmen | Nachdem XDCAM Transfer seine Arbeit beendet hat, können Sie die Clips wie gewohnt in Final Cut Pro importieren. Achten Sie darauf, dass Sie OPTIMIERTE

MEDIEN ERSTELLEN nicht auswählen müssen, da eine Umwandlung der Clips in das Apple-ProRes-Format nicht nötig ist. Außerdem sollten Sie daran denken, dass Final Cut Pro automatisch Duplikate erstellt, wenn Sie Ihre Clips in den Ereignisordner auf der Festplatte übernehmen. Dadurch benötigen Sie dann natürlich auch den doppelten Speicherplatz. Um das zu vermeiden und trotzdem alle relevanten Daten an einem Ort gespeichert zu haben, importieren wir die Clips aus XDCAM Transfer häufig direkt in einen eigenen Ordner innerhalb des Ereignisordners auf unserer Festplatte.

3.3.9 Import aus anderen Programmen

Da Final Cut Pro X nicht die einzige Kuh auf der Weide der Videosoftware ist (aber die schönste), kommen Sie sicher irgendwann mal in die Situation, dass Sie ein Projekt übernehmen müssen, das mit einer anderen Software begonnen wurde. Damit Sie in diesem Fall nicht von vorne mit der Arbeit beginnen müssen, werden wir Ihnen jetzt erklären, wie Sie nicht nur Medien und Clips, sondern gleich die ganze Timeline mit allen Schnitten importieren können.

Der häufigste Austausch findet dabei bestimmt mit den Programmen Final Cut Pro 7 und iMovie statt, weswegen wir uns in diesem Abschnitt darauf konzentrieren werden. Genauso wichtig ist natürlich der Import von Musik aus iTunes, von Soundeffekten aus Soundtrack Pro und iLife sowie von Animationen aus Motion und After Effects.

> **Update notwendig**
>
> Der XML-Import steht Ihnen erst ab Final Cut Pro X Version 10.0.1 zur Verfügung. Ein kostenloses Update können Sie aus dem App Store laden. Bei uns und anderen Anwendern war die Aktualisierung nicht auf Anhieb möglich bzw. stand nicht zur Verfügung. Wir haben uns dann mit folgendem Trick beholfen: Legen Sie Final Cut Pro X aus Ihrem PROGRAMME-Ordner in den Papierkorb, und laden Sie es dann aus dem App Store erneut herunter. Jetzt sollte automatisch das Update installiert sein.

Import von Projekten aus Final Cut Pro 7 | Kaum zu glauben, aber nur weil die Namen der aktuellen und der Vorgängerversion identisch sind, heißt das noch lange nicht, dass sich mit Final Cut Pro 7 begonnene Projekte einfach mit Final Cut Pro X öffnen lassen. Weit gefehlt, denn in der ersten Programmversion (10.0) war der Austausch zwischen den Programmen zunächst überhaupt nicht vorgesehen. Erst die vielen erbosten Reaktionen der Anwender haben Apple dazu bewegen können, mit dem Update auf Version 10.0.1 eine gemeinsame Schnittstelle zu integrieren.

Die Technik, auf der dieser Austausch nun basiert, ist altbewährt und nennt sich XML. Der Vorteil ist, dass die XML-Schnittstelle auch von vielen Programmen anderer Anbieter genutzt wird und Sie deshalb über den gleichen Weg viele verschiedene Dateien mit Final Cut Pro X bearbeiten können. Der kleine Nachteil besteht darin, dass Sie Ihre alten Projekte mit dem neuen Programm nicht direkt öffnen können, sondern immer importieren müssen.

◀ **Abbildung 3.65**
Der XML-Import ist zwar theoretisch möglich, bis jetzt aber nur mit teurer Zusatzsoftware.

So weit die schön klingende Theorie. Jetzt kommt die ernüchternde Realität in bester Apple-Manier: Final Cut Pro 7 und Final Cut Pro X nutzen unterschiedliche XML-Standards. Im Grunde ist das so, als ob die beiden Programme zwar die gleiche Sprache, aber einen unterschiedlichen Dialekt sprechen. Wenn Sie einen Oberbayern und einen Nordfriesen zusammen in einen Raum setzen, werden die sich wahrscheinlich auch nicht verstehen – bei XML verhält es sich ähnlich. Als Dolmetscher zwischen den beiden Final-Cut-Pro-Versionen benötigen Sie also immer ein drittes Programm.

Aktuell sind uns nur zwei Anwendungen bekannt, die diese Arbeit verrichten können, und beide sind kostenpflichtig: *DaVinci Resolve* von Blackmagic Design und *CATdv Pro* von Squarebox. Bleibt also zu hoffen, dass sich möglichst schnell ein findiger Entwickler an die Programmierung macht und die XML-Schnittstelle nicht vollkommen überflüssig bleibt. Wenn es so weit ist, wählen Sie aus der Menüleiste ABLAGE • IMPORTIEREN • XML, um ein Projekt oder Ereignis aus einem anderen Programm zu laden.

Import aus iMovie | Der Import aus iMovie klappt dagegen reibungsloser. Wer das Programm einmal geöffnet hat, wird auch sofort verstehen, warum. Die beiden Anwendungen gleichen sich in vielen Bereichen, und man gewinnt leicht den Eindruck, dass Final Cut Pro X eine Weiterentwicklung von iMovie und nicht etwa von älteren Final-Cut-Pro-Versionen ist.

Sie können entweder ein iMovie-Projekt oder gleich die ganze iMovie-Ereignis-Mediathek importieren. Um Ihre iMovie-Timeline in Final Cut Pro weiterzubearbeiten, wählen Sie aus der Menüleiste ABLAGE • IMPORTIEREN • IMOVIE-PROJEKT aus. Sie sollten dann automatisch eine Liste aller iMovie-Projekte angezeigt bekommen, aus der Sie das gewünschte auswählen können.

AVID

Für den Import von AVID-Projekten empfehlen wir Ihnen die frei verfügbaren Plugins von *www.automaticduck.com*. Sie müssen aber trotzdem noch den Umweg über Final Cut Pro 7 gehen und das Problem der XML-Konvertierung lösen.

▲ **Abbildung 3.66**
Leider bekommt jeder Clip des iMovie-Projekts ein separates Ereignis in Final Cut Pro zugewiesen.

In der Projekt-Mediathek von Final Cut Pro finden Sie nun Ihr iMovie-Projekt. Wenn alles glattgelaufen ist, sollten alle Schnitte, Effekte und Tonspuren wieder genauso angeordnet sein wie in iMovie, und Sie können gleich weiterarbeiten. Allerdings lohnt vorher ein Blick in die Ereignis-Mediathek, denn die wird einiges an Zuwachs bekommen haben. Bei dem Import von iMovie-Projekten übernimmt Final Cut Pro nämlich immer alle Medien, die Sie darin verwendet haben. So weit, so sinnvoll. Was leider nicht der Übersicht dient, ist die Tatsache, dass jeder kleine Clip sein eigenes Ereignis bekommt. Auf diese Weise wird es in der Ereignis-Mediathek rasch sehr voll und Chaos ist vorprogrammiert. Um dem Chaos Herr zu werden, markieren Sie alle importierten Ereignisse und wählen dann aus der Menüleiste ABLAGE • EREIGNISSE ZUSAMMENFÜHREN aus.

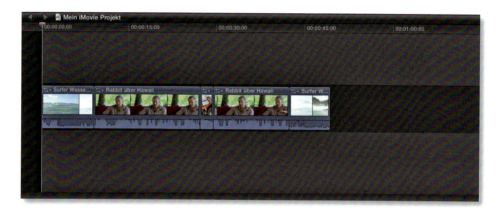

Abbildung 3.67 ▲
iMovie-Projekte werden eins zu eins in Final Cut Pro übernommen.

Der Import der iMovie-Ereignis-Mediathek erfolgt immer vollständig. Sprich, Sie können nicht gezielt ein iMovie-Ereignis importieren, sondern immer nur die gesamte Mediathek. Sollten Sie nur ein bestimmtes Ereignis benötigen, müssen Sie nach dem Import alle überflüssigen löschen. Außerdem synchronisieren sich die Mediatheken der beiden Programme natürlich nicht. Das heißt, wenn Sie später noch mal ein Ereignis in iMovie anlegen und es in Final Cut Pro X weiterbearbeiten wollen, müssen Sie die iMovie-Ereignis-Mediathek erneut importieren.

Abbildung 3.68 ▶
Vor dem Import müssen Sie den Hinweis bestätigen, dass nur neue, also nicht bereits vorher importierte Ereignisse übernommen werden.

Import aus Soundtrack Pro | Um Ihre Musikkompositionen aus Soundtrack Pro in Final Cut Pro X verwenden zu können, empfehlen wir Ihnen den Export als MASTER-MIX ❶ (AIFF ❷, 16 Bit BIT-TIEFE ❸, 48 kHz ABTASTRATE ❹). Damit erhalten Sie einen Stereomix aller Spuren, den Sie, wie jedes andere Musikstück auch, anschließend importieren können.

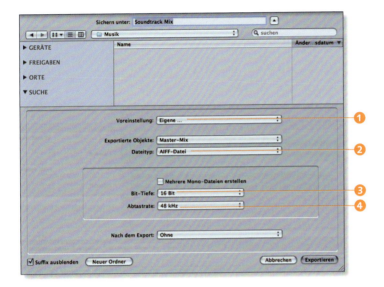

◄ **Abbildung 3.69**
Exportieren Sie am besten einen AIFF-Stereomix aus Soundtrack Pro.

Das direkte Senden von Kompositionen aus Soundtrack Pro zu Final Cut Pro und der umgekehrte Weg funktionieren aufgrund der oben beschriebenen Inkompatibilität der XML-Versionen leider nicht mehr.

Import aus iTunes | Für den Import von Audiotracks aus Ihrer iTunes-Mediathek haben die Programmierer in Final Cut Pro eine Abkürzung eingebaut. Ein schneller Klick auf das Notensymbol ❺ in der Menüleiste reicht, um auf Ihre komplette Musiksammlung zugreifen zu können, und zwar mit allen Wiedergabelisten (siehe Abbildung 3.70). Zusätzlich können Sie nach Stichwörtern, Interpreten und Titeln suchen und Tracks zur Vorschau anspielen.

Haben Sie sich für ein Stück entschieden, ziehen Sie es mit der Maus in ein Ereignis oder direkt in Ihr Projekt an die gewünschte Stelle. In diesem Fall legt Final Cut Pro automatisch eine Kopie in dem dazugehörigen Ereignis ab. Bequemer geht es nicht. Final Cut Pro kopiert die dazugehörigen Medien in den Ordner ORIGINAL MEDIA im Ereignisordner auf Ihrer Festplatte. Dieser Kopiervorgang findet immer statt, auch wenn Sie in den globalen Einstellungen die Option DATEIEN IN DEN ORDNER »FINAL CUT EREIGNISSE« SICHERN deaktiviert haben.

> **Import aus Logic**
>
> Auch aus anderen professionellen Audioprogrammen wie Logic oder Steinbergs Nuendo exportieren Sie am besten einen AIFF-Stereomix für Final Cut Pro.

> **Netter Bonus**
>
> Importieren Sie über den Musikimport auch Podcasts, Filme und andere Objekte aus Ihrer iTunes-Mediathek.

Abbildung 3.70 ▶
Hier haben Sie Zugriff auf alle Listen aus iTunes, können nach Titeln suchen ❼ und sie zur Vorschau anspielen ❻.

> **Ton ist Emotion**
>
> Wir benutzen gerne Soundeffekte, denn dadurch lassen sich die Emotionen der Zuschauer wunderbar steuern. Wichtig ist ein dezenter Einsatz, denn der Toneffekt soll nur einen Sinneseindruck verstärken und nicht im Vordergrund stehen.

Durch das Kopieren wird sichergestellt, dass Sie Ihre Tracks auch dann noch verfügbar haben, wenn Sie beispielsweise auf einer externen Festplatte arbeiten und später den Schnittplatz wechseln oder das Projekt an jemand anderen übergeben.

1.300 Soundeffekte | Auf dem gleichen Weg, nämlich über die Note in der Symbolleiste, haben Sie auch Zugriff auf über 1.300 Final-Cut-Pro-Soundeffekte.

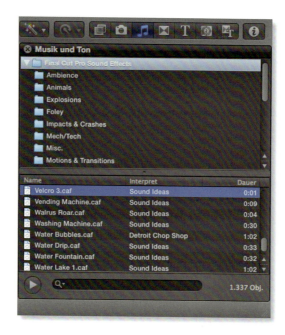

Abbildung 3.71 ▶
Egal ob Klettverschluss, Walrossgebrüll oder Waschmaschinen. Die Liste der Soundeffekte ist lang und ergiebig.

Sortiert in diverse Kategorien von AMBIENCE bis WEAPONS warten sie nur auf den Einsatz in Ihren Filmen. Die Vorgehensweise ist dieselbe wie beim Import von Musik: Ziehen Sie die gewünschten Effekte einfach in Ihr Ereignis oder Projekt, durchsuchen Sie sie, und hören Sie sich eine Vorschau an. Sollten Sie außerdem noch die Soundeffekte der Programme Soundtrack Pro, iLife oder GarageBand installiert haben, können Sie in der Übersicht MUSIK UND TON ebenfalls darauf zugreifen.

Import aus iPhoto | Der Import aus iPhoto funktioniert nach dem gleichen Prinzip wie der aus iTunes. Über die kleine Kamera ❶ in der Symbolleiste öffnen Sie die Übersicht FOTOS. Hier haben Sie Zugriff auf Ihre iPhoto-Ereignisse und -Listen und können mit einem Doppelklick auf ein Foto das Vorschaufenster etwas vergrößern. Ziehen Sie ein oder mehrere Fotos mit der Maus direkt in ein Ereignis oder Projekt, und bearbeiten Sie es wie jeden anderen Clip auch.

Auf die Festplatte

Genau wie bei dem Import aus der iTunes-Mediathek werden auch Fotos auf jeden Fall in den Ordner ORIGINAL MEDIA im Ereignisordner auf Ihrer Festplatte kopiert.

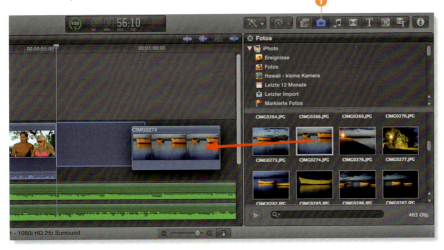

▲ **Abbildung 3.72**
Suchen, ziehen, loslassen, fertig.
Importieren Sie Fotos direkt aus der Übersicht.

Import aus Motion | Der Import von Animationen, die Sie mit Motion erstellt haben, ist ebenfalls durchdacht und komfortabel. Sie können entweder eine fertige Animation als eigenständigen QuickTime-Film aus Motion exportieren oder aber, weitaus eleganter, Ihr Motion-Projekt als Final-Cut-Vorlage sichern. Mit einer solchen Vorlage haben Sie zum Beispiel die Möglichkeit, den Text einer in Motion animierten Bauchbinde direkt in Final Cut Pro zu ändern. Sie haben die Auswahl zwischen Final-Cut-Effekten, -Generatoren, -Übergängen oder -Titeln.

▲ Abbildung 3.73
Veröffentlichen Sie Ihre Motion-Animationen in Final Cut Pro.

After Effects
Der Austausch von Animationen, die Sie mit Adobe After Effects oder einer anderen Software erstellt haben, ist nicht ganz so komfortabel. Hier bleibt Ihnen nur der Weg über den klassischen Export als QuickTime-Film, am besten im Animation- oder Apple-ProRes-422-(HQ-)Codec.

Wählen Sie *in Motion* aus der Menüleiste DATEI • VORLAGE VERÖFFENTLICHEN aus, um Ihre Animation an Final Cut Pro zu übergeben. Danach sollte Ihre Vorlage dann in der entsprechenden Übersicht (Effekte, Übergänge, Titel, Generatoren) von Final Cut Pro auftauchen.

Da der Umgang mit Motion-Vorlagen einiges an Hintergrundwissen erfordert, möchten wir Sie bitten, alles Weitere zum Projektaustausch in Kapitel 12, »Motion 5«, zu lesen.

3.4 Aufnahmen vom Band

Eines vorweg: Aufnahmen vom Band stehen in Final Cut Pro unter dem Motto »eingeschränkt möglich, aber unkomfortabel«. Generell unterscheiden wir dabei zwischen Aufnahmen von DV-basierten Kameras (DV, HDV), die Sie mit einem FireWire- oder USB-Kabel an Ihren Mac anschließen können, und solchen, die Sie über zusätzliche Hardware digitalisieren müssen (zum Beispiel HDCAM oder DigiBeta).

3.4.1 (H)DV-Bänder aufnehmen

Fangen wir mit dem Einfachen an und werfen einen Blick auf das Einspielen von DV-Bändern. Alles, was Sie dazu benötigen, ist ein Camcorder und das passende Kabel. Schnell anschließen, den Camcorder einschalten und auf den VTR- oder VCR-Modus einstellen. Das war's an Vorbereitung.

Kameraimport vorbereiten | Öffnen Sie das Kameraimportfenster, indem Sie auf die Kamera in der Symbolleiste klicken oder das Tastenkürzel ⌘+I verwenden. In der Seitenleiste sollte nun Ihr Camcorder mit der passenden Typenbezeichnung erscheinen. Wählen Sie ihn aus, um mit der Aufzeichnung Ihres Bandes zu beginnen.

Das Fenster selbst haben Sie ja schon in Abschnitt 3.3, »Import von bandlosen Aufnahmen«, kennengelernt, weshalb wir uns nun auf die Besonderheiten des bandbasierten Arbeitens konzentrieren werden.

▲ Abbildung 3.74
Wählen Sie den Camcorder aus der Seitenleiste aus.

Aufzeichnung starten | Auf der rechten Seite des Fensters befindet sich der Vorschaumonitor, auf dem Sie den Inhalt Ihres Bandes bewundern können. Mit den Steuerelementen darunter starten oder stoppen Sie die Wiedergabe bzw. spulen hin und her. Der elegantere Weg ist aber auch hier die JKL-Steuerung (siehe Seite 29).

Egal auf welche Weise sollten Sie zu der Stelle auf dem Band navigieren, an der Sie Ihre Aufzeichnung beginnen möchten. Gehen Sie dabei ruhig großzügig, und nehmen Sie lieber fünf bis zehn Sekunden zu viel auf, bevor Ihnen nachher ein Teil fehlt.

> **DV und HDV**
>
> In diesem Abschnitt sprechen wir zwar immer von DV-Bändern, aber der Umgang mit HDV-Bändern ist genau identisch.

> **Das Ende der Aufnahmen**
>
> Ihre Aufnahme stoppt außerdem automatisch, sobald sich keine Videoinformationen mehr auf dem Band befinden oder wenn auf Ihrer Festplatte nicht mehr genügend Speicherplatz zur Verfügung steht.

▲ **Abbildung 3.75**
DV-Bänder nehmen Sie über das Kameraimportfenster auf. Mit den Steuerelementen ❶ navigieren Sie durch Ihre Aufnahmen.

Klicken Sie auf IMPORTIEREN ❷, gelangen Sie in einen Dialog, in dem Sie alle Einstellungen zum Verwalten und Analysieren Ihrer Clips vornehmen können. Hier entscheiden Sie sich auch, ob Ihre Aufnahme in einem neuen oder einem bestehenden Ereignis abgelegt werden soll

◀ **Abbildung 3.76**
Aufnahmen vom Band werden automatisch für den Schnitt optimiert gespeichert und in dem Ereignisordner auf der Festplatte abgelegt.

> **Metadaten und Clipnamen**
>
> Alles zu Metadaten erfahren Sie in Abschnitt 4.8. Was Sie beim Umbenennen von Clips noch beachten müssen, können Sie in Abschnitt 4.2 nachlesen.

▲ **Abbildung 3.77**
Alle Aufnahmen von Bändern werden automatisch nach dem Entstehungszeitpunkt benannt.

> **Clipanalyse**
>
> Wie beim Import von dateibasierten Medien auch, empfehlen wir Ihnen, eine Clipanalyse nur von Fall zu Fall durchzuführen und nicht pauschal für alle Clips. Der Zeitaufwand dafür ist, gemessen am Nutzen, einfach zu hoch.

Nun lassen Sie das Band so lange laufen, bis Ihre Szene im Kasten ist, bevor Sie auf IMPORTIEREN STOPPEN klicken. Auch hier sollten Sie ruhig großzügig sein und einige Sekunden mehr aufnehmen als unbedingt nötig.

Clips umbenennen | Sicher haben Sie sich schon gewundert, dass Sie nirgendwo Ihren Clip benennen können. Ganz einfach, Final Cut Pro lässt Ihnen gar nicht so viel Freiheit, sondern generiert den Namen für einen Clip aus dem Aufnahmezeitpunkt. Dieser wird als Metadateninformation auf dem Band gespeichert und ausgelesen. Um einem Clip einen neuen Namen zu verpassen, müssen Sie ihn im Ereignis umbenennen. Achten Sie jedoch darauf, dass die Originalmedien auf der Festplatte ihren alten Namen behalten und nicht von alleine angepasst werden.

Mehrere Clips aufnehmen | Nutzer von älteren Final-Cut-Pro-Versionen verbinden mit dem Begriff »Stapelaufnahme« die Möglichkeit, ein Videoband zuerst vollständig zu sichten und eine Liste anzulegen, in der alle interessanten Abschnitte gespeichert werden. Anschließend lassen Sie Ihren Mac diese Liste abarbeiten, und alle Clips werden aufgezeichnet, während Sie einen Kaffee mit den Kollegen trinken. Bequem, effektiv und Geschichte. Der Weg mit der aktuellen Version ist, wie unsere Omas sagen, Dröppke per Dröppke, also eins nach dem anderen: Clip starten, daneben sitzen und warten, nächsten Clip starten.

Was wir allerdings positiv hervorheben müssen, ist die Fähigkeit von Final Cut Pro, das Ende einer Aufnahme zu erkennen und dann automatisch zu stoppen. Dadurch zeichnen Sie niemals ein Schwarzbild am Ende auf, auch wenn Sie nur fünf Minuten Ihres Bandes bespielt haben und über dem Lesen der Zeitung Ihre Aufnahme vergessen.

Timecode-Unterbrechungen | Ebenfalls positiv ist der Umgang mit Timecode-Unterbrechungen, denn Final Cut Pro erkennt dank ausgeklügelter Technik die kleinen Biester von allein und legt dann immer einen neuen Clip an.

Kamera-Archive erstellen | Sie können auch von Bändern Kamera-Archive erstellen. In diesem Fall wird ein ganzes Band oder ein Teil davon als Kamera-Archiv gespeichert und kann anschließend ohne die Videokassette wieder von der Festplatte geladen werden. Der benötigte Speicherplatz hängt dabei von der Länge des archivierten Clips und von dessen Format ab. Als Faustformel gilt aber bei DV und HDV mit einer Datenrate von 25 MBit/s ca. 216 MB pro Minute Video.

Um ein Kamera-Archiv anzulegen, öffnen Sie das Kameraimportfenster und klicken unten links auf die Taste ARCHIV ERSTELLEN ❸ (siehe Abbildung 3.75). Im folgenden Dialog tragen Sie einen Namen ein, zum Beispiel den des Bandes, bestimmen das Ziellaufwerk und klicken auf OK. Final Cut Pro startet sogleich mit der Aufnahme und hält erst an, wenn Sie den Befehl geben, das Bandende erreicht oder Ihre Festplatte voll ist.

Mehr dazu
Alles weitere zu Kamera-Archiven finden Sie in Abschnitt 3.3.3.

Clips erneut aufnehmen | Sollten Ihnen, aus welchen Gründen auch immer, die Originalmedien zu Ihren Clips verloren gehen, so entstehen Offline-Clips. Das heißt, in Ihrem Ereignis können Sie kein Video mehr abspielen, sondern bekommen lediglich ein gelbes Warndreieck auf rotem Grund zu Gesicht.

Die Mediendatei auf der Festplatte ist also gelöscht, aber die Clipinformation ist in Final Cut Pro noch vorhanden. Im Gegensatz zu dateibasierten Aufnahmen können Sie Clips vom Band allerdings nicht erneut aufnehmen, denn das Programm merkt sich nicht alle dazu benötigten Informationen. In diesem Fall ist also Handarbeit gefragt, und Sie müssen mühsam im Kameraimportfenster zum richtigen Frame navigieren und Ihren Clip erneut digitalisieren. Dadurch, dass Sie hier allerdings weder In- noch Out-Punkt setzen können und keine Timecode-Referenz haben, ist ein exaktes Einspielen unmöglich. Sollten Sie also schon einen Clip in einem Projekt verwendet haben, wünschen wir Ihnen viel Spaß beim Neuschnitt.

▲ **Abbildung 3.78**
Anzeige eines Offline-Clips

Der einzige Ausweg
Über das Anlegen von Kamera-Archiven können Sie Offline-Clips erneut importieren, denn dann speichert Final Cut Pro alle relevanten Daten. Das heißt aber auch, dass Sie sich neben Ihre Tapes auch eine Festplatte mit Kamera-Archiven ins Regal stellen können. Damit stirbt dann auch der letzte Vorteil des Videobandes.

3.4.2 Von MAZ einspielen

Alle Anwender, die sich nicht auf den Einsatz von DV-Bändern beschränken können, sondern die Videoclips über eine MAZ einspielen müssen, schauen zunächst mal in die Röhre, denn das ist, wie schon erwähnt, mit Final Cut Pro nicht möglich. Die Hintertür führt in diesem Fall über die Gratissoftware, die die Anbieter AJA oder Blackmagic Design zur Verfügung stellen. Ob Sie dabei einen Mac Pro mit eingebauter Videoschnittkarte oder eine Breakoutbox wie zum Beispiel Intensity (Blackmagic Design) oder io (AJA) nutzen, ist für den Arbeitsablauf unerheblich.

Software herunterladen | Welche Software genau zu Ihrer Hardware passt, erfahren Sie am besten auf der Homepage des Anbieters. Unter Umständen kann es sein, dass Sie noch weitere Treiber benötigen, aber auch das lesen Sie bitte im Internet nach.

Clips digitalisieren und importieren | Sobald die Software installiert und gestartet ist, schließen Sie Ihre MAZ an. Nun können

Sie durch Ihre Bänder shutteln und einzelne Clips aufnehmen. Auch das Anlegen von Stapellisten ist hier noch möglich. Über die Voreinstellungen können Sie einen Speicherort für Ihre Clips angeben, und wir empfehlen Ihnen, in einem für den Schnitt optimierten Format aufzuzeichnen, zum Beispiel Apple ProRes 422.

Nach dem Eindigitalisieren folgt das Importieren. Und hier gibt es dann keinen Unterschied mehr zu allen anderen Clips, die Sie in Final Cut Pro übernehmen.

Film ausspielen | Um einen Film aus Final Cut Pro auf ein HDCAM- oder DigiBeta-Band auszuspielen, müssen Sie ihn zuerst exportieren. Den Export können Sie dann mithilfe der heruntergeladenen Software auf das Tape übertragen.

▲ **Abbildung 3.79**
Mit der Software *Media Express* von Blackmagic Design können Sie Clips von Bändern und auf Bänder übertragen. Das Pendant von AJA nennt sich *VTR Xchange*.

4   Medien organisieren

Nachdem wir uns im letzten Kapitel ausführlich mit dem Erstellen und Verwalten von Ereignissen sowie dem Import Ihrer Medien beschäftigt haben, werden wir nun einen Blick darauf werfen, wie Sie Ihre Clips geschickt verwalten, gruppieren, verschlagworten und mit Etiketten versehen können. In der Organisation von Medien liegt eine der Stärken von Final Cut Pro X, denn Sie können vieles automatisieren und sich so den Kopf für Ihre Kreativität freihalten.

Kurzer Rückblick | Bevor wir uns mit einem eleganten Kopfsprung in das nächste Thema stürzen, halten wir kurz am Beckenrand inne und fassen die wichtigsten Zusammenhänge zwischen Clips und Ereignissen noch mal für Sie zusammen.

Sie erstellen und sortieren *Ereignisse* in Ihrer *Ereignis-Mediathek*. Ein Ereignis kann eine unbegrenzte Anzahl an *Clips* enthalten, die in der *Ereignisübersicht* angezeigt werden und deren *Originalmedien* in dem *Ereignisordner* auf Ihrer *Festplatte* abgespeichert werden. Aus den Clips schneiden Sie anschließend Ihren Film in der Timeline.

◄ **Abbildung 4.1**
Links die Ereignis-Mediathek mit den Ereignissen, rechts die Ereignisübersicht. Die Clips im Ereignis sind gelb umrandet.

4.1 Die Ereignisübersicht anpassen

Lang oder kurz, bunt oder schwarzweiß: Die Clips in Ihrer Ereignisübersicht lassen sich auf verschiedene Weisen darstellen und sortieren. Wie Sie persönlich am liebsten arbeiten, finden Sie am besten durch Ausprobieren heraus.

Clips, Grafiken und Musik | Grundsätzlich können Sie Ihrem Ereignis alle Arten von Medien hinzufügen, die mit Final Cut Pro kompatibel sind. Damit Sie möglichst schnell erkennen, worum es sich im Einzelnen handelt, werden Videos, Grafiken und Musik in der Ereignisübersicht mit verschiedenen Symbolen dargestellt.

HINWEIS

Die Vorschaubilder in der Ereignisübersicht bezeichnen wir auch als Thumbnails.

Abbildung 4.2 ▶
Verschiedene Medien werden unterschiedlich dargestellt.

- Die Piktogramme von **Video** haben abgerundete Ecken, und es wird immer der aktuelle Frame als Vorschau dargestellt. Wenn Sie mit dem Skimmer den Clip überfliegen oder Schnittpunkte setzen, dann ändert sich das gezeigte Bild analog zur Bewegung Ihrer Maus, und der Ton wird wiedergegeben.
- **Grafiken und Standbilder** werden als Rechteck dargestellt, und Sie können sie genauso bearbeiten wie Ihre Videoclips. Bei Grafiken mit Transparenzinformationen (Alphakanal) ist der transparente Teil schwarz.
- **Musik** und reine Audioclips haben ebenfalls abgerundete Ecken und lassen sich mit dem Skimmer überfliegen. Als visuelle Vorschau wird ein Wellenform-Muster für den Lautstärkepegel angezeigt.

4.1.1 Die Filmstreifen-Darstellung

Die Filmstreifen-Darstellung ist die Ansicht, mit der wir bis jetzt immer gearbeitet haben, und bezeichnet die Darstellung der Clips mithilfe von Thumbnails.

Abbildung 4.3 ▶
Klicken Sie auf das linke Symbol ❶, um die Filmstreifen-Darstellung zu aktivieren.

Filmstreifen-Darstellung anpassen | Sie können die Filmstreifen-Darstellung individuell anpassen, je nachdem, wie Sie am liebsten arbeiten oder was gerade für Sie am nützlichsten ist. Um die dargestellte Dauer eines Piktogramms zu ändern, verschieben Sie den kleinen Regler ❹ nach links oder rechts. Dadurch zoomen Sie gewissermaßen in den Clip und können mit dem Skimmer präziser navigieren. Durch das Verschieben passen Sie die Zeit an, die durch ein Segment ❷ (gekennzeichnet durch die senkrechten Linien) des Piktogramms repräsentiert wird. Steht der Regler also auf zwei Sekunden, dauert die Wiedergabe eines einzelnen Segments ebenfalls zwei Sekunden.

Zwischen einer halben Sekunde und der gesamten Dauer können Sie verschiedene Zwischenschritte auswählen. Bei detaillierten Darstellungen symbolisieren die gezackten Linien ❸ zusammenhängende Clips und die abgerundeten Ecken Clipanfang und -ende.

> **Achtung**
>
> Die Darstellung der Clipdauer betrifft nur Video- und Audioclips. Standbilder und Grafiken sind davon nicht betroffen.

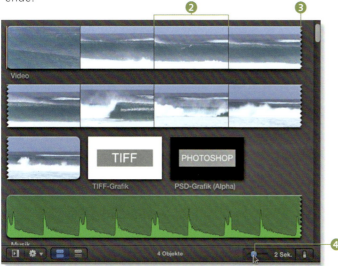

◄ Abbildung 4.4
Über den Schieberegler ❹ definieren Sie die dargestellte Dauer. Jedes Segment eines Clips steht dann für die entsprechende Zeit.

Clipdarstellung | Um die Höhe von Clips zu ändern, öffnen Sie mit einem Klick auf den kleinen Schalter ❺ das Aufklappmenü CLIPDARSTELLUNG und verschieben den Schieberegler CLIPHÖHE nach links oder rechts. In dem gleichen Menü blenden Sie auch eine Audio-Wellenformdarstellung für Ihre Clips ein.

◄ Abbildung 4.5
Über das Menü CLIPDARSTELLUNG stellen Sie die Höhe der Piktogramme ein und aktivieren die Wellenformdarstellung.

4.1 Die Ereignisübersicht anpassen | **135**

4.1.2 Die Listendarstellung

Die Listendarstellung aktivieren Sie über das kleine Symbol ❶ rechts neben der Filmstreifen-Darstellung. Wie der Name schon erahnen lässt, ändert sich nach einem Klick die Darstellung Ihrer Medien in der Ereignisübersicht in eine Liste, und die Thumbnails werden durch allgemeine Piktogramme ersetzt. Dabei werden Videos durch einen Filmstreifen verkörpert, Musik und Audioclips durch einen Lautsprecher und Grafiken durch ein kleines Bergpanorama. Für den aktuell ausgewählten Clip erhalten Sie zudem über der eigentlichen Liste eine Vorschau, die Sie wie gewohnt mit dem Skimmer überfliegen und in der Sie In- und Out-Punkte setzen können.

Abbildung 4.6 ▶
In der Listendarstellung können Sie die Vorschau für den aktuellen Clip mit dem Skimmer überfliegen.

> **Wie früher**
>
> Die Nutzer von älteren Final-Cut-Pro-Versionen werden sich freuen, denn mit der Listendarstellung lässt sich im Grunde so arbeiten wie früher.

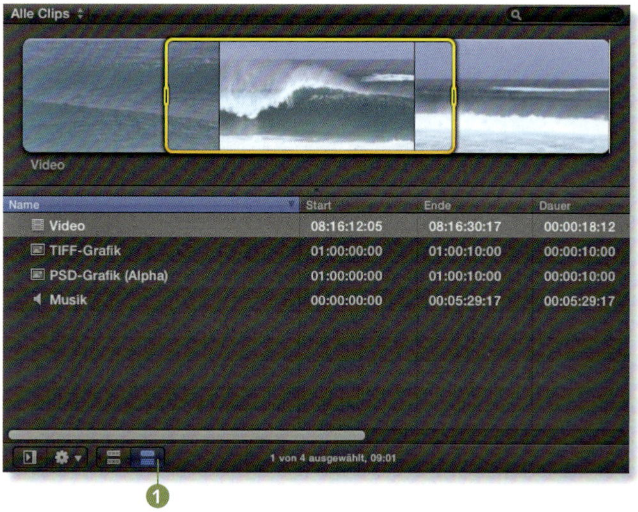

Um aus der Listendarstellung ein Objekt in die Timeline zu übernehmen, haben Sie zwei Möglichkeiten: Entweder ziehen Sie den Clip aus der Vorschau in Ihr Projekt oder aber direkt aus der Liste.

Listendarstellung anpassen | Mit welcher Art der Darstellung Sie lieber arbeiten, finden Sie am besten durch Ausprobieren heraus. Ein Vorteil der Listendarstellung ist jedoch, dass Sie über die verschiedenen Spalten leichten Zugriff auf die so genannten Metadaten Ihrer Clips haben.

Neben dem Clipnamen, der Dauer und dem Entstehungsdatum können Sie noch weitere Informationen einblenden und sogar direkt in der Liste Kommentare zu einzelnen Medien vergeben. Dazu scrollen Sie weiter nach rechts, bis Sie zu der Spalte NOTIZEN kommen, und wählen den gewünschten Clip aus. Nach einer kurzen Pause (ca. eine Sekunde) klicken Sie dann in das Feld NOTIZEN und können nun direkt einen Text eingeben.

> **Metadaten**
>
> Metadaten sind zusätzliche Informationen, die zusammen mit einem Clip abgespeichert werden. Neben reinen Fakten, wie zum Beispiel dem Start-Timecode oder der Dauer eines Clips, können Metadaten auch individuellen Text wie Schlagwörter oder Notizen beinhalten.

◄ **Abbildung 4.7**
In der Listendarstellung können Sie sich Notizen machen und Clips nach Metadaten sortieren.

Clips sortieren | Um Ihre Clips nach einem bestimmten Kriterium zu sortieren, klicken Sie auf die Überschrift einer beliebigen Spalte. Außerdem können Sie die Reihenfolge in der Tabelle ändern, indem Sie mit der Maus eine Überschrift greifen und die Spalte nach links oder rechts an den gewünschten Platz ziehen. Mit einem Rechtsklick auf die Spaltenüberschrift öffnen Sie ein Aufklappmenü, in dem Sie weitere Metadaten auswählen, angezeigte Spalten ausblenden und die Spaltenbreiten anpassen können.

Auf alle verfügbaren Metadaten einzugehen, ginge an dieser Stelle zu weit, schließlich beschäftigen wir uns in Abschnitt 4.8 ausführlich mit dem Thema. Trotzdem haben wir noch ein schnelles Beispiel aus der Praxis für Sie:

Die Metadatenspalte, die wir uns am häufigsten einblenden, ist MEDIENSTART: Damit sortieren wir Medien in chronologischer Reihenfolge. Gerade wenn wir es mit vielen Clips zu tun haben, die nach inhaltlichen Kriterien benannt sind, finden wir uns mit diesem Trick schneller zurecht als mit einer alphabetischen Sortierung, denn meistens wissen Regisseure und Redakteure noch, in welcher Reihenfolge welches Bild gedreht wurde.

▲ **Abbildung 4.8**
Über das Aufklappmenü blenden Sie Spalten ein und aus und passen die Breite an.

Ereignis-Mediathek ausblenden | Gerade wenn wir mit der Listendarstellung arbeiten, blenden wir uns häufig die Ereignis-Mediathek aus. Dadurch vergrößern wir den Platz, der uns für die Ereignisübersicht zur Verfügung steht, und haben so während des Schnitts eine bessere Übersicht. Klicken Sie zum Aus- und Einblenden der Ereignis-Mediathek auf das kleine Symbol ganz links unter Ihren Ereignissen, oder drücken Sie ⇧+cmd+1.

> **Was fehlt?**
>
> Leider fehlen uns in der Auswahl der einblendbaren Spalten die Schlagwörter. Es wäre sicher hilfreich, wenn man auch die in der Listendarstellung anzeigen könnte.

▲ **Abbildung 4.9**
Blenden Sie die Ereignis-Mediathek aus, wenn Sie mehr Platz für die Listendarstellung benötigen.

Allerdings können Sie bei ausgeblendeter Ereignis-Mediathek nicht zwischen verschiedenen Ereignissen wechseln. Dazu müssen Sie dann immer den Umweg über die Mediathek gehen.

4.2 Clips umbenennen

Für gewöhnlich werden Clips auf der Speicherkarte Ihrer Kamera unter alphanumerischen Namen abgespeichert. Diese Art der Benennung ist sinnvoll, damit ausgeschlossen werden kann, dass zwei Clips den gleichen Namen bekommen. Allerdings machen diese umständlichen Bezeichnungen die Arbeit mit Final Cut Pro nicht gerade einfacher, denn es fehlt der Bezug zwischen dem Namen des Clips und seinem Inhalt. Deswegen kann es sinnvoll sein, Clips nach dem Sichten umzubenennen.

Dazu reicht in der Filmstreifen-Darstellung ein Klick auf den Namen eines Clips. In der Listendarstellung klicken Sie zweimal mit ca. einer Sekunde Pause auf den Clipnamen, oder, der elegantere Weg, Sie wählen einen Clip aus und drücken dann ⏎.

Dateinamen unverändert | Achten Sie jedoch darauf, dass Ihr Clip nur in Final Cut Pro umbenannt wird. Die Mediendatei im Ereignisordner auf Ihrer Festplatte behält ihren alten Namen. In der letzten Final-Cut-Pro-Version gab es zwar eine Möglichkeit, Clip- und Dateinamen automatisch anzupassen, aber leider ist diese Funktion der Aktualisierung zum Opfer gefallen.

Unterschiedliche Clipnamen | Weil der Name eines Clips in einem Ereignis geändert werden kann, kann er natürlich auch unterschiedliche Namen in unterschiedlichen Ereignissen haben. Sprich, Sie können einen Clip von einem Ereignis in ein anderes kopieren und ihm dann einen unabhängigen Namen geben. Vergessen Sie dann aber möglichst nicht, welcher Clip wo wie heißt.

4.2.1 Clips automatisch umbenennen

Gerade wenn Sie eine große Anzahl von Clips, zum Beispiel nach einem Kameraimport, umbenennen möchten, ist es natürlich nervig, wenn Sie jeden einzeln bearbeiten müssen. Zum Glück haben auch die Programmierer von Final Cut Pro daran gedacht und uns einen Weg geebnet, um mehrere Clips gleichzeitig umzubenennen.

Voreinstellungen anlegen | Für die automatische Umbenennung können Sie neue Bezeichnungen aus verschiedenen Komponenten (zum Beispiel Datum, Uhrzeit, eigener Name) zusammenstellen und diese anschließend auf viele verschiedene Clips anwenden. Um eine neue Voreinstellung anzulegen, blenden Sie zunächst über das »i« ❷ die Clip-Informationen ein (Tastenkürzel cmd+4). Anschließend wählen Sie im Bereich INFO unten aus

---

Alternative zum Umbenennen

Anstatt Clips umzubenennen, arbeiten wir häufig mit Schlagwörtern oder Notizen. Das hat den Vorteil, dass Sie mehr Informationen zuordnen können als über den Clipnamen und dass die Mediendatei auf der Festplatte und der Clip im Ereignis den gleichen Namen behalten.

dem Aktionsmenü (das ist die Taste mit dem kleinen Zahnrad 1) Eigenen Namen anwenden • Bearbeiten aus.

◀ **Abbildung 4.10**
Im Informationsfenster gelangen Sie über das kleine Zahnrad 1 in das Aktionsmenü.

Es öffnet sich ein neues Fenster mit dem etwas umständlichen Namen Voreinstellungen für Dateinamen. In der linken Spalte stehen alle Voreinstellungen, die bisher angelegt wurden. Auf der rechten Seite sehen Sie ganz oben in der Zeile Format die Komponenten, aus denen sich die aktuelle Voreinstellung zusammensetzt, und darunter ein Beispiel für einen konkreten Clipnamen. In den Abschnitten Clip-Informationen, Datum/Uhrzeit, Format und Kamera finden Sie alle einzelnen Elemente, aus denen Sie sich einen schönen Clipnamen basteln können.

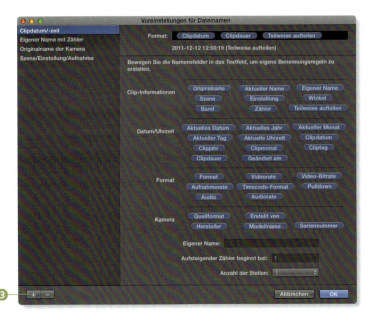

◀ **Abbildung 4.11**
Der Clipnamen-Baukasten: links die gespeicherten Voreinstellungen, rechts die aktuelle Zusammenstellung sowie alle Komponenten

Neue Voreinstellung | Um eine neue Voreinstellung anzulegen, klicken Sie links unten auf das Plus-Symbol 3. In der Liste links erscheint eine neue Zusammenstellung, der Sie als Erstes einen passenden Namen geben sollten, wobei wir uns angewöhnt haben, unsere Voreinstellungen immer nach den einzelnen Komponenten zu benennen. Anschließend bewegen Sie einfach alle Elemente, aus denen sich später Ihr Dateiname zusammensetzen soll, in die Zeile Format 4. Damit sich später alle Einzelteile des Clipnamens klar voneinander abgrenzen, empfehlen wir Ihnen,

> **TIPP**
>
> Anstatt ganz von vorne zu beginnen, können Sie auch eine der mitgelieferten Voreinstellungen kopieren und nach Ihren Wünschen anpassen. Klicken Sie dazu mit der rechten Maustaste auf den gewünschten Dateinamen, und wählen Sie aus dem Kontextmenü Duplizieren aus.

4.2 Clips umbenennen | **139**

nach jeder Komponente, die Sie hinzufügen, ein Leerzeichen oder einen Unterstrich einzufügen. Um ein Element aus der Voreinstellung zu löschen, markieren Sie es und drücken anschließend [Entf].

Abbildung 4.12 ▶
Fügen Sie Ihren Voreinstellungen mit der Maus verschiedene Komponenten hinzu. Unterstriche als Trenner sorgen für mehr Übersicht.

Die verschiedenen Komponenten | Die Komponenten, aus denen Sie Clipnamen generieren können, sind sehr unterschiedlich, lassen sich allerdings in verschiedene Kategorien einteilen. Zum einen können wir sie nach den oben genannten inhaltlichen Kriterien unterscheiden: CLIP-INFORMATIONEN, DATUM/UHRZEIT, FORMAT und KAMERA. Das entspricht auch der Gliederung in Final Cut Pro. Zum anderen unterscheiden wir sie nach Metadatenkomponenten und individuellen Komponenten.

Bei den meisten *Metadatenkomponenten* werden automatisch Informationen ausgelesen, die schon bei der Aufnahme fest mit dem Clip verbunden wurden, die sich in der Regel vom Anwender nicht ändern lassen und die immer ausgefüllt sein müssen. Gute Beispiele dafür sind die *Clipdauer* oder das *Format*. Andere Metadatenkomponenten können Sie bereits vor dem Dreh an der Kamera einstellen, zum Beispiel *Szene* oder *Einstellung*. Diese Felder müssen allerdings nicht zwingend eine Information enthalten. Wundern Sie sich also nicht, wenn Sie Ihrer Dateinamen-Voreinstellung die Komponente *Winkel* hinzufügen und feststellen, dass Ihr Clipname später nur aus nichtssagenden Trennstrichen besteht.

Die *individuellen Komponenten* sind zum Beispiel *Eigener Name* oder *Zähler*. Fügen Sie eines dieser Elemente in Ihre Voreinstellung ein, dann können Sie ganz unten in dem Fenster den Clipnamen frei nach Ihren Wünschen benennen. Außerdem können Sie direkt in die Zeile FORMAT Text eingeben, der dann zusätzlich Teil des Clipnamens wird.

Clipnamen passend zusammensetzen | Natürlich sind der Fantasie bei der Erstellung von Clipnamen keine Grenzen gesetzt, und Sie können theoretisch zwanzig Komponenten benutzen. Aber die Idee dahinter ist, dass Sie sich während des Schnitts auf Ihre Kreativität konzentrieren möchten und nicht lange nach

> **Metadaten**
>
> Metadaten sind nicht nur wichtig bei der Erstellung von Clipnamen, sondern lassen sich auch noch an anderen Stellen sinnvoll einsetzen. Deswegen finden Sie auch ab Seite 165 einen eigenen Abschnitt dazu.

irgendwelchen Clips suchen wollen. Also sollten Sie versuchen, so wenige Komponenten wie möglich zu verwenden, allerdings auch so viele wie nötig.

Wir arbeiten zum Beispiel gerne mit einer Kombination aus EIGENER NAME und ZÄHLER. Dazu ziehen wir uns die beiden Komponenten in das Feld FORMAT ❺ und geben dann unten im Feld EIGENER NAME ❼ eine passende Bezeichnung ein. Die Bezeichnung ändert sich natürlich je nach Projekt und Film, häufig benutzen wir aber Stichwörter wie *Drehtag 1, Szene 1* oder *Interview XY*. Wichtig ist hierbei eine klare Struktur, auch im Vergleich zu den anderen Clipnamen: So lassen sich alle Aufnahmen schnell sortieren, suchen oder ordnen. Den ZÄHLER konfigurieren wir meistens so, dass er mit 1 beginnt ❽ und drei Stellen ❾ hat. Nach Namen sortierte Clips stehen dann immer ordentlich untereinander. Wer mag, kann jetzt noch weitere Informationen oder Erläuterungen in das Formatfeld schreiben, um den späteren Clipbezeichnungen den letzten Schliff zu verpassen. Ein konkretes Beispiel für einen Clipnamen mit Ihrer Konfiguration sehen Sie in der Zeile ❻ unter dem Feld FORMAT.

Zu guter Letzt klicken Sie auf OK, um Ihre Voreinstellungen zu speichern und das Fenster zu schließen.

> **Voreinstellungen umsortieren**
>
> Bringen Sie die Liste aller Voreinstellungen in die Reihenfolge, mit der Sie am besten arbeiten können. Dazu greifen Sie in der linken Spalte ein Preset und bewegen es mit der Maus an die gewünschte Position.

◂ **Abbildung 4.13**
Im Feld FORMAT stellen Sie Ihren Clipnamen zusammen. Darunter sehen Sie ein konkretes Beispiel.

4.2 Clips umbenennen

Voreinstellungen anwenden | Wer hätte das gedacht? Nach all den Vorbereitungen und einleitenden Worten kommen wir nun tatsächlich dazu, Ihnen zu erklären, wie Sie Ihre Clips stapelweise umbenennen. Als Erstes markieren Sie dazu alle Clips in Ihrer Ereignis-Mediathek, denen Sie einen neuen Namen zuordnen möchten. Anschließend wählen Sie aus dem Aktionsmenü im Informationsfenster EIGENEN NAMEN ANWENDEN und dann Ihre Voreinstellung.

Abbildung 4.14 ▶
Markieren Sie zunächst alle Clips, die Sie umbenennen möchten, bevor Sie eine Voreinstellung auswählen.

Gleich darauf sollten alle Ihre Clips den alten sperrigen Namen verloren haben und ganz offiziell umgetauft worden sein. Aber auch hier weisen wir noch mal darauf hin, dass die Namensänderung nur innerhalb von Final Cut Pro vorgenommen wird und Ihre Mediendateien auf der Festplatte immer noch den alten Namen haben.

▲ **Abbildung 4.15**
Vorher, nachher. Auf der linken Seite haben alle Clips noch die Originalnamen, rechts die neuen.

> **Voreinstellungen löschen**
>
> Schwupp, weg war sie. Ein Klick auf das Minussymbol unten links in dem Fenster VOREINSTELLUNGEN FÜR DATEINAMEN entfernt Ihr Preset. Aber Vorsicht, diese Aktion können Sie nicht rückgängig machen. Was weg ist, ist weg.

4.2.2 Originalnamen wiederherstellen

Alles auf Anfang und zurück zum Start. Für den Fall, dass Sie Ihre Clips falsch benannt haben, oder wenn Sie, aus welchem Grund auch immer, die Originalnamen Ihrer Clips wiederherstellen möchten, ist auch das kein Problem. Wählen Sie aus dem

Aktionsmenü EIGENEN NAMEN ANWENDEN • ORIGINALNAME DER KAMERA, und schon werden alle ausgewählten Clips in Ihrem Ereignis wieder mit der ursprünglichen Bezeichnung versehen.

> **TIPP**
>
> Natürlich können Sie auch eine der von Final Cut Pro mitgelieferten Voreinstellungen auswählen, um Ihre Clips umzubenennen. Sollte das Ergebnis auf den ersten Blick komisch und unerwartet aussehen, denken Sie daran, dass nicht alle Metadatenfelder eines Clips unbedingt ausgefüllt sein müssen (siehe den obigen Abschnitt »Die verschiedenen Komponenten« auf Seite 140).

4.3 Clips sortieren und bewerten

Das Zitat Albert Einsteins »Man muss die Welt nicht verstehen, man muss sich nur darin zurechtfinden« trifft auch wunderbar auf den Umgang mit Clips in Final Cut Pro zu. Wir müssen nicht verstehen, wie genau die Entwickler die Software programmiert haben, oder die Matrix lesen können. Für uns als Anwender ist wichtig, wie wir mit einer großen Anzahl an Clips umgehen können, ohne uns im Wirrwarr zu verlaufen. Zum Glück können wir dazu auf eine Reihe nützlicher Werkzeuge und Methoden zurückgreifen, die Final Cut Pro uns bietet.

4.3.1 Clips sortieren

Wie Sie Clips in der Listendarstellung nach verschiedenen Kriterien sortieren, haben Sie ja bereits im letzten Abschnitt gelesen. Aber wie stellen wir das in der Filmstreifen-Darstellung an? Nun, die Antwort liegt hinter dem kleinen Zahnrad am unteren Rand der Ereignis-Mediathek verborgen. Aus dem Aufklappmenü wählen Sie zunächst CLIPS AUSRICHTEN NACH aus und anschließend das Kriterium, nach dem Sie Ihre Clips sortieren möchten.

- INHALT: ERSTELLT AM ordnet Ihre Clips nach dem Datum und der Uhrzeit der Aufnahme, also chronologisch.
- NAME sortiert die Clips alphabetisch.
- Das Feld AUFNAHME ist ein Metadatenfeld, in das Sie Ihre eigenen Kommentare eintragen können (siehe auch Seite 165).
- DAUER ordnet alle Clips der Länge nach.

◄ **Abbildung 4.16**
Ordnen Sie Ihre Clips auf- oder absteigend nach verschiedenen Kriterien.

Alle der genannten Kriterien lassen sich darüber hinaus entweder AUFSTEIGEND, also
- alphabetisch beginnend mit »A«,
- mit der kürzesten Dauer zuerst und
- mit dem jüngsten Datum zuerst
- oder ABSTEIGEND sortieren.

4.3.2 Clips gruppieren

Unabhängig von der Sortierung können Sie Clips in der Ereignisübersicht in Gruppen zusammenfassen. Dazu wählen Sie aus dem gleichen Aufklappmenü eine der folgenden Optionen aus:

- OHNE: Es findet keine Gruppierung statt, alle Clips werden nach dem ausgewählten Kriterium sortiert.
- INHALT: ERSTELLT AM gruppiert Ihre Clips nach dem Erstellungsdatum (nicht dem Änderungsdatum) der Datei. Also in aller Regel nach dem Tag der Aufnahme.
- IMPORTIERDATUM gruppiert Clips nach dem Datum, an dem sie in Final Cut Pro importiert wurden.
- Wählen Sie BAND aus, um die Clips nach dem Band oder der Speicherkarte zu gruppieren, auf dem bzw. der sie aufgezeichnet wurden.
- SZENE ist ein Metadatenfeld, in das Sie einen Kommentar eintragen können (siehe Seite 165).
- Über DAUER fassen Sie Ihre Clips der Länge nach zusammen. Dabei werden automatisch Zeitspannen vorgegeben (0–10 Sekunden, 10–30 Sekunden, 1–10 Minuten usw.).
- DATEITYP sortiert Ihre Clips nach Dateiendungen (.mov, mp3, .psd, .tiff ...).
- FUNKTION ist ebenfalls ein Metadatenfeld, das Sie halbautomatisch vergeben können (siehe Seite 154).

Alle Gruppen können Sie immer AUFSTEIGEND oder ABSTEIGEND anordnen.

> **HINWEIS**
>
> Innerhalb einer Gruppe werden die Clips wie beschrieben sortiert. Verschiedene Clips können aber nicht unabhängig voneinander gruppiert werden.

> **Als Liste oder Filmstreifen**
>
> Gruppen sind unabhängig von der Listen- oder Filmstreifen-Darstellung.

Abbildung 4.17 ▶
Fassen Sie Ihre Clips in Gruppen zusammen.

4.3.3 Clips bewerten

Willst Du mit mir gehen? Ja, nein, vielleicht. Wer erinnert sich nicht an die liebevoll gestalteten Zettel, die einem heimlich unter der Schulbank zugesteckt wurden? Nach einem ähnlichen Prinzip können Sie auch Clips in Final Cut Pro bewerten, und wie früher haben die hässlichen Entlein das Nachsehen und dürfen nicht mit uns gehen. In unserem Fall betrifft das alle Clips, die unsauber aufgenommen wurden oder inhaltlich nicht zu unserem Film passen.

Insgesamt können Sie drei verschiedene Wertungen vergeben – Favorit, neutral (ohne Wertung) und abgelehnt – und sich anschließend Ihre Clips danach anzeigen lassen. Markieren Sie dazu einen oder mehrere Clips, und klicken Sie anschließend auf eine Wertung in der Symbolleiste. Der grüne Stern ❶ steht für Favoriten, der graue ❷ für eine neutrale Bewertung, und mit dem roten Kreuz ❸ lehnen Sie einen Clip ab. Als Alternative können Sie auch Tastenkürzel benutzen, wobei [F] einen Favoriten markiert, [U] eine neutrale Wertung vergibt und [←] einen Clip ablehnt.

▲ **Abbildung 4.18**
Links: Clips in Filmstreifen-Darstellung, nach IMPORTIERDATUM gruppiert: 4 Clips vom 23.10., 1 Clip vom 25.10. und 16 Clips vom 28.10. (eingeklappt)

▲ **Abbildung 4.19**
Rechts: Oder in Listendarstellung, nach DAUER gruppiert

> **Ohne Bewertung**
>
> Alle Clips werden von vornherein von Final Cut Pro als neutral bewertet. Nur wenn Sie einen Clip als Favorit markieren oder ablehnen, ändert sich die Wertung.

◀ **Abbildung 4.20**
Bewerten Sie Clips über die Sterne in der Symbolleiste oder über die Tastatur.

Sobald Sie einen Clip bewertet haben, wird er mit einer farbigen Linie in der Ereignis-Mediathek markiert. Die grüne Linie steht für Favoriten, rot wird's, wenn Sie einen Clip ablehnen, und keine farbige Kennzeichnung symbolisiert eine neutrale Bewertung.

Abbildung 4.21 ▶
Rot, grün, farblos. Die farbigen Linien markieren Favoriten und abgelehnte Clips.

> **Wertung entfernen**
>
> Um eine Wertung von einem Clip oder einem Teilbereich zu entfernen, klicken Sie auf den grauen Stern in der Symbolleiste oder drücken ⓤ. Die farbige Markierung verschwindet, und der gesamte Clip wird wieder neutral bewertet.

Teilbereiche bewerten | Gerade bei sehr langen Clips kann es natürlich vorkommen, dass Ihnen einige Abschnitte daraus sehr gut gefallen und andere überhaupt nicht. In diesem Fall können Sie unterschiedliche Teilbereiche von Clips unterschiedlich bewerten. Dazu markieren Sie mit der Maus die entsprechende Stelle des Clips in der Filmstreifen-Darstellung der Ereignisübersicht oder setzen einfach In- und Out-Punkte.

▲ **Abbildung 4.22**
Über eine Auswahl bewerten Sie Teilbereiche. Der grün markierte Bereich ist unser Favorit, der rote wurde abgelehnt.

▲ **Abbildung 4.23**
Über das Aufklappmenü filtern Sie, welche Clips mit welcher Bewertung angezeigt werden.

Nach Wertung filtern | Sollten Sie sich die Mühe gemacht haben, alle Clips, wie oben beschrieben, zu bewerten, dann macht es Sinn, anschließend auch nur noch mit den favorisierten zu arbeiten oder zumindest die abgelehnten auszublenden.

Klicken Sie dazu in der linken oberen Ecke der Ereignisübersicht auf das Aufklappmenü ALLE CLIPS. Darüber können Sie Filter anlegen und bestimmen, welche Clips Ihnen angezeigt werden oder nicht. Das Schöne daran ist, dass nicht nur komplette Clips ein- bzw. ausgeblendet werden, sondern auch markierte Teilbereiche.

> **Nicht gelöscht**
>
> Über den Wertungs-Filter werden Clips nicht gelöscht, sondern lediglich ausgeblendet. Sie sparen also keinen Platz auf Ihrer Festplatte und können den eingestellten Filter jederzeit ändern.

4.3.4 Clips löschen

Sie löschen einen oder mehrere Clips aus Ihrem Ereignis, indem Sie ihn markieren und anschließend über das Menü ABLAGE •

IN PAPIERKORB oder das allgemein bekannte Tastenkürzel ⌘+
← entfernen. Aber Vorsicht! Sie sollten sich Ihrer Sache sehr sicher sein, denn diese Aktion ist nicht zu widerrufen. Erst recht nicht, wenn Sie anschließend auch noch den Papierkorb gelehrt haben. Sollten

Sie doch aus Versehen zu vorschnell gehandelt haben, erfahren Sie in Abschnitt 4.9, »Medien neu zuordnen«, wie Sie die Kartoffeln wieder aus dem Feuer kriegen. Schließlich sind wir die Power Ranger des Videoschnitts und haben auch für solche Notfälle immer einen schlauen Tipp bei der Hand.

4.4 Arbeiten mit Notizen

Notizen sind praktische kleine Helfer, mit deren Hilfe wir uns häufig Bemerkungen zu einzelnen Clips und zu Musik machen. Meistens beschreiben wir dabei den Inhalt oder die Stimmung. Es gibt drei Stellen, an denen Sie Notizen eintragen können und die sich automatisch synchronisieren. Beachten Sie aber, dass Sie Notizen immer nur für einen kompletten Clip vergeben können, niemals nur für einen Teilbereich.

> **Schon gewusst?**
>
> Wenn Sie Abschnitt 4.1.2 zur Listendarstellung aufmerksam gelesen haben, wissen Sie bereits, wie man in der Ereignisübersicht eine Notiz vergibt.

Listendarstellung | Die erste Stelle, an der Notizen vergeben werden können, finden Sie in der Listendarstellung. In dieser Ansicht scrollen Sie nach rechts bis zur Spalte NOTIZEN und klicken im Abstand von ca. einer Sekunde zweimal auf das Feld des Clips, dem Sie eine Notiz hinzufügen möchten.

◄ **Abbildung 4.24**
Aktivieren Sie die Listendarstellung in der Symbolleiste.

◄ **Abbildung 4.25**
Eigene Spalte für Notizen

Clip-Informationen | Über die Clip-Informationen können Sie ebenfalls Notizen vergeben. Dazu wählen Sie einen Clip in der Ereignisübersicht aus und aktivieren dann über die Symbolleiste oder das Tastenkürzel ⌘+4 das Informationsfenster.

Abbildung 4.26 ▶
Clip-Informationen über das kleine »i« aufrufen

Nun können Sie in das entsprechende Feld ❶ Ihre Notizen eintragen.

Abbildung 4.27 ▶
Im Tab Info findet sich eine Feld für Ihre Notizen.

▲ **Abbildung 4.28**
Den Timeline-Index aufrufen

Timeline-Index | Der letzte Weg, Notizen zu vergeben, greift ein wenig vor, denn dafür nutzen wir den Timeline-Index. Klicken Sie am unteren linken Rand der Timeline auf das Listensymbol ❷, um den Timeline-Index aufzurufen.

▲ **Abbildung 4.29**
Ähnlich wie in der Listen-Darstellung: Notizen im Timeline-Index

> **Timeline-Index**
>
> Der Timeline-Index ist eine Listendarstellung aller in einem Projekt genutzten Clips und Medien. Er dient der Übersicht, und über ihn lassen sich Clips leicht finden.

Sollte die Notizenspalte nicht automatisch eingeblendet sein, können Sie dies mit einem Rechtsklick auf eine beliebige Spaltenüberschrift nachholen. Nun können Sie neue Notizen vergeben und bestehende bearbeiten.

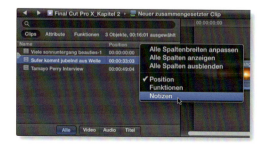

Abbildung 4.30 ▶
Gegebenenfalls muss die Notizen-Spalte erst eingeblendet werden.

4.5 Arbeiten mit Schlagwörtern

Schlagwörter setzen wir ähnlich wie Notizen ein, allerdings sind sie noch ein bisschen umfassender und lassen sich sogar zum Teil automatisch vergeben. Das Prinzip ist allerdings das gleiche, denn mit Schlagwörtern fügen Sie Ihren Clips zusätzliche Informationen hinzu, die Ihnen die Übersicht und damit auch die Arbeit erleichtern sollen.

Der Einsatz von Schlagwörtern macht vor allem auf zwei Ebenen Sinn: erstens bei häufig wiederkehrenden Bildinhalten oder wenn Sie bestimmte Clips in Kapiteln zusammenfassen möchten. Gute Beispiele sind Schlagwörter wie *Interview*, *Szene 1* oder *Schnittbilder*. Der zweite Bereich sind konkrete Bildinhalte. Das kann von genauen Beschreibungen wie *Rabbit über Pipeline* bis hin zu allgemeinen Hinweisen wie *Gut für Intro* reichen. Ihre ganze Stärke spielen die Schlagwörter dann in Kombination mit intelligenten Sammlungen aus (siehe Abschnitt 4.7.3), denn damit fassen Sie Ihre Stichpunkte vollautomatisch in Ordnern zusammen.

> **TIPP**
> Gerade bei Clips, die bandlos auf Speicherkarten aufgezeichnet wurden, bietet es sich an, Schlagwörter zu vergeben.

4.5.1 Der Schlagwort-Editor

Schlagwörter vergeben Sie in einem eigens dafür vorgesehenen Fenster, dem Schlagwort-Editor. Um es zu öffnen, klicken Sie auf den kleinen Schlüssel ❸ in der Symbolleiste (»Schlagwort« wird im Englischen mit *Keyword* übersetzt), und wählen Sie einen oder mehrere Clips aus Ihrem Ereignis aus.

▲ **Abbildung 4.31**
Der kleine Schlüssel in der Symbolleiste öffnet den Schlagwort-Editor.

Anschließend können Sie in der obersten Zeile des Schlagwort-Editors Ihre Stichpunkte notieren. Dabei macht es durchaus Sinn, gleich mehrere Schlagwörter zu einem Clip zu vergeben, denn je präziser Sie an dieser Stelle Ihre Medien kategorisieren, desto leichter und schneller finden Sie später die richtige Einstellung für Ihren Film. Achten Sie bei der Vergabe mehrerer Schlagwörter darauf, jedes einzelne mit ↵ zu bestätigen oder einzelne Schlagwörter durch Kommata zu trennen.

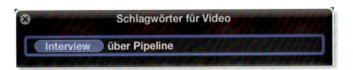

◀ **Abbildung 4.32**
Mit unterschiedlichen Schlagwörtern können Sie einen Clip genau beschreiben.

Schlagwörter per Tastatur vergeben | Jedes Schlagwort, das Sie im Schlagwort-Editor eintragen, wird automatisch in die darunter liegende Liste übernommen und bekommt ein Tastenkürzel zugewiesen. Versehen Sie zum Beispiel einen Clip mit dem Schlagwort *Schnittbild* und sichten dann einige Zeit später einen

> **Mehrere Wörter möglich**
> Ein Schlagwort kann auch aus mehreren einzelnen Wörtern bestehen.

> **Schnittbilder**
>
> Als Schnittbilder bezeichnen wir Aufnahmen, mit denen wir entweder Textstrecken unterlegen oder die wir nutzen, um Schnitte während eines Interviews zu kaschieren.

anderen Clip, auf den das gleiche Attribut zutrifft, drücken Sie einfach das entsprechende Tastenkürzel und ersparen sich so die erneute Eingabe per Hand.

Insgesamt sind zehn Tastenkürzel vorgesehen. Mit ctrl+1 bis 9 vergeben Sie immer das zugehörige Schlagwort aus der Liste, und mit ctrl+0 entfernen Sie auf einen Schlag alle. Sie werden feststellen, dass die Verschlagwortung Ihrer Clips über die Tastaturbefehle sehr schnell und einfach geht. Und zuzuschauen, wie die kleinen Wörter eines nach dem anderen auf die Clips fliegen, macht sogar richtig Spaß.

Abbildung 4.33 ▶
Jedes Schlagwort erhält automatisch ein Tastenkürzel und lässt sich so anschließend schneller vergeben.

> **Vertippt?**
>
> Sollten Sie sich vertippt haben, machen Sie einen Doppelklick auf das falsche Schlagwort, dann können Sie den Druckfuhler ausgleichen.

Schlagwörter umsortieren | Natürlich macht es Sinn, wenn die Schlagwörter, die Sie am häufigsten benutzen, auch ganz oben in der Liste stehen. Das werden in aller Regel natürlich eher die allgemeinen sein, wie zum Beispiel *Interview*, *Action* oder *Schnittbild*. Danach folgen dann die spezifischen, die Sie wahrscheinlich auf nicht so viele Clips anwenden werden.

Weil die Reihenfolge, in der Sie Ihre Schlagwörter vergeben – und damit auch die Reihenfolge, in der sie in der Liste landen –, aber für gewöhnlich nicht der gewünschten Hierarchie entspricht, können Sie alle Schlagwörter jederzeit umsortieren. Hört sich kompliziert an, ist aber ganz einfach. Greifen Sie ein Schlagwort mit der Maus, und bewegen Sie es in ein anderes Feld. Schon wird eine Kopie für das neue Tastenkürzel erstellt.

Schlagwörter löschen | Um ein Schlagwort aus der Liste zu löschen, markieren Sie es und drücken anschließend die Entf-Taste. Achten Sie jedoch darauf, dass Schlagwörter im Editor grundsätzlich kopiert werden. Das bedeutet, dass Sie, wenn Sie zum Beispiel Position 1 und Position 2 tauschen möchten, erst die Schlagwörter in ihr neues Feld bewegen und anschließend aus dem ursprünglichen Feld entfernen müssen.

◄ **Abbildung 4.34**
Mit der Maus sortieren Sie Ihre Schlagwörter neu.

Schlagwörter kombinieren | Über den Editor lassen sich Schlagwörter miteinander kombinieren. Das kann entweder per Maus oder per Tastatur passieren, indem Sie einem Clip verschiedene Schlagwörter zuordnen. Sie können aber ebenfalls *einem* Tastenkürzel *mehrere* Schlagwörter zuordnen. Mit diesem Trick ersparen Sie sich das einzelne Vergeben unterschiedlicher Attribute. Wir wenden diese Technik allerdings eher selten an und nur dann, wenn wir zu einem bestimmten Thema viele unterschiedliche Clips haben.

Für Tippfaule

Alle Tippfaulen können auch auf die Schaltfläche neben einem Schlagwort klicken, anstatt die Tastenkürzel zu benutzen.

▲ **Abbildung 4.35**
Ordnen Sie einem Tastenkürzel mehrere Schlagwörter zu.

Schlagwörter für Teilbereiche | Bis jetzt haben wir Schlagwörter immer nur kompletten Clips zugeordnet, Sie können allerdings noch präziser arbeiten und sie nur auf bestimmte Teilbereiche von Clips anwenden.

Mit einem Auswahlrahmen oder mithilfe von In- und Out-Punkten definieren Sie zunächst den Bereich eines Clips, den Sie mit einem Schlagwort versehen möchten.

◄ **Abbildung 4.36**
Bestimmen Sie einen Bereich.

Nun rufen Sie den Schlagwort-Editor auf und vergeben Ihr Schlagwort.

◄ **Abbildung 4.37**
Hier wurden zwei Schlagwörter vergeben.

Im Anschluss können Sie noch weitere Schlagwörter für andere Bereiche vergeben. Alle Teile des Clips, denen ein oder mehrere Schlagwörter zugeordnet wurden, werden mit einer blauen Linie gekennzeichnet.

4.5 Arbeiten mit Schlagwörtern | **151**

> **Skimmer Vorschau**
>
> Wählen Sie DARSTELLUNG • SKIMMER-INFORMATIONEN EINBLENDEN, erscheint über dem Skimmer eine kleine Box mit Infos zum Timecode und den vergebenen Schlagwörtern.
>
>
>
> ▲ **Abbildung 4.39**
> Skimmer-Informationen

▲ **Abbildung 4.38**
Die blaue Linie zeigt an, dass ein Bereich mehrere Schlagwörter hat.

4.5.2 Schlagwörter verwenden

Jetzt haben wir Ihnen vier Abschnitte lang erklärt, wie Sie Schlagwörter vergeben und miteinander kombinieren. Nun ist es an der Zeit, Ihnen zu zeigen, was anschließend passiert und wie Sie Ihre Stichpunkte zum effizienten Arbeiten nutzen können.

Die blaue Linie, mit der alle Bereiche versehen werden, denen ein Schlagwort zugeordnet wurde, dient nicht nur der Übersicht, sie hat auch einen sehr praktischen Nutzen. Ein einfacher Mausklick darauf markiert diesen Teil des Clips mit In- und Out-Punkten. Auf dem Weg vermeiden Sie es, bereits gesichtete Clips erneut mühsam nach einer gewissen Stelle durchsuchen zu müssen. Diese bequeme Art der Auswahl funktioniert sogar, wenn sich mehrere Schlagwörter überschneiden. Zum Beispiel wenn Sie den gesamten Clip als *Action* beschrieben haben, aber nur einen bestimmten Bereich dem Namen eines bestimmten Surfers zugeordnet haben. Probieren Sie es ruhig mal aus.

> **Abbildung 4.40** ▶
> An der blauen Linie erkennen Sie: Im Clip links wurde kein Schlagwort vergeben, in der Mitte sind es zwei für Teilbereiche, und rechts gibt es ein Schlagwort für den ganzen Clip.

Wechseln Sie in der Ereignisübersicht von der Filmstreifen- in die Listendarstellung, erscheint neben jedem Clip, dem ein Schlagwort zugeteilt wurde, ein kleines Dreieck ❶. Klicken Sie darauf, um eine Liste mit allen Schlagwörtern zu öffnen, die Sie zuvor vergeben haben. Um automatisch In- und Out-Punkte zu setzen und eine Vorschau in den Viewer zu laden, reicht es, einen Stichpunkt aus der Liste auszuwählen. Wenn Sie den markierten Bereich in Ihren Film übernehmen möchten, ziehen Sie das Schlagwort selbst aus der Liste in die Timeline. Bequemer geht es kaum.

> **Linien ausblenden**
>
> Über den Menübefehl DARSTELLUNG • MARKIERTE BEREICHE AUSBLENDEN können Sie die Linien unsichtbar machen.

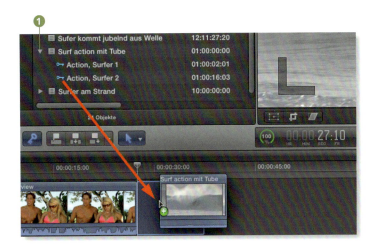

◄ **Abbildung 4.41**
Ziehen Sie ein Schlagwort aus der Liste direkt in die Timeline.

4.5.3 Schlagwortsammlungen: Clips schneller finden

Für jedes Schlagwort, das Sie vergeben, legt Final Cut Pro automatisch eine Schlagwortliste in Ihrem Ereignis an. Schlagwortlisten sind Sammlungen, in denen alle Clips oder Clipbereiche abgelegt werden, die einem bestimmten Schlagwort zugeordnet wurden. Wenn Sie zum Beispiel mehrere Clips mit dem Schlagwort *Interview* versehen, werden Verweise auf all diese Clips in der Schlagwortliste abgelegt. Auf diese Weise finden Sie während des Schnitts Ihre Aufnahmen schnell wieder, auch wenn Sie zum Teil mehrere Hundert Clips in Ihrem Ereignis abgelegt haben.

Final Cut Pro kopiert dabei übrigens niemals irgendwelche Medien, sondern verknüpft lediglich die Clips in Ihrem Ereignis an einer zusätzlichen Stelle. Schlagwörter und Schlagwortsammlungen nehmen also keinen zusätzlichen Speicherplatz auf Ihrer Festplatte in Anspruch.

In Schlagwortsammlungen werden immer nur die Teile eines Clips gespeichert, die auch das entsprechende Schlagwort bekommen haben. Wenn Sie zum Beispiel in einem dreißigminütigen Clip nur einen Bereich von fünf Minuten mit dem Schlagwort *Interview* versehen, dann werden in der Schlagwortliste auch nur diese fünf Minuten abgelegt.

Sie können das Pferd auch von hinten aufzäumen und zunächst in Ihrer Ereignis-Mediathek eine neue Schlagwortsammlung anlegen, indem Sie mit der rechten Maustaste auf Ihr Ereignis klicken und dann NEUE SCHLAGWORTSAMMLUNG auswählen. Anschließend bewegen Sie entweder ganze Clips oder bestimmte Teile mit der Maus aus der Ereignisübersicht auf die Schlagwortsammlung. Fertig. Dem Clip wird dadurch automatisch das entsprechende Schlagwort zugeordnet.

▲ **Abbildung 4.42**
Final Cut Pro legt automatisch Schlagwortsammlungen an.

Abbildung 4.43 ▶
Legen Sie neue Schlagwortsammlungen an, und bewegen Sie Ihre Clips mit der Maus hinein.

4.5.4 Analyseschlagwörter

In Abschnitt 3.2, »Medien importieren«, haben wir Ihnen bereits erklärt, wie Sie Ihre Clips während des Imports analysieren können. Zur Verfügung stehen Ihnen dabei eine Analyse zur Stabilisierung verwackelter Bilder, eine Farbbalance-Analyse und eine Personensuche. An dieser Stelle widmen wir uns noch einmal kurz diesem Thema, weil die Analyseergebnisse ebenfalls als Schlagwörter abgespeichert werden. Allerdings unterscheiden wir Schlagwörter, die wir selber vergeben können, und *Analyseschlagwörter* voneinander, denn bei letzteren haben Sie über den Schlagwort-Editor keine Möglichkeit, etwas zu ändern. Und auch das Symbol für Analyseschlagwörter sieht anders aus.

Abbildung 4.44 ▶
Analyseschlagwörter werden durch ein kleines Zahnrad gekennzeichnet und lassen sich mit dem Schlagwort-Editor nicht bearbeiten.

4.6 Funktionen erstellen und verwalten

Funktionen sollen Ihnen ebenfalls dabei helfen, Ihre Medien zu organisieren, und Ihnen die Arbeit im Schnitt erleichtern. Und tatsächlich nehmen sie uns so manchen Arbeitsschritt ab, und wir setzen sie ganz gerne ein. Allerdings kann man mit Funktionen auch in die eine oder andere Sackgasse laufen, aus der so leicht kein Weg mehr herausführt.

Der Haupteinsatzbereich von Funktionen ist die einfache Auswahl von Clips in Projekten oder beim Export. Innerhalb von Sekunden können Sie zum Beispiel alle Grafiken ausblenden oder nur die Dialoge aus Ihrer Timeline für die Tonnachbearbeitung exportieren.

Standardfunktionen | Im Gegensatz zu Notizen oder Schlagwörtern versieht Final Cut Pro grundsätzlich jeden Clip, den Sie importieren, mit einer Funktion, egal ob es sich dabei um Video,

Audio oder eine Grafik handelt. Die nötigen Informationen dazu werden aus den vorhandenen Metadaten der Clips ausgelesen, wobei die Software jeden Clip analysiert und ihm eine der fünf Standardfunktionen zuweist:

- Video
- Titel
- Dialog
- Musik
- Effekte

Clips mit Bild und Ton bekommen jeweils eine Funktion für die Videospur (*Video*) und eine für die Audiospur (*Dialog*). Beachten Sie auch, dass Sie einmal zugewiesene Funktionen zwar im Nachhinein ändern, aber niemals vollkommen löschen können. Jeder Clip verfügt also immer über mindestens eine Funktion.

Alles ist Dialog
Für Final Cut Pro ist übrigens jede Tonspur ein *Dialog*, egal ob sich darin zwei Menschen unterhalten oder nicht. Lassen Sie sich also von der etwas unpräzisen Bezeichnung nicht irritieren.

4.6.1 Funktionen zuordnen

Wir geben zu, dass alles zum Thema Funktionen bis jetzt sehr theoretisch war, deswegen werden wir es Ihnen nun an einem Beispiel verdeutlichen.

Clip-Informationen | Wählen Sie einen beliebigen Videoclip aus Ihrem Ereignis aus. Wir haben uns für »Surfer kommt jubelnd aus Welle« von der DVD zum Buch entschieden. Dann klicken Sie auf das »i« ganz rechts in Ihrer Symbolleiste und öffnen damit das Informationsfenster; hier wählen Sie dann bitte ganz oben den Bereich INFO ❶ aus.

◀ **Abbildung 4.45**
Über das »i« in der Symbolleiste öffnen Sie die Clip-Informationen.

Im Feld FUNKTIONEN ❷ sollte nun VIDEO, DIALOG eingetragen sein. Das sind die beiden Funktionen, die Final Cut Pro nach der Analyse dem Clip zugewiesen hat. Um dem Clip eine andere Funktion zuzuordnen, öffnen Sie das Aufklappmenü, und wählen Sie eine aus der Liste aus.

Clip »Surfer kommt jubelnd aus der Welle«.

◀ **Abbildung 4.46**
Wählen Sie den Bereich INFO aus, um sich die Funktionen eines Clips anzeigen zu lassen.

4.6 Funktionen erstellen und verwalten | **155**

Abbildung 4.47 ▶
Über das Aufklappmenü weisen Sie Ihrem Clip neue Funktionen zu oder bearbeiten die Auswahlliste.

Dabei gibt es im Wesentlichen zwei Dinge zu beachten:
- Sie können reinen Videoclips (zum Beispiel Standbildern oder Filmen ohne Tonspur) keine Audiofunktionen zuweisen, andersherum auch Audioclips (zum Beispiel Musik) keine Videofunktionen.
- Funktionen gelten immer für den gesamten Clip, niemals nur für Teilbereiche.

Ereignis und Timeline | Sie können Ihren Clips direkt in der Ereignisübersicht oder im Timeline-Index Funktionen zuweisen. In der Ereignisübersicht wählen Sie in der Filmstreifen-Darstellung aus der Menüleiste ÄNDERN • FUNKTIONEN ZUORDNEN und dann die gewünschte Funktion aus. In der Listendarstellung blenden Sie sich die Spalte FUNKTIONEN ein. Genauso verfahren Sie auch im Timeline-Index.

Abbildung 4.48 ▶
Mit einem Rechtsklick blenden Sie die Spalte FUNKTIONEN in der Ereignisübersicht oder dem Timeline-Index ein. Aus dem Aufklappmenü wählen Sie dann die gewünschte Funktion aus.

> **Subfunktionen**
>
> Ein Beispiel für eine eigene Funktion wäre *Grafik*, dann könnten Sie Subfunktionen für *Photoshop-Dateien* und *Tiff* anlegen. Oder Sie erstellen die Subfunktionen *O-Ton* und *Atmo*, um Interview-Clips und Schnittbilder zu unterscheiden.

4.6.2 Funktionen bearbeiten

Wenn Sie mit der vorgegebenen Auswahl an Funktionen nicht einverstanden sind oder Ihnen eine spezielle fehlt, können Sie über FUNKTIONEN BEARBEITEN aus dem Aufklappmenü eigene Funktionen oder *Subfunktionen* erstellen. Funktionen selber sind dabei für Oberbegriffe gedacht, und mithilfe von Subfunktionen können Sie Ihre Clips genauer kategorisieren.

◀ **Abbildung 4.49**
Um eine neue Funktion zu erstellen, klicken Sie links unten auf das kleine Plus und wählen Neue Audiofunktion oder Neue Videofunktion aus.

▲ **Abbildung 4.50**
Subfunktionen helfen Ihnen, Ihre Clips zu kategorisieren (siehe auch Abbildung 4.48).

ACHTUNG!

Bei der Vergabe von neuen Funktionen ist Vorsicht geboten, denn Sie können einmal eingetragene Funktionen nicht mehr ändern oder löschen. Kontrollieren Sie also besser zweimal die Rechtschreibung, und erstellen Sie möglichst nur allgemeingültige Funktionen wie *O-Ton* oder *Atmo*. Beschreibende Details wie *schöner Sonnenuntergang* haben hier nichts zu suchen und gehören eher zu den Schlagwörtern.

Verschiedene Funktionen | Achten Sie darauf, dass ein Clip in der Timeline und in der Ereignisübersicht verschiedene Funktionen haben kann, denn die sind voneinander unabhängig. Wir raten Ihnen deshalb dazu, Ihre Funktionen, wenn möglich, noch im Ereignis zuzuordnen und bevor Sie einen Clip in die Timeline schneiden. So stellen Sie sicher, dass er jedes Mal die gleiche Funktion hat.

TIPP

Wer viel mit Funktionen arbeitet, der kann auch die Tastenkürzel benutzen, die in den Aufklappmenüs angezeigt werden (siehe Abbildung 4.48).

4.6.3 Funktionen anwenden

Nun kommen wir zum besten Teil der Funktionen, nämlich dem praktischen Nutzen während des Schnitts. Dieser besteht im Wesentlichen darin, dass Sie Clips mit bestimmten Funktionen über den Timeline-Index aktivieren bzw. deaktivieren können.

In der Timeline | Zum Beispiel haben Sie einen Film geschnitten und auch schon mit Musik unterlegt. Jetzt möchte der Kunde aber zusätzlich einen Export ohne Musik. Gehen Sie dazu im Timeline-Index ❸ in den Bereich Funktionen ❶, und nehmen Sie das Häkchen vor Musik ❷ heraus (siehe Abbildung 4.51). Damit deaktivieren Sie alle Clips mit der Funktion Musik und können Ihren Export starten. Und das mit nur einem Mausklick.

▲ **Abbildung 4.51**
Mit einem Mausklick entfernen Sie den Haken vor Musik ❸. Damit deaktivieren Sie die Wiedergabe aller Clips mit dieser Funktion.

Schneller Überblick

Wählen Sie eine Funktion im Timeline-Index aus, um alle zugehörigen Clips in der Timeline hervorzuheben.

Auf die gleiche Art und Weise können Sie auch Titel, O-Töne oder beliebige andere Funktionen und Subfunktionen ein- und ausblenden.

Zusätzlich helfen Ihnen die Funktionen, bei umfangreichen Projekten den Überblick in der Timeline zu behalten, denn Sie können Clips nicht nur deaktivieren, sondern auch minimieren. Damit bleiben alle Video- und Audiospuren sicht- bzw. hörbar, sie werden aber in der Darstellung reduziert. Bei Musik wird beispielsweise die Waveform-Darstellung ausgeblendet; so entsteht mehr Platz für die Bearbeitung anderer Clips.

Abbildung 4.52 ▶
Schaffen Sie mehr Platz in der Timeline, indem Sie Clips mithilfe von Funktionen reduzieren.

Export mithilfe von Funktionen | Funktionen können Ihnen darüber hinaus den Export erleichtern, insbesondere dann, wenn Sie zum Beispiel die Tonmischung Ihres Films außerhalb von Final Cut Pro machen möchten. In diesem Fall können Sie mit einem Export automatisch alle Audiospuren separat exportieren, sodass der Tonmeister O-Töne, Atmo, Musik und Toneffekte getrennt voneinander bekommt. Oder Sie exportieren bequem eine Version Ihres Films ohne Grafiken und Sprecher, also eine so genannte »cleane« Version für Ihr Archiv.

Wählen Sie aus der Menüleiste BEREITSTELLEN • MEDIEN EXPORTIEREN (cmd + E), um den Export-Dialog zu öffnen. Aus dem Aufklappmenü EXPORTIEREN wählen Sie anschließend eine der folgenden Optionen aus:

- ▶ FUNKTIONEN ALS QUICKTIME-FILM MIT MEHREREN SPUREN
- ▶ FUNKTIONEN ALS SEPARATE DATEIEN
- ▶ NUR VIDEOFUNKTIONEN ALS SEPARATE DATEIEN
- ▶ NUR AUDIOFUNKTIONEN ALS SEPARATE DATEIEN

> **»Cleane« Version**
>
> »Cleane« oder auch »IT«-Versionen sind nützlich, damit Sie später noch mal einen Umschnitt Ihres Films machen können, ohne dass zum Beispiel eine Bauchbinde Sie daran hindert, ein Interview in einem anderen Zusammenhang zu verwenden.

◄ **Abbildung 4.53**
Der Export mithilfe von Funktionen erspart Ihnen viele einzelne Schritte.

Je nachdem, für welche Option Sie sich entscheiden, können Sie im nächsten Schritt auswählen, welche Funktionen Sie exportieren möchten, welche nicht und welche Sie zu einzelnen Spuren machen möchten. Alles Weitere zum Thema Exporte und Ausgabe lesen Sie bitte in Kapitel 11.

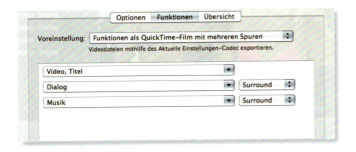

◄ **Abbildung 4.54**
Legen Sie genau fest, welche Funktionen Sie wie exportieren möchten.

Funktionen sinnvoll einsetzen | An dieser Stelle möchten wir Ihnen noch einige Tipps aus eigener Erfahrung geben, was den Umgang mit Funktionen angeht:

4.6 Funktionen erstellen und verwalten | **159**

- Wir setzen kaum eigene Funktionen ein, denn die automatische Analyse von Final Cut Pro ist sehr gut, und das Zuordnen von Funktionen zu einer großen Anzahl von Clips ist uns oft zu mühsam. Lieber nutzen wir Schlagwörter.
- Wenn Sie einem zusammengesetzten Clip eine neue Funktion verpassen, werden alle Funktionen der Ursprungsclips überschrieben.
- Achten Sie vor einem Export darauf, welche Funktionen im Timeline-Index deaktiviert sind. Hier gilt: »what you see is what you get«.

4.7 Clips suchen und finden

Dieser Abschnitt beinhaltet nicht nur das simple Finden von bestimmten Clips, sondern beschäftigt sich vor allem mit intelligenten Suchen. Dabei kann Ihnen das Anlegen von Ordnern mit bestimmten Suchkriterien helfen, Ihre Medien zu organisieren. Zum Beispiel können Sie über intelligente Suchen alle Clips, denen Sie ein bestimmtes Schlagwort oder eine Funktion zugewiesen haben, automatisch sammeln und so sehr schnell darauf zugreifen.

4.7.1 Finden, aber schnell

Stellen Sie sich vor, Sie haben mehrere hundert Clips digitalisiert und mühsam benannt oder Notizen vergeben. Jetzt sind Sie auf der Suche nach einem ganz bestimmten Bild, sind aber zu faul, Ihre komplette Liste durchzugehen. Sie wollen gezielt suchen und nicht im Dickicht stochern. Der einfachste Weg ist in diesem Fall die Suchmaske ❶ in der Ereignisübersicht. Hier tragen Sie einfach den Clipnamen ein, und in Echtzeit wird die Auswahl in der Ereignisübersicht angepasst.

Abbildung 4.55 ▶
Über die Suchmaske oben rechts finden Sie Clipnamen und Notizen.

Suche im Projekt

Sie können auch nach bestimmten Clips suchen, die Sie in einem Projekt verwendet haben. Dazu blenden Sie den Timeline-Index ein und nutzen die dortige Suchmaske.

Das Ganze funktioniert selbstverständlich auch, wenn Sie nach bestimmten Oberbegriffen, wie zum Beispiel *Interview* oder *surfen* suchen, vorausgesetzt, Sie haben Ihre Clips dementsprechend benannt. Was leider nicht geht, ist das Suchen nach Schlagwörtern, die Sie bestimmten Clips verpasst haben. Dieses Suchfeld bezieht sich erst mal nur auf die *Clipnamen* und auf *Notizen*.

4.7.2 Finden, aber gezielt

Um noch präziser nach Clips zu suchen, klicken Sie auf die kleine Lupe ❷ in der Suchmaske der Ereignisübersicht, wählen aus der Menüleiste BEARBEITEN • SUCHEN aus oder drücken das Tastenkürzel cmd+F auf Ihrem Keyboard. Es öffnet sich das Fenster FILTER, in dem Sie verschiedene Suchkriterien miteinander kombinieren können.

Für eine einfache Suche reicht es, in das Feld TEXT ❸ einen Suchbegriff einzutragen. Diese Art der Suche bezieht sich ebenfalls auf Clipnamen und Notizen und entspricht der schnellen Suche über die Maske in der Ereignisübersicht. Über die Taste mit dem Pluszeichen ❹ können Sie nun weitere Kriterien hinzufügen, zum Beispiel, wenn Sie nach Schlagwörtern suchen möchten.

▲ **Abbildung 4.56**
Ein Klick auf die Lupe in der Suchmaske öffnet das Fenster FILTER.

◀ **Abbildung 4.57**
Über das Feld TEXT suchen Sie nach Clipnamen und Notizen. Weitere Kriterien fügen Sie über das Plussymbol hinzu.

Dabei können Sie beliebig viele der folgenden Kriterien miteinander kombinieren und so Ihre Suche weiter eingrenzen.

- TEXT: Suchen Sie nach Clipnamen oder Notizen.
- WERTUNGEN: Lassen Sie sich Favoriten oder abgelehnte Clips anzeigen.
- MEDIENART: Mit dieser Entweder-oder-Suche können Sie nach Video, Audio oder Standbildern suchen.
- STABILISIERUNG: Das bezieht sich auf die Ergebnisse der Clipanalyse (siehe Abschnitt 3.2.5, »Beim Import analysieren«).
- SCHLAGWÖRTER: Hier können Sie aus einer Liste aller Schlagwörter eins oder mehrere auswählen und dann entscheiden, ob Sie sich die Clips anzeigen lassen, die mit diesen Schlagwörtern versehen wurden, oder alle anderen.
- PERSONEN: Das bezieht sich auf die Clipanalyse, und Sie können zwischen Aufnahmen mit einer Person, zwei Personen, einer Gruppe und den verschiedenen Einstellungsgrößen wählen (siehe Abschnitt »Personen suchen« auf Seite 101).

▶ Formatinfo: Suchen Sie nach bestimmten Metadaten wie Band, Szene oder Videobildrate, indem Sie einen Suchbegriff eingeben.
▶ Datum: Lassen Sie sich Clips mit einem bestimmten Erstellungs- oder Importierdatum anzeigen. Dabei können Sie sogar einen bestimmten Zeitraum festlegen, zum Beispiel »Importiert innerhalb der letzten x Tage«.
▶ Funktionen: Suchen Sie nach allen Funktionen oder Subfunktionen in verschiedenen Kombinationen.

Abbildung 4.58 ▶
Durch die Kombination von Kriterien verfeinern Sie Ihre Suche.

Feste Größe

Leider lässt sich das Filterfenster in seiner Größe nicht verändern. Das heißt, bei langen Schlagwörtern wird rechts immer etwas abgeschnitten, und wenn Sie viele Kriterien miteinander kombinieren, scrollen Sie sich die Finger blasig.

Über das Aufklappmenü ❶ ganz oben legen Sie fest, welche Clips Ihnen als Suchergebnis in der Ereignisübersicht angezeigt werden. Wählen Sie Alle aus, muss der Clip sämtliche Kriterien erfüllen, die Sie im Filterfenster definiert haben. Wählen Sie Beliebig aus, reicht es, wenn ein Clip mindestens einer Anforderung entspricht. Um ein Kriterium zu löschen, klicken Sie auf das Minussymbol ❸ rechts. Damit verschwinden dann auch alle Einstellungen, die Sie für diese Suche festgelegt haben. Um ein Kriterium vorübergehend zu deaktivieren, entfernen Sie das Häkchen ❷ aus der blauen Checkbox links. Damit bleiben alle Einstellungen gespeichert, und Sie können das Kriterium später einfach wieder aktivieren.

▲ **Abbildung 4.59**
In der Suchmaske der Ereignisübersicht werden Symbole für alle aktiven Suchkriterien eingeblendet.

Suchfilter deaktivieren | Der Suchfilter, den Sie angelegt haben, bleibt übrigens auch dann noch aktiv, wenn Sie das Filterfenster wieder geschlossen haben. Wundern Sie sich also nicht, wenn nach einer Suche die Clipanzahl in der Ereignisübersicht noch deutlich reduziert ist. Dass ein Suchfilter aktiviert ist, erkennen Sie jederzeit daran, dass in der Suchmaske die entsprechenden Symbole eingeblendet sind. Um den Suchfilter zu entfernen, klicken Sie rechts auf das X ❺.

Die Option Neue Intelligente Sammlung ❹ leitet uns direkt zum nächsten Abschnitt weiter. Ein Klick auf diese Taste erstellt einen Ordner, der fest mit den vorgegebenen Suchkriterien verknüpft ist. Sobald Sie Ihrem Ereignis einen Clip hinzufügen, der in dieses Raster passt, landet er automatisch in der intelligenten Sammlung. Doch wir wollen nicht zu weit vorgreifen, sondern uns lieber in den nächsten Zeilen detailliert diesem Thema widmen.

4.7.3 Finden, aber mit Köpfchen: intelligente Sammlungen

Frei nach dem Motto »die beste Arbeit ist die, die man nicht selber erledigen muss« zeigen wir Ihnen nun, wie man intelligente Sammlungen erstellt und einsetzt. Um zu beginnen, klicken Sie mit der rechten Maustaste auf ein Ereignis in Ihrer Mediathek und wählen NEUE INTELLIGENTE SAMMLUNG aus (alt+cmd+N).

Zur Erinnerung

Mithilfe intelligenter Sammlungen werden Clips und Medien anhand von bestimmten Kriterien automatisch zusammengefasst. Eine intelligente Sammlung kann zum Beispiel alle Clips mit dem Schlagwort *Interview* enthalten.

◀ Abbildung 4.60
Intelligente Sammlungen erstellen Sie über einen Rechtsklick auf ein Ereignis in der Mediathek.

Da wir bis jetzt noch keine Kriterien für die intelligente Sammlung definiert haben, befindet sich natürlich auch erst mal kein Clip darin. Der nächste Schritt ist also, der intelligenten Sammlung beizubringen, wonach sie suchen soll. Ein beherzter Doppelklick öffnet das Fenster FILTER, das wir Ihnen im vorigen Abschnitt bereits erläutert haben. Hier legen Sie die Kriterien für Ihre intelligente Sammlung fest.

◀ Abbildung 4.61
Ein Doppelklick auf die intelligente Sammlung öffnet das Fenster FILTER. Hier legen Sie Ihre Kriterien fest.

4.7 Clips suchen und finden | **163**

> **Aus der Praxis**
>
> Eine intelligente Sammlung für Musik ist so ziemlich die erste, die wir uns in einem neuen Ereignis anlegen. Außerdem erstellen wir häufig welche für Grafik (Kriterium: Funktionen) und für Favoriten (Kriterium: Wertungen). Gerade die intelligente Sammlung für unsere Favoriten verfeinern wir dabei oft durch ein weiteres Kriterium (zum Beispiel Schlagwort *Szene 1*) und legen so für verschiedene Szenen verschiedene intelligente Sammlungen mit unseren besten Aufnahmen an.

Zum Beispiel können Sie über das Plussymbol das Kriterium FUNKTIONEN anlegen und dann lediglich die Checkbox MUSIK aktivieren. Damit beinhaltet Ihre intelligente Sammlung dann die gesamte Musik aus Ihrem Ereignis. Außerdem wird jeder Clip, den Sie anschließend importieren, automatisch analysiert und damit auch jedes neue Musikstück gleich zu der intelligenten Sammlung hinzugefügt.

Anschließend benennen wir die intelligente Sammlung noch so um, dass sie einen eindeutigen Namen erhält. Denn was nützt uns die beste automatische Unterstützung, wenn nachher alle Sammlungen *Ohne Titel* heißen.

Wichtig ist, dass in intelligenten Sammlungen immer nur Verweise auf die Clips in Ihrem Ereignis liegen. Ein Clip kann also durchaus in verschiedenen intelligenten Sammlungen erscheinen, und jeder dieser Verweise ist mit der gleichen Datei in dem Ereignisordner auf Ihrer Festplatte verknüpft. Im Umkehrschluss bedeutet das, dass Sie eine intelligente Sammlung auch wieder löschen können ([cmd]+[Entf]), ohne dass die darin enthaltenen Clips aus Ihrem Ereignis entfernt werden.

Außerdem sollten Sie beachten, dass sich intelligente Sammlungen immer nur auf ein bestimmtes Ereignis beziehen. Sprich, Clips aus anderen Ereignissen werden Sie in einer intelligenten Sammlung niemals finden.

▲ Abbildung 4.62
Intelligente Sammlungen erkennen Sie an dem kleinen Zahnrad-Piktogramm.

4.7.4 Ordnung mit Ordnern, Sortieren mit Sinn

Im Regelfall wird die Zahl der intelligenten Ordner und Schlagwortsammlungen in Ihren Ereignissen relativ schnell recht groß. Leider zieht damit auch schnell das Chaos mit ein, und Sie sehen bald den Wald vor lauter Bäumen nicht mehr. Oder in unserem Fall den Clip vor lauter Listen. Wir behelfen uns hier im Wesentlichen mit zwei Mitteln: Zum einen erstellen wir Ordner, und zum anderen sortieren wir unsere Listen durch Umbenennen in eine sinnvolle Reihenfolge.

▲ Abbildung 4.63
Listen und Sammlungen können Sie mithilfe von Ordnern sortieren und zusammenfassen.

Ordner erstellen | Klicken Sie mit der rechten Maustaste auf ein Ereignis, und wählen Sie NEUER ORDNER ([⇧]+[cmd]+[N]) aus. In diesen Ordner können Sie nun mit der Maus intelligente Ordner und Schlagwortsammlungen bewegen. Daraufhin erscheint links ein kleines Dreiecksymbol, mit dem Sie den Inhalt des Ordners ein- bzw. ausblenden können. Um Ihre Listen noch genauer zu sortieren, können Sie sich zusätzlich noch Unterordner in Ihren Ordnern anlegen. Und Unterunterordner der Unterordner, und Unterunterunterordner der Unterunterordner und so weiter ...

Listen und Sammlungen sortieren | Wir arbeiten gerne mit hierarchischen Systemen und sortieren uns unsere Listen und Sammlungen dementsprechend nach Wichtigkeit. Wenn wir einen Film schneiden, möchten wir nicht lange nach unseren Clips suchen, sondern schnell darauf zugreifen können. Wir haben uns deshalb angewöhnt, Ordner, Schlagwortlisten und intelligente Sammlungen zu nummerieren, wobei die wichtigsten ganz oben stehen sollen und daher die Nummer *01* bekommen. Danach folgen dann mit aufsteigenden Nummern alle weiteren.

▲ **Abbildung 4.64**
Mit hierarchischen Namen lassen sich Ordner und Listen nach Wichtigkeit sortieren. Unterordner helfen zusätzlich dem Überblick.

4.8 Metadaten

Bis hierher haben wir ja schon das eine oder andere Mal von Metadaten gesprochen. Jetzt ist es an der Zeit, einen genaueren Blick darauf zu werfen, denn Metadaten sind, richtig eingesetzt, ein mächtiges und hilfreiches Werkzeug. Am besten fangen wir mal mit einer genauen Definition an, denn nicht jedem dürfte auf Anhieb klar sein, was Metadaten sind: Metadaten sind zusätzliche Informationen, die zusammen mit einem Clip gespeichert werden. So besteht eine klassische Kameraaufnahme aus einer Videospur, verschiedenen Audiokanälen und den Metadaten: in diesem Fall zum Beispiel dem Zeitpunkt der Aufnahme, dem Timecode, der Kamera und so weiter. Außerdem können Sie später noch eigene Metadaten hinzufügen, zum Beispiel Schlagwörter oder Notizen. Generell unterscheiden wir drei Arten von Metadaten:

- **EXIF (Exchangeable Image File):** Diese Metadaten werden von der Kamera vergeben und beinhalten Informationen wie Dateigröße, Audio-Bitrate, Farbprofil, ISO-Empfindlichkeit usw. EXIF-Metadaten können Sie in Final Cut Pro nicht verändern, sondern nur anzeigen.
- **IPTC-Daten (International Press Telecommunications Council):** Diese Metadaten wurden von Medienunternehmen gemeinsam entwickelt und beinhalten Informationen wie das Aufnahmeland oder Copyrighthinweise. IPTC-Daten können Sie in Final Cut Pro ebenfalls nicht verändern. Viele Rubriken, die diese Daten beinhalten, können Sie sich sogar noch nicht einmal anzeigen lassen.
- **Final-Cut-Pro-Metadaten:** Das sind alle Metadaten, die Sie selbst in Final Cut Pro zu einem Clip hinzufügen, zum Beispiel Notizen, Bewertungen oder Schlagwörter.

Metadaten-Auswahl

Insgesamt ist die Liste der verfügbaren Metadaten sehr lang, und Sie werden normalerweise einen Großteil niemals benötigen, deswegen werden wir im Folgenden auch nur einige Beispiele aufgreifen und nicht auf jedes Detail eingehen.

Um sich die Metadaten eines Clips anzeigen zu lassen, klicken Sie auf das kleine »i« ❸ in der Symbolleiste und dann auf den Tab Info ❶ im Informationsfenster.

Abbildung 4.65 ▶
Die Metadaten finden Sie im Informationsfenster im Bereich Info

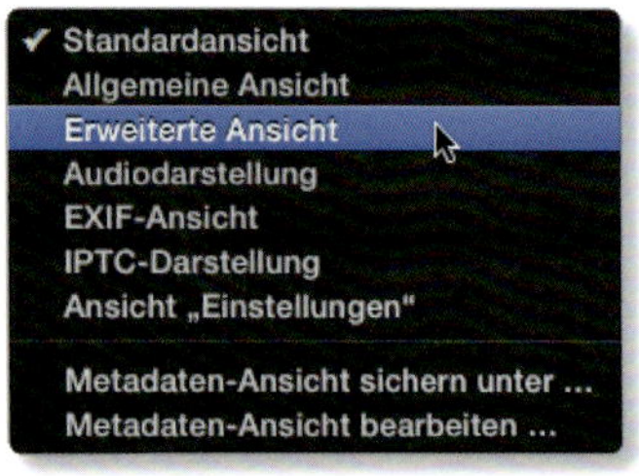

▲ **Abbildung 4.66**
Die unterschiedlichen Metadatenansichten liefern eine unterschiedliche Fülle an Informationen.

Nun sehen Sie eine ganze Menge an nützlichen Informationen zu Ihrem Clip. Ganz oben stehen der Name, das Aufnahmedatum, die Dauer, die Bildgröße sowie die Framerate. In den Einträgen darunter finden Sie zusätzlich noch Start- und End-Timecode, den Codec, die Anzahl der Audiokanäle sowie die Audio-Abtastrate. Diese Informationen werden Ihnen in der Standardansicht angezeigt, Sie können aber auch zu einer detaillierteren Ansicht wechseln, die Sie unten links aus dem Aufklappmenü ❷ auswählen. Klicken Sie zum Beispiel auf Erweiterte Ansicht, wird die Liste um einiges länger. Welche Ansicht die richtige ist, entscheidet sich dabei von Fall zu Fall.

In der erweiterten Ansicht können Sie schön erkennen, das sich manche Metadatenfelder ändern lassen und andere nicht. In die Felder Name, Notizen, Band, Szene, Aufnahme und Winkel können Sie nach Belieben eigene Werte eintragen, alle anderen sind reine Infofelder und lassen sich mit Final Cut Pro nicht verändern.

Um die Reihenfolge der Metadatenfelder zu ändern, verschieben Sie sie mit der Maus an eine neue Position. Sollten Sie ein Metadatenfeld nicht mehr benötigen, können Sie es mithilfe der rechten Maustaste aus der aktuellen Ansicht löschen. Aber Achtung: Diesen Schritt können Sie mit cmd+Z nicht widerrufen.

Metadaten-Ansichten bearbeiten | Wenn Sie aus dem Aufklappmenü METADATEN-ANSICHT BEARBEITEN auswählen, öffnet sich ein neues Fenster, in dem Sie Zugriff auf alle Metadaten haben, die Ihnen Final Cut Pro bietet. In der Spalte links sehen Sie die verschiedenen Ansichten und rechts alle für die jeweilige Ansicht aktivierten Metadaten. Aus dem Aufklappmenü unten links ❺ können Sie nun NEUE METADATEN-ANSICHT auswählen und dann über die Checkboxen ❹ alle Metadaten aktivieren, die Sie benötigen.

◄ **Abbildung 4.67**
Über das Aufklappmenü verwalten Sie Ihre Metadatenansichten.

Die Auswahlliste ist lang und beinhaltet von ABTASTMETHODE über PIXEL PRO METER bis hin zu ZWECK mehrere hundert Informationen, die meisten davon in der Regel überflüssig. Wir arbeiten deswegen immer mit den Metadaten, die wir wirklich benötigen, und nutzen für gewöhnlich eine der vorgegebenen Ansichten. Sollte Ihnen wirklich mal ein Metadatenfeld fehlen, ist unser Tipp: Markieren Sie im Fenster METADATEN-ANSICHTEN eine der vorhandenen Zusammenstellungen, und wählen Sie aus dem Aufklappmenü ❺ METADATEN-ANSICHT SICHERN UNTER aus. Damit duplizieren Sie die vorgegebene Ansicht und können sie nach Ihren Wünschen anpassen.

> **Ansicht löschen**
>
> Stellen Sie im Nachhinein fest: »ups, alles Murks«, wählen Sie aus dem Aufklappmenü METADATEN-ANSICHT LÖSCHEN.

▲ **Abbildung 4.68**
Über das Zahnrad unten links öffnen Sie das Aufklappmenü. Mithilfe der Checkboxen aktivieren Sie die verschiedenen Metadatenfelder.

> **Eigene Metadatenfelder erstellen**
>
> Mithilfe des Aufklappmenüs können Sie außerdem eigene Metadatenfelder erstellen. Aber so sehr wir uns auch bemüht haben: Wir konnten den Sinn und Zweck dieser Felder nicht herausbekommen. Fakt ist, dass Sie damit ein neues Feld erstellen, in das Sie eigenen Text eintragen können. Aber im Gegensatz zum Feld NOTIZEN können Sie Ihre Eigenkreation nicht bei der Clipsuche mit einbeziehen, und es bietet auch sonst keinen uns erkennbaren Vorteil.

4.8 Metadaten | **167**

> **Zur Erinnerung**
>
> Ein Proxy ist die Kopie einer Mediendatei in geringerer Qualität und Größe. Dadurch lassen sich mehr Clips auf einer Festplatte speichern und auch auf langsameren Computern komplexe Filme schneiden. Vor der finalen Ausspielung werden die Proxys dann wieder durch die hochauflösenden Originalmediendateien ersetzt (siehe Abschnitt 3.2.4, »Beim Import transcodieren«, und Abschnitt 5.6, »Arbeiten mit Proxys«).

Dateistatus einblenden | Wir wissen, dass Metadaten ein sehr theoretisches Thema sind und in etwa so spannend, wie der Waschmaschine beim Schleudern zuzuschauen. Dennoch müssen wir uns noch einen Augenblick länger damit beschäftigen. Über das Zahnradmenü unten rechts können Sie den DATEISTATUS EINBLENDEN. Über den Dateistatus erhalten Sie folgende Informationen über den gerade im Ereignis ausgewählten Clip:

- **Speicherort:** Wo liegt die Mediendatei zu meinem Clip auf der Festplatte?
- **Proxy:** Hier sehen Sie, ob von Ihrem Clip eine Proxy-Datei existiert, und können gegebenenfalls sogar gleich eine erstellen.
- **Ereignisse und Projekte:** Zeigt Ihnen an, in welchem Ereignis sich Ihr Clip befindet und in welchem Projekt er benutzt wurde.

Abbildung 4.69 ▶
Der Dateistatus gibt Aufschluss über den Speicherort und die Verwendung von Clips. Über das Aufklappmenü blenden Sie ihn ein und aus.

4.9 Medien neu zuordnen

Beim Schneiden von Filmen und dem Umgang mit Mediendateien kann es immer mal wieder vorkommen, dass der Clip, mit dem Sie in Final Cut Pro arbeiten, die Verbindung zu der Originalmediendatei auf Ihrer Festplatte verliert. Wir sprechen dann von so genannten *Offline-Clips*.

Zu dem Verlust der Verbindung kann es aus mehreren Gründen kommen: Es kann natürlich sein, dass eine Originaldatei versehentlich oder absichtlich gelöscht wurde oder dass Sie sie umbenannt oder in einen anderen Ordner gelegt haben. Oder eine Festplatte bzw. ein Wechselmedium oder ein Server, auf dem sich die Originaldatei befindet, ist nicht aktiv.

4.9.1 Offline-Medien erkennen

Nehmen wir an, Sie haben versehentlich eine Datei gelöscht. Bei dieser Datei handelte es sich um einen Clip, den Sie zuvor von einer Speicherkarte in Final Cut Pro übertragen haben. Glücklicherweise haben Sie (wie man es nun einmal so macht) auf einer externen Festplatte ein Backup angelegt.

In Ihrem Ereignis und in allen Projekten, in denen Sie den Clip verwendet haben, erscheint der Clip nun mit einem roten Rahmen und einem gelben Warndreieck. Das heißt, Final Cut Pro kann die Originalmediendatei nicht mehr finden, und Sie müssen den Clip neu verbinden, um ihn abspielen oder in Ihrem Film nutzen zu können.

Alle gleich
Ob es sich bei einer Offline-Datei um einen Videoclip, eine Grafik oder ein Tonstück handelt, ist unwesentlich. Das Vorgehen ist in jedem Fall gleich.

◀ **Abbildung 4.70**
Offline-Clips erkennen Sie an dem roten Rahmen und dem gelben Warndreieck.

4.9.2 Dateien neu verbinden

Um Ihren Clip erneut zu verbinden, reicht es, im Finder in den richtigen Ereignisordner zu navigieren und die Datei aus dem Backup hineinzukopieren. Danach gehen Sie zurück in Final Cut Pro und sollten gleich mit dem Schnitt fortfahren können.

Falsche Dateien werden erkannt | Wenn Sie in Ihren Ereignisordner auf der Festplatte eine Datei kopieren, die zwar *den gleichen Namen* hat wie der versehentlich gelöschte Clip, *aber tatsächlich eine andere Datei ist*, erkennt Final Cut Pro sofort den Fehler und wird die Offline-Datei nicht erneut verbinden. Leider bekommen Sie aber auch keinen Warnhinweis, dass etwas nicht stimmt. Ihre Aktion wird einfach ignoriert. Darüber hinaus löscht Final Cut Pro kurzerhand die falsch kopierte Datei wieder aus Ihrem Ereignisordner. Das hier ist das Hoheitsgebiet der Software und wird offensichtlich streng verteidigt.

Schnell zum Ziel
Der einfachste und schnellste Weg, den richtigen Ereignisordner zu finden, ist folgender: Klicken Sie mit der rechten Maustaste auf den Clip, der in Ihrer Mediathek unter der Offline-Datei liegt. Wählen Sie dann aus dem Kontextmenü IM FINDER ZEIGEN ([⇧]+[cmd]+[R]) aus, schon öffnet sich der richtige Ordner im Finder.

Einen Hinweis darauf, dass etwas nicht in Ordnung ist, bekommen Sie, indem Sie im Informationsfenster ([cmd]+[4]) über das Aktionsmenü ❷ den DATEISTATUS EINBLENDEN. Hier finden Sie die Warnung ❶, dass die Originaldatei verändert wurde, also nicht verbunden werden kann. Nicht nur aus diesem Grund ist es wichtig, dass Sie Ihre Medien immer eindeutig benennen. Etwas ändern oder eingreifen können Sie aber hier nicht. Zusätzlich ändert sich das Piktogramm für die Offline-Datei leicht: Die gestrichelte Linie im Hintergrund wird durch eine weiße Fläche ersetzt.

▼ **Abbildung 4.71**
Blenden Sie den Dateistatus ein und aus. Hier erhalten Sie den Hinweis: »1 veränderte Datei«.

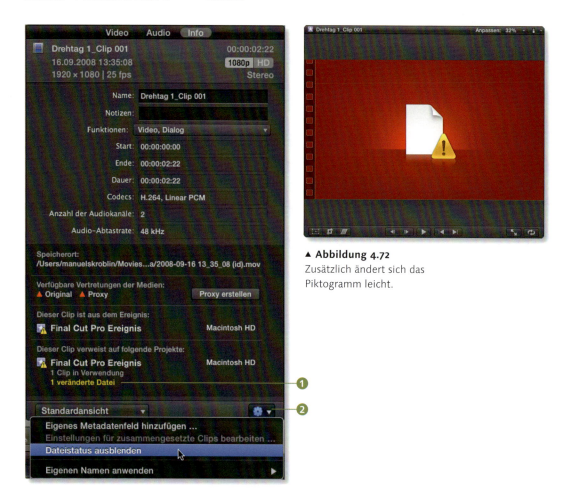

▲ **Abbildung 4.72**
Zusätzlich ändert sich das Piktogramm leicht.

Umbenannte Clips neu verbinden | Ein bisschen komplizierter wird das Ganze, wenn Sie Ihre Clips von Hand oder stapelweise umbenannt haben. Dann heißt der Clip in Ihrem Ereignis nämlich anders als der in Ihrem Ereignisordner auf der Festplatte. Entweder Sie wissen nun selber ganz genau, welcher Clip Ihnen abhandengekommen ist, oder Ihnen bleibt nur der Umweg über die Metadaten. Dafür benötigen Sie ebenfalls das Informationsfenster (cmd+4), denn hier können Sie über die ERWEITERTE ANSICHT (Aufklappmenü ❹) den Originalnamen ❸ des Clips herausbekommen.

◀ **Abbildung 4.73**
Im Bereich INFO können Sie die ERWEITERTE ANSICHT aktivieren. Wir haben uns das Feld ORIGINALNAME weiter nach oben geholt, denn so ist es bequemer.

Bewusst neu verbinden | Manchmal setzen wir das erneute Verbinden von Clips auch bewusst als Schnitttechnik ein, zum Beispiel, wenn wir für einen Beitrag oder Film eine animierte Grafik als QuickTime-Datei angeliefert bekommen. Angenommen, wir sind mit dem Schnitt schon relativ weit fortgeschritten, und dann möchte der Kunde noch eine Änderung in der Grafik. Anstatt nun die alte Version aufwendig an allen Stellen in der Timeline zu ersetzen, löschen wir sie einfach aus dem Ereignisordner und ersetzen sie durch die neue. Zurück in Final Cut Pro sollte jetzt die Grafik aktualisiert worden sein, und wir haben fünf Minuten gewonnen, um uns einen Kaffee zu holen.

Dieser Trick setzt allerdings voraus, dass beide Versionen der Grafik exakt die gleiche Länge haben, denn ansonsten wird Final Cut Pro hinter den Austausch kommen und die neue Animation konsequent verweigern. Außerdem müssen sie natürlich den gleichen Namen haben.

Sollten Sie einmal in eine Situation geraten, wo (formal) unterschiedliche Clips ausgetauscht werden sollen, müssen Sie Ihre Clips manuell erneut verbinden.

Unterschiedliche Dateinamen

Angenehm ist die Tatsache, dass Final Cut Pro bei der Neuverknüpfung Muster bei der Umbenennung von Dateien erkennt. Sprich, Sie können den Clip »Grafik 1« mit der Datei »Grafik 1_1« verbinden, und Final Cut Pro verknüpft automatisch den Clip »Grafik 2« mit der Datei »Grafik 2_1« usw.

Clips manuell erneut verknüpfen | Für die Fälle, in denen ein Clip irgendwie verändert wurde und sich deshalb mit der oben beschriebenen Methode nicht erneut verbinden lässt, können Sie Final Cut Pro zwingen, eine Verknüpfung zu einer anderen Mediendatei herzustellen. Dabei ist es egal, ob der alte und der neue Clip unterschiedliche Namen, Längen oder sogar Videocodecs haben. Das einzige, worauf sich die Software nicht einlässt, ist die Medienart zu ändern. Mit anderen Worten, Sie können einen Videoclip nicht mit einer reinen Audio-Datei verbinden.

Wählen Sie in einem Ereignis zunächst alle Dateien aus, die Sie verbinden möchten und klicken Sie dann auf ABLAGE • EREIGNISDATEIEN ERNEUT VERKNÜPFEN. Daraufhin öffnet sich ein Dialog, und Sie können auswählen, ob Sie nur die Clips bearbeiten möchten, die offline sind, oder alle ❶.

Abbildung 4.74 ▶
Sie können Clips aus einem Ereignis manuell mit anderen Medien verbinden.

Anschließend klicken Sie auf ALLE SUCHEN ❷ und navigieren zu der ersten fehlenden Datei; dann klicken Sie auf WÄHLEN ❹.

Abbildung 4.75 ▶
Final Cut Pro findet alle Medien mit dem gleichen relativen Pfad und sagt Ihnen, wie viele Dateien gefunden wurden. Hier sind es fünf von fünf ❸.

Zum Glück müssen Sie diesen Schritt jetzt nicht für jeden fehlenden Clip wiederholen, denn Final Cut Pro ist so schlau, Dateien mit dem gleichen relativen Pfad ebenfalls erneut zu verknüpfen. Dabei müssen die anderen Medien noch nicht einmal im selben Ordner liegen, sondern können sich auch in einem benachbarten Ordner befinden.

Alle gefundenen Clips landen jetzt im unteren Abschnitt des Erneut-verknüpfen-Dialogs, und Sie entscheiden mit einem Häkchen ❺, ob alle Medien in den Ereignisordner kopiert werden sollen. Klicken Sie auf DATEIEN ERNEUT VERKNÜPFEN, sollte anschließend kein Clip in Ihrem Ereignis mehr offline sein.

Achten Sie aber darauf, dass durch diese Aktion alle ausgewählten Clips in allen Ereignissen und in allen Projekten ersetzt werden, und dass Sie diese Aktion mit ⌘+Z nicht wieder rückgängig machen können.

> **Nur im Projekt**
>
> Um gezielt nur Clips eines Projektes erneut zu verbinden, wählen Sie ABLAGE • PROJEKTDATEIEN NEU VERKNÜPFEN. Die Medien werden dann im Standardereignis des Projektes neu abgelegt und alle anderen Ereignisse und Projekte bleiben unverändert.

◀ **Abbildung 4.76**
Fünf von fünf Dateien werden neu verknüpft und sind in allen Projekten und Ereignissen wieder verfügbar.

Clips erneut aufnehmen | Der andere Weg, Offline-Medien wieder zu reaktivieren, ist sogar noch bequemer. Natürlich wird auch hier eine Sicherungskopie vorausgesetzt, aber dafür übernimmt Final Cut Pro selber die Suche nach dem richtigen Clip.

Voraussetzung dafür ist, dass Sie Ihre Speicherkarte als Kamera-Archiv gesichert haben (siehe Abschnitt 3.3.3), denn dann können Sie Ihren Clip einfach erneut aufnehmen. Schritt eins besteht demzufolge darin, dass Sie die Festplatte mit dem Kamera-Archiv an Ihren Mac anschließen und das Volume aktivieren. Anschließend markieren Sie alle Offline-Clips in Ihrem Ereignis und wählen aus der Menüleiste IMPORTIEREN • AUS KAMERA/ARCHIV ERNEUT IMPORTIEREN. Nachdem Sie bei der folgenden Warnmeldung auf FORTFAHREN geklickt haben, beginnt Final Cut Pro mit dem Import der fehlenden Clips. Im Fenster HINTERGRUNDAKTIONEN (⌘+9) können Sie dann beobachten, wie der Fortschritt ist.

> **Schwere See**
>
> Ein fehlendes Ereignis steckt Final Cut Pro im Übrigen nicht so leicht weg wie einen fehlenden Clip. Da muss schon ein Neustart der Software her, damit das Schiff wieder auf Kurs kommt.

Abbildung 4.77 ▶
Offline-Clips aus Kamera-Archiven lassen sich erneut importieren.

▲ **Abbildung 4.78**
Alle Offline-Objekte haben verschiedene Symbole. Hier das für ein fehlendes Ereignis.

Andere Offline-Dateien | Nicht nur Clips können die Verbindung zu Originalmedien verlieren, auch andere Objekte in Final Cut Pro können offline gehen, wenn Sie zum Beispiel Ihren Ereignisordner verschieben, Proxys versehentlich löschen oder eine Kamera entfernen, auf die noch zugegriffen wird. Außerdem können Übergänge, Effekte, Titel und Generatoren fehlen. Jedes der genannten Objekte hat ein eigenes Offline-Symbol, wobei der grundsätzliche Aufbau mit dem roten Rahmen und dem gelben Warndreieck immer identisch ist, lediglich das Zeichen im Hintergrund ändert sich.

5 Projekte anlegen und organisieren

Wir hoffen ja, dass Sie sich immer noch, zumindest ein bisschen, an das erste Kapitel dieses kleinen gedruckten Meisterwerks erinnern. In aller Schnelle haben wir uns dort einen Überblick über die grundlegenden Funktionen von Final Cut Pro verschafft und unsere ersten Schnitte in einem Projekt gemacht.

Nun werden wir uns in aller Ausführlichkeit mit Projekten beschäftigen und Ihnen das nötige Hintergrundwissen dazu liefern. Leider wird aber auch dieser Teil sehr theoretisch, denn jetzt geht es nicht darum, wie Sie Ihren Film gestalten, sondern wieder einmal um Speicherpfade von Dateien und technische Einstellungen. Der Spaß erwartet uns dann im nächsten Kapitel, »Grundlegende Schnitt-Techniken«.

> **Ereignisse und Projekte**
>
> Ereignisse sind Dateisammlungen, hier liegt Ihr gesamtes Rohmaterial: Videoclips, Audioclips und Grafiken. In Projekten wird der eigentliche Schnitt, den Sie in der Timeline durchführen, gespeichert.

5.1 Ein neues Projekt beginnen

Um ein frisches und neues Projekt zu beginnen, wählen Sie aus der Menüleiste in Final Cut Pro ABLAGE • NEUES PROJEKT aus. Alternativ dazu können Sie auch die Tastenkombination cmd + N benutzen oder, bei eingeblendeter Projekt-Mediathek, unten links auf das Plussymbol klicken.

▲ **Abbildung 5.1**
Ein neues Projekt erstellen Sie über die Tastatur, das Plussymbol bei eingeblendeter Projekt-Mediathek oder …

◄ **Abbildung 5.2**
… die Menüleiste.

Es öffnet sich ein Dialog, in dem Sie Ihrem Projekt einen Namen ❶ geben können, der möglichst eindeutig und wiedererkennbar sein sollte. Außerdem müssen Sie ein STANDARD-EREIGNIS ❷ festlegen, in das automatisch alle Medien kopiert werden, die Sie direkt aus dem Finder oder einer Medienübersicht (zum Beispiel Musik oder iPhoto) in die Timeline importieren. Denn für jeden Clip in Ihrem Projekt muss sich eine Kopie in einem Ihrer Ereignisse befinden.

Abbildung 5.3 ▶
Über den Dialog legen Sie alle Eigenschaften für Ihr neues Projekt fest.

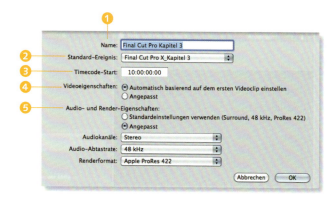

> **10:00:00:00**
>
> Unter Profis ist es üblich, diesen auf 10:00:00:00 einzustellen, was daher kommt, dass Sie bei der Ausspielung auf Band immer einen technischen Vorspann vor der eigentlichen Sendung platzieren müssen. Der technische Vorspann besteht aus einem normierten Farbbalken und einem Pegelton von –9dB (U) und wird von der Sendeabwicklung der TV-Stationen dazu benutzt, das Band genau einzumessen.

Timecode-Start bestimmen | Sie können an dieser Stelle bereits den Start-Timecode ❸ für Ihr Projekt festlegen.

Da aber für Final Cut Pro ab dieser Version die Ausgabe auf Band nicht mehr vorgesehen ist, spielt es eigentlich keine Rolle, wo Ihr Timecode beginnt. Ein vollkommen krummer Wert wie zum Beispiel 08:16:35:09 macht aber natürlich überhaupt gar keinen Sinn, denn Sie sehen ja anhand des Timecodes der Timeline auch immer, an welcher Position und Länge des Films Sie sich gerade befinden. Arbeiten Sie also am besten immer mit 10:00:00:00 oder 00:00:00:00.

Videoeigenschaften festlegen | Jedes Projekt in Final Cut Pro hat klar definierte Videoeigenschaften ❹, die sich aus der Auflösung (zum Beispiel 1.920 × 1.080 Pixeln) und der Framerate ergeben. Immer wenn Sie ein neues Projekt erstellen, legen Sie am Anfang auch diese Eigenschaften fest. Dazu haben Sie zwei Möglichkeiten: Entweder Sie lassen die Software diese Werte selber berechnen, oder Sie stellen sie manuell ein. Der erste Weg ist meistens der bequemere und auch oft der sicherere. Wählen Sie dazu Automatisch basierend auf dem ersten Videoclip einstellen. Final Cut Pro analysiert dann den ersten Clip, den Sie in Ihr neues Projekt legen, und passt es genau daran an.

Die angepassten Werte sind vor allem für den Fall sinnvoll, dass Sie in Ihrem Film viele verschiedene Formate mit unterschiedlichen Auflösungen verarbeiten. Um dann eine bessere Kontrolle über alle Eigenschaften zu haben, macht es durchaus Sinn, die Videoeigenschaften des Projekts manuell einzustellen.

Sollten Sie sich unsicher sein, welche exakten Werte Sie auswählen sollen, möchten wir Sie bitten, Abschnitt 2.2, »Videoformate«, zu lesen. Dort beschäftigen wir uns ausführlich mit Codecs, Auflösungen und Frameraten.

Audio- und Render-Eigenschaften | Im Bereich Audio- und Render-Eigenschaften ❺ können Sie ebenfalls zwischen Standardeinstellungen und angepassten Eigenschaften wählen. Wie wir Ihnen aber schon im ersten Kapitel erläutert haben, machen die Standardeinstellungen in unseren Augen keinen Sinn, weil kaum jemand ein Dolby-Surround-Projekt erstellen wird. Wir arbeiten deshalb grundsätzlich mit angepassten Eigenschaften und stellen die AUDIOKANÄLE auf Stereo und die AUDIO-ABTAST-RATE auf 48 kHz ein.

Das RENDERFORMAT sollten Sie Ihren Videoclips anpassen. Dabei gilt generell, dass Rendern in einer höheren Auflösung keinen Qualitätsgewinn bedeutet, dafür aber mehr Zeit und Speicherplatz in Anspruch nimmt. Andererseits verlieren Sie natürlich Qualität, wenn Sie Ausgangsclips mit einer hohen Auflösung in einem schlechteren Codec rendern. Sie sollten also immer schauen, in welchem Format Ihre Clips aufgezeichnet wurden, und das Renderformat dementsprechend einstellen. Wir möchten Ihnen dazu ebenfalls Abschnitt 2.2, »Videoformate«, empfehlen, haben uns aber dazu entschlossen, Ihnen hier zusätzlich einen schnellen Leitfaden an die Hand zu geben:

> **DVD-Qualität**
>
> Eine Audio-Abtastrate von 48 kHz entspricht DVD-Qualität. Sie können an dieser Stelle zwar Werte von bis zu 192 kHz festlegen, werden damit aber oft über das Ziel hinausschießen. Die meisten Kameras zeichnen nämlich ebenfalls mit einer Samplerate von 48 kHz auf, und nur durch eine Konvertierung in eine höhere Abtastrate steigert sich die Qualität nicht, eher im Gegenteil. Die höheren Werte benötigen Sie also nur, wenn Sie Ihren Ton mit spezieller Audiotechnik oder einer entsprechenden Kamera aufgezeichnet haben.

- Apple ProRes 4444: das qualitativ hochwertigste Renderformat. Eignet sich für Aufnahmen, die mit der RED-Kamera, auf Film oder auf HDCAM entstanden sind.
- Apple ProRes 422 (HQ): ein hochwertiger 10-Bit-Codec. Eignet sich für Projekte mit AVC Intra oder vielen Grafiken und Animationen, weil diese oft mit hoher Qualität erstellt werden.
- Apple Pro Res: der Standard-8-Bit-Codec. Eignet sich für diverse Formate von DVCPRO HD und XDCAM (HD, EX) über AVCHD und HDV bis hin zu DSLR-Aufnahmen und iPhone-Clips.
- Unkomprimiertes 10-Bit 4:2:2: hochwertiger Codec, der in der Qualität zwischen Apple ProRes 4444 und Apple ProRes 422 (HQ) steht. Ursprünglich geeignet für DigiBeta, aber sehr speicherintensiv.

Wenn Sie alle Parameter richtig eingestellt haben, klicken Sie auf OK. Ihr neues Projekt sollte sich dann öffnen und in der Timeline angezeigt werden.

▼ **Abbildung 5.4**
Das neue Projekt erscheint in der Timeline und wartet auf die ersten Clips.

5.1.1 Projekte sichern

Sobald Sie ein Projekt angelegt haben, wird jede Änderung, die Sie daran vornehmen, automatisch gespeichert. Ein manuelles Sichern, wie Sie es aus anderen Programmen gewohnt sind, ist deshalb nicht nötig.

Trotzdem muss ja die Datei mit all den Informationen zu dem Projekt irgendwo liegen: Sie finden sie, wenn Sie keinen anderen Speicherpfad gewählt haben, auf Ihrer Festplatte im Ordner FILME und dann unter FINAL CUT PROJECTS. Hier liegt für jedes Projekt ein eigener Ordner, der eine Datei mit dem Namen »CurrentVersion.fcpproject« enthält. Diese Datei ist gewissermaßen Ihr Projekt und damit auch Ihr Film und Ihre geleistete Arbeit. Jeder Schnitt, jeder Effekt und jeder Titel wird hier gesichert. Verlieren Sie die Datei, können Sie wieder von vorne beginnen.

Der Ordner FINAL CUT PROJECTS kann des Weiteren noch folgende andere Unterordner enthalten:

- OLD VERSIONS: Hier werden ältere Versionen Ihrer Projekte gespeichert, zum Beispiel nach einem Absturz.
- RENDER FILES beinhaltet alle Render-Dateien Ihres Projekts. Wenn Ihre Festplatte voll ist, können Sie hier ruhig mal alte Render-Dateien löschen, denn hier sammeln sich ganz schöne Datenmengen an (siehe Abschnitt 10.11, »Rendern«).
- SHARED ITEMS: Immer wenn Sie über das Menü BEREITSTELLEN • MEDIENÜBERSICHT in Final Cut Pro einen Film exportieren, wird es automatisch hier gespeichert. Damit stellen Sie sicher, dass der Export auch von allen anderen Programmen, die auf die Medienübersicht zugreifen, erkannt wird, zum Beispiel iMovie oder iPhoto.

Sie können zwar ein Projekt von hier aus auf eine andere Festplatte kopieren oder bewegen, aber wir werden Ihnen später noch einen eleganteren Weg dafür vorstellen.

5.2 Die Projekt-Mediathek

Nachdem wir ein neues Projekt erstellt haben und wissen, dass sich Final Cut Pro selbstständig um die Sicherung kümmert, beschäftigen wir uns nun mit der Projekt-Mediathek. Hier legen Sie nicht nur neue Projekte an, sondern verwalten sie auch. Das bedeutet, dass Sie Ordner erstellen, Projekte duplizieren, Ereignisse zuordnen und Projekte wieder löschen können. Neben den reinen Fakten werden wir Ihnen wie immer einige Tipps aus der Praxis mit auf den Weg geben. Also die Ohren gespitzt, auf geht's.

5.2.1 Projekte öffnen und Vorschau

Final Cut Pro sammelt sämtliche Projekte in der Projekt-Mediathek, die Sie über das Icon mit der kleinen Filmrolle ❶ erreichen. Das heißt, dass immer alle Versionen aller Filme, die Sie jemals auf einem Computer geschnitten haben, permanent verfügbar sind. Geordnet werden Ihre Projekte dabei stets alphabetisch und nach Volumes gruppiert.

Um ein Projekt zu bearbeiten, öffnen Sie es mit einem Doppelklick in der Timeline ❷. Um sich einen Überblick über den Inhalt zu verschaffen, ist es allerdings nicht zwingend nötig, das Projekt vollständig zu laden, denn Sie können sich bereits in der Projekt-Mediathek eine Vorschau Ihrer Filme ansehen.

Wählen Sie mit der Maus ein Projekt aus, wird es in den Viewer geladen, und Sie können es mit dem Skimmer überfliegen. Selbstverständlich können Sie auch mit der Leertaste die Wiedergabe starten, immer ab der Stelle, an der sich der Skimmer gerade befindet.

> **Pfeiltasten nutzen**
>
> Wenn Sie schon viele Projekte erstellt haben, kann es unter Umständen bequemer sein, mit der Tastatur zwischen ihnen zu navigieren. Mit den ↑- und ↓-Tasten springen Sie von Projekt zu Projekt. Mit der Leertaste starten Sie wie gewohnt die Wiedergabe.

◄ **Abbildung 5.5**
Projekte werden alphabetisch sortiert. Mit dem Skimmer können Sie sich eine Vorschau ansehen, ohne ein Projekt zu öffnen.

Und wer es gern groß mag, für den haben wir noch einen passenden Hinweis: Mit einem Rechtsklick auf ein Projekt öffnen Sie ein Kontextmenü. Wenn Sie hier AUF GESAMTEM BILDSCHIRM WIEDERGEBEN (⇧+cmd+F) auswählen, schalten Sie die Vorschau auf Kinomodus. Leider können Sie dann aber nicht mehr von Projekt zu Projekt hüpfen, und der Skimmer ist auch deaktiviert. Mit der esc-Taste beenden Sie die Vorführung wieder.

◄ **Abbildung 5.6**
Über das Kontextmenü starten Sie den Vollbildmodus für die Vorschau.

Projekte umbenennen | Projekte umzubenennen ist sehr einfach und unkompliziert, ein Klick auf den Namen eines ausgewählten Projekts reicht vollkommen aus. Weil dadurch auch immer der Projektordner im Finder umbenannt wird, empfehlen wir Ihnen, Ihre Projekte in Final Cut Pro und nicht im Finder umzubenennen, denn ansonsten kann es zu Fehlern kommen.

5.2.2 Ordner erstellen

Ordner sind ein wichtiges Werkzeug für die Organisation von Projekten, und wir raten Ihnen, dass Sie sich möglichst schnell angewöhnen, damit zu arbeiten. Dass immer alle Projekte in Final Cut Pro verfügbar sind, mag auf den ersten Blick als Vorteil erscheinen. Ab einer gewissen Anzahl aber ist Chaos vorprogrammiert, und Ordner sind dann der einzige Ariadnefaden heraus aus dem Labyrinth.

Um einen neuen Ordner zu erstellen, drücken Sie die Tastenkombination [cmd]+[⇧]+[N] oder klicken irgendwo in der Projekt-Mediathek mit der rechten Maustaste. Aus dem Kontextmenü wählen Sie dann NEUER ORDNER aus. Um einen neuen Unterordner zu erstellen, führen Sie ebenfalls einen der beschriebenen Schritte durch, diesmal allerdings wählen Sie vorher den übergeordneten Ordner aus. Ihre Projekte ziehen Sie anschließend mit der Maus in den Ordner Ihrer Wahl.

> **Eins nach dem anderen**
>
> Sie können immer nur ein Projekt bearbeiten und niemals zwei Projekte gleichzeitig. Um einzelne Clips oder gesamte Sequenzen von einem Projekt in ein anderes zu übernehmen, nutzen Sie die Funktion Kopieren ([cmd]+[C]) und Einsetzen ([cmd]+[V]).

> **Ordner öffnen**
>
> Um einen Ordner zu öffnen oder zu schließen, klicken Sie auf das kleine Dreieck ❶.

Abbildung 5.7 ▶
Sie können beliebig viele Ordner und Unterordner erstellen.

Sie können so viele Ordner und Unterordner erstellen, wie Sie möchten. Dabei sollten Sie sich eine Struktur überlegen, mit der Sie bequem arbeiten können und die für Sie übersichtlich ist. Arbeiten Sie nicht alleine an Ihrem Schnittplatz, sondern übergeben Ihre Projekte auch mal an einen Mitarbeiter oder Kollegen, ist außerdem wichtig, dass sich jemand anderes möglichst schnell mit Ihrer Struktur zurechtfindet.

> **Mögliche Ordnerstruktur**
>
> Eine Möglichkeit wäre zum Beispiel, für jeden Kunden einen Ordner zu erstellen. Darin können Sie dann für jeden neuen Auftrag weitere anlegen. Oder Sie erstellen Ordner nach den verschiedenen Sendungen, für die Sie produzieren.

5.2.3 Hinweise und Fehler

In der Projekt-Mediathek können Sie gleich erkennen, welche Projekte Sie schon bereitgestellt haben und in welchen eventuell Clips offline sind. Dazu werden zwischen dem Namen des Projekts und der Filmstreifenansicht folgende Symbole eingeblendet: Das Radar unter dem kleinen Warndreieck sagt Ihnen, dass Ihr

Projekt bereits exportiert wurde. Das Warndreieck alleine signalisiert Offline-Clips innerhalb des Projekts. Warndreieck und Radar untereinander stehen für exportierte Projekte mit Offline-Clips.

◀ **Abbildung 5.8**
Von oben nach unten bedeuten die Symbole: bereits exportiert; beinhaltet Offline-Clips; wurde exportiert und beinhaltet Offline-Clips.

Klicken Sie auf eines der Symbole, öffnet sich das Informationsfenster. Für Projekte, die schon exportiert wurden, landen Sie im Bereich FREIGABEN und können hier genau sehen, wann Ihr Export abgeschlossen wurde. Mehr noch: Final Cut Pro merkt sich sogar den Speicherpfad und führt Sie nach einem Klick auf die Lupe ❷ gleich zu der richtigen Datei im Finder. Vorausgesetzt, dass Sie den Export in der Zwischenzeit nicht gelöscht oder verschoben haben.

Klicken Sie dagegen auf das Warndreieck, öffnet sich der Bereich EIGENSCHAFTEN. Dort erkennen Sie, welche Ereignisse mit Ihrem Projekt verknüpft sind, wo sich also Ihre Medien und Clips befinden. Hier sehen Sie dann auch, in welchem Ereignis Clips fehlen ❸, also offline sind.

▼ **Abbildung 5.9**
Links: Ort und Zeit genau bestimmt. Im Bereich FREIGABEN sehen Sie, wann Sie ein Projekt exportiert haben und wo es gespeichert wurde. Ein Klick auf die Lupe öffnet das Exportergebnis.

▼ **Abbildung 5.10**
Rechts: Informationen, verknüpfte Ereignisse und Offline-Clips werden im Bereich EIGENSCHAFTEN angezeigt.

In diesem Fenster sehen Sie außerdem, wann Ihr Projekt das letzte Mal geändert wurde und auf welchem Volume es gespeichert ist. Darüber hinaus erhalten Sie Informationen über die Länge, das Videoformat und das Standardereignis für Ihr Projekt und haben die Möglichkeit, eine kurze Notiz zu vermerken.

Im folgenden Abschnitt schauen wir mal, welche Einstellungsmöglichkeiten Final Cut Pro uns für unsere Projekte bietet.

5.3 Projekteinstellungen

Um Einstellungen an einem Projekt zu ändern, öffnen Sie den Bereich EIGENSCHAFTEN im Informationsfenster (siehe Abbildung 5.10) und klicken auf den kleinen Schraubenschlüssel ❹ unten rechts. Es erscheint ein Fenster, in dem Sie alle Parameter anpassen können, die Sie beim Anlegen Ihres Projekts definiert haben: Name, Standardereignis, Timecode-Start, Videoeigenschaften und Audio- und Render-Eigenschaften.

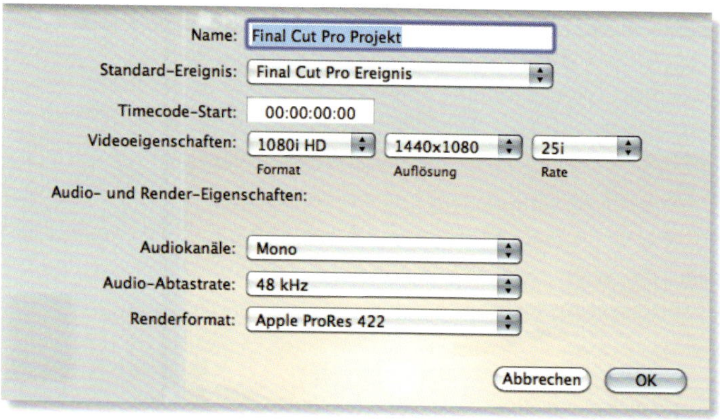

Abbildung 5.11 ▶
Nichts ist in Stein gemeißelt. Sie können über die Projekteinstellungen jederzeit die wichtigsten Eigenschaften anpassen.

5.3.1 Eigenschaften ändern

Alle Eigenschaften eines Projekts lassen sich jederzeit problemlos ändern und anpassen, auch wenn Sie mit dem Schnitt Ihres Films schon gute Fortschritte gemacht haben. Sogar die Videoeigenschaften lassen sich umstellen, ohne dass manche Ihrer Clips verzerrt aussehen. Keine Selbstverständlichkeit, denn gerade wenn Sie Formate mit unterschiedlicher Auflösung und anderem Pixelseitenverhältnis mischen (zum Beispiel 1.920 × 1.080 Pixel und 1.440 × 1.080 Pixel), könnte man annehmen, dass ein Teil der Clips nach der Umstellung verzerrt dargestellt wird. Aber Final Cut Pro ist schlau genug, die Formate zu analysieren und automatisch zu korrigieren.

Projekt umbenennen
Ob Sie Ihr Projekt an dieser Stelle oder direkt in der Projekt-Mediathek umbenennen, macht keinen Unterschied.

Ein Stolperstein ist allerdings die Umstellung der Bildrate, denn das kann leicht zu Verschiebungen von Schnittmarken führen und damit zu ungewollten Schwarzbildern in Ihrem Projekt.

Ändern Sie die Videoeigenschaften also nur wohlüberlegt und nur dann, wenn es wirklich notwendig ist. Am besten ist es in jedem Fall, sich vorher Gedanken über die richtigen Einstellungen zu machen und diese dann beizubehalten.

TIPP
Sie können die Art der Anpassung von Clips an die Videoeigenschaften Ihres Projekts genau definieren. Dazu wählen Sie einen Clip in der Timeline aus und gehen dann im Informationsfenster zum Abschnitt SPATIALE ANPASSUNG.

5.3.2 Dateiverweise ändern

Wie oben beschrieben, muss jedes Projekt über ein Standardereignis verfügen, und eine Kopie jedes Clips in einem Projekt muss in einem Ereignis abgelegt sein. Aber weil nicht jeder Clip automatisch in das Standardereignis kopiert wird, kann ein Projekt Clips aus mehreren unterschiedlichen Ereignissen beinhalten. Klar so weit. Wenn sich nun in verschiedenen Ereignissen die gleichen Clips befinden, können Sie die Reihenfolge festlegen, in der Final Cut Pro nach diesen Clips sucht und sie mit Ihrem Projekt verbindet. Mit dieser Methode können Sie Ihre Projekte und die damit verbundenen Medien sortieren und aufräumen.

Neben dem organisatorischen Nutzen macht das Zusammenfassen der Medien in möglichst wenigen Ereignissen vor allem auch Sinn, wenn Sie Kopien Ihrer Master-Clips auf unterschiedlichen Festplatten abgelegt haben, denn es ist immer effektiver, mit möglichst wenig verschiedenen Volumes zu arbeiten.

Im Bereich EIGENSCHAFTEN des Informationsfensters erhalten Sie im Abschnitt VERKNÜPFTE EREIGNISSE einen Überblick über alle Medien, die Sie in Ihrem Projekt verwenden. Klicken Sie auf VERWEISE EINES EREIGNISSES ÄNDERN, um die Reihenfolge festzulegen, in der Final Cut Pro nach Ihren Clips sucht.

◄ Abbildung 5.12
Alle verknüpften Ereignisse und Clips werden angezeigt.

Es öffnet sich ein neues Fenster mit einer Liste aller Ereignisse und den dazugehörigen Volumes. Nach Clips gesucht wird immer von oben nach unten, und mit der Maus können Sie die Reihenfolge ändern, indem Sie ein Ereignis auf die gewünschte Position ziehen. Wenn Sie fertig sind, klicken Sie auf OK. Final Cut Pro

> **ACHTUNG!**
> Das Ändern der Suchreihenfolge können Sie nicht mithilfe von cmd+Z rückgängig machen.

wird nun die Clips in Ihrem Projekt entsprechend der Reihenfolge der Ereignisse mit Ihren Medien verbinden.

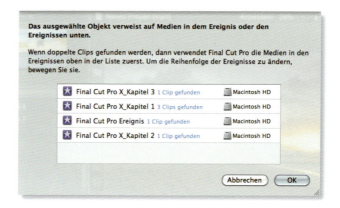

Abbildung 5.13 ▶
Legen Sie die Reihenfolge fest, in der Final Cut Pro Ihre Ereignisse durchsucht.

5.4 Projekte duplizieren, kopieren und mit anderen teilen

Projekte lassen sich auch kopieren oder auf eine andere Festplatte verschieben. Dabei stehen vor allem zwei Aspekte im Vordergrund, nämlich das Erstellen von unterschiedlichen Versionen sowie die Sicherung und der Austausch von Projekten.

Arbeiten mit Versionen | Wir haben uns angewöhnt, unsere Projekte immer zu duplizieren, bevor wir wirklich einschneidende Änderungen daran vornehmen, beispielsweise, bevor wir ganze Abschnitte herauskürzen. Dadurch spannen wir uns ein Sicherheitsnetz, falls wir später feststellen, dass die Änderungen den Film eher verschlechtert als verbessert haben. Auch wenn das einzusehen unseren großen Egos oft schwerfällt. Jede Version bekommt dabei von uns eine Nummer, so dass wir immer wissen, welche die aktuellste ist.

5.4.1 Projekte duplizieren

Um eine neue Version zu erstellen, wählen Sie ein Projekt aus der Projekt-Mediathek aus und klicken mit der rechten Maustaste darauf. Aus dem Kontextmenü wählen Sie anschließend PROJEKT DUPLIZIEREN. Natürlich können Sie stattdessen den gleichen Befehl auch aus dem Menü ABLAGE aufrufen, oder Sie drücken cmd+D auf Ihrer Tastatur.

Es öffnet sich ein Dialog, in dem Sie aus verschiedenen Möglichkeiten auswählen können, was genau dupliziert wird, denn

Final Cut Pro ist schlau genug, zu erkennen, welche Ereignisse und Medien mit Ihrem Projekt verknüpft sind, und bietet Ihnen an, diese gleich mit zu kopieren.

◀ **Abbildung 5.14**
Durch das Duplizieren von Projekten erstellen Sie zum Beispiel unterschiedliche Versionen.

Für den Moment wollen wir uns aber auf das Erstellen verschiedener Versionen für den Schnitt konzentrieren und entscheiden uns für die oberste Option: NUR PROJEKT DUPLIZIEREN. Sobald Sie auf OK geklickt haben, erscheint das Duplikat Ihres Projekts in der Projekt-Mediathek.

Sackgasse

Das Duplizieren von Projekten können Sie nicht mit [cmd]+[Z] rückgängig machen. Sollten Sie die neue Version nicht mehr benötigen, löschen Sie sie einfach wieder aus der Projekt-Mediathek ([cmd]+[Entf]).

◀ **Abbildung 5.15**
Um eine neue Version zu erstellen, reicht es, nur das Projekt zu duplizieren.

Duplikate umbenennen | Final Cut Pro ergänzt den Namen des neuen Projekts automatisch um den Zusatz »(fcp1)«, vergibt also eigenständig eine Versionsnummer. Erstellen Sie ein weiteres Duplikat, bekommt es den Zusatz »(fcp2)« und so weiter (siehe Abbildung 5.16). Ob Sie lieber mit diesen Namen arbeiten oder Ihre Projekte nach Belieben umbenennen, ist ganz Ihnen überlassen.

Einzeln duplizieren

Sie können immer nur ein Projekt duplizieren, niemals mehrere gleichzeitig oder einen gesamten Ordner.

Abbildung 5.16 ▶
Final Cut Pro erstellt automatisch Versionsnummern für jedes Duplikat (links). Rechts sehen Sie von uns umbenannte Projekte.

Gleiche Medien | Duplizieren Sie nur das Projekt, dann beziehen sich auch alle Clips in der Timeline weiterhin auf die gleichen Medien in den entsprechenden Ereignissen. Demzufolge werden auch auf der Festplatte keine Medien kopiert oder verschoben.

5.4.2 Projekte kopieren und verschieben

Um ein Projekt auf eine andere Festplatte zu kopieren, nutzen wir ebenfalls den DUPLIZIEREN-Befehl. Jedes angeschlossene Volume erscheint dabei in der Liste des Aufklappmenüs ORT und kann als Ziellaufwerk ausgewählt werden. Das war es dann allerdings auch schon an Auswahlmöglichkeit, denn einen exakten Dateipfad können Sie nicht festlegen. Final Cut Pro beansprucht immer einen Platz auf der obersten Ebene einer Festplatte und legt dort selbstständig die erforderlichen Unterordner FINAL CUT EVENTS und FINAL CUT PROJECTS an.

> **Drag & Drop**
> Sie können ein Projekt auch kopieren, indem Sie es in der Projekt-Mediathek auf eine andere Festplatte ziehen.

Abbildung 5.17 ▶
Sie können ein Ziellaufwerk auswählen, aber nicht den genauen Dateipfad bestimmen.

Projekte und verknüpfte Ereignisse kopieren | Wählen Sie PROJEKTE UND VERKNÜPFTE EREIGNISSE DUPLIZIEREN aus, um eine Kopie des ausgewählten Projekts sowie aller damit verknüpften Ereignisse zu erstellen. Damit kopieren Sie nicht nur alle Medien in den Ereignissen, sondern alle Schlagwörter und intelligenten Sammlungen gleich mit. Mit dieser Methode haben Sie für die Weiterbearbeitung Ihres Projekts an einem anderen Mac die höchstmögliche Flexibilität, denn Sie können sich ja aus allen Clips in den Ereignissen frei bedienen.

Wir schlagen diesen Weg auch dann ein, wenn wir ein Backup unseres Projekts auf eine externe Festplatte auslagern wollen. So

> **Immer das Original**
> Wenn Sie ein Projekt und sämtliche verknüpften Ereignisse duplizieren, dann werden immer die Originalmedien kopiert, auch wenn Sie zuvor nur Alias-Dateien in den Ereignisordner auf der Festplatte gespeichert haben.

stellen wir sicher, dass wir keinen Clip vergessen, und können anschließend alle Ereignisse von der ursprünglichen Festplatte löschen.

Projekte und verwendete Clips kopieren | Anstatt gleich den kompletten Rundumschlag auszuführen und alle Medien und Ereignisse, die mit einem Projekt verbunden sind, zu kopieren, können Sie auch nur die Clips auf eine andere Festplatte übertragen, die Sie in Ihrem Projekt tatsächlich verwendet haben. Dadurch sparen Sie natürlich eine Menge Speicherplatz und Kopierzeit. Außerdem haben Sie den Vorteil, dass Sie keine Altlasten und überflüssigen Clips mit sich herumschleppen müssen.

Weil Sie aus allen Ereignissen nur die verwendeten Clips kopieren, aber nicht die Ereignisse selbst, müssen Sie ein neues Ereignis erstellen, denn irgendwo muss Final Cut Pro die Medien natürlich ablegen. Unter PROJEKT UND NUR VERWENDETE CLIPS DUPLIZIEREN finden Sie deshalb das Feld NEUER EREIGNISNAME, in das Sie eine sinnvolle Bezeichnung eintragen können. Entscheidend ist hier vor allem, dass Sie auch später noch das Ereignis und das Projekt einander zuordnen können.

> **Überblick**
>
> Öffnen Sie das Fenster HINTERGRUNDAKTIONEN (cmd+9), um den Fortschritt über alle Kopiervorgänge im Überblick zu behalten.

◀ **Abbildung 5.18**
Beim Kopieren von verwendeten Clips werden alle Medien in einem neuen Ereignis abgelegt.

Renderdateien kopieren | Wenn Sie ein Projekt auf dem einen oder anderen Weg duplizieren, können Sie ein Häkchen bei EINSCHLIESSLICH RENDERDATEIEN setzen. In diesem Fall werden alle Renderdateien mit kopiert. Nehmen Sie die Renderdateien mit, dauert der Kopiervorgang natürlich länger. Dafür müssen Sie später die Effekte nicht neu berechnen, was Ihnen wiederum Zeit spart. Welcher Weg im Endeffekt der schnellere ist, hängt dabei von der Komplexität und Menge der angewendeten Effekte ab.

Duplizieren Sie ein Projekt, um ein Backup anzulegen, macht das Kopieren der Renderdateien allerdings keinen Sinn, denn damit belegen Sie dauerhaft Speicherplatz und können so weniger Projekte und Ereignisse auf einer Festplatte sichern. Und sollten Sie später doch noch mal an Ihrem Film weiterarbeiten, rendert Final Cut Pro ja auch brav im Hintergrund alle Effekte neu.

Mit anderen teilen | Um ein Projekt auf einen anderen Computer zu übertragen, kopieren Sie es zunächst auf eine externe Festplatte. Diese können Sie danach an den anderen Mac anschließen

> **TIPP**
>
> Haben Sie keine externe Festplatte zur Hand, können Sie auch die beiden Computer mit einem FireWire-Kabel verbinden. Anschließend schalten Sie den Zielcomputer ein und halten währenddessen T gedrückt. Dadurch wird der Zielcomputer als Festplatte erkannt, auf die Sie Ihr Projekt kopieren können. Sind alle Daten übertragen, werfen Sie die Festplatte aus und starten den Zielcomputer.

und alle erforderlichen Daten umkopieren. Oder Sie fangen gleich mit dem Schnitt an und arbeiten auf dem externen Laufwerk.

5.4.3 Projekte bewegen

Im vorherigen Abschnitt haben wir Ihnen erklärt, wie Sie Projekte (und die dazugehörigen Medien) duplizieren können. Wie der Name schon sagt, entstehen dabei immer zwei identische Versionen. Um ein Backup zu erstellen, mussten Sie also anschließend eine Version von Hand löschen. Nun erklären wir Ihnen, wie Sie ein Projekt von einer Festplatte auf eine andere verschieben.

> **Drag & Drop**
>
> Um ein Projekt mit der Maus zu verschieben, halten Sie [cmd] gedrückt und bewegen es in der Projekt-Mediathek auf ein anderes Ziellaufwerk.

Festplatte auswählen | Öffnen Sie die Projekt-Mediathek, und wählen Sie das Projekt aus, das Sie verschieben möchten. Dann wählen Sie aus der Menüleiste ABLAGE • PROJEKT BEWEGEN aus. Im Dialog, der sich nun öffnet, wählen Sie zuerst unter ORT das Ziellaufwerk aus. Danach entscheiden Sie sich für eine der folgenden Optionen:

- Wählen Sie NUR PROJEKT BEWEGEN aus, verschieben Sie ausschließlich das Projekt. Keine Medien, kein Ereignis, nichts weiter wird bewegt. Das birgt natürlich die Gefahr, dass sich das Projekt auf einer anderen Festplatte befindet als die dazugehörigen Medien. An sich ist das kein Problem, solange Sie immer wissen, was wo liegt.
- Entscheiden Sie sich für PROJEKT UND VERKNÜPFTE EREIGNISSE BEWEGEN, verschiebt Final Cut Pro die Projektdatei, alle verknüpften Ereignisse und alle Medien auf die ausgewählte Festplatte. Dabei spielt es keine Rolle, welche Clips Sie in der Timeline verwendet haben, denn es werden grundsätzlich alle bewegt. Auf dem ursprünglichen Laufwerk wird danach gründlich aufgeräumt, sodass hier nichts als freier Speicherplatz übrig bleibt. Welche Ereignisse genau betroffen sind, erfahren Sie im untersten Abschnitt des Dialogfensters.

Abbildung 5.19 ▶
Projekte und verknüpfte Ereignisse können Sie verschieben, sodass keine Duplikate entstehen.

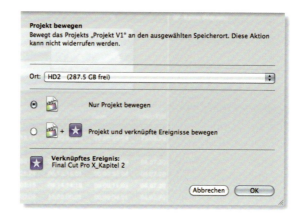

Doppelte Ausgabe | Wenn Sie ein Projekt auf eine Festplatte verschieben, auf der schon ein anderes Projekt mit gleichem Namen existiert, interpretiert Final Cut Pro das Ganze als Duplikat und hängt die Erweiterung »(fcp1)« an den Projektnamen.

Vorher sammeln | Sollte Ihr Projekt Medien beinhalten, die auf unterschiedlichen Festplatten gespeichert wurden, kann es Sinn machen, diese vorher zu sammeln und in einem neuen Ereignis zusammenzuführen. Vor allem dann, wenn Sie aus jedem Ereignis nur einige Clips benutzt haben und der große Rest eigentlich zu anderen Projekten gehört. Ansonsten bewegen Sie nämlich viel mehr Medien als notwendig und unter Umständen sogar die falschen. Wie Sie alle Medien sammeln, erfahren Sie im nächsten Abschnitt.

5.4.4 Projekte konsolidieren

Grundsätzlich sind Projekte und die dazugehörigen Medien voneinander unabhängig. Sie können also in Ihrer Timeline Clips, Musik und Grafiken aus verschiedenen Ereignissen verarbeiten, die dazu noch auf unterschiedlichen Festplatten gespeichert sind. Bedenkt man außerdem, dass nicht alle Originalmedien in den Ereignisordnern abgelegt sein müssen, können sich Ihre Clips auf ganz schön viele Orte verteilen. Bei der täglichen Arbeit schätzen wir diese unkomplizierte Flexibilität, trotzdem wollen wir manchmal das Projekt und alle dazugehörigen Medien auf einer einzigen Festplatte sammeln.

> **HINWEIS**
>
> Das Sammeln aller Medien nennen wir auch »konsolidieren.«

Medien zusammenführen | Gehen Sie zuerst in die Projekt-Mediathek, und wählen Sie das Projekt aus, dessen Medien Sie konsolidieren möchten. Mit der rechten Maustaste öffnen Sie das Kontextmenü, aus dem Sie Projektmedien zusammenführen auswählen können. Den gleichen Befehl finden Sie außerdem im Menü Ablage.

Aus dem folgenden Dialog können Sie insgesamt drei Optionen auswählen:

▶ Verknüpfte Ereignisse kopieren: Damit kopieren Sie alle Ereignisse und alle darin enthaltenen Clips inklusive der Schlagwörter und Notizen, die Sie zuvor vergeben haben. Dabei spielt es keine Rolle, welche Clips Sie schon in die Timeline geschnitten haben und welche nicht. Hier fahren alle mit. Diese Option bietet sich an, wenn das Projekt noch nicht abgeschlossen ist und Sie noch weitere Clips aus den unterschiedlichen Ereignissen benötigen.

- **Verknüpfte Ereignisse bewegen:** Wie die Bezeichnung vermuten lässt, werden hier die Medien nicht kopiert, sondern verschoben. Damit Sie nicht aus Versehen Clips bewegen, die noch in anderen Projekten verwendet werden, können Sie diese Option nur auswählen, wenn die Medien ausschließlich in dem Projekt benutzt werden, das Sie verschieben möchten. Damit wird verhindert, dass an anderer Stelle Offline-Clips entstehen.
- **Nur verwendete Clips kopieren:** Damit duplizieren Sie alle in Ihrem Projekt verwendeten Clips und platzieren sie in einem neuen Ereignis. Alle Medien, die Sie nicht in die Timeline geschnitten haben, werden bei dieser Aktion ignoriert und nicht mit kopiert. In dem Feld Neuer Ereignisname können Sie eine Bezeichnung für das neue Ereignis vergeben. Diese Option wählen wir zum Beispiel aus, wenn wir ein Backup anlegen oder vorbereiten möchten.

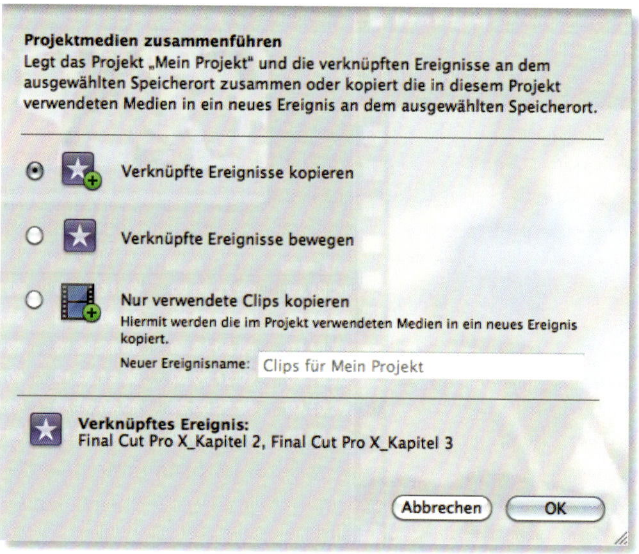

Abbildung 5.20 ▶
Projektmedien zusammenführen sammelt alle Clips auf einer Festplatte. Ganz unten finden Sie alle betroffenen Ereignisse.

Kein [cmd]+[Z]
Das Konsolidieren von Projekten lässt sich nicht rückgängig machen.

Festes Ziellaufwerk | Im Gegensatz zu den vorher beschriebenen Möglichkeiten, Projekte zu kopieren oder zu bewegen, können Sie beim Zusammenführen der Projektmedien das Ziellaufwerk nicht frei wählen. Hier werden alle Clips auf der Festplatte gesammelt, auf der auch die Projektdatei liegt.

Anderes Ziellaufwerk | Wenn Sie versuchen, ein Projekt zusammenzuführen, dessen Medien bereits auf der gleichen Festplatte liegen, erhalten Sie eine Warnmeldung mit dem Hinweis, dass es Nichts zum Zusammenführen gibt. Für den Fall, dass Sie Ihr

Projekt auf eine andere Festplatte verschieben möchten, nutzen Sie am besten die Befehle Projekt duplizieren oder Projekt bewegen (siehe oben).

◄ Abbildung 5.21
Projekte lassen sich nur zusammenführen, wenn Medien und Projektdatei auf unterschiedlichen Volumes liegen.

5.4.5 Projekte und Ereignisse im Finder sichern

Immer wenn Sie mithilfe von Final Cut Pro Projekte oder Ereignisse auf eine andere Festplatte verschieben oder kopieren, werden eigentlich nur im Hintergrund Dateien bewegt. Deswegen können Sie im Umkehrschluss natürlich auch Ihre Medien und Projekte innerhalb des Finders an einen anderen Ort verschieben. Solange Sie dabei einige Grundregeln beachten, ist das Ergebnis das gleiche.

Feste Orte | Final Cut Pro erwartet für Projekt- und Ereignisordner festgelegte Namen und Speicherorte. Der Standardspeicherort auf der internen Festplatte ist Benutzer/Benutzername/Filme; auf externen Festplatten müssen die Ordner auf der obersten Ebene liegen, damit Final Cut Pro die darin enthaltenen Projekte und Ereignisse erkennt.

◄ Abbildung 5.22
Final Cut Pro benötigt bestimmte Namen und Speicherorte für Projekte und Ereignisse.

Neue Ziele | Wenn Sie Projekte und Ereignisse auf eine andere Festplatte auslagern wollen, müssen Sie demzufolge entweder die kompletten Ordner Final Cut Events und Final Cut Projects kopieren oder zuerst Verzeichnisse mit exakt dieser Bezeichnung erstellen, in die Sie anschließend bestimmte Ereignis- oder Projektordner verschieben können. In Final Cut Pro erscheinen die Projekte und Ereignisse dann in den entsprechenden Mediatheken.

Keine Irrwege | Wir nutzen lieber die Befehle in Final Cut Pro zum Kopieren von unseren Projekten und Ereignissen. Gerade bei Projekten stellen wir dadurch sicher, keine relevanten Medien zu vergessen und nicht zu viel zu kopieren. Im Finder verschieben wir Dateien nur in Ausnahmefällen.

5.4.6 Projekte und Ordner löschen

Projekte und Ordner sollten Sie immer in der Projekt-Mediathek und niemals direkt im Finder löschen, denn Final Cut Pro kommt sonst möglicherweise durcheinander, und Sie schleppen noch lange Altlasten in Form von ungenutzten und unvollständigen Projekten mit sich herum.

Um ein Projekt zu löschen, wählen Sie es mit der Maus aus und drücken anschließend die Tasten `cmd`+`Entf`, oder wählen Sie aus der Menüleiste Ablage oder im Kontextmenü (rechte Maustaste) Projekt in den Papierkorb bewegen aus. Das Projekt wird entfernt und landet im digitalen Abfalleimer Ihres Macs. Sollten Sie nachher diesen Schritt bereuen, dann können Sie ihn über das Bearbeiten-Menü oder die Tastenkombination `cmd`+`Z` wieder rückgängig machen. Wenn Sie sich sicher sind, dann können Sie den Papierkorb entleeren und so den Speicherplatz auf Ihrer Festplatte wieder freigeben.

Aber Achtung, jede Minute Arbeit, die Sie investiert haben, jedes Kunstwerk der Bildgestaltung, das Sie mühsam aus dem Wirrwarr aller Clips herausgearbeitet haben, ist damit unwiederbringlich verloren.

Ordner löschen | Genauso wie ein einzelnes Projekt können Sie auch einen gesamten Ordner mit allen darin enthaltenen Unterordnern und Projekten löschen.

5.5 SAN-Speicherorte

Viele Produktionsfirmen arbeiten vernetzt und speichern ihre Videodaten zentral auf einem Server, auf den alle Computer zugreifen können. Im Regelfall sind diese Server über eine schnelle Datenleitung, wie zum Beispiel Fiber Channel, miteinander verbunden, weil man für die Videobearbeitung sehr hohe Datenraten benötigt. Diese Hochgeschwindigkeitsserver nennen

---

Projekte ausblenden

Um abgeschlossene Projekte nicht immer in der Projekt-Mediathek herumliegen zu haben, können Sie diese auch in einen anderen Ordner auf Ihrer Festplatte verschieben. Da Final Cut Pro nur in dem Ordner Final Cut Projects danach sucht, werden sie in der Mediathek ausgeblendet, ohne dass sie gelöscht wurden.

Clips bleiben erhalten

Durch das Löschen von Projekten werden keine Clips aus Ihren Ereignissen oder Ausgangsmedien von Ihrer Festplatte gelöscht. Lediglich der geschnittene Film verschwindet aus Final Cut Pro und damit der Projektordner mit allen Renderdateien von Ihrer Festplatte.

sich auch SAN (Storage Area Network). In Final Cut Pro können Sie einen SAN-Speicherort festlegen, auf dem Sie Ereignisse und Projekte ablegen können.

SAN-Speicherort festlegen | Um einen SAN-Speicherort zu erstellen, wählen Sie aus der Menüleiste ABLAGE • SAN-SPEICHERORT HINZUFÜGEN und navigieren anschließend zu dem Ordner auf dem SAN, in dem Sie Ihre Final-Cut-Pro-Daten speichern möchten. Danach erscheint das neue Laufwerk in der Ereignis- und in der Projekt-Mediathek und wartet darauf, mit Clips gefüttert zu werden.

SAN-Speicherort entfernen | Die Option ABLAGE • SAN-SPEICHERORT ENTFERNEN trennt Ihr Schnittsystem vom Server. Alle Daten bleiben dabei natürlich unangetastet, sprich, es wird kein einziger Clip gelöscht. Auf diese Weise können Sie einen SAN-Speicherort auch später erneut verbinden und sogleich alle Projekte und Ereignisse wieder nutzen.

SAN-Speicherorte gemeinsam nutzen | SAN-Speicherorte können natürlich gemeinsam genutzt werden, aber leider können Sie nicht von zwei verschiedenen Schnittplätzen gleichzeitig darauf zugreifen. SAN-Speicherorte leben also sozusagen in serieller Monogamie. Das bedeutet, dass Sie ein Projekt an einem Rechner beginnen können und dann erst den SAN-Speicherort abmelden müssen, bevor Sie ihn an einem anderen Rechner hinzufügen. Dafür wird der jeweils aktuelle Stand von jeder Final-Cut-Pro-Version übernommen.

5.6 Arbeiten mit Proxys

In Abschnitt 3.2.4, »Beim Import transcodieren«, haben wir uns bereits mit dem Erstellen von Proxys beschäftigt. Nun erläutern wir Ihnen alle Vorteile, die Proxys bieten, und den genauen Arbeitsablauf für einen so genannten Offline-Schnitt.

Final Cut Pro erstellt daraufhin neue Clips im Apple-ProRes-422-(Proxy-)Format und legt diese im entsprechenden Ereignisordner auf Ihrer Festplatte ab. Der Vorteil von Proxys ist, dass Sie auch mit einem Computer, der nicht sehr leistungsstark ist und über eine kleine Festplatte verfügt, schnell arbeiten können.

Zwischen Proxys und Master-Clips wechseln | Wenn Sie Clips von einer Kamera oder einer Festplatte importieren, werden

> **Zur Erinnerung**
>
> Proxys sind Kopien von Clips in geringerer Qualität, jedoch mit der gleichen Auflösung und der gleichen Bildrate wie die Masterdateien. Sie können Proxys bereits beim Import erstellen oder jederzeit später, wenn Sie Clips in Ihrem Ereignis markieren und dann aus dem Menü ABLAGE • MEDIEN UMCODIEREN auswählen.
>
>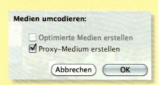
>
> ▲ **Abbildung 5.23**
> Sie können jederzeit Proxys von Ihren Clips erstellen und damit Speicherplatz sparen.

grundsätzlich immer auch hochauflösende Clips auf Ihre Festplatte übertragen. Die einzige Ausnahme ist die Option DATEIEN IN DEN ORDNER »FINAL CUT EREIGNISSE« SICHERN, die Sie beim Import von Dateien von einer Festplatte deaktivieren können, um Datendoppelbestände zu vermeiden. Proxy-Dateien werden also immer zusätzlich angelegt und niemals ausschließlich.

Abbildung 5.24 ▶
Über das Einstellungen-Menü stellen Sie Ihre Projekte auf die Verwendung von Proxy-Medien um und auch wieder zurück.

Der Vorteil, der sich für uns als Anwender daraus ergibt, ist enorm, denn nur so können wir beliebig zwischen Proxy-Medien und Originalmedien wechseln. Und das Schönste daran ist, wie einfach dieser Wechsel vonstattengeht. Wählen Sie aus der Menüleiste FINAL CUT PRO • EINSTELLUNGEN ([cmd]+[,]) und dann im Abschnitt WIEDERGABE die Option PROYX-MEDIEN VERWENDEN. Schon arbeiten Sie mit den Proxys. Folgende Punkte sollten Sie dabei allerdings beachten:

▶ Die Umstellung auf Proxys erfolgt immer global für alle Projekte, Sie können also nie in einem Projekt mit Proxys arbeiten und in einem anderen mit den Originalmedien, ohne jedes Mal die Einstellung zu ändern.

▶ Bei einer großen Anzahl an Projekten in der Mediathek und einem etwas langsameren Mac kann die Umstellung mehrere Minuten dauern.

▶ Clips ohne zuvor erstellte Proxy-Medien gehen offline und werden nicht mehr dargestellt. Der erste Schritt sollte also immer das Erstellen der Proxys sein.

Sobald Sie mit dem Schnitt fertig sind oder Ihr Kunde einen Zwischenstand sehen möchte, stellen Sie die Einstellungen einfach wieder auf ORIGINAL ODER OPTIMIERTE MEDIEN VERWENDEN um und stellen so sicher, die bestmögliche Qualität zu erreichen. Angewendete Effekte müssen Sie allerdings erneut rendern, denn Ihre Clips beziehen sich ja nun auf andere Ausgangsmedien.

Wiedergabequalität einstellen | Wenn Sie ORIGINAL ODER OPTIMIERTE MEDIEN VERWENDEN ausgewählt haben, verwendet Final Cut Pro immer zuerst optimierte Medien und nur, wenn Sie diese nicht beim Import oder später erstellt haben, die Originalmedien. Über die WIEDERGABE-QUALITÄT können Sie dabei einstellen, ob Sie mit einer höheren Leistung oder einer höheren Qualität arbeiten möchten. Entscheiden Sie sich für eine höhere Leistung, wird die Wiedergabequalität zugunsten einer ruckelfreien Darstellung etwas herabgestuft, wenn Ihr Mac an seine Grenzen stößt.

Höhere Leistung
Da sich diese Einstellung ausschließlich auf die Vorschau bezieht und nicht auf Exporte, entscheiden wir uns eigentlich immer für die höhere Leistung.

◄ **Abbildung 5.25**
Die Wiedergabequalität kann etwas abgesenkt werden, zugunsten einer flüssigeren Darstellung Ihrer Clips.

Bei ausgelassenen Bildern warnen | Sie können Final Cut Pro befehlen, Sie zu warnen, wenn bei der Wiedergabe Bilder ausgelassen wurden. Das kann durchaus mal passieren, zum Beispiel, weil ein Effekt noch nicht gerendert ist oder wenn Sie ein umfangreiches Projekt auf einem langsamen Mac bearbeiten. Wir lassen diese Einstellung für gewöhnlich deaktiviert, denn uns ist es lieber, wenn die Wiedergabe kurz ruckelt, als wenn sie ganz stoppt und wir uns keinen Gesamteindruck über die Szene verschaffen können.

Ausspielen auf Band
Ohnehin macht diese Option nur Sinn, wenn Sie eine hohe Wiedergabequalität eingestellt haben oder Sie eine Ausspielung direkt auf ein Videoband machen. Denn dann benötigen Sie natürlich die beste Qualität und können ausgelassene Bilder auf keinen Fall akzeptieren. Aber wer macht heute schon noch Ausspielungen auf Bänder?

☑ Bei ausgelassenen Bildern während der Wiedergabe warnen

In das gleiche Horn stößt die Option BEI AUSGELASSENEN BILDERN DURCH FESTPLATTENLEISTUNG WARNEN. Warum Frames übersprungen werden, ist zwar letztlich nicht so wichtig, aber auf diesem Weg können Sie wenigstens die Ursache etwas eingrenzen. Sollten Ihre Festplatten also häufig mit der benötigten Datenrate überfordert sein, haben Sie einen guten Grund, sich endlich ein neues Technik-Spielzeug anzuschaffen, zum Beispiel ein Thunderbolt-Laufwerk.

◄ **Abbildung 5.26**
Final Cut Pro kann einzelne Frames auslassen, für eine unterbrechungsfreie Wiedergabe.

6 Grundlegende Schnitt-Techniken

Jetzt haben Sie schon eine ganze Menge gelesen und hoffentlich auch gelernt. Sie können ein einfaches Projekt erstellen, kennen die wichtigsten Grundbegriffe, und wir hoffen, dass Sie mit Final Cut Pro und der Art und Weise, wie das Programm arbeitet, vertraut geworden sind. Sie haben sicherlich schon gemerkt, dass wir mit unserer Ankündigung, die Arbeit sei intuitiv und ginge leicht von der Hand, nicht übertrieben haben. Das Allerwichtigste ist jedoch, dass Ihnen Videoschnitt Spaß zu machen beginnt, denn genau darum wird es in diesem Kapitel gehen. Wir werden Sie mit allen Details der Werkzeugpalette und mit den Geheimnissen der Schnittkunst vertraut machen, die Sie für den perfekten Film brauchen. Also viel Vergnügen!

6.1 Clips in der Timeline

Das erste Kapitel hat Ihnen bereits einen Eindruck über die Möglichkeiten verschafft, die Final Cut Pro Ihnen bietet. Dabei haben wir einen Blick auf die magnetische Timeline geworfen, unser erstes Interview geschnitten, mit verbundenen Clips gearbeitet und die Arbeit mit Handlungen kennengelernt. Auf diesen Techniken werden wir nun aufbauen. So manches von dem, was jetzt folgt, haben wir Ihnen schon im Ansatz erklärt, anderes haben Sie bestimmt schon selbst herausgefunden, und wieder anderes erklärt sich vielleicht auch von allein. Der Vollständigkeit halber fangen wir aber trotzdem vorne an.

6.1.1 Clips zur Timeline hinzufügen
Es gibt viele verschiedene Wege, wie Sie Clips aus einem Ereignis in die Timeline bewegen können. Jeder einzelne hat seinen Vorteil, und die meisten unterscheiden sich leicht voneinander. Mit manchen fügen Sie Clips ein, andere überschreiben vorhandene Bilder oder verbinden Clips mit der primären Handlung, manche

führen wir mit der Tastatur aus, andere mit der Maus oder in der Symbolleiste. Der beste Weg, um herauszufinden, welche Technik wann am sinnvollsten eingesetzt wird und welche Ihnen am meisten liegt, ist wie so oft das Ausprobieren.

Clips einfügen, anhängen und verbinden | In Kapitel 1 haben wir Ihnen schon alles zu diesen drei grundlegenden Techniken erklärt. Deswegen fassen wir hier lediglich das Wichtigste noch mal zusammen.

❶ **An Handlung anhängen**: Mit dem Tastenkürzel E oder über die Symbolleiste fügen Sie Clips an eine Handlung an. Unabhängig von der Position des Playheads landen die Clips immer am Ende der Handlung.

❷ **Einfügen** (W): Damit fügen Sie den ausgewählten Clip in die Handlung ein. Dabei zählt immer die Position des Playheads. Befindet sich der Marker über einem Clip in der Timeline, wird dieser geteilt.

❸ **Mit primärer Handlung verbinden** (Q): Damit verbinden Sie das ausgewählte Element mit der primären Handlung. Ausschlaggebend ist die Position des Playheads.

▲ **Abbildung 6.1**
Über die Symbolleiste fügen Sie Clips aus einem Ereignis zu Ihrem Projekt hinzu.

Überschreiben | Bis jetzt haben wir, wenn wir ein neues Element zu unserer Timeline hinzugefügt haben, immer so gearbeitet, dass kein bestehender Clip gelöscht wurde. Entweder wurden alle nach hinten verschoben, oder wir haben die Clips gleich mit der Handlung verknüpft und so ein bestehendes Bild überlagert. Manchmal aber gewinnt die dunkle Seite der Macht in uns die Überhand, und wir wollen Clips auslöschen. Zumindest ein paar. Aber nur die bösen.

Mit der Maus
Um mit der Maus einen Clip in der Timeline zu überschreiben, nutzen Sie das Positionswerkzeug (siehe Seite 203).

Wenn wir zum Beispiel ein Interview sichten und eine gute Antwort in die Timeline schneiden, später aber zu der gleichen Frage eine noch bessere finden, dann ist es effektiver, die alte Antwort gleich zu überschreiben, anstatt erst den neuen Clip zur Timeline hinzuzufügen und anschließend den überflüssigen zu löschen.

Um einen Clip in der Timeline zu überschreiben, drücken Sie D, oder wählen Sie aus der Menüleiste BEARBEITEN • ÜBERSCHREIBEN aus. Hier zählt wieder die Position des Playheads. Durch diese Aktion werden die Clips, die sich in der ausgewählten Handlung befinden, durch den neuen Clip überschrieben.

Abbildung 6.2 ▶
Clips in der Timeline überschreiben Sie mit der Tastatur oder über das BEARBEITEN-Menü.

Bild und Ton getrennt zur Timeline hinzufügen | Auf allen Wegen, auf denen wir bis jetzt Clips in die Timeline bewegt haben, haben wir immer sowohl das Bild als auch den Ton mitgenommen. In der Praxis kommt es aber häufig vor, dass Sie entweder nur das Bild oder nur den Ton benötigen, und wir zeigen Ihnen nun, wie Sie das anstellen.

Neben den Symbolen für die verschiedenen Schnitt-Techniken finden Sie ein kleines Dreieck. Wenn Sie darauf klicken, öffnet sich ein Kontextmenü, aus dem Sie die Optionen ALLE (`alt`+`1`), NUR VIDEO (`alt`+`2`) und NUR AUDIO (`alt`+`3`) auswählen können. Jede dieser Einstellungen gilt global für alle Clips, die Sie, auf welchem Weg auch immer, in die Timeline bewegen. Es macht also keinen Unterschied, ob Sie die Maus und Drag & Drop verwenden, die Symbolleiste oder die Tastatur. Außerdem gelten diese Einstellungen für alle Clips, die Sie anfügen, einfügen oder überschreiben.

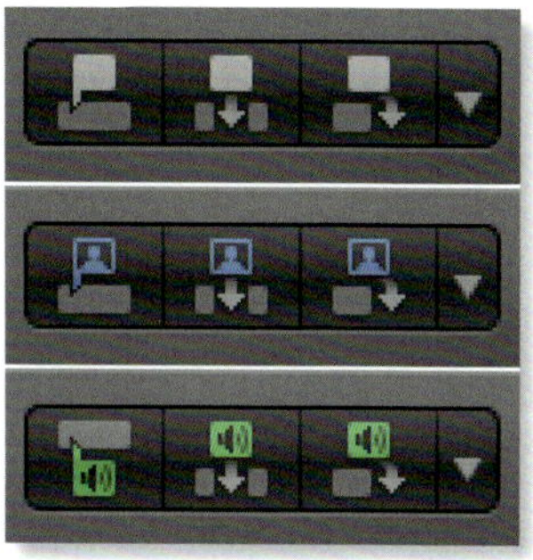

▲ **Abbildung 6.3**
Da die Einstellungen global gelten, können Sie gleich erkennen, ob Sie Bild und Ton (oben), nur Bild (Mitte) oder nur Ton (unten) in die Timeline schneiden.

◀ **Abbildung 6.4**
Das kleine Dreieck neben den Schnitt-Symbolen öffnet das Kontextmenü.

Schritt für Schritt: Clips in die Timeline schneiden

Mit der folgenden kleinen Übung werden wir Ihnen die verschiedenen Wege, wie Sie Clips in die Timeline kopieren, nochmal verdeutlichen. Außerdem soll sie Ihnen zeigen, welche Technik Sie in der Praxis wann einsetzen können, und als Wiederholung für die Inhalte aus dem ersten Kapitel dienen.

Ordner FCP_KAPITEL 1

1 Ereignis auswählen
Für diese Übung werden wir mit den Clips arbeiten, die wir schon in Kapitel 1 importiert haben. Falls Sie diesen Schritt übersprungen haben, importieren Sie bitte nun den Ordner FCP_KAPITEL 1 von der DVD zum Buch auf Ihre Festplatte und in ein neues Ereignis. Natürlich können Sie auch gerne mit Ihren eigenen Aufnahmen arbeiten.

2 Ein neues Projekt anlegen
Erstellen Sie ein neues Projekt (`cmd`+`N`), und benennen Sie es. Wir haben uns für den Namen »Clips in die Timeline« entschieden. Wählen Sie ein Standardereignis aus, und lassen Sie

Final Cut Pro die Videoeigenschaften automatisch einstellen. Als Audioformat wählen Sie bitte Stereo, 48 kHz und als Renderformat Apple ProRes 422.

Abbildung 6.5 ▶
Die Einstellungen für das neue Projekt

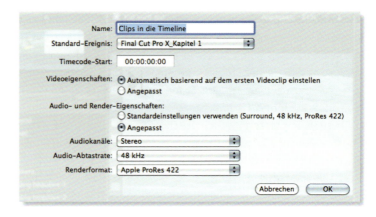

3 Schnittpunkte setzen
Beginnen Sie mit dem Clip »Lifeguard am Strand«, und setzen Sie einen In-Punkt (I) am Anfang des Clips und einen Out-Punkt (O) kurz vor Ende. Natürlich können Sie die Schnittpunkte auch setzen, indem Sie mit der Maus einen Rahmen über den Clip in Ihrem Ereignis ziehen.

Abbildung 6.6 ▶
Schnittpunkte über Rahmen setzen

4 Mit der Maus in die Timeline
Greifen Sie den Clip, und bewegen Sie ihn in die Timeline. Egal, wo Sie ihn platzieren, er wird in der primären Handlung und ganz am Anfang der Timeline landen.

▲ **Abbildung 6.7**
Clip in die Timeline bewegen

5 Clips an die Handlung anfügen
Öffnen Sie den Clip »Surfer in Welle« aus Ihrem Ereignis im Viewer (einfach anklicken), und setzen Sie einen In-Punkt, kurz bevor der Surfer in die Welle startet, und einen Out-Punkt, kurz nachdem er in den Fluten verschwindet. Den Clip fügen Sie dann mit dem Tastenkürzel E an die Handlung an. Anschließend öffnen Sie den Clip mit dem Interview »Rabbit über Hawaii« und setzen einen In-Punkt bei Timecode 06:13:07:00 (den Time-

code finden Sie unter dem Viewer) und einen Out-Punkt bei 06:13:14:02. Den Clip fügen Sie dann bitte ebenfalls der primären Handlung an.

▲ Abbildung 6.8
In-Punkt setzen

6 Mit Ton navigieren
Wir möchten gerne noch einen weiteren Teil des Interviews hören und setzen einen In-Punkt am Anfang des Clips bei den Worten »Look Hawaii …«. Um die Stelle genau zu treffen, navigieren wir frameweise mit den Tasten ← und →, denn dabei hören wir auch den Ton. Dann lassen wir den Clip laufen (L), stoppen weiter hinten (K oder Leertaste) und setzen einen Out-Punkt bei 06:12:45:16.

7 Clip einfügen
Den zweiten Teil des Interviews möchten wir gerne in der Timeline vor dem ersten platzieren. Dazu wechseln wir in die Timeline und navigieren mit dem Playhead an die Schnittmarke zwischen dem Clip »Surfer in Welle« und dem Teil des Interviews, der schon in der Timeline liegt. In der Symbolleiste drücken wir nun auf das Symbol CLIP EINFÜGEN (W).

◀ Abbildung 6.9
Clip zwischen zwei Clips einfügen

8 Bild und Ton trennen
Jetzt liegen beide Teile des Interviews in der Timeline, und wir müssen den Schnitt dazwischen verdecken. Dazu setzen wir zuerst bei dem Clip »Kid surft gut« In- und Out-Punkte an sinnvollen Stellen. Weil die Hintergrundgeräusche (auch Atmo genannt) in dem Clip sehr laut sind und wir uns auf das Interview konzentrieren möchten, trennen wir nun Bild und Ton. Klicken Sie auf das kleine Dreieck neben den Schnitt-Tasten in der Symbolleiste, und wählen Sie NUR VIDEO (alt+2) aus.

▲ Abbildung 6.10
Über NUR VIDEO Bild und Ton trennen

9 Mit primärer Handlung verbinden
Nun navigieren Sie in der Timeline kurz vor den Schnittpunkt zwischen den beiden Teilen des Interviews und drücken die Taste Q. Jetzt sollte der Clip »Kid surft gut« den Schnitt überdecken.

Dass in diesem Fall nur das Bild in die Timeline kopiert wurde, erkennen Sie daran, dass das Wellenmuster für den Ton unter dem Clip-Piktogramm fehlt.

Abbildung 6.11 ▶
Über NUR VIDEO Bild und Ton trennen

10 Überschreiben

Kopieren Sie einen schönen Sonnenuntergang an das Ende unserer kleinen Sequenz, um das Ganze abzurunden. Etwa 10 Sekunden sollten hier genügen. Wenn wir uns unser Werk anschauen, fällt uns auf, dass der Sonnenuntergang verdächtig still ist, denn wir sehen das Meer zwar, hören es aber nicht rauschen. Das liegt daran, dass für den Schnitt in die Timeline der Ton nach wie vor deaktiviert ist. Aktivieren Sie also nun wieder Bild und Ton ([alt]+[1]). Den stummen Clip am Ende der Timeline ersetzen wir anschließend durch den gleichen Clip mit Ton. Dazu positionieren wir den Playhead auf dem letzten Schnitt und drücken [D].

▼ **Abbildung 6.12**
Der fertige Clip

6.1.2 Verschieben von Clips in der Timeline

Wie Sie Clips in die Timeline kopieren, wissen Sie jetzt. Der nächste Schritt ist nun, die Elemente dort in eine neue Reihenfolge zu bringen, sie umzusortieren und zu verschieben. Darin besteht schließlich der eigentliche Vorteil des digitalen Videoschnitts.

Einfaches Verschieben | Die wohl gängigste Methode, Clips in der Timeline neu zu arrangieren, ist das einfache Drag & Drop. Greifen Sie dazu ein Element mit der Maus, und bewegen Sie es an die gewünschte neue Position. Dabei werden Sie zwei Dinge feststellen: Erstens lassen sich Clips nicht hinter dem Ende der primären Handlung positionieren, und zweitens können Sie durch das Verschieben eines Clips keine anderen Elemente überschreiben. Immer wenn Sie einen Clip neu positionieren, rutschen alle anderen brav zur Seite, sodass eine passgenaue Lücke entsteht. Das heißt, dass Sie Clips auch immer nur an das Ende eines anderen Clips verschieben können und sich dabei weder die Länge eines Clips noch die gesamt Länge Ihres Films ändert. Die Zahl in der kleinen schwarzen Box am Clip zeigt Ihnen dabei framegenau an, wie weit Sie den Clip verschieben.

> **Primäre Handlung**
>
> Wir beziehen uns hier auf das Verschieben von Clips innerhalb der primären Handlung. Lagern Sie einen Clip aus und verbinden ihn mit der primären Handlung, ändert sich auch die Gesamtlänge des Projekts.

◄ **Abbildung 6.13**
In der primären Handlung (dunkelgrauer Bereich) lassen sich Clips mit der Maus verschieben, ohne dass Sie Gefahr laufen, andere Elemente zu überschreiben. Der Timecode in der schwarzen Box zeigt den Versatz zur alten Position an.

Mehrere Clips verschieben | Natürlich sind Sie beim Verschieben von Clips nicht auf einen einzelnen beschränkt, sondern Sie können ebenso gut mit der Maus einen Rahmen um eine beliebige Anzahl von Clips ziehen und diese dann im Block auf eine neue Position bewegen. Außerdem können Sie mit gedrückt gehaltener cmd -Taste mehrere Clips auswählen und dann alle zusammen verschieben. Das Besondere dabei ist, dass Sie mit der Methode auch Clips zusammen verschieben können, die in der Timeline nicht nebeneinanderliegen, aber zusammengeführt werden, sobald sie an einer anderen Stelle abgelegt werden.

Das Positionswerkzeug | Um Clips unabhängig innerhalb der primären Handlung verschieben zu können, nutzen wir das Positionswerkzeug und zeigen Ihnen dabei auch gleich noch ein ganz neues Fenster, nämlich die Werkzeugpalette. Bisher haben wir alle Schritte und Techniken mit dem Standard-Auswahlwerkzeug durchgeführt; nun ist es an der Zeit, dass wir Ihnen die Spezialwerkzeuge vorstellen.

> **Vorübergehend aufrufen**
>
> Wenn Sie nur kurz zum Positionswerkzeug wechseln möchten, halten Sie P gedrückt, solange Sie den gewünschten Clip verschieben. Anschließend lassen Sie P wieder los und wechseln automatisch zurück zum Auswahlwerkzeug.

▲ **Abbildung 6.14**
Das Positionswerkzeug finden Sie in der Werkzeugpalette auf der Symbolleiste.

Klicken Sie in der Symbolleiste auf den blauen Pfeil unter der Ereignis-Mediathek, um die Werkzeugpalette zu öffnen, und wählen Sie daraus das Positionswerkzeug (P) aus; Ihr Mauszei-

> **TIPP**
>
> Mit dem Positionswerkzeug können Sie auch Clips aus einem Ereignis in die Timeline ziehen und dort bestehende Elemente überschreiben. Diese Technik entspricht dem Tastenkürzel D.

ger nimmt damit die Form des Werkzeugs an. Wenn Sie jetzt einen Clip greifen und verschieben, können Sie ihn an einer beliebigen Stelle der Timeline positionieren, unabhängig von anderen Clips oder dem Ende der primären Handlung. Aber Vorsicht, denn nun überschreiben Sie andere Elemente, wenn Sie Ihren Clip darüber ablegen.

In der schwarzen Box am unteren Rand des Clips erkennen Sie wieder die Zeit, um die Sie den Clip verschoben haben, und ein blauer Rahmen markiert die neue Position. Alle anderen Clips bleiben dabei an ihrer alten Stelle und werden nicht automatisch bewegt, deswegen entsteht in der Timeline eine Lücke von der Länge des verschobenen Clips – diese Lücke nennen wir Gap oder auch Gap-Clip.

Abbildung 6.15 ▶
Beim Verschieben mit dem Positionswerkzeug entstehen Gaps ❶, und andere Clips werden überschrieben. Der blaue Rahmen ❷ zeigt die neue Position an, der Timecode in der Box ❸ den Versatz.

Gap-Clips | Gap-Clips sind nichts anderes als Lückenfüller (englisch »Gap« = Lücke) oder Schwarzbilder und entstehen zum Beispiel immer dann, wenn Sie mit dem Positionswerkzeug einen Clip verschoben haben. Gaps lassen sich fast genauso wie alle anderen Clips in der Timeline bearbeiten, verschieben und löschen. Wir setzen Gaps als Platzhalter ein, wenn wir zum Beispiel noch auf bestimmte Bilder warten oder um hinter unserem eigentlichen Film in der Timeline weitere Clips zu sammeln.

Gaps können Sie sogar ganz bewusst in die Timeline schneiden, um eine Lücke zu erzeugen. Wählen Sie BEARBEITEN • GAP EINFÜGEN (alt+W): Schon wird es in Ihrem Film für drei Sekunden schwarz. Die angewendete Schnittmethode ist dabei EINFÜGEN. Das heißt, alle Timeline-Inhalte nach dem eingefügten Clip rutschen nach rechts.

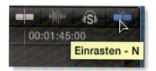

▲ **Abbildung 6.16**
Dass die Funktion EINRASTEN aktiviert ist, erkennen Sie an der blau hinterlegten Taste.

Einrasten | Verschieben Sie mit dem Positionswerkzeug einen Clip, dann sollte sich dieser von anderen Schnittmarken magisch angezogen fühlen. Diesen Magnetismus nennen wir Einrasten oder englisch »snapping«. Damit stellen Sie sicher, dass Sie Clips immer genau positionieren und nicht versehentlich andere Clipinhalte überschreiben. So praktisch diese Funktion im Regelfall ist, so sehr kann sie unter Umständen auch nerven, nämlich wenn Sie den Clip in der Nähe eines Bearbeitungspunktes ablegen wollen und nicht genau darauf. Um das Einrasten zu deaktivieren, drücken Sie [N] auf Ihrer Tastatur, oder klicken Sie auf die entsprechende Taste ganz rechts oben in der Timeline.

Framegenaues Verschieben | Nun hängt die Genauigkeit des Verschiebens von Elementen von der Darstellungsgröße ab, die Sie für die Timeline gewählt haben. Je kleiner die Elemente im Timeline-Fenster dargestellt werden, umso schwieriger ist es, framegenau zu arbeiten. Möchten Sie ein Element an ein anderes anlegen, sollten Sie auf jeden Fall das Einrasten (siehe oben) einschalten. Möchten Sie Teile eines bestehenden Clips überschreiben, schalten Sie das Snapping aus, damit Ihnen das zu verschiebende Element nicht plötzlich zum nächstliegenden Schnittpunkt weghüpft.

Um das präzise Verschieben von Elementen zu vereinfachen, gibt es zwei Hilfsmittel: die [cmd]-Taste und die Tasten [,] (Komma) und [.] (Punkt).

▶ Halten Sie während des Verschiebens die [cmd]-Taste gedrückt, reagiert der aktivierte Clip zäh. Das heißt, das Element klebt nicht mehr an der Maus, sondern bewegt sich um ein Vielfaches langsamer. Selbst wenn Sie die Maus über den gesamten Bildschirm jagen, bewegt sich der Clip nur um ein paar Frames, natürlich wieder abhängig von der gewählten Darstellungsgröße des Timeline-Fensters. Wichtig hierbei ist, dass Sie zuerst den Clip aktivieren, dabei die Maustaste halten und erst dann die [cmd]-Taste drücken.

▶ Noch framegenauer arbeiten Sie mit den Tasten [,] und [.]. Wählen Sie per Mausklick einen Clip in der Timeline aus, können Sie ihn anschließend mit [,] nach links und mit [.] nach rechts wandern lassen. Ein Tastendruck entspricht genau einem Frame. Halten Sie eine der Tasten permanent gedrückt, wandert das Element im Schneckentempo über die Timeline. Um diesem Vorgang ein wenig mehr Fahrt zu verleihen, halten Sie zusätzlich die [⇧]-Taste gedrückt. Nun hüpft der gewählte Clip bei jedem Anschlag der Tasten [,] oder [.] zehn Frames in die jeweils gewünschte Richtung. Auf andere Clips in der Timeline wird dabei keine Rücksicht genommen, denn die werden kurzerhand überschrieben. Entstandene Lücken werden mit einem Gap-Clip gefüllt.

Verschieben mittels Timecode | Sie können Clips auch durch die Eingabe von Timecode versetzen. Aktivieren Sie hierzu das Timeline-Fenster sowie den zu verschiebenden Clip, und tippen Sie einfach den Timecode ein, das heißt die Zeit, um die Sie das Element verschieben möchten. Beginnen Sie die Eingabe immer mit einem [+]- oder [-]-Zeichen, damit Final Cut Pro weiß, in welche Richtung das Element bewegt werden soll:

TIPP

Sie können das Snapping auch kurzzeitig ein- bzw. ausschalten, indem Sie die Taste [N] während des Verschiebens von Clips gedrückt halten.

Besser ohne Einrasten

Deaktivieren Sie am besten das Einrasten, wenn Sie Clips mithilfe der [cmd]-Taste verschieben.

Einer oder mehrere

Mit allen hier erklärten Techniken zum Verschieben und Positionieren von Clips in der Timeline können Sie immer einen oder mehrere Clips gleichzeitig bewegen. Die Auswahl erfolgt immer, indem Sie mit der Maus einen Rahmen um die gewünschten Elemente ziehen oder sie mit gedrückt gehaltener [cmd]-Taste anklicken.

> **Frames**
>
> Frames sind die kleinste Einheit in der Videobearbeitung und stehen für ein Einzelbild. Eine Sekunde Video setzt sich in Europa in der Regel aus 25 Frames bzw. 50 Frames zusammen, wir sprechen auch von 25 fps (Frames pro Sekunde).

> **Kommas statt Nullen**
>
> Für die Ungeduldigen und Tippfaulen: Die letzten *Gruppen von Nullen* bei der Eingabe von Timecodes können Sie auch durch Kommas ersetzen. Wenn Sie beispielsweise acht Sekunden vorwärts springen möchten, geben Sie »+8,« ein und bestätigen mit der Eingabetaste. Um rückwärts zu springen, tippen Sie »-8,«. Um acht Minuten vorwärts zu springen, brauchen Sie statt »+080000« nur »+8,,« einzugeben. Gerade wenn Ihre Tastatur über ein Zehner-Tastenfeld verfügt, werden Sie diese Abkürzung zu schätzen wissen.

- Rechtsherum: Um ein Element weiter nach hinten (in Richtung Projektende) zu verlegen, geben Sie zunächst ein Plus-Zeichen an, bevor Sie den Versatz eingeben.
- Linksherum: Um ein Element weiter nach vorne (in Richtung Projektanfang) zu verlegen, geben Sie zunächst ein Minus-Zeichen an, bevor Sie den Versatz eingeben.

Darauf folgt der Timecode mit dem eigentlichen Versatz, wobei hier das Pferd von hinten aufgezäumt wird. Sprich, es wird immer mit Frames begonnen, danach folgen Sekunden, Minuten und Stunden. Wenn Sie Ihren Clip zum Beispiel um 20 Frames weiter nach rechts rücken möchten, geben Sie »+20« ein und bestätigen die Eingabe mit ⏎. Hängen Sie noch eine weitere Null an (»+200«), verschieben Sie den Clip um zwei Sekunden (»00:00:02:00«).

Final Cut Pro denkt bei der Eingabe von Timecode fleißig mit und rechnet auch krumme Eingaben in sinnvolle Werte um. Tippen Sie zum Beispiel »−40«, wird Ihre Eingabe so interpretiert, dass Sie den Clip um 40 Frames nach links verschieben möchten. Bei 25 fps wird daraus folglich automatisch ein Versatz von »−00:00:01:15«. Bedenken Sie aber, dass auch bei der Timecode-Eingabe andere Clips rücksichtslos überschrieben werden und Gaps entstehen.

Nehmen Sie jetzt am besten drei bis fünf Clips aus einem Ereignis, legen sie in ein neues Projekt und verschieben sie fleißig. Achten Sie dabei darauf, dass Sie stets in der primären Handlung arbeiten. An dieser Stelle geht es nicht in erster Linie darum, großes Kino zu schaffen, sondern darum, dass Sie ein Gefühl dafür entwickeln, wie Sie effektiv die diversen Möglichkeiten nutzen, um Clips in der Timeline zu verschieben. Also experimentieren Sie!

6.1.3 Clips schneiden

Jetzt haben wir schon so viele Seiten Papier mit geballtem Wissen gefüllt und bis jetzt noch nicht einen Clip wirklich geschnitten. Dabei heißt es doch immer Videoschnitt. Natürlich erledigen wir heute digital, was früher mühsame Handarbeit war, aber auch wenn Schere und Klebstoff nicht mehr zu unseren Werkzeugen gehören, müssen wir ab und an noch Clips in der Timeline zerschneiden. Zum Beispiel, wenn ein Element zu lang ist.

Das Schneiden-Werkzeug | In der Werkzeugpalette finden Sie das Schneiden-Werkzeug, mit dem Sie einen oder mehrere Clips unterschneiden können. Das Tastenkürzel B leitet sich von der englischen Übersetzung »Blade« (für Klinge) ab.

▲ Abbildung 6.17
Die Werkzeugpalette finden Sie in der Symbolleiste unter der Ereignisvorschau.

Sobald Sie das Werkzeug ausgewählt haben, ändert sich Ihr Mauszeiger innerhalb der Timeline in eine kleine Rasierklinge, mit der Sie nun Ihren Clips zu Leibe rücken können. Im Viewer sehen Sie dabei jederzeit genau das Bild, über dem Sie sich befinden. Haben Sie die richtige Stelle gefunden, reicht ein Mausklick. Schnipp, schnapp, Clip ab.

▲ **Abbildung 6.18**
Mit der Rasierklinge schneiden Sie Elemente innerhalb der Timeline.

Sie können Ihre Clips an jeder beliebigen Stelle einschneiden, egal ob einen Frame von der Kante entfernt oder hundert. Sollten Sie jedoch die Funktion EINRASTEN (N) aktiviert haben, wird die Rasierklinge von dem Playhead der Timeline magnetisch angezogen (siehe oben).

Für ganz präzise Schnitte navigieren wir zuerst mit dem Playhead an die Stelle, an der wir den Clip teilen möchten, stellen sicher, dass das EINRASTEN aktiviert ist und schneiden dann exakt an der ausgewählten Stelle.

Mit der Tastatur schneiden | Ein bisschen schneller und eleganter als die Rasierklinge ist das Schneiden von Clips mithilfe der Tastatur. Der Vorteil ist, dass Sie nicht erst das Werkzeug wechseln müssen, und zudem können Sie mit der Tastatur mehrere Clips gleichzeitig teilen, während Sie mit der Rasierklinge immer nur ein Element schneiden können.

> **Schneiden und teilen**
>
> Streng genommen schneiden Sie einen Clip nicht, sondern Sie teilen ihn nur. Jeder Teil lässt sich im Anschluss nämlich wieder zu der vollen Länge ausziehen.

> **Kurzfristig zur Rasierklinge wechseln**
>
> Um nur kurzzeitig zur Rasierklinge zu wechseln, reicht es, wenn Sie die Taste B gedrückt halten, solange Sie Ihren Schnitt durchführen. Sobald Sie die Taste wieder loslassen, wechselt Final Cut Pro wieder automatisch zu dem ursprünglich gewählten Werkzeug.

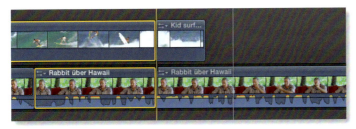

▲ **Abbildung 6.19**
Vor dem Schneiden mehrerer Clips müssen Sie einen Rahmen darum ziehen. Ansonsten wird immer nur der Clip in der primären Handlung geschnitten.

> **Skimmer vor Playhead**
>
> Beim Schneiden mit der Tastatur hat die Position des Skimmers immer Vorrang vor dem Playhead. Der Schnitt wird also immer beim Skimmer durchgeführt, solange dieser aktiv ist.

Navigieren Sie mit dem Skimmer zu der Stelle, an der Sie den Schnitt setzen möchten, und drücken Sie [cmd]+[B] (BEARBEITEN • SCHNEIDEN). Um mehrere Clips gleichzeitig zu schneiden, ziehen Sie zunächst mit der Maus einen Rahmen darum und navigieren dann mit dem Skimmer zu der gewünschten Stelle, bevor Sie die Tastenkombination drücken.

6.1.4 Elemente duplizieren und kopieren

Es kommt zwar nicht sonderlich häufig vor, dass Elemente innerhalb der Timeline kopiert oder dupliziert werden (es wäre ja auch langweilig, wenn Sie in einem Film immer dieselben Szenen ansehen müssten), trotzdem gibt es diese Funktion. Pingelig, wie wir sind, unterscheiden wir genau zwischen Duplizieren und Kopieren:

- Wir **duplizieren** einen Clip, wenn wir dasselbe Element mit denselben Schnittpunkten im selben Fenster vervielfachen.
- Wir **kopieren** ein Element, wenn wir es von einem Fenster in ein anderes Fenster bewegen, zum Beispiel von der Ereignis-Mediathek in die Timeline.

Kopieren und einfügen | Wie alle anderen Applikationen auf Ihrem Macintosh verfügt auch Final Cut Pro über eine **Zwischenablage**, die sowohl Elemente als auch Effekte (mehr dazu später) enthalten kann.

Wenn Sie ein Element in der Timeline aktivieren und die Funktion BEARBEITEN • KOPIEREN wählen ([cmd]+[C]), wird das Element in die Zwischenablage befördert und kann an jedem anderen Punkt der Timeline eingefügt werden. Hierzu positionieren Sie einfach den Playhead an der gewünschten Position und wählen aus dem Menü BEARBEITEN • EINSETZEN ([cmd]+[V]).

Der kopierte Clip wird eingefügt, und alle anderen Elemente in der Timeline wandern nach rechts. Befindet sich der Playhead nicht an einem Schnittpunkt zwischen zwei Clips, sondern direkt auf einem Element, wird dieses geteilt.

Verschieben und kopieren | Es geht sogar noch einfacher und schneller: Wenn Sie in der Timeline mit dem Auswahl- oder dem Positionswerkzeug einen Clip verschieben und gleichzeitig die [alt]-Taste gedrückt halten, erscheint ein kleines Plussymbol, und das Element wird dupliziert, sobald Sie die Maus loslassen. Im Gegensatz zur oben beschriebenen Methode »Kopieren und Einfügen« können Sie beim Duplizieren in der Timeline das neue Element nicht an der Position des Playheads einfügen, sondern lediglich zwischen zwei Clips, alle anderen wandern nach rechts. Diese Technik entspricht also dem einfachen Verschieben von Clips.

◄ **Abbildung 6.20**
Das Plussymbol zeigt an, dass Sie ein Element duplizieren.

Kopieren mit Schnittpunkten | Die Zwischenablage von Final Cut Pro arbeitet sogar so dynamisch, dass Sie auch nur Teile eines Clips kopieren können. Dazu wählen Sie mit In- und Out-Punkten den gewünschten Bereich aus und drücken dann cmd+C. Danach positionieren Sie den Playhead an der Stelle, an der das Duplikat eingefügt werden soll und drücken cmd+V. Wie Sie sehen, wurde nur der Bereich zwischen In- und Out-Punkt kopiert.

Clip-Grenzen ignorieren

Natürlich funktioniert dieser Trick auch über Clip-Grenzen hinweg. Sie können also den In-Punkt auf einen Clip setzen und den Out-Punkt auf den nächsten und danach den Bereich kopieren und woanders einsetzen.

◄ **Abbildung 6.21**
Markieren Sie den Bereich, den Sie kopieren möchten, mit In- und Out-Punkten – auch über Clip-Grenzen hinweg.

Als verbundenen Clip einsetzen | Bisher haben wir Clips immer nur aus der primären Handlung herauskopiert und sie dort auch wieder eingesetzt. Nun werden wir unsere Elemente eine Etage weiter nach oben befördern und sie als verbundene Clips einsetzen. Der erste Teil ist wie immer gleich und besteht im Kopieren von einem oder mehreren Elementen zum Beispiel mit cmd+C in der Timeline oder in einem Ereignis. Dann navigieren Sie mit dem Playhead zu der Stelle, an der die Clips eingefügt werden sollen, und drücken alt+V oder wählen aus der Menüleiste BEARBEITEN • ALS VERBUNDENEN CLIP EINSETZEN.

Von Projekt zu Projekt

Das Kopieren von Elementen ist nicht beschränkt, Sie können so viele Elemente kopieren, wie es Ihnen beliebt. So können Sie beispielsweise eine Reihe von Clips aus einem Projekt in die Zwischenablage kopieren und sie in ein anderes Projekt einfügen.

◄ **Abbildung 6.22**
Sie können Clips auch einfügen und sie mit der primären Handlung verbinden.

6.1 Clips in der Timeline | **209**

Versionen erstellen | Wozu nun diese ganze Kopiererei? Die Nutzung der genannten Kopierfunktionen ist natürlich von Ihrer persönlichen Arbeitsweise abhängig. Sie können die Funktionen beispielsweise einsetzen, um verschiedene Versionen einer Szene zu erstellen, ohne dabei alle Clips neu aus dem Ereignis heraussuchen zu müssen.

Abbildung 6.23 ▶
Bei besonders komplexen Schnitten kann es vorkommen, dass wir mit etlichen Versionen eines Projekts arbeiten. Hierbei duplizieren wir zunächst ein Projekt (alt+D) und benennen das Duplikat mit einer höheren Versionsnummer um, bevor wir weiterschneiden.

Am einfachsten erstellen Sie unterschiedliche Versionen, indem Sie ganze Projekte duplizieren. Aktivieren Sie hierzu die Projekt-Mediathek, wählen Sie Ihr Projekt aus, und drücken Sie alt+D. Anschließend öffnen Sie das Duplikat per Doppelklick und können nun mit der Erstellung einer neuen Variante beginnen. Zu allen weiteren Details und Einstellungen lesen Sie bitte Abschnitt 5.4, »Projekte duplizieren, kopieren und mit anderen teilen«.

Alles in Ordnern

Wir arbeiten häufig mit verschiedenen Duplikaten unserer Projekte. Meistens legen wir uns dafür dann einen extra Ordner in der Projekt-Mediathek an.

6.1.5 Clips ersetzen

Wer kennt das nicht? Stundenlang bastelt man voller Hingabe und Enthusiasmus an einem Film, sucht Bilder raus und schneidet alles auf Takt, und dann kommt der Kunde und eröffnet einem, dass ja alles schon ganz nett sei, aber man noch ein paar Clips austauschen müsse. Und obwohl wir kurz davor sind, ihm zu erwidern, dass »ganz nett« die kleine Schwester von Mist ist, bewahren wir die Fassung, lächeln freundlich, freuen uns, dass man mit Final Cut Pro Clips so leicht ersetzen kann, und stellen später die zusätzlichen Stunden in Rechnung.

Ordner Videomaterial\ Weitere_Clips.

Ersetzen mit neuer Länge | Am besten, Sie schneiden mal schnell eine kurze Sequenz aus einigen Surfclips und Schnittbildern zusammen. Wir haben uns dafür ein neues Projekt mit dem Namen »Ersetzen« angelegt, in das wir insgesamt fünf Clips kopiert haben. Als ein Schnittbild zwischen zwei Surfern haben wir den Clip »Lifeguard auf Hochsitz« gewählt, finden aber, dass der gute Junge mit seinem Kaffeebecher eher gelangweilt wirkt.

Wir möchten deshalb den Rettungsschwimmer durch den Clip »Surfer macht Hang Loose Zeichen« ersetzen. Dazu markieren wir zuerst im Ereignis In- und Out-Punkte, bevor wir den Clip mit der Maus in die Timeline ziehen, und zwar genau auf den Clip, den wir austauschen möchten.

◀ **Abbildung 6.24**
Zwischen den Surfern wirkt der Clip »Lifeguard auf Hochsitz« bremsend.

◀ **Abbildung 6.25**
Ziehen Sie den neuen Clip aus dem Ereignis auf den alten in der Timeline. Es erscheint ein Pluszeichen, und der bestehende Clip wird grau überlagert.

Sobald Sie die Maustaste loslassen, öffnet sich ein Kontextmenü, aus dem Sie ERSETZEN auswählen. Dadurch wird der bestehende Clip durch den neuen ausgetauscht, wobei die Länge des neuen Clips beibehalten wird. Das heißt, die nachfolgenden Timeline-Inhalte verschieben sich entweder nach vorne oder nach hinten, und Sie müssen nicht befürchten, etwas zu überschreiben oder Gaps zu erzeugen.

◀ **Abbildung 6.26**
Der alte Clip wird ersetzt, wobei sich die Gesamtlänge des Films ändert.

So gefällt uns unsere kurze Sequenz schon besser. Zeit, mit Musik etwas Schwung in die Sache zu bringen. Dazu haben wir einen Song aus der Musikübersicht ausgewählt und ihn dann in unsere Timeline gelegt. Natürlich lassen wir uns auch nicht lumpen und passen die Schnitte genau dem Takt der Musik an. Wie das genau geht, lesen Sie in Abschnitt 7.7, »Marker«.

▲ **Abbildung 6.27**
Mit Musik geht alles besser. Die Schnitte haben wir dem Rhythmus angepasst.

Vom Anfang und vom Ende ersetzen | Jetzt werden wir den Clip »Surfer kommt jubelnd aus Welle« ersetzen durch »Große Wellen von der Mitte gefilmt«. Weil nun aber alles schon an der Musik ausgerichtet ist, wäre es unpraktisch, wenn sich die komplette Timeline der Länge des neuen Clips anpasst, denn dann würden unsere nachfolgenden Schnitte nicht mehr richtig sitzen. Deswegen wählen wir aus dem Kontextmenü diesmal Vom Anfang ersetzen, denn damit wird der neue Clip so eingesetzt, dass die Schnittpunkte und die Position in der Timeline des alten Clips erhalten bleiben. Im Prinzip ersetzen wir also nur den Inhalt, während das Gerüst bestehen bleibt. Dabei wird der In-Punkt des neuen Clips an den Anfang des alten gesetzt und der Out-Punkt durch dessen Länge vorgegeben. Im Grunde handelt es sich also hierbei um eine Variante des Drei-Punkte-Schnitts.

Wählen Sie stattdessen die Option Vom Ende ersetzen, wird der Out-Punkt des neuen Clips auf dem Out-Punkt des alten platziert. Die Länge bleibt aber auch in diesem Fall gleich.

▲ **Abbildung 6.28**
Das Ersetzen von Clips bei gleichbleibender Länge bietet sich vor allem an, wenn sich die Gesamtdauer der Timeline nicht ändern soll. Hier wegen der Musik.

Ersetzen Sie Clips vom Anfang oder vom Ende an, muss natürlich der neue Clip mindestens die Länge des alten haben. Neue Pixel kann sich nämlich auch Final Cut Pro nicht aus den Fingern saugen. Sollte der Inhalt nicht ausreichen, bekommen Sie eine Fehlermeldung. Hier können Sie sich dann entscheiden, ob Sie die Bearbeitung abbrechen oder in Kauf nehmen wollen, dass sich die nachfolgenden Clips in der Timeline verschieben.

Machen Sie ein Häkchen vor Beim Kürzen von Bearbeitungen nicht warnen, um die Fehlermeldung nicht noch einmal angezeigt zu bekommen. Dann werden ohne Vorwarnung alle Clips ersetzt, auch wenn sie zu kurz sind.

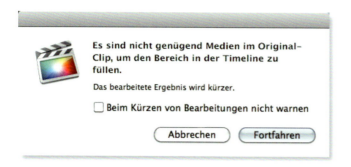

◀ **Abbildung 6.29**
Ist der Inhalt des neuen Clips zu kurz, sehen Sie diesen Warnhinweis.

Ersetzen und Effekte | Haben Sie Effekte auf einen Clip angewandt, den Sie ersetzen möchten, verschwinden diese sang- und klanglos mit dem alten Clip. Unser Tipp in diesem Fall: Entweder arbeiten Sie mit Alternativen (siehe Abschnitt 7.6, »Arbeiten mit Alternativen«), oder Sie setzen den Clip zuerst als verbundenes Element ein, kopieren dann die Effekte und wählen zu guter Letzt aus dem Kontextmenü (rechte Maustaste) MIT PRIMÄRER HANDLUNG ÜBERSCHREIBEN aus.

Bei Übergängen sieht das Ganze schon anders aus, denn diese bleiben netterweise erhalten.

Durch Gap ersetzen | Das Ersetzen eines Clips durch ein Gap ist ein klassisches Beispiel für die Marketingkünste, für die wir Apple so lieben. Klicken Sie mit der rechten Maustaste auf ein Element in der Timeline und wählen DURCH GAP ERSETZEN (Entf) aus, verschwindet Ihr Clip, und zurück bleibt ein schwarzes Loch. Andere würden diesen Vorgang als »Löschen« bezeichnen, aber man muss halt allem etwas Positives abgewinnen.

Durch mehrere Clips ersetzen

Ein Clip in der Timeline lässt sich auch durch mehrere Clips aus einem Ereignis ersetzen. Die Vorgehensweise ist dabei identisch, nur dass Sie eben nicht ein einzelnes, sondern mehrere Elemente bewegen. Eingesetzt werden sie in der Reihenfolge, in der sie auch im Ereignis stehen, und immer von Anfang bis Ende.

6.1.6 Match Frame

Unter *Match Frame* verstehen wir das Anzeigen eines Clips aus der Timeline in einem Ereignis. Wenn wir einen Beitrag schneiden, kommt es öfter vor, dass wir zum Beispiel noch eine weitere Antwort aus einem bestimmten Interview benötigen. Und weil wir faul und bequem sind, möchten wir vermeiden, alle unsere Ereignisse nach genau diesem Clip zu durchsuchen. Stattdessen nutzen wir lieber ⇧+F (CLIP • IN DER EREIGNISÜBERSICHT ANZEIGEN) und überlassen Final Cut Pro die Arbeit. Blitzschnell wird der gesuchte Clip in der Ereignis-Mediathek aufgerufen, der Skimmer auf dem identischen Frame platziert und der Clip in den Viewer geladen. Praktisch.

Miesepeter

Leider haben wir auch an der Funktion *Match Frame* etwas zu meckern. In der alten Final-Cut-Pro-Version wurde nicht nur der Marker auf dem richtigen Frame platziert, sondern auch die Schnittpunkte wurden wieder gesetzt. Wir zählen uns zwar nicht zu den ewig Gestrigen, trotzdem ist es schade, dass diese Funktion so stark beschnitten wurde.

6.2 Verbundene Clips

Wir haben ja schon an verschiedenen Stellen im Buch Clips an die primäre Handlung angehängt, zum Beispiel, um damit Schnitte in einem Interview zu kaschieren. Das Potenzial von verbundenen Clips ist aber noch größer, und darum soll es in diesem Abschnitt gehen.

▲ Abbildung 6.30
Verbundene Clips ❶ liegen immer außerhalb der primären Handlung und sind an der Verbindung ❷ zu erkennen.

6.2.1 Arbeiten mit verbundenen Clips

Wie der Name schon vermuten lässt, werden verbundene Clips an ein Element in der primären Handlung angehängt. Dadurch wird gewährleistet, dass die beiden Elemente zueinander nicht asynchron werden, auch wenn Sie fleißig Clips in der Timeline hin und her schieben. Denn verschieben Sie einen Clip der primären Handlung, bewegen sich alle verbundenen Clips simultan mit.

Neben normalen Clips mit Bild und Ton können Sie auch reine Bildclips (zum Beispiel Grafiken) oder reine Audioclips (zum Beispiel Musik oder Toneffekte) mit einem Clip in der primären Handlung verbinden.

Zur Erinnerung

Sie erstellen einen verbundenen Clip, indem Sie zunächst einen Clip oder Clipbereich in der Ereignisübersicht markieren und dann aus der Menüleiste BEARBEITEN • MIT PRIMÄRER HANDLUNG VERBINDEN auswählen (Q). Oder Sie bewegen einen Clip mit der Maus über ein Element der primären Handlung.

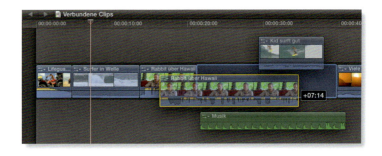

Abbildung 6.31 ▶
Wenn Sie den Clip in der primären Handlung verschieben, bewegen sich alle verbundenen Elemente simultan mit.

Sie können so viele Elemente wie Sie mögen mit einem Clip der primären Handlung verbinden, und diese können sich sogar überschneiden und liegen dann wie ein kleiner Turm übereinander. Im Viewer sehen Sie dabei immer nur den obersten, denn der überdeckt alle darunterliegenden. Einen verbundenen Clip erkennen Sie an dem kleinen senkrechten Strich zwischen den Elementen.

▲ **Abbildung 6.32**
Der Turmbau zu Apple. Sie können beliebig viele Elemente mit einem Clip der primären Handlung verbinden. Im Viewer sichtbar ist immer nur der oberste.

Verbundene Clips versetzen | Verbundene Clips sind wie Kindergartenfreunde. Sie machen alles mit und halten fest die Treue, lassen sich aber auch leicht von anderen anziehen und halten dann sofort zum neuen Freund. Sie können also einen verbundenen Clip frei bewegen und seine Position über dem Element der primären Handlung beliebig ändern – die Verbindung wird bestehen bleiben. Sobald Sie ihn aber über einen anderen Clip ziehen, springt die Verknüpfung zu dem neuen Clip über. Verbundene Clips lassen sich also mit der Maus leicht anderen Elementen der primären Handlung zuordnen.

Was nicht geht

Elemente lassen sich ausschließlich mit Clips der primären Handlung verbinden. Sie können Clips außerhalb der primären Handlung nicht untereinander verbinden.

◀ **Abbildung 6.33**
Verbundene Clips lassen sich frei verschieben und dadurch mit anderen Clips der primären Handlung verbinden.

Framegenau versetzen

Um den Verbindungspunkt framegenau zu versetzen, zoomen Sie am besten weit in die Timeline hinein, denn leider rastet der Mauszeiger dabei nicht am Playhead oder dem Skimmer ein.

Verbindungspunkt versetzen | Wenn Sie einen Clip mit der primären Handlung verknüpfen, dann wird der Verbindungspunkt immer am ersten Frame des verbundenen Clips gelegt. In manchen Fällen ist es aber praktisch, den Verbindungspunkt zu versetzen, zum Beispiel, wenn Sie zwei ganz bestimmte Frames miteinander synchronisieren möchten oder wenn der verbundene Clip links das Element der primären Handlung überlappen soll. Um den Verbindungspunkt zu versetzen, halten Sie [alt] und [cmd] gleichzeitig gedrückt und klicken dann mit der Maus an die Stelle, an der Sie den Verbindungspunkt haben möchten.

Abbildung 6.34 ▶
Durch das Versetzen des Verbindungspunktes lassen sich verbundene Clips vielfältiger positionieren.

Verbundene Clips löschen | Verbundene Clips können Sie entweder mit der [←]-Taste oder der [Entf]-Taste aus Ihrem Projekt löschen. Das Ergebnis ist das gleiche: Der verbundene Clip verschwindet wie befohlen, und alle anderen Elemente in der Timeline behalten ihre aktuelle Position. Sie laufen also nicht Gefahr, dass sich irgendetwas verschiebt oder asynchron wird. Einzig, wenn sich noch weitere Clips über dem gelöschten befinden (siehe Abbildung 6.32), rutschen diese eine Etage tiefer.

▲ **Abbildung 6.35**
Verbundene Clips können sowohl über- als auch unterhalb der primären Handlung platziert werden.

Entfernen Sie allerdings den Clip in der primären Handlung, werden dadurch auch alle verbundenen Clips automatisch mit gelöscht. Aber keine Sorge, natürlich können Sie alle Löschvorgänge mit der Tastenkombination [cmd]+[Z] wieder rückgängig machen.

Verbundene Clips über und unter der primären Handlung |
Im Normalfall und wenn Sie Clips über die Tastatur oder Menübefehle an ein Element anhängen, dann werden Videoclips immer über der primären Handlung positioniert und Audioclips darunter. Mit der Maus lässt sich diese Ordnung allerdings durchbrechen, und Sie können Video- und Audioclips sowohl über als auch unter der primären Handlung ablegen. Für das Hörerlebnis spielt es dabei keine Rolle, ob ein reiner Audioclip über oder unter der primären Handlung liegt, denn der Ton wird trotzdem in der gleichen Lautstärke abgespielt. Ein Videoclip unter der primären Handlung ist in der Regel aber nicht zu sehen, denn er wird von dem darüberliegenden Element überdeckt. Einen verbundenen Clip platzieren wir deshalb nur unter der primären Handlung, um einen Effekt mit veränderter Deckkraft oder einem Compositing zu erzeugen. Und wie das geht, lesen Sie in Kapitel 10, »Compositing und Animation«.

> **Vogelperspektive**
> In der Timeline ist immer nur das Video zu sehen, das oben liegt. Darunterliegende werden verdeckt. Deswegen lassen sich Schnitte auch so einfach verstecken.

Mit Gap-Clips verbinden | Verbinden Sie ein Element aus der Ereignisvorschau mit einem Bereich der primären Handlung, in dem sich kein Clip befindet, wird automatisch ein Gap-Clip erstellt. Die Verbindung besteht dann zu dem Gap-Clip, und das Gespann kann genauso wie alle anderen verbundenen Clips bearbeitet, verschoben und gelöscht werden.

◀ **Abbildung 6.36**
Sämtliche Elemente lassen sich auch mit Gap-Clips verbinden.

6.2.2 Verbundene Clips in die primäre Handlung übernehmen und extrahieren

Natürlich können Sie verbundene Clips auch in die primäre Handlung übernehmen, gewissermaßen upgraden. Dabei gelten

> **Per Maus oder Taste**
>
> Alternativ dazu können Sie auch mit der rechten Maustaste auf den verbundenen Clip klicken und aus dem Kontextmenü MIT PRIMÄRER HANDLUNG ÜBERSCHREIBEN auswählen. Oder Sie nutzen das Tastenkürzel [alt]+[cmd]+[↓].

die gleichen Regeln wie beim Verschieben von Elementen innerhalb der primären Handlung. Solange Sie mit dem Auswahlwerkzeug arbeiten, können Sie Clips einfach herunterziehen und sie dort an der gewünschten Stelle ablegen. Dabei verschieben sich alle Elemente der primären Handlung synchron mit, sodass Sie kein Risiko eingehen, dass etwas überschrieben wird. Wechseln sie allerdings vorher zum Positionswerkzeug [P], können Sie alle Clips überschreiben und so den Inhalt durch den des verbundenen Clips ersetzen.

Um sicherzugehen, dass sich der verbundene Clip beim Transfer in die primäre Handlung nicht nach links oder rechts verschiebt, sondern seine Position exakt hält, halten Sie [⇧] gedrückt, während Sie den Clip bewegen. Ein horizontales Verrutschen ist dann nicht mehr möglich, selbst dann nicht, wenn Sie wieder mal zu viele Stunden vor Ihrem Mac verbracht haben und Ihre Maushand schon zittert wie ein Lämmerschwänzchen.

Abbildung 6.37 ►
Verbundene Clips lassen sich mit der Maus, der Tastatur oder dem Kontextmenü in die primäre Handlung übernehmen. Mit dem Positionswerkzeug können Sie den Zielort frei wählen.

Clips aus primärer Handlung extrahieren | Wenn es einen Hinweg gibt, muss es auch einen Rückweg geben, über den Sie Clips aus der primären Handlung extrahieren und an anderer Stelle als verbundenen Clip wieder ablegen können. Zum Glück ist Final Cut Pro ein benutzerfreundliches Programm, und Hin- und Rückweg sind nahezu identisch. Solange Sie mit der Maus arbeiten, können Sie einfach einen Clip greifen und ihn außerhalb der primären Handlung an beliebiger Stelle als verbundenen Clip wieder ablegen.

Allerdings ist es auch mit dem Positionswerkzeug nicht möglich, andere verbundene Clips zu überschreiben. Hier können Sie also nur einfügen.

Arbeiten Sie mit dem Tastenkürzel [alt]+[cmd]+[↑] oder nutzen Sie das Kontextmenü, lassen sich auch Clips der primären Handlung, die bereits über einen verbundenen Clip verfügen, extrahieren. Dadurch entsteht dann ein Gap-Clip, an den der extrahierte Clip als verbundener Clip angehängt wird.

6.3 Zwei- und Drei-Punkte-Schnitt

Warum heißt Videoschnitt eigentlich Videoschnitt? Weil Sie, im übertragenen Sinne, etwas zerschneiden. Stellen Sie sich Ihren Videoclip im Viewer als einen Filmstreifen vor und Ihr Projekt als einen zweiten. Um nun den Videoclip in Ihr Projekt einfügen zu können, schneiden Sie zunächst den Clip aus (In- und Out-Punkt), und anschließend durchtrennen Sie den Filmstreifen an der Stelle, an der der Clip eingefügt werden soll. Durch das Geschnippel haben Sie nun vier Schnittkanten – zwei am Clip und zwei im Projekt, also zwei In- und zwei Out-Punkte. Das ist die klassische Art des Schneidens.

6.3.1 Drei-Punkte-Schnitt

Allen unter Ihnen, die sich nicht das erste Mal mit Videoschnitt beschäftigen, ist der Drei-Punkte-Schnitt bestimmt schon ein Begriff. Final Cut Pro folgt natürlich auch diesen Grundregeln. Im Klartext: Sie brauchen nur drei Punkte innerhalb eines Clips und der Timeline festzulegen, und der noch benötigte vierte Punkt wird automatisch während des Schneidens errechnet.

◀ **Abbildung 6.38**
Zum Schneiden benötigen Sie immer vier Schnittpunkte (weiße Pfeile): zwei In-Punkte und zwei Out-Punkte, wobei einer der vier Punkte automatisch errechnet werden kann.

Füllen von Gaps | Nun befinden wir uns ja im 21. Jahrhundert und haben Computer, die schlau genug sind, einen fehlenden Punkt zu errechnen. Das heißt, Sie legen drei Punkte fest, und Final Cut Pro errechnet den vierten Punkt. Eine typische Methode des Drei-Punkte-Schnitts ist das Füllen von Gaps. Als *Gap* bezeichnen wir dabei Lücken in der Timeline, also Stellen zwischen zwei Clips, an denen sich keine Medien befinden. Hier haben Sie bereits zwei festgelegte Punkte und müssen nun einen dritten angeben. Dieser dritte Punkt ist typischerweise der In-Punkt des Clips, mit dem Sie die Lücke füllen möchten.

Schritt für Schritt: Drei-Punkte-Schnitt I

In diesem kurzen Workshop zeigen wir Ihnen die Grundlagen für den Drei-Punkte-Schnitt und werden einen Gap-Clip in der Timeline passgenau durch ein schönes Bild ersetzen.

Ordner Videomaterial\
Weitere_Clips und FCP_Kapitel1

1 Gap-Clip erzeugen

Bleiben wir zunächst bei unseren bewährten Beispielclips. Legen Sie nun bitte in einem neuen Projekt mit dem Namen »Drei-Punkte-Schnitt« die Clips »Lifeguard am Strand«, »Viele Surfer im Wasser« und »Kid surft gut« in dieser Reihenfolge in die Timeline. Den mittleren Clip löschen Sie bitte anschließend, sodass ein Gap entsteht ([Entf]), das wir im Folgenden mit einem anderen Clip wieder füllen werden.

2 Schnittmarken erstellen

Gehen Sie folgendermaßen vor: Bewegen Sie zunächst den Playhead in der Timeline auf den ersten Frame des Gaps, indem Sie mit [↓] und [↑] von Schnitt zu Schnitt springen und Sie im Viewer nur Schwarz sehen.

Abbildung 6.39 ▲
Das Gap muss gefüllt werden.

Setzen Sie nun durch Drücken der Taste [I] einen In-Punkt in der Timeline, der Out-Punkt wird dann automatisch am Ende des Gap-Clips gesetzt. Somit haben Sie schon zwei der drei benötigten Punkte für den Schnitt festgelegt – und damit auch die Dauer, die gebraucht wird, um das Gap zu füllen. Diese Dauer sehen Sie übrigens auch unter der Timeline (»11.02 ausgewählt«).

3 Dritten Punkt setzen

▲ **Abbildung 6.40**
In-Punkt setzen

Öffnen Sie nun den Clip »Surfer Wasserkamera« aus der Ereignisvorschau – wir wollen damit das Gap füllen –, und setzen Sie hier einen In-Punkt auf dem gewünschten Eingangsframe. Dies ist der dritte Punkt. Achten Sie darauf, dass die Dauer des zu kopierenden Clips länger als die Dauer der Lücke ist, da Sie ansonsten die Fehlermeldung Es sind nicht genügend Medien im Original-Clip, um den Bereich in der Timeline mit Medien zu füllen erhalten.

4 Clip in Timeline kopieren

Kopieren Sie nun den Clip mit der Schnittmethode Überschreiben ([D]) in die Timeline. Final Cut Pro fügt den Clip passgenau in die Lücke zwischen In- und Out-Punkt in der Timeline ein und setzt hier automatisch den vierten fehlenden Punkt (Out-Punkt) auf dem Clip, sodass die neue Dauer der ehemaligen Dauer der Lücke entspricht.

▼ **Abbildung 6.41**
Der Clip wurde in die Timeline kopiert.

Clip markieren | Dem Drei-Punkte-Schnitt sind eigentlich keine Grenzen gesetzt. So können Sie diese Methode auch nutzen, um statt eines Gaps einen nicht mehr gewünschten Clip in der Timeline zu ersetzen. Parken Sie hierzu den Playhead irgendwo auf dem zu überschreibenden Clip, und wählen Sie aus dem Menü MARKIEREN • CLIP MARKIEREN ([X]). Final Cut Pro setzt dann automatisch sowohl einen In- als auch einen Out-Punkt auf dem Eingangs- und Ausgangs-Frame des Clips. Indem Sie nun einen anderen Clip aus einem Ereignis wählen, dort In- oder Out-Punkt festlegen und diesen anschließend per Schnittmethode ÜBERSCHREIBEN in die Timeline kopieren, wird der vorher markierte Clip überschrieben. Sollten Sie sich nicht sicher sein, ob Sie den alten Clip wirklich überschreiben und somit löschen wollen, können Sie auch stattdessen die Schnittmethode MIT PRIMÄRER HANDLUNG VERBINDEN ([Q]) wählen. Das neue Element wird daraufhin über den markierten Clip kopiert, und Sie können sich anschauen, ob Ihnen die neue oder die alte Version besser gefällt.

> **TIPP**
>
> Streng genommen müssen Sie bei dem Clip in der Ereignisvorschau keinen In-Punkt setzen, sondern nur den Skimmer oder den Playhead über dem ersten Frame positionieren. Final Cut Pro interpretiert das dann als In-Punkt und errechnet die richtige Dauer anhand der beiden Schnittpunkte in der Timeline.

▲ **Abbildung 6.42**
Wir haben mit [X] den Clip in der Timeline markiert und dann mit [Q] den neuen Clip aus dem Ereignis mit der primären Handlung verbunden. Das Ergebnis: Der neue Clip überlagert den alten, aber überschreibt ihn nicht.

Schritt-für-Schritt: Drei-Punkte-Schnitt II

Ordner VIDEOMATERIAL\ WEITERE_CLIPS

Wir möchten diese Schritte noch einmal im Einzelnen mit Ihnen durchgehen, aber dabei wollen wir Sie natürlich auch nicht langweilen; deswegen ist es an der Zeit, ein paar neue Clips zu entdecken. Also nehmen Sie bitte (falls nicht schon geschehen) den Ordner VIDEOMATERIAL\WEITERE_CLIPS, und importieren Sie ihn in Ihr Ereignis.

1 Clips in die Timeline kopieren

Legen Sie zunächst die Clips »Surfer mit Tattoo«, »Lifeguard auf Hochsitz« und »Leute am Strand« in dieser Reihenfolge in die Timeline.

Abbildung 6.43 ▼
Clips in der Timeline

2 Neuen Clip wählen

Sie werden beim Anschauen merken, dass der Rettungsschwimmer in der Mitte nicht so ganz hineinpasst. Außerdem wollen wir Action! Was wäre da besser geeignet als eine schön gesurfte Welle vom mehrfachen Surfweltmeister, Ex von Giselle Bündchen und Turtelfreund von Cameron Diaz mit Dauerpräsenz in der »Gala«: Kelly Slater. Wir wollen den Clip von Beginn an nutzen, deswegen setzen wir unseren In-Punkt auch auf den ersten Frame.

3 Clip in der Timeline markieren

Markieren Sie den Clip, den Sie ersetzen wollen, mit X in der Timeline.

Abbildung 6.44 ▶
Clip markieren

4 Clip überschreiben

Wenn Sie nun die Schnittoperation ÜBERSCHREIBEN anwenden, ersetzt der neue Clip den Bereich in der Timeline, den Sie vorher markiert haben. Der Out-Punkt des Clips »Kelly Slater surft gut« wird dabei automatisch errechnet.

▼ **Abbildung 6.45**
Clip ersetzen

5 Clip überlagern

Alternativ dazu können Sie auch MIT PRIMÄRER HANDLUNG VERBINDEN (Q) auswählen und so den Clip in der Timeline mit dem neuen überlagern.

▼ **Abbildung 6.46**
Clip überlagern

Bereiche markieren | Nun ist das Markieren nicht nur auf Gaps und Clips beschränkt, sondern Sie können auch ganze Bereiche auswählen, beispielsweise um sie zu ersetzen oder ein Logo, einen Text oder eine andere Grafik mit der primären Handlung zu verbinden. Sicherlich hilfreich wird Ihnen hierbei die Möglichkeit sein, gesetzte In- und Out-Punkte in der Timeline frei verschieben zu können, wie Sie es aus der Ereignisvorschau gewöhnt sind.

Das Bereichsauswahl-Werkzeug | Wer nicht so gerne mit der Tastatur arbeitet, für den bietet sich das Bereichsauswahl-Werkzeug (R) aus der Werkzeugpalette an. Sobald sich der Cursor

> **Schneller Wechsel**
>
> Um nur kurzzeitig zum Bereichsauswahl-Werkzeug zu wechseln, halten Sie R gedrückt. Sobald Sie die Taste wieder loslassen, kehren Sie automatisch zum vorher gewählten Werkzeug zurück.

in das neue Symbol verwandelt hat, können Sie mit der Maus direkt in der Timeline einen Bereich markieren, der dem Setzen von In- und Out-Punkten entspricht. Dieser Bereich kann über beliebig viele Clips hinweggehen und wird nur durch den ersten bzw. letzten Frame der Timeline beschränkt. Um einen bestimmten Clip mit Schnittmarken zu versehen, reicht ein Klick mit dem Bereichsauswahl-Werkzeug. Immer wenn Sie eine Schnittmarke verschieben, sehen Sie im Viewer den aktuellen Frame.

Abbildung 6.47 ▶
Mit dem Bereichsauswahl-Werkzeug legen Sie In- und Out-Punkte präzise fest.

Bild und Ton getrennt schneiden | Natürlich können Sie auch einen Drei-Punkte-Schnitt durchführen und dabei nur das Bild oder nur den Ton eines Clips aus Ihrem Ereignis in die Timeline übernehmen.

▲ **Abbildung 6.48**
Zuerst legen Sie Schnittmarken in der Timeline fest und wählen aus dem Aufklappmenü Nur Video oder Nur Audio aus.

▲ **Abbildung 6.49**
Mit Q hängen Sie dann den Clip aus dem Ereignis an die primäre Handlung an, hier ohne Ton.

Ein Beispiel hierfür aus der Praxis: Stellen Sie sich vor, Sie schneiden ein Interview zusammen. Plötzlich fängt die interviewte Person beim Sprechen unvermittelt an, sich für ein paar Sekunden gedankenverloren in der Nase zu bohren. Diesen nicht wirklich reizenden Anblick möchten Sie Ihrem Publikum ersparen, ohne jedoch auf die Worte zu verzichten, die der Interviewte von sich gibt.

Über die Symbolleiste oder die Tastenkürzel `alt`+`2` bzw. `alt`+`3` wählen Sie NUR VIDEO oder NUR AUDIO aus, bevor Sie einen Clip aus einem Ereignis in die Timeline kopieren.

Einfügen mit Drei-Punkte-Schnitt | Bis jetzt haben wir beim Drei-Punkte-Schnitt immer nur mit den Schnittmethoden ÜBERSCHREIBEN und MIT PRIMÄRER HANDLUNG VERBINDEN gearbeitet. Sie können diese Technik aber auch mit der Schnittmethode EINFÜGEN nutzen und Clips in die Timeline einbinden, ohne bestehende Inhalte zu überschreiben oder zu überdecken. Die Vorgehensweise entspricht dabei der oben beschriebenen, nur dass Sie jetzt alle Elemente der Timeline um die ausgewählte Dauer nach rechts schieben.

Mehrere Elemente gleichzeitig einfügen | Die Anzahl der Elemente, die Sie bei einem Drei-Punkte-Schnitt der Timeline hinzufügen, ist nicht limitiert. Sie können folglich also auch zwei, drei oder mehr Clips gleichzeitig auswählen und in Ihr Projekt schneiden. Dabei gelten folgenden Regeln:

- Um mehrere Clips aus einem Ereignis gleichzeitig auszuwählen, halten Sie `cmd` gedrückt.
- Die Reihenfolge, in der Sie die Clips auswählen, bestimmt die Reihenfolge, mit der sie in der Timeline landen.
- Sie können keine In- und Out-Punkte bei den Elementen in Ihrem Ereignis setzen. Bei dieser Technik werden immer die gesamten Clips übernommen.
- Über eine Bereichsauswahl in der Timeline können Sie die maximale Dauer der eingesetzten Clips bestimmen.
- Haben Sie keine Bereichsauswahl getroffen, gilt die Position des Skimmers (oder Playheads) als In-Punkt der Timeline.
- Sie können alle bekannten Schnittmethoden anwenden.

Elemente am Out-Punkt ausrichten | Sie können alle Elemente, die Sie über einen Drei-Punkte-Schnitt in Ihr Projekt kopieren, auch am Out-Punkt des Quellclips in der Ereignisvorschau ausrichten. Diese Technik nennen wir auch *Backtiming*, was so viel heißt wie »zeitlich rückwärts berechnet«.

> **Die Timeline hat Vorrang**
>
> Schnittmarken in der Timeline haben immer Vorrang vor Schnittmarken, die Sie in einem Clip in der Ereignisvorschau gesetzt haben. Wenn Sie also in der Timeline einen In- und einen Out-Punkt im Abstand von fünf Sekunden gesetzt haben und in der Ereignisvorschau einen Abstand von sechs Sekunden gewählt haben, dann werden nur fünf Sekunden in die Timeline übernommen.

> **Nur über die Tastatur**
>
> Backtiming-Schnitte lassen sich nur über die Tastatur ausführen und nicht über die Symbolleiste oder Menübefehle.

Backtiming nutzen wir immer dann, wenn wir sicherstellen möchten, dass ein Schnittbild auf einem ganz bestimmten Frame endet. Dazu legen wir, wie gewohnt, Schnittmarken im Quellclip fest und navigieren dann in der Timeline mit dem Skimmer oder dem Playhead an die Stelle, an der unser neuer Clip enden soll. Je nachdem, ob wir dann bestehende Inhalte überschreiben, überlagern oder verschieben möchten, drücken wir dann folgende Tasten:

- Zeitlich rückwärts überschreiben: ⇧+D
- Zeitlich rückwärts einfügen: ⇧+W
- Zeitlich rückwärts mit primärer Handlung verbinden: ⇧+Q

Dabei wird der Clip aus dem Ereignis so in der Timeline platziert, dass er auf der Position des Skimmers (Playheads) endet.

6.3.2 Zwei-Punkte-Schnitt

> **Backtiming**
>
> Mit dieser Technik können Sie auch Backtiming-Schnitt durchführen.

Wir versuchen ja immer Zeit zu sparen, wo es geht, denn weniger Arbeitszeit bedeutet mehr Freizeit. Und wer je ein Bundesliga-Derby verpasst hat, weil es mal wieder mit der Deadline eng wurde, der weiß, wovon wir reden. Mit dem folgenden kleinen Trick möchten wir Ihnen zeigen, wie Sie mit nur zwei Schnittmarken auskommen und sich so das Setzen von In- und Out-Punkten sparen können.

Wählen Sie zunächst einen Clip aus der Ereignisvorschau aus, und setzen Sie dann den Skimmer auf die Stelle, an der der Schnitt beginnen soll. Anschließend wechseln Sie in die Timeline und navigieren dort zu der Position, an der Sie den Clip einsetzen möchten. Nun stehen Ihnen die Schnittmethoden Überschreiben (D), Einfügen (W) und Mit primärer Handlung verbinden (Q) zur Verfügung, wobei der eingesetzte Clip immer auf dem letzten Frame endet.

> **Sichten ist Pflicht**
>
> Voraussetzung für eine effektive Arbeit mit Zwei-Punkt-Schnitten ist, dass alle Clips gut gesichtet und mit Schlagwörtern versehen wurden. Wir nutzen dann die intelligenten Sammlungen. Bei Clips mit langer Dauer macht diese Methode keinen Sinn.

Bei großen Projekten hilft uns der Zwei-Punkte-Schnitt häufig weiter, und wir arbeiten schneller, damit wir in der nächsten Saison hoffentlich nicht verpassen, wie der Hamburger SV Werder Bremen zu Fischmehl verarbeitet, sondern mit der Knolle in der Hand vor dem Fernseher sitzen.

6.4 Handlungen

Werden wir nicht alle an unseren Handlungen gemessen? Haben wir genug gespendet? Vernachlässigen wir unsere Frauen, weil wir nachts um eins noch Bücher über Videoschnitt schreiben? Enttäuschen wir unsere liebe Lektorin Katharina, weil wir die Deadline nicht einhalten? Fragen über Fragen, die uns das Leben stellt und die wir für den Moment mit gutem Gewissen wieder nach hinten schieben können. Denn Handlungen in Final Cut Pro beziehen sich nicht auf Freizeitphilosophie, sondern leiten sich vom englischen »Storyline« ab, sind also Erzählstränge.

Primäre und andere Handlungen | Bis jetzt haben wir schon viel mit der *primären Handlung* gearbeitet, also dem Hauptzählstrang. Wir können allerdings noch weitere *Handlungen* erstellen und diese, genau wie verbundene Clips, mit der primären Handlung verknüpfen. Der Vorteil besteht darin, dass wir eine größere Anzahl von Clips wie ein Element behandeln können. Dabei behalten wir trotzdem die Möglichkeit, jeden Clip einzeln zu verändern, zum Beispiel mit Effekten.

Egal ob Clips mit Bild und Ton, Grafiken oder Soundeffekte, Handlungen können alle Arten von Objekten beinhalten.

Exakte Wortwahl

Auch wenn beides ähnlich klingt, unterscheiden wir penibel zwischen der *primären Handlung* eines Projekts und weiteren *Handlungen*. Ein Projekt verfügt immer über eine primäre Handlung (dunkelgrau), andere Handlungen dagegen sind optional und nicht unbedingt notwendig.

Komplexes Thema

Handlungen sind ein elementarer Bestandteil von Final Cut Pro und lassen sich vielfältig einsetzen. Das betrifft auch Themen wie Effekte oder bestimmte Schnitt-Techniken, die wir erst später in diesem Buch behandeln. Um Sie nicht mit zu vielen Wiederholungen zu langweilen, verweisen wir Sie an die entsprechenden Stellen.

6.4.1 Handlungen erstellen

Sowohl das Erstellen als auch das Auflösen von Handlungen ist intuitiv und einfach. Wichtig ist vor allem zu verstehen, dass Handlungen immer aus verbundenen Clips erstellt werden und sich auch genauso verhalten.

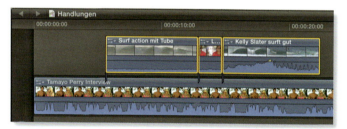

▲ **Abbildung 6.50**
Zuerst wählen Sie die Clips aus, die Sie zu einer Handlung zusammenfassen möchten. Dann drücken Sie ⌘+G. Unten: die primäre Handlung.

◄ **Abbildung 6.51**
Eine Handlung erkennen Sie an der grauen Box ❶, die um die einzelnen Clips herum entsteht. Unten: eine Handlung aus Audioclips.

6.4 Handlungen | **227**

Was nicht geht

Sie können aus Clips in der *primären Handlung* keine eigenständige Handlung erzeugen.

Handlungen aus verbundenen Clips erstellen | Der schnellste Weg, um aus mehreren verbundenen Clips eine Handlung zu erstellen, ist [cmd]+[G]. Markieren Sie dazu alle Clips, die Sie zu einer Handlung zusammenfassen möchten, und hauen Sie in die Tasten. Oder Sie klicken mit der rechten Maustaste auf die markierten Clips und wählen aus dem Kontextmenü HANDLUNG ERZEUGEN oder denselben Befehl aus dem Menü CLIP.

Liegen die Clips, aus denen Sie eine Handlung erstellen, nicht Frame an Frame nebeneinander, sondern befinden sich Lücken dazwischen, entstehen an diesen Stellen Gap-Clips. Die Gap-Clips sind allerdings transparent, sodass Sie nicht den Inhalt der primären Handlung überdecken.

Abbildung 6.52 ▶
Lücken zwischen Clips werden bei Handlungen zu Gaps ❶.

Sie können eine Handlung auch direkt erstellen, wenn Sie einen Clip mit der Maus aus einem Ereignis in Ihr Projekt bewegen und dabei [G] gedrückt halten. Wichtig ist, dass Sie den neuen Clip genau auf die Schnittmarke ziehen.

Abbildung 6.53 ▶
Bewegen Sie den Clip aus Ihrem Ereignis mit der Maus auf die Schnittmarke ❷, und halten Sie [G] gedrückt.

6.4.2 Clips zu Handlungen hinzufügen und löschen

Haben Sie eine Handlung erstellt, ist es leicht, ihr weitere Clips hinzuzufügen. Welche der Schnittmethoden EINFÜGEN ([W]), ÜBERSCHREIBEN ([D]) oder AN HANDLUNG ANHÄNGEN ([E]) Sie dazu wählen, bleibt ganz Ihnen überlassen. Beachten sollten Sie aber Folgendes:

- Fügen Sie Clips mit der Maus zu einer Handlung hinzu, wird immer die Schnittmethode EINFÜGEN angewendet. Sie können also keine bestehenden Inhalte überschreiben.
- Achten Sie darauf, dass Sie immer die Handlung selbst auswählen und nicht einen einzelnen Clip innerhalb der Handlung, wenn Sie einen Clip mit der Tastatur hinzufügen.
- Bei Handlungen können Sie auch die Schnittmethode ERSETZEN anwenden (siehe auch Abschnitt 6.1.5, »Clips ersetzen«).

◄ Abbildung 6.54
Beim Hinzufügen von Clips sollte immer die Handlung ausgewählt sein (gelbe Umrandung ❸) und nicht ein einzelner Clip.

Audio- und Videoclips mischen | Innerhalb einer Handlung können Sie alle Arten von Clips mischen und vereinen. Ein Kessel Buntes der Videobearbeitung. Egal ob Video, Ton oder Grafik, hier sind alle gleich. Das hat den Vorteil, dass wir zum Beispiel ganze Sequenzen erstellen und diese dann später als geschlossenen Block verschieben können.

◄ Abbildung 6.55
Innerhalb einer Handlung können Sie alle Arten von Clips mischen. Hier sind alle gleich.

Clips aus Handlungen löschen | Wie im echten Leben: Keine Verbindung muss ewig halten. Deshalb können Sie Clips natürlich auch wieder aus einer Handlung *entfernen* – entweder um sie außerhalb der Handlung abzulegen oder um sie gleich ganz zu löschen. Dazu greifen Sie die Clips, die Sie loswerden möchten, mit der Maus und ziehen sie aus der Handlung heraus. Sofort entstehen wieder verbundene Clips.

Zum Löschen von Clips aus der Handlung drücken Sie entweder ⌫ , sodass alle Clips *innerhalb* der Handlung nach links

6.4 Handlungen

> **Keinen Rahmen**
>
> Sie können die gesamte Handlung nur auswählen, indem Sie mit der Maus darauf klicken. Wenn Sie versuchen, mit dem Auswahlwerkzeug einen Rahmen darum zu ziehen, wählen Sie die Clips innerhalb der Handlung aus. Mehrere Handlungen können Sie mit gedrückter ⌘-Taste markieren.

rutschen und so gleich die entstandene Lücke schließen. Alle Clips außerhalb der betroffenen Handlung behalten ihre aktuelle Position. Oder Sie drücken [Entf], und an die Stelle des gelöschten Clips tritt ein Gap-Clip. Sowohl alle Elemente innerhalb als auch außerhalb der Handlung behalten dann ihre Position.

6.4.3 Handlungen auflösen und löschen

Um eine Handlung komplett *aufzulösen*, ohne die Position der Elemente in der Timeline zu verändern, drücken Sie [cmd]+[⇧]+[G]. Achten Sie aber darauf, dass Sie zuvor die Handlung ausgewählt haben und nicht die einzelnen Clips.

Abbildung 6.56 ▶
Wählen Sie die Handlung selber aus, …

Abbildung 6.57 ▶▶
… um sie wieder in die einzelnen Clips zu zerlegen.

Handlungen löschen | Wählen Sie wieder die gesamte Handlung (Abbildung 6.56) aus, um sie aus Ihrem Projekt zu löschen. Egal mit welcher Taste ([←] oder [Entf]) Sie sich der Altlast entledigen, alle anderen Clips in der Timeline bleiben davon gänzlich unbeeindruckt, um nicht zu sagen unbewegt.

Eine Handlung löst sich außerdem in nichts auf, wenn Sie alle darin enthaltenen Clips löschen oder herausbewegen. Eine Handlung ohne mindestens einen Gap-Clip kann es also niemals geben.

> **Rückgängig**
>
> Versehentlich gelöscht? Mit [cmd]+[Z] legen Sie den Rückwärtsgang ein und bekommen Ihre Handlung zurück.

6.4.4 Mit Handlungen schneiden

Wie oben schon angekündigt, lassen sich Handlungen, wie andere Clips auch, bewegen, trimmen und schneiden. Trotzdem gibt es ein paar Kleinigkeiten, auf die Sie achten sollten. Grundsätzlich unterscheiden wir zwischen Aktionen, die eine gesamte Handlung betreffen, und solchen, die nur einzelne Clips innerhalb der Handlung verändern.

> **Ganze Handlung greifen**
>
> Achten Sie darauf, den äußeren grauen Rahmen zu greifen, wenn Sie die gesamte Handlung bearbeiten möchten.

Gesamte Handlung verschieben | Eine Handlung reagiert wie ein verbundener Clip, wenn Sie mit der Maus danach greifen und sie verschieben. Treffen Sie auf einen anderen verbundenen Clip, werden Türmchen gebaut, und schubsen Sie sie über den

Klippenrand in die primäre Handlung, wird sie in ihre Einzelclips aufgelöst und eingegliedert.

◀ **Abbildung 6.58**
Verschieben Sie eine Handlung, zeigt der Timecode im schwarzen Kästchen den aktuellen Versatz an.

Zwei Handlungen zusammenfügen | Egal ob nah zusammen oder weit voneinander entfernt, Sie können zwei oder mehr Handlungen auch zu einer zusammenfügen. Mit gedrückter cmd-Taste wählen Sie dazu alle Handlungen aus, die Sie vereinen möchten, und drücken anschließend cmd+G oder wählen aus der Menüleiste CLIP • HANDLUNG ERZEUGEN. Die Handlungen müssen dabei nicht einmal nebeneinanderliegen, denn Bereiche, an denen sich vorher kein Clip befunden hat, werden dadurch zu Gaps.

Sollten sich zwischen den Handlungen, die Sie zusammenfügen, noch andere Handlungen oder verbundene Clips befinden, rutschen diese automatisch hoch und überlagern so die neu entstandene Handlung.

◀ **Abbildung 6.59**
Vorher: Zwischen den Handlungen befindet sich ein verbundener Clip.

◀ **Abbildung 6.60**
Nachher: Die beiden Handlungen wurden zusammengefügt, der verbundene Clip rutscht nach oben. Das Gap ist transparent.

Clips innerhalb einer Handlung verschieben | Beim Verschieben von Clips innerhalb einer Handlung gelten die gleichen Regeln wie bei verbundenen Clips. Nutzen Sie das Auswahlwerkzeug (A), können Sie sicher sein, dass Sie nicht versehentlich irgendwelche Inhalte löschen. Bewegen Sie einen Clip auf die

> **Snapping**
>
> Mit der EINRASTEN-Funktion ([S]) schalten Sie den Magnetismus zwischen Clips ein und aus. Wollen Sie genau eine Schnittmarke treffen, ist es hilfreich, damit zu arbeiten. Möchten Sie einen Clip frei positionieren, schalten Sie das Snapping besser aus.

gewünschte neue Position, rutschen alle anderen Elemente brav zur Seite, und die Gesamtdauer der Handlung ändert sich nicht. Ziehen Sie jedoch einen oder mehrere Clips aus einer Handlung heraus, so werden sie von ihr getrennt (siehe oben).

Mit dem Positionswerkzeug ([P]) sieht das schon anders aus, denn nun können Sie alle Elemente ohne Rücksicht auf Verluste verschieben. Was Ihnen in die Quere kommt, wird kurzerhand überschrieben. Auf diesem Weg können Sie sogar Gap-Clips erzeugen, denn die Handlung bleibt auch dann bestehen, wenn Sie Clips langsam an den äußeren Rand drücken.

Abbildung 6.61 ▶
Beim langsamen Verschieben mit dem Positionswerkzeug dehnt sich die Handlung aus. Es entsteht ein Gap-Clip.

> **Zweiter Gang**
>
> Um Clips schneller mit der Tastatur zu bewegen, halten Sie zusätzlich [⇧] gedrückt.

Natürlich können Sie, zum Beispiel, wenn Sie sehr präzise arbeiten möchten, auch die Tasten [,] und [.] benutzen, um die Position von Clips innerhalb der Handlung zu verändern. Die Schnittmethode entspricht dabei dem Überschreiben bzw. dem Positionswerkzeug, denn Sie können sowohl eine Handlung ausdehnen als auch andere Clipinhalte überschreiben.

Sehr praktisch ist das Verschieben mittels Timecode innerhalb einer Handlung. Diese Technik nutzen wir, wenn wir sicherstellen möchten, dass alle Clips den gleichen Abstand zueinander haben. Dazu markieren wir einen Clip und geben anschließend den Timecode ein, um den wir ihn versetzen möchten, zum Beispiel »+02:00« (zwei Sekunden nach rechts). Der Vorteil der Handlung ist in diesem Fall, dass wir sicher sein können, dass der Abstand der Clips zueinander sich nicht verändert, wenn wir sie einmal positioniert haben.

> **Verschieben mit Timecode**
>
> Wir haben dem Verschieben von Clips mittels Timecode in Abschnitt 6.1.2 noch mehr Aufmerksamkeit geschenkt.

Abbildung 6.62 ▶
In Reih und Glied. Via Timecode-Eingabe haben wir den Abstand der Clips zueinander festgelegt. Die Handlung sorgt dafür, dass sich nichts verschiebt.

Clips innerhalb einer Handlung schneiden | Sie können Clips innerhalb einer Handlung mit dem Schneiden-Werkzeug oder der Tastatur ([cmd]+[B]) nach bester Norman-Bates-Manier zerstückeln, Handlungen selber allerdings nicht.

Clips innerhalb einer Handlung kopieren | Um Clips innerhalb einer Handlung zu kopieren, halten Sie [alt] gedrückt und ziehen mit der Maus das Element, das Sie kopieren möchten, auf die neue Position. Es erscheint ein Plussymbol, das Ihnen signalisiert, dass Sie im Begriff sind, ein Duplikat anzufertigen. Die üblichen Tastenkürzel [cmd]+[C] und [cmd]+[V] funktionieren in diesem Fall nicht, denn damit setzen Sie das kopierte Element als verbundenen Clip oberhalb der Handlung ein.

Clips innerhalb einer Handlung trimmen | Trimmen ist eine Technik, mit der wir uns in Abschnitt 7.4, »Trimmen – der letzte Schliff«, noch genau befassen werden. An dieser Stelle nur so viel, dass Sie alle Arten von Clips innerhalb von Handlungen genauso trimmen können, wie Sie es von *primären Handlungen* gewohnt sind. Einzige Ausnahme: Der Präzisions-Editor (siehe Abschnitt 7.4.4) steht Ihnen hier nicht zur Verfügung.

Backtiming in Handlungen | Sie können in Handlungen auch eingeschränkt Backtiming-Schnitte durchführen. Eingeschränkt deshalb, weil Sie zeitlich rückwärts berechnete Schnitte nur mit der Methode Überschreiben ([D]) einer Handlung hinzufügen können. Zu beachten gibt es eigentlich nur zwei Dinge: Sie müssen die Handlung vor dem Schnitt auswählen, und die Position des Skimmers hat Vorrang vor der des Playheads.

> **Backtiming**
> Alles zu zeitlich rückwärts berechneten Schnitten erfahren Sie im Abschnitt »Elemente am Out-Punkt ausrichten« auf Seite 225.

Getrennte Schnitte in Handlungen | In Final Cut Pro können innerhalb eines Clips die Audiospur und die Videospur unterschiedlich lang sein. Damit können Sie zum Beispiel den Ton eines Interviews vor dem Bild beginnen lassen. Diese Technik können Sie ebenfalls innerhalb von Handlungen anwenden, aber da das Thema etwas umfassender ist, lesen Sie bitte in Abschnitt 7.5, »Getrennte Schnitte«, alle Details dazu.

◄ **Abbildung 6.63**
Getrennte Schnitte lassen sich auch innerhalb von Handlungen erstellen.

6.4.5 Handlungen und Effekte

Was ist schon ein Film ohne prickelnde Effekte und Übergänge? Und natürlich können Sie die auch innerhalb von Handlungen anwenden. Wie, erklären wir Ihnen in diesem Abschnitt. In Kapitel 9 erfahren Sie dann alles darüber, wie Sie die Effekte so einstellen, dass Ihren Zuschauern die Kinnladen herunterklappen.

Nicht möglich
Es ist nicht möglich, Übergänge zwischen zwei Handlungen zu erstellen.

Übergänge anwenden | Um zwischen zwei Clips einen Übergang zu erstellen, ziehen Sie ihn aus der Medienübersicht ÜBERGÄNGE auf einen Schnitt, oder drücken Sie [cmd]+[T] für einen Standardübergang. Wenn Sie mehrere Clips gleichzeitig markieren und dann [cmd]+[T] drücken, werden alle Schnitte gleichzeitig auch mit Übergängen versehen.

Abbildung 6.64 ▶
Übergänge werden auf Clips in Handlungen angewendet.

Da verbundene Clips selber keine Übergänge haben können, werden diese automatisch entfernt, sobald Sie eine Handlung auflösen. Immerhin erhalten Sie vorher noch eine Warnmeldung.

Abbildung 6.65 ▶
Wenn Sie im Begriff sind, eine Handlung mit Übergängen aufzulösen, erhalten Sie eine Warnmeldung und können die Aktion noch abbrechen.

Gruppierte Clips
Was hier nicht möglich ist, nämlich einen Effekt auf die gesamte Handlung anzuwenden, lässt sich dafür mit *gruppierten Clips* realisieren. Mehr dazu im nächsten Kapitel.

Effekte anwenden | Effekte in Handlungen wenden Sie immer auf die einzelnen Elemente an. Leider ist es nicht möglich, einen Filter auf die komplette Handlung zu kopieren, auch nicht, wenn diese zum Beispiel nur Videoclips beinhaltet. Das Vorgehen selbst ist dafür umso einfacher, denn Sie müssen nichts weiter tun, als den oder die gewünschten Clips auszuwählen und dann einen Doppelklick auf den gewünschten Filter in der Effektvorschau auszuführen. Schwups, schon fertig! Je nachdem, wie komplex der Effekt ist, müssen Sie allerdings eine kurze Renderzeit mit einkalkulieren.

KAPITEL 7

7 Feinschnitt

Wir hoffen, dass Sie schon erste Erfolge beim Schneiden Ihrer Videos hatten und es Ihnen Spaß macht, Clips hin und her zu schieben und zu sehen, wie aus Ihren Bildern und Ideen langsam ein Film entsteht. Alles, was nun folgt, hilft Ihnen, noch eleganter zu arbeiten und Ihrer Kreativität dadurch noch mehr Raum zu geben.

7.1 Zusammengesetzte Clips

In Handlungen haben wir bis jetzt mehrere Clips miteinander verbunden und so sichergestellt, dass sie sich nicht ungewollt verschieben. Jetzt gehen wir noch einen Schritt weiter und fassen mehrere Clips in einer Gruppe zusammen. In der Timeline wirken sie dadurch wie ein einzelner Clip.

Final Cut Pro 7

Zusammengesetzte Clips entsprechen den verschachtelten Sequenzen aus Final Cut Pro 7.

◄ **Abbildung 7.1**
Aus den ausgewählten Clips oben wird unten ein zusammengesetzter Clip. In der Timeline lässt er sich wie jedes andere Element bearbeiten.

7 Feinschnitt | **235**

Im Grunde genommen ist ein zusammengesetzter Clip nichts anderes als ein verschachteltes Projekt innerhalb Ihres Hauptprojekts, in dem Sie Video, Audio und Grafik frei miteinander kombinieren können.

Wir setzen zusammengesetzte Clips vor allem in folgenden Situationen ein:

- Auf zusammengesetzte Clips lassen sich Effekte anwenden. Das nutzen wir zum Beispiel, um unserem Film einen einheitlichen farblichen Look zu verpassen.
- Bei umfangreichen Projekten fassen wir bestimmte Abschnitte in einem Clip zusammen. Damit wird die Timeline übersichtlicher.
- Wenn wir Bild und Ton synchronisieren müssen, verhindern wir mit gruppierten Clips, dass sich ungewollt etwas verschiebt.

7.1.1 Zusammengesetzte Clips erstellen

Schauen wir uns zunächst an, wie zusammengesetzte Clips erstellt werden.

Gleiche Einstellungen

Beim Erstellen von zusammengesetzten Clips aus der Timeline werden die Einstellungen für Bildgröße, Codec und Framerate übernommen.

Clips in der Timeline gruppieren | Um in der Timeline einen zusammengesetzten Clip zu erstellen, markieren Sie zunächst alle Elemente, die Sie zusammenfassen möchten. Die Auswahlmöglichkeiten hier sind nicht beschränkt, sprich, Sie können Videoclips, Musik oder Grafiken miteinander gruppieren, und zwar sowohl aus der primären Handlung als auch aus verbundenen Clips oder anderen Handlungen.

Dann klicken Sie mit der rechten Maustaste auf einen der ausgewählten Clips und wählen aus dem Kontextmenü NEUER ZUSAMMENGESETZTER CLIP (alt+G) aus. In der Timeline wird nun aus allen markierten Elementen ein neuer Clip mit dem Namen ZUSAMMENGESETZTER CLIP. Neben der Bezeichnung erscheint zusätzlich ein Symbol, das zwei übereinanderliegende Clips darstellen soll.

Spielen Sie Ihren Film im Viewer ab, werden Sie wahrscheinlich gar keinen Unterschied feststellen, denn die Position der zusammengefassten Clips ändert sich nicht.

Abbildung 7.2 ▶
Zusammengesetzte Clips erkennen Sie immer an dem kleinen Symbol ❶ neben dem Clipnamen.

Zusammengesetzte Clips umbenennen | Wenn Sie mit mehreren zusammengesetzten Clips innerhalb eines Projekts arbeiten, kann es sinnvoll sein, diese umzubenennen. Ansonsten passiert es schnell, dass viele Clips mit dem gleichen Namen in Ihrer Timeline herumschwirren. Zum Umbenennen markieren Sie zunächst den gewünschten zusammengesetzten Clip und öffnen dann das Informationsfenster mit [cmd]+[4] oder über das »i« in der Symbolleiste. Im Feld NAME können Sie dann die Bezeichnung ändern.

Clips im Ereignis gruppieren | Außer in der Timeline können Sie auch Clips in Ereignissen zusammenfassen. Dabei werden alle Elemente nacheinander und vollständig in die primäre Handlung einer neuen Timeline gelegt, wobei Sie auch hier in der Anzahl oder Art der ausgewählten Clips nicht beschränkt sind. Weil der zusammengesetzte Clip im Grunde nichts anderes als ein im Ereignis abgelegtes Projekt ist, müssen Sie einige Video- und Audioeinstellungen vornehmen sowie einen Namen vergeben, bevor Sie weiterarbeiten können. Der Dialog wird Ihnen allerdings vertraut vorkommen, denn er entspricht dem zum Anlegen eines neuen Projekts. Einzige Ausnahme: Sie müssen kein Standardereignis festlegen, denn zusammengesetzte Clips werden immer in dem Ereignis abgelegt, in dem auch die dazugehörigen Einzelclips liegen.

Mit einem Doppelklick öffnen Sie den zusammengesetzten Clip in der Timeline, wo Sie ihm weitere Elemente hinzufügen bzw. Elemente löschen können. Oder Sie verwenden ihn wie einen Clip und schneiden ihn in ein anderes Projekt.

Alle noch da

Zusammengefasste Clips erscheinen immer zusätzlich zu den einzelnen Elementen in einem Ereignis. Die Ausgangsclips werden niemals verschoben, verändert oder gelöscht.

Zuwachs

Sie können dem zusammengesetzten Clip in der Timeline auch Elemente aus anderen Ereignissen hinzufügen.

◄ **Abbildung 7.3**
Die Einstellungen für zusammengesetzte Clips, die Sie im Ereignis erstellen, entsprechen im Wesentlichen den Projekteinstellungen.

◄ **Abbildung 7.4**
Im Ereignis erscheint ein zusammengesetzter Clip mit eigenem Symbol ❷. Mit dem Skimmer können Sie den Clip überfliegen.

> **Bei null beginnen**
>
> Sie können auch einen leeren zusammengesetzten Clip erstellen, indem Sie, ohne einen Clip ausgewählt zu haben, entweder mit der rechten Maustaste in den grauen Bereich eines Ereignisses klicken und dann NEUER ZUSAMMENGESETZTER CLIP auswählen oder den gleichen Befehl aus dem Menü ABLAGE aufrufen.

Clips in der Timeline öffnen | Wenn Sie einen Clip aus einem Ereignis mithilfe der rechten Maustaste IN DER TIMELINE ÖFFNEN und anschließend einen weiteren Clip hinzufügen, entsteht automatisch ein zusammengesetzter Clip mit den Eigenschaften des ersten Elements.

7.1.2 Zusammengesetzte Clips bearbeiten

Natürlich meißeln Sie mit dem Zusammensetzen von Clips nichts in Stein, sondern sind jederzeit in der Lage, noch etwas an Ihrem Schnitt zu ändern. Ein Doppelklick reicht, um den Clip in einer neuen Timeline zu öffnen und zu bearbeiten. Längen ändern, Clips hinzufügen oder löschen, Elemente neu arrangieren – wie in jedem Standardprojekt stehen Ihnen alle Türen offen.

Clips hinzufügen und entfernen | Wenn Sie einem zusammengesetzten Clip Elemente hinzufügen oder welche daraus entfernen, kann es sein, dass sich die Länge ändert oder Gap-Clips entstehen, also Schwarzbilder. Alle Änderungen wirken sich natürlich auch auf das Projekt aus, in dem Sie den zusammengesetzten Clip verwenden. Allerdings ändert Final Cut Pro hier niemals selbstständig die Gesamtlänge, denn dadurch könnte es zu Verschiebungen innerhalb der Timeline kommen.

Innerhalb eines zusammengesetzten Clips erkennen Sie den Bereich, der in dem übergeordneten Projekt nicht sichtbar ist, an der schraffierten Überlagerung.

Abbildung 7.5 ▶
Der zusammengesetzte Clip (mit gelbem Rahmen) hat in dem übergeordneten Projekt eine bestimmte Länge.

Abbildung 7.6 ▶
Öffnen Sie den zusammengesetzten Clip, entspricht der nicht schraffierte Bereich der Länge im übergeordneten Projekt.

Abbildung 7.7 ▶
Verschieben Sie einen Clip in den schraffierten Bereich, ist er im übergeordneten Projekt nicht mehr zu sehen.

◄ **Abbildung 7.8**
Mit der Maus können Sie den zusammengesetzten Clip im übergeordneten Projekt nach rechts erweitern. Der zuvor verschobene Clip wird dadurch sichtbar und ...

◄ **Abbildung 7.9**
... die Schraffur verschiebt sich ebenfalls nach rechts.

▲ **Abbildung 7.10**
Wenn der nicht schraffierte Bereich nicht mit Inhalten gefüllt ist, sehen Sie auch im übergeordneten Projekt nur Schwarz. In diesem Beispiel läuft die Musik noch weiter. Bild und Ton sind also unabhängig voneinander.

Zwischen Projekten und zusammengesetzten Clips wechseln | Da Sie innerhalb eines zusammengesetzten Clips wiederum Clips gruppieren können, ist es praktisch, dass Final Cut Pro Ihnen immer anzeigt, in welchem Projekt bzw. zusammengesetzten Clip Sie sich gerade befinden. Diese Informationen finden Sie am oberen Rand der Timeline unter der Symbolleiste.

Vorsicht Schiebung
Erstellen Sie in einem Projekt einen zusammengesetzten Clip, der mit anderen Clips der primären Handlung verbundene Elemente enthält, verschieben sich die nachfolgenden Timeline-Inhalte nach rechts.

▲ **Abbildung 7.11**
Unter der Symbolleiste sehen Sie immer, was Sie gerade in der Timeline bearbeiten. In diesem Beispiel haben wir in einem übergeordneten Projekt einen zusammengesetzten Clip angelegt und dann darin einen weiteren erstellt.

Um von einer Ebene zur nächsten zu springen, haben Sie insgesamt drei Möglichkeiten:

► **Die Pfeiltasten**: unser bevorzugter Weg. Klicken Sie auf die kleinen Pfeile in der Timeline, um von einer Ebene in die nächste zu springen. Halten Sie die Maustaste länger gedrückt, öffnet sich eine Liste, aus der Sie das gewünschte Projekt direkt anwählen können (siehe Abbildung 7.12).

Der feine Unterschied
Sie können Projekte und zusammengesetzte Clips leicht an den unterschiedlichen Symbolen erkennen.

- **Die Tastatur**: der schnelle Weg. Mit [cmd]+[ß] wandern Sie weiter nach rechts, also eine Ebene nach unten. Mit [cmd]+[ü] geht's in die entgegengesetzte Richtung, nämlich nach links, eine Ebene weiter rauf.
- **Menüleiste**: der umständliche Weg. Wählen Sie aus der Menüleiste Darstellung • Timeline-Verlauf vorwärts, um eine Ebene weiter nach rechts zu navigieren, und Darstellung • Timeline-Verlauf rückwärts, um nach links zu gelangen.

Abbildung 7.12 ▶
Mit den Pfeiltasten navigieren Sie zwischen zusammengesetzten Clips und Projekten. Halten Sie die Tasten gedrückt, um die Auswahlliste zu öffnen.

7.1.3 Zusammengesetzte Clips trennen

Drum prüfe, wer sich ewig bindet, ob sich Clip zu Clipchen findet. Sollten Sie feststellen, dass Sie in Ihrem Projekt lieber mit den einzelnen Elementen statt mit einem zusammengesetzten Clip arbeiten möchten, können Sie die Verbindung kurzerhand wieder auflösen. Und das ganz ohne Rechtsstreit oder Trennungsjahr. Markieren Sie dazu den gewünschten gruppierten Clip, und wählen Sie aus dem Kontextmenü (rechte Maustaste) Clip-Objekte teilen aus ([⇧]+[cmd]+[G]).

Zusammengesetzte Clips aus einem *Ereignis* können Sie einfach löschen, denn es handelt sich nur um eine virtuelle Verbindung. Die Clips selber löschen Sie damit also nicht aus der Timeline.

7.2 Clips – erweiterte Techniken

Ein paar Geheimnisse zum Thema Clips haben wir bisher für uns behalten. Da das natürlich nicht so bleiben soll, erklären wir Ihnen nun alle Möglichkeiten, die Sie sonst noch haben, um Ihren Workflow zu optimieren und effektiver zu arbeiten.

7.2.1 Clips isolieren

▲ **Abbildung 7.13**
Über das »S« mit Kopfhörer schalten Sie Clips solo. Alle nicht ausgewählten Elemente werden ausgeblendet.

Sie können Clips in der Timeline isolieren und damit alle anderen Elemente ausblenden. Wir nutzen diese Technik zum Beispiel zum Schneiden von Interviews, wenn wir uns voll und ganz auf das gesprochene Wort konzentrieren möchten und Schnittbilder oder Musik dabei hinderlich sind.

Wählen Sie dazu alle Clips aus, die Sie solo schalten möchten, und klicken Sie anschließend oben rechts in der Timeline auf das kleine »S«, das einen Kopfhörer trägt, von uns liebevoll »Ghetto-S« genannt. Das passende Tastenkürzel dazu ist [alt]+[S].

Alle Clips, die Sie zuvor markiert haben, werden in der Timeline schwarzweiß dargestellt und sind weder sicht- noch hörbar. Die solo geschalteten Clips sind gelb umrandet, ebenso leuchtet das Solo-schalten-Symbol gelb auf.

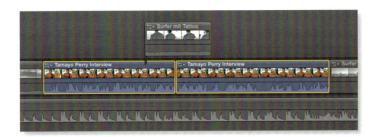

◄ **Abbildung 7.14**
Alle ausgeblendeten Clips werden schwarzweiß dargestellt.

Nun können Sie in Ruhe das Interview schneiden, ohne dass die darunterliegende Musik Sie dabei stört. Wenn Sie fertig sind, blenden Sie die übrigen Clips wieder ein, indem Sie erneut auf die Solo-Taste drücken.

7.2.2 Clips deaktivieren

Sie können auch den Frontalangriff wagen und die Clips deaktivieren, die Sie gerade nicht benötigen. Der einfachste Weg ist in diesem Fall [V], oder Sie wählen aus dem Menü CLIP oder dem Kontextmenü (rechte Maustaste) DEAKTIVIEREN aus. Wie Sie sich bestimmt denken können, aktivieren Sie Ihre Clips auch später wieder mit dem gleichen Befehl.

> **Nachzügler**
>
> Um im Nachhinein einen ausgeblendeten Clip solo zu schalten, klicken Sie mit der rechten Maustaste darauf und wählen aus dem Kontextmenü ZU SOLO-CLIPS HINZUFÜGEN. Möchten Sie einen eingeblendeten Clip ausblenden, wählen Sie VON SOLO-CLIPS ENTFERNEN.

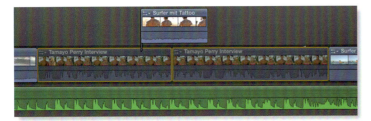

▲ **Abbildung 7.15**
Sie können ausgewählte Clips in der Timeline deaktivieren.

7.2.3 Platzhalter einfügen

Manchmal kommt es vor, dass Ihnen noch eine bestimmte Aufnahme fehlt – beispielsweise, wenn Sie Ihrem Film eine Animation hinzufügen möchten, aber noch nicht dazu gekommen sind, diese anzufertigen. Damit Sie sich einen besseren Gesamteindruck von Ihrem Werk machen können und sich nicht von unschönen schwarzen Lücken aus dem Konzept bringen lassen müssen, können Sie diese Stellen mit einem Platzhalter füllen.

> **Generatoren**
>
> Platzhalter zählen zu den Videogeneratoren, mit denen wir uns in Abschnitt 10.9 noch näher auseinandersetzen.

Wählen Sie aus der Menüleiste BEARBEITEN • PLATZHALTER EINFÜGEN ([alt]+[cmd]+[W]). Damit landet eine Art Comicbild in Ihrer Timeline und hält so lange die Stellung, bis es durch den endgültigen Clip ersetzt wird. Die Schnittmethode, mit der Platzhalter in die Timeline fliegen, ist übrigens immer *Einfügen*, darüber hinaus werden sie immer in der primären Handlung abgelegt.

Abbildung 7.16 ▶
Platzhalter beziehen so lange Stellung, bis sie durch den endgültigen Clip ersetzt werden.

Platzhalter modifizieren

Platzhaltergrafiken lassen sich über die Clip-Informationen ([cmd]+[4]) im Bereich GENERATOR sogar noch genauer modifizieren. Hier können Sie die Einstellungsgröße ändern, die Anzahl und das Geschlecht der Personen, den Hintergrund, den Himmel und zwischen Innen- und Außenaufnahmen wechseln. Aktivieren Sie die Checkbox VIEW NOTES, können Sie obendrein im Bereich TEXT noch schriftliche Kommentare in das Bild einblenden.
Um ehrlich zu sein, erscheinen uns alle diese Einstellungsmöglichkeiten aber eher überflüssig. Wir investieren unsere Zeit lieber darin, vorhandene Szenen schön zu gestalten, und verschwenden sie nicht, indem wir einen Platzhalter aufwendig konfigurieren.

7.3 Multicam-Schnitt

Die Arbeit mit einer großen Anzahl Kameras, die ein und dasselbe Ereignis aufzeichnen, ist während des Schnitts und der gesamten Postproduktion oft anstrengend und kompliziert.

Final Cut Pro bietet Ihnen mit dem Multicam-Schnitt aber ein Werkzeug, das die Arbeitsabläufe wesentlich vereinfacht. Auf einem Vorschaumonitor werden alle Kameras parallel dargestellt, und Sie können mit einem Tastendruck auf die jeweils beste Einstellung umschalten – ganz so, wie es der eine oder andere von Ihnen vielleicht schon einmal in einem Ü-Wagen während einer Fernsehproduktion gesehen hat. Der naheliegendste Anwendungsbereich ist sicherlich, eine Veranstaltung wie zum Beispiel ein Theaterstück, ein Konzert oder eine Sportübertragung mit mehreren Kameras aus verschiedenen Perspektiven aufzunehmen und daraus einen Zusammenschnitt anzufertigen. Zuerst synchronisieren Sie alle Kameraperspektiven und spielen sie dann in einer Multicam-Sequenz zeitgleich im Viewer ab. Dabei entscheiden Sie, welche Perspektive Sie gerade sehen möchten (welche Kameraperspektive ins »On« kommt), und schneiden diese direkt in die Timeline.

Medien und Spuren mischen | Sie können in Multicam-Clips Videoaufnahmen mit Audioclips, Grafiken und Standbildern mischen oder auch von AV-Clips entweder nur die Video- oder die Audiospur verwenden. Ihre Multicam-Clips können maximal 128 verschiedene Spuren haben (na, ob das wohl reicht?), wobei aber immer nur 16 gleichzeitig in Echtzeit dargestellt werden. Die Anzahl der Audiokanäle pro Kamera liegt bei 24, da QuickTime X ja bekanntlich so viele Spuren zulässt. Sie können aber wie gewohnt Video und Audio unabhängig voneinander editieren.

7.3.1 Vorbereitung und Planung

Die Arbeit mit Multicam-Clips beginnt idealerweise schon in der Planungsphase. Bleiben wir bei unserem Beispiel vom Konzert: Positionieren Sie eine Kamera als Totale hinter dem Publikum, sodass Sie die gesamte Bühne im Bildausschnitt haben und im Vordergrund noch ein wenig Publikum. Die zweite Kamera sollte direkt vor der Bühne stehen und immer den agierenden Künstler im Visier behalten. Ein weiterer Kameramann steht mit auf der Bühne und sorgt für eindrucksvolle Nahaufnahmen von Künstlern, Publikum und interessanten Details. Bei professionellen Produktionen kommt bei solchen Aufnahmen ein Timecode-Generator zum Einsatz, der alle Kameras mit dem gleichen Timecode versorgt, sodass sich alle Clips nachher im Schnitt einfach synchronisieren lassen. Nehmen Sie das Konzert mit normalen Kameras ohne zusätzliche Technik auf, vergessen Sie auf keinen Fall, eine Klappe zu benutzen, um die Kameras im Nachhinein synchronisieren zu können. Im Zeitalter von digitalen Fotoapparaten im Kreditkartenformat wird auch ein Fotoblitz immer gerne als Ersatz für die altehrwürdige Klappe benutzt. Wichtig ist eigentlich nur, dass Sie mit allen drei (oder mehr) Kameras ein Ereignis aufzeichnen, das genau einen Frame lang dauert. So können Sie anhand dieses Frames den gemeinsamen Startpunkt Ihrer Clips festlegen.

7.3.2 Clips für den Multicam-Schnitt importieren

Sie werden sehen, die Arbeit mit Multicam-Clips geht leicht von der Hand und macht richtig Spaß. Aber wie so oft kommt vor der Praxis die öde Theorie, ganz so wie beim Führerschein. Grundsätzlich können Sie aus allen Medien, die Sie in Final Cut Pro importiert haben, einen Multicam-Schnitt anfertigen. Trotzdem sollten Sie einige grundlegende Dinge beachten, denn dadurch stellen Sie sicher, dass Sie mit den optimalen Einstellungen arbeiten und das beste Ergebnis erzielen.

> **Nicht zwingend**
>
> Die einzelnen Multicam-Kameras müssen nicht zwingend über die gleichen Eigenschaften verfügen. Nach unserer Erfahrung kommt es aber häufiger zu Programmabstürzen und Performanceproblemen, gerade wenn die Frameraten unterschiedlich sind.

Gleiche Aufnahmeeinstellungen | Wichtig ist vor allem, dass alle Clips, die Sie zu einem Multicam-Clip zusammenfügen möchten, über den gleichen Codec, das gleiche Pixelseitenverhältnis und die gleiche Framerate verfügen. Im derzeit vorherrschenden Dickicht der verschiedenen Aufzeichnungsformate ist das einfacher gesagt als getan. Wenn Sie nur über ein kleines Budget verfügen und sich nicht unbedingt drei oder vier baugleiche Kameras ausleihen können, sondern sich Ihr Equipment im Bekanntenkreis zusammenklamüsern, ist die Wahrscheinlichkeit groß, dass Sie Formate wie zum Beispiel DVCPRO HD und XDCAM HD mischen müssen. Wir empfehlen in solchen Situationen, schon beim Import der Clips optimierte Medien zu erstellen.

Optimierte Medien importieren | Importieren Sie Clips direkt von der Kamera oder der Festplatte, aktivieren Sie die Funktion OPTIMIERTE MEDIEN ERSTELLEN. Dadurch werden alle Clips so umgewandelt, dass sie ideal für den Schnitt mit Final Cut Pro geeignet sind (siehe auch Abschnitt 3.2.4, »Beim Import transcodieren«). Denn auch wenn die Macs der aktuellen Generation kraftvolle Rechenpakete sind, ist die gleichzeitige Wiedergabe von mehreren Videoströmen eine Herausforderung für Festplattengeschwindigkeit und Arbeitsspeicher. Und es ist nichts so frustrierend, wie zu versuchen, mit ständig stotterndem Bild eine schöne Sequenz zusammenzuschneiden.

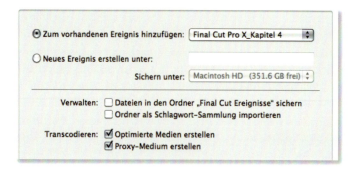

Abbildung 7.17 ▸
Erstellen Sie schon beim Import optimierte Medien für den Einsatz von Multicam-Kameras.

Optimierte Medien später erstellen | Sollten Sie jetzt feststellen, dass Sie bereits Tonnen an Videomaterial importiert haben, bevor Sie diese lehrreichen Zeilen lesen, können wir Sie beruhigen und hoffentlich davon abhalten, frustriert den Kopf auf die

Tischplatte zu donnern. Denn Sie können auch jederzeit später noch optimierte Medien erstellen, und dabei kann Final Cut Pro Ihnen sogar ein wenig Arbeit abnehmen. Aktivieren Sie nämlich in den Programmeinstellungen im Bereich WIEDERGABE die Option OPTIMIERTE MEDIEN FÜR MULTICAM-CLIPS ERSTELLEN ❷, werden alle Clips, die Sie für einen Multicam-Schnitt verwenden, automatisch in das entsprechende Format umcodiert.

Und wenn Sie schon mal hier sind, sollten Sie auch gleich noch die WIEDERGABE-QUALITÄT ❶ auf HÖHERE LEISTUNG setzen und die Warnungen bei ausgelassenen Bildern deaktivieren ❸. Mit diesen Anpassungen sollten Sie ebenfalls eine flüssigere Wiedergabe erreichen.

◀ **Abbildung 7.18**
So sollten Ihre Einstellungen aussehen, bevor Sie mit einem Multicam-Schnitt beginnen.

Proxys einsetzen | Je nach Anzahl der eingesetzten Videospuren und der Power Ihres Rechners kann es sogar sinnvoll sein, mit Proxys statt mit den hochauflösenden optimierten Medien zu schneiden. Dazu müssen Sie zuerst alle Clips Ihres Ereignisses in Proxys umwandeln (bereits beim Import oder über ABLAGE • MEDIEN UMCODIEREN) und anschließend in den Wiedergabe-Einstellungen PROXY-MEDIEN VERWENDEN auswählen. Da die Qualität der Proxys deutlich geringer ist als die normaler Clips, sollten Sie spätestens jetzt ruckelfrei arbeiten können. Denken Sie aber daran, die Wiedergabe-Einstellungen wieder zurückzusetzen, bevor Sie Ihren Film exportieren, denn dafür benötigen Sie natürlich die bestmögliche Qualität.

Weiterführendes

Alles Weitere zur Arbeit mit Proxys lesen Sie bitte ebenfalls in Abschnitt 3.2.4, »Beim Import transcodieren«, und in Abschnitt 5.6, »Arbeiten mit Proxys«.

7.3.3 Multicam-Clips erstellen

Bei der Arbeit mit mehreren zusammengefassten Kameras unterscheiden wir prinzipiell zwischen Multicam-Clips und Multicam-Kameras. Ein *Multicam-Clip* ist ein Objekt innerhalb eines Ereignisses, ähnlich wie ein zusammengesetzter Clip. Er lässt sich mit einem Doppelklick im *Kamera-Editor* öffnen und enthält unterschiedliche *Multicam-Kameras*, von denen jede wiederum beliebig viele einzelne Clips enthalten kann. Im *Kamera-Viewer* lassen sich alle Multicam-Kameras parallel anschauen und auswählen. Was wahrscheinlich am Anfang erst mal verwirrend klingt, wird bestimmt schnell deutlich, wenn wir Ihnen jetzt Schritt für Schritt alles erklären.

> **Metadaten**
>
> Metadaten sind zusätzliche Informationen, die zusammen mit einem Clip gespeichert werden. In Abschnitt 4.8, »Metadaten«, erklären wir Ihnen alles ganz genau.

Kameras richtig benennen | Grundsätzlich gibt es zwei Möglichkeiten, Multicam-Clips zu erstellen: automatisch und manuell. Beide haben jedoch gemeinsam, dass alle Clips in die richtige Multicam-Kamera sortiert werden müssen, dabei können Sie zwischen den Kriterien KAMERAWINKEL, KAMERANAME und KAMERA-ID wählen. Kamerawinkel und Kameraname sind frei wählbare Metadaten-Attribute, die Sie jederzeit ändern können. Die Kamera-ID ist so etwas Ähnliches wie eine Seriennummer, die fest mit einer Kamera verbunden, also einzigartig und nicht veränderbar ist.

Beim automatischen Erstellen geht Final Cut Pro hierarchisch vor und sucht zuerst nach einem Kamerawinkel, dann nach einem Kameranamen und dann nach der Kamera-ID. Sollte nichts von alledem gefunden werden, wird aus jedem Clip eine einzelne Multicam-Kamera.

▲ **Abbildung 7.19**
Jede der drei Spuren ist eine Multicam-Kamera. Die erste enthält insgesamt drei Clips, die beiden anderen jeweils einen einzelnen.

Kameras umbenennen | Gerade, wenn Sie einen Multicam-Clip aus vielen Elementen erstellen, ist es wichtig, diese vorher zu benennen, denn alles, was Final Cut Pro automatisch erledigt, müssen Sie später nicht von Hand nachbessern.

Sollten Sie also nicht bereits beim Import der Clips Ihrer Kamera den richtigen Namen verpasst haben, ist es nun an der Zeit, das nachzuholen. Dazu gibt es im Wesentlichen zwei Möglichkeiten: entweder in den Clip-Informationen (cmd+4) oder in der Listendarstellung des Ereignis-Browsers. Die Clip-Informationen bieten Ihnen den Vorteil, dass Sie mehrere Clips gleichzeitig bearbeiten können. Den Kamerawinkel ❶ finden Sie in der ALLGEMEINEN ANSICHT ❷ (Aufklappmenü) ein bisschen weiter unten.

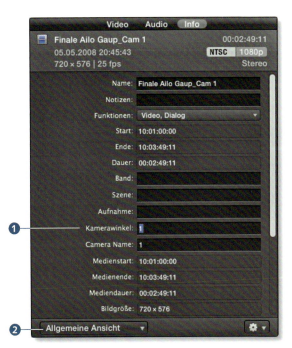

◄ **Abbildung 7.20**
In der ALLGEMEINEN ANSICHT ❷ können Sie mehreren Clips gleichzeitig einen Kamerawinkel ❶ zuordnen.

▲ **Abbildung 7.21**
In der Listendarstellung des Ereignis-Browsers können Sie ebenfalls Kameranamen und Kamerawinkel ändern.

Kameras zuordnen

Wie Sie bestimmt bemerkt haben, wurden den drei Clips von der DVD bisher weder Kameraname noch Kamerawinkel zugeordnet. Wir möchten Sie also bitten, das nun zu erledigen.

Clips auswählen | So, genug der langen Vorbereitung – es ist Zeit, ein paar Medien zu importieren. Leider müssen wir Ihnen an dieser Stelle ein Geständnis machen: Obwohl wir alles versucht haben, konnten wir leider kein HD-Material bekommen, um Ihnen den Multicam-Schnitt näherzubringen. Deswegen müssen wir jetzt wohl oder übel mit gutem altem SD-Material weitermachen (falls Sie noch wissen, was SD ist). Auf Ihrer DVD finden Sie unter VIDEOMATERIAL/WEITERE_CLIPS alle erforderlichen Clips. Statt Surfern gibt es diesmal tollkühne Männer auf ihren fliegenden Kisten.

Ordner VIDEOMATERIAL/ WEITERE_CLIPS, Clips »Finale Ailo Gaup_Cam« (1–3)

Wir verwenden alle Clips in ganzer Länge, grundsätzlich ist es aber auch möglich, nur Bereiche von Clips zu einem Multicam-Clip zusammenzufassen. Zum Beispiel können Sie Schlagwörter vergeben und diese dann in einer intelligenten Sammlung zusammenlegen. Erstellen Sie anschließend aus der intelligenten Sammlung einen Multicam-Clip, werden nur die entsprechenden Teilbereiche verwendet.

Clips automatisch synchronisieren | Um einen Multicam-Clip zu erstellen, markieren Sie die einzelnen Clips in Ihrem Ereignis und wählen aus der Menüleiste den Eintrag ABLAGE • NEUER MULTICAM-CLIP aus. Alternativ dazu finden Sie den gleichen Befehl auch, wenn Sie mit der rechten Maustaste auf die Clips in Ihrem Ereignis klicken.

▲ **Abbildung 7.22**
Multicam-Clips können Sie ausschließlich aus Elementen in einem Ereignis erstellen.

> **Zum guten Ton**
>
> Wenn Sie einen Dreh mit mehreren Kameras planen, die nicht den gleichen Timecode aufzeichnen, achten Sie auf einen möglichst guten Ton. Viele Stör- oder Hintergrundgeräusche können zu Ungenauigkeiten bei der Synchronisierung führen.

Wir machen es uns einfach und wählen zunächst die automatischen Einstellungen aus, um unseren Multicam-Clip zu erzeugen, und überlassen es somit Final Cut Pro, die Clips zu synchronisieren. Dabei nutzt das Schnittprogramm verschiedene Hilfsmittel, allen voran den Timecode. Haben Sie also, wie wir in unserem Beispiel, alle Clips mit einem einheitlichen Timecode aufgezeichnet, dauert es nur Sekunden, bis der Multicam-Clip erstellt wird. Verfügen Ihre Clips über keinen identischen Timecode, analysiert Final Cut Pro das Wellenformmuster der Audiokanäle zum Synchronisieren.

Abbildung 7.23 ▶
Bei der automatischen Synchronisierung können Sie nur einen Namen vergeben und die Wellenformanalyse aktivieren. In Grau sehen Sie die Videoeigenschaften Ihres Multicam-Clips.

Abbildung 7.24 ▶
Multicam-Clips erscheinen im Ereignis und werden mit einem eigenen Symbol ❶ gekennzeichnet.

Diese Analyse arbeitet mit einer beeindruckenden Genauigkeit, dauert allerdings mitunter auch etwas länger. Deswegen sollten Sie diese Funktion nicht verwenden, wenn Sie Ihre Clips mithilfe des Timecodes zum Gleichlauf bringen. Sobald Sie einen Namen vergeben und auf OK geklickt haben, erstellt Final Cut Pro einen Multicam-Clip und legt ihn in Ihrem Ereignis ab.

Basisdemokratie

Final Cut Pro bestimmt die Videoeigenschaften für Multicam-Clips streng demokratisch. Alle Clips werden analysiert, und die Einstellung, die am häufigsten vorkommt, wird übernommen.

Clips manuell synchronisieren | So weit, so einfach. Wir sind jedenfalls immer wieder beeindruckt davon, wie gut die automatische Synchronisierung funktioniert. Trotzdem ist es mitunter notwendig, das Heft in die Hand zu nehmen und unseren Clips selbst den Gleichschritt beizubringen. General Multicam bittet zum Appell, aber zack, zack.

Dazu klicken Sie in dem Dialogfenster (Abbildung 7.23) auf EIGENE EINSTELLUNGEN VERWENDEN und wählen die gewünschten Kriterien aus insgesamt vier Kategorien aus.

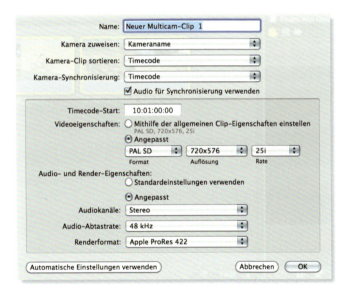

◀ **Abbildung 7.25**
Die manuellen Einstellungen für Multicam-Clips sehen umfassender (und abschreckender) aus, als sie sind.

Kamera zuweisen | Wie oben schon beschrieben, kann ein Multicam-Clip mehrere Multicam-Kameras enthalten. An dieser Stelle entscheiden Sie, auf welcher Basis die unterschiedlichen Kameras erstellt werden.

▶ AUTOMATISCH: Die Kameras werden von Final Cut Pro eigenständig erzeugt. Dabei gelten die gleichen hierarchischen Kriterien wie oben. Zuerst wird nach Kamerawinkeln gesucht, dann nach Kameranamen und zu guter Letzt nach Clipnamen.

▶ KAMERAWINKEL: Jeder Kamerawinkel, den Sie in den Metadaten eingetragen haben, wird zu einer eigenen Kamera. Alle

Clips mit dem gleichen Kamerawinkel werden zusammengefasst.
- ▶ KAMERANAME: Clips mit dem gleichen Kameranamen werden zu einer Multicam-Kamera zusammengefasst.
- ▶ CLIPS: Jeder Clip wird zu einer eigenständigen Multicam-Kamera, die nach dem Ursprungsclip benannt wird.

Kamera-Clip sortieren | Enthält eine Multicam-Kamera mehrere einzelne Clips, bestimmen Sie hier, wie diese innerhalb der Kamera sortiert werden. Wenn Sie zum Beispiel ein Ereignis mit mehreren Kameras aufnehmen, und nicht alle Kameras drehen permanent mit, dann erhalten Sie mehrere Clips von der gleichen Kamera, die natürlich auch später in der richtigen Reihenfolge in Ihrem Multicam-Clip liegen sollen.

- ▶ AUTOMATISCH: Final Cut Pro schaut nach einem Timecode oder nach dem Erstellungsdatum der Datei, um die Clips in die richtige Reihenfolge zu bringen. Dabei kann es durchaus vorkommen, dass zwischen den Clips Lücken entstehen. Zum Beispiel, wenn Sie die Aufnahme unterbrochen und später wieder gestartet haben.
- ▶ TIMECODE: Die Clips werden framegenau anhand des Timecodes sortiert.
- ▶ INHALT: ERSTELLT AM: Die Clips werden anhand des Aufnahmezeitpunktes sortiert. Diese Methode ist wesentlich ungenauer als der Timecode, weil hier nur sekundengenau synchronisiert wird. Versuchen Sie, wenn möglich, diese Option zu vermeiden. Normalerweise nehmen auch nur sehr günstige Camcorder keinen Timecode auf.

Kamera-Synchronisierung | Wie findet zusammen, was zusammen gehört? Oder anders: Wie synchronisieren Sie die einzelnen Multicam-Kameras miteinander?

- ▶ AUTOMATISCH: Sicherlich die einfachste und effektivste Methode. Final Cut schaut nämlich auf alle möglichen Kriterien und sucht sich das beste heraus. Sollte eines nicht reichen, werden auch unterschiedliche miteinander kombiniert. Unser Favorit.
- ▶ TIMECODE: Haben Sie mit allen Kameras den gleichen Timecode aufgezeichnet, ist es für Final Cut Pro ein Leichtes, die Clips daran zu synchronisieren. Der Vorteil gegenüber der automatischen Synchronisierung besteht darin, dass dieser Weg mitunter schneller ist, gerade bei sehr vielen Clips, denn eine genaue (und zeitintensive) Analyse aller Kriterien ist nicht nötig.

Erstellungsdatum anpassen

Sie können das Erstellungsdatum Ihrer Clips über das Menü ÄNDERN • ERSTELLUNGSDATUM UND -UHRZEIT DER MEDIEN ANPASSEN jederzeit ändern. Aber hier ist wohl mühevolle Kleinstarbeit gefragt, um alle Clips von allen Kameras aufeinander abzustimmen.

- Inhalt: Erstellt am: Synchronisiert die Clips sekundengenau anhand des Aufnahmezeitpunktes. Diese Methode ist sehr unpräzise, und wir empfehlen Ihnen, zusätzlich die Option Audio für Synchronisierung verwenden (siehe unten) zu aktivieren.
- Start des ersten Clips: Alle Multicam-Kameras werden anhand des ersten Bildes synchronisiert.
- Erster Marker auf der Kamera: Sie können sich einen markanten Punkt suchen, der von allen drei Kameras aufgezeichnet wurde, zum Beispiel einen Klappenschlag, und dort Marker positionieren. Final Cut Pro sucht nach diesen Markern und synchronisiert daran die Clips. Der Vorteil: Wenn Sie zusätzlich die Option Audio für Synchronisierung verwenden (siehe unten) aktivieren, müssen die Marker nicht exakt gesetzt sein, denn Final Cut Pro schiebt Ihre Clips dann anhand des Wellenformmusters an die richtige Stelle.
- Audio für Synchronisierung verwenden: Final Cut Pro analysiert das Wellenformmuster Ihrer Clips und synchronisiert daran die Kameras. Diese Methode ist sehr präzise, kann aber bei vielen oder sehr langen Clips ein bisschen Zeit in Anspruch nehmen. Um sie richtig einzusetzen, ist ein einigermaßen guter Ton notwendig.

> **Fußweg**
>
> Sollten Sie einmal vor der Herausforderung stehen, weder eine Klappe noch einen Timecode-Generator benutzen zu können, bleibt Ihnen immer noch der Fußweg. Der Trick besteht darin, sich einen markanten Punkt zu suchen, der in allen Kameras gut zu erkennen ist. In unserem Beispiel ist ein solcher Punkt immer dann, wenn der Stuntman Ailo Gaup von einer der uns zugewandten Rampen abspringt, um einen seiner todesmutigen Sprünge zu zeigen.

Weitere Einstellungen | Im unteren Abschnitt des Dialogfensters können Sie weitere Einstellungen für Ihren Multicam-Clip festlegen. Zuerst definieren Sie den Timecode-Start, und dann entscheiden Sie sich für die richtigen Videoeigenschaften. Am besten ist es, wenn alle Clips die gleichen Eigenschaften haben, denn dann bekommen Sie keine Probleme, zum Beispiel mit unterschiedlicher Halbbilddominanz. Final Cut Pro übernimmt dann automatisch die richtigen Einstellungen. Wählen Sie Angepasst aus, dann können Sie zwischen verschiedenen Formaten, Auflösungen und Frameraten auswählen.

Die Audioeinstellungen sollten Sie dagegen ruhig auf Stereo ändern, denn in den wenigsten Fällen werden Sie mit Surround-Ton arbeiten. Ein gutes Renderformat für fast alle Videocodecs ist normalerweise Apple ProRes 422. Sollten Sie sich an dieser Stelle jedoch unsicher sein, empfehlen wir Ihnen Kapitel 2, »Technische Grundlagen«.

7.3.4 Multicam-Clips sichten und bearbeiten

Sie denken, jetzt wird geschnitten? Weit gefehlt, denn leider nimmt der eigentliche Schnitt den kleinsten Teil dieses Abschnitts ein. Zunächst erklären wir Ihnen noch, wie Sie die einzelnen

Multicam-Kameras bearbeiten, verschieben, löschen oder weitere hinzufügen. Außerdem stellen wir Ihnen noch zwei weitere Fenster vor: den Kamera-Editor und den Kamera-Viewer.

Der Kamera-Editor | Mit einem Doppelklick auf den Multicam-Clip in Ihrem Ereignis öffnen Sie den Kamera-Editor. Im Kamera-Editor werden alle Multicam-Kameras als einzelne Spuren angezeigt. Und auch wenn der Kamera-Editor so ähnlich aussieht wie die Timeline, gibt es doch einige wichtige Unterschiede, denn hier synchronisieren Sie lediglich Ihre Clips. Der eigentliche Multicam-Schnitt findet später in einem Projekt statt.

Die wichtigsten Unterschiede zu anderen Clips oder Projekten sind:

- Alle Änderungen, die Sie hier vornehmen, übertragen sich automatisch auf alle Projekte, in denen Sie den Multicam-Clip verwenden.
- Es ist nicht möglich, mit verbundenen Clips oder Handlungen zu arbeiten, den Präzisions-Editor zu benutzen oder Bild und Ton zu trennen.
- Es ist möglich, Effekte auf einzelne Clips innerhalb des Kamera-Editors anzuwenden, zum Beispiel eine Farbkorrektur.

Jede Kamera hat einen eigenen Namen, der unabhängig von den darin enthaltenen Clips ist. Neben dem Namen finden Sie außerdem ein kleines Lautsprechersymbol und einen kleinen Monitor. Die hellgraue Spur hebt die derzeit aktive Kontrollkamera hervor, die auch im Viewer abgespielt wird. In der Regel ist dies die Kamera mit dem längsten Clip, und sie dient als Referenz, um daran alle anderen Clips zu synchronisieren.

▲ **Abbildung 7.26**
Die hellgraue Spur zeigt die Kontrollkamera, die über das Monitorsymbol ❶ festgelegt wird. Über die kleinen Lautsprecher ❷ aktivieren Sie den Ton einer Kamera.

Sie wechseln die Kontrollkamera, indem Sie auf das Monitorsymbol einer anderen Spur klicken. Um Ihr Gehör zu schonen, ist der Ton lediglich bei der Kontrollkamera aktiviert, Sie können aber jederzeit mit einem Klick auf einen der Lautsprecher der anderen Kameras auch hier den Ton zuschalten. Wir nutzen das oft als kleinen Trick, um zu kontrollieren, ob unsere Kameras wirklich synchron sind, denn das Auge lässt sich leichter täuschen als das Ohr, und Sie hören sofort, wenn zwei identische Audiokanäle auch nur einen Frame gegeneinander verschoben sind.

Der Kamera-Viewer | Natürlich wollen wir aber nicht nur hören, ob unsere Kameras synchron sind, sondern es auch sehen. Da im Viewer immer nur die Kontrollkamera wiedergegeben wird, wählen wir deswegen aus dem Menü FENSTER • KAMERA-VIEWER EINBLENDEN ([⇧]+[cmd]+[7]) aus. Schon öffnet sich ein neues Fenster, in dem wir alle Kameras auf einmal begutachten können. Drücken Sie Play, startet die Wiedergabe.

Arbeiten Sie mit sehr vielen Kameras, können Sie über das Aufklappmenü EINSTELLUNGEN ❸ oben rechts die Anzahl der zeitgleich wiedergegebenen Spuren auf bis zu sechzehn erhöhen. Hier legen Sie auch fest, welche Informationen (Timecode, Bezeichnung) Sie als Überlagerung in jedem einzelnen Vorschaumonitor sehen möchten.

◀ **Abbildung 7.27**
Bis zu sechzehn Kameras können Sie zeitgleich wiedergeben.

Immer, wenn Sie mehr Kameras angelegt haben, als derzeit im Kamera-Viewer wiedergegeben werden, erscheinen unten in der Mitte kleine Quadrate, mit deren Hilfe Sie zu den nächsten Vorschaumonitoren springen können.

Abbildung 7.28 ▶
Jedes kleine Quadrat steht für eine Multicam-Kamera. Derzeit werden vier gleichzeitig im Kamera-Viewer wiedergegeben (hellgrau), zwei (dunkelgrau) sind ausgeblendet.

Über die vertikale Trennlinie zwischen dem Kamera-Viewer und dem Viewer können Sie die Größe der Vorschaumonitore anpassen. Verschieben Sie die Linie ganz nach links, werden die einzelnen Kameras vertikal angeordnet, dadurch wird das Bild im Viewer entsprechend größer.

Abbildung 7.29 ▶
Verschieben Sie die vertikale Trennlinie ❶, um die Größe und die Anordnung der Vorschaumonitore anzupassen.

Kameranamen anpassen | Bei der Arbeit mit Multicam-Clips kommt es häufiger vor, dass wir den Namen einer Kamera ändern müssen. Am liebsten arbeiten wir mit sehr kurzen Bezeichnungen wie »Kamera 1« oder einfach nur »1«, denn das ist für uns übersichtlicher. Häufig nutzen wir auch die Position der Kameras während des Drehs und benennen sie dementsprechend »Totale«, »Links« und »Rechts«.

Abbildung 7.30 ▶
Benennen Sie Ihre Kameras sinnvoll, am besten direkt im Kamera-Editor.

Um den Namen einer Multicam-Kamera zu ändern, klicken Sie am besten einfach auf die Bezeichnung im Kamera-Editor. Alternativ dazu können Sie auch die Informationen öffnen und hier einen neuen Namen vergeben.

Reihenfolge der Kameras ändern | Die Reihenfolge der Kameras im Kamera-Editor ist auch immer die Reihenfolge der Darstellung im Kamera-Viewer. Deswegen ist es mitunter praktisch, diese Reihenfolge zu ändern. Dazu greifen Sie ganz links an der geriffelten Stelle Ihre Kamera und bewegen sie mit der Maus auf die gewünschte Position. Alle anderen rutschen dann zur Seite, und es beginnt ein fröhliches Plätzetauschen.

◄ **Abbildung 7.31**
Über die kleinen Griffe ❷ lassen sich die Positionen der Kameras tauschen.

Synchronpunkt versetzen | Stellen Sie fest, dass ein Clip nicht hundertprozentig mit den anderen Kameras synchron ist, können Sie diesen Fehler leicht beheben. Entweder wählen Sie das Positionswerkzeug aus und verschieben den Clip von Hand mit der Maus oder ← und →, sodass es wieder passt, oder Sie nutzen die Funktion MIT KONTROLLKAMERA SYNCHRONISIEREN. Dazu klicken Sie auf den kleinen Pfeil neben dem Kameranamen und wählen den entsprechenden Punkt aus dem Aufklappmenü aus. Wie die Bezeichnung schon vermuten lässt, richten Sie damit Ihren Clip an der Kontrollkamera aus, und deswegen steht Ihnen diese Option auch nicht für die Kontrollkamera selbst zur Verfügung.

◄ **Abbildung 7.32**
Über das Aufklappmenü synchronisieren Sie Clips mit der Kontrollkamera.

Die Vorgehensweise ist sehr simpel. Nachdem Sie MIT KONTROLL-KAMERA SYNCHRONISIEREN ausgewählt haben, navigieren Sie mit dem Wiedergabemarker zu der Stelle der Kontrollkamera, an der

Sie Ihre Clips synchronisieren möchten. Nicht immer steht einem hier der klassische Klappenschlag zur Verfügung, aber wir sind ja alle nicht auf den Kopf gefallen und wissen uns auch anders zu helfen, zum Beispiel mit einem markanten Bild. Anschließend nutzen wir den Skimmer, um den entsprechenden Frame in der abtrünnigen Kamera zu suchen. Dort angekommen reicht ein Mausklick, und schon verschiebt sich der gesamte Clip und wird hoffentlich synchron zu den anderen. Sind Sie sich Ihrer Sache sicher, klicken Sie im Viewer auf FERTIG, und schon geht's weiter.

▲ **Abbildung 7.33**
Rechts im Viewer sehen Sie die Kontrollkamera, links navigieren Sie mit dem Skimmer zum entsprechenden Frame der asynchronen Kamera. Stimmen die Frames überein, klicken Sie auf FERTIG.

Synchronpunkt automatisch versetzen | Verfügen Ihre Clips über Ton, können Sie die Arbeit auch von Final Cut Pro erledigen lassen. Das Prinzip ist dabei das gleiche, das auch beim Erstellen von Multicam-Clips angewendet wird, nämlich die Audioanalyse. Wählen Sie aus dem Aufklappmenü (Moment, wir können uns die Bezeichnung nie merken und müssen deswegen kurz nachschauen …) KAMERA MIT KONTROLL-KAMERA MITHILFE AUDIO SYNCHRONISIEREN aus. (Oh Mann, wer denkt sich so was aus?)
Gleich darauf fängt Ihr Mac an zu rattern und zu denken und gleicht die gewählte Kamera perfekt auf die Kontrollkamera ab.

Abbildung 7.34 ▶
Das Synchronisieren mithilfe der Audioanalyse ist auch innerhalb des Kamera-Editors ein praktisches Werkzeug.

Kameras hinzufügen | Es kann durchaus mal vorkommen, dass Sie schon einen Multicam-Clip erstellt haben und dann später noch eine weitere Kamera hinzufügen müssen, zum Beispiel weil der schusselige Kameramann ein Band im Camcorder vergessen hat. Nichts einfacher als das, denn alles, was Sie dafür tun müssen, ist, aus dem Aufklappmenü KAMERA HINZUFÜGEN (siehe Abbildung 7.32) auszuwählen. Schon entsteht eine leere Kamera, die darauf wartet, von Ihnen mit Clips aus dem Ereignis gefüttert zu werden (siehe Abbildung 7.35). Und wenn Sie die letzten beiden Abschnitte aufmerksam gelesen haben, dann wissen Sie auch schon, dass Sie die Clips nicht gleich perfekt und synchron positionieren müssen, denn Sie können die Fummelarbeit Final Cut Pro aufs Auge drücken.

7.3.5 Multicam-Clips schneiden

Na endlich wird geschnitten! Hat ja auch lange genug gedauert. Am besten, Sie erstellen ein neues Projekt und ziehen anschließend den Multicam-Clip hinein. Dabei gibt es keinen Unterschied zu normalen Video- oder Audioelementen. Sollten Sie den Kamera-Viewer (⇧+cmd+7) noch nicht geöffnet haben, möchten wir Sie bitten, das nun zu erledigen, denn hier spielt sich der eigentliche Schnitt zu großen Teilen ab.

Starten Sie die Wiedergabe in der Timeline, sehen Sie im Viewer die aktuell ausgewählte Kamera. Der Kamera-Viewer ist Ihr Live-Vorschau-Monitor, in dem Sie jederzeit zu einer anderen Perspektive wechseln können.

Auf Kamera schneiden | Die Schnittmethode, die wir am häufigsten einsetzen, ist der Schnitt auf eine andere Kamera. Dazu reicht es, mit der Maus im Kamera-Viewer auf das gewünschte Bild zu klicken, schon springt der gelbe Rahmen auf die ausgewählte Kamera und signalisiert Ihnen so, welche Perspektive nun im »On« ist. Der Multicam-Clip in der Timeline wird an der entsprechenden Stelle geschnitten, wobei Ihnen eine gestrichelte Linie die zusammengehörigen Schnittmarken anzeigt.

Unser Beispielclip beginnt mit KAMERA 3 (der Kontrollkamera), die auf der linken Seite der Arena platziert ist und am Anfang sehr weitwinkelig dreht. Das ist gut, denn wir möchten dem Zuschauer zunächst einmal einen Eindruck von der Halle verschaffen und ihn mit der Situation vertraut machen. Etwa bei Sekunde 4 verschwindet Ailo Gaup dann hinter dem Landehügel, um für seinen ersten Sprung Anlauf zu nehmen. Das ist der Moment, in dem wir auf KAMERA 1 umschneiden, die uns beeindruckende Nahaufnahmen liefert.

Kurz vor der Landung verliert KAMERA 1 allerdings den Hauptdarsteller aus dem Blick, sodass wir nach ca. acht Sekunden mit einem Klick auf KAMERA 3 umschneiden. Am dynamischsten wirken solche Schnitte immer in einer laufenden Bewegung.

> **Kameras löschen**
>
> Um eine Kamera zu entfernen, wählen sie den Befehl KAMERA LÖSCHEN aus dem Aufklappmenü aus. Bedenken Sie aber, dass diese Aktion Auswirkungen auf alle Projekte hat, in denen Sie den Multicam-Clip verwenden. Dort werden sich zwar keine Clips verschieben, allerdings entstehen überall da schwarze Lücken, wo die gelöschte Kamera im »On« war.

▲ **Abbildung 7.35**
Clips aus dem Ereignis ziehen Sie mit der Maus in die gewünschte Kamera, anschließend kümmern Sie sich um die Synchronisierung.

Kamera wechseln per Tastatur

Das Gefühl einer Liveproduktion lässt sich noch steigern, wenn Sie die Kameras bei laufender Wiedergabe mit der Tastatur wechseln. Dazu drücken Sie die Taste 1 für Kamera 1, 2 für Kamera 2 und so weiter, je nachdem, wie viele Kameras Ihr Multicam-Clip enthält.

▲ **Abbildung 7.36**
Der geschnittene Multicam-Clip in der Kamera. Neben dem Multicam-Symbol erscheint der Name der ausgewählten Kamera.

Zu Kamera wechseln | Anstatt auf eine Kamera zu schneiden, also dem Multicam-Clip in der Timeline einen Schnitt hinzuzufügen, können Sie die Kamera auch nur wechseln. Das heißt, dass alle Schnitte unverändert bleiben und sich lediglich der Bildinhalt ändert.

Wir gehen nach dem »Live«-Schnitt häufig noch mal unser Projekt durch und vergewissern uns, ob wir wirklich die jeweils beste Perspektive ausgewählt haben. Sollten Sie eine bessere Alternative finden, halten Sie alt gedrückt, bevor Sie im Kamera-Viewer mit der Maus oder der Tastatur die Kamera ändern. Ihre Schnitte bleiben dann erhalten, und Sie müssen sich keine Sorgen machen, dass ein Bildwechsel nicht mehr auf den Takt der Musik passt.

Abbildung 7.37 ▶
Die Kamera des mittleren Clips wurde geändert, die Schnitte bleiben an der gleichen Position.

Bild und Ton getrennt bearbeiten | Schneiden Sie einen Multicam-Clip oder wechseln Sie zu einer anderen Kamera, wird automatisch auch ein Schnitt auf den Audiokanälen hinzugefügt. Es reicht also das Bedienen einer Taste, um einen effizienten Schnitt zu erzielen. Diese Art der Anwendung ist in erster Linie für die Fälle gedacht, in denen sich mit den einzelnen Kameras auch die »Atmo«, also der Ton ändert – stellen Sie sich zum Beispiel einen Ski-Abfahrtslauf vor. Wenn wir allerdings ein Konzert schneiden, möchten wir durchgehend die gleiche Audiospur behalten, nämlich die der Kamera, die den Ton direkt vom Mischpult aufgezeichnet hat. Dazu lösen wir die Verbindung zwischen Video und Audio, indem wir im Kamera-Viewer auf den kleinen Filmstreifen klicken und dadurch die Funktion WECHSEL VON NUR-VIDEO

Nur Tonspuren bearbeiten

Klicken Sie stattdessen auf das Wellenform-Piktogramm, bearbeiten Sie ausschließlich die Tonspuren Ihres Multicam-Clips.

AKTIVIEREN einschalten. Die aktive Videokamera erhält daraufhin einen blauen Rahmen, während Sie die aktuelle Tonspur an einem grünen erkennen können.

◄ **Abbildung 7.38**
Über die drei Piktogramme ❶ wählen Sie aus, ob Sie Bild und Ton, nur das Bild oder nur den Ton eines Multicam-Clips bearbeiten. Die farbigen Rahmen ❷ und ❸ zeigen Ihnen die jeweils aktive Kamera an.

Multicam-Clip feinschneiden | Sobald Sie Ihren Multicam-Schnitt fertiggestellt haben und nun den Feinschnitt beginnen oder eventuelle Korrekturen vornehmen möchten, stehen Ihnen wieder alle Möglichkeiten zur Verfügung, die Sie auch im normalen Schnittbetrieb haben. Sie können mit verbundenen Clips arbeiten, Schnittmarken verschieben oder Effekte anwenden. Immer mit der Möglichkeit, jederzeit noch die aktive Kamera ändern zu können.

◄ **Abbildung 7.39**
Über einen Rechtsklick können Sie die aktive Kamera jederzeit ändern, auch wenn der Kamera-Viewer nicht geöffnet ist.

7.3 Multicam-Schnitt | **259**

7.4 Trimmen – der letzte Schliff

Als Trimmen bezeichnen wir das framegenaue Justieren von Schnitten und das exakte Anpassen von Cliplängen. Eigentlich fallen fast alle Schnittmethoden in der Videobearbeitung unter den Begriff Trimmen: Man trimmt überflüssiges Material auf seine benötigte optimale Länge, genauso wie man den Winterspeck auf schmale Hüfte trimmt – zuerst geht es einfach, anschließend wird es anstrengend. Die letzten Pfunde erfordern ebenso viel Durchhaltevermögen wie die letzten Frames Ihres Videos. Viel Fingerspitzengefühl, ein paar Tricks, und schon ist die optimale Form erreicht. Sprach's und warf die Waage aus dem Fenster.

Jump Cut

Ein *Jump Cut* ist das Auslassen von Frames während einer durchgehenden Bewegung im Bild. Zum Beispiel: Ein Mann kommt aus dem Bildhintergrund. Schnitt: Er befindet sich in der Bildmitte. Wieder Schnitt und der Mann steht direkt vor der Kamera. Ein Jump Cut kann auch der Umschnitt einer Totalen auf das Close-up einer Person sein, wenn diese anfängt zu sprechen oder sichtlich auf einen Einfluss reagiert.

Der letzte Frame ist der wichtigste! | Machen Sie sich mit dem Setzen von ersten In- und Out-Punkten im Viewer nicht allzu viel Mühe. Ein grobes »ungefähr hier« reicht in den meisten Fällen vollkommen aus. Der eigentliche Schnitt erfolgt in der Timeline, denn nur dort sehen Sie Ihre Clips im Kontext mit dem anderen Material und können entscheiden, welcher Ausgangsframe am besten zum nächsten Eingangsframe passt. Eine zu hektische Bewegung am Ende eines Clips wirkt genauso irritierend wie ein zu großer Helligkeits- und Farbunterschied. Sollte das nicht unbedingt Ihre Absicht sein (man kann diese Bildsprünge – oder *Jump Cuts* – auch vorsätzlich setzen, um Dynamik in einen Film zu bringen), so sollten Sie ebenso viel Mühe, wenn nicht sogar mehr, in den Feinschnitt investieren.

Schnittpunkte und Schnittmarken | Wir unterscheiden *Schnittmarken* und *Schnittpunkte*, und das ziemlich kleinkrämerisch (schließlich sind wir Hamburger).

Abbildung 7.40 ▶
Die Trennung zwischen den Begriffen »Schnittpunkt« und »Schnittmarke« ist wichtig, da beide auf unterschiedliche Art und Weise bearbeitet werden.

Ein Clip hat immer zwei Schnittpunkte (In und Out), jedoch nicht immer zwei Schnittmarken. Schnittmarken sind die Positionen, an denen zwei Clips in der Timeline aufeinandertreffen. Ist ein Clip somit am Ende eines Projekts, hat er nur eine oder gar keine Schnittmarke. Diese Unterscheidung ist wichtig, weil Sie sowohl

Schnittpunkte als auch Schnittmarken bearbeiten können: Sie können einen einzelnen Clip trimmen (Schnittpunkt) oder zwei Clips auf einmal (Schnittmarke), was in vielen Fällen die gesamte Timeline beeinflusst.

Nun wird es mal wieder Zeit, ein paar neue Clips zu importieren. Falls nicht schon geschehen, ziehen Sie bitte den Ordner VIDEOMATERIAL/WEITERE_CLIPS in Ihre Mediathek.

Ordner VIDEOMATERIAL/ WEITERE_CLIPS

7.4.1 Länge ändern

Die offensichtlichste Art des Feinschnitts in der Timeline ist sicherlich die Änderung der Cliplänge mit der Maus. Positionieren Sie den Cursor auf einem Schnittpunkt oder einer Schnittmarke, verwandelt sich der Mauszeiger in kleine Pfeile über einem Filmstreifen. Klicken Sie nun auf den Schnittpunkt (die Schnittmarke), und ziehen Sie ihn nach rechts oder links, um die Dauer des Clips anzupassen. In dem erscheinenden Timecode-Fenster erkennen Sie, um wie viele Sekunden und Frames Sie den Schnittpunkt (die Schnittmarke) verändert haben.

Neue Dauer

Oben im Informationsfenster wird zusätzlich die aktuelle Dauer des Clips angezeigt.

Verschiebe-Grenzen | Wenn Sie einen Schnittpunkt bewegen, wird im Viewer der aktuelle neue Eingangs- oder Ausgangsframe angezeigt. Schnittpunkte lassen sich nur so weit ziehen, bis das Material zu Ende ist.

Stoßen Sie auf ein anderes Element, wird dieses kurzerhand verschoben, und mit ihm alle nachfolgenden Timeline-Inhalte. Es ist somit nicht möglich, nur durch das Ziehen anderes Material – vorsätzlich oder versehentlich – zu überschreiben.

▲ **Abbildung 7.41**
Während Sie den Schnittpunkt (die Schnittmarke) verschieben, erscheint der Versatz in einem kleinen Timecode-Fenster.

Verschieben verhindern | Wechseln Sie zum Positionswerkzeug (P), können Sie Schnittpunkte und Schnittmarken verändern, ohne dass sich andere Elemente in der Timeline verschieben. Verkürzen Sie einen Clip durch Bewegen einer Schnittmarke, entsteht ein Gap-Clip und füllt automatisch die entstandene Lücke. Verlängern können Sie einen Clip nur so weit, bis er auf einen anderen trifft. Auch hier laufen Sie also nicht Gefahr, andere Elemente zu überschreiben – einzige Ausnahme sind Gap-Clips.

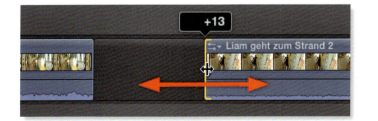

◀ **Abbildung 7.42**
Mit dem Positionswerkzeug verlängern und verkürzen Sie Clips, ohne andere Elemente zu verschieben.

Präzise verschieben | Klicken Sie mit dem Auswahlwerkzeug auf eine Schnittmarke, lässt sich die Cliplänge auch über die Tastatur verändern. Ob Sie dabei den linken oder rechten Clip bearbeiten, erkennen Sie an der gelben Klammer. Ist die Klammer rot, haben Sie die maximale Cliplänge erreicht und können demzufolge seine Dauer nur noch verkürzen. Um eine Schnittmarke nach links zu verschieben, drücken Sie [,] (Komma); soll sie nach rechts wandern, drücken Sie [.] (Punkt). Jeder Tastenanschlag entspricht dabei einem Frame. Halten Sie zusätzlich [⇧] gedrückt, springt die Schnittmarke um zehn Frames nach links oder rechts.

Das Trimmen mithilfe der Tastatur funktioniert auch, wenn Sie das Positionswerkzeug ausgewählt haben.

Schritt für Schritt: Schnittmarken in der Praxis

Clips »Liam geht zum Strand 1«, »Liam geht zum Strand 2« und »Liam geht zum Strand 3«

Legen Sie eine neues Projekt mit dem Namen »Längen ändern« an, und kopieren Sie die Clips »Liam geht zum Strand 1« und »Liam geht zum Strand 2« hinein. Setzen Sie dabei aber bitte weder In- noch Out-Punkte. Liam McNamara ist eine Surflegende aus Hawaii und einer der bekanntesten professionellen Surfer der Welt. In diesem Abschnitt werden wir eine kurze Sequenz und ein Interview mit ihm schneiden.

1 Clip verkürzen

Am Ende des ersten Clips ist Liam gerade in der Mitte seiner Surfboard-Sammlung angekommen, während er am Anfang des zweiten Clips bereits ein Brett in der Hand hält. Um ein wenig mehr Dynamik in den Ablauf zu bekommen, kürzen wir den Anfang des zweiten Clips um ca. 01:08 bis zu der Stelle, an der Liam das zweite Board aus dem Ständer nimmt. Am besten schalten Sie dazu das Snapping aus ([N]), dann können Sie die Schnittmarke genauer positionieren. Achten Sie auf den kleinen Filmstreifen des Mauszeigers beim Trimmen. Zeigt er nach links, bearbeiten Sie den linken Clip, zeigt er nach rechts, den rechten.

▲ **Abbildung 7.43**
Beachten Sie den kleinen Filmstreifen!

2 Nächsten Clip einsetzen

Logischerweise folgt als Nächstes der Clip »Liam geht zum Strand 3«, den Sie bitte wieder zunächst ohne festgelegte Schnittpunkte in die Timeline kopieren. Auch diesen Clip wollen wir am Anfang kürzen. Versuchen Sie einmal, die Schnittmarke mit der Tastatur so weit zu verschieben, dass die Spitzen der Surfbretter gerade hinter der Hauswand hervorlugen; dann bekommt der Schnitt Tempo und Energie.

◀ **Abbildung 7.44**
Der fertige Clip

Skimmen und trimmen | Bis jetzt haben wir immer zuerst die Schnittmarke ausgewählt und uns dann frameweise der Stelle genähert, an der wir unseren Cut machen wollten. Nun fangen wir am anderen Ende an und navigieren zuerst mit dem Skimmer zu dem Bild, an dem wir schneiden wollen. Anschließend drücken wir ⇧+X, und die ausgewählte Schnittmarke springt auf die gewünschte Position. Maus-Menschen erreichen das gleiche Ziel über BEARBEITEN • SCHNITTMARKE NEU POSITIONIEREN.

Wie bei den anderen Methoden zum Trimmen von Clips bedeuten auch hier rote Klammern, dass das Clipende erreicht ist. Es kann also nur verkürzt und nicht verlängert werden. Haben Sie das Positionswerkzeug ausgewählt, bevor Sie eine Schnittmarke durch die Timeline springen lassen, behalten alle Elemente ihren aktuellen Platz, und Sie können Clips maximal bis zur nächsten Schnittmarke verlängern.

Start und Ende trimmen | Das Trimmen mithilfe des Skimmers geht sogar noch effektiver, nämlich ohne dass Sie zuvor extra eine Schnittmarke auswählen. Mit den beiden Tastaturbefehlen alt+ß (BEARBEITEN • START TRIMMEN) und alt+Ü (BEARBEITEN • ENDE TRIMMEN) hüpfen die Schnittmarken an die ausgewählte Position. Wie immer gilt: Mit dem Auswahlwerkzeug ändert sich die Gesamtlänge Ihrer Timeline, während sie beim Positionswerkzeug gleich bleibt.

Mit In- und Out-Punkten trimmen | Wenn Sie nur einen bestimmten Bereich eines Clip in der Timeline behalten möchten und es Ihnen zu umständlich erscheint, zuerst den Anfang und anschließend das Ende zu trimmen, können Sie auch mithilfe von In- und Out-Punkten oder dem Bereichsauswahl-Werkzeug einen Abschnitt markieren. Über den Befehl alt+# (BEARBEITEN • AUF AUSWAHL TRIMMEN) schneiden Sie dann Anfang und Ende kurzerhand ab und bringen Ihren Clip auf Länge.

▲ Abbildung 7.45
Mit In- und Out-Punkt legen Sie den Bereich des Clips fest, den Sie behalten möchten.

▲ Abbildung 7.46
Nachdem Sie den Clip auf die Auswahl getrimmt haben, ändert sich die Gesamtdauer der Timeline.

▲ Abbildung 7.47
Ist das Positionswerkzeug aktiv, wird auf die Auswahl getrimmt und die Lücke mit einem Gap-Clip gefüllt. Die Gesamtdauer bleibt unverändert.

Trimmen mit Timecode | Der gute alte Timecode. Auch beim Trimmen lässt er uns nicht im Stich, sondern hilft uns, wo er kann. Haben Sie den Anfang oder das Ende eines Clips ausgewählt, bleibt nichts weiter zu tun, als über Ihre Tastatur den gewünschten Versatz einzugeben. Beginnen Sie mit [+], um die Schnittmarke weiter nach rechts, also Richtung Timeline-Ende zu verschieben. Ein [-] verschiebt die Schnittmarke weiter nach links, zum Anfang der Timeline.

Das bedeutet, dass bei [+] der linke Clip länger wird und der rechte kürzer. Bei [-] wird der linke kürzer und der rechte länger. Nach dem Vorzeichen geben Sie den gewünschten Versatz ein und bestätigen dann alles mit [↵].

Clipdauer ändern | Mithilfe der Timecode-Eingabe lässt sich auch die Dauer von Clips festlegen. Dazu markieren Sie ein Element in der Timeline und wählen dann aus der Menüleiste ÄNDERN • DAUER ÄNDERN ([ctrl]+[D]) aus. Dadurch aktivieren Sie das Timecode-Fenster und können die gewünschte Dauer eingeben. Zum Schluss drücken Sie [↵], und schon schrumpft oder wächst Ihr Clip auf die gewünschte Länge. Beachten Sie, dass das Anpassen der Dauer im Prinzip nichts anderes ist als ein Trimmen des Clipendes. Der Clipinhalt bleibt also immer gleich, ebenso wie der Clipanfang; lediglich das Ende verschiebt sich.

Der enorme Vorteil dieser Technik besteht darin, dass Sie eine beliebige Anzahl an Clips in der Timeline markieren und dann für alle gleichzeitig eine Dauer festlegen können. Jeder, der schon mal für eine Reihe von Fotos in seinem Film die Standbilddauer ändern musste, weiß, wovon wir sprechen.

> **Die richtige Auswahl**
> Sie können mehrere Clips in der Timeline auswählen, indem Sie mit dem Auswahlwerkzeug einen Rahmen darum ziehen oder [cmd] gedrückt halten, während Sie mit der Maus einen Clip nach dem anderen anklicken.

7.4.2 Das Trimmen-Werkzeug

Bis jetzt haben wir beim Trimmen immer nur einen Clip bearbeitet, also länger bzw. kürzer gemacht. Alle anderen Elemente in der Timeline wurden dadurch nicht verändert. Nun stellen wir Ihnen das Trimmen-Werkzeug [T] vor, mit dem wir die Schnittmarke zwischen zwei Clips so verschieben können, dass ein Clip länger wird, während der andere entsprechend kürzer wird. Die Position der beiden Clips innerhalb der Timeline ändert sich dabei ebenso wenig wie die anderer Elemente.

> **Ein Beispiel**
> Um eine Schnittmarke eine Sekunde nach rechts zu verschieben, geben Sie auf Ihrer Tastatur »+100« ein. Um sie zwölf Sekunden und zehn Frames nach links zu verschieben, geben Sie »-1210« ein.

▲ **Abbildung 7.48**
Die Zahl im Timecode-Fenster zeigt den Versatz an. Rechts ❶ sehen Sie, blau hervorgehoben, ob Sie den Anfang oder das Ende eines Clips bearbeiten.

> **Länger und kürzer**
> Wie beim Verschieben von Schnittmarken auch, können Sie sogar mit Vorzeichen arbeiten und so Ihren Clip um einen bestimmten Zeitwert verlängern oder verkürzen.

▲ **Abbildung 7.49**
Das Trimmen-Werkzeug finden Sie in der Werkzeugpalette der Symbolleiste.

> **Nur mal eben**
>
> Wenn Sie das Trimmen-Werkzeug nur für eine kurze Bearbeitung benötigen, halten Sie T gedrückt. Sobald Sie die Taste wieder loslassen, springt Final Cut Pro zurück zu dem ursprünglich gewählten Werkzeug.

Vorschau aktivieren | Klicken Sie mit dem Trimmen-Werkzeug auf eine Schnittmarke zwischen zwei Clips, können Sie die Marke nach links oder nach rechts verschieben. Sie verändern damit sowohl den Ausgangsframe des linken Elements als auch den Eingangsframe des rechten Clips. Wäre es da nicht praktisch, wenn Sie beide Frames parallel sehen könnten, um immer zu wissen, ob Sie Ihren Schnitt an der optimalen Stelle setzen? Und wie es der Zufall will, zaubern wir Magier des Videoschnitts Ihnen jetzt dieses Kaninchen aus dem Hut.

Unter FINAL CUT PRO • EINSTELLUNGEN (cmd + ,) können Sie im Bereich BEARBEITUNG ein DETAILLIERTES TRIMMING-FEEDBACK EINBLENDEN. Damit ändert sich die Ansicht im Viewer beim Trimmen in einen Splitscreen, in dem Sie auf der linken Seite den ersten Frame des Ausgangsclips sehen und auf der rechten den ersten Frame des Eingangsclips.

Abbildung 7.50 ▶
Den Splitscreen für die Trimm-Funktionen müssen Sie zuerst aktivieren.

> **Lieber groß**
>
> Sollten Sie die große Einzelansicht im Viewer bevorzugen, können Sie während des Trimmens jederzeit mit alt zwischen Eingangsclip und Ausgangsclip hin- und herschalten.

Schnittmarke verschieben | Ziehen Sie die Schnittmarke nach links, wird der Eingangsclip kürzer und der Ausgangsclip länger; ziehen Sie die Marke nach rechts, wird der Eingangsclip länger und der Ausgangsclip kürzer. Vorteilhaft bei dieser Bearbeitungsmethode ist, dass Sie die Gesamtdauer des Projekts nicht verändern; die Gesamtdauer der beiden bearbeiteten Clips zusammen bleibt somit ebenfalls gleich. Natürlich können Sie auch hier die Schnittmarke nur so weit verschieben, wie Sie Material bei dem länger werdenden Clip zur Verfügung haben. Stoßen Sie an die Grenze, wird die gelbe Klammer um den betroffenen Clip rot.

Während Sie die Schnittmarke bewegen, erscheinen im Viewer der neue Out-Punkt des Ausgangsclips und der neue In-Punkt des Eingangsclips. In der Timeline wird derweil ein Timecode-Fenster eingeblendet, das Ihnen den Offset, sprich die Sekunden und Frames, angibt, um die Sie den Schnittpunkt verschoben haben.

Wie beim Trimmen mit dem Auswahl- oder dem Positionswerkzeug auch, lassen sich Schnittmarken mithilfe der *Tastatur* (⇧ + X), des *Timecodes* oder des Befehls BEARBEITEN • SCHNITTMARKE NEU POSITIONIEREN versetzen. Welche Methode Ihnen am meisten zusagt, finden Sie am besten durch Ausprobieren heraus.

◄ **Abbildung 7.51**
In der Timeline verschieben Sie die Schnittmarke ❶. Im Viewer sehen Sie im Splitscreen ❷ Ausgangsclip und Eingangsclip gleichzeitig.

Clipinhalte verschieben | Mit in den Bereich der Arbeit mit Schnittpunkten gehört auch das Verschieben von Clipinhalten, was im Wesentlichen dem synchronen Verschieben beider Schnittpunkte entspricht.

Klicken Sie mit dem Trimmen-Werkzeug in einen Clip und halten die Maustaste gedrückt, können Sie den gesamten Inhalt innerhalb der Schnittpunkte nach links oder rechts ziehen – natürlich nur so weit, wie Material vorhanden ist.

Während Sie ziehen, erscheinen im Viewer die neuen In- und Out-Punkte. Der Vorteil dieser Methode besteht darin, dass Sie die Dauer des Clips und damit des Projekts nicht verändern, sondern nur den darzustellenden Inhalt.

Numerisch verschieben
Wenn Sie mit gewähltem Clipinhalt-verschieben-Werkzeug ein Element in der Timeline anklicken, können Sie auch mit den Tasten ⟨,⟩ und ⟨.⟩ oder numerisch durch Timecode-Eingabe den Inhalt Ihrer Clips verschieben.

▲ **Abbildung 7.52**
Mit dem Trimmen-Werkzeug lässt sich der Inhalt von Clips verschieben. Dauer und Position in der Timeline bleiben gleich.

Schritt für Schritt: Clipinhalt verschieben
Also lassen wir Liam mal bis hinunter zum Strand gehen.

1 Clips hinzufügen
Den Clip »Liam geht zum Strand 4« können Sie wieder von Anfang bis Ende in die Timeline legen; bei dem fünften Teilstück »Liam geht zum Strand 5« setzen Sie bitte einen In-Punkt bei Timecode 13:57:03:18 und einen Out-Punkt ca. zwei Sekunden vor dem Ende des Clips.

Wir wollen diese kurze Szene mit dem Clip »Liam geht zum Strand 6« abschließen, wobei Sie hier bitte einen In-Punkt bei 13:58:38:11 festlegen.

Clips »Liam geht zum Strand 4«, »Liam geht zum Strand 5« und »Liam geht zum Strand 6«

▲ **Abbildung 7.53**
Clipanordnung

2 Inhalt anpassen
Nachdem auch diese drei Clips wohlbehalten in der Timeline angekommen sind, merken Sie schnell, wie es beim Anschauen irritiert, dass Liam beim mittleren Bild noch zu sehen ist, bevor wir zum nächsten Clip wechseln. Anstatt umständlich den entsprechenden Clip wieder zu isolieren, zu bearbeiten und erneut einzufügen, verschieben wir einfach den gesamten Clipinhalt. Drücken Sie jetzt [T], und schieben Sie den Clip so zurecht, dass Liam am Ende nicht mehr zu sehen ist.

▲ **Abbildung 7.54**
Liam auf dem Weg zum Strand

7.4.3 Trimmen in verbundenen Clips und Handlungen
Alle Techniken zum Trimmen, die wir Ihnen bisher erklärt haben, beziehen sich auf Elemente in der primären Handlung. Verbundene Clips reagieren auf das Trimmen ein wenig anders.

- **Länge ändern**: Beim Ändern der Länge mit dem Auswahlwerkzeug werden vorherige oder nachfolgende Elemente nach oben versetzt. Ein Überschreiben wird so verhindert.
- **Schnittmarke verschieben**: Verschieben Sie mit dem Trimmen-Werkzeug den Anfang eines Clips, rutschen alle anderen Elemente in der Timeline simultan mit. Verschieben Sie das Ende, rutschen alle verbundenen Elemente, die im Weg sind, weiter nach oben.
- **Clipinhalt verschieben**: Sie können auch in verbundenen Elementen mit dem Trimmen-Werkzeug Clipinhalte wie gewohnt verschieben. Im Viewer sehen Sie dann den ersten und den letzten Frame.
- **Tastatur und Timecode**: Sie können Schnittpunkte und -marken mit Tastatur und Timecode verschieben. Alle Clips reagieren dann wie oben beschrieben.
- **Dauer**: Über `ctrl`+`D` lässt sich die Dauer eines Clips definieren, dabei wird immer das Clipende getrimmt. Andere Clips können nicht überschrieben werden.

Innerhalb von verbundenen Handlungen können Sie Clips genauso trimmen wie in der primären Handlung. Deswegen kann es unter Umständen Sinn machen, für den Feinschnitt mehrere Elemente zu einer verbundenen Handlung zusammenzufassen.

7.4.4 Der Präzisions-Editor

Sie denken, noch genauer und detaillierter kann man nicht trimmen? Weit gefehlt, denn mit dem Präzisions-Editor tauchen wir noch weiter in die Materie ein. Waren wir bisher beim Hundertstel, geht es nun ans Tausendstel.

Um den Präzisions-Editor zu öffnen, wählen Sie das Auswahl- oder das Trimmen-Werkzeug aus und doppelklicken auf eine Schnittmarke (`ctrl`+`E`). Aber nicht erschrecken, denn die primäre Handlung teilt sich nun in zwei Bereiche. In der oberen Hälfte liegen der Ausgangsclip und alle vorhergehenden Elemente, in der unteren der Eingangsclip und alle nachfolgenden Elemente. Beide Abschnitte werden durch eine Navigationsleiste getrennt, und die Schnittmarke selbst wird durch eine vertikale Linie verdeutlicht.

Die Überhänge des Ausgangs- und des Eingangsclips, also die Bereiche, die derzeit nicht in Ihrem Film zu sehen sind, werden grau dargestellt. Sie haben also den genauen Überblick, wie viel Material Ihnen noch zur Verfügung steht, und können es sogar mit dem Skimmer überfliegen und sichten. Diesen Überhang bezeichnen wir auch als »Bearbeitungsränder«.

Material aufnehmen!

An dieser Stelle möchten wir nochmals dringend empfehlen, immer mehr Material aufzunehmen, als Sie wirklich brauchen – ansonsten können Sie Änderungen, wie sie oben beschrieben sind, nicht durchführen.

Nur primär

Den Präzisions-Editor können Sie nur mit Clips in der primären Handlung benutzen.

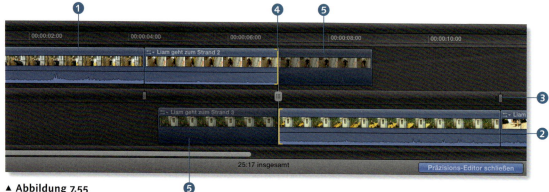

▲ **Abbildung 7.55**
Oben sehen Sie den Ausgangsclip ❶, unten den Eingangsclip ❷. Die Navigationsleiste ❸ trennt beide Abschnitte, und die vertikale Linie ❹ markiert die Schnittmarke. Die Bearbeitungsränder ❺ werden grau dargestellt.

Schnittmarke verschieben | Greifen Sie das graue Steuerelement in der Navigationsleiste, und bewegen Sie es mit der Maus nach links oder rechts. Damit verschieben Sie die Schnittmarke, das heißt, wird der Ausgangsclip kürzer, wird der Eingangsclip entsprechend länger und umgekehrt. Weder die Position der beiden Clips in der Timeline noch die Gesamtlänge Ihres Films werden dadurch beeinflusst. Das Ganze entspricht also dem Verschieben der Schnittmarke mit dem Trimmen-Werkzeug, nur dass Sie in diesem Fall genau erkennen können, wie groß Ihre Bearbeitungsränder sind.

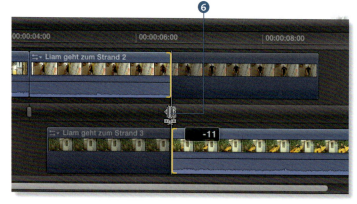

Abbildung 7.56 ▶
Mit dem Steuerelement ❻ verschieben Sie die Schnittmarke. Das kleine Fenster zeigt den Timecode-Versatz an, und im Viewer sehen Sie den Eingangs- und den Ausgangsframe.

Noch präziser

Wenn wir mit dem Präzisions-Editor arbeiten, zoomen wir gerne weit in die Timeline hinein. Damit können wir noch präziser arbeiten. Dafür nutzen wir den Schieberegler unten rechts in der Timeline oder die Tastenkürzel `cmd`+`+` und `cmd`+`-`.

Länge ändern | Greifen Sie hingegen das Ende des Ausgangsclips oder den Anfang des Eingangsclips, ändern Sie die jeweilige Länge. Das heißt, der Clip, den Sie bearbeiten, wird länger oder kürzer, während der andere unbeteiligt zuschaut.

Dadurch ändert sich natürlich auch die Gesamtdauer Ihres Films. Haben Sie aber keine Sorge, es kann nichts überschrieben werden, sondern Sie ändern nur das Element, das Sie gerade bearbeiten. Der graue Bearbeitungsrand zeigt Ihnen dabei immer an, wie viel Spielraum Sie noch haben.

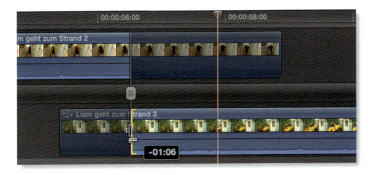

◀ **Abbildung 7.57**
Greifen Sie den Schnittpunkt eines Clips, um die Länge zu ändern.

Clipinhalt verschieben | Greifen Sie mit der Maus nicht direkt den Schnittpunkt eines Clips, sondern mittenrein, wird der Cursor zu einer kleinen Hand mit zwei Pfeilen. Damit verschieben Sie quasi den Clipinhalt unter der Schnittmarke. Das heißt, die Schnittmarke behält ihre Position bei, während der Clip bewegt wird. Auch bei dieser Technik ändert sich logischerweise die Gesamtdauer Ihres Films.

◀ **Abbildung 7.58**
Mit der kleinen Hand verschieben Sie den gesamten Clip inklusive aller nachfolgenden, während die Schnittmarke an ihrer Position bleibt.

Von Schnitt zu Schnitt | Sie müssen den Präzisions-Editor nicht verlassen, um von Schnitt zu Schnitt zu springen und so Ihrem Film den letzten Schliff zu verpassen. Entweder Sie benutzen ↑ und ↓, um zu navigieren, oder Sie klicken direkt auf einen Schnitt in der Navigationsleiste.

Immer wenn Sie die Schnittmarke wechseln, tauschen die Clips im Präzisions-Editor die Position, denn was vorher Ausgangsclip war, ist nun Eingangsclip und rutscht demzufolge von oben nach unten.

Präzisions-Editor beenden | Um den Präzisions-Editor zu beenden, doppelklicken Sie auf eine Schnittmarke, drücken esc oder klicken auf PRÄZISIONS-EDITOR SCHLIESSEN am unteren Rand der Timeline.

> **Tastatur und Timecode**
>
> Alle beschriebenen Techniken im Präzisions-Editor können Sie auch mit der Tastatur oder via Timecode-Eingabe durchführen.

7.5 Getrennte Schnitte

Bis jetzt haben wir Bild und Ton innerhalb eines Projekts immer parallel bearbeitet. Egal, ob beim Verschieben oder beim Trimmen in der Timeline, Video und Audio gingen immer Hand in Hand.

7.5.1 Audio/Video erweitern

In manchen Fällen, zum Beispiel im Dialogschnitt, wirkt es aber spannender, wenn wir den Ton von Clip A hören und dazu das Bild von Clip B sehen. Der Zuschauer hört dann, was gesagt wird, und sieht sofort die Reaktion des anderen Schauspielers darauf.

In Interviews nutzen wir diese Technik, um den Eindruck eines flüssigen Gesprächs zu vermitteln.

> **TIPP**
> Noch schneller erweitern und reduzieren Sie einen Clip mit einem Doppelklick auf die Audiowellenform.

Audiokanäle erweitern | Schritt eins besteht darin, die Audiokanäle unseres Clips für die separate Bearbeitung vorzubereiten. Dazu wählen Sie aus dem Kontextmenü (rechte Maustaste) oder aus der Menüleiste CLIP • AUDIO/VIDEO ERWEITERN. Das Tastenkürzel dazu ist ctrl+S. Der Clip teilt sich dadurch in eine Videospur und eine Audiospur, die Sie nun getrennt voneinander trimmen können.

Da es sich aber nach wie vor um einen zusammenhängenden Clip innerhalb der primären Handlung handelt, können Sie seine Position in der Timeline nur für Bild und Ton zusammen verändern. Seien Sie also sicher, dass nichts asynchron wird, auch nicht, wenn Sie mit dem Trimmen-Werkzeug den Clipinhalt verschieben.

▲ Abbildung 7.59
Wenn Sie die Audiospur eines Clips erweitern, können Sie getrennt trimmen; trotzdem handelt es sich nach wie vor um den einen zusammengehörigen Clip.

Schritt für Schritt: Mit getrennten Schnitten gestalten

Die Möglichkeiten, die Ihnen getrennte Schnitte bieten, haben wir mal in einer kleinen Übung zusammengefasst.

1 Clips erweitern

Legen Sie den Clip »Rabbit Interview« in seiner ganzen Länge in die Timeline.

Dann setzen Sie im Clip »Surf action mit Tube« bei Timecode 02:00 einen In-Punkt und bei 12:00 einen Out-Punkt und ziehen den Clip ebenfalls in die Timeline.

Sind sie wohlbehalten angekommen, markieren Sie beide Clips und erweitern sie durch einen Doppelklick auf die Audiowellenform.

Ordner VIDEOMATERIAL\ WEITERE_CLIPS

▲ Abbildung 7.60
Clips erweitern durch Klick auf die Audiowellenform

2 Audio trimmen

Mit dem Auswahlwerkzeug trimmen Sie nun die Audiospur des Clips »Surfaction mit Tube« um ca. zwei Sekunden nach rechts. Lassen Sie sich dabei von den zusätzlichen Werten im Timecode-Fenster nicht irritieren, dabei handelt es sich um Audiosubframes. Mit dem Trimmen ändern Sie die Länge der Audiospur, die Position in der Timeline bleibt dabei gleich.

> **Audiosubframes**
>
> Da wir bei der Tonbearbeitung nicht auf Frames als kleinste Einheit angewiesen sind, sondern wesentlich präziser arbeiten können, wird ein Frame in 100 Subframes unterteilt.

▲ Abbildung 7.61
Trimmen der Audiospur

3 Lücke schließen

Nun verschieben Sie die Schnittmarke zwischen den Videospuren so, dass sich die Lücke im Ton schließt. Dadurch verkürzen Sie das Video des Interviews und verschachteln es mit dem Schnittbild.

7.5 Getrennte Schnitte | 273

▲ **Abbildung 7.62**
Schließen der Lücke

4 Nächsten Clip einfügen

Nehmen Sie nun den Clip »Tamayo Perry Interview«, und setzen Sie einen In-Punkt bei 02:00 und einen Out-Punkt bei 22:15, bevor Sie ihn in die Timeline schneiden. Dann kürzen Sie die Videospur um ca. zwei Sekunden, sodass das Schnittbild das zweite Interview ebenfalls überlappt. Sie werden feststellen, dass dadurch der Ton des neuen Clips unter den des mittleren rutscht. Dadurch wird verhindert, dass Sie unbeabsichtigt etwas löschen.

▲ **Abbildung 7.63**
Einfügen eines Clips

5 Audio anpassen

Den Überhang der Audiospur passen wir nun an, sodass beide Clips Spitz auf Knopf aneinanderliegen. Dazu greifen wir den Schnittpunkt der Audiospur des Clips »Surfaction mit Tube« und ziehen ihn nach links. Wir nutzen in diesem Fall ⸤.⸥ und ⸤.⸥, um den Schnitt exakt zu positionieren.

▼ **Abbildung 7.64**
Audiospur anpassen

6 Clips reduzieren

Sind Sie mit Ihrer Bearbeitung zufrieden, markieren Sie alle Clips und drücken dann [ctrl]+[S]. Damit reduzieren Sie alle Elemente, und Ihre Handlung sieht wieder aus wie gewohnt. Einziger Unterschied: Die Audiowellenform des Clips »Surf action mit Tube« ist an beiden Seiten abgeschnitten. Daran erkennen Sie, dass hier die Audiokanäle kürzer sind als das Video.

▲ Abbildung 7.65
Clips reduzieren

Position und Präzision | Ändern Sie die Position von erweiterten Clips mit dem Positionswerkzeug, dann orientiert sich Final Cut Pro immer an der Videospur. Sprich, Sie können andere Bilder wie gewohnt überschreiben, andere Töne dagegen nicht. Öffnen Sie den Präzisions-Editor, fügen sich Bild- und Tonspuren wieder zusammen, denn Sie können dann nicht mit erweiterten Clips arbeiten.

Alle Clips erweitern | Wenn Sie aus dem Menü Darstellung • Audio-/Video-Clips erweitern • Für alle auswählen, passiert genau das, was Sie vermuten: Alle Bild- und Tonspuren können getrennt voneinander bearbeitet werden. Wählen Sie stattdessen Für Teile aus, werden nur die Clips aufgeklappt, bei denen Sie schon Video und Audio gegeneinander verschoben haben.

Über Darstellung • Alle Clips einklappen reduzieren Sie alle Elemente wieder.

> **Verbundene Clips**
>
> Sie können Clips in allen Handlungen und verbundene Clips gleichermaßen erweitern und reduzieren.

7.5.2 Bild und Ton trennen

Neben dem Erweitern und Reduzieren von Clips können Sie auch Bild und Ton tatsächlich trennen, also zwei unabhängige Elemente erstellen. Dafür drücken Sie [ctrl]+[⇧]+[S] oder wählen aus dem Kontextmenü Audio trennen. Während der Videoclip bleibt, wo er ist, wird der Audioclip immer an der aktuellen Position an die primäre Handlung angehängt. Anschließend können Sie beide Elemente losgelöst voneinander verschieben, trimmen oder löschen.

Abbildung 7.66 ▶
Über einen Rechtsklick können Sie Bild und Ton voneinander trennen.

Das Trennen von Bild und Ton arbeitet immer clipbasiert, das heißt, Sie können zum Beispiel nicht eine komplette Handlung auswählen und dann den Ton separieren, sondern müssen immer alle Einzelclips bearbeiten. Oder Sie erstellen vorher einen zusammengesetzten Clip.

Trennung rückgängig machen | Mit ⌘+Z lässt sich eine Trennung wieder rückgängig machen, allerdings gibt es keinen Befehl, um zwei unabhängige Clips in der Timeline zu einem zusammenzufügen. Wenn Sie also nach dem Trennen eines Clips zunächst fleißig weiter schnibbeln und Ihnen dann erst einfällt, dass es vielleicht doch keine so gute Idee war, müssen Sie entweder alle Zwischenschritte auch rückgängig machen oder den Clip erneut aus Ihrem Ereignis in die Timeline kopieren.

7.6 Arbeiten mit Alternativen

Wer sich nicht gerade zu den entscheidungsfreudigen Lesern zählt, der wird »Alternativen« lieben. Mit wenigen Mausklicks können wir uns verschiedene Versionen unseres Films vorführen lassen und uns dann ganz in Ruhe für die beste Variante entscheiden. Das Schönste daran ist, dass wir nicht jedes Mal Clips in die Timeline schneiden und sie anschließend wieder entfernen müssen, sondern Final Cut Pro die Inhalte automatisch ersetzt und die Gesamtdauer des Films selbstständig anpasst. Doch fangen wir vorne an.

7.6.1 Alternative erstellen

Mit Alternativen ersetzen Sie ebenfalls Clips in der Timeline, allerdings auf eine etwas schlauere Art und Weise als über die Funktion ERSETZEN. Sie können aus mehreren Clips eine Alternative erstellen und sich dann eine Variante nach der anderen anschauen, hin und her springen und verschiedene Effekte ausprobieren.

Sie erstellen eine Alternative, indem Sie einen Clip aus einem Ereignis auf einen Clip in der Timeline ziehen. Aus dem Kontextmenü wählen Sie dann ZU HÖRPROBE HINZUFÜGEN aus. Den

---

Alternativen und Hörproben

Streng genommen ist eine Hörprobe so etwas wie ein Container, in dem die verschiedenen Alternativen abgelegt werden. Zwar ist die Übersetzung der englischen Bezeichnung »Audition« richtig, aber wir finden den Begriff trotzdem etwas irreführend.

gleichen Befehl finden Sie auch unter CLIP • ALTERNATIVEN, oder Sie nutzen das Tastenkürzel `ctrl`+`⇧`+`Y`.

Probieren Sie es am besten gleich aus, indem Sie die Clips »Liam geht zum Strand 1«, »Liam geht zum Strand 4« und »Liam geht zum Strand 5« aus dem Ordner »Trimmen« von der DVD zum Buch in die Timeline kopieren. Setzen Sie dabei ruhig Schnittpunkte, wo Sie mögen. Schauen Sie sich die kurze Sequenz an, werden Sie feststellen, dass der Schnitt zwar okay ist, aber nicht wirklich schön ist, denn während Liam im ersten Clip noch ohne Surfbrett geht, hat er im nächsten schon zwei unterm Arm. Für den mittleren Clip suchen wir also nun eine Alternative, und wir beginnen unsere Suche mit dem Clip »Liam geht zum Strand 3«.

Ordner VIDEOMATERIAL/ WEITERE_CLIPS

◄ **Abbildung 7.67**
Fügen Sie den Clip »Liam geht zum Strand 4« der Hörprobe hinzu.

Hörprobe öffnen | Daraufhin erscheint neben dem Clipnamen ein kleines Spotlight-Symbol, das Ihnen anzeigt, dass Sie nun eine Hörprobe erstellt haben. Klicken Sie auf das Symbol (Tastenkürzel `Y`), um die Hörprobe in einem neuen Fenster zu öffnen.

◄ **Abbildung 7.68**
Das Spotlight ❶ neben dem Clipnamen zeigt Ihnen Clips mit Alternativen an. Klicken Sie darauf, um …

Hier sehen Sie jetzt zwei Clips: den Originalclip, der in der Timeline lag, und rechts dahinter den neu hinzugefügten. Das Spotlight zeigt Ihnen an, welcher Clip aktuell in der Timeline aktiv ist, und Sie können sogar über das Piktogramm skimmen.

7.6.2 Alternativen testen

Nun kommt der spaßige Teil: Klicken Sie auf den anderen Clip, um eine Probeversion davon zu erstellen, wie Ihr Film mit dieser Alternative wirken würde. In der Timeline wird der Clip ausgetauscht, und die Gesamtlänge Ihres Films ändert sich schlagartig. Dabei verlassen Sie das Hörproben-Fenster nicht einmal.

Drücken Sie die Leertaste, um den Film abzuspielen und sich Ihr Werk anzuschauen. Final Cut Pro beginnt mit der Vorschau zwei Sekunden vor dem Schnitt und stoppt zwei Sekunden hinter

▲ **Abbildung 7.69**
… das Hörproben-Fenster zu öffnen. Das kleine Sternchen markiert die aktuelle aktive Alternative.

Achtung Skimmer

Achten Sie darauf, dass sich der Skimmer nicht über einem der Piktogramme befindet, denn ansonsten startet die Wiedergabe hier und nicht in der Timeline.

Wiedergabe

Gleicher Effekt, größerer Umstand: Sie können die Wiedergabe auch über das Menü CLIP • ALTERNATIVEN • VORSCHAU oder das Tastenkürzel ctrl+cmd+Y starten.

Abbildung 7.70 ▶
Sie können die Zeiten für Vorlauf und Nachlauf bei der Vorschau über das Einstellungen-Menü anpassen.

dem Clip, den Sie als Alternative eingesetzt haben. Während der Vorschau können Sie mit ← und → zwischen den Alternativen wechseln, damit Sie sich in Ruhe für die bessere entscheiden können. Wir haben unsere Wahl getroffen und finden, dass der Clip »Liam geht zum Strand 3« besser passt. Daher klicken wir in dem Hörproben-Fenster auf FERTIG.

Vorlauf und Nachlauf | Die Zeitspanne, die bei der Vorschau vor und nach einer Alternative abgespielt wird, bezeichnen wir als *Pre-Roll* (Vorlauf) und *Post-Roll* (Nachlauf). Werksseitig sind beide auf zwei Sekunden eingestellt, aber Sie können über FINAL CUT PRO • EINSTELLUNGEN (cmd+,) im Bereich WIEDERGABE eine eigene Dauer für die Pre-Roll- und die Post-Roll-Zeit wählen.

Entweder Sie tragen über Ihre Tastatur direkt einen Wert ein, oder Sie nutzen die ↑- und ↓-Tasten. Was uns ein wenig irritiert, ist, dass die Vor- und Nachlaufzeiten im Dezimalsystem eingegeben werden müssen und nicht framebasiert, wie man es eigentlich erwarten sollte. Wir beschränken uns deshalb normalerweise auf ganze und halbe Sekunden.

7.6.3 Weitere Clips hinzufügen

Der neue Clip ist besser, aber wir wollen noch mehr! Deswegen werden wir unserer Hörprobe noch eine weitere Alternative hinzufügen. Diesmal entscheiden wir uns für »Liam geht zum Strand 2« und die Option ERSETZEN UND ZUR HÖRPROBE HINZUFÜGEN. Damit wird der neue Clip zur aktiven Auswahl und landet gleich in der Timeline. Über das Hörproben-Fenster können Sie, wie vorher auch, zwischen den Alternativen hin und her springen.

Viele Clips hinzufügen | Ein Clip ist Ihnen nicht genug? Also bitte: Wählen Sie eine beliebige Anzahl an Elementen aus Ihrem Ereignis aus und dann aus der Menüleiste CLIPS • ALTERNATIVEN • ZUR HÖRPROBE HINZUFÜGEN (ctrl+⇧+Y). Öffnen Sie anschließend das Hörproben-Fenster, werden Sie feststellen, dass es hier ordentlich Zuwachs gegeben hat.

7.6.4 Zwischen Alternativen auswählen

Um von einer Alternative zur nächsten zu wechseln, brauchen Sie nicht einmal das Hörproben-Fenster zu öffnen. Es reicht, wenn Sie aus dem Kontextmenü (rechte Maustaste) oder der Menüleiste CLIP • ALTERNATIVEN • NÄCHSTE AUSWAHL oder VORHERIGE AUSWAHL anklicken. Noch bequemer geht es mit den Tastenkürzeln `ctrl`+`←` bzw. `ctrl`+`→`.

◄ **Abbildung 7.71**
Über das Kontextmenü oder die Tastatur springen Sie von einer Alternative zur nächsten, ohne die Wiedergabe stoppen zu müssen.

Verbundene Clips | Verbundene Elemente in der primären Handlung gehören immer zu einem bestimmten Clip. Das heißt, wenn Sie den Clip durch eine andere Alternative austauschen, wechseln auch die damit verbundenen Elemente. Sie sehen also, wie mächtig dieses Werkzeug ist, denn Sie können wirklich vollkommen unterschiedliche Versionen einer Sequenz erstellen und schauen, welche Ihnen am besten gefällt.

Kein Match Frame

Bei Alternativen funktioniert die Funktion IN DER EREIGNISÜBERSICHT ANZEIGEN (Match Frame) leider nicht. Suchen Sie den Master-Clip einer Alternative in Ihren Ereignissen, ist Handarbeit gefragt.

Clips entfernen | Um eine Alternative zu löschen, öffnen Sie das Hörproben-Fenster und wählen den Delinquenten aus. Anschließend drücken Sie `←`, und damit verschwindet der Clip. Mehrere Alternativen gleichzeitig können Sie übrigens nicht löschen, hier heißt es »eine nach der anderen«.

▲ **Abbildung 7.72**
Verbundene Elemente gehören immer zu einer Alternative (oben). Wechseln Sie zur nächsten, ändern sich auch die verbundenen Clips (unten).

7.6.5 Alternative fertigstellen

Wir haben uns nach reiflicher Überlegung und viel Ausprobieren für den Clip »Liam geht zum Strand 2« entschieden. Hier sehen wir, wie Liam sich die Surfbretter schnappt und am Strand ankommt. Den Weg dahin können wir uns schenken. Deswegen haben die anderen Alternativen ihre Pflicht und Schuldigkeit getan, und wir können gewissermaßen die Akte schließen. Dazu klicken wir mit der rechten Maustaste auf den Clip in der Timeline und wählen aus dem Kontextmenü ALTERNATIVEN • ALTERNATIVE FERTIGSTELLEN (alt+⇧+Y) aus. Deckel zu, Alternative ausgewählt, weiter geht's.

Vielfältig einsetzbar | Sie können Alternativen nicht nur innerhalb der primären Handlung benutzen, sondern überall in der Timeline. Sowohl verbundene Elemente als auch andere Handlungen lassen sich also in Hörproben umwandeln.

Auch was das Kombinieren von Clips angeht, sind Sie vollkommen frei. Sie können einem Song einen Videoclip als Alternative zuordnen und ebenso eine Grafik. Dabei spielt natürlich auch die Länge der jeweiligen Clips keine Rolle.

7.6.6 Alternativen und Effekte

Wir wissen, dass wir vorgreifen und jetzt ein Thema anschneiden, das erst später im Buch vorgesehen ist. Aber manchmal verläuft der Pfad des Lebens nicht auf geraden Wegen, mein junger Padawan. Deswegen werfen wir hier mal einen Blick zur Seite und greifen ein wenig vor.

In der Effektbearbeitung liegt die zweite große Stärke von Alternativen. Wenn Sie innerhalb des Hörproben-Fensters auf DUPLIZIEREN (alt+Y) klicken, erstellen Sie eine Kopie des ausgewählten Clips innerhalb einer Alternative. Das heißt, Sie können nun zum Beispiel zwei völlig unterschiedliche Farbstimmungen oder sonstige Effekte ausprobieren und einander gegenüberstellen. Dazu ziehen Sie einfach den oder die gewünschten Filter aus der Effektübersicht entweder auf den Clip in der Timeline (ctrl gedrückt halten) oder direkt auf eine Alternative in dem Hörproben-Fenster. Drücken Sie nun Play, können Sie mit ctrl+← und ctrl+→ während der Wiedergabe testen, welche Effekte Ihnen besser gefallen.

Halten Sie ⇧+ctrl gedrückt, während Sie einen Filter auf eine Alternative ziehen, wird der Effekt auf alle in der Hörprobe enthaltenen Clips angewendet. Achten Sie darauf, zuerst den Effekt aus der Übersicht zu greifen und dann erst die Tasten zu drücken, ansonsten öffnen Sie das Kontextmenü für den Filter.

> **Der schnelle Weg**
>
> Wir setzen Alternativen zum Ausprobieren von Effekten vor allem ein, wenn wir gehörig an allen Reglern herumschrauben oder viele Filter miteinander kombinieren möchten. Um zu testen, wie ein einzelner Effekt in seiner Standardeinstellung wirkt, reicht es, einen Clip in der Timeline auszuwählen und dann mit dem Mauszeiger über einen Filter zu wandern.

◄ **Abbildung 7.73**
Ziehen Sie Effekte direkt aus der Übersicht auf eine Alternative.

Mit Effekten duplizieren | Duplizieren Sie eine Alternative, auf der Sie schon Effekte angewendet haben, werden diese ebenfalls mitkopiert. Wenn wir jedoch sehr unterschiedliche Filter ausprobieren möchten, entscheiden wir uns für die Option CLIP • ALTERNATIVEN • VON ORIGINAL DUPLIZIEREN (⇧+cmd+Y) und erstellen so eine Kopie des Clips ohne irgendwelche Effekte. Dann starten wir gewissermaßen mit einer neuen Leinwand, auf der wir mit unseren Filtern experimentieren können.

Viermal duplizieren

Neben dem DUPLIZIEREN-Schalter im Hörproben-Fenster und dem Tastenkürzel können Sie Alternativen auch mit einem Rechtsklick auf das Element in der Timeline verdoppeln. Hier wählen Sie ALTERNATIVEN • ALS ALTERNATIVE DUPLIZIEREN. Oder Sie nutzen den gleichen Befehl über die Menüleiste CLIP • ALTERNATIVEN • ALS ALTERNATIVE DUPLIZIEREN.

Effekte kopieren | Um sämtliche Effekte von einem Clip auf eine ausgewählte Alternative zu übertragen, wählen Sie den Ausgangsclip in der Timeline aus und drücken cmd+C. Damit speichern Sie alle Filter in der Zwischenablage. Nun können Sie eine andere Alternative auswählen und dort über CLIP • ALTERNATIVEN • EFFEKTE DUPLIZIEREN UND EINSETZEN (alt+cmd+Y) Ihre Filter übertragen.

Der Clou dabei ist, dass Sie auf diesem Weg nicht nur Effekte von Alternative zu Alternative, sondern sogar von Hörprobe zu Hörprobe übertragen können.

Verbundene Clips

Verbundene Clips werden immer mit kopiert, auch wenn Sie VON ORIGINAL DUPLIZIEREN auswählen.

Alternativen und Übergänge | Übergänge zwischen Clips bleiben beim Wechsel von einer Alternative zur nächsten grundsätzlich erhalten. Das ist erst mal natürlich praktisch, birgt aber auch eine Falltür, denn für einen Übergang benötigen Sie immer Überhangmaterial am Ende und am Anfang eines Clips, so genanntes *Blendfleisch*. Da Final Cut Pro die Länge des Übergangs nicht anpasst, wird in der Konsequenz eventuell etwas von dem Clip abgeschnitten. Nämlich immer dann, wenn Sie Ihre Schnittpunkte zu knapp vor dem Clipanfang oder dem Clipende gesetzt haben. Entfernen Sie den Übergang, können Sie die Länge des Clips wieder so anpassen, dass alles abgespielt wird.

7.6.7 Alternativen in Ereignissen erstellen

Wenn Sie schon vorher wissen, dass für eine bestimmte Stelle in Ihrem Film mehrere Aufnahmen in Frage kommen, können Sie

> **Zutritt verboten**
>
> Es gibt keinen Weg, wie Sie im Nachhinein noch weitere Clips zu Ihrer Alternative hinzufügen können.

bereits in einem Ereignis Alternativen erstellen. Nachdem Sie alle Elemente markiert haben, die Sie gegeneinander abwägen möchten, wählen Sie mit der rechten Maustaste aus dem Kontextmenü ALTERNATIVE ERSTELLEN (`cmd`+`Y`) aus. Die Alternative erscheint mit dem Spotlight-Symbol in Ihrem Ereignis, und Sie können sie mit `Y` öffnen und sichten. Oder Sie ziehen sie gleich in die Timeline und entscheiden sich für die beste Szene.

Abbildung 7.74 ▶
Alternativen in Ereignissen lassen sich öffnen, sichten und wie ein normaler Clip in die Timeline schneiden.

7.6.8 Schlagwörter und Marker

Da Schlagwörter und Markierungen grundsätzlich clipbasiert sind, wechseln auch sie mit den Alternativen. Einzige Ausnahme sind Alternativen in der Ereignis-Mediathek, denn hier können sowohl die darin enthaltenen Clips Schlagwörter und Markierungen enthalten als auch die Alternative an sich: Diese wird hier ja als eigenständiger Clip behandelt.

Abbildung 7.75 ▶
Alternativen in der Ereignis-Mediathek können eigene Schlagwörter und Markierungen enthalten.

In der folgenden Tabelle haben wir Ihnen noch mal alle Kurzbefehle für die Arbeit mit Alternativen zusammengefasst.

Aktion	Tastenkürzel
Alternative erstellen	`cmd`+`Y`
Alternative öffnen	`Y`
Vorschau	`ctrl`+`cmd`+`Y`
Zu Hörprobe hinzufügen	`⇧`+`Y`
Ersetzen und zu Hörprobe hinzufügen	`ctrl`+`⇧`+`Y`

Tabelle 7.1 ▶
Kurzbefehle für die Arbeit mit Alternativen

Aktion	Tastenkürzel
Nächste Auswahl (bei aktivem Hörproben-Fenster)	→
Nächste Auswahl (bei geschlossenem Hörproben-Fenster)	ctrl + →
Vorherige Auswahl (bei aktivem Hörproben-Fenster)	←
Vorherige Auswahl (bei geschlossenem Hörproben-Fenster)	ctrl + ←
Als Alternative duplizieren	alt + Y
Von Original duplizieren	⇧ + cmd + Y
Effekte duplizieren und einsetzen	alt + cmd + Y
Alternative fertigstellen	alt + ⇧ + Y

▲ **Tabelle 7.1**
Kurzbefehle für die Arbeit mit Alternativen (Forts.)

7.7 Marker

Über Marker (zu Deutsch: Markierungen) kann man geteilter Meinung sein: Manche Leute setzen sie chronisch und in rauen Mengen ein, andere wiederum vermeiden jeden Umgang mit ihnen. Innerhalb von Final Cut Pro werden sie für die unterschiedlichsten Zwecke angewandt: um Clips zu synchronisieren, bestimmte Frames hervorzuheben oder eine Stelle im Film für die Bearbeitung vorzumerken.

Ach, haben wir etwas vergessen? Zum Beispiel, Ihnen zu erklären, was Marker sind? Na gut, wir holen es gleich nach, aber nur, wenn Sie versprechen, sich erst eine schöne, heiße Tasse frischen Kaffees zu holen. Nicht, dass es jetzt sonderlich kompliziert weitergehen würde, wir möchten einfach nur, dass Sie sich einmal eine Pause gönnen. Sie können sich dann bestimmt auch besser konzentrieren, und wir müssen Ihnen nichts doppelt erklären.

Los geht's: Marker sind eigentlich nichts anderes als Lesezeichen oder Hervorhebungen, deren einziger Nutzen darin besteht, dass Sie schnell zu einem bestimmten Punkt oder Bereich zurückfinden. Marker beeinflussen das Video nicht, das heißt, Sie können beliebig viele Marker setzen, ohne irgendwelche Änderungen im Ablauf Ihres Filmes zu sehen.

Richtig eingesetzt sind sie ein praktisches Hilfsmittel. Die wichtigsten Aufgaben sind Notizen während des Schnitts und Orientierungshilfen beim Schnitt. Zum Beispiel können Sie zu jedem

> **Unterwegs**
>
> Wenn Sie Ihre Marker nicht über das Menü, sondern bequem per Tastenkürzel M setzen, müssen Sie den Film dafür nicht anhalten.

Takt eines Musikstückes einen Marker setzen und dann nachher Ihren Schnitt daran ausrichten.

7.7.1 Setzen von Markern

Das Setzen von Markern ist denkbar einfach. Möchten Sie beispielsweise einen einzelnen Frame markieren, spielen Sie Ihren Film in der Timeline ab, halten den Abspielvorgang auf dem gewünschten Frame an und wählen aus dem Menü MARKIEREN • MARKER • HINZUFÜGEN oder drücken die Taste M. Es erscheint ein kleiner blauer Reiter ❶ in dem Clip, über dem sich der Skimmer gerade befindet.

▲ **Abbildung 7.76**
Wenn Sie einen Marker in der Timeline setzen, erscheint ein kleiner blauer Reiter.

Marker als Schnitthilfe | Wie bereits gesagt, können Sie beliebig viele Marker setzen (bis zu einem Marker pro Frame), und das nicht nur auf Video-, sondern auch auf Audiomaterial. Schneiden Sie beispielsweise einen Musikclip zusammen (was wir ja alle immer recht gerne tun), ist es ungemein hilfreich, vor dem Schnitt den Takt mittels Markern zu setzen. Da der Playhead nicht stillstehen muss, damit ein Marker gesetzt werden kann, können Sie die Musik im Viewer laufen lassen, während Sie im Takt der Musik auf die Taste M klopfen. Das sieht zwar ein bisschen albern aus, dafür haben Sie jedoch hinterher den Vorteil, den Schnitt genau im Takt der Musik durchführen zu können, da Marker in der Timeline sichtbar sind und auch auf das Snapping reagieren. Doch dazu später mehr.

▲ **Abbildung 7.77**
Zwo, drei im Takt … Das Setzen von Markern erleichtert den taktgenauen Schnitt ungemein.

Marker in der Ereignis-Mediathek | Da Marker immer clipbasiert sind, können Sie auch schon in der Ereignis-Mediathek bestimmte Stellen hervorheben. Wir setzen uns zum Beispiel beim Sichten Marker, wenn uns etwas Besonderes auffällt, im Positiven wie im Negativen. Verstellt der Kameramann während der Aufnahme die Blende oder macht er einen kreativen

Schwenk, rülpst der Interviewpartner oder lächelt er einnehmend? Das alles halten wir sofort fest, dann vergessen wir diese Momente später im Schnitt nicht und finden sie, ohne lange danach suchen zu müssen.

Auch in der Ereignis-Mediathek setzen Sie mit [M] einen Marker, und es erscheint der blaue Reiter in der Filmstreifenansicht. In der Listendarstellung klicken Sie auf das kleine Dreieck neben dem Clipnamen. Hier stehen alle gesetzten Marker untereinander.

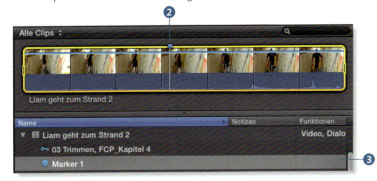

◀ **Abbildung 7.78**
In der Ereignisübersicht erscheinen Marker im Filmstreifen ❷ und in der Listendarstellung ❸.

7.7.2 Bearbeiten von Markern

Nun ist ein Marker pro Clip ja noch relativ übersichtlich und bedarf eigentlich keiner weiteren Bearbeitung. Aber wie behalten Sie den Überblick, wenn Sie mehrere Marker gesetzt haben? Am besten, indem Sie die Marker sinngemäß benennen. Hierfür platzieren Sie den Playhead direkt auf dem Marker und drücken erneut die Taste [M]. Oder Sie doppelklicken auf einen beliebigen Marker. Es erscheint ein Dialogfenster, in dem Sie dem Marker unter anderem einen Namen zuweisen können.

> **Two-in-one**
>
> Um einen Marker zu setzen und gleichzeitig das Dialogfenster zu öffnen, wählen Sie MARKIEREN • MARKER • MARKER HINZUFÜGEN UND ÄNDERN ([alt]+[M]).

◀ **Abbildung 7.79**
Im Dialogfenster können Sie Ihren Marker benennen ❹ und Aufgaben erstellen ❺. Der Timecode ❻ verrät Ihnen die genaue Position.

Aufgaben erstellen | Beim Schneiden eines Films kommen wir immer wieder in die Situation, dass uns bestimmte Dinge auffallen, die wir noch bearbeiten möchten, die aber gerade nicht auf der Prioritätenliste ganz oben stehen. Für diese Fälle nutzen wir die Funktion AUFGABE ERSTELLEN ❺, mit der wir Marker rot färben können. Jedes rote Pünktchen in der Timeline steht dann für

Fenster schließen

Sie schließen das Dialogfenster, indem Sie auf FERTIG klicken. Wir haben uns allerdings angewöhnt, nach der Bearbeitung eines Markers einfach weiterzuschneiden, denn sobald Sie in den grauen Bereich der Timeline klicken, verschwindet das Fenster von allein.

Abbildung 7.80 ▶
Rote Marker stehen für unerledigte Aufgaben, grüne für abgeschlossene.

Abbildung 7.81 ▶
Über das Kontextmenü können Sie den Status von Aufgaben ändern oder Marker löschen.

eine Aufgabe auf unserer To-do-Liste und wartet darauf, abgearbeitet zu werden.

Sobald eine Aufgabe erledigt ist, rufen wir erneut das Dialogfenster auf und machen ein Häkchen vor ABGESCHLOSSEN. Der Marker wird ganz grün, und wir können uns der nächsten unerledigten Aufgabe widmen. Oder uns lieber noch einen Kaffee holen.

Möchten Sie den Status einer Aufgabe ändern, sie also von ABGESCHLOSSEN auf »noch offen« zurücksetzen, klicken Sie mit der rechten Maustaste auf den Marker und entfernen aus dem Kontextmenü das Häkchen wieder.

Zwischen Markern navigieren | Sowohl Marker in der Timeline als auch die in der Mediathek reagieren auf das Snapping. Fahren Sie also mit dem Skimmer über einen Marker, bleibt er daran haften. Die andere Möglichkeit der Navigation zwischen Markern eröffnet Ihnen die Tastatur: Mit ctrl+Ä springen Sie zum nächsten Marker, mit ctrl+Ö zum vorangegangenen.

In der Listendarstellung von Ereignissen können Sie zudem Marker direkt anklicken, und schon landet der Skimmer auf der richtigen Position.

Marker neu positionieren | Um einen Marker neu zu positionieren, haben Sie drei Möglichkeiten:
▶ Kleine Schritte: Wählen Sie einen Marker aus, und bewegen Sie ihn mit ctrl+, und ctrl+. frameweise nach links oder rechts.

- Große Sprünge: Machen Sie einen Rechtsklick auf einen Marker, und wählen Sie aus dem Kontextmenü MARKER SCHNEIDEN aus. Damit entfernen Sie den Marker und kopieren ihn in die Zwischenablage. Anschließend navigieren Sie mit dem Skimmer an die gewünschte, neue Position und drücken [cmd]+[V].
- Marker kopieren: Wählen Sie aus dem Kontextmenü MARKER KOPIEREN, dann können Sie mit [cmd]+[V] ein Duplikat an einer anderen Stelle einsetzen.

Kein Kopieren

Sie können keine Marker aus der Timeline kopieren und in einen Clip im Ereignis einsetzen.

Marker löschen | Der schnellste Weg, einen Marker zu löschen, ist die Tastenkombination [ctrl]+[M]. Dicht dahinter folgen auf Platz zwei und drei das Kontextmenü (Abbildung 7.81) und das Dialogfenster (Abbildung 7.80). Keinen Platz auf dem Treppchen bekommt der Menübefehl MARKIEREN • MARKER • MARKER LÖSCHEN.

In der nächsten Disziplin, nämlich dem Löschen von mehreren Markern auf einmal, hat der Menübefehl MARKER IN AUSWAHL LÖSCHEN allerdings die Nase vorn. Denn damit können Sie alle Marker in zuvor ausgewählten Clips auf einen Schlag entfernen.

Was nicht geht | Oder vielmehr, was mit der alten Final-Cut-Pro-Version ging und jetzt nicht mehr:
- Sie können keine Marker in der Timeline selber setzen, sondern immer nur clipbezogen.
- Sie können keine Marker exportieren.
- Marker lassen sich beim Export nicht in Kapitel für DVD Studio Pro umwandeln.

7.8 Der Timeline-Index

Der Timeline-Index ist eine Art Übersichtsfenster über alle Medien, die Sie innerhalb eines Projekts verwendet haben. Doch er dient nicht nur der reinen Information, sondern ist ein praktischer Helfer, wenn es darum geht, Clips, Schlagwörter oder unerledigte Aufgaben zu finden und direkt an die entsprechende Stelle in der Timeline zu springen.

▲ Abbildung 7.82
Öffnen Sie den Timeline-Index über das Symbol in der Timeline.

Timeline-Index öffnen | Sie öffnen den Timeline-Index mit der Tastenkombination [⇧]+[cmd]+[2] oder über das Symbol am unteren linken Rand der Timeline.

Links wird nun eine Liste eingeblendet, in der sämtliche Clips aufgeführt werden, die Sie in die Timeline geschnitten haben, und zwar in chronologischer Reihenfolge. Die feine Trennlinie ❶ entspricht dabei der Position des Playheads in der Timeline ❷ und wandert immer mit, sobald Sie im Viewer die Wiedergabe starten. Man könnte also sagen, der Timeline-Index ist eine Art vertikale Timeline-Darstellung – allerdings können Sie hier weder Clips schneiden noch ihre Reihenfolge ändern.

▲ **Abbildung 7.83**
Alle Clips der Timeline werden im Timeline-Index aufgeführt. Die horizontale Linie ❶ ist an die Position des Playheads ❷ gekoppelt.

Gap-Clips

Gap-Clips werden im Timeline-Index als »Pause« bezeichnet.

7.8.1 Navigieren und Clips bearbeiten

Die übersichtliche Listendarstellung macht es uns einfach, einen bestimmten Clip zu finden. Ein Klick auf ein Element im Timeline-Index reicht, damit der Playhead in der Timeline an den Anfang desselben springt, und mit der Leertaste können Sie dann sofort die Wiedergabe starten.

Weitere Spalten einblenden | Standardmäßig enthält der Timeline-Index die Spalten NAME und POSITION, wobei Letztere den genauen Timecode enthält, an dem sich ein Clip befindet. Dieser Wert ändert sich sofort, wenn Sie ein Element in der Timeline verschieben.

Klicken Sie mit der rechten Maustaste auf eine Spaltenüberschrift, können Sie zusätzlich noch die Kolumnen NOTIZEN und FUNKTIONEN einblenden. Da wir uns jedoch wenige Zeilen weiter unten noch ausführlich dem Thema Funktionen widmen werden, blenden wir zunächst nur die NOTIZEN ein.

Notizen vergeben | In der Spalte NOTIZEN sehen Sie alle Anmerkungen, die Sie sich zuvor schon zu einem Clip gemacht haben. Und mehr noch: Klicken Sie in die NOTIZEN-Zeile eines Clips, können Sie sogar gleich an Ort und Stelle neue Kommentare eintragen. Achten Sie aber darauf, dass die hier vergebenen Notizen nur für den Clip im aktuellen Projekt gelten, Sie übertragen sie nicht automatisch auf den gleichen Clip in anderen Projekten oder in Ihrem Ereignis.

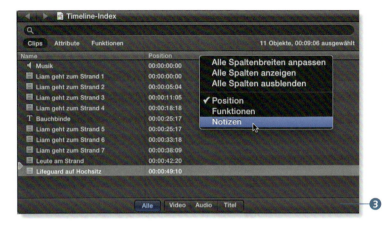

◀ **Abbildung 7.84**
Mit einem Rechtsklick auf die Spaltenüberschrift können Sie Kolumnen ein- und ausblenden sowie die Spaltenbreite anpassen.

Cliparten auswählen | Mit den Schaltern ALLE, VIDEO, AUDIO und TITEL ❸ legen Sie fest, welche Arten von Clips im Timeline-Index angezeigt werden. Wenn Sie also mit der Audionachbearbeitung Ihres Projekts beginnen oder für die allseits beliebten Gema-Listen die Namen der von Ihnen verwendeten Songs benötigen, klicken Sie auf AUDIO, und schon werden alle Clips, die nichts mit Ton zu tun haben, ausgeblendet.

Nach demselben Prinzip können Sie sich auch alle Videoclips oder verwendeten Titel anzeigen lassen.

Grafiken

Grafiken zählen übrigens zur Kategorie VIDEO und nicht, wie man vermuten könnten, zu TITEL.

Clips suchen | In der Suchmaske neben der kleinen Lupe können Sie nach bestimmten Clips fahnden. Einfach den Namen oder eine Notiz eintippen, und mit jedem Buchstaben, der hinzukommt, schränkt sich die Auswahl weiter ein.

Timeline-Suchmaske

In der Suchmaske des Timeline-Index landen Sie übrigens auch, wenn Sie in der Timeline [cmd]+[F] drücken, das allgemeingültige Tastenkürzel zum Finden bei allen Mac-Programmen.

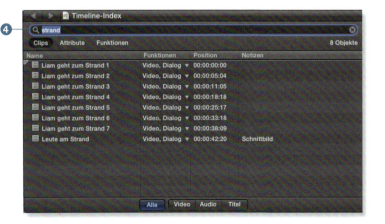

◀ **Abbildung 7.85**
Über die Suchmaske ❹ können Sie Ihre Clips filtern. Gesucht wird nach Clipnamen, Notizen und Funktionen. Auch dann, wenn die jeweilige Spalte ausgeblendet ist.

7.8 Der Timeline-Index | **289**

Clips umbenennen | Klicken Sie auf den Namen eines Clips im Timeline-Index, können Sie ihn gleich an Ort und Stelle umbenennen. Analog ändert sich dann auch die Bezeichnung des Clips in der Timeline. Im Ereignis bleibt er indes unter seinem alten Namen liegen.

Clips löschen | Wollen Sie eine beliebige Anzahl an Clips loswerden? Nichts einfacher als das. Markieren Sie alle überflüssigen Elemente im Timeline-Index, und drücken Sie ⌫. Schwups, verabschieden sich die ausgewählten Clips aus der Timeline. Lücken in Form von Gap-Clips hinterlassen Sie nicht. Das heißt, mit dem Löschen von Clips aus dem Timeline-Index ändert sich die Gesamtlänge Ihres Films, und es können sich Elemente gegeneinander verschieben. Damit laufen Sie Gefahr, dass Ihre Schnitte zum Beispiel nicht mehr auf den Takt der Musik passen.

Und noch einen weiteren Punkt sollten Sie beachten: Löschen Sie einen Clip aus der primären Handlung, mit dem noch andere Elemente verbunden sind, verschwinden die verbundenen Elemente ebenfalls ohne Vorwarnung.

7.8.2 Marker und Schlagwörter

Klicken Sie unter der Suchmaske auf ATTRIBUTE ❶, erhalten Sie eine Liste aller Schlagwörter und Marker, die Sie vergeben haben. Auch mit deren Hilfe können Sie durch die Timeline navigieren, indem Sie ein Element aus der Liste anklicken.

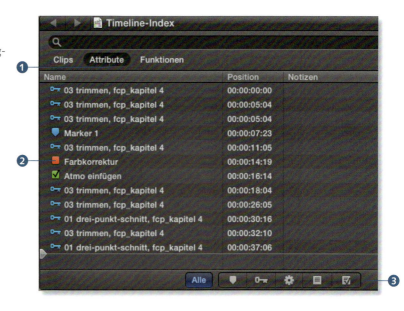

Abbildung 7.86 ▸
Unter der Rubrik ATTRIBUTE erscheint eine Liste aller Schlagwörter und Marker.

Schlagwörter | Hier werden alle Schlagwörter aufgeführt, die Sie eigenständig vergeben haben, sowie alle Analyseschlagwörter, die Final Cut Pro auf Ihren Befehl hin selbstständig vergibt.

Löschen Sie ein Schlagwort aus dem Timeline-Index, verschwindet gleichzeitig der dazugehörige Clip aus Ihrem Film, mit cmd + Z können Sie ihn aber jederzeit zurückholen.

Marker | Alle Marker und Aufgaben werden ebenfalls mit dem exakten Timecode chronologisch aufgelistet. Dabei werden, wie in der Timeline auch, Marker blau, unerledigte Aufgaben rot und erledigte Aufgaben grün dargestellt. Und mehr noch: Bei Aufgaben können Sie in der Checkbox mit einem Mausklick den Status von »unerledigt« auf »erledigt« ändern und umgekehrt ❷.

Ein Doppelklick auf den Namen eines Markers öffnet das dazugehörige Dialogfenster. Hier können Sie dann den Namen ändern oder den Marker löschen, denn das geht beides nicht direkt im Timeline-Index.

> **Suchen und finden**
> Wechseln Sie in die Rubrik Attribute, können Sie mithilfe der Suchmaske Schlagwörter und Marker finden.

Die richtige Auswahl | Über die Symboltasten ❸ am unteren Rand wählen Sie aus, welche Objekte im Timeline-Index erscheinen. Sie können alle auswählen, nur Marker, nur Schlagwörter, nur Analyseschlagwörter, nur unerledigte Aufgaben und nur erledigte Aufgaben.

7.8.3 Funktionen

Die letzte Rubrik sind Funktionen. Jeder Clip in Final Cut Pro bekommt eine Funktion zugewiesen, je nachdem, ob es sich um einen Audio-/Videoclip handelt, eine Grafik oder ein reines Tondokument, wie einen Song (siehe Abschnitt 4.6, »Funktionen erstellen und verwalten«).

> **Konkrete Anwendung**
> Wir lassen uns hier zum Beispiel gerne nur alle unerledigten Aufgaben anzeigen, die wir dann nacheinander abarbeiten. Ist die Liste dann leer, können wir die aktuelle Version unseres Films an den Kunden rausschicken.

Wählen Sie Funktionen im Timeline-Index aus, werden alle Funktionen und Subfunktionen aufgelistet, die in Ihrem Film vorkommen. Davor finden Sie jeweils eine farbige Checkbox mit einem Häkchen darin. Entfernen Sie dieses Häkchen mit einem Mausklick, werden alle Clips der Funktion in der Timeline ausgeblendet. Sprich, Sie deaktivieren sämtliche Clips einer Funktion mit einem Mausklick und machen sie unsichtbar bzw. unhörbar.

Nehmen Sie zum Beispiel den Haken vor Video heraus, sollte es in Ihrer Timeline zappenduster werden, denn überall dort, wo vorher bunte Bilder über den Bildschirm huschten, wird jetzt nur noch Schwarzbild wiedergegeben.

Teile ausblenden | Für unser Archiv speichern wir eigentlich jeden Film, den wir schneiden, zusätzlich als so genannte »cleane«

oder »IT«-Version. Das heißt, wir exportieren den fertigen Schnitt, allerdings ohne Grafiken oder Musik. Dann können wir im Fall der Fälle noch mal für andere Projekte auf den Export zurückgreifen und den Film leichter umschneiden. Ansonsten müssten wir Grafiken mühsam herausoperieren und könnten die Musik, zum Beispiel unter Interviews, nicht so leicht wechseln.

Für die IT-Version entfernen wir einfach die Häkchen vor den Funktionen MUSIK und TITEL, und schon können wir unseren Export starten.

▲ **Abbildung 7.87**
Über Funktionen blenden Sie bestimmte Elemente in der Timeline ein oder aus. Ausgeblendete Clips werden grau dargestellt ❶.

Clips minimieren

Über die kleinen Pfeile rechts neben den Funktionen können Sie Elemente in der Timeline minimieren. Damit blenden Sie zum Beispiel das Wellenformmuster von Musiken aus, so nehmen die Clips in der Timeline weniger Platz ein. Bei Videos werden die Piktogramme ausgeblendet.

7.9 Benutzereinstellungen anpassen

Werfen wir abschließend noch einen Blick darauf, wie Sie Fensteranordnungen, Tastaturbelegung und allgemeine Einstellungen Ihren persönlichen Vorlieben anpassen können.

7.9.1 Fensteranordnung

Wie Sie sicher schon bemerkt haben, besteht Final Cut Pro eigentlich nur aus einem einzigen Fenster, das sich in verschiedene Abschnitte aufteilt. So können Sie zum Beispiel nicht nur die Timeline im Dock ablegen, wie Sie es vielleicht aus anderen Programmen gewohnt sind, sondern immer nur das Hauptbearbeitungsfenster.

Stattdessen ist es möglich, bestimmte Fenster ein- bzw. auszublenden, andere dagegen sind permanent verfügbar und lassen sich nicht verstecken. Diese Fenster sind:

- die Timeline,
- der Viewer und
- die Ereignisübersicht.

Folgende Fenster können Sie nach Bedarf ausblenden:
- Projekt-Mediathek
- Ereignis-Mediathek
- Timeline-Index
- Informationen
- Farbtafel (Teil des Informationsfensters)
- Videoscopes
- Audioverbesserungen (Teil des Informationsfensters)
- Audiopegel
- Audio aufnehmen
- Hintergrundaktionen
- die verschiedenen Medienübersichten (Effekte, Fotos, Musik und Ton, Übergänge, Titel, Generatoren, Themen)

Layout anpassen | Sie können die Position der einzelnen Bereiche nicht nach Belieben ändern, sondern sind an relativ starre Vorgaben gebunden. Das Einzige, was Sie machen können, um das Fensterlayout Ihren Bedürfnissen anzupassen, ist, die Grenzen zwischen den Bereichen zu verschieben.

Dafür greifen Sie mit der Maus eine der grauen Trennlinien und schieben sie hin und her. Dadurch wird ein Abschnitt größer, während der danebenliegende entsprechend schrumpft. Aber auch hier sind Sie nicht vollkommen frei, denn die einzelnen Bereiche haben alle eine Mindestgröße, ab der sie sich nicht mehr kleiner machen lassen.

> **Etwas zickig**
>
> Nach unserer Erfahrung reagiert Final Cut Pro auf das Verschieben der Grenzen mitunter etwas zickig. Lassen Sie sich nicht einschüchtern, und versuchen Sie es im Zweifel noch mal.

◀ **Abbildung 7.88**
Mit der Maus können Sie Bereiche größer oder kleiner machen.

Original-Layout wiederherstellen | Wählen Sie aus der Menüleiste Fenster • Original-Layout wiederherstellen, verteilen sich Mediathek, Viewer und Timeline gleichmäßig über Ihren Bildschirm, alle anderen Fenster werden ausgeblendet. Mit diesem Befehl schaffen Sie Ordnung und können sich das Ausblenden der einzelnen Fenster und das Verschieben der Grenzen sparen.

Wir wünschten, für unsere Küchen gäbe es einen ähnlichen Befehl.

Zweiter Monitor | Haben Sie an Ihren Mac insgesamt zwei Monitore angeschlossen, dann können Sie entweder die Ereignis-Mediathek oder den Viewer auslagern. Für gewöhnlich haben wir am Anfang eines Projekts das Ereignis auf dem zweiten Monitor, denn während wir Clips sichten und mit dem Rohschnitt beginnen, ist es angenehm, eine gute Übersicht über unsere Medien zu haben.

Gehen wir in die nächste Phase über und starten mit dem Feinschnitt, lagern wir den Viewer aus. Es macht einfach mehr Spaß, wenn die Bilder größer dargestellt werden.

Kinomodus | Wählen Sie aus dem Menü DARSTELLUNG • WIEDERGABE • AUF GESAMTEM BILDSCHIRM WIEDERGEBEN (⇧ + cmd + F) aus, um auch mit einem Bildschirm in den Genuss des großen Bildes zu kommen. Klicken Sie am unteren rechten Rand des Viewers auf die beiden diagonal auseinanderlaufenden Pfeile ❶, starten Sie ebenfalls die Wiedergabe im Vollbildmodus.

▲ **Abbildung 7.89**
Hier starten Sie die Wiedergabe im Vollbildmodus.

Im Viewer zoomen | Sie können die Darstellung Ihres Videos im Viewer anpassen und dort hinein- oder herauszoomen. Vor allem in der Effektbearbeitung ist es häufig praktisch, sich bestimmte Bereiche eines Bildes sehr genau anzuschauen, also die Darstellung zu vergrößern. Verschieben Sie Clips und lassen sie einfliegen, zum Beispiel für einen Splitscreen-Effekt, benötigen Sie manchmal den großen Überblick, verkleinern also die Darstellung.

Klicken Sie am oberen Rand des Viewers auf die kleine Prozentzahl, öffnet sich ein Aufklappmenü, aus dem Sie sechs verschiedene Zoomstufen auswählen können. ANPASSEN (⇧ + Z) bedeutet, dass sich die Darstellung immer der aktuellen Größe des Viewers anpasst. Sprich, Sie sehen immer das komplette Bild.

◄ **Abbildung 7.90**
Sie können die Darstellungsgröße im Viewer über das Aufklappmenü oder die Tastatur ändern.

Im Viewer navigieren | Damit Sie bei großen Zoomstufen die Orientierung behalten und immer wissen, wo im Bild Sie sich befinden, erscheint am rechten Rand ein kleines weißes Kästchen ❷. In diesem Kästchen liegt ein roter Rahmen, den Sie mit der Maus greifen und hin und her schieben können. Damit wählen Sie den Bildausschnitt aus, der im Viewer dargestellt wird.

Zoomen per Taste

Klicken Sie mit der Maus in den Viewer oder wählen ihn aus dem Menü FENSTER aus, können Sie auch mit den Tastenkürzeln cmd + + und cmd + – zoomen. Der Vorteil ist, dass Ihnen in diesem Fall zwischen 15 % und 3 000 % insgesamt fünfzehn verschiedene Größen zur Verfügung stehen.

◄ **Abbildung 7.91**
Zoomen Sie in den Viewer, können Sie mit dem roten Rahmen den dargestellten Ausschnitt wählen.

Transparenter Hintergrund | Im Menü FINAL CUT PRO • EINSTELLUNGEN • WIEDERGABE (cmd + ,) können Sie die Hintergrundfarbe des Viewers (hier: Player) wechseln. Insgesamt stehen Ihnen die drei Optionen SCHWARZ, WEISS und SCHACHBRETTMUSTER (Transparent) zur Verfügung.

7.9 Benutzereinstellungen anpassen | **295**

Abbildung 7.92 ▶
Vor allem für die Effektbearbeitung ist ein transparenter Hintergrund im Viewer praktisch.

7.9.2 Timeline- und Mediatheken-Darstellung

Hoffentlich erinnern Sie sich: Wie Sie die Darstellung in der Timeline anpassen, haben wir Ihnen nämlich bereits im ersten Kapitel erklärt, deswegen möchten wir Sie bitten, dort in Abschnitt 1.7.5 nachzulesen.

Das Einzige, was wir dort ausgelassen haben, sind zwei Werkzeuge, die wir aber zugegebenermaßen niemals benutzen. Aber was soll's, wir erklären sie Ihnen trotzdem.

Zoomen | Mit dem Zoomen-Werkzeug können Sie die Darstellung in der Timeline und im Viewer vergrößern. Jeder Mausklick entspricht dabei einer Zoomstufe. Halten Sie zusätzlich alt gedrückt, geht die Reise in die andere Richtung, und Sie verkleinern die Darstellung. Aber glauben Sie uns, wenn wir sagen, dass Sie mit den oben erwähnten Tastenkürzeln besser fahren.

Verschieben | Mit dem Hand-Werkzeug verschieben Sie die Timeline-Ansicht.

Wir würden hier gerne noch ein oder zwei Sätze mehr verlieren, aber es fällt uns nichts Informatives mehr ein. Allenfalls, dass Sie statt des Hand-Werkzeugs genauso gut die Scrollbalken am Rand der Timeline nutzen können.

Benutzereinstellungen
Wie Sie in der Mediathek alle Einstellungen Ihren Bedürfnissen anpassen, lesen Sie in Abschnitt 4.1, »Die Ereignisübersicht anpassen«.

7.9.3 Projektübergreifende Benutzereinstellungen

Die projektübergreifenden Benutzereinstellungen haben wir Ihnen zwar zum Großteil schon an den entsprechenden Stellen im Buch erklärt, wegen der besseren Übersicht fassen wir hier aber noch mal alles zusammen.

◀ **Abbildung 7.93**
Nehmen Sie projektübergreifende Einstellungen im Menü BEARBEITUNG vor.

Zeitdarstellung | Rufen Sie das Menü FINAL CUT PRO • EINSTELLUNGEN (cmd +,) auf und hier den Abschnitt BEARBEITUNG, können Sie unter ZEITDARSTELLUNG auswählen, ob der Timecode klassisch dargestellt wird, also als Stunden, Minuten, Sekunden und Frames, oder ob Sie zusätzlich auch noch Subframes sehen möchten. Diese Einstellung ist aber eigentlich nur für die Audionachbearbeitung interessant, denn bei Video ist die kleinste Einheit nun mal das Einzelbild (Frame).

Entscheiden Sie sich für BILDER, werden die absoluten Frames gezählt. Das heißt, statt des Timecodes »00:00:10:00« (HH:MM:SS:FF) erscheint »250« (25 Bilder pro Sekunde × 10 Sekunden, bei 25 fps). Diese Darstellung wird vor allem in Animationsprogrammen benutzt, in Final Cut Pro dementsprechend auch, wenn Sie Compositings erstellen (siehe Kapitel 10, »Compositing und Animation«).

Die Zeitdarstellung SEKUNDEN ist uns selbst ein Rätsel. Obwohl wir ausgewiesene Fachkräfte für Besserwisserei sind, fällt uns beim besten Willen kein sinnvoller Nutzen dafür ein. Fakt ist, dass hier mit hundertstel Sekunden gearbeitet wird, wobei bei 25 fps ein Einzelbild vier hundertstel Sekunden entspricht.

In der Videowelt ist diese Darstellung vollkommen unüblich. Aber na ja, vielleicht ist es ganz praktisch, wenn man Videobeweise für Skirennen schneidet.

▲ **Abbildung 7.94**
Sie können die Zeitdarstellung anpassen, je nachdem, ob Sie gerade normales Video, Ton oder Animationen bearbeiten. Mit der Standard-Timecode-Einstellung (HH:MM:SS:FF) liegen Sie eigentlich immer richtig.

Timeline | Aktivieren Sie das detaillierte Trimming-Feedback, erscheinen beim Trimmen im Viewer zwei Fenster. Links sehen Sie den letzten Frame des Ausgangsclips und rechts den ersten Frame des Eingangsclips. Verschieben Sie einen Clipinhalt, sehen Sie den ersten und den letzten Frame des Elements, das Sie gerade bearbeiten (siehe auch Seite 260).

Abspielposition | Machen Sie ein Häkchen vor Abspielposition nach Bearbeitungsvorgang, springt der Skimmer in der Timeline immer zu der Position, an der Sie zuletzt gearbeitet haben.

Audio | In Final Cut Pro werden Audiodateien und Audiokanäle von Clips immer mit einer Audio-Wellenform (engl. Waveform) abgebildet, also einer optischen Darstellung des Tons. Diese Darstellung wird immer angepasst, wenn Sie den Audiokanal bearbeiten. Machen Sie zum Beispiel den Ton lauter, wird die Waveform-Darstellung größer, machen Sie den Ton leiser, schrumpft die Wellenform.

Damit Sie immer im Blick haben, wie die Wellenform des unbearbeiteten Clips aussieht, können Sie sich diese als Referenz einblenden.

Abbildung 7.95 ▶
Der Ton des Clips wird um 19 dB abgesenkt, die Wellenform schrumpft. Leicht abgeschattet im Hintergrund sehen Sie die Referenz-Wellenform.

Einzelbilder | Hier stellen Sie die Dauer ein, mit der Grafiken und Standbilder importiert werden.

Übergänge | Hier legen Sie die Standardlänge von Übergängen fest (siehe auch Abschnitt 9.1, »Übergänge«).

Warnungen | In unregelmäßigen Abständen warnt Final Cut Pro Sie, bevor eine bestimmte Aktion durchgeführt wird. Zum Beispiel, wenn sich beim Ersetzen eines langen Clips durch einen kürzeren die Gesamtdauer Ihres Films ändert. Diese Warnmeldungen können Sie für gewöhnlich mit einem Haken deaktivieren, sodass sie nicht mehr erscheinen. Klicken Sie jedoch auf Alle zurücksetzen, kommen sie wieder aus ihren Löchern gekrochen.

> **Weiterlesen**
> Unter Rendern verstehen wir das Berechnen von Effekten. Wir haben uns in Abschnitt 10.11 näher damit beschäftigt.

Rendern | Wechseln Sie in den nächsten Abschnitt Wiedergabe, können Sie festlegen, ob Final Cut Pro im Hintergrund rendert und, wenn Sie sich dafür entscheiden, nach wie vielen Sekunden die Rechnerei beginnen soll.

Wiedergabe | Hier legen Sie fest, ob Sie Proxy-Medien verwenden möchten oder Original- bzw. optimierte Medien. Sollten Sie weder Proxy- noch optimierte Medien erstellt haben, nutzt Final Cut Pro automatisch die vorhandenen Originalmedien.

◀ **Abbildung 7.96**
Die Wiedergabe-Einstellungen von Final Cut Pro

Über die WIEDERGABE-QUALITÄT steuern Sie, ob alle Clips immer mit der höchsten Qualität wiedergegeben werden sollen oder ob zugunsten einer ruckelfreien Wiedergabe die Qualität leicht reduziert wird.

Besonders bei großen Clips mit einer hohen Datenrate oder bei älteren Computern oder Festplatten kommt es schon mal vor, dass Final Cut Pro mit dem Datenstrom nicht hinterherkommt. In diesem Fall kann es sein, dass einzelne Bilder ausgelassen werden. Ob Sie dann eine Warnmeldung bekommen möchten, entscheiden Sie ebenfalls hier.

> **Weiterlesen**
>
> Zu allen Einstellungen im Bereich WIEDERGABE lesen Sie bitte auch die ausführliche Beschreibung in Abschnitt 5.6, »Arbeiten mit Proxys«.

Pre-Roll-Dauer und Post-Roll-Dauer | Hier legen Sie den Vor- und Nachlauf für die Vorschau beim Trimmen und die Umgebungswiedergabe fest.

Hintergrund des Players | Hier stellen Sie die Hintergrundfarbe des Viewers ein. In Final Cut Pro wird er hier als »Player« bezeichnet.

Import | Im Bereich IMPORT definieren Sie alle Einstellungen für den Import von Dateien, die Sie via Drag & Drop in ein Ereignis oder Projekt ziehen. Für alle Details lesen Sie bitte in Abschnitt 3.2.9, »Importeinstellungen für Drag & Drop«, nach.

7.9.4 Tastatur-Einstellungen

Im gesamten Buch weisen wir Sie permanent auf Tastaturkurzbefehle hin, die Ihnen die Arbeit erleichtern sollen. Von einfachen

Kommandos, wie dem Starten der Wiedergabe, bis hin zu komplexeren Aufgaben ist es immer effektiver, mit der Tastatur zu arbeiten als mit Menübefehlen.

Trotzdem haben wir Ihnen noch lange nicht alle Shortcuts beigebracht, sondern nur die wichtigsten; die gesamte Liste ist noch sehr viel umfangreicher. Sogar so umfangreich, dass es gar keinen Sinn macht, alle Befehle auswendig zu lernen, denn viele werden Sie so gut wie nie benötigen. Hier zählt das Prinzip »ich muss nicht wissen, wie es geht, ich muss wissen, wo es steht«. Und in diesem Fall steht es im Tastatur-Einstellungen-Fenster.

Tastatur-Einstellungen öffnen | Um die Tastatur-Einstellungen zu öffnen, wählen Sie aus der Menüleiste Final Cut Pro • Befehle • Anpassen. Es öffnet sich ein Fenster mit dem Namen Befehl-Editor, das Ihnen eine Übersicht über Ihre Tastatur liefert. Außerdem haben Sie noch Zugriff auf zwei verschiedene Tabellen und einige andere Einstellungen, doch eines nach dem anderen.

Abbildung 7.97 ▶
Sie können sich alle Kurzbefehle anzeigen lassen und sie nach Ihren Wünschen anpassen.

Befehlsgruppen | Unten links sehen Sie die Tabelle Befehlliste ❶. Hier werden alle in Final Cut Pro verfügbaren Befehle aufgeführt, egal ob ihnen ein Tastenkürzel zugewiesen wurde oder nicht. Für eine bessere Übersicht können Sie im linken Abschnitt ❷ eine Kategorie auswählen und sich nur die Befehle dieser Kategorie anzeigen lassen. Wenn Sie zum Beispiel Darstellung anklicken, werden Ihnen im rechten Abschnitt ❸ nur Befehle dieser Gruppe angezeigt.

Hier wird dann nochmals in drei Spalten unterteilt: BEFEHL ④ enthält den Namen und die Funktion eines Befehls, TASTE ⑥ verrät Ihnen, ob bereits ein Tastenkürzel zugewiesen wurde und, wenn ja, welches es ist. SONDERTASTEN ⑤ nennt Ihnen die Tasten, die Sie zusätzlich drücken müssen, um den Befehl auszuführen, zum Beispiel [cmd] oder [alt].

Wählen Sie einen Befehl aus der Liste aus, erhalten Sie rechts eine detaillierte Beschreibung.

ACHTUNG

Die Suchfunktion bezieht sich immer auf die ausgewählte Befehlsgruppe. Wenn Sie sicher sein wollen, alles zu durchsuchen, wählen Sie ALLE FINAL CUT PRO-BEFEHLE aus.

◂ **Abbildung 7.98**
Alle Befehle werden in Gruppen zusammengefasst. Die Tabelle zeigt, welche Tastenkürzel zugeordnet wurden. Rechts stehen Details zu jedem Befehl.

Tastaturbelegung | Um zu sehen, welche Befehle sich hinter einer bestimmten Taste verstecken, wählen Sie im oberen Teil einfach eine aus. Schon erscheinen in der Tabelle TASTEN-INFO ⑦ alle Funktionen, die Sie mit der Taste ausführen können, und welche Zusatztasten Sie gegebenenfalls gedrückt halten müssen.

◂ **Abbildung 7.99**
Wir haben oben »A« ausgewählt. Unten rechts sehen Sie alle Befehle, die Sie mit der Taste (plus Sondertasten) ausführen können.

Kurzbefehle suchen | Wenn Sie auf der Suche nach einem bestimmten Kurzbefehl sind, reicht es, oben in der Maske neben der kleinen Lupe ein Schlüsselwort einzutragen. In der Tabelle BEFEHLLISTE werden sogleich alle Suchergebnisse angezeigt.

Abbildung 7.100 ▶
Unser Suchbegriff war »Marker«. Angezeigt werden alle Befehle, die dieses Stichwort enthalten.

Tastaturhervorhebung | Klicken Sie zudem auf das kleine Keyboard ❷ neben der Suchmaske, werden auf der Tastaturanzeige alle Tasten hervorgehoben, die für die Suchanfrage relevant sind. Über die Schalter ❶ schalten Sie zu den jeweiligen Sondertasten um, die Anzahl der hervorgehobenen Tasten ändert sich dann dementsprechend.

Abbildung 7.101 ▶
Über das kleine Keyboard ❶ heben Sie alle Tasten hervor, die der Suchanfrage entsprechen.

Eigene Konfiguration erstellen | Um Ihre eigenen Kurzbefehle zu konfigurieren und abzuspeichern, duplizieren Sie am besten zunächst die Voreinstellungen. Dann können Sie notfalls immer noch zur Standardbelegung zurück.

Klicken Sie oben links auf das Aufklappmenü, und wählen Sie dort DUPLIZIEREN aus. Sogleich öffnet sich ein Fenster, in dem Sie Ihrer Konfiguration einen Namen geben können.

Kurzbefehle neu zuordnen | Jetzt kann der Spaß beginnen, denn um einen Befehl einer Taste zuzuordnen, reicht es, ihn mit der Maus daraufzubewegen. Die dunkelgrauen und die schraffierten Tasten sind allerdings gesperrt, denn die sind dem System vorbehalten. Beachten Sie außerdem, dass bestehende Funktionen überschrieben werden, wenn Sie einen neuen Befehl auf einer Taste ablegen.

◀ **Abbildung 7.102**
Ziehen Sie ein Kommando auf eine Taste, um einen Kurzbefehl zu erstellen.

Möchten Sie den Kurzbefehl mit einer oder mehreren Sondertasten kombinieren, können Sie oben eine Auswahl treffen. In unserem Beispiel (Abbildung 7.102) haben wir die Zusatztaste ⌥ ausgewählt. Der Befehl AKTUELLES BILD SICHERN erhält also von uns das Tastenkürzel alt+E.

Um einen Kurzbefehl zu entfernen, ziehen Sie ihn mit gedrückt gehaltener Maus von der Taste neben das Fenster BEFEHL-EDITOR, hier löst er sich dann in einer kleinen Rauchwolke auf.

Genau wie jetzt dieses Kapitel. Nur dass Sie hiervon hoffentlich etwas behalten haben.

8   Audiobearbeitung

In diesem Kapitel erfahren Sie, wie Sie den Ton in Ihrem Film solide und effektiv abmischen, Filter auf Audiospuren anlegen und Surround-Ton erstellen. Die Audiobearbeitung wird von vielen Pixelschubsern oft müde belächelt, dabei ist ein guter Ton für den Gesamteindruck eines Films ebenso wichtig wie das Bild. Stellen Sie sich einmal Filme wie »2001 – Odyssee im Weltraum« oder »Psycho« ohne die bekannte Musik vor – undenkbar, oder? Musik und Geräusche dienen mehr als alles andere dazu, Emotionen zu transportieren und den Zuschauer in eine bestimmte Richtung zu dirigieren.

Final Cut Pro liefert verschiedene Werkzeuge und Möglichkeiten, um Audiomaterial zu manipulieren. Auf einige dieser Tools werden wir speziell eingehen, um auch Sie in die Lage zu versetzen, den guten Ton Ihrer Produktion zu treffen.

Fremd- und Eigenton | Grundsätzlich unterscheiden wir zwischen zwei Arten von Audiomaterial: dem Eigenton (auch »Bildton« oder *Atmo*) und dem Fremdton. Der Eigenton ist das Material, das Sie zusammen mit dem Videomaterial über die Kamera aufzeichnen, während der Fremdton aus anderen Quellen stammt, beispielsweise aus iTunes, aus der Nachvertonung oder aus Toneffekt-Applikationen. Der Eigenton erfordert ein Vielfaches mehr an Aufmerksamkeit und Postproduktionszeit als der Fremdton, der zumeist in schalldichten Studios mit hochwertigem Gerät oder direkt am Computer erschaffen wird.

Import und Audioformate | Grundsätzlich gibt es keinen Unterschied darin, ob Sie eine Audiodatei oder einen anderen Clip von Ihrer Festplatte in Final Cut Pro importieren. Sie können den Importdialog über ABLAGE • IMPORTIEREN • DATEIEN (cmd + ⇧ + I) öffnen, Sie können Audioclips via Drag & Drop direkt aus dem Finder in ein Ereignis oder Projekt bewegen, oder Sie nutzen die Medienübersicht für Musik und Ton.

> **Getrennte Wege**
>
> Nur wenige Videocutter sind auf dem weiten Feld der Audiopostproduktion wirklich fit, und auch wenn wir nur selten eine Gelegenheit auslassen, uns selbst auf die Schultern zu klopfen, müssen wir leider zugeben, dass wir nicht zu diesen Experten gehören. Um ehrlich zu sein, versuchen wir sogar, die Tonbearbeitung weitestgehend zu vermeiden und sie von den Jungs durchführen zu lassen, die sich wirklich damit auskennen, die sozusagen das Flügelschlagen einer Stubenfliege hören. Das soll Sie jetzt aber nicht abschrecken – natürlich legen auch wir Hand an Audioproduktionen, speziell wenn es um einfache Dinge wie Audioschnitt, Ein- und Ausblenden, simple Effekte und einfache Nachvertonung geht. Dennoch unterscheidet sich die Postproduktion von Video in vielerlei Hinsicht von der Audiopostproduktion, sodass es schwierig ist, auf beiden Gebieten ein absoluter Profi zu sein.

Wir haben uns dafür entschieden, Ihnen alles zum Thema »Import« und zu den unterschiedlichen Formaten, die Sie mit Final Cut Pro bearbeiten können, an einem Stück zu erklären. Das heißt, dass wir Sie bitten möchten, folgende Abschnitte zu lesen, sollte noch etwas unklar sein:

- Wie Sie Medien in Final Cut Pro **importieren**, haben wir in Abschnitt 3.2, »Medien importieren«, ausführlich beschrieben.
- Wie Sie Ihren Ton bereits beim Import **analysieren** und zum Beispiel stumme Kanäle entfernen, lesen Sie bitte in Abschnitt 3.2.8, »Audio-Importoptionen«. Wie Sie im Nachhinein eine Kanalkonfiguration ändern, lesen Sie in diesem Kapitel (siehe Seite 324).
- Alles zur **Medienübersicht** finden Sie im Abschnitt »Import aus iTunes« in Kapitel 3, ab Seite 125.
- Wie Sie mit Clips aus **Soundtrack Pro** am besten umgehen, lesen Sie im Abschnitt »Import aus Soundtrack Pro« in Kapitel 3, ab Seite 125.
- Alles zu den **Audioformaten**, die Sie verarbeiten können, lesen Sie bitte in Abschnitt 2.1.2, »Optimierte Formate«, und in Abschnitt 2.4, »Audioformate«.
- Für Informationen über **Audiohardware** empfehlen wir Ihnen Abschnitt 2.5.4, »Audio-Monitoring«.

8.1 Audioschnitt

Audioclips in Final Cut Pro schneiden und bearbeiten Sie genauso wie Videoclips. Sie können trimmen, Marker setzen oder Alternativen erstellen. Einige Erfahrungen konnten Sie sicher auch schon selber sammeln, denn in Kapitel 6, »Grundlegende Schnitt-Techniken«, und 7, »Feinschnitt«, haben wir uns eingehend mit diesen Techniken beschäftigt.

Da wir Sie keinesfalls mit unnötigen Wiederholungen langweilen möchten, geben wir Ihnen an dieser Stelle einen schnellen Überblick über alle Besonderheiten des Audioschnitts und verweisen Sie höflichst auf die anderen Kapitel.

- **Nur Audio auswählen**: Sie können bei Audio-/Videoclips über das Menü Bearbeiten • Ausgangsmedien • Nur Audio (`alt`+`3`) lediglich den Audioteil eines Clips in die Timeline kopieren (siehe auch Abschnitt »Bild und Ton getrennt zur Timeline hinzufügen« auf Seite 199).
- **Clips erweitern**: Ein Doppelklick auf die Waveform-Darstellung eines Clips in der Timeline erweitert den Clip. Danach

können Sie Bild und Ton unabhängig voneinander trimmen (siehe auch Abschnitt 7.5, »Getrennte Schnitte«). Alle Clips der Timeline erweitern Sie mit Darstellung • Audio-/Video-Clips erweitern • Für alle.

- **Audio und Video trennen**: Sie spalten einen Clip in der Timeline über Clip • Audio trennen in seine Audio- und Videoteile auf (siehe auch Abschnitt 7.5.2, »Bild und Ton trennen«).
- **Clips solo schalten**: Sie können Audioclips solo schalten (alt+S) oder deaktivieren (V). Mehr dazu lesen Sie in Abschnitt 7.2.1, »Clips isolieren«.
- **Trimmen**: Trimmen ist die wichtigste Technik, wenn es um den Feinschnitt eines Films geht. Da machen auch Audioclips keine Ausnahmen, und deswegen lesen Sie bitte dazu Abschnitt 7.4, »Trimmen – der letzte Schliff«.
- **Alternativen**: Alternativen setzen wir im Audiobereich gerne ein, zum Beispiel um zu vergleichen, welcher Song besser zu unseren Filmen passt. Da es bei der Anwendung von Alternativen keinen Unterschied zwischen Bild und Ton gibt, verweisen wir Sie hier auf Abschnitt 7.6, »Arbeiten mit Alternativen«.
- **Zusammengesetzte Clips**: Ein Vorteil zusammengesetzter Clips ist, dass Sie einen Effekt auf mehrere Clips anwenden können, hier machen auch Audioclips keine Ausnahme. Außerdem setzen wir sie ein, um zu verhindern, dass sich Elemente gegeneinander verschieben (Abschnitt 7.5.2, »Bild und Ton trennen«).
- **Marker**: Marker in Audioclips nutzen wir, um bestimmte Stellen, zum Beispiel Synchronpunkte, hervorzuheben. Außerdem sind sie praktisch beim taktgenauen Schneiden. Was wir damit meinen? In Abschnitt 7.7, »Marker«, erfahren Sie mehr.

8.2 Lautstärke beurteilen und einstellen

Die mit Sicherheit am häufigsten anfallende Arbeit in der Audionachbearbeitung ist das Einstellen der Lautstärke. In all den Jahren ist uns noch kein Clip untergekommen, der von vornherein die für den Film korrekte Lautstärke besaß. Daher freuen wir uns, Ihnen einen kleinen Freund vorstellen zu dürfen: den Audiopegel.

8.2.1 Der Audiopegel

Sie öffnen den Audiopegel mit einem Klick in den Bereich ❶ neben dem Timecode oder über Fenster • Audiopegel einblenden (⇧+cmd+8). Am Anfang besteht er nur aus sehr schmalen Linien, aber Sie können das Fenster mithilfe der Trennlinie größer ziehen.

Abbildung 8.1 ▶
Über den Minipegel neben dem Timecode blenden Sie den Audiopegel ein.

Der immer gut gelaunte Zeitgenosse hüpft und springt und freut sich, wenn das Audio aus der Timeline oder dem Viewer mal lauter, mal leiser wird. Genauer gesagt zeigt er Ihnen anhand von Balken und Zahlen an, wo sich die Lautstärke im Bereich zwischen –60 dB und +6 dB befindet. Spielen Sie Ihr Material ab, schlägt das Audiometer gemäß der derzeitigen Lautstärke aus, wobei ein feiner Strich die aktuelle Aussteuerung innerhalb des abgespielten Bereichs markiert und die Zahlen über den Balken den maximal erreichten Dezibel-Wert anzeigen.

Kleiner Bruder

Der Audiopegel wird außerdem immer in dem kleinen Audiometer ❶ neben dem Timecode angezeigt. Wirklich arbeiten lässt sich damit allerdings nicht, denn die Anzeige ist einfach zu klein.

Große Darstellung

Für alle folgenden Erklärungen haben wir den Audiopegel so weit aufgezogen, dass in den Kästchen ❸ über den Balken kleine Zahlen auftauchen.

Kritischer Bereich | Werden diese Zahlen rot hinterlegt, hat die Lautstärke den kritischen Bereich über 0 dB erreicht. In diesem Fall können Sie davon ausgehen, dass Ihr Audio nicht nur zu laut, sondern bereits übersteuert ist. Auch wenn wir keine Audioexperten sind, hier eine einfache Erklärung zu den Pegeln: Wenn man eine analoge Quelle hat, zum Beispiel ein analoges Bandlaufwerk, dann sind dort 0 dB noch lange nicht das Ende der Fahnenstange. Man kann getrost ein paar dB darüber hinausgehen und bekommt eher einen noch schmackhafteren Sound.

Abbildung 8.2 ▶
Die Balken ❹ stellen die aktuelle Lautstärke dar, der dB-Wert ❸ die maximal erreichte. Mit der Trennlinie ❷ lässt sich das Fenster größer ziehen.

Clippings vermeiden | Bei digitalem Audio hingegen sind 0 dB das äußerste Ende. Geht man nur einen Hauch darüber, kann es zu einem hässlichen Clippen kommen. Die deutsche Funkhausnorm liegt bei –9 dB digital. Sollten Sie also für eine Sendeanstalt produzieren, achten Sie darauf, dass auf der Final-Cut-Pro-Anzeige die –9 dB nie überschritten werden. Bei Ihren privaten Aufnahmen und Produktionen schadet es darüber hinaus nicht, wenn Sie etwa im Bereich –6 dB bleiben. Ab ca. –3 dB ändern die Balken ihre Farbe von Grün zu Gelb, ab 0 dB werden Sie rot. Ein deutlicher Warnhinweis, den Sie ernst nehmen sollten.

Audio wird addiert | Audiopegel werden übrigens addiert. Will sagen, dass sich die Gesamtlautstärke erhöht, wenn Sie mehrere Tonquellen gleichzeitig abspielen. In etwa können Sie sich das so vorstellen, als ob Sie den Fernseher und die Stereoanlage gleichzeitig eingeschaltet haben. Abgesehen davon, dass Sie weder der TV-Sendung noch der Musik folgen können, steigt auch der Geräuschpegel im Raum.

Für das Abmischen von Ton bedeutet das, dass Sie darauf achten müssen, die Audiopegel zu senken, wenn Sie zum Beispiel Musik und Hintergrundgeräusche gleichzeitig abspielen. Ohne zu weit ins Detail zu gehen, geben wir Ihnen dazu folgenden Richtwert mit auf den Weg: Dezibel (dB(U)) sind eine logarithmische Maßeinheit. Das heißt, +6 dB(U) entsprechen einer Verdoppelung der Lautstärke. Möchten Sie Ihre Musik ca. um die Hälfte leiser machen, senken Sie also den Audiopegel um –6 dB.

8.2.2 Audiowellenform

Die Audiowellenform ist uns bis jetzt ja schon an einigen Stellen im Buch über den Weg gelaufen. Dieses praktische Hilfsmittel ist eigentlich nichts anderes als die grafische Darstellung des Audiopegels eines Clips. Dabei gilt das einfache Prinzip, dass eine geringe Lautstärke einen kleinen Ausschlag der Wellenform verursacht, und je lauter der Ton Ihres Clips ist, desto höher ist der Ausschlag. Gesprächspausen in Interviews lassen sich dadurch ebenso gut erkennen wie bestimmte Wechsel innerhalb eines Musikstückes.

> **Stereo-Projekte**
>
> Der Audiopegel in Abbildung 8.2 bezieht sich auf Stereo-Projekte. Arbeiten Sie in einem Projekt mit Surround-Ton, werden insgesamt sechs Kanäle angezeigt. Mehr dazu lesen Sie weiter unten (siehe Seite 318).

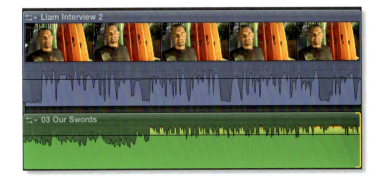

◄ **Abbildung 8.3**
Geringe Pegel verursachen geringe Ausschläge der Wellenform. Reine Audioclips werden in der Timeline grün dargestellt.

8.2.3 Lautstärke anpassen

Um die Lautstärke eines Clips anzupassen, gibt es mehrere Möglichkeiten. Wie immer stellen wir Ihnen alle vor und erläutern Ihnen die Vor- und Nachteile. Welcher Weg für Sie der beste ist, finden Sie dann bestimmt sehr schnell heraus.

Pegel in der Timeline anpassen | Um den Pegel eines Clips in der Timeline anzupassen, greifen Sie die dünne horizontale Linie und bewegen sie herauf oder herunter. Sogleich erscheint eine kleine Box, in der Sie genau sehen, um wie viel dB Sie die Lautstärke verändert haben. Dafür müssen Sie die Wiedergabe nicht mal stoppen. Es ist also ein Kinderspiel, die exakte Lautstärke einzustellen, während Sie sich gleichzeitig auf Ihre Ohren als Referenz verlassen können.

Abbildung 8.4 ▶
Mithilfe der horizontalen Linie passen Sie die Lautstärke eines Clips an. Die Waveform-Darstellung ändert sich analog dazu.

Verändern Sie den Audiopegel eines Clips, passt sich das Wellenformmuster automatisch an die neue Lautstärke an. Eine farbliche Veränderung hilft Ihnen zu erkennen, ob ein Clip zu laut ist, Sie also Gefahr laufen, digitale Verzerrungen zu erzeugen. Gelb bedeutet, dass Sie sich im Grenzbereich befinden. Sprich, noch ist der Ton in Ordnung, aber Sie sollten vorsichtig sein, nicht in den roten Bereich zu gelangen. Hier drohen dann Störgeräusche.

Abbildung 8.5 ▶
Drei mal laut. Ganz links ist der Pegel für ein Interview zu niedrig eingestellt. In der Mitte wurde gut gepegelt. Rechts sind Störgeräusche zu erwarten.

Aktualisieren

Wir haben die Erfahrung gemacht, dass die Referenz-Wellenform nicht gleich erscheint, nachdem Sie das Menü wieder geschlossen haben. Sobald Sie allerdings den Audiopegel eines Clips verändern, sollte sie auftauchen.

Referenz-Wellenform | Um immer die Orientierung zu behalten, wie laut Ihr Clip ursprünglich eingestellt war, können Sie sich zusätzlich eine Referenz-Wellenform einblenden. Öffnen Sie dafür das Menü FINAL CUT PRO • EINSTELLUNGEN (cmd + ,), und machen Sie an der entsprechenden Stelle einen Haken. Leicht abgeschattet im Hintergrund erscheint dann das Wellenformmuster der Masterdatei.

◄ **Abbildung 8.6**
Die Referenz-Wellenform im Hintergrund zeigt den unveränderten Audiopegel eines Clips an.

Mit der Tastatur anpassen | Um die Lautstärke eines ausgewählten Clips in der Timeline anzuheben, drücken Sie ctrl + + (ÄNDERN • LAUTSTÄRKE • AUF). Nach unten geht es mit ctrl + - (ÄNDERN • LAUTSTÄRKE • AB). Jeder Tastendruck entspricht dabei genau 1 dB.

Markieren Sie mehrere Clips gleichzeitig, können Sie auch die Lautstärke *gemeinsam ändern*.

Im Informationsfenster anpassen | Die Lautstärke eines Elements lässt sich auch in den Clip-Informationen anpassen. Die Betonung liegt dabei auf »einem Element«. Denn sobald Sie mehrere Clips ausgewählt haben, wird der Regler grau und verweigert jede Arbeit.

Doch von vorne: Mit cmd + 4 oder über das kleine »i« in der Symbolleiste rufen Sie die Clip-Informationen auf. Hier können Sie dann den Lautstärkeregler nach links oder rechts verschieben und damit Ihren Clip lauter oder leiser machen. Rechts neben dem Regler ❶ steht immer die aktuelle Lautstärke in dB.

Der Vorteil dieser Methode ist, dass Sie auch Clips verändern können, die nicht in einem Projekt, sondern in einem *Ereignis* liegen.

◄ **Abbildung 8.7**
Über den Schieberegler passen Sie die Lautstärke eines Clips an.

8.2.4 Blenden und Übergänge

Unser Ohr ist ein sensibles Organ und reagiert empfindlich auf plötzliche Reize. Deswegen sind sanfte Übergänge bei der Audiobearbeitung ein häufig eingesetztes Mittel. Und so skeptisch wir

> **Anfangs- und Endlautstärke**
>
> Blenden Sie einen Clip mit dieser Methode auf, dann beträgt die Lautstärke am Anfang immer –96 dB, das heißt, das menschliche Ohr nimmt hier kein Geräusch wahr. Die Lautstärke am Ende der Blende ist immer die aktuell für den Clip eingestellte. Logisch, dass es sich beim Ausblenden von Elementen genau andersherum verhält.

auch dem inflationären Einsatz von Blenden im Bild gegenüberstehen, beim Abmischen unserer Filme blenden wir sehr häufig von einem Ton in den nächsten.

Einfache Blenden | Die einfachste Art des Audioübergangs ist das Auf- oder Abblenden. Netterweise gibt uns Final Cut Pro dazu bei jedem Clip in der Timeline ein praktisches Hilfsmittel an die Hand. Wandern Sie mit der Maus über ein Tonelement, erscheinen an den Schnittpunkten kleine Griffe. Ziehen Sie diese in Richtung Clipmitte, entsteht eine Blende. Je weiter Sie den Griff vom Rand entfernen, desto länger dauert es, bis der Clip seine vollständige Lautstärke erreicht hat. Die genaue Dauer können Sie jederzeit in dem kleinen Timecodefenster ablesen.

Abbildung 8.8 ▶
Mit dem kleinen Griff bestimmen Sie die Dauer einer Blende.

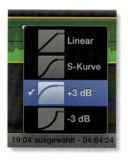

▲ **Abbildung 8.9**
Über das Kontextmenü können Sie den Blendentyp festlegen. Standardmäßig wird +3dB verwendet.

Klicken Sie mit der rechten Maustaste auf den kleinen Griff, können Sie aus einem Kontextmenü insgesamt vier verschiedene Blendentypen auswählen:

▶ LINEAR: Diese Blende blendet den Ton gleichmäßig über die gesamte Dauer ein oder aus.
▶ S-KURVE: Diese Blende startet langsam, wird in der Mitte schneller und läuft langsam wieder aus, so wie eine S-Kurve.
▶ +3DB: Die Standardblende hebt die Lautstärke um 3 dB an. Dadurch soll eine möglichst harmonische Blende entstehen. Am Anfang startet sie langsam und wird danach schneller.
▶ –3DB: Diese Blende fängt schnell an und wird dann langsamer.

Übergänge erstellen | Um zwei Clips ineinanderzublenden, also einen Übergang zu erstellen, wählen Sie eine Schnittmarke aus und drücken [cmd]+[T] (BEARBEITEN • ÜBERBLENDEN HINZUFÜGEN). Bedenken Sie aber, dass damit nicht nur der Ton, sondern auch immer das Bild ineinandergeblendet wird. Wollen Sie das nicht, müssen Sie zuerst beides voneinander trennen, am besten mit dem Befehl CLIP • AUDIO TRENNEN.

Wenden Sie einen Übergang am Anfang oder am Ende eines Clips an, blenden Sie ihn damit auf bzw. ab. Beachten Sie bitte außerdem, dass sich Übergänge nur innerhalb von Handlungen anwenden lassen. Immerhin ist unser kleines Schnittprogramm

> **Auf viele Clips**
>
> Um einen Übergang zwischen mehreren Clips gleichzeitig zu erstellen, markieren Sie zunächst alle in der Timeline. Dann drücken Sie [cmd]+[T].

schlau genug, selbstständig eine Handlung zu erzeugen, wenn Sie einen Übergang auf einem verbundenen Clip erstellen.

◄ **Abbildung 8.10**
Übergänge lassen sich zwischen zwei Clips sowie am Anfang oder am Ende platzieren – allerdings nur innerhalb von Handlungen.

Übergänge anpassen | Um die Dauer eines Übergangs zu ändern, ziehen Sie an seinem Rahmen. Wie immer sehen Sie dann gleichzeitig die neue Länge als Timecode eingeblendet. Außerdem können Sie über die Clip-Informationen den Blendentyp ändern.

◄ **Abbildung 8.11**
Auch für Übergänge können Sie die unterschiedlichen Typen auswählen.

8.2.5 Arbeiten mit Keyframes

Keyframes sind eine Art Sollbruchstelle und markieren einen Punkt in der Zeit, an dem eine Änderung innerhalb eines Clips erfolgt, beispielsweise bei der Verringerung der Lautstärke. Arbeiten Sie mit Video, können Sie auf jedes Einzelbild einen Keyframe setzen, abhängig vom Format also 25 bei PAL oder 30 bei NTSC. Im Falle von Audioelementen können Sie Keyframes bis auf ein Sample exakt setzen, bei einer Auflösung von 48 kHz also auf die 1/48.000 Sekunde genau.

Warum so viele? Ganz einfach: Audio wird in Samplings aufgenommen, also beispielsweise 48 kHz, was 48.000 einzelnen Samples (Werten) pro Sekunde entspricht. Die kleinste Einheit im

Video hingegen ist ein Einzelbild; darunter gibt es nichts. Daher können Sie Audio zeitlich viel genauer bearbeiten als Video und somit auch ultrakurze Störungen innerhalb eines Audioelements ausgleichen.

Mit Keyframes zwischenblenden | Der Haupteinsatzbereich für Keyframes ist die Lautstärkenänderung über eine gewisse Zeit hinweg, das beste Beispiel ist die Zwischenblende. Häufig lassen wir unter Interviews die Musik laufen, dadurch bekommt unser Film mehr Tempo. Weil aber der Fokus natürlich auf dem Gesagten liegen soll, blenden wir den Song währenddessen einfach herunter. Ist das Interview vorbei, heben wir den Pegel wieder an.

> **Instrumentalteil**
> Unter Interviews verwenden wir, wenn es geht, instrumentale Parts aus der Musik, Gesang lenkt oft zu sehr ab.

Schritt für Schritt: Zwischenblenden in ein Interview einfügen

Wir zeigen Ihnen in einem kurzen Workshop, was genau wir meinen und wie Sie es am geschicktesten anstellen. Dazu werden wir nun ein kurzes Interview schneiden und es mit Musik unterlegen.

Ordner VIDEOMATERIAL/ WEITERE_CLIPS

1 Bilder in die Timeline

Wir erstellen zuerst ein neues Projekt mit dem Namen »Zwischenblenden«. Dann schneiden wir die Clips »Surfer mit Tatoo« und »Schöne Freesurf Action« in die Timeline. Danach den Clip »Liam Interview 2«, gefolgt von »Surf Action mit Tube« und »Liam Interview 4«. Den Abschluss bildet der Clip »Surfer kommt jubelnd aus Welle«. Schnittpunkte setzen Sie jeweils dort, wo Sie möchten.

Abbildung 8.12 ▼
Diese sechs Clips sind die Basis für das Projekt »Zwischenblende«.

2 Musik hinzufügen

Importieren Sie einen Song aus Ihrer Musikübersicht, und legen Sie ihn unter die Sequenz. Wir werden sie anschließend während der Interview-Abschnitte herunterblenden.

▼ **Abbildung 8.13**
Die Musik gelangt per Drag & Drop in die Timeline.

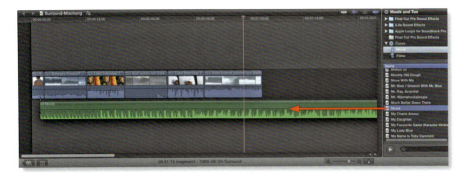

3 Bereiche festlegen

Am einfachsten erstellen Sie Keyframes, indem Sie zuerst mit dem Bereichsauswahl-Werkzeug (R) einen Abschnitt markieren – in unserem Fall den Bereich unter dem ersten Interview.

▼ **Abbildung 8.14**
Dieser Bereich wird heruntergepegelt.

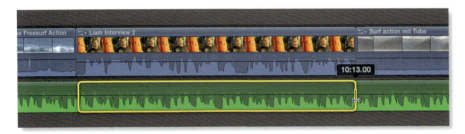

4 Audiopegel anpassen

Nun ziehen Sie den Audiopegel unter dem Interview herunter. Am besten starten Sie vorher die Wiedergabe, denn dann hören Sie genau, wie laut Ihr Song sein sollte. Final Cut Pro setzt automatisch vier Keyframes, zwei am Anfang des Interviews und zwei am Ende. Dadurch wird der Ton während des Interviews leiser, davor und danach bleibt er auf dem alten Pegel.

▼ **Abbildung 8.15**
Ziehen Sie die Lautstärke herunter, setzt Final Cut Pro automatisch Keyframes für Sie.

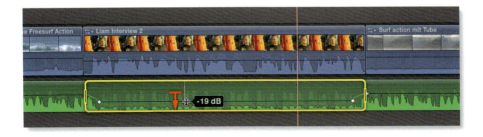

5 Keyframes anpassen

Spielen Sie das kurze Stück ab, hört es sich schon ganz gut an, allerdings reichen die Blenden noch zu weit in das Interview hinein. Wechseln Sie zum Auswahlwerkzeug, und ziehen Sie die Keyframes weiter nach außen. Im gleichen Schritt können Sie auch die Dauer der Blenden anpassen, denn je weiter die Keyframes auseinanderliegen, desto länger dauert die Blende.

Abbildung 8.16 ▶
Die Blendendauer anpassen

6 Keyframes manuell hinzufügen

Sie können einem Clip auch mit der Maus Keyframes hinzufügen, indem Sie mit gedrückter ⌥-Taste auf den Audiopegel klicken oder in den Clip-Informationen neben dem Lautstärkeregler auf KEYFRAME HINZUFÜGEN  klicken.

Abbildung 8.17 ▶
Um einen Keyframe in den Clip-Informationen hinzuzufügen, klicken Sie auf das kleine Plussymbol.

Da der zweite Interview-Teil aus dem vorangegangenen Workshop immer noch von lauter Musik übertönt wird, probieren Sie es gleich mal aus und setzen die nächsten vier Keyframes mit der Maus.

▼ **Abbildung 8.18**
So in etwa sollte Ihre Timeline jetzt ausschauen. Während der Interviews ist die Musik leise.

Auf Sample-Ebene vergrößern | Mit dem Lupenwerkzeug ([Z]) oder den Tastenkürzeln [cmd]+[+] und [cmd]+[-] können Sie Ihre Timeline so stark vergrößern, dass Sie bequem in der Lage sind, einzelne Samples zu bearbeiten. Hier können Sie dann Keyframes setzen und verschieben. Mit dieser Technik ist es nicht nur möglich, Störgeräusche zu entfernen, sondern wir setzen sie auch beim Schneiden von Interviews ein. Zum Beispiel, wenn der Gesprächspartner sehr schnell spricht und wir genau zwischen zwei Wörtern einen Schnitt machen möchten.

Von Keyframe zu Keyframe | Sobald Sie einen Keyframe erstellt haben, färbt sich das Symbol ❶ in den Clip-Informationen gelb, und mit den kleinen Pfeilen links und rechts können Sie von Keyframe zu Keyframe navigieren. Alternativ dazu bieten sich die Tastenkürzel [alt]+[Ö] (zum vorherigen Keyframe) oder [alt]+[Ä] (zum nächsten Keyframe) an.

Zusammen verändern | Manchmal ist es praktisch, den Audiopegel eines Clips als Ganzes zu verändern, und zwar so, dass alle Keyframes erhalten bleiben. Zwischenblenden werden dann zum Beispiel als Ganzes im Pegel angepasst, und alle gesetzten Keyframes verschieben sich um den gleichen Wert. Halten Sie dazu [alt]+[cmd] gedrückt, und verändern Sie dann die Lautstärke eines Clips in der Timeline.

Keyframes löschen | Jetzt haben Sie mühevoll mit Keyframes eine kleine Berg-und-Tal-Bahn in Ihren Clip gezeichnet, und wie werden Sie die nun wieder los? Auf eine Lawine warten zum Beispiel, oder indem Sie einen markierten Keyframe mit [Entf] in die digitale Gletscherspalte schicken. Und aus der gibt es nur einen Rückweg: [cmd]+[Z].

Alle Keyframes auf einen Schlag entfernen Sie, indem Sie in den Clip-Informationen aus dem Kontextmenü neben dem Lautstärkeregler PARAMETER ZURÜCKSETZEN auswählen.

> **Subframes schneiden**
>
> Audioelemente, die mit der primären Handlung verbunden sind, können Sie sogar auf Subframe-Ebene verschieben oder trimmen.

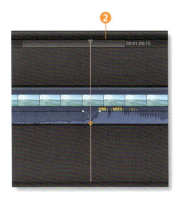

▲ **Abbildung 8.19**
Und es hat Zoom gemacht. Auf Sample-Ebene können Sie zum Beispiel Störgeräusche gezielt ausblenden. Der hellgraue Bereich ❷ oben markiert einen Frame, also 1/25 Sekunde.

> **Lautstärke genau einstellen**
>
> Befinden Sie sich auf einem Keyframe, können Sie mit [alt]+[↑] und [alt]+[↓] über die Tastatur in aller Ruhe die Lautstärke genau justieren.

◄ **Abbildung 8.20**
Alles auf null. Über PARAMETER ZURÜCKSETZEN löschen Sie alle Keyframes eines Clips.

8.3 Audiobalance und Surround-Bearbeitung

Neben der reinen Lautstärkeanpassung ist das Einstellen der Balance ein wesentlicher Bestandteil der Audionachbearbeitung. Beim Schneiden von szenischen Produktionen trifft das sogar noch mehr zu als bei dokumentarischen Beiträgen. Gerade hier wirkt ein Film viel lebhafter, wenn Sie den Ton so einstellen, dass er in etwa aus der Richtung der Quelle kommt.

Sollten Sie sich entschließen, Ihren Film im Surround-Modus abzumischen, ist das genaue Justieren der unterschiedlichen Kanäle entscheidend für den Effekt, den Sie später bei der Vorführung erzeugen, deswegen sollten Sie darauf ein besonderes Augenmerk (oder viel mehr »Ohrenmerk«) legen.

8.3.1 Audiobalance

Jeder, der zu Hause eine Stereoanlage herumstehen hat (die Älteren erinnern sich an diese antike Technik), kennt den Begriff »Balance« noch. Für alle, die Musik nur über den Laptop oder eine iPod-Dockingstation hören, erklären wir ihn kurz: Die Balance bestimmt das Verhältnis zwischen linkem und rechtem Audiokanal, also ob der Stereoton eher von links oder eher von rechts kommt.

Innerhalb von Final Cut Pro können Sie die Balance für Ihren Film einstellen und sogar animieren. Wenn also zum Beispiel ein Auto von links nach rechts durch das Bild fährt, kann der Ton analog dazu folgen. Zu Beginn der Szene ist er dann nur über den linken Audiokanal zu hören, erreicht zusammen mit dem Auto die Bildmitte und wandert zum Ende hin nach rechts heraus.

Abbildung 8.21 ►
Sie regeln die Balance eines Clips über den Schieberegler PAN-STÄRKE ❷ oder indem Sie auf die Zahl ❸ rechts daneben klicken und direkt einen Wert eingeben.

Balance einstellen | Um die Balance eines Stereoclips einzustellen, wählen Sie aus den Clip-Informationen den PAN-MODUS: STEREO LINKS/RECHTS ❶ aus. Daraufhin erscheint der Regler

Pan-Stärke ❷, mit dem Sie die Balance auf einer Skala von –100 (ganz links) bis 100 (ganz rechts) genau einstellen können, wobei bei 0 der Ton aus beiden Kanälen gleich laut herausschallt.

Jeder Clip kann, unabhängig von anderen, eine eigene Einstellung für die Balance bekommen. Sollten Sie jedoch mal in die Situation geraten, gleich mehrere Clips gleichzeitig verändern zu wollen, reicht es, diese in der Timeline auszuwählen. Anschließend können Sie in den Clip-Informationen das Panorama für alle zusammen verändern. Allerdings steht Ihnen in diesem Fall nur die direkte Eingabe eines Wertes über die Tastatur zur Verfügung, der Schieberegler ist blockiert.

Panorama

Die Bezeichnung Pan-Modus leitet sich von »Panorama« ab, einem anderen Begriff für »Balance«.

Balance animieren | Sicher haben Sie schon das kleine Pluszeichen ❹ neben dem Schieberegler Pan-Stärke entdeckt. Klicken Sie darauf, um einen Keyframe zu setzen und mit der Animation der Balance zu beginnen.

Zuerst legen Sie fest, wo genau sich Ihr Ton zwischen dem linken und dem rechten Lautsprecher zum aktuellen Zeitpunkt befinden soll. Anschließend navigieren Sie zu der Stelle im Clip, an der Sie den nächsten Keyframe setzen möchten, und passen auch hier das Audiopanorama an. Streng genommen müssen Sie dafür noch nicht mal einen neuen Keyframe setzen, denn Final Cut Pro übernimmt das von alleine, sobald Sie den ersten Keyframe erstellt haben.

Monoclips

Auch bei Monoclips können Sie den Pan-Modus: Stereo links/rechts auswählen und die Balance verändern.

Audioanimation bearbeiten | Um zu sehen, wo genau sich nun Ihre Keyframes befinden, und um diese später noch genauer anpassen oder löschen zu können, aktivieren Sie Ihren Clip in der Timeline und wählen aus der Menüleiste Clip • Audioanimation einblenden. Alternativ dazu können Sie auch auf das nach unten gewandte Dreieck ❺ neben dem Clipnamen in der Timeline klicken und dort die Audioanimation einblenden.

Der Clip erhält dadurch einen Rahmen, in dem unter der Waveform-Darstellung ein grüner Kasten eingeblendet wird, in dem die gesetzten Keyframes erscheinen.

◄ **Abbildung 8.22**
Die Audioanimation lässt sich über die Menüleiste oder direkt in der Timeline einblenden.

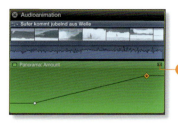

▲ **Abbildung 8.23**
In unserer Animation wandert die Balance von links nach rechts. Die Keyframes lassen sich horizontal und vertikal verschieben.

Keyframe-Navigation und Bearbeitung | Über das nach oben gewandte Dreieck ❶ innerhalb der Audioanimation vergrößern Sie die Darstellung, klappen also den grünen Kasten weiter auf. Somit können Sie wesentlich präziser arbeiten und Ihre Keyframes verändern. Generell gelten dabei die gleichen Grundregeln zum Verschieben, Verändern oder Löschen wie bei den Keyframes für die Lautstärke (siehe Seite 313).

8.3.2 Surround-Ton

So weit, so gut. Was aber, wenn das Auto aus dem Beispiel oben nicht gerade von links nach rechts durch das Bild fährt, sondern von hinten links nach vorne rechts? An dieser Stelle kommt der Surround-Ton ins Spiel, mit dessen Hilfe Sie einen echten Raumklang erzeugen können, wobei wir in Final Cut Pro mit 5.1-Surround arbeiten.

Surround-Bearbeitung aktivieren | Um ein Element für die Surround-Bearbeitung zu aktivieren, wählen Sie aus dem Aufklappmenü PAN-MODUS ❷ in den Clip-Informationen RAUM ERZEUGEN aus; damit beginnen Sie ganz vorne und mit neutralen Einstellungen. Außerdem können Sie sich für eine der neun Voreinstellungen entscheiden und sich so bei Standardsituationen ein wenig Arbeit sparen. Doch dazu gleich mehr.

Audiokanäle abmischen | Sie können nun den SURROUND-PANNER ❸ (was für ein Wort) öffnen und mit dem Abmischen der fünf Audiokanäle beginnen. Dabei basiert das 5.1-Panning auf fünf Lautsprechern, die zu drei Gruppen zusammengefasst sind: links zwei Lautsprecher (blau), mittig einer (grün) und rechts wieder zwei (rot).

In der Mitte der Palette befindet sich ein kleiner Knubbel ❹, den Sie mit der Maus greifen und beliebig in Richtung der Lautsprecher verschieben können. Je näher Sie dem Lautsprecher mit dem Knubbel kommen, umso lauter wird die jeweilige Seite. Entfernen Sie sich wieder, wird die Seite entsprechend leiser.

Die jeweilige Lautstärke und Position lässt sich mehr oder minder genau anhand der Größe der farbigen Blasen erkennen sowie an der Anzahl der Punkte unterhalb der Lautsprecher; die Gesamtzahl aller Punkte bleibt mehr oder minder gleich, wobei sich die individuelle Punktezahl pro Lautsprecher Ihren Einstellungen entsprechend verändert. Klicken Sie auf einen der Lautsprecher, deaktivieren Sie den ausgewählten Kanal vollständig. Dadurch verteilen sich die Punkte auf die anderen Lautsprecher, wodurch hier die Pegel natürlich ansteigen.

5.1-Surround-Ton

5.1-Surround bedeutet, dass sich der Ton aus insgesamt sechs Audiokanälen zusammensetzt. Drei befinden sich vor dem Zuschauer, zwei hinter ihm, und der sechste überträgt ausschließlich die Bassfrequenzen.

Auch Stereo als Surround

In Final Cut Pro lassen sich sowohl echte 5.1-Aufnahmen über die fünf Kanäle verteilen als auch normale Stereoaufnahmen in Surround-Ton umwandeln. Die Bearbeitung von Audio im Surround-Modus macht allerdings nur Sinn, wenn Sie auch Ihre Projekteinstellungen (cmd+J) ändern. Surround-Clips in einem Stereoprojekt zu bearbeiten, ist zwar möglich, aber Sie können dann Ihren Raumklang nur in Stereo hören.

> **TIPP**
>
> Halten Sie ⌥alt gedrückt, um den weißen Knubbel mit einem Mausklick wieder in die Mitte zu setzen.

◀ **Abbildung 8.24**
Mit dem Surround-Panner lassen sich die Tonspuren klanglich im Raum verteilen, erweitern, reduzieren und balancieren.

Audiopegel | Der Audiopegel teilt sich bei der Surround-Mischung auf insgesamt sechs einzelne Kanäle auf:
- Ls: Linker Surround-Kanal
- L: Linker Kanal
- C: Center-Kanal
- R: Rechter Kanal
- Rs: Rechter Surround-Kanal
- LFE: Tiefen (Subwoofer-Kanal)

Spielen Sie einen normalen Stereoclip ab, schlagen nur die Kanäle »L« und »R« aus. Bei Monoclips liegt der Balanceregler gewissermaßen in der Mitte, folglich erhalten Sie einen Ausschlag im Center-Kanal »C«. Über den Surround-Panner können Sie dann diese Grundeinstellungen ändern und die Illusion erzeugen, dass der Ton den Zuschauer vollkommen umgibt.

Um genau zu kontrollieren, welche Kanäle angesteuert werden, nutzen Sie am besten den Audiopegel, der sich automatisch auf sechs Kanäle umstellt, sobald Sie in den Projekteinstellungen den Surround-Ton aktiviert haben.

Erweiterte Einstellungen | Über die erweiterten Einstellungen ❺ können Sie den Raumklang noch genauer justieren, wobei Sie bei manchen Reglern schon sehr genau hinhören müssen, um eine Veränderung wahrzunehmen.

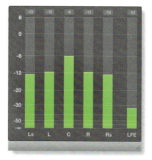

▲ **Abbildung 8.25**
Stellen Sie ein Projekt auf Surround-Ton um, zeigt der Audiopegel alle sechs Kanäle.

- ORIGINAL/DECODIERT: Hier bestimmen Sie den Grad des Surround-Effekts. Ziehen Sie den Regler nach links, hören Sie den Originalton, beispielsweise in Stereo, allerdings über alle aktivierten Kanäle. Je weiter Sie nach rechts wandern, desto stärker wird der Raumklang.
- UMGEBUNG/DIREKT: DIREKT bedeutet, dass der Klang eher von vorne kommt, eben so, als ob es sich um eine direkte Tonquelle, wie zum Beispiel einen Schauspieler handelt. UMGEBUNG heißt, dass der Klang eher atmosphärisch ist, zum Beispiel Vogelgezwitscher im Hintergrund.
- SURROUND-BREITE erzeugt einen breiteren Raumklang durch Verteilen des Stereosignals auf die Surround-Kanäle und den Center-Kanal.
- LFE-BALANCE bestimmt die Balance zwischen dem LFE-Kanal und den anderen fünf Kanälen. Bei −1 ist der Bass-Kanal stumm, steht der Regler in der Mitte, wird er ganz normal angesteuert, und bei +1 wird das komplette Signal gebündelt. Das heißt, alle anderen Kanäle sind stumm.
- ROTATION: Damit rotieren Sie alle Kanäle um den Punkt in der Mitte. Auf diese Art und Weise können Sie Kanäle »tauschen«. Was vorher von links hinten kam, kann nach links vorne wandern.
- STEREOVERTEILUNG verteilt die Kanäle L und R auf die Surround-Kanäle Ls und Rs.
- MINDERN/REDUZIEREN bestimmt, wie viel Lautstärke ein Kanal an seine benachbarten Kanäle überträgt.
- CENTER-BALANCE bestimmt das Verhältnis zwischen Mitten-Kanal sowie dem linken und rechten Kanal. Steht der Regler auf 0, wird das Signal gleichmäßig auf die Kanäle L und R verteilt, steht er auf 100, kommt alles aus der Mitte.

Voreinstellungen | Wenn wir mit einer Surround-Mischung beginnen, nutzen wir gerne eine der mitgelieferten Voreinstellungen unter PAN-MODUS, denn damit ist oft schon die halbe Arbeit getan. Das Beste daran ist, dass Sie auf diesem Weg nicht nur die Position des weißen Steuerknopfes und damit die Lautstärke der einzelnen Kanäle festlegen, sondern auch die erweiterten Einstellungen anpassen. Jede einzelne Voreinstellung hat ihren eigenen Charakter und ihre Besonderheiten, gleich ist aber bei allen, dass sich der Effekt, den sie auslösen, über den Regler PAN-STÄRKE verändern lässt.

- DIALOG: Das Signal kommt hauptsächlich aus der Mitte und nur leicht aus den anderen Kanälen.

- Musik verteilt Musik auch auf die beiden Surround-Kanäle, damit umgibt sie den Zuschauer und kommt nicht nur von vorne.
- Ambiente eignet sich gut für Umgebungsgeräusche oder Geschnatter – egal ob das von Vögeln oder das der alten Damen beim Kaffeekranz.
- Kreis lässt den Ton um den Zuschauer kreisen, wie eine Fliege, die durch den Raum düst. Mit der Pan-Stärke beeinflussen Sie dabei den Ursprung des Klangs bzw. die Position der Fliege.
- Drehen: Damit entsteht der Eindruck, dass sich der Zuschauer wie ein Derwisch im Kreis dreht.
- Nach vorne erklärt sich wohl von selbst, oder? Verschieben Sie die Pan-Stärke, rauscht der Ton von hinten nach vorne durch den Kinosaal.
- Linker Surround nach rechts vorne: Der Knubbel wandert von links hinten nach rechts vorne durch den Kreis, der Ton durch den Raum.
- Rechter Surround nach links vorne: Diesmal geht's von hinten rechts nach vorne links.

◄ **Abbildung 8.26**
Die Voreinstellungen decken viele Bereiche ab und bilden eine gute Grundlage für die Surround-Abmischung.

Surround-Sound animieren | Richtig gut wird das Ganze, wenn Sie anfangen, den Ton mit Keyframes zu animieren. Am einfachsten geht es, wenn Sie eine der Voreinstellungen auswählen und dann mit einem Klick auf das kleine Plus neben dem Regler Pan-Stärke die Keyframes aktivieren. Analog zur Bewegung des Objekts im Bild lassen Sie den Ton anschließend mitwandern, indem Sie die Pan-Stärke anpassen. Da Sie dafür die Wiedergabe nicht mal stoppen müssen, macht das sogar richtig Spaß. Um später noch Änderungen an den Keyframes vorzunehmen, öffnen Sie die Audioanimation des Clips wie oben auf Seite 319 schon erklärt.

| **Einzeln animieren**

Reichen Ihnen die Möglichkeiten nicht, die Ihnen die Pan-Stärke bietet, können Sie zusätzlich jede einzelne Eigenschaft ebenfalls animieren. Wir aktivieren zum Beispiel gerne die Keyframes für den Surround-Panner, mit dessen Hilfe wir leicht Objekten durch den Raum folgen können, die erweiterten Eigenschaften dagegen ändern wir wesentlich seltener.

Surround-Ton wiedergeben | Natürlich können Sie nur dann eine wirkliche Surround-Mischung anlegen, wenn Sie auch über die nötige zusätzliche Hardware verfügen. Sprich, Sie benötigen einen Surround-Receiver, sechs Lautsprecher und einen digitalen Audioausgang an Ihrem Mac, an dem Sie die Geräte über ein Toslink-Kabel anschließen können. Haben Sie das alles nicht, fischen Sie im Trüben, denn dann hören Sie nur normales Stereo.

Surround-Ton exportieren | Um eine fertige Surround-Mischung zu exportieren und zum Beispiel eine DVD zu erstellen, nutzen Sie den Export über Funktionen (siehe Seite 158). Hier können Sie Ihren Ton als Aiff-Datei mit sechs integrierten Spuren speichern. Diese Datei können Sie dann wiederum in Compressor für Ihre DVD umwandeln. Alles zum Thema Export lesen Sie bitte in Kapitel 11 und alles über Compressor in Kapitel 13.

Abbildung 8.27 ▶
Mithilfe von Funktionen exportieren Sie eine Surround-Mischung. Sie erhalten dann eine Mov- oder eine Aiff-Datei, die sämtliche Spuren enthält.

8.4 Kanalkonfiguration

Immer, wenn Sie etwas filmen und dabei den Ton über ein externes Mikrofon aufnehmen, erhalten Sie zwei unterschiedliche Audiospuren. Auf der einen landet der saubere Ton des hochwertigen externen Mikrofons und auf der anderen der des internen Kameramikrofons. Die externen Mikros verfügen dabei meistens über eine Richtcharakteristik, das bedeutet, dass sie sehr zielgerichtet aufzeichnen. Auf diese Weise ist es möglich, auch in relativ lauter Umgebung einen Ton auf das Band zu bekommen, der später noch gut verständlich ist, denn in diesen Situationen stößt das interne Mikro an seine Grenzen. Später im Schneideraum möchten wir dann lediglich den guten Ton benutzen und uns von dem schlechten trennen.

8.4.1 Audiokanäle anpassen

Um die Audiokanäle eines Clips zu verändern, wählen Sie ihn im Ereignis oder in der Timeline aus und öffnen die Clip-Informationen. Ganz unten finden Sie die Kanalkonfiguration, über die Sie Audiokanäle aktivieren und deaktivieren, Stereo in Mono ändern oder sich eine Vorschau anhören können.

> **24 Audiokanäle**
>
> Mit diesem Beispiel haben wir den wohl häufigsten Fall aufgegriffen, in dem Sie die Kanalkonfiguration benötigen werden, aber natürlich nicht den einzigen. Denn wie Sie bereits wissen, können Quick-Time- oder Aiff-Dateien bis zu 24 Audiokanäle beinhalten, die Sie alle einzeln bearbeiten können.

◀ **Abbildung 8.28**
In der Kanalkonfiguration werden alle Audiokanäle eines Clips aufgeführt. Mit dem Skimmer können Sie sich jeden einzeln anhören.

Audiokanäle stummschalten | Über die blauen Häkchen ❶ blenden Sie einzelne Tonspuren aus, das heißt, sie sind dann vorerst stumm, lassen sich aber natürlich jederzeit wieder einblenden. Bleiben wir bei unserem Beispiel, könnten Sie so das Kameramikro deaktivieren.

Für eine Vorschau reicht es, mit dem Skimmer über eine Spur zu gleiten, oder Sie starten die Wiedergabe mit einem Druck auf die Leertaste.

Mono, Stereo und Surround | Sie können wählen, ob die Kanäle eines Clips einzelne Monokanäle sein sollen oder ob sie zu einer Stereospur zusammengefasst werden. Dabei geht Final Cut Pro immer paarweise vor, das heißt, dass bei vier Kanälen die ersten beiden und letzten beiden zusammengefasst werden, bei sechs

> **Mehrere Clips bearbeiten**
>
> Meistens wird bei der Aufnahme für einen Beitrag oder einen Film immer mit den gleichen Mikrofonen gearbeitet. Will sagen, dass auch die meisten Clips auf einem Kanal einen guten Ton haben und auf dem anderen ein akustisches Durcheinander, bei dem man sich am liebsten die Ohren zuhält. Zum Glück müssen Sie in diesem Fall nicht jeden Clip einzeln bearbeiten, sondern können in einem Ereignis oder Projekt mehrere auswählen und dann alle auf einmal richtig konfigurieren.

Spuren die Kanäle 1 und 2, 3 und 4 sowie 5 und 6. Für das Hörerlebnis bedeutet die Unterscheidung, dass bei der Stereoeinstellung der linke und der rechte Kanal aus unterschiedlichen Lautsprechern kommen, während Monokanäle immer zu gleichen Teilen aus beiden Lautsprechern kommen.

Lautsprecher zuweisen | Hat Ihr Clip mehr als zwei Audiospuren, können Sie außerdem noch Surround-Kanäle erstellen und so festlegen, welche Spur aus welchem Lautsprecher kommt. Leider ist es aber unmöglich, selbst zu entscheiden, wie die Kanäle verteilt werden, denn diesen Job übernimmt Final Cut Pro ganz alleine. Anders sieht das schon bei reinen Monoclips aus, denn diesen können Sie gezielt einen Kanal für die 5.1-Mischung zuweisen.

Abbildung 8.29 ▶
Über das Aufklappmenü erstellen Sie Mono-, Stereo- und Surround-Kanäle.

Um alle Einstellungen wieder in den Originalzustand zu versetzen, wählen Sie ZURÜCKSETZEN ❷ aus dem Aufklappmenü aus.

8.4.2 Autoanalyse

Über die Kanalkonfiguration ändern Sie auch alle Einstellungen, die Final Cut Pro vorgenommen hat, wenn Sie beim Import AUDIO IN MONO TRENNEN UND IN STEREO GRUPPIEREN oder STILLE KANÄLE ENTFERNEN ausgewählt haben. Denn hinter der nach großem Piratenabenteuer klingenden Option AUTOMATISCH ENTDECKEN ❶ verbirgt sich leider nichts anderes als das Zurücksetzen des Clips in den Originalzustand. Und keine Schatzkarte. Schade. Haben Sie Ihre Clips beim Import nicht verändert, ist diese Zeile grau und lässt sich verständlicherweise auch nicht auswählen.

8.5 Bild und Ton synchronisieren

Final Cut Pro X zeichnet sich unter anderem dadurch aus, dass es sehr gut mit Aufnahmen von digitalen Spiegelreflexkameras umgehen kann. Sei es direkt mit den Clips von der Kamera (meist

H.264) oder mit dem optimierten Apple-ProRes-Format. So sehr wir auch mit den Bildern der Aufnahmen zufrieden sind, stellt der Ton doch immer eine Herausforderung dar. Das interne Mikrofon ist für den gehobenen Anspruch leider vollkommen ungenügend, und ein externes lässt sich meistens nicht anschließen. Viele Produktionsfirmen sind deshalb dazu übergegangen, den Ton separat aufzuzeichnen. Für uns im Schnitt bedeutet das natürlich mehr Arbeit, denn wir müssen nun Bild und Ton synchronisieren.

Glücklicherweise hilft uns Final Cut Pro an dieser Stelle sehr, denn wir brauchen der Software nur zu sagen, welche Clips zusammengehören, den Rest erledigt sie automatisch.

Automatisch synchronisieren | Zuerst markieren Sie in einem Ereignis alle zusammengehörigen Clips. Dabei ist es nicht wichtig, dass diese die gleiche Länge haben, denn Sie können auch einen dreißigsekündigen Audioclip mit einem Videoclip von fünf Minuten Dauer synchronisieren. Auch die Anzahl der Clips, die Sie auswählen können, ist unbegrenzt. Anschließend wählen Sie aus der Menüleiste CLIP • CLIPS SYNCHRONISIEREN aus (alt + cmd + G).

Nun erstellt Final Cut Pro einen zusammengesetzten Clip, der alle ausgewählten Elemente enthält, und benennt ihn selbstständig. Anschließend können Sie den zusammengesetzten Clip wie jeden anderen auch in Ihr Projekt schneiden.

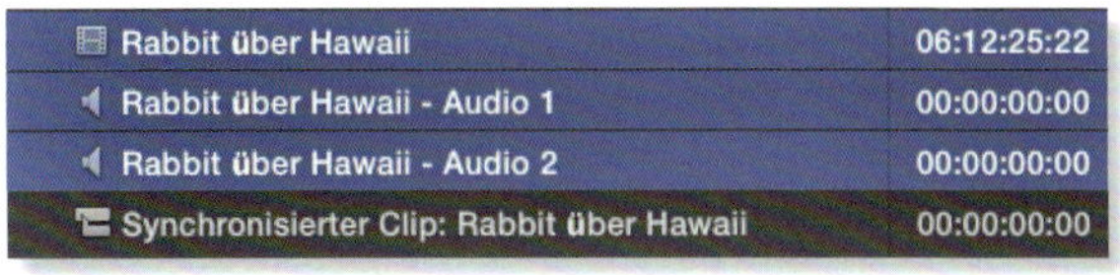

◀ **Abbildung 8.30**
Aus drei mach eins. Die markierten Clips wurden synchronisiert.

Öffnen Sie den synchronisierten Clip mit einem Doppelklick in der Timeline, sehen Sie, dass die Audioclips als verbundene Elemente an den Videoclip in der primären Handlung angehangen wurden.

▼ **Abbildung 8.31**
Final Cut Pro verbindet die Audioelemente mit dem Videoclip.

Auch wenn uns als Anwender eher das Ergebnis interessiert als die technischen Vorgänge dahinter, ist es doch gut zu wissen, wie das Synchronisieren funktioniert. Neben einer Analyse des

> **iPhone als Klappe**
>
> Gibt ja für alles eine App. Wir sind jedenfalls dazu übergegangen, bei Videoaufnahmen das iPhone als Klappe zu benutzen.

Timecodes und des Aufnahmezeitpunkts, der in den Metadaten gespeichert ist, vergleicht Final Cut Pro nämlich auch das Wellenformmuster des Tons. Daraus folgt, dass Sie nicht auf identische Timecodes oder bestimmte Synchronpunkte wie einen Klappenschlag angewiesen sind, es aber in manchen Fällen doch hilfreich sein kann, eine Referenz aufgezeichnet zu haben.

Synchronpunkte anpassen | Sollten Sie feststellen, dass die Elemente nicht framegenau übereinanderliegen, können Sie jederzeit den zusammengesetzten Clip in der Timeline öffnen und die Clips darin verschieben. Da es sich um ein verschachteltes Objekt handelt, werden alle Änderungen, die Sie hier vornehmen, gleich für alle Vorkommen des synchronen Clips übernommen.

> **Löschen**
>
> Löschen Sie einen zusammengesetzten Clip, bleiben alle Ausgangsclips in Ihrem Ereignis bestehen.

Wir sind jedenfalls immer wieder begeistert, mit welcher Zuverlässigkeit Final Cut Pro Clips synchronisiert und wie viel Arbeit uns dadurch erspart bleibt.

8.6 Audioverbesserungen

Nachdem Sie Ihr Projekt geschnitten und gemischt haben (oder auch davor, je nach Arbeitsweise), können Sie eine Verbesserung des Audiomaterials durchführen. Hierfür stehen Ihnen in Final Cut Pro X eine automatische Verbesserung, ein Equalizer mit 10 oder 31 Frequenzen und Tools zur Anpassung der Loudness sowie der Unterdrückung von Rauschen und Brummen zur Verfügung. Sollten diese Funktionen noch nicht ausreichen, können Sie noch auf Filter zurückgreifen. Aber dazu kommen wir später.

Abbildung 8.32 ▼
Mit der automatischen Audioverbesserung können Sie den Ton innerhalb Ihres Projekts von Final Cut Pro X optimieren lassen.

8.6.1 Zauberstab und Analyse

Sie können den Ton des Clips automatisch verbessern lassen, und zwar via Zauberstab und »Magic-Menü« ❶. Aktivieren Sie hierfür den Clip im Projekt, klicken Sie auf den Zauberstab oberhalb der Timeline, und wählen Sie die Funktion AUTOM. AUDIOVERBESSERUNG aus dem Dropdown-Menü. Um zu sehen, was gerade passiert, öffnen Sie (am besten vorher) das Informationsfenster und klicken dort in den Bereich AUDIO.

Audio analysieren | Bevor eine tatsächliche Korrektur jedoch stattfinden kann, muss der Clip analysiert werden. Dies führt die automatische Audioverbesserung nach der Auswahl des Befehls eigenständig aus. Sie können aber den Clip bereits beim Importieren oder aus der Ereignis-Mediathek heraus im Stapel analysieren lassen.

◄ **Abbildung 8.33**
Mithilfe der Analyse können Clips auch nach dem Import aus der Ereignis-Mediathek heraus untersucht und verbessert werden.

Aktivieren Sie hierzu alle Clips, die Sie analysieren lassen möchten, und wählen Sie per Rechtsklick aus dem Kontextmenü die Funktion ANALYSIEREN UND BEHEBEN. Es erscheint ein Dialogfenster, in dem Sie sowohl Bild als auch Ton analysieren lassen können. Aktivieren Sie das Häkchen vor ANALYSIEREN UND AUDIOPROBLEME BEHEBEN, um den Ton untersuchen und verbessern zu lassen.

◄ **Abbildung 8.34**
Die Analyse von Tonelementen vollzieht Final Cut Pro X im Hintergrund; besonders lange dauert es aber meistens nicht.

Wie die meisten »Rechenaufgaben« führt Final Cut Pro die Analyse der Audioelemente im Hintergrund durch. Öffnen Sie das Fenster Hintergrundaktionen, um den Fortschritt zu sehen. Je nach Performance Ihres Rechners müssen Sie sich dafür aber beeilen, denn die Tonanalyse geht relativ schnell vonstatten, sodass sogar eine Auswahl von 20 oder 30 Clips gleichzeitig in wenigen Sekunden analysiert ist.

Nach der Analyse | Ist die Analyse durchgeführt, gibt es zwei Möglichkeiten: Final Cut Pro hat keine Probleme gefunden, dann erscheint ein grünes Häkchen mit dem Zusatz Keine Probleme gefunden im Audiobereich des Informationsfensters (was aber nicht zwangsläufig heißt, dass Ihr Ton gut ist – mitnichten; aber dazu kommen wir später).

Liegt laut Analyse ein Problem vor, erscheint ein gelbes Warndreieck mit dem Zusatz Mögliche Probleme gefunden im Informationsfenster. Klicken Sie daraufhin auf den kleinen Pfeil ❶ rechts der Warnmeldung, öffnet sich das Fenster Audioverbesserungen, und das Warndreieck erscheint neben der Funktion, die Sie zur Verbesserung anwenden sollten, beispielsweise Hintergrundgeräusche entfernen.

▼ **Abbildung 8.35**
Hat Final Cut Pro X ein Problem gefunden, zeigt es dies im Informationsfenster mit einer gelben Warnmeldung an.

▲ **Abbildung 8.36**
Klicken Sie auf den Pfeil rechts der Warnmeldung, um in den Bereich Audioverbesserungen zu gelangen. Hier sehen Sie, was Final Cut Pro für Verbesserungsvorschläge zu machen hat.

Ohne an dieser Stelle ins Detail gehen zu wollen (wir werden noch kleinkrämerisch genug), reicht es, auf die Schaltfläche Autom. Verbesserung ❷ ganz unten im Informationsfenster zu klicken. Final Cut Pro X aktiviert daraufhin das jeweilige Verbesserungswerkzeug und zeigt mit der Meldung Störung reduziert ❸ an, was es gerade gemacht hat. Ob der Ton nach der automatischen Verbesserung wirklich besser klingt oder nicht, ist eher

Glücksache. Auch ist nicht gesagt, dass ein Element, das nach der Analyse das grüne Häkchen hat, wirklich nicht verbesserungswürdig ist. Doch mehr dazu später. First things first.

◄ **Abbildung 8.37**
Führen Sie die automatische Verbesserung durch, zeigt Final Cut Pro X an, was wie bearbeitet wurde.

8.6.2 Entzerrung und Equalizer

Auch wenn es sich so anhört: Diese Funktion hat nichts mit dem Autor zu tun (auch wenn mancher es manchmal dem Namen entsprechend anwenden würde ...). Unter einer »Entzerrung« versteht man die generelle Verbesserung von Tonelementen unter Zuhilfenahme eines Equalizers.

Apple liefert hier sowohl einige (mehr oder minder brauchbare) Voreinstellungen sowie einen grafischen Equalizer, den man nach eigenem Gusto einstellen kann.

Entzerrung anwenden | Zur Anwendung der Entzerrung aktivieren Sie zunächst das zu bearbeitende Element in der Timeline und hören sich genau an, welche Verbesserungen hier wohl angebracht wären. Aus dem Dropdown-Menü ENTZERRUNG des Audiobereichs eines Clips im Informationsfenster können Sie daraufhin eine Voreinstellung wählen. Als Beispiel stehen hier u. a. zur Verfügung:

- Einfach: Führt zunächst keine Verbesserung durch.
- Stimmenanpassung: Hebt die typischen Frequenzen von Stimmen an und belässt Hintergrundgeräusche leiser.
- Musikanpassung: Hebt alle Frequenzen wellenförmig an, sodass die Musik generell lauter und räumlicher wird.

- Brummen reduzieren: Senkt abhängig vom Clip tiefere Frequenzen ab, ohne dabei die komplette Lautstärke zu reduzieren. Sind keine tiefen (Brumm-)Frequenzen vorhanden, erfolgt keine Änderung.
- Mehr Bässe: Hebt die Bassfrequenzen zwischen 32 und 512 Hz an, beispielsweise für sattere Bässe bei Musikclips.
- Mehr Höhen: Hebt die Frequenzen über 1 kHz an, beispielsweise für räumlichere Atmos.

Je nachdem, welche Voreinstellung Sie wählen, verändern sich entsprechend auch die Frequenzen des grafischen Equalizers.

Abbildung 8.38 ▶
Je nach Tonproblem finden Sie hier einige Voreinstellungen, die Sie auf einem Element anwenden können.

Grafischer Equalizer | Um den grafischen Equalizer von Final Cut Pro X einzublenden und gegebenenfalls zu sehen, welche Änderung welche Voreinstellung hervorgerufen hat, klicken Sie auf die kleine Schaltfläche mit dem Equalizer rechts der Entzerren-Funktion.

Abbildung 8.39 ▶
Der Equalizer besteht zunächst aus zehn Frequenzen, die Sie einzeln regeln können. Den neuen Wert erkennen Sie rechts unten.

Der Equalizer wird standardmäßig mit zehn Bändern, das heißt zehn möglichen Frequenzen von 32 Hz bis 16 kHz, angezeigt. Jeder der zehn Regler kann nach eigenem Gusto verschoben werden, wobei Sie bei jeder Veränderung rechts unten sowohl die entsprechende Frequenz ❸ sehen als auch den Dezibel-Level ❹, um den Sie den Regler angehoben oder abgesenkt haben.

Mehrere Frequenzen bearbeiten | Arbeiten Sie mit 31 Bändern, kann es sehr fummelig sein, jedes dieser Bänder einzeln zu bearbeiten. Daher haben Sie die Möglichkeit, mehrere Frequenzen gleichzeitig zu schieben. Ziehen Sie einfach mit der Maus ein Lasso von links nach rechts über die zu bearbeitenden Frequenzen. Es erscheint ein blauer Rahmen um die aktivierten Bänder. Regeln Sie nun eine Frequenz nach oben oder unten (der Regler wird gelb), folgen alle im Rahmen befindlichen Bänder auf dem Fuße (allerdings sehen Sie natürlich den Änderungswert nur für den gerade bewegten Regler).

Mehr Frequenzen

Sollten Sie mehr als zehn Frequenzen benötigen, können Sie über das rechte Dropdown-Menü am unteren Rand auf 31 BÄNDER ❷ umschalten. Nicht nur, dass Ihnen hier mehr Zwischenfrequenzen zur Verfügung stehen; auch der Frequenzbereich ist umfangreicher, weil dieser von 20 Hz bis 20 kHz reicht (im Vergleich zum 10-Band-Equalizer, wo der Bereich nur 32 Hz bis 16 kHz umfasst).

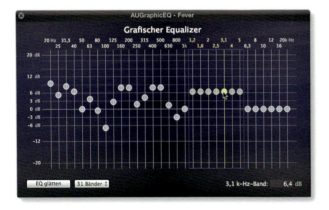

◄ **Abbildung 8.40**
Ziehen Sie ein Lasso um mehrere Regler (blauer Rahmen), um gleichzeitig mehrere Frequenzen zu bearbeiten.

Voreinstellungen weg

Die Voreinstellungen der Entzerrung sind nur für den 10-Band-Equalizer gespeichert, nicht für den 31-Band-EQ. Stellen Sie also von 10 auf 31 Bänder um, verlieren Sie auch die Einstellungen.

Um alle Regler gleichzeitig auf den Ausgangspunkt (0 dB) zurückzusetzen, klicken Sie auf die Schaltfläche EQ GLÄTTEN ❶.

8.6.3 Audioclips aneinander anpassen

Leider ist es nicht möglich, eine Equalizer-Einstellung einfach von einem Clip auf einen anderen Clip zu kopieren. Jetzt werden Sie wahrscheinlich fragen, warum Sie das tun sollten, schließlich benötigt fast jeder Clip eigene, individuelle EQ-Einstellungen zur Verbesserung des Tons.

Ein typisches Beispiel für notwendiges Kopieren, also die Anwendung desselben »Effekts« auf einen zweiten Clip, sind Interviews, die Sie in mehrere Einzelteile geschnitten haben. Sie möchten doch schließlich, dass sich das Interview im zweiten Teil genauso anhört wie im ersten Teil, oder? Außerdem kann es sein, dass Sie einen Film an unterschiedlichen Drehtagen gedreht haben, die Atmo sich aber anhören soll, als sei alles am gleichen Tag geschehen. Für solche Fälle gibt es die Anpassen-Funktion.

Die Anpassen-Funktion | Die Anpassen-Funktion bezieht sich allerdings auf zwei Umstände:
- Ist der Equalizer auf dem Quellclip angewandt, werden dessen Einstellungen einfach auf den Zielclip kopiert.
- Sind keine Einstellungen am EQ des Quellclips vorgenommen worden, wird ein EQ-Effekt angewandt (Match EQ).

Equalizer-Einstellungen übertragen | Doch schauen wir uns zunächst das Kopieren von EQ-Einstellungen an. Führen Sie zunächst die Änderungen an dem Quellclip durch, indem Sie entweder eine Voreinstellung aus dem Entzerren-Dropdown wählen oder selbst an den Equalizer Hand anlegen.

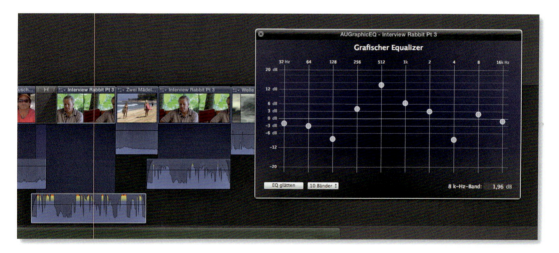

▲ **Abbildung 8.41**
Zunächst ist es natürlich notwendig, den Quellclip via Voreinstellung oder manuell im Equalizer zu bearbeiten.

Entsprechen die Toneinstellungen Ihren Wünschen, aktivieren Sie den Zielclip in Ihrem Projekt und wählen im Audiobereich des Informationsfensters aus dem Dropdown-Menü ENTZERREN die Funktion ENTSPRICHT ❸. Das Vorschaufenster teilt sich daraufhin dergestalt, dass rechts ❷ der Zielclip zu sehen ist und links ❶ das Fenster zunächst frei bleibt.

Führen Sie nun die Maus in der Timeline hin und her, sehen Sie zum einen, dass der Mauszeiger ❺ zusätzlich das Symbol eines Equalizers bekommt. Zum anderen sehen Sie im linken Fenster der Vorschau ❶ den Clip, über dem Sie sich gerade mit der Maus befinden. Klicken Sie auf den Quellclip in der Timeline, von dem aus Sie die Einstellungen übertragen wollen, und klicken Sie auf die Schaltfläche ANPASSEN ANWENDEN ❹ rechts unten in der Vorschau. Die Einstellungen des Equalizers werden daraufhin vom Quell- auf den Zielclip kopiert.

▲ **Abbildung 8.42**
Klicken Sie mit der Maus auf den Quellclip, um dessen EQ-Einstellungen auf den Zielclip zu übertragen.

Dieser Vorgang eignet sich, wie gesagt, besonders dann, wenn Sie ein und dasselbe Interview in mehrere Teile zerstückelt haben oder wenn eine Atmo sich immer gleich anhören soll.

Anpassen per Effekt – Match EQ | Nun gibt es ja auch den Fall, dass Sie den Ton eines Clips wie den Ton eines anderen Clips klingen lassen wollen, ohne die Equalizer-Einstellungen des Quellclips vorher verändert oder angepasst zu haben. In diesem Fall kann Final Cut Pro X natürlich auch keine EQ-Werte übertragen, sondern nutzt den Effekt MATCH EQ, um ein Tonelement möglichst optimal an einen Quellclip anzupassen.

Gehen Sie vor wie im vorangegangenen Abschnitt, indem Sie im Bereich AUDIOVERBESSERUNGEN wieder ENTZERRUNG • ENTSPRICHT wählen und in der Timeline entsprechend den Clip, dessen Tonqualität Sie übertragen wollen. Klicken Sie auch hier wieder zum Abschluss auf die Schaltfläche ANPASSEN ANWENDEN. Zunächst werden Sie noch keine großartigen Änderungen sehen (aber hören). Klicken Sie jetzt auf den kleinen Equalizer rechts der Entzerrung-Einstellung, wird Ihnen nicht mehr der bekannte 10-Band-Equalizer angezeigt, sondern ein Effekt MATCH EQ mit eigenem Interface.

8.6 Audioverbesserungen | **335**

Abbildung 8.43 ▶
Der Effekt MATCH EQ ersetzt den 10-Band-Equalizer, nachdem Sie einen Zielclip an einen Quellclip angepasst haben.

Innerhalb von Match EQ gibt es mehrere Einstellungen, mit denen Sie den Ton noch weiter anpassen können. Über APPLY ❶ beispielsweise können Sie die Stärke des Effekts regeln und über SMOOTHING ❷ den Regelabfall eindämmen oder anheben. Probieren Sie ruhig einige Einstellungen aus; diese können quasi »live« angepasst werden, indem Sie den Clip aus der Timeline abspielen, während Sie die Regler und Einstellungen bedienen.

8.6.4 Weitere Audioverbesserungen

Innerhalb der Audioverbesserungen stehen Ihnen drei weitere Werkzeuge zur Verfügung, um den Ton qualitativ zu optimieren. Hierbei handelt es sich um die Optionen LOUDNESS, HINTERGRUNDGERÄUSCHE ENTFERNEN und BRUMMEN ENTFERNEN. Sie gelangen in diese Einstellungen, indem Sie im Audiobereich des Informationsfensters neben der AUDIOANALYSE auf den Pfeil nach rechts klicken.

> **Vorm Schnitt bearbeiten**
>
> Um einen Clip audiotechnisch zu verbessern, muss dieser nicht zwangsläufig in der Timeline, also in Ihrem Projekt liegen. Sie können auch Clips bearbeiten, die sich noch »ungeschnitten« in Ihrer Mediathek befinden.

Abbildung 8.44 ▶
Die AUDIOVERBESSERUNGEN bieten Ihnen drei weitere Werkzeuge. Zurück zur normalen Ansicht kommen Sie anschließend über einen Klick auf den Pfeil ❸ links oben.

Loudness | Mit der Einstellung für Loudness können Sie die generelle Lautstärke eines Clips erhöhen und diesen damit »satter« klingen lassen. Im eigentlichen Sinne handelt es sich hierbei nicht um die Änderung der Lautstärke, wie Sie sie in der Timeline durchführen, sondern um eine Komprimierung der Frequenzbereiche. Diese werden zugleich reduziert und angehoben, sodass sich der Dynamikumfang verringert, die Gesamtlautstärke jedoch ansteigt.

Aktivieren Sie die Loudness zunächst, indem Sie vor dem Begriff Loudness auf das Quadrat klicken (es wird blau). Anschließend spielen Sie den Clip aus der Timeline ab und regeln zunächst die Stärke (das heißt den Grad der Kompression); der Clip sollte daraufhin deutlich lauter werden. Der Regler Gleichmässigkeit wiederum regelt den Umfang des Dynamikbereichs, das heißt, je höher Sie diesen Regler ziehen, umso mehr Frequenzen werden komprimiert.

> **Blecherner Sound**
>
> Achten Sie darauf, dass Sie weder Stärke noch Gleichmässigkeit zu hoch regeln, da der Clip ansonsten anfangen kann, »blechern« zu klingen (je weniger Dynamik, umso mehr »Blech«).

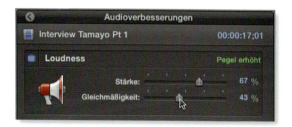

◄ **Abbildung 8.45**
Mit dem Loudness-Werkzeug komprimieren Sie einen Clip und machen Ihn dadurch gefühlt lauter.

Hintergrundgeräusche entfernen | Die Funktion Hintergrundgeräusche entfernen macht genau das, was sie verspricht, nämlich Hintergrundgeräusche entfernen. Allerdings darf man von diesem Tool nicht zu viel erwarten, denn man kann den Frequenzbereich der Hintergrundgeräusche nicht bestimmen; Final Cut Pro X entfernt einfach, was es für ein Hintergrundgeräusch hält.

Sie aktivieren auch dieses Werkzeug, indem Sie vor dem Begriff Hintergrundgeräusche entfernen auf das Quadrat klicken (auch dieses wird blau – oh Wunder der Technik!). Spielen Sie den Clip nun aus der Timeline ab, und ziehen Sie dabei den Regler Stärke in die Höhe. Je höher Sie den Filter ziehen, umso mehr Hintergrundgeräusche werden herausgefiltert. Was hier eigentlich passiert, ist, dass Final Cut Pro X die Frequenzen, in denen sich das Hintergrundgeräusch befindet (oder befinden sollte), leiser macht, während alle anderen Frequenzen unangetastet bleiben.

> **Nicht nur Klimaanlagen**
>
> Wie unschwer an dem Symbol der Funktion zu erkennen ist, meint Apple damit hauptsächlich die Geräusche von Klimaanlagen, die ja in den USA weit häufiger zu finden sind als in heimischen Gefilden. Man tut Apple aber auch ein bisschen unrecht, wenn man behauptet, dass »nur« das Rauschen von ACs entfernt wird. Vielmehr kann man es auch für störende Verkehrsgeräusche, Wind und Meeresrauschen nutzen.

◄ **Abbildung 8.46**
Erhöhen Sie die Stärke von Hintergrundgeräusche entfernen, um störendes Rauschen zu vermindern.

Die Technik der Rauschminderungen über eine Frequenzreduktion hat natürlich einen entscheidenden Nachteil: Da der Dynamikumfang von Stimmen sehr hoch ist, gelangt man beim Dämpfen der Hintergrundfrequenzen sehr schnell auch in den Frequenzbereich der Stimme.

Diese wird dadurch verfälscht und klingt zunächst etwas dumpfer (je weniger Frequenzumfang, umso dumpfer) und schließlich blechern, als würde man sie durch einen alten Telefonapparat hören. Seien Sie also vorsichtig, wenn Sie die Hintergrundgeräusche reduzieren.

Brummen entfernen | Das letzte Tool in diesem Bereich ist BRUMMEN ENTFERNEN. Hier gibt es allerdings nur eine Einstellung, nämlich die Frequenzen 50 Hz und 60 Hz. Sollte es bei Ihren Clips also zum Brummen durch einen Stromanschluss gekommen sein, aktivieren Sie dieses Werkzeug wieder über einen Klick auf das schwarze Quadrat; es leuchtet blau (Hamid: »Wozu ist das?«, Rambo: »Das ist blaues Licht.«, Hamid: »Was macht es?«, Rambo: »Es leuchtet blau.« – Rambo III).

Je nachdem, wo Sie gedreht haben, wählen Sie einfach die Frequenz des Landes (Deutschland: 50 Hz, USA: 60 Hz, Rest der Welt: verschieden), und schwupp ist das Brummen, wenn nicht ganz verschwunden, zumindest doch hörbar reduziert.

Abbildung 8.47 ▶
Zum Entfernen des Brummens aktivieren Sie das Tool und wählen die Frequenz des Landes, in dem der Clip gedreht wurde.

8.7 Final Cut Pro Sound Effects

Bevor wir uns dem Thema Tonfilter zuwenden (die in der Apple-Terminologie leider auch »Effekte« heißen), werfen wir zunächst einen Blick auf die so genannten Final Cut Pro Sound Effects, also die mitgelieferten Töne, mit denen Sie Ihre Tonspuren anreichern können, wenn Sie selber nicht ausreichend Atmo haben.

Wer schon einmal mit den Vorversionen von Final Cut Pro, mit Soundtrack Pro oder gar mit iMovie gearbeitet hat, kennt sicherlich viele der Soundeffekte und weiß sie zu schätzen. Insgesamt rund 1.300 Stück stellt Apple als kostenlose Dreingabe über den Software-Download zur Verfügung. Führen Sie dieses

Update durch, installieren sich die Tonelemente zunächst auf der Festplatte (es sind ja eigenständige Dateien), stehen aber auch im Bereich MUSIK UND TON für den direkten Zugriff bereit (die Schaltfläche mit dem Notenschlüssel).

8.7.1 Sound Effects finden und anwenden

Insgesamt sind es, wie gesagt, etwas über 1.300 Elemente, die in 14 Kategorien, zum Beispiel AMBIENCE (Umgebung), ANIMALS (Tiere), EXPLOSIONS und so weiter geordnet sind. Innerhalb der Kategorien finden sich unterschiedlich viele Effekte, die man auch über das Suchfeld im unteren Bereich durchsuchen kann.

> **Leider nur auf Englisch**
>
> Ein Nachteil sei hier bereits erwähnt: Die Effekte liegen ausschließlich in englischer Sprache vor. Wer also nach »Lachen«, »Flugzeug« oder »Türklingel« sucht, wird nicht fündig. Vielmehr sollte man nach den Begriffen »Laugh« (12 Ergebnisse), »Airplane« (18 Ergebnisse) oder »Doorbell« (5 Ergebnisse) suchen. Wer den englischen Begriff nicht kennt, wird sicherlich auf der Website *leo.org* fündig.

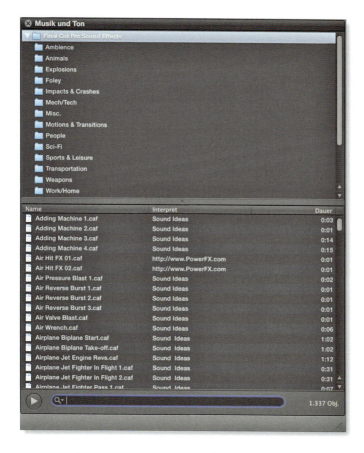

◄ **Abbildung 8.48**
Mehr als 1.300 Soundeffekte finden sich in der optionalen Bibliothek. Dem Auffinden einzelner Effekte hilft das Suchfeld im unteren Bereich (nur englische Begriffe werden von Erfolg gekrönt).

Wer innerhalb der Bibliothek fündig geworden ist, zieht das Element einfach aus der Bibliothek per Drag & Drop an die gewünschte Position in der Timeline und hakt es dort an einem übergeordneten Element an. Der vorherige Schnitt eines Tonelements, das heißt das Setzen von In- und Out-Punkten im Vorschaufenster, ist nicht möglich; der Schnitt erfolgt per Ziehen von In und Out in der Timeline.

▲ **Abbildung 8.49**
Wer fündig geworden ist, zieht das Tonelement einfach per Drag & Drop an die gewünschte Position in der Timeline.

Natürlich ist auch ein Vorhören der einzelnen Effekte möglich, bevor Sie sie in die Timeline kopieren. Hierfür aktivieren Sie das gewünschte Element in der Bibliothek und betätigen entweder die kleine Play-Taste links neben dem Suchfeld, oder Sie doppelklicken einfach auf das Element.

8.7.2 Sound Effects nachbearbeiten

Im Großen und Ganzen verhalten sich die Sound Effects von Final Cut Pro X genauso wie alle anderen Tonelemente in der Timeline, das heißt, Sie können diese länger oder kürzer ziehen, lauter und leiser machen, blenden oder mit Filtern nachbearbeiten (mehr dazu gleich). Einige Effekte sind dazu noch sehr kurz, sodass man sie zumindest duplizieren, wenn nicht sogar vervielfältigen muss, um eine längere und damit brauchbare Atmo zu erhalten.

Verräterische Details

Achten Sie beim Duplizieren darauf, dass keine unverkennbaren Merkmale wie beispielsweise Türklappen oder Handyklingeln zu hören sind. Wenn sich dies stereotypisch immer wiederholt, wird auch dem verpenntesten Zuschauer auffallen, dass Sie mit der Atmo geschummelt haben.

Atmo durch Duplikate | Probieren Sie das Duplizieren und Bearbeiten eines Sound Effects einmal aus, indem Sie ein beliebiges Element in die Timeline legen, die `alt`-Taste gedrückt halten und das Element an eine andere Position ziehen. Durch die gehaltene `alt`-Taste wird der Effekt dupliziert, und es befinden sich zwei Atmos in Ihrer Timeline.

Damit man nun nicht sofort hört, dass es zwei aufeinanderfolgende Elemente sind, sollten Sie diese in der Timeline leicht versetzt auf zwei Spuren legen und das erste Element am Ende länger ausblenden, während Sie das zweite Element über dieselbe Dauer einblenden. Auf diese Art und Weise können Sie Atmos beinahe unendlich lang ziehen.

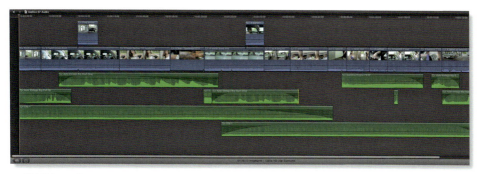

▲ **Abbildung 8.50**
Nur mit den mitgelieferten Soundeffekten lassen sich schon beeindruckende Atmos erschaffen. Achten Sie hierbei auf die mehrfach duplizierten und geblendeten Auto- und City-Atmos.

Einen letzten Tipp wollen wir Ihnen an dieser Stelle noch mitgeben: Versuchen Sie trotz der umfangreichen Sound Effects von Final Cut Pro X Ihre eigene Tonbibliothek anzulegen. Nichts ist so einfach und effektiv und kostet gleichzeitig so wenig (außer natürlich Zeit), wie auf ein umfangreiches Portfolio an Tönen zurückgreifen zu können.

Unsere (zehnjährige) Bibliothek umfasst mehrere tausend Töne, die wir immer und immer wieder brauchen, speziell wenn es um Animationen oder gar um Tonlöcher geht. Wenn Sie einen tollen Ton hören, den Sie oder Ihr Kameramann aufgenommen haben, exportieren Sie diesen als AIFF-Datei, und legen Sie ihn dort ab, wo Sie ihn schnell griffbereit haben (sprechen Sie dies aber mit dem Kameramann, dem Toni oder den Autoren ab, denn auch Atmos unterliegen einem Urheberrecht).

8.8 Audioeffekte – Filter für Audioelemente

Trotz des fast gleichlautenden Titels ist in diesem Abschnitt nicht die Bibliothek der Sound Effects gemeint, sondern die Filter, die man auf Tönen in der Timeline anwenden kann. Leider nennt Apple diese Filter ebenfalls Effekte.

Mehr als 100 Effekte liefert Apple mit, von denen natürlich viele der Klangverbesserung dienen und einige auch sehr interessante Effekte wie Raumklang oder alte Autoradios simulieren. Wir selbst sind keine Audiospezialisten und müssen auch zugeben, dass wir, wenn möglich, die Finger von diesem Spielzeug lassen. Viel lieber überlassen wir es den Profis, das Optimum aus dem

> **Aus dem Nähkästchen**
>
> Zur kurzen Erheiterung noch eine Kuriosität aus unserem Produktions-Nähkästchen ... Vor einiger Zeit haben wir mal einen Film über Bhutan geschnitten und hatten ein sehr langes Tonloch unter einer Naturszene (weil das Team beim Dreh ständig gequatscht hat). Aus lauter Verzweiflung haben wir in unsere Tonkiste gegriffen und eine – sehr passende – Atmo gefunden, die wir aus einer anderen Produktion über Panama stibitzt hatten. Kurz nach der Sendung ging bei der ARTE-Redaktion der Zuschauerbrief eines sehr ambitionierten Hobby-Ornithologen ein: Es könne nicht angehen, dass in dem Film über Bhutan der Vogel Soundso im Hintergrund gezwitschert hätte. Dieser Vogel kommt ausschließlich in der Region um Ecuador und Panama vor und würde auf keinen Fall den weiten Weg ins Himalaya-Gebirge fliegen. Es kostete uns viele gute Worte und einige Gläser Bier, um den Redakteur wieder zu beruhigen ...

▲ **Abbildung 8.51**
Effekte-Übersicht einblenden

Klang unseres Schnitts herauszukitzeln. Nichtsdestotrotz nutzen auch wir ab und an mal Audiofilter und beschreiben Ihnen nachfolgend, welche Effekte wir wie anwenden.

8.8.1 Audiofilter finden und anwenden

Indem Sie auf die Schaltfläche für Effekte ❶ klicken (rechts über der Timeline), gelangen Sie in den Filterbereich von Final Cut Pro X. Oben sehen Sie hier die Videofilter, darunter den Bereich für Audio. Klicken Sie auf das Feld ALL, sehen Sie alle Filter; klicken Sie auf eine Kategorie, sehen Sie nur die Inhalte dieses Ordners.

Die über 100 Audioeffekte von Final Cut Pro X sind in die Bereiche DISTORTION (Verzerrung), ECHO, EQ, LEVELS (Kompressoren, Limiter, Begrenzer), MODULATION, SPACES (Raumklang), SPECIALIZED und VOICE (Stimme) unterteilt. Innerhalb der Effekte unterscheidet Final Cut Pro X zwar noch zwischen den Filterarten FINAL CUT (eigene Filter), LOGIC (aus dem bekannten Studioprogramm Logic von Apple) und MAC OS X (AU bzw. Audio Unit Filter), aber diese Unterscheidung ist, gelinde gesagt, nur etwas für Nerds; in der reinen Bearbeitung macht es kaum einen Unterschied, ob Sie jetzt einen AU- oder einen Logic-Filter verwenden, außer dass die Benutzeroberfläche des AU-Filter meist nicht so hübsch und praktisch ist.

Effekt vorhören | Bevor Sie einen Audioeffekt tatsächlich anwenden, können Sie ihn »vorhören«, indem Sie das betreffende Audioelement, auf das der Filter angewandt werden soll, in der Timeline aktivieren, anschließend auf den Effekt in der Übersicht klicken und mit der Leertaste das Abspielen starten. Hierbei wird Ihnen der Effekt zwar nur mit den »normalen« Voreinstellungen angespielt, dies reicht aber meist aus, um den Effekt, den ein Filter auf dem Ton haben wird, einschätzen zu können.

Abbildung 8.52 ▶
Aktivieren Sie zunächst das Element in der Timeline, klicken Sie anschließend auf den Effekt, und drücken Sie die Leertaste, um den Filter vorhören zu können.

Effekt anwenden | Gefällt Ihnen der Effekt, können Sie ihn entweder per Drag & Drop auf das Element in der Timeline ziehen oder einfach darauf doppelklicken, um den Filter auf dem aktiven Ton anzuwenden.

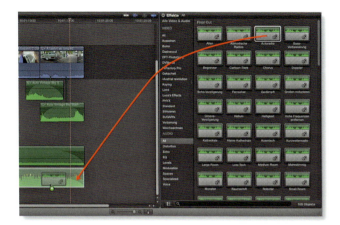

◂ **Abbildung 8.53**
Ziehen Sie einen Audiofilter auf ein Element in der Timeline, oder führen Sie einen Doppelklick auf dem Filter aus, um diesen auf dem aktiven Timeline-Element anzuwenden.

Audiofilter einstellen | Die Einstellungen von Filtern bestehen meist aus zwei Bereichen: den Einstellungen direkt im Audiobereich eines Clips und einem eigenen Interface für das Feintuning. Nachdem Sie einen Filter auf einem Audioelement angewandt haben, aktivieren Sie es in der Timeline, öffnen das Informationsfenster über die Schaltfläche »i« und klicken dort gegebenenfalls auf die Schaltfläche Audio (wo Sie auch die Audioverbesserung finden). Hier erscheint der Filter ganz oben unter der Überschrift Effects.
Alle Filter verfügen über folgende Optionen:

- Filter an- und ausstellen: Um einen Filter zu deaktivieren, beispielsweise für einen Vorher-nachher-Vergleich, klicken Sie auf das blaue Quadrat neben dem Filternamen.
- Preset: Je nach angewandtem Filter finden Sie hier mehr oder weniger Voreinstellungen, die Sie auswählen oder als Basis für Ihre eigenen Einstellungen nehmen können.
- Amount (nicht alle Filter, aber viele): Bestimmt die Stärke eines Filters, indem weniger oder mehr des Originaltons (ungefiltert) in den Effekt hineingemischt wird.
- Feineinstellung mit eigenem Interface: Klicken Sie auf den winzigen Equalizer rechts unten im Filter, um in die Feineinstellungen zu gelangen.
- Parameter zurücksetzen: Klicken Sie auf den gebogenen Pfeil nach oben links, um alle Parameter auf die Standardeinstellung zurückzusetzen (Sie verlieren hierbei alle getätigten Einstellungen).

Filterkombinationen

Unterschiedliche Filter haben natürlich auch unterschiedliche Einstellungen, wobei einige Effekte sogar aus mehreren Filtern bestehen, beispielsweise der Effekt Audioradio, der sowohl aus einem Fat EQ als auch aus dem Overdrive-Filter besteht. Der Effekt Altmodische Radios besteht sogar aus drei Filtern …

8.8 Audioeffekte – Filter für Audioelemente | **343**

▶ Parameter und Keyframes: Bewegen Sie die Maus rechts neben den nach oben gebogenen Pfeil, erscheint ein kleines Dreieck nach unten. Klicken Sie auf dieses Dreieck, um die Parameter zurückzusetzen, um Keyframes zu definieren oder um sie wieder zu löschen.

Abbildung 8.54 ▶
Alle Filter verfügen über mehr oder weniger Voreinstellungen und lassen sich über einen Klick deaktivieren und auch wieder reaktivieren.

Nachfolgend zeigen wir Ihnen nun ein paar Filter, die wir häufiger einsetzen oder aus den verschiedensten Gründen für interessant halten. Leider reicht natürlich der Umfang dieses Buches nicht aus, um jeden Filter einzeln zu besprechen; wir hoffen aber, mit unserer Auswahl auch Ihr Interesse bedient zu haben.

8.8.2 Compressor und Multiband Compressor

Der Compressor ist dazu da, um die leisen Töne in der ursprünglichen Lautstärke beizubehalten, die lauten Töne aber abzudämpfen, sodass der Gesamtton druckvoller wird.

Funktionsweise

Ohne zu tief ins Detail gehen zu wollen: Der Effekt COMPRESSOR »komprimiert« das Material dahingehend, dass es lauter und damit voller klingt. Gemessen wird hier die Lautstärke des Eingangssignals, und daraus wird ein Ausgangssignal berechnet.

Abbildung 8.55 ▶
Der Compressor sorgt dafür, dass Tonmaterial druckvoller klingt, indem er laute und leise Töne einander anpasst.

Mit dem Regler Gain bestimmt der Anwender hierbei die Gesamtlautstärke und über die Einstellung Compressor Threshold, ab welcher Lautstärke der Filter einsetzt. Mit Ratio wird hierbei noch das Verhältnis der Verringerung der lauten Töne geregelt: Je höher das Verhältnis, umso leiser der Ton.

Der Multiband Compressor funktioniert weitestgehend nach demselben Prinzip, mit dem Unterschied, dass nicht der Gesamtton bearbeitet wird, sondern dass dieser in die vier Frequenzbänder 12–192 Hz, 192–768 Hz, 768–3,1 kHz und 3,1–24,6 kHz aufgeteilt wird. Sie können entweder in ein Band klicken und den Punkt auf der gelben Linie ziehen, um den Compressor einzustellen, oder aber die Details im unteren Bereich aufklappen. Hier können Sie sowohl Gain als auch die Bänder mittels Regler bedienen.

> **Filter in Echtzeit**
>
> Alle Filter lassen sich in Echtzeit bedienen, das heißt, Sie können an den Knöpfen und Reglern drehen, während Sie das Material aus der Timeline abspielen.

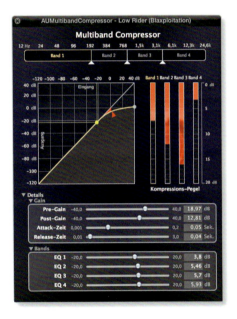

◄ Abbildung 8.56
Der Multiband Compressor macht nichts anderes als der Compressor auch, mit dem Unterschied, dass hier in vier Frequenzbändern gearbeitet wird.

8.8.3 Adaptive Limiter

Dieser Effekt ist dazu gedacht, den Spitzenpegel am Tonausgang zu begrenzen, ohne dabei das Eingangssignal hörbar zu verändern. Man benutzt den Limiter meist ganz zum Schluss einer Mischung, um Übersteuerungen zu vermeiden, das heißt Töne, die über einen bestimmten Wert hinausgehen, zu begrenzen.

Der linke Pegel zeigt hierbei die Eingangslautstärke an, der rechte Pegel die Ausgangslautstärke. Mit der Input Scale-Regelung werden die lauten und leisen Signale quasi in der Mitte zusammengedrängt, damit man über den Gain die Lautstärke festlegen kann. Die maximale Ausgangslautstärke bestimmen Sie über das Out Ceiling.

▲ Abbildung 8.57
Der Adaptive Limiter begrenzt die Ausgangslautstärke und passt dabei bei Bedarf auch die Eingangslautstärke an.

8.8.4 Linear Phase EQ

Der Filter LINEAR PHASE EQ arbeitet im Prinzip wie jeder andere Equalizer auch, mit dem Unterschied, dass Sie hier nicht eine Frequenz bearbeiten, sondern eine ganze Gruppe von Frequenzen, und diese nicht alle gleich, sondern mittels Peak in der Mitte und abfallenden Werten links und rechts. Der lineare EQ soll Sie quasi davor bewahren, durch nur einen Frequenzregler den gesamten Klang zu verfälschen, damit Sie dem Original so treu wie möglich bleiben.

Voreinstellungen | Bevor Sie mit den unterschiedlichen Einstellungen des Filters arbeiten, werfen Sie zunächst einen Blick in die Voreinstellungen. Hier finden Sie Presets für alle möglichen Instrumente, für weibliche und männliche Stimmen sowie für das Mastering von Songs unterschiedlicher Musikrichtungen.

Arbeit direkt im EQ | Wenn Sie mit der Arbeit direkt im EQ beginnen, schalten Sie zunächst die Funktion ANALYZER über die gleichnamige Schaltfläche ein, um anhand der Waveform-Darstellung erkennen zu können, in welchen Frequenzen Ihr Ton überhaupt liegt. Zur Änderung des Klangs können Sie direkt in die entsprechende Frequenz hineinklicken und nach oben und nach unten ziehen. Ist der Analyzer auf POST EQ gestellt, passt sich die Waveform-Darstellung Ihren Änderungen an; steht er auf PRE EQ, so zeigt er die Aussteuerung des ungefilterten Originals.

Abbildung 8.58 ▶
Der lineare EQ arbeitet wie ein normaler Equalizer, mit dem Unterschied, dass hier nicht eine Frequenz geändert wird, sondern mehrere gleichzeitig, um den gesamten Klang nicht allzu sehr zu verfälschen.

8.8.5 Echo, Space Designer und andere Hall-Filter

Ob Sie es glauben oder nicht, der Filter ECHO macht genau das, was man von ihm erwartet: Er generiert einen Echo-Effekt im Ton. Die Bedienung dieses Filters ist eigentlich sehr einfach. Greifen Sie die runde Spitze des linken Balkens, und ziehen Sie diese nach oben, um den Echo-Effekt zu verstärken (er wird lauter). Ziehen Sie den Balken nach links in Richtung Mitte, so »schrumpft« das Echo zusammen, das heißt, es gibt weniger und leisere Echos. Ziehen Sie den Balken nach rechts, erhöhen Sie die Anzahl der hörbaren Echos.

Um den Echo-Effekt noch lauter zu machen, verringern Sie den Dry/Wet-Mix. Je mehr Dry, desto mehr Originalton und umso weniger Echo.

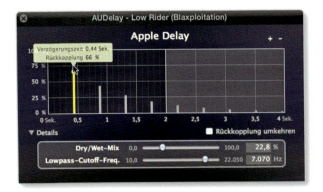

◀ **Abbildung 8.59**
Der Echo-Effekt lässt sich mittels Drag & Drop vergleichsweise einfach regulieren.

Der SPACE DESIGNER geht in eine ähnliche Richtung, ist allerdings in der Anwendung etwas komplizierter. Auch hier sollten Sie zunächst über die Voreinstellung gehen und schauen, ob nicht eine der Hallen, Räume oder Umfelder für Ihren Ton geeignet ist.

Wer selber Hand anlegen möchte, findet in der Mitte des Filters ein Fenster mit der Wellenansicht und kann dort die Laustärke des Halls und dessen Klang anhand von Bezierkurven beeinflussen. Die eigentliche Stärke des Raumklangs regelt man mit REV und mixt hier das trockene Original DRY je nach Bedarf mit hinein.

> **Raumklang-Alternativen**
>
> Weitere Filter, die auch den Raumklang simulieren, sind KATHEDRALE, KLEINE KATHEDRALE, LARGE ROOM, MEDIUM ROOM, RAUMSCHIFF und SMALL ROOM (alle zu finden im Space-Bereich). Bevor Sie sich also stundenlang mit dem Space Designer auseinandersetzen, schauen Sie doch mal, ob einer dieser Filter für Ihren Raumklang geeignet erscheint.

◀ **Abbildung 8.60**
Der Filter SPACE DESIGNER ist im Effekt ähnlich dem Echo, ist nur etwas umfangreicher in der Bearbeitung und bietet dadurch natürlich viel mehr Möglichkeiten.

8.8 Audioeffekte – Filter für Audioelemente

8.8.6 Radios und Fernseher

Ein paar letzte Effekte, die wir Ihnen hier noch vorstellen möchten, sind die Filter ALTMODISCHE RADIOS, AUTORADIO, KURZWELLENRADIO und FERNSEHER. Wie Sie sich wahrscheinlich schon denken, simulieren alle genannten Filter die entsprechenden Geräte, sodass sich der Sound anhört, als komme er aus einem Autoradio oder einem Fernseher.

Wenden Sie beispielsweise den Effekt ALTMODISCHE RADIOS an, stehen Ihnen unter den Voreinstellungen vier verschiedene Geräte aus vier Jahrzehnten zur Verfügung, zum Beispiel ein Radio von 1931 oder eines von 1967. Der Effekt an sich besteht aus drei verschiedenen Filtern, die in der Summe ein Ergebnis erzeugen, als klinge der Ton aus einem der Geräte.

> **Ausprobieren!**
>
> Wie bei den Videofiltern auch können wir Ihnen auch bei den Audioeffekten den heißen Tipp geben, sich mit allen Filtern zu befassen, um einen Eindruck zu bekommen, was mit Effekten alles möglich ist. Sie werden sehen, es macht nicht nur Spaß, sondern wird Ihnen vielleicht auch später einmal helfen, Ihren Ton schnell mal interessanter zu gestalten.

Abbildung 8.61 ▶
In den Voreinstellungen des altmodischen Radios finden sich vier verschiedene Geräte. Der Effekt an sich besteht aus drei Filtern.

Ganz ähnlich verhält es sich auch mit dem Effekt FERNSEHER. Hier finden Sie allerdings nur zwei Geräte, und der Effekt besteht auch nur aus zwei Filtern. Dafür haben Sie die Möglichkeit, über den Regler AMOUNT die Stärke des Effekts zu kontrollieren.

8.9 Voice Over

Nachdem Sie Ihren Film fertig gemischt und mit den entsprechenden Effekten belegt haben (man spricht hier von einer IT-Mischung; das Kürzel steht für »Internationale Tonspur«), wird es Zeit, auch den Kommentar aufzuzeichnen. Man spricht hier von einem so genannten Voice Over (oder Overvoice, je nachdem, in welcher Region Sie sich aufhalten).

Bevor Sie dies allerdings tun, sollten Sie noch alle Videospuren in Ihrem Projekt zusammenfassen. Nicht nur, dass Sie dadurch einen besseren Überblick bekommen; die Mischung des Kommentars gegen die IT wird auch vereinfacht, da Sie nicht mehr fünf, sechs oder gar mehr Spuren absenken müssen, sondern nur noch eine. Bevor Sie Ihre Tonspuren allerdings zusammenfassen, sollten Sie ein Duplikat Ihres Projekts in der Projekt-Mediathek erstellen.

▲ **Abbildung 8.62**
Fassen Sie alle Spuren zu einer IT-Mischung zusammen;
das macht später die Mischung von Kommentar und IT einfacher.

8.9.1 Voice Over vorbereiten

Für ein Voice Over ist es natürlich notwendig, dass Sie ein möglichst gutes Mikrofon haben und in einem möglichst stillen Raum sitzen. Wollen Sie nur mal kurz ein *Layout* für einen Kommentar oder eine Synchronisation einsprechen, reicht natürlich jedes Mikrofon, selbst die integrierten Mikros von iMac und Mac-Notebooks. Wir nutzen für unsere Voice Overs (meist allerdings nur Layouts) ein Steinberg CI2 Interface sowie ein relativ hochwertiges Headset, um das Mikro so dicht wie möglich an den Lippen zu halten.

Was auch immer Sie für ein Gerät zum Kommentieren benutzen, schließen Sie es an, und wählen Sie zunächst aus den SYSTEMEINSTELLUNGEN die Funktion TON und dort unter der Schaltfläche EINGANG das entsprechende Gerät, damit der Eingang Mac-seitig überhaupt freigeschaltet ist.

> **Sprach-Layouts**
>
> Layouts sind Kommentare, die nur zum Zweck des besseren Timings eingesprochen werden; meist vom Redakteur oder sogar vom Cutter selber. Später werden die Layouts durch professionelle Sprecher ersetzt.

◀ **Abbildung 8.63**
Schalten Sie zunächst die Eingabe für das Mikrofon und gegebenenfalls für das Interface in den Systemeinstellungen TON frei.

> **Externe Interfaces**
>
> Der Vorteil eines externen Interfaces ist es natürlich, dass Sie hier zum einen einen Verstärker für das Mikrofon haben, zum anderen können Sie schnell mal die Eingabelautstärke über einen Regler verändern, und das selbst während des Einsprechens.

Audio aufnehmen | Wählen Sie anschließend aus dem Menü von Final Cut Pro X die Funktion FENSTER • AUDIO AUFNEHMEN. Es erscheint das Voice-Over-Werkzeug, in dem Sie unterschiedliche Einstellungsmöglichkeiten vorfinden:

- Ziel: Hier geben Sie das Ereignis an, in dem Ihr Voice Over gespeichert werden soll. Dies beinhaltet natürlich auch die entsprechende Festplatte, auf der das Ereignis gespeichert ist.
- Input-Gerät: Wählen Sie hier dieselbe Tonquelle wie auch in den Systemeinstellungen.
- Pegel: Sollten Sie kein dediziertes Interface für das Mikrofon haben, können Sie über diesen Regler die Aufnahmelautstärke steuern. Achten Sie darauf, dass der Ton auf keinen Fall »clippt«, also im Endbereich rechts abgeschnitten wird. Vielmehr sollten die lautesten Stellen nicht über 0 dB hinausgehen.
- Monitor: Hier können Sie definieren, über welche Quelle Sie das Material beim Einsprechen abhören möchten. Hier sollten Sie unbedingt einen Kopfhörer benutzen, da bei der Aufnahme ansonsten der O-Ton des Films über das Mikrofon mit aufgenommen wird und es auch zu Rückkopplungen kommen kann (über den Pegel regeln Sie die Lautstärke der Kopfhörer).

Sind alle Einstellungen gemacht, können Sie mit dem Voice Over loslegen.

Abbildung 8.64 ▶
Bevor Sie mit der Aufnahme beginnen, sollten alle Einstellungen im Voice-Over-Fenster korrekt definiert sein.

Zweiter Versuch

Sollten Sie sich versprochen haben oder eine zweite Version eines Kommentars einsprechen wollen, halten Sie die Aufnahme an und positionieren den Playhead dort, wo Sie wieder starten möchten. Vergessen Sie aber nicht, das alte Tonelement zu löschen oder stumm zu schalten (Taste [V]), da Sie ansonsten Ihre Stimme gleichzeitig mit der Sprachaufnahme hören – was durchaus sehr störend sein kann.

8.9.2 Voice Over aufzeichnen

Los geht's! Positionieren Sie den Playhead in der Timeline am Beginn des Films (oder dort, wo Sie mit der Aufzeichnung beginnen möchten), und klicken Sie auf den roten Knopf neben Aufnahmebereit. Im Gegensatz zum »alten« Voice-Over-Werkzeug der Vorversion haben Sie vor der Aufzeichnung weder Countdown noch Vorlaufzeit; die Aufnahme startet also sofort.

Dass die Aufnahme läuft, erkennen Sie an dem Wort Aufnehmen ... und daran, dass der Playhead mit dem Abspielen beginnt. Sobald Sie erneut auf den Aufnahmeknopf drücken, hält Final Cut Pro X die Aufnahme wieder an und baut das entsprechende Tonelement in der Timeline auf.

◂ **Abbildung 8.65**
Die Aufnahme des Voice Overs startet, sobald Sie auf den roten Knopf geklickt haben.

8.9.3 Voice Over nachbearbeiten

Tonelemente, die Sie mit der Aufnahmefunktion aufgezeichnet haben, verhalten sich ebenso wie alle anderen Audioclips; Sie können sie also sowohl schneiden als auch ein- und ausblenden.

Kommentar als Einblendung | Da Sie ja vorher bereits die bestehenden Clips zu einem neuen Clip zusammengefasst haben, können Sie jetzt einfach mit dem Bereichswerkzeug den Bereich oberhalb des Voice Overs aufziehen und anschließend mit dem Auswahlwerkzeug herunterziehen. Die IT-Mischung wird daraufhin mittels Keyframes abgeblendet, und der Kommentar ist besser zu verstehen.

Verbesserung für Voice Over | Ein weiteres, sehr hilfreiches Werkzeug ist auch der Effekt VERBESSERUNG FÜR VOICE OVER, das Sie im Bereich der Audioeffekte finden. Ziehen Sie diesen Filter per Drag & Drop auf ein Voice-Over-Element in der Timeline, und wechseln Sie in den Bereich AUDIO des Informationsfensters.

Unter den Voreinstellungen dieses Filters finden Sie bestimmte Sprachtypen wie eine ausdrucksvolle, männliche oder weibliche Stimme oder auch weiche Sprachtypen. Mit dem Regler AMOUNT können Sie zum einen die Stärke des Effekts variieren und zum anderen über die drei enthaltenen Filter Compressor, DeEsser und Channel EQ noch weiteres Feintuning an der Stimme durchführen.

▾ **Abbildung 8.66**
Nachdem Sie das Voice Over geschnitten und mit der IT-Mischung geblendet haben, können Sie zur Verbesserung der Sprachaufnahme noch einen Effekt anwenden.

9 Effekte

KAPITEL 9

In der Videoproduktion setzt man Effekte sehr häufig und mit ganz unterschiedlichen Zielen ein: um das Videomaterial zu verbessern, zum Beispiel durch Stabilisierung oder Farbkorrektur, zum Stilisieren durch Effektfilter, für sanfte oder interessante Übergänge zwischen zwei Clips, für Titel, Bauchbinden oder Untertitel oder um zwei oder mehr Video- und Grafikelemente zu kombinieren. Wir unterscheiden das Thema Effekte daher in Übergänge und Filter, die wir in diesem Kapitel erläutern, sowie Animationen und die Generierung von Titeln, die im nächsten Kapitel behandelt werden.

▼ **Abbildung 9.1**
Bestimmte Effekte wie hier die Farbkorrektur sind bereits in den Clips enthalten; andere Effekte lassen sich optional über den Effekte-Browser anwenden.

> **Schlechte Vorbilder**
>
> Gerade bei den Privatsendern sieht man in letzter Zeit häufiger Effekte und Übergänge, die wir im Leben vorher nie eingesetzt hätten, beispielsweise einen Würfel-Übergang. Unserer Meinung nach, aber das ist natürlich Geschmackssache, bewegt sich das Fernsehen wieder in Richtung 80er, als die ersten DVEs (**d**igital **v**ideo **e**ffects) auf den Markt kamen und man alles ausprobieren (und damit leider auch senden) musste.

> **Plugins**
>
> Als Plugins (frei übersetzt: Einstecker) bezeichnet man Übergänge, die von Drittherstellern für Final Cut Pro X programmiert wurden. Plugins können sowohl Übergangseffekte als auch Filter oder Generatoren sein.

Final Cut Pro X liefert Ihnen eine riesige Anzahl an Filtern, Übergängen und Generatoren, die sich auch noch über Plugins oder über Vorlagen aus Motion erweitern lassen (siehe Kapitel 12, »Motion 5«). Außerdem sind einige Effekte, die sich in den Vorversionen nur als Filter anwenden ließen, mittlerweile in den Clips integriert, beispielsweise die Farbkorrektur oder der Stabilisator.

Grundsätzlich gilt: Weniger ist oft mehr. In unseren Produktionen versuchen wir Effekte (außer natürlich die Farbkorrektur und gegebenenfalls die Stabilisierung) weitestgehend zu vermeiden, es sei denn, Effekte und Stilisierungen sind eindeutig vom Autor, vom Regisseur oder vom Kunden gewünscht. Und auch hier achten wir darauf, immer nur so viel »Effekt« wie nötig und dabei so wenig »Effekt« wie möglich einzusetzen. Effekte sollen einen Film verstärken, nicht komplett von ihm ablenken.

Wie dem auch sei und egal wohin der Trend führt, Sie sind mit dem Umfang der Filter und Übergänge von Final Cut Pro X gut für alle gewünschten Effekte gerüstet. Und falls Sie noch mehr Effekte brauchen, finden Sie sie als Plugins, oder Sie bauen sich eigene Effekte in Motion. Doch genug geplaudert, lassen Sie uns mit dem ersten Thema beginnen: den Übergängen.

9.1 Übergänge

Als Übergang bezeichnet man die Form der Effekte, die von einem Videoclip auf einen folgenden Clip ein- oder umblenden. Gemeinhin nutzt man Übergänge primär am Anfang oder am Ende eines Films, um den ersten Clip von Schwarz ein- oder den letzten Clip auf Schwarz auszublenden.

▲ **Abbildung 9.2**
Die Übergänge-Übersicht aufrufen

Übergänge können aber auch als stilistisches Mittel eingesetzt werden, um beispielsweise Zeit innerhalb einer Geschichte zu überbrücken (»... am nächsten Morgen ...«) oder um von einem Ort zum nächsten zu wechseln (»... währenddessen in der Wüste ...«).

9.1.1 Übergänge auswählen und anwenden

Um einen Übergang auszuwählen, öffnen Sie zunächst einmal die Übergänge-Übersicht rechts neben der Timeline über die Schaltfläche mit den beiden gegenläufigen Dreiecken ❶ oder einfach ⌘+5. Es erscheint eine Übersicht aller Übergänge, die in Final Cut Pro X gespeichert sind. Wir unterscheiden hier zwischen drei Kategorien an Übergängen:

- standardisierte Übergänge, wie sie von Apple mitgeliefert werden,
- Plugins von Drittherstellern, zum Beispiel FxFactory, Luca's Transitions, SUGARfx und so weiter,
- sowie Übergänge, die Sie selber in Motion erstellen und für Final Cut Pro X speichern.

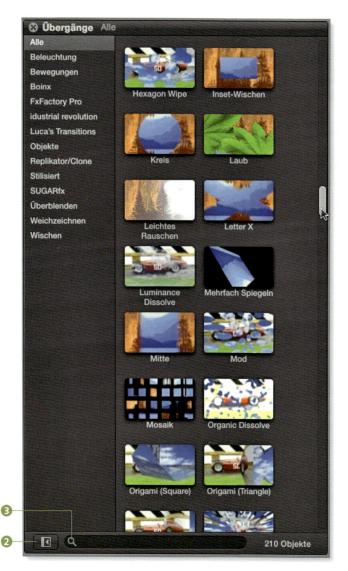

◄ Abbildung 9.3
In der Übergänge-Übersicht sehen Sie alle Übergänge, können in einzelnen Ordnern stöbern oder nach einen bestimmten Übergang suchen.

Im linken Bereich des Übergänge-Fensters finden Sie daher eine Liste der Kategorien sowie der Hersteller, deren Plugins Sie installiert haben, während Sie im rechten Bereich eine Art Vorschau des Übergangs erkennen können.

Prominente Vorbilder

Besonders kreativ in diesem Umfeld waren beispielsweise Alfred Hitchcock, dem man die Erfindung der Schwarzblende zwischen zwei Szenen nachsagt, oder George Lucas, der in den Star-Wars-Episoden zwischen jeder Szene eine andere Blende gesetzt hat. Sollten Sie die Star-Wars-Filme (noch) einmal sehen, achten Sie mal darauf, wie viele unterschiedliche Blenden darin vorkommen.

Sollte Sie der Bereich links stören, können Sie ihn auch ausblenden, indem Sie auf die Schaltfläche links unten ❷ klicken (Dreieck zeigt nach links). Sollten Sie ferner einen ganz speziellen Übergang anwenden wollen, haben aber vergessen, in welchem Ordner er liegt, so können Sie die Bezeichnung des Übergangs im Suchfeld ❸ angeben, und Final Cut Pro X filtert entsprechend die zur Verfügung stehenden Blenden für Sie aus.

Übergänge-Kategorien | Standardmäßig liefert Apple Final Cut Pro X mit acht Kategorien aus:

- BELEUCHTUNG: Hier finden Sie Blendeneffekte (Lens-Flare-ähnliche Übergänge), einen BLITZ, den beliebten Blüteneffekt (ähnlich einem Glow) sowie RAUSCHEN.
- BEWEGUNGEN: Hier finden Sie alle Übergänge, die vom Ausgangs- ins Eingangsbild über das Bewegen der Clips wechseln (außer Wischer), beispielsweise ERDBEBEN, SPIEGELN oder TAUSCHEN.
- OBJEKTE: Wenn Sie zusätzliche Elemente für einen Übergang verwenden wollen, zum Beispiel Türen, Laub oder einen Vorhang, schauen Sie in diesen Ordner.
- REPLIKATOR/CLONE: Hier befinden sich zwei Übergänge (VIDEOWAND und WIRBEL CLONEN), die das Bild für den Übergang vervielfachen und animieren.
- STILISIERT: Eine relativ große Anzahl an mehr oder minder verrückten Übergängen sind in diesem Ordner zu finden. Die Übergänge orientieren sich zum großen Teil an den neuen Designvorlagen, das heißt THEMEN von Final Cut Pro X (wir kommen in Abschnitt 10.10 darauf zu sprechen).
- ÜBERBLENDEN: Die beiden (zumindest von uns) wohl am häufigsten genutzten Übergänge, nämlich das »normale« Überblenden und die farbige Blende, finden Sie in dieser Kategorie.
- WEICHZEICHNEN: In diesem Ordner liegen sechs Übergänge, die das Bild über das Weichzeichnen in verschiedenen Richtungen blenden.
- WISCHEN: Eine Auswahl an unterschiedlichen Wischvorlagen, zum Beispiel BAND, KREIS, UHR oder seitliches Wischen finden Sie hier.

> **Anzeige von Plugins**
>
> Sollten Sie Plugins von Drittherstellern installiert haben, zum Beispiel FxFactory, SUGARfx oder idustrial revolution, so erscheinen die Übergänge als einzelne Kategorien links neben der Effektvorschau.

Bevor Sie einen Übergang nun in Ihrem Projekt (also der Timeline) anwenden, können Sie sich im Vorschaufenster eine Voransicht anzeigen lassen. Klicken Sie hierfür auf den gewünschten Übergang in der Übersicht, sodass dieser gelb umrandet ist, und ziehen Sie mit dem Mauszeiger von links nach rechts über den Effekt. Dieser wird nun im Vorschaufenster angezeigt. Im

Gegensatz zu den Filtern, die den aktuell gewählten Clip anzeigen, beschränkt sich die Voransicht der Übergänge nur auf zwei Bilder, nämlich den Übergang von einem braunen Wald auf einen blauen Bergsee. Aber ... besser als gar nichts, oder?

◄ **Abbildung 9.4**
Aktivieren Sie den Übergang in der Übergänge-Übersicht, und fahren Sie dort mit der Maus von links nach rechts (Skimmen), um den Übergang im Vorschaufenster zu sehen.

Übergang anwenden | Um einen Übergang anzuwenden, ziehen Sie ihn einfach mit der Maus auf die gewünschte Schnittmarke in der Timeline. Hier erscheint der Clip als eigenständiges Element zwischen den Clips.

Ohne Rendering

Selbst wenn ein Effekt, beispielsweise ein Übergang noch nicht gerendert ist, sollten Sie diesen in Echtzeit in der Vorschau sehen können, wenn Sie den Bereich aus der Timeline abspielen.

Im Gegensatz zu Final Cut Pro 7 ist es in Final Cut Pro X nicht möglich, die Position des Übergangs (»Anfang auf Schnittmarke«, »Zentriert« oder »Ende auf Schnittmarke«) direkt beim Drag & Drop zu bestimmen. Hierfür müssen wir später nachtrimmen.

Da ein Übergang ja auch ein so genannter Effekt ist, also das Videomaterial in einer gewissen Form verändert, muss der Bereich des Übergangs, das heißt dessen Dauer, gerendert wer-

▲ **Abbildung 9.5**
Zum Anwenden eines Übergangs ziehen Sie diesen aus der Übersicht direkt auf die gewünschte Schnittmarke in der Timeline.

9.1 Übergänge | **357**

▲ **Abbildung 9.6**
Abschnitte, die aufgrund eines Effekts, etwa eines Übergangs, neu berechnet werden müssen, erscheinen mit einem orangefarbenen Bereich über den Videoelementen.

den. Man erkennt das an dem orangefarbenen Bereich ❶ oberhalb des Videos in der Timeline, nachdem man einen Übergang angewandt hat.

Im Gegensatz zu allen Vorversionen von Final Cut Pro braucht man den Rendervorgang nicht mehr manuell zu starten, sondern Final Cut Pro X beginnt mit dem Rendern nach einigen Sekunden im Hintergrund. Ein Bereich, der bereits neu berechnet wurde, ist als solcher nicht mehr in der Timeline zu erkennen. Der Bereich oberhalb des Effekts erscheint im selben Dunkelgrau wie der Rest der Timeline. Wir kommen auf das Thema »Rendern« noch genauer zu sprechen (siehe Abschnitt 10.11, »Rendern«).

Alternativ zum Drag & Drop eines Übergangs in die Timeline kann man entweder einen Rechtsklick auf einer Schnittmarke durchführen und aus dem erscheinenden Kontextmenü die Funktion ÜBERBLENDEN HINZUFÜGEN wählen, oder man aktiviert eine Schnittmarke und betätigt das Tastenkürzel [cmd]+[T]. In beiden Fällen wird der Standardübergang, nämlich die »normale Überblendung« angewandt.

Abbildung 9.7 ▶
Der Standardübergang (»Normale Überblendung«) kann über das Kontextmenü einer Schnittmarke oder über das Tastenkürzel [cmd]+[T] angewandt werden.

Mehrere Clips gleichzeitig

Seit dem Update von Final Cut Pro X auf 10.0.2 ist es möglich, den Standardübergang auch auf mehreren Clips gleichzeitig anzuwenden. Hierfür aktivieren Sie alle gewünschten Elemente in der Timeline über ein Lasso und betätigen das Tastenkürzel [cmd]+[T].

9.1.2 Übergänge nachbearbeiten

Grundsätzlich gibt es zwei Möglichkeiten der Nachbearbeitung von Effekten: in der Timeline und im Informationsfenster. In der Timeline bestimmen Sie die Dauer eines Übergangs und dessen Position auf der Schnittmarke, während Sie den Übergang im Informationsfenster gestalten (wenn es denn etwas zu gestalten gibt; die Möglichkeiten variieren hier sehr stark je nach gewähltem Übergang).

In der Timeline | Schaut man sich das Übergangselement in der Timeline genauer an, so sind zwei bzw. drei Werkzeuge zu erkennen: je ein Griff links und rechts am Rand des Übergangs sowie zwei gegenläufige Dreiecke in der Mitte des Elements. Sie werden es sich wahrscheinlich schon gedacht haben: Mit den Griffen links und rechts ziehen Sie den Übergang länger (Ziehen nach außen) oder kürzer (Ziehen nach innen), während Sie mit den gegenläufigen Dreiecken die Position des Übergangs auf der Schnittmarke bestimmen, genauer gesagt die Schnittmarke nach links oder rechts trimmen.

Während Sie an dem einen oder anderen Werkzeug ziehen, stellt Ihnen Final Cut Pro akkurat die neue Dauer des Übergangs dar oder zeigt an, um wie viele Frames (oder Sekunden) Sie den Übergang und damit auch die Schnittmarke verschoben haben. Die Ränder des Übergangs sind während der Bearbeitung gelb. Sollte sich während des Schiebens oder Ziehens eine Kante rot färben, ist dies ein Zeichen dafür, dass Sie den letzten (oder ersten) Frame des Materials erreicht haben.

Dauer von Übergängen

Die Dauer eines Übergangs kann natürlich nur so weit erweitert werden, wie Material innerhalb des Clips zur Verfügung steht. Sollten Sie zu wenig Material vorfinden, können Sie den Übergang auch verschieben, um mehr Material zur Verfügung zu haben.

◄ **Abbildung 9.8**
Während Sie die Kanten des Übergangs nach links oder rechts ziehen, zeigt Ihnen Final Cut Pro die neue Dauer an.

◄ **Abbildung 9.9**
Während des Verschiebens eines Übergangs (genauer gesagt einer Schnittmarke) zeigt Final Cut Pro X sowohl den Versatz in der Timeline als auch die neuen In- und Out-Punkte in der Vorschau an.

Timecode-Wert ändern | Alternativ zum Drag & Drop in der Timeline kann man die Dauer des Übergangs auch per Timecode-Wert bestimmen. Hierfür führen Sie einen Rechtsklick auf dem Übergang durch und wählen aus dem Kontextmenü die Funktion DAUER ÄNDERN ([ctrl]+[D]). Die Dauer des Übergangs erscheint daraufhin im Dashboard und kann dort manuell geändert werden (zu erkennen an dem Übergangselement ❶ rechts des Timecodes).

Abbildung 9.10 ▶
Die Dauer eines Übergangs kann auch im Dashboard eingegeben werden. Hierfür wählt man entweder die Funktion DAUER ÄNDERN aus dem Kontextmenü des Übergangs oder das Tastenkürzel ctlr+D (bei aktiviertem Übergangselement in der Timeline).

Präzisions-Editor | Wer wirklich ganz framegenau arbeiten möchte, kann zusätzlich auch den Präzisions-Editor über einen Rechtsklick auf das Übergangselement in der Timeline öffnen. Den Editor kennen Sie ja bereits aus unserem Feinschnitt-Kapitel. Neben dem Ausgangsclip (oben) und dem Eingangsclip (unten) erscheint auch der Übergang als eigenständiges Element in der Timeline und kann hier nach links oder rechts verschoben und verlängert oder verkürzt werden.

Vorteilhaft beim Präzisions-Editor ist, dass Sie genau erkennen können, wie viel Material Sie in den jeweiligen Clips noch für den Übergang zur Verfügung haben. Grafisch sehr schön gelöst hat Apple auch die Darstellung des Übergangs auf den Clipelementen: Der Ausgangsclip wird über eine Diagonale dunkler (was der Ausblendung entspricht), während der Eingangsclip über ein Diagonale heller wird (entspricht der Einblendung). Wirklich sehr schön und verständlich dargestellt, finden Sie nicht?

Abbildung 9.11 ▶
Auch der Präzisions-Editor lässt sich für das Trimmen von Übergängen nutzen. Die Darstellung und die Tools sind hierbei sehr verständlich und hilfreich.

Individuelle Gestaltung | Neben der Dauer und der Position lassen sich viele Übergänge auch individuell gestalten. Hierbei kommt es, wie gesagt, darauf an, welchen Übergang Sie gewählt haben: Ein animierter Übergang mit vielen Elementen hat natürlich wesentlich mehr Einstellungen als eine »normale Überblendung«.

Um zu den individuellen Einstellungen eines Übergangs zu gelangen, aktivieren Sie das Übergangselement in der Timeline und wechseln in das Informationsfenster (dieses müssen Sie gegebenenfalls vorher über die kleine Schaltfläche »i« rechts unter der Vorschau öffnen). Neben dem Namen des Übergangs und seiner aktuellen Dauer erscheinen hier die Optionen, die, je nach Übergang, variieren.

In unserem Beispiel in Abbildung 9.13 haben wir den Übergang Farbig überblenden gewählt und können neben dem Mittelpunkt (der Dauer der Ausblendung im Vergleich zur Einblendung) auch einen Zeitraum für das Halten wählen (Dauer der Farbeinblendung ohne Videobild) sowie natürlich die Farbe, auf die wir blenden möchten.

▲ **Abbildung 9.12**
Der Übergang Doorway des Herstellers FxFactory hat natürlich wesentlich mehr Einstellungsmöglichkeiten als eine »normale Überblendung«.

Alternative Übergänge

Neben einer Schwarzblende für das Wechseln von Ort und/oder Zeit eignet sich der Übergang Farbig überblenden auch für einen Weißblitz innerhalb eines Interviews, indem man die Dauer auf vier Frames verkürzt und als Zielfarbe Weiß wählt.

◄ **Abbildung 9.13**
Weitere Einstellungsmöglichkeiten wie hier bei der farbigen Überblendung finden Sie im Informationsfenster.

Mehrfach-Anwendung | Sollten Sie einen Übergang, den Sie auf einer Schnittmarke gestaltet haben, auch (oder nur) auf einer anderen Schnittmarke verwenden wollen, können Sie den Übergang ganz einfach per Drag & Drop auf das neue Ziel, das heißt eine andere Schnittmarke vorher oder nachher, herüberziehen. Halten Sie dabei die [alt]-Taste gedrückt, machen Sie eine Kopie des Übergangs; dieser erscheint also zweimal (oder öfter) in Ihrem Projekt. Halten Sie die [alt]-Taste nicht gedrückt, verschwindet der Übergang von der einen Schnittmarke und erscheint dafür auf dem Ziel, also der anderen Schnittmarke.

▼ **Abbildung 9.14**
Halten Sie beim Ziehen eines Übergangs auf eine andere Schnittmarke die [alt]-Taste gedrückt, machen Sie eine Kopie des Effekts (zu erkennen an dem kleinen grünen Pluszeichen).

Übergang austauschen | Haben Sie einen Übergang angewandt und/oder gestaltet, und Ihnen fällt später auf, dass dieser Effekt so gar nicht zu Ihrem Film passt, können Sie diesen ersetzen, ohne dabei die grundlegenden Parameter wie Dauer oder Position zu verlieren. Wählen Sie hierfür einfach einen Übergang aus der Übersicht aus, und ziehen Sie diesen auf den Übergang, den Sie in der Timeline ersetzen möchten. Der »alte« Übergang in der Timeline wird hierbei hellgrau, und es erscheint ein grünes Pluszeichen neben dem Mauszeiger.

▼ **Abbildung 9.15**
Ziehen Sie einfach einen neuen Übergang aus dem Übergänge-Browser auf den alten Übergang in der Timeline, um diesen zu ersetzen.

Sobald Sie die Maustaste loslassen, ersetzt Final Cut Pro X den alten Übergang durch den neuen und übernimmt dabei automatisch die vorherigen Einstellungen, sodass Sie weder Trimmen noch den Übergang verschieben müssen (aber natürlich können, wenn Sie möchten).

9.1.3 Audioblenden

Grundsätzlich ist es so, dass Final Cut Pro X bei der Anwendung eines Übergangs nicht nur das Bild blendet, sondern auch den Ton! Diese Funktion ist zwar häufig sehr nützlich und spart einen Arbeitsschritt, allerdings kann sie auch sehr nervig sein, denn man kann sie nicht deaktivieren. Daher ist es notwendig, beispielweise im Fall eines Interviews, bei der Anwendung einer Blende das Tonmaterial im Nachhinein zu trimmen.

Copy & Paste
Anstatt die [alt]-Taste für das Kopieren zu nutzen, können Sie den Übergang auch mit [cmd]+[C] in die Zwischenablage kopieren. Klicken Sie anschließend auf eine andere Schnittmarke, und betätigen Sie [cmd]+[V], um den Übergang an anderer Stelle einzufügen.

Automatische Tonblende | Doch kommen wir zunächst einmal zum positiven Aspekt der automatischen Tonblende. Wenden Sie eine Blende an, so wird der Ton, wie gesagt, automatisch mit geblendet, und zwar standardmäßig mit +3 dB sowohl am Ausgangs- als auch am Eingangsclip. Auch die Tonblende wird, wie die Videoblende, grafisch sauber dargestellt, wenn Sie die Video- und Audioansicht erweitern ([ctrl]+[S]).

◄ Abbildung 9.16
Wenden Sie einen Übergang an, wird auch der Ton automatisch mit geblendet, was man in der erweiterten Video- und Audioansicht gut erkennen kann.

Audioblende nachbearbeiten | Um die Audioblende nachzubearbeiten, wechseln Sie bei aktiviertem Übergang im Projekt wieder in das Informationsfenster, wo Sie zwei Einstellungen vorfinden: TYP FÜR EINBLENDEN und TYP FÜR AUSBLENDEN.

Diese Optionen sind, wie gesagt, vom Werk aus immer auf +3 dB gestellt, was den Vorteil hat, dass man auf dem Höhepunkt (oder Mittelpunkt) einer Blende kein Tonloch hört, wenn nämlich nur jeweils die Hälfte der Lautstärke ertönt. Diese Einstellung eignet sich vor allem für das Blenden von Atmos, also Umgebungsgeräuschen oder bei Musikschnitten.

Für das Ein- und Ausblenden von Tönen, egal ob Musik, Interview oder Atmo, nutzen wir meist die Blende mit 0 dB (Typ: Linear), was einer gleichmäßigeren Verringerung (oder Erhöhung) der Lautstärke entspricht.

Alternativ steht Ihnen auch noch eine Blende mit –3 dB zur Verfügung, also eine deutlich leisere Variante, sowie eine S-Blende, die das Material zunächst zu einem geringen Teil ausblendet und dann auf einem Lautstärkelevel verharrt, um anschließend komplett aus- oder einzublenden. Diese Blende eignet sich vor allem für extrem laute Atmos, beispielsweise Autorennen oder startende Flugzeuge, da die Ein- oder Ausblendung hierbei nicht so abrupt erfolgt.

Abbildung 9.17 ▶
Über das Informationsfenster lässt sich sowohl die Ein- als auch die Ausblendung manuell umstellen.

Audiospur trimmen | Leider bedeutet das automatische Setzen von Audioblenden auch, dass gegebenenfalls zusätzliches Material vor dem In- und nach dem Out-Punkt für die Blende genutzt wird, was speziell bei Interviews oder geschnittenen Dialogen zu durchaus unpassenden Nebenwirkungen führen kann, nämlich dass man vielleicht die Frage des Reporters noch hört oder einen Teil der Antwort, den man bereits weggeschnitten hat. Um dies zu verhindern, bleibt Ihnen nichts anderes übrig, als nach dem Setzen der Blende die betreffende Audiospur zu trimmen.

Hierfür erweitern Sie die Audio- und Videoansicht wieder über ctrl+S und ziehen den In- oder Out-Punkt des Interviews so weit nach rechts (oder links), bis Sie wieder am eigentlichen Beginn des Interviews sind. Natürlich könnte dieser zusätzliche Arbeitsschritt auch wegfallen, wenn Apple das automatische Setzen der Audioblende optional deaktivieren lassen würde – aber es muss ja noch Funktionen für zusätzliche Updates geben.

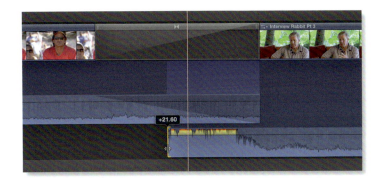

◀ **Abbildung 9.18**
Um das Interview auch nach der Blende wieder in den Urzustand zurückzuversetzen, muss das Audio manuell getrimmt werden.

9.1.4 Standardlänge der Übergänge

Standardmäßig sind Übergänge, die Sie in Final Cut Pro X anwenden, genau eine Sekunde, also 25 Frames lang. Um die Standardlänge zu ändern, wechseln Sie in die Einstellungen von Final Cut Pro (cmd+,) und dort in den Bereich BEARBEITUNG. Nun ändern Sie den Wert für ÜBERGÄNGE: STANDARD-LÄNGE IST X,XX SEKUNDEN auf die gewünschte Dauer, beispielsweise eine halbe Sekunde, wenn Sie kürzere Übergänge wünschen, oder 1,5 oder 2,0 Sekunden, wenn Sie längere Übergänge brauchen.

> **Änderung möglich**
>
> Wie gesagt ist der Wert, den Sie hier eingeben, nicht in Stein gemeißelt, sondern kann direkt in der Timeline immer noch angepasst werden.

◀ **Abbildung 9.19**
Den Wert für die Standardlänge von Übergängen verändern Sie in den Einstellungen von Final Cut Pro X.

9.1.5 Übergänge speichern

Leider ist es grundsätzlich nicht möglich, gestaltete Übergänge für die spätere Nutzung, auch in anderen Projekten, zu speichern. Die Funktion, einen Übergang aus der Timeline einfach zurück in den Browser oder gar in einen Favoriten-Ordner zu ziehen, was ja bei Final Cut Pro 7 problemlos möglich war, ist in Final Cut Pro X komplett entfallen.

Trotzdem gibt es zwei Möglichkeiten, selber gestaltete Übergänge für die spätere Nutzung aufzubewahren: in einer Hilfssequenz oder mit einem Umweg über Motion.

> **Effekte und Offline-Medien**
>
> Zugegeben, dieser Weg ist nicht so elegant, aber er hilft, einmal gestaltete Effekte nicht sofort wieder zu verlieren. Und selbst wenn Sie die Originalmedien des Ursprungsprojekts einmal löschen und die Schnitte als »Offline« dargestellt werden, bleiben Ihre Effekte erhalten.

Hilfssequenzen | Da Final Cut Pro X ja Projekte so lange aufbewahrt und immer »online« hält, bis Sie sie tatsächlich wegschmeißen, ist es ein Leichtes, Hilfssequenzen zu erstellen und dort Effekte, Clips oder gestaltete Generatoren für zukünftige Projekte »aufzubewahren«. Legen Sie hierfür zunächst in Ihrer Projekt-Mediathek ein neues Projekt an, und benennen Sie es so, dass Sie es auch später noch zuweisen können.

Aktivieren Sie anschließend die Clips um den zu speichernden Übergang, kopieren Sie sie mit cmd+C in die Zwischenablage, und fügen Sie sie über cmd+V in die Hilfssequenz ein. Da es nicht möglich ist, einen Übergang als eigenständiges Element in eine Timeline zu legen, ist es notwendig, dass Sie auch die Clips mit kopieren. Allerdings können Sie sie natürlich noch kürzer trimmen oder gegen Generatoren oder Texte austauschen (mehr dazu später).

▲ **Abbildung 9.20**
Kopieren Sie Übergänge inklusive der Aus- und Eingangsclips in eine neue Sequenz, um diese für die spätere Nutzung aufzubewahren.

Motion | Etwas aufwendiger als die Methode via Hilfssequenz ist das Bearbeiten von Übergängen in Motion. Wie Sie ja vielleicht wissen, sind alle Effekte, also auch die Generatoren und Filter, Projekte, die ursprünglich in Motion generiert wurden. Daher ist es auch möglich, sämtliche Effekte in Motion zu öffnen und dort nachzubearbeiten. Sollten Sie also einen Übergang umgestalten und speichern wollen, können Sie dies über Motion tun.

Nehmen wir als Beispiel einfach mal den Übergang BLITZ aus den Beleuchtungseffekten. Öffnen Sie diesen in Motion, indem Sie mit der rechten Maustaste auf den Effekt klicken und aus dem Kontextmenü die Funktion KOPIE ÖFFNEN IN MOTION wählen. Wenn Sie denn Motion installiert haben, öffnet sich das Programm und zeigt Ihnen den Übergang als Projekt mit Drop Zones und den Effekten an. Ohne jetzt zu tief in Motion einsteigen zu wollen (siehe dazu Kapitel 12, »Motion 5«), ändern wir kurz die Farbe der Rechtecke (Rectangles) in Orange für den Ausgangs- und in Blau für den Eingangsclip, sichern das Projekt unter dem Namen »Blitz bunt« als Vorlage und wechseln anschließend zurück zu Final Cut Pro.

> **Weitere Anpassungen**
>
> Auf diese Art und Weise können Sie natürlich auch die Dauer von Übergängen, Farben, Weichheiten, Bewegungspfade und so weiter anpassen. Allerdings raten wir Ihnen an dieser Stelle, sich zunächst einmal mit dem Programm Motion auseinanderzusetzen, bevor Sie in Ihren Übergängen herumdoktern.

Hier taucht der neue, bunte Blitz als eigenständiges Objekt auf und kann genau wie alle anderen Übergänge per Drag & Drop auf einer Schnittmarke angewandt werden.

▲ **Abbildung 9.21**
Nachdem Sie die gewünschte Änderung in Motion durchgeführt haben, speichern Sie den neuen Übergang als Vorlage.

9.1.6 Besonderheiten wichtiger Übergänge

Bevor wir den Abschnitt Übergänge jetzt abschließen, möchten wir Sie gerne noch auf ein paar Besonderheiten aufmerksam machen, die man bei dem einen oder anderen Übergang vorfindet.

Wischen | Wenden Sie diesen Übergang an, erscheint neben den Parametern des Effekts im Informationsfenster auch noch ein so genanntes Overlay im Vorschaufenster. Hier haben Sie die Möglichkeit, die Richtung des Wischers zu bestimmen, indem Sie den sichtbaren Pfeil ❶ drehen. Außerdem können Sie die Weichheit des Übergangs durch das Ziehen des Rautensymbols ❷ beeinflussen. Je weiter Sie die Raute nach außen ziehen, umso weicher wird der Übergang gestaltet. Sehr viele Übergänge haben solche Overlay-Werkzeuge, mit denen man die Einstellungen direkt auf dem Bild verändern kann.

> **Vorlagen löschen**
>
> Gespeicherte Vorlagen lassen sich in Final Cut Pro nicht so einfach wieder löschen. Sollten Sie eine Vorlage (oder eine Kopie) wieder aus Ihrer Übergänge-Übersicht entfernen wollen, finden Sie alle Effekte auf Ihrer Festplatte unter IHR_BENUTZERNAME/FILME/MOTION TEMPLATES/ÜBERGÄNGE/. Über diesen Weg können Sie natürlich auch Übergänge und sonstige Effekte mit anderen Final-Cut-Pro-X-Systemen austauschen.

Abbildung 9.22 ▲
Mit der Overlay-Steuerung kann man bei bestimmten Effekten den Übergang direkt im Vorschaufenster beeinflussen.

▼ **Abbildung 9.23**
Um das Bild in der Drop Zone auszutauschen, wählen Sie einen anderen Clip aus der Timeline und klicken anschließend auf die Schaltfläche Clip anwenden.

Up-Over | Dieser Übergang verfügt über eine so genannte Drop Zone. Hierbei handelt es sich um einen Platzhalter, den Sie mit anderem Bildmaterial füllen können. Wenden Sie den Übergang zunächst auf einer Schnittmarke an, aktivieren Sie anschließend das Element, und wechseln Sie in das Informationsfenster. Klicken Sie hier in das Feld neben Drop Zone ❸. Es erscheint ein zweites Vorschaufenster links neben der eigentlichen Vorschau. Skimmen Sie nun in der Timeline auf einen beliebigen Videoclip, klicken Sie auf das Element, und wählen Sie anschließend rechts unten in der Vorschau die Funktion Clip anwenden ❹. Final Cut Pro nutzt nun dieses Bild zum Ersetzen des Übergangsinhalts. Besonders geeignet ist dieser Übergang, um beispielsweise grafische Elemente oder Titel in den Übergang einzubinden.

Nach unten rechts verschieben | Dieser Übergang im Comic-Stil erlaubt ebenfalls die Auswahl anderer Bilder aus der Timeline, allerdings nicht mithilfe von Drop Zones, sondern mittels Zahlen. Wenden Sie diesen Übergang auf einer Schnittmarke an, erscheinen die Zahlen von 1 bis 4 in der Timeline 5. Um andere Bilder für den Inhalt der Comic-Rahmen auszuwählen, greifen Sie einfach die orangefarbenen Zahlen und ziehen diese über einen anderen Clip in der Timeline. Final Cut Pro X tauscht daraufhin die Bilder in den Rahmen gegen die aktuelle Position der Zahlen aus.

▼ **Abbildung 9.24**
Zum Wechseln der Inhalte innerhalb der Comic-Rahmen ziehen Sie die kleinen Schaltflächen mit den Zahlen in der Timeline auf ein gewünschtes neues Bild.

9.2 Farbkorrektur

Bevor wir uns mit weiteren Filtern und Effekten auseinandersetzen, beschäftigen wir uns zunächst mit einem sehr, sehr wichtigen Thema der Videoproduktion: der Farbkorrektur. Mancher Anwender mag zwar sagen, dass seine Bilder bereits ausreichend gut sind, wie sie von der Kamera aufgenommen wurden, aber aus der Erfahrung heraus behaupten wir, dass es kein Bild gibt, das nicht durch eine gekonnte Farbkorrektur zumindest noch ein wenig verbessert werden könnte. Ehrlich gesagt verlässt bei uns kaum eine Produktion das Haus, an die wir nicht Hand angelegt haben, denn hier und da gibt es immer noch ein wenig mehr Kontrast zu erzielen, aufzuhellen oder abzudunkeln, mehr oder weniger Sättigung zu generieren oder einen leichten Farbstich zu entfernen.

Luminanz und Chrominanz

Die Begriffe Luminanz und Chrominanz umfassen die Helligkeit (Luma) und die Farbe (Chroma) des Videobildes. Hieraus errechnet sich auch das Sampling, nämlich die Anteile von Chrominanz zur Luminanz. Ein Sampling von 4:1:1 hat je einen Anteil Farbe zu vier Anteilen Helligkeit, ein Sampling von 4:2:2 hat vier Teile Helligkeit zu je zwei Teilen Farbe.

Sendestandard

Speziell wenn Sie für das Fernsehen produzieren, ist es ungemein wichtig, dass Ihr Videomaterial technisch korrekt ist, das heißt dem Sendestandard entspricht. Sehr häufig nehmen beispielsweise digitale Videokameras das Material viel zu hell auf, sodass Sie ohne Farbkorrektur gar nicht durch die technische Abnahme von Sendeanstalten kommen.

Seit Final Cut Pro X hat sich die Farbkorrektur gegenüber den Vorversionen nicht nur verbessert, sondern auch stark vereinfacht, was vor allem Anwendern zugutekommt, die bisher weniger Erfahrung mit der Bearbeitung von Luminanz und Chrominanz bei Videobildern sammeln konnten.

War es in den Vorversionen noch so, dass man Farbkorrekturen durch den Einsatz von Filtern wie der 3-Wege-Farbkorrektur oder den sendefähigen Farben durchgeführt hat, ist die Farbkorrektur in Final Cut Pro X quasi in die Clips integriert. Das hat zum einen den Vorteil, dass man die Farbkorrektur bereits während des Imports von Videoclips anwenden kann, zum anderen dient es der besseren Übersicht, denn man muss nicht mehr mit einer Vielzahl von Filtern jonglieren, um nur ein einfaches Ziel zu erreichen.

9.2.1 Das Videobild interpretieren – Videoscope

Bevor wir uns allerdings mit der Durchführung von Farbkorrekturen beschäftigen, ist es wichtig, dass man ein Bild »lesen« kann, das heißt, dass der Anwender erkennt, wo die Schwächen des Bildes liegen und wo man entsprechend nachbessern muss. Hierfür stellt Ihnen Final Cut Pro X ein sehr hilfreiches Werkzeug zur Verfügung: das Videoscope.

Videoscope einblenden | Sie öffnen das Videoscope über das Menü FENSTER • VIDEOSCOPES EINBLENDEN (cmd + 7). Das neue Fenster erscheint links der Vorschau und wird entsprechend Ihrer Bildschirmauflösung kleiner oder größer dargestellt. Blenden Sie die Ereignis-Mediathek und das Informationsfenster gegebenenfalls aus, um mehr Platz auf dem Monitor zu haben.

Abbildung 9.25 ▶
Das Videoscope erscheint links vom Vorschaufenster und zeigt die Werte für das aktuelle Bild an.

Das Videoscope besteht aus drei unterschiedlichen Ansichten ❶ mit unterschiedlichen Kanal- und Phasen-Optionen. Je nachdem, welche Arbeit Sie gerade ausführen, können Sie innerhalb des Videoscopes die entsprechende Ansicht auswählen. Im Einzelnen sind dies:

- Histogramm: Zeigt Ihnen anhand von Wellenformen die Verteilung der Farben und Helligkeit innerhalb eines Bereiches von –25 bis 125 an.
- Vectorscope: Stellt die Farbverteilung in einem kreisrunden Spektrum dar. Jedes »Tortenstück« entspricht hierbei einer Farbe.
- Wellenform: Zeigt ähnlich dem Histogramm die Verteilung von Helligkeiten an, allerdings nicht horizontal, sondern vertikal.

Je nach gewähltem Werkzeug stehen, wie gesagt, unterschiedliche Darstellungsoptionen zur Verfügung. Nicht für alle Arten der Farbkorrektur benötigt man tatsächlich auch alle Darstellungen. Daher haben wir Ihnen die wichtigsten Einstellungen hier kurz zusammengestellt (mit »wichtig« meinen wir in diesem Fall die Kombinationen, die wir auch nutzen).

Histogramm mit RGB-Überlagerung | Wählen Sie das Videoscope aus, erscheint zunächst dieses Werkzeug mit der Darstellungsoption RGB-Überlagerungen. Was Sie hier sehen, ist die Verteilung der drei Farbkanäle RGB (Rot, Grün und Blau) über den Helligkeitsbereich von –25 bis 125. Idealerweise befinden sich alle Farbbereiche innerhalb des Spektrums 0 bis 100. Auf diese Weise stellen Sie sicher, dass Ihr Schwarz nicht zu schwarz ist und das Weiß nicht über die technische Richtlinie von 100 % hinausschießt.

Im Beispiel ind Abbildung 9.26 ist zu erkennen, dass die Blauanteile weit über 100 % liegen und die Anteile von Rot leicht unter 0. Daher bedarf es in diesem Fall einer Korrektur des Kontrasts, also der Helligkeit (Luminanz).

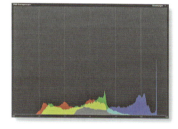

▲ **Abbildung 9.26**
In dieser Darstellung des Histogramms ist gut zu erkennen, dass der Blauanteil des Bildes weit über 100 und der Rotanteil knapp unter 0 liegt.

Vectorscope-Anzeige | Klicken Sie im Videoscope auf die Schaltfläche Einstellungen rechts oben, können Sie hier unter anderem die Darstellung Vectorscope wählen. Es erscheinen der besagte Kreis mit vier Vierteln, einige Rechtecke mit Abkürzungen sowie helle Punkte innerhalb des Kreises. Diese hellen Punkte stellen die Verteilung der Pixel Ihres Bildes auf die unterschiedlichen Farbkanäle dar. Die Abkürzungen stehen für folgende Farben:
- R: Rot (Red)
- MG: Magenta
- B: Blau (Blue)
- CY: Cyan
- G: Grün (Green; nicht Gelb, weil Englisch)
- YL: Gelb (Yellow)

In unserem Beispiel (siehe Abbildung 9.27) ist gut zu erkennen, dass wir einen deutlichen Farbstich in Richtung Blau im Bild haben. Hier müssen wir auf jeden Fall eine Korrektur der Farben vornehmen.

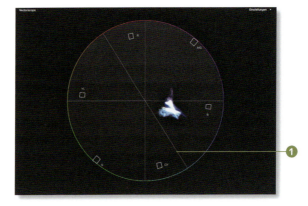

Abbildung 9.27 ▶
Das Vectorscope zeigt die Farbverteilung der Pixel über ein kreisrundes Farbspektrum.

Hauttöne beurteilen

Ein feiner, diagonaler Strich ❶ von ca. 11 Uhr bis ca. 5 Uhr stellt dabei den idealen Farbton für Haut dar, gemessen am typischen Hautton eines Mitteleuropäers. Diese Option hilft sehr bei der Farbkorrektur, wenn Sie Personen im Bild haben, kann über die EINSTELLUNGEN jedoch auch deaktiviert werden.

Wellenform-Anzeige | Wechseln Sie über die Einstellungen auf die Anzeige WELLENFORM, und wählen Sie hier in den Kanalmodus LUMA. Diese Darstellung zeigt die Verteilung der Helligkeit an, wobei das Schwarz ganz unten liegt (wiederum bei 0) und Weiß ganz oben (bei 100). Im Idealfall reizt Ihr Bild das gesamte Spektrum aus, sodass Sie hier eine optimale Ausnutzung des Kontrasts vorliegen haben.

Im Beispiel in Abbildung 9.28 ist die Helligkeit bereits gut verteilt, allerdings können wir das Schwarz noch ein wenig dunkler und das Weiß ein wenig heller gestalten.

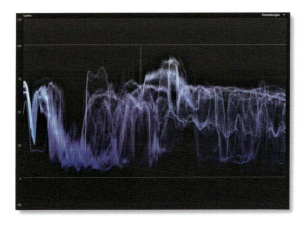

Abbildung 9.28 ▶
Die Wellenform in Verbindung mit der Kanaloption LUMA zeigt die Verteilung der Helligkeiten des gesamten Bildes an.

Wechseln Sie nun in den Einstellungen auf die Kanaloption RGB-PARADE: Hier erkennen Sie die Verteilung der Helligkeiten, heruntergebrochen auf die einzelnen Kanäle Rot, Grün und Blau.

In diesem Beispiel (siehe Abbildung 9.29) ist gut zu erkennen, dass das Blau viel zu hell und zu präsent ist. Es bedarf also einer deutlichen Reduktion des Blaus, um mit den anderen Farbkanälen gleichzuziehen und eine bessere Farbverteilung zu erwirken. Die leichte Verfärbung der Wellenform weist zudem auf einen deutlichen Farbstich hin.

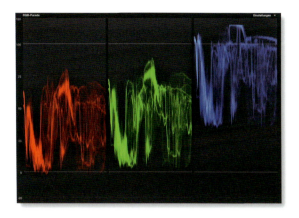

◀ **Abbildung 9.29**
Über die RGB-Option der Wellenform ist deutlich zu erkennen, dass das Blau viel zu hell und zu präsent ist.

Sie sehen, dass Sie allein anhand der unterschiedlichen Werkzeuge ein Bild zumindest technisch sehr gut analysieren können. Man braucht das eigentliche Bild gar nicht zu sehen, um zu erkennen, in welchen Bereichen es einer Nachbesserung bedarf und wo nicht.

Ein Vorteil, den die Version X von Final Cut Pro gegenüber den Vorgängern hat, ist die Live-Darstellung des Videoscopes. Waren die Darstellungen früher noch auf Standbild, das heißt nur im Stopp-Modus, sichtbar, läuft das Videoscope jetzt auch parallel zur Wiedergabe mit.

9.2.2 Erste Korrekturen: automatische Balance

Ganz unabhängig davon, ob Sie sich mit Farbkorrektur auskennen oder nicht: Wenn Sie das Gefühl haben, Ihr Bild sei nicht optimal eingestellt, das heißt, es ist auf die eine oder andere Weise farbstichig oder zu kontrastlos, können Sie sich einer einfachen Funktion von Final Cut Pro X bedienen: der automatischen Balance.

Aktivieren Sie hierfür zunächst den Clip in der Timeline, den Sie bearbeiten wollen, und öffnen Sie anschließend den Bereich VIDEO im Informationsfenster. Im Bereich FARBE sehen Sie die BALANCE ❷, die Sie nur aktivieren müssen, indem Sie auf das Rechteck links davon klicken; es wird daraufhin blau, und Final Cut Pro X analysiert den Clip dergestalt, dass sowohl Kontrast als auch Farbe optimal eingestellt werden (zumindest so, wie Final Cut Pro es für »optimal« hält).

> **Luma-Überschuss anzeigen**
>
> Die Darstellungsoption LUMA-ÜBERSCHUSS ANZEIGEN, die Sie vielleicht noch aus der Vorversion kennen, steht in der Vorschau leider nicht mehr zur Verfügung. Daher ist es ratsam, jedes Bild für sich anhand der Wellenform und des Luma-Kanals zu überprüfen.

▲ **Abbildung 9.30**
In diesem Vorher-nachher-Vergleich ist gut zu erkennen, inwiefern Final Cut Pro X das Bild durch die einfache Aktivierung der Balance verbessert.

In vielen Fällen und abhängig vom jeweiligen Grad der »Inkorrektheit« des Bildes reicht häufig schon die einfache Aktivierung der Balance. In unserem Beispiel (siehe Abbildung 9.30) ist bereits eine deutliche Verbesserung im Vergleich zum Original (rechts) zu erkennen. Allerdings ist das Bild noch immer zu blaustichig, der Kontrast ist zu gering und die Farbe noch nicht kräftig genug. Aus diesem Grund müssen wir hier, trotz Auto-Balancing, noch eine manuelle Farbkorrektur durchführen (siehe Seite 376).

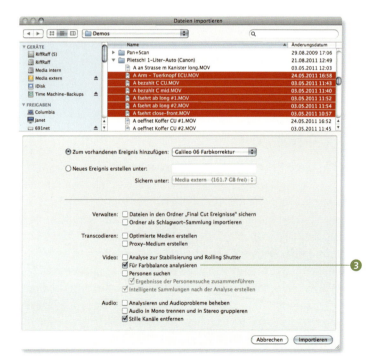

Abbildung 9.31 ▶
Aktivieren Sie die Checkbox Für Farbbalance analysieren, um die Clips bereits beim Import auf Probleme hin zu untersuchen.

Analyse beim Import | Um ein noch besseres Ergebnis durch die Balance zu erhalten, können Sie einen (oder mehrere) Clips auf

374 | 9 Effekte

Farb- und Helligkeitsprobleme hin analysieren lassen. Dies kann sowohl vor als auch nach dem Import geschehen. Möchten Sie Ihre Clips bereits während des Imports analysieren lassen, wählen Sie die Checkbox Für Farbbalance analysieren ❸. Bereits während des Imports wird Ihr Clip daraufhin analysiert, wobei die Balance noch nicht angepasst wird; dies erfolgt nur manuell im Schnitt.

Es ist nicht zwangsläufig notwendig, die Farbanalyse bereits während des Imports durchzuführen; auch eine nachträgliche Analyse kann gestartet werden, indem Sie einen Rechtsklick auf einen nicht analysierten Clip im Medienbrowser durchführen und aus dem Kontextmenü den Befehl Analysieren und Beheben wählen.

Es erscheint ein Dialogfenster oberhalb der Vorschau, das Ihnen dieselben Analysefunktionen zur Verfügung stellt wie auch der erweiterte Import-Dialog. Ebenso wie auch während des Imports handelt es sich bei der nachträglichen Farbbalance-Analyse um einen Hintergrundprozess. Ist die Analyse abgeschlossen, erscheint im Informationsfenster im Bereich Farbe neben Balance der Eintrag analysiert.

Die sichtbaren Unterschiede bei aktivierter Farbbalance zwischen analysierten und nicht analysierten Clips sind zwar nicht eklatant, dennoch fallen sie, je nach Clip, durchaus auf. Wir raten Ihnen an dieser Stelle, bei der Nutzung der automatischen Balance auf jeden Fall vorher die Analyse durchzuführen, denn der zeitliche Mehraufwand wiegt weit weniger schwer als das tatsächlich sichtbar bessere Ergebnis (siehe Abbildung 9.33).

Hintergrundprozess
Bei der Analyse handelt es sich wohlgemerkt um einen Hintergrundprozess. Während die Clips nach dem Import sofort in Ihrem Medienbrowser für den Schnitt zur Verfügung stehen, analysiert Final Cut Pro X die Elemente im Hintergrund und teilt Ihnen später über das Informationsfenster mit, ob ein Clip fertig analysiert ist.

▲ Abbildung 9.32
Wählen Sie die Funktion aus dem Kontextmenü des Clips.

▲ Abbildung 9.33
Im direkten Vergleich ist deutlich das sichtbar bessere Ergebnis nach der Analyse (links) gegenüber nicht analysierten Clips zu erkennen (beide Clips haben eine aktivierte Balance, versteht sich!).

Farbe ausgleichen
Die Funktion der Balance lässt sich übrigens auch über das »Magic Menu«, also die Schaltfläche mit dem Zauberstab, aktivieren. Allerdings heißt die Funktion hier Farbe ausgleichen, nicht Balance.

Zweiter Monitor

Sollten Sie mit einem zweiten Monitor arbeiten, können Sie die Ereignis-Mediathek auch auf den anderen Bildschirm auslagern, um mehr Platz zu haben.

Abbildung 9.34 ▶
Über den Pfeil ❶ neben der ersten Korrektur gelangen Sie zu den Farbkorrektur-Werkzeugen.

9.2.3 Primäre Farbkorrektur

Wie im Beispiel unserer charmanten Tankstellenwärterin gut zu erkennen ist, leistet die automatische Balance zwar einiges, macht aber das Bild bei weitem noch nicht perfekt. Daher ist es notwendig, manuell noch einmal nachzubessern.

Hierfür aktivieren Sie den betreffenden Clip in der Timeline, öffnen das Videoscope (cmd+7) (Histogramm-Anzeige) und klicken auf den Pfeil nach rechts ❶ im Bereich KORREKTUR 1 des Informationsfensters, sodass wir neben dem Videoscope und der Vorschau auch die Farbkorrektur-Werkzeuge sehen.

Kontrast anpassen | Man beginnt die primäre Farbkorrektur (»primär«, weil es die erste, ganzheitliche Korrektur für das gesamte Bild ist) meist mit der Anpassung des Kontrasts, das heißt mit der Helligkeit (auch »Luminanz« oder »Belichtung« genannt). Hierfür wechseln wir zunächst im Videoscope auf die Einstellung WELLENFORM und dort auf die Kanaloption LUMA. Es erscheint das typische Bild mit den wellenförmigen Pixeln, das uns die Verteilung der Belichtung darstellt.

Im Informationsfenster klicken Sie nun auf den Bereich BELICHTUNG, um mit der Arbeit zu beginnen. Um vollen Zugriff auf alle Werte zu haben, deaktivieren wir oft auch die automatische Balance, was aber nicht in jedem Fall notwendig ist.

▼ **Abbildung 9.35**
Eine typische Farbkorrektur beginnt mit der Arbeit am Kontrast, das heißt an der Helligkeit. In diesem Fall haben wir die Auto-Balance des Bildes wieder deaktiviert.

Der Bereich BELICHTUNG ist in vier Regler sowie vier dazugehörige Prozentwerte aufgeteilt. Auf der linken Seite finden Sie einen größeren Regler, der für die gesamte Helligkeit des Bildes verantwortlich ist, rechts daneben jeweils die Bereiche SCHATTEN, MITTELTÖNE und HERVORHEBUNGEN.

Schatten bearbeiten | Beginnen Sie zunächst damit, die Schatten, das heißt die schwarzen Bereiche des Bildes so weit abzusenken, dass die unteren Pixel der Wellenform knapp an der Kante zum Wert 0 liegen. Während Sie ziehen, sehen Sie, dass auch der Prozentwert des Schattens im unteren Bereich der Regler sich verändert. Sie sollten beim Ziehen darauf achten, dass Sie das Schwarz nicht »versenken«; es sollten sich also keine dunklen Ansammlungen der Pixel unterhalb der Null-Linie befinden.

Hervorhebungen | Ziehen Sie als Nächstes die hellen Bereiche, also die HERVORHEBUNGEN, so weit nach oben (oder unten), dass die äußersten Spitzen der Pixel in der Wellenform die Linie mit 100 berühren.

Mitteltöne | Als letzten Schritt passen Sie die Mitteltöne an. Hier gibt es allerdings keinen technischen Richtwert, sodass Sie sich mehr auf Ihr Auge und Ihren Geschmack verlassen sollten. Wenn die Helligkeit im Bereich um 50–60 % verteilt ist und das Bild auch gut aussieht, haben Sie einen brauchbaren Wert erwischt.

> **Obergrenze 100**
>
> Hier sollten Sie ganz besonders vorsichtig sein, nicht über den Wert von 100 zu gelangen, da Ihr Film, wenn Sie denn für das Fernsehen produzieren, dadurch Gefahr läuft, durch die technische Abnahme zu rasseln. Die Kontroll-Trolle der Sender achten immer ganz genau darauf, dass die Luminanz nicht über 100 % liegt. (Haben wir gerade »Trolle« gesagt? Hoffentlich liest das niemand aus der TPA.)

> **Schatten und Helligkeit**
>
> Achten Sie darauf, dass nach der Anpassung der Mitten auch häufig die Schatten und die Helligkeit nachgebessert werden müssen, da die Mitteltöne nicht nur das Gamma, sondern alle Werte beeinflussen – allerdings in unterschiedlichem Maße.

▲ **Abbildung 9.36**
Wenn die hellsten Pixel bei 100 und die dunkelsten Pixel bei 0 liegen sowie die Mitten gut verteilt sind, haben Sie eine gute Ausgangsbasis für die weitere Farbkorrektur.

Farbe korrigieren | Im nächsten Schritt wechseln wir auf den Bereich FARBE. Hier finden Sie ebenfalls vier Regler und vier Prozentwerte sowie zusätzlich noch Werte für den Grad der Verschiebung. Im Vergleich zu den Vorversionen von Final Cut Pro

Extremfall

Wir müssen an dieser Stelle noch einmal hervorheben, dass es sich bei unserem Beispiel um eine ganz extreme Blauverfärbung im Bild handelte. In den allermeisten Fällen benötigt man nur einen Teil der Einstellungen, um ein Bild zu optimieren. Häufig reicht schon die Anpassung der Helligkeit und etwas mehr oder weniger Sättigung, um ein gutes Ergebnis zu erzielen.

RGB-Parade

Bei dieser Form der Farbkorrektur hilft es, die Kanäle auf RGB-PARADE umzustellen.

und der dort enthaltenen 3-Wege-Farbkorrektur ist die Anpassung der Farbe in Final Cut Pro X tatsächlich ein bisschen tricky, allerdings ist sie auch mächtiger, da man nicht nur den Wert der Farbe, sondern auch ihre Helligkeit verändern kann.

Ganz links finden Sie wieder einen großen Regler für die globale Einstellung, das heißt das gesamte Bild, sowie drei kleinere Regler für die Schatten, die Mitten und die hellen Bereiche. Diese Regler können Sie nicht nur vertikal, sondern auch horizontal verschieben. Eine vertikale Verschiebung bewirkt, dass die jeweilige Farbe heller oder dunkler wird, während die horizontale Verschiebung die Farbe tatsächlich verändert. Probieren Sie es ruhig einmal aus, wie sich das Bild durch das Ziehen der einzelnen Regler verhält. Über cmd + Z kommen Sie ja immer wieder zurück.

Farbstich korrigieren | Um jetzt unser sehr blaustichiges Beispiel zu korrigieren, greifen wir zunächst den Regler für Schwarz und ziehen ihn nach links in Richtung Gelb/Rot. Hierbei achten wir darauf, dass in der Wellenform-Anzeige die dunklen Bereiche nicht unter die Null-Linie absacken. Anschließend greifen wir den Regler für die Hervorhebungen, also die hellen Bereiche, und ziehen diesen ebenfalls in Richtung Gelb/Rot, und zwar so weit, bis die Darstellerin im Bild eine mehr oder minder gesunde Hautfarbe hat. Hierbei achten wir darauf, dass das Weiß ihres Shirts auch tatsächlich einem besenreinen Weiß ohne Verfärbung entspricht. Als Letztes passen wir noch die Grauwerte, das heißt die Mitten an, und zwar ebenfalls durch Ziehen in Richtung Gelb/Rot. Schließlich sollte das Bild nun so gestaltet sein, dass das T-Shirt reines Weiß und der Zapfhahn in ihrer Hand reines Schwarz ist und ihre Hautfarbe einem gesunden Ton entspricht.

▼ **Abbildung 9.37**
Wir verschieben alle drei Bereiche so, dass der Blaustich verschwindet und die Farben sich im Idealfall zwischen 0 und 100 bewegen.

Sättigung verändern | Die letzte Anpassung, die wir noch durchführen müssen, ist die SÄTTIGUNG: Wie kräftig sollen also die Farben sein? Auch in diesem Bereich finden Sie wieder die bekannten Einstellungen für die globale Sättigung, die Höhen, Tiefen und die Mitten. Normalerweise reicht es aus, hier nur den globalen Wert zu verändern, um mehr oder weniger Sättigung im Bild zu generieren. Allerdings können Sie, anders als bei den Vorversionen die Sättigung auch für die einzelnen Helligkeitsbereiche bestimmen, was durchaus mal notwendig sein kann, wenn ein Bereich zu blass oder zu kräftig erscheint. In unserem Beispiel erhöhen wir die Sättigung des Gesamtbildes ein wenig, ziehen aber gleichzeitig die Schatten und die Mitten ein klein wenig herunter, speziell um die Hauttönung nicht zu rosig zu gestalten.

> **Luminanz-Werte**
>
> Als Kontrolle dient uns hierbei das Histogramm mit der Kanaloption RGB-PARADE. Hier ist nun gut zu erkennen, dass alle Kanäle ungefähr denselben Luminanz-Wert haben und wir damit eine ideale Verteilung von Helligkeit und Farbe im Bild generieren konnten.

▲ **Abbildung 9.38**
Die letzte Anpassung nehmen wir im Bereich Sättigung vor, indem wir den globalen Wert steigern, die Mitten und den Schatten jedoch ein wenig reduzieren.

Zielfarbe (Color Matching) | Eine ebenfalls sehr hilfreiche Funktion innerhalb der Farbkorrektur ist die ZIELFARBE. Hierbei werden die Farb- und Helligkeitswerte einer anderen Quelle genutzt, um einen Clip zu korrigieren. Man bezeichnet diese Form der Farbkorrektur als »Color Matching«, da hier zwei Clips miteinander »gematcht«, das heißt aufeinander abgestimmt werden.

> **Anwendungsfälle**
>
> Das Color Matching wird hauptsächlich dazu verwendet, um Clips, die an unterschiedlichen Tagen bei differierenden Lichtverhältnissen gedreht wurden, so wirken zu lassen, als sei es ein identisches Szenario. Auch kommt es bei langen Interviews vor, dass sich das Licht ändert, weil sich beispielsweise eine Wolke vor die Sonne schiebt oder ein vorher bewölkter Himmel plötzlich »aufbricht«. Ein weiterer, häufig auftretender Bereich des Color Matchings ist die Arbeit mit mehreren Kameras, die in der Postproduktion aufeinander abgestimmt werden sollen, weil beispielsweise unterschiedliche Weißabgleiche vorlagen (oder die Kameraleute mal blinder, mal weniger blind sind).

9.2 Farbkorrektur | **379**

Zur Anwendung des Color Matchings aktivieren Sie zunächst in der Timeline den Clip, den Sie korrigieren wollen. Anschließend klicken Sie auf das Rechteck links neben der Funktion ZIELFARBE 1 im Informationsfenster. Das Vorschaufenster teilt sich nun wieder und teilt Ihnen im unteren Bereich auch mit, was Sie zu tun haben: Fahren Sie mit der Maus über den Clip (Quelle) in der Timeline, dessen Wert Sie übernehmen wollen (in den meisten Fällen einfach ein Clip vor oder nach dem zu bearbeitenden Element). Klicken Sie anschließend mit der Maus auf den Quellclip, und bestätigen Sie die Auswahl über die Schaltfläche ANPASSEN ANWENDEN 2. Der Zielclip erhält daraufhin die entsprechenden Werte.

▼ **Abbildung 9.39**
Über die Zielanpassung ist es möglich, die Helligkeits- und Farbwerte von einem Clip auf einen zweiten Clip zu übertragen.

Man muss leider dazusagen, dass Final Cut Pro X hier nicht immer ein optimales Ergebnis liefert. Speziell bei sehr unterschiedlichen Licht- und Farbverhältnissen kann die Zielanpassung mal weit daneben liegen oder das Bild tatsächlich beinahe unbrauchbar gestalten. Trotzdem haben Sie natürlich die Möglichkeit, auch nach dem Color Matching noch eine manuelle Anpassung durchzuführen, um etwaige Probleme auszumerzen.

9.2.4 Eigene Farbkorrektur als Voreinstellung

Nicht selten kommt es vor, dass nicht nur ein Shot vermasselt wurde und dieser deswegen dringend einer Korrektur bedarf, sondern dass gesamte Szenen oder gar ganze Drehtage versaubeutelt wurden, speziell wenn dem Kameramann mal wieder der Blindenhund entlaufen ist. Für diese Fälle ist es möglich, eine einmal durchgeführte Farbkorrektur als Voreinstellung zu speichern und diese mit einem einfachen Mausklick auch auf andere Clips anzuwenden.

Wechseln Sie hierfür wieder in den Farbkorrekturbereich des Informationsfensters.

▲ **Abbildung 9.41**
Einmal durchgeführte Korrekturen lassen sich als Voreinstellung für die spätere Nutzung sichern.

▲ **Abbildung 9.40**
Über den Pfeil ❸ gelangen Sie in den Farbkorrekturbereich.

Ganz unten rechts finden Sie eine Schaltfläche ❹ mit dem Symbol des Zahnrädchens (bei Apple-Anwendern ja bekannt als Automatisierungsmenü). Klicken Sie auf diesen Button, und wählen Sie gleich die erste Funktion VOREINSTELLUNG SICHERN. Es erscheint ein Dialogfenster, in dem Sie einen Namen für diese Korrektur festlegen können, beispielsweise die Szene, den Drehtag oder den Namen des Shots.

Um diese Voreinstellung auf einem anderen Shot anzuwenden, aktivieren Sie den zu bearbeitenden Clip in der Timeline und klicken erneut auf die Schaltfläche mit dem Zahnrädchen. Dort erscheint in der Liste die von Ihnen gespeicherte Einstellung ❺, die Sie per Mausklick auswählen. Die Farbkorrektur wird nun automatisch auf den neuen Clip übertragen, ohne dass Sie weitere Einstellungen vornehmen müssen (Sie können aber, wenn notwendig).

Es müssen nicht zwangsläufig Farbkorrekturen sein, die Sie hier speichern, sondern es können auch Gradings (also bestimmte Looks) oder Effekte für die spätere Nutzung gesichert werden, beispielsweise ein kontrastreicher Schwarz-Weiß-Effekt oder ein eingefärbtes Bild.

Voreinstellungen von Final Cut Pro X | Apple wäre nicht Apple, wenn sie nicht auch diese Gelegenheit nutzen würden, dem Anwender mehr oder weniger brauchbare Vorlagen zu liefern.

▲ **Abbildung 9.42**
Zum Anwenden einer gespeicherten Korrektur wählen Sie diese aus dem Voreinstellungsmenü.

Um eine der mitgelieferten Einstellungen zu nutzen, aktivieren Sie wieder den gewünschten Clip in der Timeline, klicken auf die Schaltfläche mit den Voreinstellungen im Korrekturbereich und wählen eines der Settings aus, beispielsweise Frost, Alien Labor, Cool, Nacht oder Kanal. Schauen Sie die Voreinstellungen ruhig einmal durch; vielleicht werden Sie ja bei einem der Looks fündig.

Abbildung 9.43 ▶
Mitunter finden sich sogar ganz ansprechende Vorlagen in den mitgelieferten Korrekturen (hier die Voreinstellung Frost).

> **Vorgelagerte Korrektur**
>
> Bei uns kommt es recht häufig vor, dass wir ganz unterschiedliche Materialien und Qualitäten zu einem spannenden Film zusammenbringen müssen. Bevor wir jedoch mit Effekten arbeiten, korrigieren wir die Bilder zunächst so, dass sie sich qualitativ alle auf einem Level befinden, bevor wir mit den Effekten (Farbanpassungen und/oder Filter) beginnen.

Selbstverständlich haben Sie auch die Möglichkeit, die Voreinstellungen, nachdem Sie diese angewandt haben, noch weiter zu bearbeiten und gegebenenfalls anschließend wieder als neue Voreinstellung zu speichern.

9.2.5 Weitere Korrekturen hinzufügen

Neben der ersten, primären Farbkorrektur können Sie noch weitere Farbkorrekturen anwenden, und zwar sowohl primäre als auch sekundäre Korrekturen, sprich, für das gesamte Bild oder nur für einen Farb- oder Maskenausschnitt. Wozu aber braucht man zwei primäre Farbkorrekturen? Nun, zum einen können Sie ein Bild zunächst korrigieren und es anschließend mit einer zweiten Farbkorrektur stilisieren, zum Beispiel in Schwarz-Weiß zeichnen oder tönen.

▼ **Abbildung 9.44**
Über eine zweite Farbkorrektur können Sie ein Bild beispielsweise in Schwarz-Weiß mit hohem Kontrast zeichnen.

Lange Rede, kurzer Sinn: Um eine zweite Farbkorrektur zu aktivieren, klicken Sie auf das kleine Pluszeichen ❶ rechts neben dem Wort FARBE im Informationsfenster (lustigerweise wird hier das Wort AUSBLENDEN eingeblendet, aber das sollte Sie nicht beunruhigen). Eine zweite Farbkorrektur KORREKTUR 2 erscheint unterhalb der ersten Korrektur. Sie erreichen die zweite Korrektur, indem Sie auf die Pfeiltaste nach rechts ❷ anklicken.

9.2.6 Sekundäre Farbkorrektur

Die sekundäre Farbkorrektur (auch einfach »Secondary« genannt) wird meist dazu benutzt, um bestimmte Elemente innerhalb eines Bildes hervorzuheben, beispielsweise ein Gesicht aus einer Masse oder ein Ereignis im Sport, oder um einen Bereich umzufärben oder in der Farbe zu korrigieren, beispielsweise wenn der Regisseur das Gras grüner und das Meer blauer haben möchte. (»Ey, Dicker, mach ma' den Himmel zorniger!« Sie lachen – wir haben so was schon von angesehenen Regisseuren gehört.)

Wir unterscheiden hierbei zwischen zwei Secondaries: der (animierten) Maske und der selektiven Farbauswahl. Masken sind hierbei meist Kreise, die entweder innerhalb oder außerhalb aufgehellt, verdunkelt oder eingefärbt werden, während die selektive Farbauswahl sich einen Farbbereich herauspickt, der dann dediziert nachbearbeitet wird. Schauen wir uns jedoch zunächst die Masken an.

▼ **Abbildung 9.45**
Aktivieren Sie die Formmaske, erscheinen zwei Kreise als Overlays auf dem Vorschaubild.

Masken erstellen | Um beispielsweise eine Person aus einer Masse oder vor einem Hintergrund hervorzuheben, klicken Sie in der Farbkorrektur auf die kleine Schaltfläche ❸ mit dem Oval und dem Pluszeichen. Es erscheint die so genannte FORMMASKE 1 unterhalb der Korrektur, und im Vorschaufenster sehen Sie zwei Kreise mit einigen Griffen als Overlays; dies ist Ihre Maske.

Schauen Sie sich den Kreis nun einmal genau an: Er besteht aus einem Mittelpunkt mit Griff nach rechts, einem inneren Kreis mit vier Griffen (12 Uhr, 3 Uhr, 6 Uhr, 9 Uhr) sowie einem weiteren Formgriff auf ca. 11 Uhr und einem äußeren Kreis. Folgende Funktionen sind diesen Elementen zugewiesen:

- Mittelpunkt: Bestimmt die Position der Maske. Greifen Sie diesen, um die Maske innerhalb des Bildes zu verschieben.
- Griff nach rechts: Dreht die Maske. Das macht zwar bei einem Kreis nicht viel Sinn, wenn Sie aber mit einem Oval oder einem Rechteck arbeiten, können Sie hier die Rotation der Maske anpassen.
- Griffe 12 Uhr bis 9 Uhr: Bestimmt die Größe und Form. Ziehen Sie an den Griffen 3 Uhr oder 9 Uhr, verformen Sie die Maske horizontal; ziehen Sie an den Griffen 12 Uhr oder 6 Uhr, verformen Sie das Element vertikal. Ziehen Sie an beiden Griffen, bestimmen Sie die Größe der Maske.
- Formgriff (ca. 11 Uhr): Ziehen Sie an diesem winzigen Werkzeug, verformen Sie die Maske zu einem Rechteck oder Quadrat und wieder zurück.
- Äußerer Ring: Bestimmt die Weichheit der Maske. Je weiter der innere Kreis und der äußere Kreis voneinander entfernt sind, umso weicher gestaltet sich Ihre Maske.

Erst Korrektur, dann Maske | Nun kommt so ein bisschen das Henne-Ei-Problem: Gestaltet man zunächst die Maske und macht dann die Korrektur oder andersherum? Wir bevorzugen zunächst die Korrektur. Hierfür klicken Sie auf den Pfeil nach rechts ❹ (siehe Abbildung 9.45) um den Korrekturbereich zu öffnen.

In unserem Beispiel möchten wir die Surferin ein wenig vom Hintergrund abheben. Anstatt jedoch die Surferin aufzuhellen, dunkeln wir den Hintergrund ab; hierfür arbeiten wir also nicht innerhalb der Maske, sondern außerhalb. Die entsprechende Einstellung finden Sie als Schaltfläche ganz unten im Korrekturbereich: AUSSERHALB ❶.

Um also den Bereich um die Maske herum abzudunkeln, wechseln wir in den Bereich BELICHTUNG und ziehen hier global die Helligkeit herunter, woraufhin sich die Wellen rund um die Surferin verdunkeln. Da das Verdunkeln auch eine gefühlte Erhöhung der Sättigung nach sich zieht, verringern wir gleichzeitig im Sättigungsbereich die globale Einstellung der Sättigung.

Maskenform ausblenden

Um die Maske besser beurteilen zu können, können Sie die Maskenform zwischenzeitlich ausblenden, indem Sie auf das Maskensymbol im Informationsfenster klicken.

Maske anpassen | Im nächsten Schritt nun passen wir die Maske an. Da sich die Surferin (und die Kamera) in diesem Shot sehr stark bewegen, müssen wir die Maske später animieren. Es macht also Sinn, mit der Gestaltung der Maske auf dem ersten Frame des Clips zu beginnen.

Zurück im Informationsfenster des Clips positionieren wir zunächst die Maske mittig auf der Surferin und ziehen den inneren Kreis ein wenig kleiner; für unseren Geschmack ist es immer besser, den Kreis so klein wie möglich zu halten, dafür aber die Weichheit weitestmöglich zu erhöhen, damit die Person im Bild nicht aussieht, als würde sie von einem Scheinwerfer angestrahlt. Wir erhöhen also die Weichheit der Maske so weit, bis kaum noch ein Rand zwischen hellem und dunklem Bereich zu erkennen ist.

▲ **Abbildung 9.46**
Um die Surferin hervorzuheben, verdunkeln wir zunächst den Bereich außerhalb der Maske.

▼ **Abbildung 9.47**
Um die Maske nicht zu hart zu gestalten, verringern wir die innere Maskengröße, erhöhen dafür aber die Weichheit über den äußeren Ring.

9.2 Farbkorrektur | **385**

Animierte Maske | Da die Surferin sich, wie gesagt, bewegt, müssen wir die Maske über Keyframes animieren. Diese Animation starten wir, indem wir auf dem ersten Frame einen Keyframe für die Maske hinzufügen. Klicken Sie hierfür zunächst auf die Masken-Schaltfläche im Informationsfenster. Es erscheint ein kleines Pluszeichen rechts des Symbols. Klicken Sie auf das Pluszeichen, wird für alle Maskenparameter (Größe, Form, Position, Weichheit) ein Keyframe festgelegt, das heißt, die jeweiligen Einstellungen werden an dieser Position in der Zeit gespeichert. Dass Sie einen Keyframe gesetzt haben, erkennen Sie daran, dass aus dem Pluszeichen eine gelb-rote Raute geworden ist.

Abbildung 9.48 ▶
Man speichert die Form und Position einer Maske über einen Klick auf das Pluszeichen neben dem Maskensymbol. Es erscheint stattdessen eine gelb-rote Raute.

> **Keine automatischen Keyframes**
>
> Im Gegensatz zu den Vorversionen von Final Cut Pro bedeutet das Setzen eines ersten Keyframes nicht, dass alle folgenden Änderungen automatisch via Keyframes gespeichert werden; man muss leider für jede neue Position auch manuell einen Keyframe festlegen.

Für die weitere Animation der Maske gibt es nun mehrere Ansätze: Sie können natürlich jeden Frame prüfen und die Maske jeweils nachziehen, was wir Ihnen allerdings nicht empfehlen würden, da es sehr viel Arbeit ist und meist dazu führt, dass die Maskenbewegung sehr unruhig ist. Alternativ dazu können Sie auf den letzten Frame gehen, hier eine neue Position bestimmen und hoffen, dass Final Cut Pro X die Maskenbewegung möglichst sauber interpoliert, was in vielen Fällen zwar funktioniert, in unserem Beispiel aber nicht ganz passen wird, weil die Surferin sich im Bild hin- und her bewegt.

Aus diesem Grund entscheiden wir uns für eine Zwischenlösung, nämlich die Anpassung der Maskenposition in einem Intervall von einer Sekunde. Wir positionieren also den Playhead in der Timeline, deaktivieren den Clip und geben den Timecode 100 ein, womit der Playhead jetzt eine Sekunde weiter springt. An dieser Stelle repositionieren wir die Maske und setzen erneut einen Keyframe für die Maskenposition. Und genau so geht es dann im Sekundentakt weiter, bis wir ans Ende unseres Clips gelangt sind.

Sind alle Keyframes im Sekundentakt gesetzt, schauen Sie sich den Clip aus der Timeline an. Sollte die Surferin mal aus der

Maske »herausspringen« (was sie mit Sicherheit mehrfach tut), ziehen Sie die Maske einfach an die entsprechende Position; vergessen Sie hierbei aber nicht, die neue Position mittels Keyframes zu sichern.

Selektive Farbe – Farbmasken | Die selektive Farbauswahl generiert eine Maske auf Basis einer Farbe oder eines Farbbereichs, die Sie anschließend nachbearbeiten können. So ist es zum Beispiel möglich, das Blau des Himmels zu picken und ihn etwas satter zu gestalten oder eine Farbe innerhalb Ihres Bildes komplett auszutauschen, zum Beispiel wenn dem Junior Art Director der Werbeagentur während des Schnitts einfällt, dass er doch lieber ein gelbes Auto hätte statt eines roten.

Jedoch sollten Sie diese Funktion nicht überstrapazieren; dass Final Cut Pro X eine selektive Farbkorrektur ermöglicht, heißt noch nicht, dass sie auch wirklich gut ist. Leider gibt es auch hier eine Reihe von Einschränkungen, derer Sie sich bewusst sein sollten, bevor Sie sie anwenden. So können Sie beispielsweise die Weichheit einer Farbmaske nicht beeinflussen, was dazu führen kann, dass eine Farbänderung sehr harte Kanten hervorruft, und die Maske kann auch nicht eingeschränkt werden, sodass unter Umständen auch umliegende Pixel verändert werden, die zwar ähnlich aussehen, jedoch nicht verfärbt werden sollen.

▲ **Abbildung 9.49**
Über die Position des Playheads in der Timeline bestimmen wir, wo welcher Keyframe für die Maske gesetzt wird.

Farbmaske aktivieren | Nachdem wir Ihnen diese Funktion nun ausreichend madig gemacht haben, zeigen wir Ihnen trotzdem, wie man sie anwendet. In unserem Beispiel möchten wir den Bikini der Blondine aus dem Interview mit Tamayo Perry etwas ... umgestalten. Hierfür aktivieren Sie zunächst den Clip in der Timeline, wechseln das Informationsfenster und klicken dort auf das Icon FARBMASKE AKTIVIEREN. Der Mauszeiger wird nun zur Pipette ❹, mit der Sie nun auf den auszuwählenden Bereich im Bild klicken. Halten Sie hierbei die Maustaste gedrückt, und ziehen Sie die Pipette nach außen. Es erscheint ein Kreis und ein kleines Pluszeichen. Je weiter Sie ziehen, umso mehr Farbe wird in Ihre Maske einbezogen. Lassen Sie die Maus los, um die Farbauswahl abzuschließen.

▲ **Abbildung 9.50**
Ziehen Sie mit der Pipette nach außen, um möglichst viel der gewünschten Farbe auszuwählen.

Ist die Auswahl getroffen, erscheint die Farbe im Bereich FARBMASKE ❸. Wechseln Sie nun über den Pfeil ❶ in den Korrekturbereich, um diesen Farbbereich zu bearbeiten.

Obwohl man die Maske als solche nicht sieht, werden Sie aber erkennen, dass die Farbe sich verändert, wenn Sie beispielsweise den globalen Regler im Farbraum verschieben. Auch können Sie natürlich mit der Sättigung oder der Belichtung spielen, um Änderungen am Maskenbereich durchzuführen.

Um die Maske auszuweiten oder einzuschränken, steht Ihnen außerdem noch ein Regler ❷ rechts neben der Farbmaske zur Verfügung. Ziehen Sie diesen Regler nach rechts, weiten Sie die Maske aus, das heißt, mehr Pixel werden umgefärbt; ziehen Sie den Regler nach links, wird die Maske eingeengt. Sollten Sie jetzt zusätzlich noch die Deckkraft verringern, wird der Bikini durchsichtig (... war nur Spaß!).

9.2.7 Farbkorrektur-Tipps

Das war's eigentlich auch schon mit dem Abschnitt zum Thema Farbkorrektur. Aber bevor wir Sie nun in die Welt von Luminanz und Chrominanz entlassen, hier noch ein paar Tipps:

- Die Anzahl der Korrekturen, die Sie auf einem Clip anwenden können, ist beinahe grenzenlos (bei 58 Korrekturen haben wir aufgehört zu zählen). Klicken Sie hierfür einfach auf das Pluszeichen neben der Bezeichnung Farbe. Sie können also beispielsweise zunächst eine primäre Farbkorrektur durchführen und dann über Masken oder Farbbereiche noch Secondaries hinzufügen, und abschließend können Sie sogar noch einen speziellen Look generieren oder eine Voreinstellung laden.
- Einmal angelegte Korrekturen lassen sich löschen, indem Sie die Korrektur im Informationsfenster anklicken und die ←-Taste betätigen.
- Sollten Sie sich einmal in einer Farbkorrektur vergaloppiert haben, können Sie die einzelnen Schritte entweder über cmd+Z zurücknehmen, oder Sie setzen die gesamte Farbkorrektur über den kleinen Button mit dem von unten nach oben gebogenen Pfeil zurück.
- Sie deaktivieren die gesamte Farbkorrektur, indem Sie auf das blaue Rechteck vor der Bezeichnung Farbe im Informationsfenster klicken. Daraufhin werden alle enthaltenen Korrekturen ausgeschaltet. Diese Funktion ist sehr praktisch, um einen direkten Vorher-nachher-Vergleich zu haben.

▲ **Abbildung 9.51**
Um den ausgewählten Farbbereich zu verändern, können Sie unter anderem den Regler für die globale Farbverschiebung ❹ betätigen.

- Die von Ihnen gespeicherten Voreinstellungen werden als eigene Dateien im Ordner BENUTZER/FILME/FINAL CUT EVENTS/COLOR PRESETS gesichert. Sollten Sie also einmal aufräumen wollen, können Sie nicht mehr benötigte Voreinstellungen aus dem Ordner löschen. Auch ist es möglich, die Color Presets auf andere Rechner zu übertragen, um genau dieselben Einstellungen anzuwenden wie auch in Ihrem Projekt, beispielsweise wenn Sie mit mehreren Leuten an einem Film arbeiten.
- Auch Farbkorrekturen gelten als Effekte, das heißt, jede noch so kleine Änderung in Farbe, Helligkeit oder Sättigung muss neu berechnet werden. Dies kann natürlich zu einer ziemlichen Menge an Renderdateien führen, wenn das automatische Rendering alle paar Sekunden anfängt, den Clip neu zu berechnen. Sollten Sie also eine umfangreichere Farbkorrektur durchführen, raten wir Ihnen an dieser Stelle, das automatische Rendern entweder zeitlich zu verzögern ❷ (also vielleicht eine oder gar fünf Minuten, sprich 600 Sekunden) oder es gleich ganz zu deaktivieren ❶, und zwar so lange, bis Sie mit der Korrektur fertig sind. Sie finden die betreffenden Optionen in den EINSTELLUNGEN unter WIEDERGABE.

Abbildung 9.52 ▶
Führen Sie eine umfangreichere Farbkorrektur durch, sollten Sie das automatische Rendering entweder verzögern oder gleich ganz deaktivieren, um Ihre Festplatte nicht mit unnötigen Renderdateien zu belasten.

SmoothCam-Effekt

Was in den Vorversionen noch ziemlich umständlich als SmoothCam-Effekt angewandt werden musste, ist nun, ebenso wie die Farbkorrektur, innerhalb eines Clips zu finden. Sollten Sie also einen verwackelten Clip stabilisieren oder einen »rollenden« Clip begradigen wollen, reicht in vielen Fällen ein einfacher Klick.

9.3 Weitere Korrekturen: Stabilisierung und Rolling Shutter

Neben der Farbkorrektur und den Bewegungseinstellungen (denen wir uns ab Seite 394 widmen) verfügt Final Cut Pro noch über weitere Korrekturfunktionen, die man innerhalb eines Clips aktivieren und bis zu einem gewissen Grade auch einstellen kann: die Stabilisierung und der Rolling Shutter.

Oft reicht hierbei nur eine leichte Stabilisierung aus, um einen Clip professionell gefilmt aussehen zu lassen. In der Fernseh- und Filmproduktion benutzt man meistens Stative, Dollys oder Steadycams, um die Verwackelung von Aufnahmen bereits am Set zu verhindern. Manchmal ist diese Nutzung allerdings aus verschiedenen Gründen nicht möglich (beispielsweise aus Platzgründen oder in Fahrzeugen), oder man setzt eine »Wackelkamera« aus Stilgründen ein, zum Beispiel, um einen actionreicheren Shot zu drehen oder um eine Reportage »journalistischer« wirken zu lassen.

Nichtsdestotrotz ist der Einsatz des Stabilisierers immer dann anzuraten, wenn eine Aufnahme zu wackelig ist oder um einen Shot wirken zu lassen, als sei er von einem Stativ oder einer Steadycam gefilmt.

Stabilisierung anwenden | Zur Anwendung der Stabilisierung von Final Cut Pro X aktivieren Sie zunächst den betreffenden Clip in der Timeline und wechseln anschließend in das Informationsfenster. Etwas weiter unten finden Sie die Funktion STABILISIERUNG ❹, die Sie aktivieren, indem Sie einen Klick auf das Rechteck vor der Funktion durchführen. Es erscheint der Hinweis BEHERRSCHENDE BEWEGUNG ANALYSIEREN ❸ auf dem Clip im Vorschaufenster. Final Cut Pro X untersucht jetzt die Bewegung der Kamera über unterschiedliche Achsen, um den Shot bestmöglich stabilisieren zu können.

> **Feiner Unterschied**
>
> Stabilisierungen machen sehr häufig den Unterschied zwischen einem guten und einem weniger guten Film aus, um nicht zu sagen: Man erkennt anhand einer gekonnten Stabilisierung, ob ein Film professionell ist oder nicht.

▼ **Abbildung 9.53**
Aktivieren Sie die Stabilisierung im Informationsfenster, beginnt Final Cut Pro X mit der Analyse der Kamerabewegung.

Ist die Analyse abgeschlossen, können Sie den Film in der Timeline starten und sehen sofort das Ergebnis der Stabilisierung. Da es sich auch bei dieser Korrektur im weitesten Sinne des Wortes um einen Effekt handelt, muss der Clip natürlich gerendert wer-

> **Analyse im Hintergrund**
>
> Auch bei der Analyse der Kamerabewegung handelt es sich um eine Hintergrundaktion. Je nachdem, wie lang Ihr Clip und/oder wie schnell Ihr Rechner ist, kann die Analyse einige Minuten in Anspruch nehmen. Da es allerdings eine Hintergrundaktion ist, können Sie in der Zeit an anderen Clips weiterarbeiten.

den. Auch dies erfolgt (wenn aktiviert) automatisch im Hintergrund, wobei Sie das Ergebnis wahrscheinlich auch schon ungerendert in Echtzeit betrachten können.

Die Analyse wird übrigens innerhalb eines Clips gespeichert. Sie können also problemlos die Stabilisierung im Informationsfenster ein- und ausschalten, um das Ergebnis mit dem Original zu vergleichen, ohne dabei Gefahr zu laufen, die Analysedaten zu verlieren, sprich, ohne bei jeder Aktivierung wieder neu analysieren zu müssen.

Stabilisierung anpassen | Nun ist es bei der Stabilisierung von Final Cut Pro X so, dass das erste Ergebnis nicht unbedingt das beste Ergebnis ist. Sie haben die Möglichkeit, den Stabilisierer entsprechend Ihren Vorstellungen anzupassen. Wir unterscheiden hier zwischen zwei Formen der Stabilisierung:

- Harte Stabilisierung: Lässt einen Shot so wirken, als wäre er von einem Stativ aus gefilmt worden, das heißt, es werden möglichst alle Kamerabewegungen unterdrückt.
- Weiche Stabilisierung: Verringert nur die Stärke der Kamerabewegung, um ein zu extremes Wackeln zu verhindert. Diese Form wird häufig bei Fahrten oder bei Gängen mit der Kamera angewandt, wobei hier eine Restbewegung vorhanden sein sollte, um das Bild nicht zu statisch wirken zu lassen.

Um die Stabilisierung anzupassen, klicken Sie auf den Befehl ANZEIGEN neben der Stabilisierungsfunktion. Es erscheinen drei Regler für die drei möglichen Achsen einer Kamerabewegung:

- GLÄTTUNG FÜR AUSGABE: Diese Funktion reguliert die X- und Y-Achse der Kamera, also die Bewegung nach oben und unten sowie nach links und rechts.
- GLEICHMÄSSIGE ROTATION: Hierbei werden leichte Drehungen der Kamera unterdrückt.
- GLEICHMÄSSIG SKALIEREN: Hiermit stellen Sie die Größe des Bildes ein, und zwar in dem Fall, dass die Kamera sich bei der Aufnahme nach vorne und/oder hinten bewegt und sich dadurch die Größe der Aufnahme verändert.

> **Endlosschleife**
>
> Da die meisten Clips sehr schnell vorbei sind und man dadurch nicht allzu viel Zeit für das Einstellen der Regler hat, macht es Sinn, für die Wiedergabe In- und Out-Punkte über dem Clip zu sehen und die Endlosschleife zu aktivieren (cmd + L).

Das Einstellen der Regler kann bei laufendem Bild erfolgen. Schauen Sie sich den Clip in der Timeline an, und steuern Sie hierbei mit den Schiebereglern nach links oder nach rechts, wie sehr Sie die Bewegung der einzelnen Achsen unterdrücken möchten. Je weiter Sie einen Regler nach rechts ziehen, umso »steifer« wird die Bewegung der jeweiligen Achse.

Probieren Sie ruhig mehrere Möglichkeiten der Stabilisierung aus. Wie gesagt ist das erste Ergebnis meist nicht das beste Ergebnis, und in vielen Fällen wirkt ein bisschen Restbewegung organischer als eine komplette, harte Stabilisierung.

▲ **Abbildung 9.54**
Über die Schieberegler bestimmen Sie den Grad der Stabilisierung der verschiedenen Achsen.

Rolling Shutter | Als *Rolling Shutter* bezeichnet man den Effekt, der meist vertikale Kanten, beispielsweise von Gebäuden, zum »Rollen« bringt, das heißt, die Kante wirkt, als sei sie weich und elastisch. Der Effekt tritt häufig bei CCD-basierten Kameras auf oder nach der Durchführung einer extremen Stabilisierung.

Ebenso wie die Stabilisierung lässt sich der ROLLING SHUTTER ❶ über einen einfachen Klick auf das Rechteck links neben dem Funktionsnamen im Informationsfenster aktivieren. Der Rolling Shutter muss allerdings nicht analysiert werden, sondern zeigt sofort ein erstes Ergebnis.

▼ **Abbildung 9.55**
Den Rolling Shutter aktivieren Sie über einen Klick auf das Rechteck neben dem Funktionsnamen im Informationsfenster.

▲ **Abbildung 9.56**
Über den AMOUNT regeln Sie die Stärke des Rolling Shutters.

Im Gegensatz zum Stabilisierer hat der Rolling Shutter keine komplexeren Einstellungsmöglichkeiten, sondern nur ein Dropdown-Menü AMOUNT, wo sich der Stärkegrad des Effekts von OHNE bis SEHR HOCH einstellen lässt. Abhängig davon, wie elastisch die Kanten innerhalb Ihres Bildes wirken, sollten Sie den Stärkegrad des Rolling Shutters wählen.

An dieser Stelle sei noch einmal angemerkt, dass weder der Stabilisierer noch der Rolling Shutter Wunder bewirken. Es sind »nur« Effekte, die Sie innerhalb eines Clips zur Verbesserung aktivieren können, keine Zaubermittel für tolle Bilder. Je mehr Sie also beim Drehen darauf achten, eine ruhige Kamera zu führen, umso weniger Gebrauch müssen Sie von den Werkzeugen machen.

9.4 Geschwindigkeit ändern

Bei der Änderung der Clipgeschwindigkeit unterscheiden wir zwischen der *linearen* Geschwindigkeitsanpassung, das heißt, der Clip läuft über die gesamte Dauer schneller oder langsamer, und der *variablen* Geschwindigkeit, sprich, der Änderung der Geschwindigkeit innerhalb des Clips (auch als Time Remapping bezeichnet). Zuständig für beide Formen der Geschwindigkeitsänderung innerhalb von Final Cut Pro X ist der so genannte Retimer, der sich in einem Clip aktivieren lässt. Außerdem gibt es noch Zusatzfunktionen für Spezialeffekte innerhalb des Clip-Menüs.

> **Geschwindigkeit mit zwei Werten**
>
> Etwas verwirrend ist, dass Final Cut Pro X bei der Geschwindigkeit mit zwei Werten rechnet, einmal in Prozent, einmal in Faktoren. Prozente lassen sich aber ebenso leicht in Faktoren umwandeln wie Beschleunigungsfaktoren in Prozente. Schnellere Geschwindigkeit ist immer größer als 100 %, Zeitlupen sind immer geringer als 100 %, also ½, ¼ und so weiter.

9.4.1 Lineare Geschwindigkeitsänderung

Zur linearen Änderung der Geschwindigkeit, beispielsweise um einen gesamten Clip schneller oder langsamer abzuspielen, aktivieren Sie das Element in der Timeline und aktivieren den Retimer über das Menü ÄNDERN • RETIME • RETIME-EDITOR EINBLENDEN. Alternativ dazu können Sie den Retimer auch aus dem Kontextmenü des Clips in der Timeline wählen oder über das Tastenkürzel [cmd]+[R]. Es erscheint ein grüner Balken mit der Bezeichnung NORMAL und (100 %) oberhalb des Clips. Dies ist Ihr Retiming-Werkzeug.

Abbildung 9.57 ▼
Der Retimer erscheint als grüner Balken oberhalb des Clips.

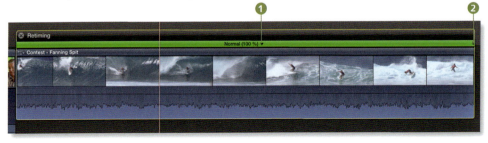

Clip verlangsamen | Die Bedienung des Retimers kann über zwei Wege erfolgen: über das kleine Dropdown-Menü ❶ rechts neben der Prozentangabe oder über den Griff ❷ am rechten Rand des Balkens. Um jetzt beispielsweise eine 50%ige Zeitlupe zu generieren, klicken Sie auf das kleine Dreieck und wählen aus dem Kontextmenü den Wert LANGSAM • 50%. Der Retimer wird daraufhin orangefarben, was darauf hinweist, dass eine Geschwindigkeitsverlangsamung stattgefunden hat; der Clip spielt jetzt in halber Geschwindigkeit, das heißt, er wird doppelt so lang.

Auf demselben Weg können Sie einen Clip auch in 25%iger oder gar in 10%iger Geschwindigkeit abspielen.

▲ **Abbildung 9.58**
Wählen Sie aus dem Kontextmenü des Retimers den Wert 50%, um die Abspielgeschwindigkeit zu halbieren.

Clip beschleunigen | Zur Beschleunigung eines Clips aktivieren Sie wieder den Retimer und wählen statt LANGSAM die Funktion SCHNELL aus dessen Kontextmenü. Hier stehen Ihnen die Beschleunigungsfaktoren 2x, 4x, 8x und 20x zur Verfügung. Je nach gewähltem Faktor wird die Abspielgeschwindigkeit entsprechend vervielfacht, und der Retimer wird in Blau dargestellt.

▲ **Abbildung 9.59**
Um einen Clip zu beschleunigen, wählen Sie die Funktion SCHNELL und einen entsprechenden Beschleunigungsfaktor.

Manuelle Anpassung | Anstatt einen von Final Cut Pro vorgegebenen Wert zu wählen, können Sie auch einen Geschwindigkeitswert manuell festlegen. Hierfür greifen Sie mit der Maus den Griff ❸ rechts des Retimer-Balkens und ziehen entweder nach innen oder nach außen. Ziehen Sie nach außen, wird der Clip langsamer, ziehen Sie nach innen, beschleunigen Sie das Element. Bereits beim Ziehen zeigt Ihnen der Retimer den Wert für die Geschwindigkeit in Prozent und den Hinweis an, ob das Element jetzt langsamer oder schneller abgespielt wird (was auch an der Orange- oder der Blaufärbung zu erkennen ist).

▲ **Abbildung 9.60**
Alternativ zu den Vorgaben des Retimers können Sie einen Clip auch langsamer (nach außen) oder schneller (nach innen) ziehen.

Zeitraffer | Mitunter kann es notwendig sein, auch einmal extreme Beschleunigungen zu errechnen, beispielsweise wenn Sie einen Sonnenuntergang gefilmt haben und diesen beschleunigen möchten. Geschwindigkeitsänderungen über 50 000% sind hierbei keine Seltenheit. Im Gegensatz zu den Vorgängerversionen macht Final Cut Pro X in diesem Fall keine Probleme.

Ziehen Sie den Retimer ruhig so weit wie nötig nach innen; Final Cut Pro X errechnet automatisch die entsprechende Geschwindig-

> **Synchronität gewährleistet**
>
> Dank der Dynamik von Final Cut Pro X werden alle nachfolgenden Clips automatisch weiter nach vorne oder nach hinten bewegt, je nachdem, in welche Richtung Sie den Retimer ziehen. Sie brauchen sich also keine Sorgen zu machen, im weiteren Verlauf des Films irgendwo versehentlich asynchron zu werden.

keit und stellt den Clip entsprechend schneller dar – auch wenn Sie aus einem 45-minütigen Sonnenuntergang einen fünfsekündigen Clip generieren wollen. Selbst eine akkurate Echtzeitvorschau steht in diesem Fall noch zur Verfügung, was bei Final Cut Pro 7 noch undenkbar war.

▲ **Abbildung 9.61**
Selbst extremste Beschleunigungen von über 100 000 % sind in Final Cut Pro X noch problemlos möglich.

> **Retiming beenden**
>
> Wenn Sie mit der Bearbeitung des Retimers fertig sind, können Sie ihn entweder über das Tastenkürzel cmd + R oder über das kleine Kreuz links neben der Bezeichnung Retiming schließen.

Geschwindigkeit zurücksetzen | Wenn Sie im Verlauf Ihrer Arbeit eine Beschleunigung oder Verlangsamung auch wieder rückgängig machen wollen, können Sie über das Dropdown-Menü des Retimers jederzeit die Funktion Normal mit (100 %) wählen, um auf die Ursprungsgeschwindigkeit zurückzugreifen (Tastenkürzel cmd + alt + R).

Abbildung 9.62 ▶
Über die Normal-Funktion kommen Sie jederzeit wieder auf die Echtzeitwiedergabe eines Clips zurück.

Rückwärts abspielen | Mitunter kommt es vor, dass Sie einen Clip einmal rückwärts abspielen müssen, um beispielsweise die Richtung eines Kameraschwenks zu ändern. Diese Funktion ist im Retimer leider nicht hinterlegt, sondern muss über das Menü angewählt werden. Aktivieren Sie hierfür den Clip in der Timeline, und wählen Sie aus dem Menü Ändern • Retime • Clip umkehren. Auf dem Retime-Balken erscheinen daraufhin kleine Pfeile nach links, der Retimer erhält die Bezeichnung Normal rückwärts, und die Prozentanzeige wird negativ mit einem Minus als Vorzeichen angezeigt.

◄ **Abbildung 9.63**
Kehren Sie die Abspielrichtung eines Clips um, ändern sich auch die Bezeichnungen und die Darstellung des Retimers.

Ist die Abspielrichtung erst einmal umgekehrt, werden auch alle Retime-Funktionen in der Gegenrichtung durchgeführt. Im Kontextmenü des Retimers erscheinen die Beschleunigungsvorgaben nunmehr mit einem Minusfaktor (–2x, 4x etc.) und die Verlangsamungsvorgaben in negativen Prozent (–50 %, –25 % usw.). Auch wenn Sie jetzt am Griff des Retimers ziehen, wird die Abspielgeschwindigkeit im negativen Prozentbereich dargestellt.

Retime-Schaltfläche | Bevor wir uns mit den weiteren Funktionen des Retimers auseinandersetzen, werfen wir noch einen kurzen Blick auf das Retime-Menü ❶: Klicken Sie mit der Maus hierfür auf die Schaltfläche mit dem kleinen Tachometer und dem Pfeil nach unten, rechts neben dem magischen »Verbesserungs-Button«. Es erscheint ein Dropdown-Menü mit allen Funktionen des Retimers: das Schneller- und Langsamer-Machen, Rückwärts, Instant Replay und so weiter. Dieses Menü enthält dieselben Funktionen, die Sie auch direkt im Retimer eines Clips oder im Menü ÄNDERN • RETIME vorfinden.

Je nach Ihrer Arbeitsweise können Sie entscheiden, ob Sie lieber über das Menü gehen, den Retimer eines Clips in der Timeline öffnen (Tastenkürzel [R]) oder über die Retime-Schaltfläche gehen; die Funktionalitäten sind immer identisch. Vergessen Sie aber nicht, vor der Anwendung des Retime-Schalters den Clip in der Timeline zu aktivieren, den Sie bearbeiten möchten.

9.4.2 Veränderte Tonhöhe – Pitch Shifting

Bei der Änderung der Abspielgeschwindigkeit wird der Ton des Clips immer mit beschleunigt oder verlangsamt. Als zusätzliche Funktion bietet Final Cut Pro ein automatisches Shifting des Tons an, das heißt, die Tonhöhe bleibt weitestgehend identisch mit der des Originals. Beschleunigen Sie einen Clip, wird die Tonhöhe nicht nach oben gezogen (der so genannte Mickey-Mouse-Effekt); verlangsamen Sie einen Clip, wird die Tonhöhe ebenso natürlich auch nicht nach unten gedrückt. Final Cut Pro X errechnet das Shifting hierbei nach einem sehr intelligenten Algorithmus, sodass das Resultat meist zu brauchbaren Ergebnissen führt. Um zu verhindern, dass das Pitch Shifting einsetzt, das heißt, wenn

▲ **Abbildung 9.64**
Die Retime-Schaltfläche umfasst alle Funktionen, die Sie auch im Menü oder innerhalb des Retimers eines Clips finden.

Schaltfläche oder Menü

Im Verlauf dieses Abschnitts werden wir die meisten Funktionen aus dem Menü oder innerhalb eines Clips aufrufen; Sie können alternativ allerdings auch über die Retime-Schaltfläche arbeiten – je nachdem, wie es Ihnen beliebt.

Sie tatsächlich einen Mickey-Mouse-Effekt bei einer Beschleunigung oder einen tieferen Ton während einer Zeitlupe hören wollen, wählen Sie aus dem Menü ÄNDERN • RETIME • TONHÖHE BEIBEHALTEN, sodass das Häkchen vor dem Befehl verschwindet. Auf demselben Weg können Sie die Funktion auch wieder reaktivieren.

Audio trennen | Um zu vermeiden, dass die Geschwindigkeit des Tons beim Retiming automatisch angepasst wird, bleibt Ihnen nichts anderes übrig, als den Ton vom Bild zu trennen. Aktivieren Sie hierfür den Clip in der Timeline, und wählen Sie aus dem Menü CLIP • AUDIO TRENNEN. Der Ton erscheint jetzt als eigene Spur innerhalb der Timeline und bleibt unbeeinflusst bei der Änderung der Abspielgeschwindigkeit des Videos.

Abbildung 9.65 ▼
Um das Video ohne den Ton zu beschleunigen oder zu verlangsamen, müssen Sie beide Elemente vorher in der Timeline trennen.

Bemerkenswerterweise haben auch Tonelemente einen eigenen Retimer. Sollten Sie also den O-Ton eines Clips, einen Soundeffekt oder gar Musik beschleunigen oder verlangsamen wollen, aktiveren Sie das Tonelement in der Timeline und wählen auch hier wieder den Retimer zur Bearbeitung der Geschwindigkeit.

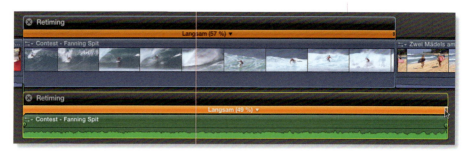

Abbildung 9.66 ▼
Auch Audioelemente verfügen über einen eigenen Retimer zur Beschleunigung oder Verlangsamung des Tons.

9.4.3 Variable Geschwindigkeitsänderung – einfach
Nicht immer ist es notwendig oder angebracht, einen gesamten Clip zu beschleunigen oder zu verlangsamen. Stattdessen kann es mitunter sogar besser aussehen, nur einen Teil des Videos zu bearbeiten, beispielsweise um einen Gang zu beschleunigen oder um eine Schlüsselszene wie einen Torschuss oder ein Foul

beim Fußball in Zeitlupe zu zeigen. Man spricht hier von einer Geschwindigkeitsrampe oder einem *Time Remapping*.

Bei unserem ersten Beispiel handelt es sich um den Gang eines Darstellers mit einer Schubkarre durch eine Gasse. Der gesamte Clip ist ungefähr 35 Sekunden lang, wobei alleine der Gang rund 15 Sekunden ausmacht. Um diesen Gang nun zu beschleunigen, wählen wir das Werkzeug BEREICHSAUSWAHL (Tastenkürzel R) und ziehen mit der Maus direkt auf dem Clip den Bereich auf, den wir beschleunigen wollen.

Anschließend wählen wir aus dem Menü ÄNDERN • RETIME • SCHNELL • 8x. Zwar erscheint jetzt der Retimer über dem gesamten Clip, es wird aber nur der Bereich beschleunigt, den wir vorher ausgewählt haben, was an dem blauen Balken oberhalb des Bereichs gut zu erkennen ist.

Zwar sieht es in der Timeline aus, als sei der Clip vor und hinter der Beschleunigung abgeschnitten, das heißt, es wird hart in die Beschleunigung rein- und auch wieder herausgegangen. Jedoch wendet Final Cut Pro X hier einen intelligenten Algorithmus an, wonach eine zeitliche Rampe gebaut wird; die Beschleunigung wird also über eine kurze Dauer von 100 % (Echtzeit) bis 800 % (Beschleunigung) interpoliert.

Sollten Sie mit dem Ergebnis noch nicht zufrieden sein, können Sie die Geschwindigkeit auch manuell verändern, indem Sie einfach am Griff des Retimers ziehen und den Bereich dadurch schneller oder langsamer gestalten.

▲ **Abbildung 9.67**
Mit dem Bereichsauswahl-Werkzeug ziehen wir auf dem Clip zunächst einen Bereich auf, den wir beschleunigen wollen.

Randnotiz

Ziehen Sie einen Bereich des Retimers nach außen, um diesen zu verlangsamen, dehnt sich auch das Piktogramm auf dem Clip in der Timeline. Dieser Effekt bedeutet ... nichts! Aber lustig sieht's aus, gell?

Abbildung 9.68 ▶
Ziehen Sie am Griff des Retimers, um die Geschwindigkeit des Bereichs manuell zu verändern.

Nach demselben Prinzip können Sie natürlich auch eine Zeitlupe gestalten: Ziehen Sie wiederum einen Bereich innerhalb Ihres Videoclips in der Timeline auf, und wählen Sie aus dem Menü ÄNDERN • RETIME • LANGSAM • 25%. Der Bereich wird jetzt daraufhin auf ein Viertel der Ursprungsgeschwindigkeit verlangsamt, wobei sich die Zeitlupe auch wieder nicht hart, sondern langsam aufbaut.

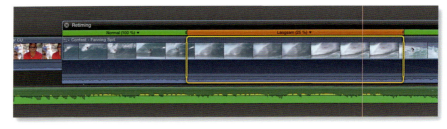

Abbildung 9.69 ▲
Um eine temporäre Zeitlupe zu generieren, wählen Sie wieder einen Bereich aus der Timeline und anschließend eine langsamere Geschwindigkeit, beispielsweise 25 %.

9.4.4 Variable Geschwindigkeitsänderung – Temporampe

Nach demselben Prinzip, nur noch ein wenig extremer, arbeitet die Funktion TEMPORAMPE • NACH 0% und TEMPORAMPE • VON 0%. Im ersten Fall wird das Bild so weit verlangsamt, dass es am Ende des Bereichs zum Stehen kommt; im zweiten Fall startet der Clip mit einem stehenden Bild und beschleunigt bis auf Echtzeit.

Clip langsam anhalten | Ziehen Sie auch für diesen Effekt wieder einen Bereich innerhalb Ihres Clips mit dem Bereichsauswahl-Werkzeug auf, und zwar so, dass der letzte Frame des Bereichs dem Standbild entspricht, auf dem Sie enden möchten (ziehen Sie keinen Bereich auf, wird der gesamte Clip verlangsamt und endet, logischerweise, auf dem letzten Frame).

Wählen Sie anschließend aus dem Menü ÄNDERN • TEMPORAMPE • NACH 0%. Der Clip wird daraufhin in mehrere Retiming-Bereiche aufgeteilt, und zwar dergestalt, dass jeder Bereich immer etwas langsamer wird, beispielsweise 88 % – 63 % – 38 % – 13 %. Der letzte Frame erscheint in Rot, was einem Standbild entspricht. Auch in diesem Fall brauchen Sie sich keine Sorgen zu machen, dass die Zeitrampe ruckartig verläuft; Final Cut Pro X interpoliert auch hier die Geschwindigkeit, sodass die Zeitlupe mehr oder minder sanft verläuft.

> **Zwischenrenderings**
>
> Wie bei vielen anderen Effekten auch sieht man das optimale Ergebnis des Time Remappings häufig erst nach dem Rendern. Bevor Sie also von der Beschleunigung oder der Zeitlupe enttäuscht sind, lassen Sie Final Cut Pro X den Bereich zunächst neu berechnen; häufig führt dies zu einem Unterschied wie Tag und Nacht. Wie Sie das Rendern manuell starten, lesen Sie auf Seite 477.

◄ **Abbildung 9.70**
Wählen Sie die Temporampe nach 0 %, wird der Bereich so lange verlangsamt, bis er am Ende zum Stehen kommt.

Da ja auch der letzte Frame ein eigener Retiming-Bereich ist, können Sie diesen am Retime-Griff ziehen, um das Standbild am Ende zu verlängern. Besonders bei extremen Sportarten wie unseren Surfern wirkt ein ein- oder zweisekündiges Standbild häufig spektakulärer, als wenn nur ein Frame eingeblendet werden würde.

◄ **Abbildung 9.71**
Um das Standbild am Ende zu verlängern, ziehen Sie einfach den Griff des Retimers auf die gewünschte Länge.

Clip auf Normalgeschwindigkeit beschleunigen | Um einen Clip von einem Standbild aus bis hin zur Echtzeit zu beschleunigen, ziehen Sie auch wieder einen Bereich auf und wählen aus dem Menü Ändern • Retime • Temporampe • von 0 %. In diesem Fall wird der erste Frame zum (sehr kurzen) Standbild, und alle folgenden Retime-Bereiche werden schneller und schneller dargestellt, bis am Ende das letzte Segment der Echtzeitwiedergabe entspricht.

▼ **Abbildung 9.72**
Bereiche oder ganze Clips lassen sich auch von einem Standbild aus starten, wobei man natürlich auch beide Funktionen nach 0 % und von 0 % kombinieren kann.

Standbilder | Wenn wir schon dabei sind, können wir uns auch gleich dem Thema Standbild widmen. Standbilder aus dem Video heraus werden relativ häufig gebraucht, beispielsweise um etwas hervorzuheben, als Hintergrund für Text und Grafiken oder als Abschluss eines ausgespielten Programms, wie von vielen Sendern gefordert, oder auch als Einleitung einer Werbepause.

Zum Generieren eines Standbildes platzieren Sie zunächst den Playhead auf dem Frame in der Timeline, den Sie »fotografie-

> **Von Standbild zu Standbild**
>
> Bei Bedarf lassen sich die beiden Funktionen NACH 0% und VON 0% auch kombinieren, sodass ein Clip zunächst im Standbild endet, um gleich darauf wieder vom Standbild zu starten. Hierfür ist es nur notwendig, dass Sie den Bereich ziemlich exakt am Ende des ersten Standbilds in der Timeline auswählen.

ren« möchten. Anschließend wählen Sie aus dem Menü ÄNDERN • RETIME • HALTEN (Tastenkürzel ⇧+H). Auch bei dieser Funktion wird wieder ein Retiming-Bereich geöffnet, wobei das Standbild einen eigenen, roten Retime-Balken erhält, der mit einer Geschwindigkeit von 0% auf einen Freeze-Frame hinweist.

Im Gegensatz zum Time Remapping, also der variablen Beschleunigung oder Verlangsamung wird hier allerdings nicht interpoliert, sondern das Standbild kommt hart rein, und wenn es nach dem Standbild noch weitergeht, springt es auch hart wieder raus, was sich wiederum im Ton widerspiegelt, da dieser über die Dauer des Standbildes ausgeblendet wird. Um das Standbild zu verlängern (oder zu verkürzen), greifen Sie wieder den Griff des Retimers und ziehen ihn entweder nach außen (länger) oder nach innen (kürzer).

Abbildung 9.73 ▶
Auch Standbilder sind »nur« Retime-Bereiche, die man länger oder kürzer ziehen kann.

> **Standbild am Ende**
>
> Um am Ende Ihres Films ein Standbild zu erstellen, springen Sie mit dem Playhead zunächst ans Ende Ihres Projekts (End-Taste) und gehen dann via Pfeiltaste nach links einen Frame zurück, bevor Sie die Standbild-Funktion auswählen, denn das Ende Ihres Projekts ist nicht gleich dem letzten Frame!

Verschieben von Standbildern | Da die Standbilder von Final Cut Pro X anders als in den Vorgängerversionen keine eigenen Elemente in der Timeline darstellen, sondern als Retime-Bereich Teil des Videoclips sind, können sie auch innerhalb dessen verschoben werden. Allerdings ist die Vorgehensweise hierbei etwas gewöhnungsbedürftig.

Zunächst einmal muss das Standbild natürlich über den Halten-Befehl erstellt worden sein. Anschließend klicken Sie auf das Dropdown-Menü der vorangegangenen Retime-Sektion (das Standbild hat kein eigenes Dropdown-Menü), und wählen Sie hier die Funktion END-AUSGANGSBILD ÄNDERN.

Abbildung 9.74 ▶
Das Verschieben von Standbildern funktioniert nur über den vorhergehenden Retime-Bereich.

Über dem ersten Frame des Standbildes erscheint nun das Symbol eines kleinen Filmrahmens. Ziehen Sie diesen Rahmen nach links oder nach rechts, um den Inhalt des Standbildes zu verändern; der entsprechende Frame wird Ihnen hierbei im Vorschaufenster angezeigt. Die Dauer des Standbildes bleibt beim Verschieben natürlich gleich.

◀ **Abbildung 9.75**
Verschieben Sie den kleinen Filmrahmen im Retime-Bereich, um den Inhalt des Standbildes zu ändern.

Löschen von Retime-Bereichen | Sollten Sie ein Standbild generiert oder den Bereich eines Clips verlangsamt oder beschleunigt haben, können Sie einzelne Retime-Sektionen auch im späteren Verlauf noch löschen, ohne Ihrem Clip dabei Schaden zuzufügen. Klicken Sie hierfür einfach mit der Maus auf den entsprechenden Retime-Balken, und betätigen Sie anschließend die ⌫-Taste. Der Retime-Balken verschwindet, und der Clip wird wieder in einer Geschwindigkeit bzw. ohne Standbild abgespielt.

Instant Replay | Eine Funktion von Final Cut Pro X erleichtert Ihnen die Arbeit mit der Zeitlupe, indem sie gleich mehrere Schritte in einem Befehl vereint: das Instant Replay, die »sofortige Zeitlupe«, die man vor allem aus Sportsendungen kennt.

Um einen Clip oder den Bereich eines Clips sofort im Anschluss zu wiederholen, aktivieren Sie das Element (oder ziehen mit dem Bereichswerkzeug einen Bereich auf) und wählen aus dem Menü ÄNDERN • RETIME • INSTANT REPLAY. Final Cut Pro X dupliziert daraufhin den Clip (oder den Bereich) in der Timeline und öffnet gleichzeitig auch den Retimer über dem Element. Hier können Sie jetzt aus dem Dropdown-Menü eine neue Geschwindigkeit wählen oder über den Retimer manuell die Abspielgeschwindigkeit ändern.

▼ **Abbildung 9.76**
Das INSTANT REPLAY dupliziert den Clip (oder einen Bereich) und öffnet gleichzeitig den Retimer, über den Sie die Geschwindigkeit anpassen können.

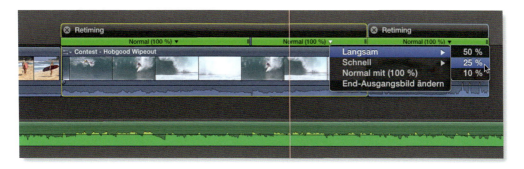

Zurückspulen | Noch einen Schritt weiter geht das ZURÜCKSPULEN: Hierbei wird der Clip zweimal dupliziert und zunächst in vielfacher Geschwindigkeit rückwärts abgespielt, bevor er wieder in Echtzeit dargestellt wird, ganz so, als würden Sie das Band in einer Kamera zurückspulen, um es erneut abzuspielen.

Zur Anwendung dieser Funktion aktivieren Sie den Clip in der Timeline oder ziehen einen Bereich mit dem Bereichsauswahl-Werkzeug auf und wählen aus dem Menü ÄNDERN • RETIME • ZURÜCKSPULEN 1X, 2X oder 4X. Sie können daraufhin erkennen, dass es jetzt zwei weitere Duplikate des Clips in der Timeline gibt, wobei das erste Duplikat rückwärts und das zweite Duplikat wieder vorwärts spielt.

▲ **Abbildung 9.77**
Die ZEITLUPE dupliziert den Clip (oder einen Bereich) zweifach und spielt den mittleren Clip rückwärts und gegebenenfalls auch beschleunigt ab. Das zweite Duplikat kann über den Retimer beschleunigt oder verlangsamt werden.

Flexibel im Retimer
Da der Retimer auch hierbei wieder automatisch geöffnet wird, können Sie für alle Elemente neue Abspielgeschwindigkeiten wählen, um die Wiederholung beispielsweise wieder in Zeitlupe ablaufen zu lassen.

9.4.5 Wiedergabequalität des Retimers

Bei der Wiedergabe und dem Rendering von Zeitlupen oder Beschleunigungen kann man zwischen drei Qualitätsstufen wählen: NORMAL (voreingestellt), BILDÜBERBLENDUNG und OPTISCHER FLUSS. Sie ändern die Retimer-Qualität über das Menü ÄNDERN • RETIME • VIDEOQUALITÄT.

Wählt man NORMAL, werden die Bilder bei einer Zeitlupe einfach dupliziert, während bei einer Beschleunigung Frames entfernt werden. Diese Einstellung reicht für viele Anwendungsfälle, vor allem, wenn man mit »geraden« Faktoren rechnet, also 2x, 4x oder 8x bzw. 50 % oder 25 %. Die Einstellung NORMAL hat dadurch zwar die geringste Qualität, aber auch die kürzeste Renderzeit.

Bei der BILDÜBERBLENDUNG interpoliert Final Cut Pro X die fehlenden Bilder einer Zeitlupe und rechnet bei Beschleunigungen die überflüssigen Frames akkurater heraus. Diese Einstellung bietet sich vor allem dann an, wenn Sie mit ungeraden Prozenten oder Faktoren arbeiten, also wenn keine vollen Frame herausgerechnet oder dupliziert werden können. Die Qualität hier ist zwar gut, allerdings muss man mit erhöhten Renderzeiten rechnen.

Bei OPTISCHER FLUSS werden alle Bilder auf Basis eines eigenen Algorithmus neu berechnet, was sich vor allem bei variablen Zeitlupen und Beschleunigungen anbietet. Der optische Fluss hat dabei natürlich die bestmögliche Qualität, allerdings muss der Anwender vergleichsweise lange auf ein Renderergebnis warten.

Ausprobieren
Sollten Sie nicht gerade unter Zeitdruck sein, kann es gegebenenfalls Sinn machen, unterschiedliche Qualitäten auszuprobieren, bevor Sie sich entscheiden. Nicht immer erzielt der optische Fluss auch das beste Ergebnis. Häufig kann sogar die Normal-Einstellung besser aussehen als eine höhere Videoqualität.

9.5 Videoeffekte – Filter für Videoelemente

Neben der Farbkorrektur, die wir in Abschnitt 9.2 ja schon ausführlich besprochen haben, verfügt Final Cut Pro X über eine recht umfangreiche Bibliothek an Filtern, die man auf einem Videoclip anwenden kann. Da die Farbkorrektur ja, im Vergleich zu den Vorversionen, nicht mehr als Filter, sondern als Bestandteil eines Clips angewandt wird, umfassen die Filter von Final Cut Pro X hauptsächlich Spezialeffekte zur Stilisierung oder zur Verfremdung von Bildern.

9.5.1 Effekte-Übersicht für Videofilter

Die Filter von Final Cut Pro X finden Sie in einem eigenen Bereich rechts der Timeline, den Sie über die Schaltfläche mit dem Filmrahmen und dem kleinen Fenster ❶ finden (Tastenkürzel cmd + 5). Diese so genannte Effekte-Übersicht enthält alle Filter für Video und Audio sowie ein Suchfeld ❹ unterhalb der Übersicht. Links des Suchfeldes befindet sich außerdem eine kleine Schaltfläche ❸, mit der Sie die Kategorien ein- und ausblenden können.

Mehr Übersicht

Je nachdem, wie groß Ihr Monitor ist oder wie viele Filter Sie gleichzeitig sehen möchten, können Sie die Übersicht über den linken Rand breiter oder schmaler ziehen.

◄ **Abbildung 9.78**
In der Effekte-Übersicht finden Sie alle Filter von Final Cut Pro sowie ein Suchfeld.

Übersicht ausblenden

Um die gesamte Effekte-Übersicht wieder auszublenden, klicken Sie auf das kleine Kreuz links oben neben der Bezeichnung Effekte oder auf die Effekte-Schaltfläche ❶.

Je nachdem, auf welche Kategorie Sie klicken, sehen Sie die entsprechende Auswahl. Möchten Sie beispielsweise alle Videofilter sehen, klicken Sie mit der Maus auf die Bezeichnung All ❷.

im Videobereich. Interessieren Sie sich nur für Blurs, klicken Sie auf die Bezeichnung WEICHZEICHNEN innerhalb der Videokategorie. Entsprechend erscheinen nur Filter wie PRISMA, GERICHTET, GAUSS'SCHES etc. in der Übersicht.

Filter finden | Sollten Sie den Namen oder nur ein paar Buchstaben eines Effekts kennen, können Sie sie auch in das Suchfeld eingeben. Final Cut Pro filtert daraufhin die Filter in der Übersicht und zeigt nur die Effekte an, die dieser Buchstabenkombination entsprechen. Wichtig hierbei ist, dass Sie die Kategorie ALL aktivieren, damit alle Effekte und nicht nur die einer bestimmten Kategorie durchsucht werden (es sei denn, Sie möchten nur eine bestimmte Kategorie durchsuchen).

Effektvorschau | Bevor Sie einen Filter anwenden, können Sie sich den Effekt auf Ihrem Video in einer Vorschau anzeigen lassen. Aktivieren Sie hierfür den betreffenden Clip in der Timeline, öffnen Sie die Effekte-Übersicht (wenn sie noch nicht offen ist), und fahren Sie mit der Maus über einen beliebigen Filter. Im Vorschaufenster erscheint nun der Clip mit den Standardeinstellungen des Filters.

Indem Sie mit der Maus nach links und nach rechts über das Piktogramm des Effekts fahren, können Sie auch durch Ihren Videoclip »skimmen«. Auf diese Art und Weise ist es relativ effizient, sich unterschiedliche Filter anzuschauen, ohne diese gleich anwenden und gegebenenfalls wieder löschen zu müssen.

> **Rechenleistung**
>
> Je nach Rechenleistung, gewähltem Filter und Material kann die Vorschau einige Sekunden in Anspruch nehmen, bevor sie angezeigt wird. Haben Sie also ein wenig Geduld.

▼ **Abbildung 9.79**
Aktivieren Sie einen Clip in der Timeline, und fahren Sie mit der Maus über das Piktogramm eines Filters, um die Vorschau zu sehen.

9.5.2 Filter anwenden und bearbeiten

Haben Sie sich für einen Filter entschieden, ziehen Sie ihn einfach aus der Effekte-Übersicht per Drag & Drop auf den gewünschten Clip in der Timeline. Während des Ziehens erscheint ein kleines Pluszeichen neben dem Mauszeiger, und der betreffende Clip in der Timeline wird weiß unterlegt/eingefärbt, damit der Anwender besser erkennen kann, auf welches Element der Effekt gerade angewandt wird.

Filter bearbeiten | Ist ein Filter auf einem Videoclip angewandt, erscheint dieser im Informationsfenster unter der Bezeichnung Effects. Klappen Sie die Liste der Einstellungen gegebenenfalls auf, indem Sie auf das kleine Dreieck links neben dem Namen des Filters klicken. Je nach gewähltem Effekt erscheinen nun mehr oder minder viele Optionen, mit denen Sie die Filter nach Ihrem Geschmack gestalten können.

▲ **Abbildung 9.80**
Zur Anwendung eines Filters ziehen Sie ihn per Drag & Drop aus der Effekte-Übersicht auf das gewünschte Element in der Timeline.

Wählen Sie beispielsweise den Filter Gauss'sches, wie in Abbildung 9.81, so finden Sie hier nur drei Einstellungen: die Stärke (Amount) sowie das horizontale und das vertikale Weichzeichnen. Je komplexer der Filter, umso mehr Optionen sind natürlich auch in den Filtereinstellungen enthalten.

▲ **Abbildung 9.81**
Die Einstellungen der angewandten Filter erscheinen im Informationsfenster unterhalb des Bezeichnung Effects.

Onscreen-Kontrolle | Einige Filter, beispielsweise die Vignette, haben eine so genannte Onscreen-Kontrolle, das heißt, der Filter kann nicht nur über die Regler im Informationsfenster bearbeitet werden, sondern auch über Schaltelemente in der Vorschau.

Nehmen wir als Beispiel die Vignette: Wenden Sie diesen Filter auf einem Clip an, erscheinen nicht nur die Schieberegler im Informationsfenster, sondern auch zwei Ovale und ein Kreis im Vorschaufenster. Diese Kontrollelemente können Sie mit der Maus greifen und nach innen oder außen ziehen oder auch verschieben.

Um die Vignette beispielsweise enger zu gestalten, greifen Sie das innere Oval und ziehen es nach innen. Während Sie ziehen, werden Sie sehen, dass der Schieberegler Size sich parallel zur Mausbewegung verschiebt. Zum Weicherzeichnen des Vignettenrahmens ziehen Sie das äußere Oval nach außen, zum Verschieben der Vignette greifen Sie den Kreis in der Mitte und ziehen sie an den gewünschten Punkt in Ihrem Bild.

> **Keine Onscreen-Kontrolle?**
> Die Onscreen-Kontrolle ist tatsächlich nur dann sichtbar, wenn der Clip in der Timeline aktiviert und der Filter im Informationsfenster angeklickt ist; sollten Sie die Onscreen-Kontrolle also nicht sehen, aktivieren Sie beide Elemente.

Abbildung 9.82 ▲
Über die Onscreen-Kontrolle lassen sich einige Filter direkt im Vorschaufenster bearbeiten.

Lassen Sie sich von der Onscreen-Kontrolle aber nicht täuschen: Nur dass ein Effekt diese Kontrollelemente hat, heißt noch nicht, dass Sie auch alle Optionen des Filters onscreen bearbeiten können. Im Falle der Vignette können Sie ausschließlich die Parameter Size, Falloff und Center via Onscreen-Kontrolle bearbeiten; die Spezifikationen für die Weichheit und die Helligkeit finden Sie ausschließlich in den Einstellungen des Filters.

9.5.3 Filtereinstellungen animieren

Fast alle Effektparameter eines Filters lassen sich per Keyframe aktivieren, das heißt, der Anwender hat die Möglichkeit, einen Filter über die Zeit zu verändern.

Ersten Keyframe setzen | Nehmen wir als Beispiel mal einen Effekt, der nur eine Einstellung hat, wie der Effekt 50iger TV. Wenden Sie diesen Effekt auf einem Clip in der Timeline an, platzieren Sie den Playhead auf dem ersten Frame des Elements, und ziehen Sie den Regler Amount auf 0 herunter. In diesem Beispiel möchten wir den Clip so gestalten, dass er zunächst in Farbe beginnt und im Verlauf immer »älter« wird.

Setzen Sie hierfür auf dem ersten Frame, also auf der Playhead-Position, einen Keyframe, indem Sie auf die kleine Raute mit dem Pluszeichen rechts neben dem Amount-Regler klicken (die Raute erscheint erst, wenn Sie mit der Maus über den Regler fahren). Der Wert 0 ist nun via Keyframe auf dieser zeitlichen Position gespeichert.

Zweiten Keyframe setzen | Bewegen Sie jetzt den Playhead auf den letzten Frame des Clips in der Timeline, setzen Sie erneut einen Keyframe, und ziehen Sie den Wert für den Amount hoch auf 100. Spielen Sie den Clip nun ab, um das Ergebnis zu sehen.

▼ **Abbildung 9.83**
Mit Keyframes lassen sich die Einstellungen von Filtern über die Dauer animieren.

Keyframes bearbeiten | Wie Sie ja bereits im Abschnitt zur selektiven Farbkorrektur auf Seite 386 erfahren haben, können Sie die gesetzten Werte der Keyframes auch im späteren Verlauf Ihrer Arbeit noch verändern. Wichtig hierbei ist es, dass Sie sich auch tatsächlich auf einem Keyframe befinden, um den Wert zu bearbeiten.

Um auf einen Keyframe zu springen, klicken Sie mit der Maus auf die kleinen Pfeile links und rechts des Keyframes-Buttons. Der Playhead springt in der Timeline auf den nächsten Keyframe, und Sie können hier den Wert verändern – zu erkennen an der roten Keyframe-Raute mit dem orangefarbenen Rahmen.

Keyframe löschen

Um einen Keyframe zu löschen, klicken Sie auf den Keyframe-Button, auf dem ein kleines rotes Kreuz erscheint.

Keyframes in der Timeline | Keyframes, die Sie auf einem Filter im Informationsfenster gesetzt haben, lassen sich auch in der Timeline anzeigen und dort sogar nachbearbeiten. Wechseln Sie hierfür aus dem Informationsfenster in die Timeline, und klicken Sie auf das winzige, nach unten zeigende Dreieck in der linken oberen Ecke eines Clips. Es erscheint ein Kontextmenü, aus dem Sie die Option VIDEOANIMATION EINBLENDEN wählen (Tastenkürzel [ctrl]+[V]).

Abbildung 9.84 ▶
Klicken Sie auf das winzige, nach unten zeigende Dreieck links oben im Clip, um die Darstellungsoptionen eines Elements anzuzeigen.

Ist diese Darstellungsoption angewählt, erscheinen mehrere Balken oberhalb des Elements in der Timeline. Der oder die obersten Balken stellen dabei die auf dem Clip angewandten Filter dar. Sind auf diesem Balken winzige Rauten ❶ zu sehen, handelt es sich hierbei um die bereits von Ihnen gesetzten Keyframes in der zeitlichen Abfolge.

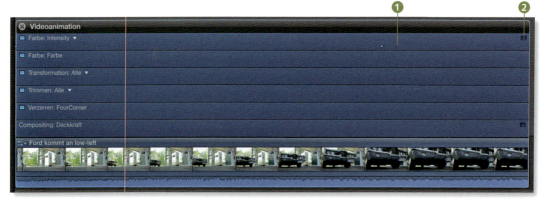

Abbildung 9.85 ▲
In der Darstellung VIDEOANIMATION sind die angewandten Filter und darauf wiederum die Keyframes als winzige Rauten zu sehen.

Zur Nachbearbeitung der Keyframes können Sie den zeitlichen Ablauf »aufklappen«, indem Sie auf die Schaltfläche ❷ ganz rechts oben in dem Filterbalken klicken. Der Balken klappt hierbei dergestalt auf, dass Sie anhand einer feinen Linie die Animation sehen, und zwar jeweils von Keyframe zu Keyframe (je nach Grad der Änderung diagonalere oder flachere Linie).

Die Keyframes (Rauten) lassen sich jetzt sowohl horizontal als auch vertikal verschieben. Das horizontale Verschieben bewegt den Keyframe in der Zeit, das heißt, er wird weiter nach vorne oder nach hinten verschoben; die jeweilige Animation wird also kürzer oder länger. Das vertikale Verschieben des Keyframes ändert den Wert, sodass Sie sich hier den Umweg über das Informationsfenster ersparen.

▲ **Abbildung 9.86**
Keyframes lassen sich sowohl horizontal (zeitlich) als auch vertikal (Werte) in der Videoanimationsansicht verschieben.

Ein- und Ausblenden eines Effekts | Anstatt einen Filter aufwendig über Keyframes ein- und/oder auszublenden, stehen Ihnen in Final Cut Pro X eigens Regler dafür zur Verfügung, die nach einem ähnlichen Prinzip funktionieren wie die Ein- und Ausblendregler des Tons. Fahren Sie einfach mit der Maus über den In- oder Out-Punkt eines Clips in der Videoanimationsdarstellung, erscheinen sowohl am In- als auch am Out-Punkt des Filters kleine Regler, die Sie nach rechts (Einblenden bei In-Punkt) oder nach links (Ausblenden bei Out-Punkt) ziehen können.

Je weiter Sie einen solchen Regler ziehen, umso länger dauert es, bis ein Filter seine volle Wertedarstellung erreicht hat, oder desto länger dauert es, bis ein Filter komplett deaktiviert (unsichtbar) ist. Sie haben über die Regler zwar keinen Zugriff auf andere Parameter als das Ein- und Ausblenden; einfacher als die Animation via Keyframes ist es aber allemal, oder?

> **Mehrere Werte**
> Wenn Sie nicht nur einen, sondern mehrere Werte innerhalb eines Effekts animiert haben, sehen Sie zwar immer nur eine Keyframe-Animation, können aber den jeweiligen Parameter auswählen, indem Sie auf das Dreieck ❸ neben dem Namen des Effekts klicken. Hier erscheinen alle verfügbaren Parameter des Filters, aus denen Sie die Option auswählen können, die Sie gerade bearbeiten möchten.

▲ **Abbildung 9.87**
Über einen Klick auf das winzige Dreieck neben dem Namen des Effekts lassen sich alle Parameter einzeln aufrufen und darstellen.

▼ **Abbildung 9.88**
Zum kompletten Ein- oder Ausblenden eines Filters stehen Ihnen entsprechende Regler in der Videoanimationsansicht zur Verfügung.

9.5.4 Filter deaktivieren, löschen und zurücksetzen

Die Anzahl der möglichen Filter auf einem Clip ist nicht beschränkt (zumindest nicht, soweit wir es feststellen konnten). Allerdings kommt es sehr häufig vor, dass man einen Filter wieder von einem Clip entfernen möchte. Hierfür gibt es zwei Möglichkeiten: Sie können einen Filter entweder löschen oder ihn für die spätere Verwendung deaktivieren.

Löschen | Zum Löschen eines Filters aktivieren Sie ihn im Informationsfenster und bestätigen die ⌫-Taste. Der Filter wird nun entfernt, und Sie verlieren alle bereits getätigten Einstellungen (die Sie nur über Rückgängig-Schritte wieder hervorholen können).

Deaktivieren | Die elegantere Methode ist das Deaktivieren von Effekten, indem Sie auf das blaue Rechteck ❶ links neben dem Namen des Filters klicken. Der Filter wird hierbei nicht mehr auf dem Video dargestellt (das heißt, es muss gegebenenfalls auch nicht mehr gerendert werden), die vorher getätigten Einstellungen bleiben allerdings erhalten, sodass Sie den Filter im späteren Verlauf Ihrer Arbeit auch wieder über dieselbe Schaltfläche aktivieren können.

Abbildung 9.89 ▼
Zum Deaktivieren eines Filters klicken Sie auf die blaue Schaltfläche links neben dem Filternamen. Der Vorteil gegenüber dem Löschen des Filters ist, dass die Einstellungen beibehalten werden.

Filtereinstellungen zurücksetzen | Haben Sie sich mit den Einstellungen eines Filters einmal vergaloppiert und kommen über die Rückschritte nicht mehr zurück auf den Ausgangspunkt, können Sie die Optionen eines Effekts auch wieder auf die Ausgangswerte zurücksetzen.

Hierfür klicken Sie einfach auf den gebogenen Pfeil nach links, ganz rechts neben dem Namen des Effekts, oder Sie klicken rechts neben den Pfeil. Hier erscheint ein Dropdown-Menü, in dem Sie die Funktion PARAMETER ZURÜCKSETZEN wählen können. Final Cut Pro X setzt daraufhin alle Optionen auf die Werkseinstellungen zurück.

▲ **Abbildung 9.90**
Über das Dropdown-Menü eines Effekts lassen sich alle Optionen wieder auf die Werkseinstellung zurücksetzen.

9.5.5 Filterreihenfolge

Wenn Sie mit mehreren Filtern auf einem Clip arbeiten, kann es durchaus entscheidend sein, in welcher Reihenfolge die Filter berechnet werden. Final Cut Pro X arbeitet die Filter von oben nach unten ab, das heißt, der Effekt, der zuoberst liegt, wird zuerst berechnet, dann erst der oder die folgenden. Möchten Sie einen Clip beispielsweise einfärben und zeichnen ihn zunächst in Schwarz-Weiß, um bessere Kontraste zu erhalten, macht natürlich nur die Reihenfolge Schwarz-Weiß und dann Einfärbung Sinn. Wäre die Filterreihenfolge andersherum, würde der Clip zunächst eingefärbt werden, um dann wieder in Schwarz-Weiß zu erscheinen, was ja ziemlich sinnlos wäre.

◄ **Abbildung 9.91**
Zum Ändern der Reihenfolge ziehen Sie den Filter im Informationsfenster einfach an die neue Position.

Zum Ändern der Filterreihenfolge klicken Sie mit der Maus auf einen Filter im Informationsfenster und ziehen ihn nach oben oder nach unten, je nachdem, welche neue Reihenfolge Sie wünschen. Die Filter reagieren hierbei sehr dynamisch, das heißt, sie schaffen Platz und rücken von sich aus in die korrekten Reihenfolgen, während Sie ziehen.

9.5.6 Filter kopieren und speichern

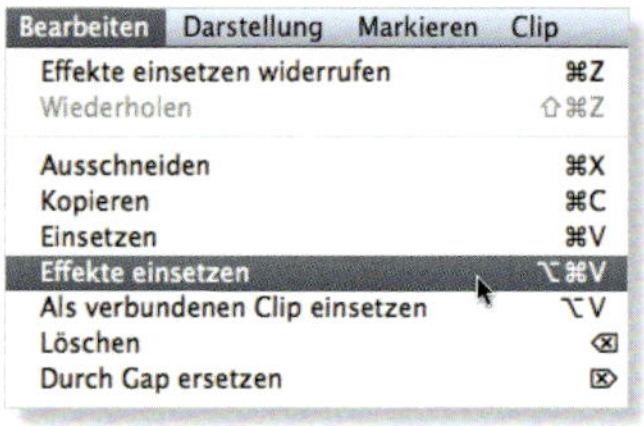

Haben Sie einen oder mehrere Effekte auf einem Clip angewandt und sie womöglich noch bearbeitet, können Sie diese auch auf andere Elemente in der Timeline kopieren. Hierfür steht Ihnen allerdings nicht das Drag & Drop, also das einfache Ziehen eines Filters aus dem Informationsfenster in die Timeline zur Verfügung, sondern Sie müssen den oder die Effekte in die Zwischenablage kopieren.

Aktivieren Sie hierfür den oder die Effekte im Informationsfenster, und wählen Sie aus dem Menü BEARBEITEN • KOPIEREN (cmd + C). Aktivieren Sie anschließend den Zielclip in der Timeline, und wählen Sie wieder aus dem Menü BEARBEITEN • EFFEKTE EINSETZEN (Tastenkürzel alt + cmd + V). Der oder die Filter erscheinen nun auf dem aktivierten Clip in der Timeline.

Filter speichern | Leider ist es nicht möglich, in Final Cut Pro X Filter mit individuellen Einstellungen innerhalb eines Projekts oder für die weitere Verwendung auch in anderen Events zu speichern. Das Sichern von Effekten über die Favoriten hat Apple leider mit der neuen Version abgeschafft, sodass die einzige Möglichkeit der Speicherung ist eine Hilfssequenz (siehe Seite 366).

In Motion öffnen | Die zweite Möglichkeit ist das Bearbeiten eines Effekts in Motion. Allerdings ist diese vergleichsweise umständlich, da Sie einen Filter nicht mit individuellen Einstellungen in Motion öffnen können, sondern nur mit den Standardeinstellungen, wie von Apple mitgeliefert.

▲ **Abbildung 9.92**
Filter lassen sich über das Bearbeiten-Menü von einem auf einen anderen Clip kopieren.

Mehrere Effekte

Sie können einen oder auch mehrere Effekte zugleich auf mehrere Elemente in der Timeline kopieren, indem Sie statt eines Zielclips mehrere Zielclips über ein Lasso oder die gehaltene ⇧- oder cmd-Taste aktivieren.

Abbildung 9.93 ▶
Mit einem Rechtsklick lassen sich Filter als Projektkopien in Motion öffnen und dort nachbearbeiten.

Der zweite Nachteil hierbei ist, dass beim Öffnen in Motion auch der Clip, auf den es eigentlich ankommt, nicht mit übernommen wird; diesen müssen Sie extra noch einmal in Motion importieren.

Zum Bearbeiten eines Effekts in Motion führen Sie einen Rechtsklick auf dem gewünschten Filter aus und wählen die Funktion Kopie öffnen in »Motion«.

Nachdem Sie den Befehl ausgeführt haben, erstellt Final Cut Pro X eine Kopie des Filters in Ihrer Effekte-Übersicht und öffnet Motion automatisch mit dem Filter als eine Art Projekt. Hier können Sie jetzt die gewünschten Änderungen durchführen.

Um den Effekt zu speichern, wählen Sie in Motion die Funktion Datei • Speichern unter. Motion erkennt automatisch, dass es sich um eine Filtervorlage handelt, sodass Sie hier nur eine Kategorie und ein Thema sowie einen Namen wählen müssen, um das Projekt als Filter in Final Cut Pro X zu speichern. Näheres zur Arbeit mit Filtern innerhalb von Motion erfahren Sie in Kapitel 12, »Motion 5«.

> **Dateiendung .moef**
>
> Die Dateiendung (Extension) einer Filtervorlage von Motion lautet *.moef*. Diese sollten Sie auf keinen Fall ändern, sonst laufen Sie Gefahr, dass Final Cut Pro X den Filter nicht mehr als solchen erkennt. Der Austausch von Vorlagen zwischen Motion und Final Cut Pro X ist ein bisschen, sagen wir, »empfindlich«.

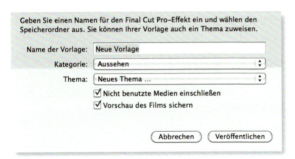

▲ **Abbildung 9.94**
Ein in Motion bearbeiteter Filter kann als neuer Effekt in der entsprechenden Kategorie von Final Cut Pro X gespeichert werden.

9.5.7 Wichtige Filter im Überblick

Final Cut Pro X umfasst, wie bereits erwähnt, über 100 Videofilter. Haben Sie, so wie wir, dazu auch noch die eine oder andere Plugin-Sammlung installiert, so kommen Sie schnell auf 500, 700 oder gar 1.000 verschiedene Effekte. Da verliert man natürlich sehr schnell den Überblick. Außerdem fehlt uns in diesem Werk der Platz, um jeden Filter einzeln zu besprechen. Daher haben wir uns ein paar unserer Meinung nach interessante Effekte herausgegriffen, um sie Ihnen kurz vorzustellen. Es ist aber auf jeden Fall sinnvoll, dass Sie sich mit den Filtern von Final Cut Pro X ausgiebig beschäftigen, um einmal die Möglichkeiten auszuloten, die Ihnen die Software in Bezug auf Spezialeffekte bietet.

▲ **Abbildung 9.95**
Ist noch die eine oder andere Plugin-Sammlung installiert, kommt man schnell auf 700 oder mehr Filter in der Effekte-Übersicht.

Gespiegelt | Ein Effekt, den man relativ häufig benötigt, ist das Spiegeln, gemeinhin auch als »Kontern« bezeichnet. Dieser Effekt dreht das Bild um 180° sowohl horizontal als auch vertikal, wobei Ersteres weit häufiger eingesetzt wird, beispielsweise um die Richtung eines Schwenks umzukehren. Der Filter befindet sich in der Kategorie Verzerrung; er lässt sich aber auch über das Suchen-Feld unter dem Begriff Gespiegelt ausfindig machen.

Wenden Sie den Filter auf einem Clip an, wird das Bild zunächst um volle 180° horizontal gespiegelt. Für das Ändern der Drehrichtung stehen Ihnen das Dropdown-Menü Direction und hier die Einstellungen Horizontal, Vertical oder Both zur Verfügung. Außerdem haben Sie die Möglichkeit, den Drehwinkel über die Einstellung Amount zu definieren, und dies auch per Keyframe, um einen Umklappen-Effekt zu erzielen.

▼ **Abbildung 9.96**
Um einen Clip zu kontern, wählen Sie den Effekt Gespiegelt mit einer Drehung von horizontalen 100 (achten Sie dabei aber auf Schriftzeichen und Zahlen, wie beispielsweise die »5« auf der Zapfsäule).

Leider wird hierbei der Winkel nicht in Grad, sondern in Prozent gemessen, sodass der Wert von 100 einem Drehwinkel von 180° entspricht. Wählen Sie einen Wert von 50, wird der Clip um 90° gekippt, das heißt, Sie gucken quasi direkt auf die Kante.

Numerisch | Ein sehr cooler Filter ist der Effekt Numerisch. Woher der Filter seinen Namen hat, kann man wohl nur raten: Er wirkt ein bisschen wie das Grading, das die Wachowski-Brüder in der Matrix-Trilogie angewandt haben – stark entsättigtes Bild bei hoher Grüntönung der Mitten und der Schatten. Wer sich an den Film erinnert, dem kommt wohl auch der bekannte, grüne Zahlenregen in den Sinn; man mag den Namen des Filters davon abgeleitet haben.

Wie dem auch sei, der Effekt verfügt über vier Einstellungen für den Amount, also die Stärke des Effekts, die Option Protect Skin, die Temperature sowie die Option Shadows.

Während man die Farbtemperatur (eigentlich: helleres oder dunkleres Grün) über die Temperature auswählt, kann man mit Shadow bestimmen, ob der Clip heller oder dunkler gezeichnet wird (je weiter der Regler links ist, umso dunkler wird der Clip). In diesem Zusammenhang besonders spannend ist die Einstellung PROTECT SKIN, die trotz Grünfärbung die Hautfarbe beibehalten kann. Basis dieser Einstellung ist ein Keyer, der den Hautton eines Bildes herausrechnet und nur die verbleibenden Farben in Grün einfärbt. Damit erhalten die Personen im Bild weitestgehend ihre Natürlichkeit, während alle anderen Elemente eingefärbt werden.

▲ Abbildung 9.97
Der Effekt NUMERISCH färbt einen Clip grünlich à la Matrix ein.

Zensor | Ein gerade im aktuellen Nachrichten-, Journal- oder Dokubereich häufig angewendeter Effekt ist das Unkenntlichmachen von Gesichtern, Werbung, Senderlogos oder Autokennzeichen. In Final Cut Pro X erzielt man diesen Effekt über den Filter ZENSOR. Angewandt auf einem Clip in der Timeline erscheint zunächst ein verpixelter, runder Kreis im Vorschaufenster.

Dieser Filter gehört zu den Effekten, die auch eine Onscreen-Kontrolle haben, die es Ihnen ermöglicht, die Position der Verpixelung sowie deren Größe zu bestimmen. Ziehen Sie den kleinen Kreis des Filters, bestimmen Sie die Position; ziehen Sie am äußeren, großen Kreis, bestimmen Sie den Radius. Weitere Optionen finden Sie im Informationsfenster, wo Sie über den AMOUNT die Stärke der Verpixelung regeln können, über METHOD die Art (Pixel, Weichzeichnung oder Abdunkeln) und über die numerischen Eingaben eben die Position oder den Radius. Außerdem setzen Sie hier die Keyframes für die Position (und den Radius), wenn es sich um ein bewegtes Motiv handelt, das Sie unkenntlich machen wollen.

9.5 Videoeffekte – Filter für Videoelemente | **417**

Abbildung 9.98 ▲
Mit dem Zensor-Filter lassen sich Gesichter oder Autokennzeichen unkenntlich machen.

▼ **Abbildung 9.99**
Über den Effekt PERSPEKTIVISCH KACHELN kann man ein Bild mehrfach (bis ins Unendliche) im Raum kippen und duplizieren.

Kacheln und Perspektivisch kacheln | Wer ein und dasselbe Bild mehrfach duplizieren möchte, findet in dem Filter KACHELN den geeigneten Effekt. Angewandt auf einem Element in der Timeline vervielfacht der Filter den Clip bis auf ein Raster von 20 × 20 Kacheln. Der Filter hat nur einen Regler AMOUNT, mit dem man die Anzahl der Kacheln in Höhe und Breite (leider nicht getrennt) einstellt.

Einen Schritt weiter geht der Effekt PERSPEKTIVISCH KACHELN. Dieser Filter verfügt über eine Onscreen-Kontrolle, mit der sich sowohl die zwei- als auch die dreidimensionale Drehrichtung einstellen lässt. Zieht man an dem Regler rechts des Positionskreises, kann man die Kacheln links- oder rechtsherum drehen. Das aktive Bild hat zudem acht Punkte (winzige Quadrate), mit denen sich die perspektivische Verzerrung angeben lässt; der Anwender hat also die Möglichkeit, das gesamte Bild nach hinten oder nach vorne zu klappen, und das sowohl horizontal als auch vertikal. Zudem bestimmt man über den Grad des Kippens, wie Duplikate des Bildes zu sehen sein sollen.

Spot | Bereits im Abschnitt der Farbkorrektur haben wir ja schon über Highlights, also Aufheller im Video gesprochen (siehe Seite 383). Um eine Person oder ein Objekt innerhalb eines Bildes hervorzuheben, gibt es neben der selektiven Farbkorrektur auch die Möglichkeit, einen Filter anzuwenden, und zwar den SPOT.

Der Filter generiert einen kreisrunden Fleck auf dem Video und dunkelt dabei die Bereiche außerhalb des Kreises ab. Auch dieser Filter verfügt über eine Onscreen-Kontrolle, sodass Sie sowohl die Position des Spots als auch dessen Radius direkt in der Vorschau bearbeiten können.

Ausprobieren!

Das perspektivische Kacheln ist nicht ganz einfach in der Anwendung. Probieren Sie ruhig einmal aus, was passiert, wenn Sie an allen Achsen nach links, rechts, oben und unten drehen. Die Effekte hierbei sind erstaunlich.

▲ **Abbildung 9.100**
Der Spot-Filter generiert einen kreisrunden Fleck auf dem Video und dunkelt die Bereiche außerhalb des Spots ab.

Zu den weiteren Optionen des Filters gehören der AMOUNT, das heißt der Grad der Abdunkelung außerhalb des Spots, die Weichheit der Kanten (FEATHER) und der Kontrast ebenfalls außerhalb des Kreises.

Filmkörnung, Projektor und Super 8mm | Zu den wohl am häufigsten angefragten Effekten gehört sicherlich der »Filmlook«, also das Umwandeln von eher stumpfem, digitalem Video in interessantes, kontrastreiches Filmmaterial. Final Cut Pro X bietet Ihnen hier einige Filter, die, in Maßen eingesetzt, tatsächlich den Look eines älteren Films generieren können.

Zunächst einmal ist natürlich ein digitaler Clip mit der typischen Körnung von Zelluloid zu versehen. Der Filter Ihrer Wahl ist hierbei FILMKÖRNUNG. Erschrecken Sie aber nicht, wenn Sie den Filter das erste Mal einsetzen. Die Voreinstellung basiert noch auf dem »alten« iMovie-Filter, der das Material nicht nur körnt, sondern auch sepia-artig verfremdet. Wählen Sie hier zunächst die Voreinstellung STYLE: REALISTIC GRAIN, um eine mehr oder minder realistische Körnung ohne Farbverfremdung zu erhalten. Anschließend können Sie den AMOUNT noch etwas herunterregeln, um es mit der Körnung nicht zu übertreiben.

Animation

Da sich alle Einstellungen des Spot-Filters auch per Keyframe animieren lassen, kann man mit dem Spot auch einem sich bewegenden Motiv folgen und gegebenenfalls die Größe und Weichheit über die Dauer des Clips verändern.

Abbildung 9.101 ▲
Setzen Sie zunächst die Filmkörnung ein, um Ihrem digitalen Video den Anschein echten Zelluloids zu geben.

Ein in diesem Zusammenhang ebenfalls sehr interessanter Filter ist SUPER 8MM. Dieser Filter kombiniert einige Einstellungen, die man typischerweise auf alten Filmen findet. Zum einen wird eine leichte, schwarze Vignette gezeichnet (AMOUNT). Mit HUE BIAS (zu Deutsch: Tönungsverzerrung) bestimmt der Anwender die Farbe des Bildes. Ziehen Sie den Regler nach rechts, um dem Bild unterschiedliche Tönungen von grünlich über rötlich bis hin zu bläulich zu verleihen. Zwei Arten von STOCK (Filmmaterial) stehen ebenfalls zur Verfügung, genauso wie es auch in diesem Filter eine Einstellung für zusätzliche Filmkörnung (GRAIN) gibt.

Abbildung 9.102 ▲
Mit dem Super-8mm-Filter lassen sich digitale Videoaufnahmen in alten Super-8-Film verwandeln – Vignette, Färbung und Körnung inklusive.

Der letzte Filter im Bunde, der sich auch gut in der Kombination mit den beiden bereits erwähnten Effekten einsetzen lässt, ist der PROJEKTOR. Dieser Filter hat nur eine Einstellung, nämlich AMOUNT. Je höher Sie diesen Wert stellen, umso mehr wackelt das Bild und umso mehr Kratzer werden auf dem Video generiert, als würden Sie Ihren Film über einen alten Projektor abspielen. Wie gesagt eignet sich dieser Filter auch für eine Kombination beispielsweise mit dem Super-8mm-Filter.

▲ **Abbildung 9.103**
Der Projektor-Filter verwackelt das Bild und generiert vertikale Kratzer auf dem Video, als projizierten Sie Ihr Video mit einem alten 8-mm-Projektor.

Wasserscheibe | Ein Filter, für den wir zwar noch keine wirkliche Anwendung hatten, der aber megacool aussieht, ist die WASSERSCHEIBE. Dieser Filter macht gleich drei Dinge auf einmal: Er färbt das Bild leicht bläulich, sodass es kalt und nass aussieht, er zeichnet eine später frei definierbare Vignette, und was besonders cool ist und wir vorher auch noch nirgends gesehen haben: Der Filter generiert Wassertropfen auf einer virtuellen Glasscheibe, sodass es wirkt, als würde man an einem regnerischen Tag aus dem Fenster schauen. Saugeil! ('Tschuldigung für den Ausdruck.)

Movie-Projector-Effekt

In den mitgelieferten Soundeffekten finden Sie übrigens einen Movie-Projector-Effekt. Legen Sie diesen unter einen Clip im Projektorstil, wird der Eindruck eines alten Projektors verstärkt.

▼ **Abbildung 9.104**
Schlechtwetterfilter: Wasserscheibe

Zu den verschiedenen Optionen des Filters gehören der REFRACTION AMOUNT, das heißt die Anzahl der Tropfen auf der Scheibe, sowie deren Weichheit, womit die Durchsichtigkeit gemeint ist (REFRACTION SOFTNESS), die Größe, Weichheit und Position der Vignette sowie die Färbung und deren Intensität.

Ein Filter, den wir bis dato noch nicht angesprochen haben, ist der Keyer. Diesen werden wir auch noch ein bisschen vor uns herschieben, da wir uns im folgenden Kapitel zunächst mit dem Thema Compositing beschäftigen sollten, bevor wir einen Keyer benutzen. Schließlich sollten Sie wissen, wie man mehrere Ebenen stapelt, sie beschneidet und/oder skaliert, bevor Sie mit dem Ausstanzen beginnen. Aber keine Angst, wir vergessen das Thema nicht (und kommen deshalb in Abschnitt 10.7 darauf zurück).

10 Compositing und Animation

Was versteht man unter dem Begriff *Compositing*? Frei übersetzt bedeutet er so viel wie »Komposition« oder »Zusammensetzung«. Man setzt also mehrere Elemente zu einem Ergebnis zusammen. Einfache Compositings bestehen also aus zwei Elementen; Beispiele sind ein Bild-in-Bild-Effekt, ein Greenscreen-Clip mit neuem Hintergrund oder einfach ein Logo oder ein Text auf laufendem Bild. Komplexere Compositings können aus mehreren hundert Elementen bestehen, zum Beispiel im 3D-Bereich oder bei Zeichentrick-Animationen, und sind entsprechend anspruchsvoll in der Erstellung.

> **Schritt für Schritt**
>
> Doch keine Angst, wir bleiben auf dem Teppich und muten Ihnen nur einfachere Effekt-Spielereien zu, bevor wir Sie später zum Chief Animation Supervisor von WETA ausbilden (das sind die Jungs, die unter anderem Mittelerde in der »Herr der Ringe«-Trilogie zum Leben erweckt haben).

▲ **Abbildung 10.1**
So genannte Compositings können durchaus mal aus mehreren Dutzend oder gar Hunderten Einzelelementen bestehen, die man zu einem Film zusammensetzt (dieses Beispiel ist die Animation eines Fluges über die Westküste der Vereinigten Staaten, die wir mal für eine ARTE-Reihe gebaut haben).

Generatoren

Unter dem Begriff Generator versteht man Elmente, die man in Final Cut Pro selber erschafft. So können beispielsweise farbige Hintergründe für Schriften Generatoren sein, Timecode-Zähler oder Effekte, die Sie in Motion erstellen.

Zu den einfachsten Formen des Compositings (genauer gesagt, der Transformation oder »Manipulation« von Clips) gehört das Skalieren, das heißt das Vergrößern und Verkleinern von Elementen. Vergrößern muss man beispielsweise, wenn man einen »alten« Standard-PAL-Clip auf HD aufblasen muss, während man verkleinert, um mehrere Bilder gleichzeitig darzustellen (Bild-in-Bild-Effekt, Splitscreen). Da bei Bild-in-Bild-Effekten und bei Splitscreens meist mehrere Bilder gleichzeitig dargestellt werden, ist es notwendig, diese in der Timeline zu stapeln.

10.1 Bild-in-Bild-Effekt

Zum Weiterlesen

Das Thema Generatoren ist natürlich viel umfangreicher, als wir es hier erwähnt haben. Wir widmen uns diesen sehr hilfreichen Werkzeugen in Abschnitt 10.9.

Wie Sie Elemente aneinander anhängen, haben Sie ja mittlerweile erfahren. Nach ganz ähnlichem Prinzip geht man auch bei Bild-in-Bild-Effekten vor: Man legt die einzelnen Clips in der Timeline übereinander. Ob es sich dabei um Filme, Fotos, Generatoren oder sonst ein Medium handelt, spielt erst einmal keine Rolle.

Nehmen wir als Beispiel mal einen Generator und ziehen diesen als Hintergrund in die Timeline. Klicken Sie hierfür auf den Generator-Button ❶, und wählen Sie den Generator GRUNGE ❷ aus der Kategorie ALLE. Ziehen Sie den Generator in die Timeline, und wählen Sie aus den Projekteinstellungen 1080P HD, 1920 × 1080 und 25P. Dieser Generator sollte jetzt erst einmal als unser Hintergrundvideo dienen.

▼ **Abbildung 10.2**
Ziehen Sie den Generator GRUNGE als Hintergrund in Ihre Timeline.

Im Anschluss können Sie jetzt ein beliebiges Video nehmen, es in die zweite Videospur (wenn es denn Spuren geben würde) legen und dort an den Generator »anhängen«. Der obere Clip überdeckt natürlich den Generator vollständig, was daran liegt, dass dieser gleich groß ist. Doch keine Angst, das ändern wir gleich.

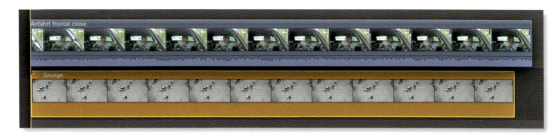

Bevor wir allerdings mit der Skalierung und Bearbeitung des Elements beginnen, verkleinern wir die Darstellung des Clips in der Vorschau (je nach Monitorauflösung; in unserem Fall 25 %), um mehr Platz für die Arbeit zu haben. Klicken Sie hierfür auf die Prozentzahl rechts oben in der Vorschau, und wählen Sie einen Wert, der Ihrer Monitorgröße so entspricht, dass Sie links, rechts, oben und unten ein bisschen mehr Platz zum Navigieren haben.

▲ **Abbildung 10.3**
Als zweites Element ziehen wir einen beliebigen Clip über den Generator in die Timeline.

10.2 Elemente transformieren

Um den Bild-in-Bild-Effekt herzustellen, müssen Sie das Videobild verkleinern und neu positionieren. Für einen raffinierteren Effekt stehen Ihnen aber auch noch Animation, Rotation, Verzerrung und Deckkraft-Veränderung zur Verfügung. Sehen wir uns diese Transformationsmöglichkeiten Schritt für Schritt an.

▲ **Abbildung 10.4**
Bevor wir mit der Bearbeitung des Bildes beginnen, skalieren wir zunächst die Darstellungsgröße ein wenig aus, um mehr Platz zum Arbeiten in der Vorschau zu haben.

10.2.1 Skalieren

Um ein Bild zu vergrößern oder zu verkleinern, gibt es zwei Möglichkeiten: das Ziehen des Elements in der Vorschau oder die Arbeit mit Werten im Informationsfenster. Um ein Element in der Vorschau skalieren zu können, ist es notwendig, dass Sie zunächst die Skalierungsfunktion aktivieren; diese finden Sie als Schaltfläche ❸ links unten im Vorschaufenster. Aktivieren Sie diese Option, erscheint ein dünner, weißer Rahmen mit acht blauen Punkten um das Bild.

Die Skalierung kann nun auf zwei Wegen vonstattengehen: Ziehen Sie einen Eckpunkt nach innen oder nach außen, skalieren Sie das Bild proportional korrekt entweder kleiner oder größer. Ziehen Sie an einem der Seitenpunkte, wird das Element unproportional skaliert, das heißt, Sie stauchen oder dehnen es. Während Sie ziehen, wird über dem Vorschaufenster der aktuelle Skalierungswert angezeigt.

> **Qualitätsverlust**
>
> Seien Sie vorsichtig bei der Vergrößerung von Bildern, also bei Skalierungswerten über 100 %. Je größer Sie werden, umso geringer wird die Qualität des Bildes; es wird pixelig. Versuchen Sie daher zu vermeiden, über 110 bis 120 % zu kommen. Die einzige Ausnahme, die bei uns häufiger notwendig ist, ist das Skalieren von PAL auf HD; hier sind Skalierungswerte von 250 % (leider) keine Seltenheit.

▲ **Abbildung 10.5**
Ziehen Sie an den Eckpunkten, wird das Bild proportional skaliert; ziehen Sie an den Seitenpunkten, skalieren Sie unproportional.

Die zweite Möglichkeit ist das Skalieren über das Informationsfenster. Schauen Sie sich hier den Bereich TRANSFORMATION an, und klappen Sie das kleine Dreieck neben SKALIEREN auf. Hier finden Sie sowohl einen Regler für das proportionale Skalieren als auch für die beiden Seiten X und Y. Je nachdem, wie Sie skalieren möchten, können Sie entweder einen Regler nach links oder nach rechts ziehen, oder Sie klicken auf einen der Prozentwerte und ziehen diese nach oben oder nach unten. Alternativ dazu können Sie auch in einen der Werte hineinklicken und einen Prozentwert eingeben.

Abbildung 10.6 ▼
Auch im Informationsfenster kann man transformieren, indem man entweder die Regler nach links oder nach rechts verschiebt oder die Wertefelder nach oben oder nach unten.

Haben Sie die Skalierung abgeschlossen, klicken Sie im Vorschaufenster auf die Schaltfläche FERTIG ❹. Die Skalierungspunkte auf dem Videoelement verschwinden daraufhin, und Sie können das Element nicht mehr in der Vorschau »anfassen«.

◀ **Abbildung 10.7**
Ist die Transformationsoption aktiviert, können Sie das Bild mit der Maus greifen und frei in der Vorschau bewegen.

Positionswerte im Informationsfenster

Leider sind die Positionswerte im Informationsfenster nicht ganz logisch: Es sind weder absolute Pixel-Angaben noch Prozente. In gewisser Weise zeigen die Werte die Verschiebung vom Mittelpunkt (0/0 px) an, aber in welcher Form, verstehen wir auch nicht. Eine Verschiebung eines Bildes ganz aus der Vorschau sollte eigentlich den Wert 1.440 px anzeigen (was korrekt über der Vorschau angezeigt wird), der Wert im Informationsfenster ist aber 133. Keine Ahnung, was sich Apple dabei gedacht hat ...

10.2.2 Positionieren

Haben Sie ein Bild erst einmal kleiner gemacht, wollen Sie es meist auch an eine andere Stelle verschieben; wir sprechen hier vom Repositionieren von Ebenen. Um ein Element in der Vorschau zu verschieben, gibt es auch wieder zwei Möglichkeiten: das Ziehen mit der Maus oder die Arbeit im Informationsfenster. Auch hier können Sie wieder die Schaltfläche TRANSFORMIEREN ❶ unterhalb der Vorschau aktivieren, um das Bild zu greifen. Allerdings gibt es hier zwei kleine Unterschiede zu beachten: Greifen Sie das Bild an einer beliebigen Stelle, können Sie es frei positionieren; greifen Sie das Bild in der Mitte (im kleinen Kreis mit dem Pluszeichen), erscheinen so genannte *Ruler*, das heißt Hilfslinien, wenn Sie das Element in der Mitte positionieren.

Diese Ruler sind magnetisch und helfen Ihnen, den Clip genau mittig abzulegen. Während Sie ziehen, erscheinen wieder über der Vorschau die entsprechenden Änderungswerte.

▼ **Abbildung 10.8**
Anstatt das Bild zu verschieben, können Sie im Informationsfenster auch die Werte X und X ❷ verschieben oder manuell eingeben.

Alternativ stehen Ihnen im Informationsfenster auch wieder Werte (POSITION X und Y) zur Verfügung. Klicken Sie in einen Positionswert, und ziehen Sie ihn nach oben oder nach unten, um das Bild horizontal oder vertikal zu verschieben, oder geben Sie manuell absolute Werte ein.

10.2.3 Rotation

Eine weitere Art der Transformation ist das Rotieren von Elementen, also das Drehen innerhalb des Videos. Hierfür stehen Ihnen auch wieder zwei Optionen zur Verfügung, nämlich die Rotation über das Transformationswerkzeug und die entsprechende Einstellung im Informationsfenster.

Aktivieren Sie zum Drehen in der Vorschau zunächst die Schaltfläche TRANSFORMIEREN, um nicht nur die Eckpunkte zu sehen, sondern auch einen waagerechten Strich mit einem blauen Punkt rechts des Mittelpunkts. Greifen Sie den Punkt (er wird gelb) und ziehen ihn nach oben, drehen Sie das Element nach links; ziehen Sie nach unten, drehen Sie das Objekt nach rechts. Halten Sie dabei noch die ⇧-Taste gedrückt, wird das Element immer um volle 45° rotiert.

Rotation animieren

Zudem ist es natürlich auch möglich, Rotationen über Keyframes zu animieren, indem Sie am Beginn der Drehung einen Keyframes setzen, den Playhead in der Zeit weiterbewegen, einen weiteren Keyframe setzen und den Rotationswert entsprechend erhöhen; hierbei sind auch Drehungen über 360° möglich, also mehrfache Drehungen um die Achse.

Abbildung 10.9 ▶
Über den Punkt am Ende des Strichs können Sie ein Element rotieren. Halten Sie die ⇧-Taste gedrückt, um die Drehung in vollen 45°-Schritten durchzuführen.

Während Sie mit dem Rotationswerkzeug arbeiten, erscheint der aktuelle Rotationswert links oben über der Vorschau und im Wertefeld ROTATION des Informationsfensters. Hier können Sie übrigens auch den winzigen Drehregler bedienen, einen festen Rotationswert eingeben oder mit der Maus in den Wert klicken und nach oben oder unten ziehen.

10.2.4 Anker

Nicht immer ist es möglich oder gewünscht, dass ein Objekt sich um seinen eigenen Mittelpunkt dreht (oder skaliert wird). Um ein Element beispielsweise um eine Kante, eine Ecke oder einen anderen Punkt zu rotieren, ist es notwendig, den so genannten Ankerpunkt zu verlegen. Hierfür finden Sie die Option Anker ❶ im Informationsfenster. Klicken Sie zum Verlegen des Ankerpunktes auf einen der beiden Werte X und/oder Y, und ziehen Sie mit der Maus nach oben oder nach unten, um den Mittelpunkt des Objekts an die Stelle zu bewegen, um die sich das Element drehen soll.

Ändern Sie anschließend den Wert der Rotation, um zu sehen, um welchen Punkt sich das Objekt dreht. Meist ist es außerdem notwendig, das Element in der Vorschau zu verschieben; aber Sie wissen ja bereits, wie das geht.

> **Freigestellte Photoshop-Dateien**
>
> Die beiden Bilder der Snowboarder sind übrigens Beispiele dafür, dass Final Cut Pro X auch freigestellte Photoshop-Dateien problemlos erkennt und diese ordnungsgemäß (also ohne Hintergrund) darstellt.

▲ **Abbildung 10.10**
In diesem Beispiel wurde der Ankerpunkt des Snowboarders so verlegt, dass er sich nicht mehr um seinen Mittelpunkt, sondern um die untere Hand dreht.

10.2.5 Beschneiden

Das Beschneiden von Bildern ist in Final Cut Pro X etwas komplexer, als es in den Vorversionen war, denn wir unterscheiden zwischen drei Formen des Beschnitts: dem Trimmen, dem Beschneiden und dem Ken-Burns-Effekt.

Während Sie mit der Trimmen-Funktion (ist ein bisschen doppeldeutig übersetzt) ein Bild mehr oder minder frei beschneiden – also kleiner machen – können, stellt das Beschneiden-Werkzeug einen festen Rahmen im Format des Projekts dar und skaliert das Bild anschließend. Der Ken-Burns-Effekt, den Sie vielleicht aus iMovie kennen, beschneidet das Bild nicht nur, sondern animiert es auch gleichzeitig von einem zum anderen Punkt. Doch »first things first«:

Trimmen-Funktion | Um ein Bild »einfach« zu beschneiden, also zu trimmen, aktivieren Sie zunächst das Element in der Timeline und aktivieren die Schaltfläche Beschneiden ❷ unterhalb der Vorschau, rechts von der Schaltfläche Transformieren. In der Vorschau erscheinen nun die drei Schaltflächen Trimmen, Beschneiden und Ken burns ❶.

Wählen Sie hier die Schaltfläche Trimmen, erscheint ein gestrichelter Rahmen um das Bild, flankiert von acht blauen Griffen am Rand und an den Kanten. Greifen Sie eine Ecke, um das Bild gleichzeitig an zwei Seiten zu beschneiden, oder einen Griff an der Kante für den einseitigen Beschnitt. Ziehen Sie die Griffe so weit nach innen, wie Sie das Bild beschneiden wollen, und klicken Sie anschließend rechts oben auf die Schaltfläche Fertig, um den Beschnitt abzuschließen. Während des Beschnitts erscheint oberhalb des Vorschaufensters wieder der Beschneidungswert.

> **Trimmen rückgängig machen**
>
> Leider lässt sich das Trimmen nicht abbrechen. Sie müssen die Aktion also erst mit Fertig bestätigen und dann über ⌘+Z Schritt für Schritt rückgängig machen.

Abbildung 10.11 ▶
Wählen Sie die Trimmen-Funktion, um ein Bild frei anhand der seitlichen Griffe beschneiden zu können.

Beschneiden-Funktion | Die Beschneiden-Funktion ist primär dazu gedacht, um Fotos, die ja meist ein anderes Format, nämlich 4:3 oder, schlimmer, 3:4 im Porträt haben, automatisch Ihrem 16:9-Video anzupassen. Um diese Form der Transformation anzuwenden, aktivieren Sie zunächst das Foto (oder ein sonstiges Element) in der Timeline, klicken auf den Beschneiden-Knopf unterhalb der Vorschau und anschließend auf die gleichlautende Funktion oberhalb der Vorschau.

Final Cut Pro zeigt Ihnen nun einen Rahmen, der als eine Art Vorschlag für das korrekte Format gilt. Im Gegensatz zum Trimmen können Sie die Seiten nicht verschieben, sondern nur die Ecken, sodass das Bild immer im selben Seitenverhältnis wie Ihr Film bleibt. Außerdem können Sie den gesamten Rahmen nach oben oder unten verschieben, um das Foto neu zu kadrieren, das heißt einen anderen Ausschnitt zu wählen. Klicken Sie abschließend auf die Schaltfläche Fertig, um den Beschnitt abzuschließen und das Bild automatisch bildschirmfüllend skalieren zu lassen.

◀ **Abbildung 10.12**
Über die Beschneiden-Funktion bleiben Sie während des Beschnitts immer im korrekten Seitenverhältnis der Timeline und können Ihr Foto neu kadrieren.

Ken-Burns-Effekt | Der Ken-Burns-Effekt, den Sie ebenfalls bei aktivierter Beschneiden-Funktion vorfinden, macht mehrere Dinge gleichzeitig: Das Bild (idealerweise ein Foto) wird gleichzeitig beschnitten und über die Dauer des Elements skaliert, sodass es dem Zoomeffekt einer Kamera gleichkommt.

> **Ken Burns**
>
> Den Schwenk- und Zoomeffekt hat Apple nach dem US-amerikanischen Dokumentarfilmer Ken Burns benannt. Er simuliert eine virtuelle Kamerafahrt, bei der die Kamera über das Bild schwenkt und/oder hineinzoomt.

◀ **Abbildung 10.13**
Während Sie die Ecken oder den gesamten Rahmen ziehen, zeigt Ihnen ein Pfeil den Bewegungspfad während der Animation an.

Aktivieren Sie die Schaltfläche Ken Burns, erscheint ein roter und ein grüner Rahmen über dem Objekt. Der grüne Rahmen markiert hierbei den Start der Animation, also die Anfangsgröße, während der rote Rahmen das Ende darstellt. Um sowohl den Start als auch das Ende des Effekts zu beeinflussen, greifen Sie die jeweilige Kante des Rahmens und ziehen diese nach innen (klei-

> **Animation umdrehen**
>
> Standardmäßig wird der Ken-Burns-Effekt als *Zoom-in* erstellt, das Bild wird also im Laufe der Animation größer. Um auszuzoomen, also mit dem Bild kleiner zu werden, können Sie die Animation umdrehen, indem Sie auf die Schaltfläche ❶ links des oberen Play-Buttons klicken; die Rahmen färben sich entsprechend um, sodass der kleinere, grüne Rahmen den Start und der größere, rote Rahmen das Ende darstellt.

ner) oder nach außen (größer). Während Sie ziehen, erscheint ein Pfeil, der von einem Fadenkreuz zum anderen verweist. Dies sind die jeweiligen Mittelpunkte, die durch die Manipulation der Kanten verschoben werden.

Haben Sie den Start- und Endpunkt Ihrer Animation definiert, können Sie den Ken-Burns-Effekt testen, indem Sie auf die Play-Taste ❷ ganz rechts oberhalb der Vorschau klicken. Final Cut Pro X zeigt Ihnen nun den Effekt, ohne die Beschneiden-Aktion abzuschließen. Sie können im Anschluss also noch weitere Änderungen an dem Effekt durchführen oder ihn mit der Schaltfläche FERTIG ❸ abschließen.

Abbildung 10.14 ▶
Kehren Sie den Ken-Burns-Effekt um, wird nicht mehr ein-, sondern ausgezoomt, das heißt, der kleine Rahmen startet und der große Rahmen beendet die Animation.

10.2.6 Verzerren

Eine Transformationsfunktion, die man durchaus das eine oder andere Mal benötigt, ist das Verzerren, das heißt das freie Verschieben der Ecken. Wir brauchen diese Option des Öfteren, um beispielsweise Videos auf einen Fernseher oder eine Leinwand zu projizieren oder um Plakate oder Logos zu überdecken. Da in den meisten Fällen die Objekte nicht frontal, sondern seitlich aufgenommen wurden, reicht eine einfache Skalierung hier nicht aus.

Um ein Element zu verzerren, aktivieren Sie es in der Timeline und klicken anschließend auf die Schaltfläche VERZERREN ❹ links unten in der Vorschau. Es erscheinen eine gestrichelte Linie sowie acht kleine blaue Quadrate um das betreffende Element. Greifen Sie ein Quadrat an einer Ecke, und ziehen Sie es nach innen oder nach außen, um das Seitenverhältnis des Objekts zu verzerren. Greifen Sie ein Quadrat an den Kanten, können Sie das Element stauchen oder dehnen.

Auch diese Funktion schließen Sie wieder über die Schaltfläche FERTIG ab.

> **Elemente animieren**
>
> Sollten Sie ein Element auf ein laufendes, also sich bewegendes Objekt legen wollen, können Sie auch das Verzerren wieder über Keyframes animieren.

◄ **Abbildung 10.15**
Ist die Verzerren-Funktion aktiviert, können Sie die Ecken eines Elements frei verschieben oder es dehnen oder stauchen.

10.2.7 Transformationsparameter zurücksetzen

Ähnlich wie auch bei den Einstellungen für die Filtereffekte können Sie auch die Einstellungen aller Transformationen, nachdem Sie diese einmal definiert und/oder geändert haben, wieder auf den Standard zurücksetzen. Hierfür klicken Sie innerhalb der betreffenden Einstellung auf den kleinen, gebogenen Pfeil nach oben oder wählen aus dem Menü direkt daneben die Funktion PARAMETER ZURÜCKSETZEN. Final Cut Pro X stellt daraufhin die Werte wieder auf den Standardwert zurück.

◄ **Abbildung 10.16**
Möchten Sie den Wert einer Transformation wieder zurücksetzen, wählen Sie im Menü die Zurücksetzen-Funktion.

10.3 Schattenwurf

Wir haben ernsthaft lange gesucht, aber es gibt tatsächlich keine Option in Final Cut Pro X, um ein Objekt Schatten werfen zu lassen. Der eine oder andere Text-Generator verfügt über einen solche Parameter, aber das nützt Ihnen natürlich auf Video oder bei Fotos gar nichts.

Um Sie jedoch nicht im Regen stehen zu lassen (oder auf das nächste oder übernächste Update zu warten), zeigen wir Ihnen kurz, wie man über ein paar Tricks einen Schatten generiert. Also, Hand angelegt und einen weiteren Workaround verinnerlicht …

Vorbereitungen | Nehmen wir uns zunächst einen hübschen Hintergrund, zum Beispiel einen Generator, und ein freigestelltes Foto oder ein verkleinertes Video (ein Video in voller Größe wirft ja keinen sichtbaren Schatten). Da der Schatten ja naturgemäß unterhalb des Hauptobjekts liegt, ist es notwendig, dass Sie das Element im Vordergrund einmal duplizieren und eine Spur höher legen. Halten Sie dazu die [alt]-Taste gedrückt, und ziehen Sie das Vordergrundobjekt eine Spur höher. Für den Schatten werden wir jetzt nur mit dem unteren Objekt arbeiten.

Abbildung 10.17 ▶
Um einen Schattenwurf zu simulieren, benötigen wir zunächst ein Duplikat des Hauptobjekts in der Timeline.

Um jetzt ungestört mit dem Schattenobjekt in der unteren Spur arbeiten zu können, deaktivieren wir das Element in der oberen Spur über einen Rechtsklick und die Auswahl der Funktion DEAKTIVIEREN aus dem Kontextmenü (Tastenkürzel: [V]). Das obere Objekt wird daraufhin unsichtbar.

Schatten erstellen | Schatten sind ja naturgemäß schwarz, daher verdunkeln wir das Element über die Farbkorrektur. Aktivieren Sie hierfür das Schattenelement in der Timeline, öffnen Sie dessen Farbkorrektur im Informationsfenster, wechseln Sie in den Bereich BELICHTUNG, und ziehen Sie den Regler für die globale Belichtung ganz nach unten (–100 %). Das Objekt sollte daraufhin komplett schwarz sein.

▼ **Abbildung 10.18**
Färben Sie das Schattenobjekt über die Farbkorrektur zunächst komplett in Schwarz ein, indem Sie die globale Belichtung bis zum Anschlag herunterziehen.

Nachdem der Schatten nun schwarz ist, ziehen Sie das Objekt über die Transformation nach links und nach unten (wie ein Schatten halt fällt), und blenden Sie anschließend das Hauptobjekt in der dritten Spur wieder ein. Der Schatten sollte jetzt als sehr hartes, sehr dunkles Objekt unterhalb des Hauptelements zu sehen sein.

Zum Nachlesen

Alles über die verschiedenen Farbkorrektur-Werkzeuge lesen Sie in Abschnitt 9.2.3, »Primäre Farbkorrektur«.

◄ **Abbildung 10.19**
Ziehen Sie das Schattenobjekt bei angeschalteter Transformation nach unten und nach rechts, ganz so, wie der Schatten fallen soll.

Schatten realistisch gestalten | Nun ist es ja so, dass ein Schatten selten so harte Kanten hat und selten so dunkel ist, wie es derzeit in unserer Komposition erscheint, das heißt, wir sollten hier noch ein paar kleine Tricks anwenden.

Aktivieren Sie das Schattenobjekt, wechseln Sie in das Informationsfenster, und ziehen Sie die Deckkraft des Elements herunter, beispielsweise auf einen Wert von 70 %. Der Schatten wird daraufhin ein wenig transparenter. Öffnen Sie nun Ihre Effekte-Bibliothek, suchen Sie nach dem Filter Gauss'sches (Weichzeichnen), und wenden Sie diesen auf dem Schattenobjekt an. Als Radius für den Weichzeichner können Sie einen Wert (Amount) von beispielsweise 15 wählen. Der Schatten wird daraufhin an den Kanten weicher gezeichnet.

Andere Werte

Natürlich können Sie hier mit den Werten herumspielen und einen höheren oder niedrigeren Wert für den Weichzeichner wählen, die Deckkraft variieren oder den Schatten weiter zum Objekt oder davon weg bewegen – wie es Ihnen beliebt. Das Prinzip sollte aber so weit klar sein, oder?

▼ **Abbildung 10.20**
Mit einer verringerten Deckkraft und Gauß'schem Weichzeichner verändern wir den Schatten so, dass er nicht mehr so hart und präsent wirkt.

10.3 Schattenwurf

Objekt und Schatten verbinden | Nun ist es leider so, dass Sie statt einem zwei Objekte in der Timeline haben, das heißt, jedwede Änderung oder Animation, die Sie später noch durchführen wollen, müssen Sie zweimal durchführen, was natürlich eine nicht zu unterschätzende Fehlerquelle birgt. Um diesem Umstand entgegenzuwirken, können Sie beide Objekte, also Vordergrund und Schatten, zu einem Objekt zusammenfassen, indem Sie beide Elemente in der Timeline aktivieren und über das Kontextmenü (Rechtsklick) die Funktion Neuer zusammengesetzter Clip wählen.

Abbildung 10.21 ▶
Fassen Sie Vordergrund und Schatten zu einem »neuen Clip« zusammen, um diesen später als ein Objekt schneiden, animieren oder mit Effekten versehen zu können.

Die Elemente werden daraufhin zu einem Element zusammengefasst und lassen sich als ein Objekt schneiden, animieren oder mit Filtern belegen. Wir kommen später noch auf die Möglichkeiten von zusammengesetzten Clips (siehe Abschnitt »Elemente verschachteln« auf Seite 444). Zwischenzeitlich können Sie uns aber »Könige des Work-arounds« nennen …

10.4 Deckkraft

Auch die Deckkraft, das heißt die Transparenz eines Elements, verfügt über einen eigenen Parameter im Informationsfenster.

Diese Funktion können Sie allerdings nur im Informationsfenster anwenden, nicht wie die anderen Transformationen direkt in der Vorschau. Sie finden den Parameter für die Deckkraft unter der Bezeichnung DECKKRAFT ❶ (innovativ, oder?) ziemlich weit unten im Informationsfenster, im Bereich COMPOSITING.

Zum Ändern der Deckkraft ziehen Sie einfach den Regler nach unten oder nach oben. Ein Wert von 100% entspricht hierbei voller Deckkraft, während 0% der vollen Transparenz entspricht; das Element ist also »unsichtbar«.

▼ **Abbildung 10.22**
Zum Ändern der Deckkraft eines Elements ziehen Sie den Regler im Compositing-Bereich nach unten.

Deckkraft animieren | Natürlich können Sie auch die Deckkraft mittels Keyframes animieren, beispielsweise um eine Ein- oder Ausblendung zu kreieren. Diese kommt einer »normalen« Überblendung gleich. Einfacher als die Arbeit mit Keyframes ist in diesem Fall jedoch die Option VIDEOANIMATION, da Sie hier, ähnlich dem Blenden von Tonspuren, die Deckkraft einfach aufziehen können.

Aktivieren Sie zunächst das betreffende Element in der Timeline und wählen Sie über mittels Rechtsklick über das Kontext-Menü die Funktion VIDEOANIMATION. Ganz unten in dem Stapel der Balken, die daraufhin über dem Element erscheinen, finden Sie die Einstellung COMPOSITING: DECKKRAFT ❷. Klappen Sie diese weiter auf, indem Sie mit der Maus auf die winzige Schaltfläche ❹ rechts oben in dem Balken (mit dem Dreieck nach unten) klicken – oder führen Sie einen Doppelklick auf dem Balken aus. Der Balken wird daraufhin größer und zeigt Ihnen jeweils am Anfang und am Ende zwei kleine Regler, die genauso aussehen wie die Regler, welche Sie auch in den Audiotracks finden.

Ziehen Sie den Regler am In-Punkt ❸ nach rechts, so generieren Sie eine Einblendung mittels Deckkraft (von 0% bis 100%), ziehen Sie den Regler am Out-Punkt ❺ nach links, so wird eine Ausblendung mittels Deckkraft generiert (also von 100% auf 0%).

Dauer der Animation

Während Sie die Regler ziehen, erscheint ein schwarzes Overlay-Fenster, welches Ihnen die aktuelle Dauer der Blende, das heißt der Animation der Deckkraft, anzeigt. Diese Art von Ein- und Ausblende ist doch viel einfach als die umständliche Arbeit mit Keyframes, oder?

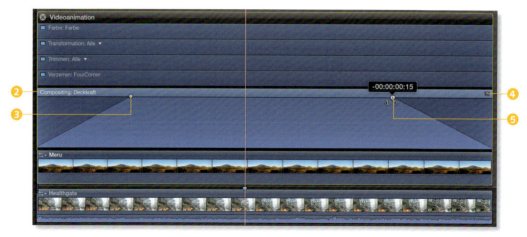

▲ Abbildung 10.23
Ein- und Ausblendungen mittels Deckkraft lassen sich auch direkt in der Timeline über die Videoanimation erstellen.

Immer linear

Im Gegensatz zu Audio-Blenden, wo Sie ja mittels Rechtsklick die Verlaufsform der Blende bestimmen können, ist die Blende mittels Deckkraft auf Video immer linear; es nützt also nichts, wenn Sie sich die Finger auf dem Regler wundrechtsklicken …

10.5 Animieren mit Keyframes

Genauso wie Sie die Einstellungen von Filtern animieren können, ist es auch möglich, mithilfe von Keyframes einen Clip oder ein anderes grafisches Element zu bewegen. Basis hierfür ist wieder das Setzen eines Start- und eines Ziel-Keyframes. In einem Beispiel zeigen wir Ihnen daher jetzt, wie man einen Splitscreen baut und hierbei die einzelnen Bestandteile quasi ins Bild fliegen lässt. Beginnen Sie damit, dass Sie zunächst vier Clips (zuzüglich Untergrund, beispielsweise eines Generators) in der Timeline übereinanderlegen. Wichtig ist hierbei, dass alle Elemente möglichst gleich lang sind und natürlich am selben Punkt starten.

Abbildung 10.24 ▶
Basis eines Splitscreen-Effekts (4er-Split) sind vier Videoclips, die in der Timeline übereinanderliegen und zum selben Zeitpunkt starten. Als fünfte Ebene befindet sich ein Generator ganz unten.

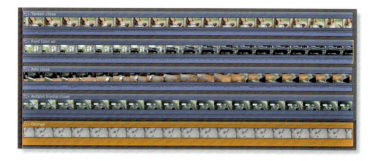

Beginnen Sie mit dem obersten Clips (die anderen sehen Sie ja auch gar nicht), und skalieren Sie ihn beispielsweise auf einen Wert von 40 % herunter. 50 % wäre ein Viertel des Bildes, allerdings würde man hier den Untergrund nicht mehr sehen. Nachdem Sie den Clip verkleinert haben, ziehen Sie ihn in die linke, obere Ecke, und zwar so, dass oben und links noch ein wenig Freiraum des Hintergrunds bleibt.

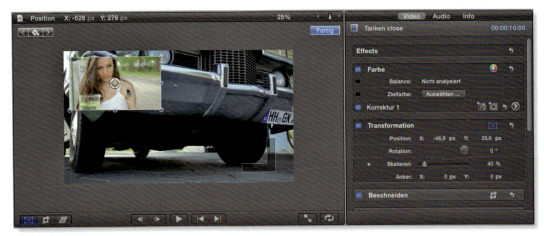

▲ **Abbildung 10.25**
Beginnen Sie den Splitscreen damit, dass Sie den obersten Clip auf einen Wert von 40 % skalieren und diesen links oben in der Ecke positionieren.

Wiederholen Sie diesen Vorgang mit allen drei Clips, indem Sie sie jeweils auf einen Wert von 40 % skalieren und jeweils oben rechts, unten links und unten rechts positionieren.

Um nun das erste Element zu animieren, aktivieren Sie den Clip links oben und positionieren den Playhead auf Sekunde 2:00 in Ihrer Timeline. Warum? Ganz einfach: Der Splitscreen mit den vier Bildern soll ja das Ziel, also das Endbild sein. Daher speichern wir uns erst einmal das Ergebnis via Keyframe, bevor wir an den Anfang der Timeline gehen (ansonsten müssten wir ja einen

▲ **Abbildung 10.26**
Skalieren Sie alle vier Elemente auf einen Wert von 40 %, und verteilen Sie sie möglichst präzise auf dem Bildschirm in die vier Ecken.

> **Titelbereichsrahmen**
>
> Hilfreich an dieser Stelle ist der so genannte Titelbereichsrahmen, den wir später für die Generierung von Text benötigen. Blenden Sie den Titelbereichsrahmen über das Dropdown-Menü ❷ ganz rechts oben in der Vorschau ein, um die Elemente präziser in der Vorschau anlegen zu können.

Schritt zweimal machen). Klicken Sie hierfür auf die Keyframe-Schaltfläche ❶ links oben in der Vorschau. Diese wird daraufhin gelb mit rotem Rahmen, was darauf hinweist, dass hier ein Keyframe gesetzt wurde.

Springen Sie nun an den Anfang Ihrer Timeline (des Elements), und ziehen Sie den Clip mit gehaltener ⧈-Taste so weit aus der Vorschau heraus, bis es nicht mehr zu sehen ist. Es erscheint ein rot-schwarzer Bewegungspfad, der den Weg des Clips über die Dauer von zwei Sekunden markiert. Spielen Sie Ihre Timeline nun ab, und schauen Sie, ob sich der Clip von außerhalb bis ins Vorschaufenster hineinbewegt.

Abbildung 10.27 ▶
Ziehen Sie den Clip mit gehaltener ⧈-Taste links aus der Vorschau hinaus. Es erscheint ein Bewegungspfad, der den Weg des Clips darstellt.

Wiederholen Sie diese Prozedur nun mit allen anderen Clips, indem Sie den Clip rechts oben nach oben aus der Vorschau ziehen, den Clip rechts unten nach rechts heraus und den Clip links unten nach unten aus der Vorschau. Vergessen Sie dabei nicht, jeweils auf Sekunde 2:00 Keyframes für die Clips zu setzen, um sich den Endpunkt der Animation »zu merken«.

> **Shift-Taste**
>
> Warum sollten Sie jetzt beim Ziehen die ⧈-Taste gedrückt halten? Damit Sie nicht vertikal ausbrechen. Halten Sie die ⧈-Taste beim Ziehen gedrückt, bleibt der Bewegungspfad immer in einer horizontalen oder vertikalen Linie, je nachdem, in welche Richtung Sie zuerst ziehen.

Abbildung 10.28 ▶
Sind alle Keyframes gesetzt und alle Clips animiert, sollte Ihr Splitscreen in etwa so aussehen (hierbei sind alle Clips in der Timeline markiert, um die Bewegungspfade zu verdeutlichen).

Momentan laufen noch alle Clips parallel in derselben Geschwindigkeit ins Bild. Als kleines Upgrade Ihrer Animation können Sie die Clips auch jeweils um eine Sekunde versetzt (treppenförmig) in der Timeline aufbauen, sodass die Animationen nacheinander starten, was noch ein bisschen besser aussieht.

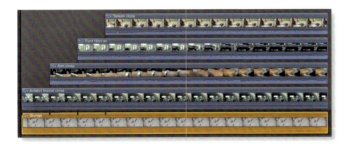

◀ **Abbildung 10.29**
Versetzen Sie die Clips jeweils um eine Sekunde in der Timeline, um die Animation nacheinander starten zu lassen.

Parameter-Keyframes | Die von uns bis dato in der Vorschau gesetzten Keyframes waren so genannte »globale« Keyframes, also Keyframes, die für alle der jeweiligen Transformationseinstellungen gültig waren. Nun haben Sie auch die Möglichkeit, für jeden Parameter einzeln Keyframes zu setzen, was letztlich die Arbeit meist erleichtert, da man ja nicht bei jeder Animation jeden Parameter animieren möchte und zu viele Keyframes auf zu vielen Einstellungen durchaus störend sein können.

Zum Setzen eines einzelnen Keyframes bewegen Sie die Maus rechts neben die jeweilige Einstellung. Es erscheint das jeweilige Keyframe-Symbol, auf das Sie klicken müssen, um einen Keyframe zu setzen.

Timeline behalten

Sollten Sie diese Animation mit uns zusammengebaut haben, fühlen wir uns natürlich a) sehr geehrt, und b) raten wir Ihnen an dieser Stelle, die Timeline zunächst einmal zu behalten; wir werden später noch einmal mit anderen Effekten auf dieses Projekt zurückgreifen.

◀ **Abbildung 10.30**
Zum Setzen eines einzelnen Keyframes bewegen Sie die Maus rechts neben den Parameter, den Sie speichern wollen.

10.5 Animieren mit Keyframes | **441**

> **Globale Keyframes löschen**
>
> Globale Keyframes für alle Einstellungen können Sie übrigens auch löschen, und zwar im Vorschaufenster. Auch hier ist es notwendig, dass Sie den Playhead wieder genau auf einem Keyframe parken, bevor Sie die Keyframe-Funktion anklicken. Doch auch hier finden Sie die Funktionen, um einfach auf einen Keyframe zu springen.

Haben Sie mehrere Keyframes pro Einstellung gesetzt (zwei sind ja Minimum für eine Animation), können Sie von einem Keyframe zum anderen Keyframe springen, indem Sie auf die Pfeile links und rechts des Keyframe-Symbols klicken. Diese erscheinen auch tatsächlich nur dann, wenn sich entweder vorher (links) oder nachher wirklich ein Keyframe befindet.

Um einen einzelnen Keyframe zu löschen, positionieren Sie den Playhead innerhalb der Timeline oder der Vorschau genau auf dem Keyframe, indem Sie direkt darauf springen, woraufhin ein rotes X auf dem Keyframe erscheint, und klicken Sie erneut auf die Keyframe-Schaltfläche. Diese wird daraufhin nicht mehr in Gelb-Rot angezeigt, und der betreffende Parameter wird entsprechend gelöscht. Um alle Keyframes zu löschen, setzen Sie einfach alle Parameter einer Einstellung zurück (siehe oben).

> **Bézierpfade**
>
> Als Bézier-Pfade bezeichnet man mathematische Kurven, auf Basis derer man einen Animations-Weg oder einen Freisteller generieren kann.

Gleichmäßige Keyframes | Die Keyframes für die Position eines Elements können Sie von »linear« auf gleichmäßig umstellen, das heißt, das Objekt bewegt sich nicht mehr nur gerade, sondern Sie können einen gebogenen Pfad für die Bewegung erstellen.

Wechseln Sie hierfür in das Vorschaufenster, und aktivieren Sie die Transformation-Option ❶ (diese Einstellung kann man nur in der Vorschau aktivieren, nicht im Informationsfenster). Nun aktivieren Sie das Element, das Sie bearbeiten möchten, in der Timeline, sodass Sie den Bewegungspfad und die beiden (oder mehr) Keyframes der Animation sehen. Führen Sie anschließend einen Rechtsklick auf einem der Keyframes, beispielsweise dem Startpunkt durch, und wählen Sie aus dem erscheinenden Kontextmenü die Funktion GLEICHMÄSSIG. Es ist wichtig dass Sie erstens genau treffen und zweitens das Element in der Timeline aktiviert ist, sonst geht es nicht.

Abbildung 10.31 ▶
Über einen Rechtsklick auf einen Keyframe können Sie diesen in einen »gleichmäßigen« statt in einen »linearen Keyframe« umwandeln.

Haben Sie die GLEICHMÄSSIG-Funktion gewählt, erscheint ein Béziergriff ausgehend vom Keyframe. Diesen Griff können Sie greifen und damit einen Pfad generieren: Haben Sie beispielsweise eine Animation von links nach rechts vorliegen, ziehen Sie den Béziergriff nach unten, um den Pfad nach unten zu verbiegen, oder nach oben, um die Richtung nach oben festzulegen. Ziehen Sie den Béziergriff zum Keyframe hin, um die Kurve flacher, und vom Keyframe weg, um die Kurve steiler zu gestalten.

> **Verlauf begradigen**
>
> Um einen mit Béziergriffen gestalteten Kurvenverlauf wieder zu »begradigen«, wandeln Sie den Keyframe einfach wieder in einen linearen Keyframe um, indem Sie die Funktion LINEAR aus dem Kontextmenü des Keyframes wählen.

◄ **Abbildung 10.32**
Haben Sie einen Keyframe in einen gleichmäßigen Punkt verwandelt, können Sie anhand eine Béziergriffs den Verlaufspfad der Animation bestimmen.

Punkte schützen und deaktivieren | Zwei ganz nützliche Funktionen hat Apple ebenfalls noch in die Keyframe-Animation implementiert, die wir hier nicht unerwähnt lassen wollen: Sie können einen Punkt für die weitere Bearbeitung sperren, indem Sie ihn schützen; eine gleichlautende Funktion finden Sie im Kontextmenü des Keyframes.

◄ **Abbildung 10.33**
Keyframes lassen sich über das Kontextmenü vor ungewollter Bearbeitung schützen oder temporär deaktivieren.

Außerdem ist es möglich, einen Punkt temporär zu deaktivieren. Der Vorteil eines deaktivierten Keyframes ist es, dass die Animation bis zu diesem Keyframe zwar nicht mehr durchgeführt wird, der Keyframe aber bestehen bleibt. Sollten Sie sich also im weiteren Verlauf dafür entscheiden, dass Sie die »alte« Animation doch noch brauchen, können Sie den Keyframe wieder reaktivieren. Auch hier finden Sie die Funktion PUNKT DEAKTIVIEREN im Kontextmenü des entsprechenden Keyframes.

Elemente verschachteln | Stellen Sie sich vor, der Kunde, Autor oder Regisseur möchte alle Bilder (aber nicht den Hintergrund) des Splitscreens in einer leichten Tönung haben. Nun besteht natürlich die Möglichkeit, einen Clip mit einem Filter zu bearbeiten und den Effekt anschließend auf die anderen Elemente zu kopieren. Was aber, wenn dem Kunden später einfällt, dass er noch Änderungen an dem Effekt haben möchte? Würde heißen, Sie führen die Änderungen durch und müssten sie anschließend wieder auf alle Clips kopieren, was ja eine gewisse Fehleranfälligkeit birgt.

▼ **Abbildung 10.34**
Sind mehrere Elemente zu einem Clip zusammengefasst, können Sie einen Filter auf alle Elemente gleichzeitig anwenden (und dort auch bearbeiten).

Anstatt den Effekt immer auf alle Elemente zu kopieren, können Sie den Filter auch einfach auf der gesamten Animation anwenden und dort bearbeiten, indem Sie diese vorher zu einem Element zusammenfassen. Man spricht hier von einem *zusam-*

mengefassten Clip, einer *Verschachtelung* oder einem *Nesting*. Das Prinzip ist dasselbe, das wir auch bei der Generierung des Schattens auf Seite 436 angewandt haben.

Aktivieren Sie zunächst alle Clips, die Sie zu einem neuen Clip zusammenfassen wollen, und wählen Sie per Rechtsklick aus dem Kontextmenü eines beliebigen Clips die Funktion NEUER ZUSAMMENGESETZTER CLIP (alt+G). Die Elemente werden nun zusammengefasst, sodass aus der gesamten Komposition nur ein Clip entsteht. Auf dieses neue Element können Sie jetzt einen Effekt legen, eine Farbkorrektur oder -änderung darin durchführen oder es animieren, und zwar so, dass jede Anpassung zugleich für alle enthaltenen Elemente gilt.

Ein zusammengesetzter Clip ist gleichbedeutend mit einer kleinen Sequenz oder einem kleinen Projekt. Sollten Sie noch Änderungen innerhalb des zusammengesetzten Clips vornehmen wollen, beispielsweise eine Animation ändern oder einen Clip austauschen, so führen Sie einfach einen Doppelklick auf das zusammengesetzte Element durch. Dieses öffnet sich wieder, Sie können die Änderungen durchführen, und durch einen Klick auf VORHERIGES PROJEKT ❶ kommen Sie in Ihr Hauptprojekt zurück.

> **Clipanzahl**
>
> Bei zusammengesetzten Clips spielt es keine Rolle, ob Sie zwei oder zweihundert Clips zu einem Element zusammenfassen; die Vorgehensweise ist immer identisch.

10.6 Blend Modes

Die Namensvielfalt dieser Funktion ist groß und variiert von Programm zu Programm: Composite-Modi (Final Cut Pro 1 bis 7), Blend Mode (Final Cut Pro X), Füllmethode (After Effects, Photoshop) und so weiter. Gemeint ist immer dasselbe: das Verhältnis von einem übergeordneten Element zu einem untergeordneten Element. Der bekannteste Modus ist sicherlich die Luma-Stanzmaske, über die man die Weißanteile eines Bildes herausrechnen kann. Aber auch Modi wie die »Multiplikation«, das »Überlagern« oder das »Weiche Licht« finden häufig Anwendung.

Arbeitsweise von Blend Modes | Kopiert man einen Clip über einen anderen Clip (oder ein Foto über einen Generator oder jedes andere Elemente auf ein anderes) in der Timeline, so wird zunächst der Blend Mode NORMAL angewandt, das heißt, der obere Clip überdeckt das untere Element bei voller Deckkraft. Ändert man den BLEND MODE jedoch beispielsweise auf MULTIPLIZIEREN, so scheint der Untergrund bis zu einem gewissen Grade durch, und zwar je nach gewähltem Blend Mode in unterschiedlicher Art und Weise:

Ausprobieren

Nun sind leider nicht alle Blend Modes so offensichtlich in der Vorgehensweise der Berechnung. Es macht daher durchaus Sinn, bei der Anwendung von Blend Modes einige unterschiedliche Varianten durchzuprobieren.

▶ Das MULTIPLIZIEREN beispielsweise multipliziert die Helligkeitsinformationen und errechnet daraus neue Werte. Basis hierfür sind Helligkeitswerte von 0 bis 1. Nehmen wir als Beispiel einen Helligkeitswert von 0,8 beim oberen und 0,6 beim unteren Element. Multipliziert man beide Helligkeitswerte, ergibt dies einen Wert von 0,48; die gesamte Komposition wird also in der Summe etwas dunkler als die Einzelelemente.

▶ Wählt man den Blend Mode ADDIEREN, summieren sich die Werte. Hat man unten beispielsweise einen Wert von 0,35 und oben einen Wert von 0,4, so kumuliert sich die Summe auf 0,75, das heißt, die Komposition wird heller.

Multiplizieren | Wenn Sie zwei hellere Elemente haben, die Sie miteinander verbinden möchten, macht der Blend Mode MULTIPLIZIEREN durchaus Sinn. Zur Anwendung eines Blend Modes kopieren Sie zunächst zwei Elemente in die Timeline, beispielsweise einen Generator unten und ein Foto oder einen Videoclip darüber. Aktivieren Sie nun das obere Element, und wechseln Sie in das Informationsfenster.

▼ **Abbildung 10.35**
Aktivieren Sie das obere Element in der Timeline, wählen Sie den Blend Mode MULTIPLIZIEREN, und schauen Sie sich das Ergebnis in der Vorschau an.

Im unteren Teil des Informationsfensters finden Sie den Bereich COMPOSITING und dort die Einstellung BLEND MODE ❶. Wählen Sie aus dem Dropdown-Menü die Funktion MULTIPLIZIEREN, und schauen Sie sich das Ergebnis in der Vorschau an.

Ein weiterer Arbeitsablauf, in dem das Multiplizieren häufig angewendet wird, ist die Erstellung künstlicher Schatten. Erinnern Sie sich an den Abschnitt, in dem wir dem Snowboarder einen Schlagschatten verliehen haben (siehe Seite 433)? Dem Schatten können Sie nun noch den Blend Mode MULTIPLIZIEREN hinzufügen, um ihn noch ein bisschen organischer an den Hintergrund anzupassen.

> **Subtile Änderung**
>
> Die Änderungen werden wahrscheinlich zunächst nur einen marginalen Unterschied ausmachen; schaut man jedoch genauer hin, ist gut zu sehen, dass der Blend Mode den Hintergrund besser integriert als nur die Änderung der Deckkraft.

▲ **Abbildung 10.36**
Der Blend Mode MULTIPLIZIEREN eignet sich unter anderem auch gut für die Generierung von Schlagschatten.

Überlagern | Der Blend Mode ÜBERLAGERN eignet sich sehr gut dazu, eine Szene, das heißt deren oberen Teil, leicht abzudunkeln. Basis hierfür ist allerdings ein Verlauf, den Sie in den Generatoren finden.

Kopieren Sie zunächst ein beliebiges Foto in Ihre Timeline, möglichst eines, in dem man einen blauen Himmel am Horizont sieht. Wechseln Sie anschließend in die Generatoren, und suchen Sie hier den VERLAUF. Kopieren Sie dieses Element als zweite Ebene über das Foto in die Timeline. In den Einstellungen des Generators im Informationsfenster finden Sie eine Checkbox IMOVIE GRAY GRADIENT; aktivieren Sie diese Checkbox. Jetzt kommt der Trick: Ziehen Sie das Foto, das Sie bereits verwendet haben, als dritte Ebene in die Timeline, und ändern Sie den Blend Mode des Fotos auf ÜBERLAGERN. Das Foto, das heißt der obere Teil, wird deutlich abgedunkelt, als wäre es später am Abend.

Warum nun brauchen Sie drei statt nur zwei Ebenen? Das Foto oben und der Verlauf unten müssten doch eigentlich reichen. Die Erklärung hierfür ist recht simpel: Sobald Sie einen Blende Mode auf einem oberen Element anwenden, wird das untere Element durchsichtig, das heißt, es verbleiben nur die Pixel im Ergebnis, die auch über den Blend Mode errechnet werden.

> **Wirkung abschwächen**
>
> Erscheint Ihnen das Bild zu dunkel, ziehen Sie einfach die Deckkraft des Generators herunter, um die Komposition wieder aufzuhellen.

Würden Sie also nur mit zwei statt mit drei Ebenen arbeiten, würden Sie den »Hintergrund« verlieren, und das Bild würde deutlich »flacher«, das heißt ausgewaschener erscheinen. Durch das Foto im Hintergrund rechnen Sie also quasi den Effekt und das Originalfoto zusammen. Probieren Sie es einmal aus, indem Sie die untere Ebene unsichtbar machen (Tastenkürzel [V]), und vergleichen Sie die Ergebnisse.

▲ **Abbildung 10.37**
Mit einem Verlauf und dem Blend Mode ÜBERLAGERN ist es möglich, den Himmel dunkler zu zeichnen und die Helligkeit des Vordergrunds weitestgehend zu bewahren.

Hintergrund | Der HINTERGRUND (früher: Luma-Stanzmaske) erfreute sich vor allem in älteren Versionen von Final Cut Pro großer Beliebtheit, da man dort, im Gegensatz zur aktuellen Version, keine Masken in der Farbkorrektur zeichnen konnte. Um also ein Gesicht oder ein Motiv im Video partiell aufzuhellen, benutzte man weiße Kreise mit dem Blend Mode Luma-Stanzmaske, um das Element mit zwei unterschiedlichen Farbkorrekturen (hell und dunkel) quasi durch den Kreis hindurch aufzuhellen. Das klingt nicht nur kompliziert, sondern ist es auch. Zum Glück gibt es in Final Cut Pro X die Maskenfunktion (siehe Abschnitt

»Masken erstellen« auf Seite 383), die es Ihnen ermöglicht, auf derartige Stunts zu verzichten. Nichtsdestotrotz gibt es die Luma-Schablone auch in der aktuellen Version. Man kann sie nutzen, um beispielsweise einen interessanten Bild-in-Bild-Effekt außerhalb der »normalen« rechteckigen Form zu generieren.

Kreisrunder Bild-in-Bild-Effekt | Kopieren Sie zunächst einen Videoclip in die Timeline, den Sie als Vordergrund benutzen möchten, beispielsweise einen Surfer (klingt ein bisschen merkwürdig, den Vordergrund als erstes Element in die Timeline zu legen, ist aber in diesem Fall so; Sie werden es gleich sehen).

Ziehen Sie nun den Generator FORMEN aus den Generatoren in die Timeline, und legen Sie ihn auf die zweite Spur, oberhalb des ersten Clips. Wechseln Sie anschließend in die Einstellungen des Generators im Informationsfenster, und deselektieren Sie die Checkbox OUTLINE (der Kreis hat standardmäßig eine rote Umrandung, die wir hier allerdings nicht brauchen). Ziehen Sie auch die SHADOW OPACITY auf einen Wert von 0 %, denn auch einen Schatten benötigen wir hier nicht (paradox, dass ausgerechnet die Formen Schatten werfen, alle anderen Objekte diese Option allerdings nicht haben, oder?).

Wählen Sie abschließend ein Bild für den Hintergrund, und ziehen Sie es in die dritte Spur, noch über den Kreis.

> **Kreis weiter anpassen**
>
> Den Kreis können Sie natürlich über die Transformationsoptionen frei in der Vorschau verschieben und ihn mit dem Effekt des Gauß'schen Weichzeichners auch an den Kanten unschärfer machen.

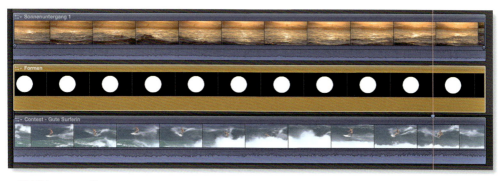

▲ **Abbildung 10.38**
Die Reihenfolge in der Timeline sollte in etwa so aussehen:
Unten liegt das Bild zum Stanzen, dazwischen der Kreis (Maske), darüber der Hintergrund.

Wählen Sie nun als Blend Mode HINTERGRUND aus den Informationsfenster-Einstellungen des oberen Elements. Der Surfer (oder was auch immer Sie in der Timeline ganz unten liegen haben) sollte jetzt im Kreis sichtbar sind, und der Rest des Bildes sollte mit dem Hintergrund aus der dritten Spur ausgefüllt sein.

> **Kreis animieren**
>
> Falls sich das Objekt im Kreis bewegen sollte, können Sie mit Keyframes natürlich auch den Kreis animieren.

▲ **Abbildung 10.39**
Wählen Sie den Hintergrund-Modus, um die Surferin innerhalb des Kreises darzustellen. Optional können Sie auch den Kreis mit Gauß'schem Blur an den Kanten weichzeichnen.

Wie bereits erwähnt, sollten Sie sich vielleicht die Zeit und die Muße nehmen, alle 25 Blend Modes mit unterschiedlichen Vorder- und Hintergründen durchzuprobieren. Man erzielt dadurch tatsächlich häufig verblüffende Effekte.

10.7 Keyer

Bevor wir uns den Themen Texte, Titel, Themen und sonstige Generatoren widmen, schauen wir uns noch, wie versprochen, den Keyer an, das heißt die Funktion, die es Ihnen ermöglicht, Blue- oder Greenscreen-Aufnahmen freizustellen. Da Sie ja mittlerweile den Umgang mit mehreren Spuren gewohnt sind, sollte auch dieser Effekt keine weiteren Schwierigkeiten für Sie bergen. Der Keyer ist, salopp gesagt, ein Filter, den Sie auf einem vor blauer oder grüner Wand aufgenommenen Videoclip anwenden, um diesen ganzheitlich freizustellen. Man verwendet dieses Verfahren bei Video, weil manuelle Freisteller bei sich bewegenden Motiven beinahe unmöglich in der Umsetzung sind. Egal ob Sie nun einen Blue- oder Greenscreen haben, der Filter bleibt hierbei derselbe.

Wichtiges Update

Bereits in der ersten Version von Final Cut Pro X war der Keyer schon sehr gut. Mit dem Update auf Version 10.0.3 Anfang 2012 hat Apple den Filter noch einmal verbessert, sodass neben der »One-Click-Option«, das heißt einem guten Ergebnis bereits beim ersten Anwenden des Effekts, noch viele weitere Parameter für die Feineinstellung des Keyers hinzugekommen sind.

Timeline-Aufbau | Beginnen Sie einen Greenscreen-Effekt am besten damit, einen Hintergrund in die Timeline zu kopieren und anschließend die Greenscreen-Aufnahme als zweite Spur darüber (wir bleiben jetzt bei der Bezeichnung Greenscreen; es kann natürlich auch ein Bluescreen sein). Die Greenscreen-Aufnahme sollte hierbei zunächst den Hintergrund komplett überdecken.

Keyer-Effekt | Wechseln Sie anschließend in die Effekte-Übersicht, suchen Sie den Filter KEYER, und legen Sie ihn auf das obere Element in der Timeline. Wenn Sie Glück haben, wird das Grün sofort ausgestanzt; dann ist der Keyer auf Grün eingestellt. Sollte sich in Ihrem Bild nichts verändert haben, klicken Sie auf die Schaltfläche SAMPLE-FARBE ❶ in den Effekteinstellungen des Informationsfensters, und ziehen Sie anschließend mit der Maus ein Rechteck auf einem grünen Bereich des Greenscreen-Clips auf. Bereits während des Ziehens wird der Clip freigestellt, das heißt, der Hintergrund tritt hervor.

▲ **Abbildung 10.40**
Beginnen Sie den Greenscreen-Effekt mit einem Hintergrund in der unteren und dem Greenscreen-Bild in der oberen Videospur.

▲ **Abbildung 10.41**
Ziehen Sie mit der Maus einen Sample-Bereich auf Grün auf, um die Farbe des Keyings zu definieren.

Unterschiedliches Grün

Sollten Sie starke Schwankungen im Bereich des Grüns haben, können Sie mithilfe der Sample-Farbe auch noch einen zweiten oder dritten Bereich aufziehen; diese Farben werden dann in die Stanzmaske integriert.

Alternativ dazu können Sie auch die KONTUREN FINDEN ❷. Hierbei ziehen Sie quasi zwei Punkte auf, die einen Schrägstrich in der Mitte vorweisen. Ziehen Sie so, dass der erste Punkt auf dem Grün, der zweite Punkt auf dem Element und der Strich direkt auf einer Kante zwischen Grün und Motiv liegt. Diese Option sollten Sie aber nur dann wählen, wenn Sie über die Auswahl des Samplings keinen Erfolg mit dem Keying haben.

Der Keyer ist so, wie wir ihn jetzt gestaltet haben, das heißt über die Auswahl der Key-Farbe, noch sehr hart. Daher können wir die Stärke des Keyings ein wenig zurücknehmen, indem wir den gleichnamigen Regler in den Filtereinstellungen ein wenig zurück (nach links) ziehen. Sie werden sehen, dass das Keying dadurch ein bisschen weicher wird, sprich, die Kanten des ausgestanzten Motivs werden etwas breiter.

▲ **Abbildung 10.42**
Um den Keyer ein wenig weicher zu gestalten, ziehen Sie die STÄRKE leicht nach unten.

Keyer beurteilen | Um einen Keyer besser beurteilen und fein einstellen zu können, wechseln wir von der Ergebnisansicht auf die Ansicht STANZMASKE. Klicken Sie hierfür auf die kleine Schaltfläche ❸ mit dem Schwarz-Weiß-Bild im Bereich DARSTELLUNG: des Keyers. Es erscheint ein Bild, das nur aus Schwarz (ausgestanzter Hintergrund), Weiß (verbleibendes Bild) und einigen grauen Bereichen besteht.

Grau steht für transparente Bereiche, die nur zum Teil gestanzt werden. Diese grauen Felder sollten nur dann auftauchen, wenn Sie wirklich Transparenzen im Bild haben möchten, beispielsweise bei Scheiben oder Gläsern. Wenn Sie solche Bestandteile nicht im Bild haben, sollten Sie versuchen, die grauen Bereiche auszumerzen, um einen möglichst sauberen Keyer zu erhalten.

Kompromisslösung

Ein guter Keyer ist immer ein Kompromiss zwischen möglichst bereitem Stanzbereich und möglichst geringer Maske.

Keyer verbessern | Um möglichst viele der grauen Bereiche mit auszustanzen, ziehen Sie den Regler LÖCHER FÜLLEN nach oben. Achten Sie darauf, dass die grauen Bereiche mit Weiß ausgefüllt werden, ohne dass auch Bereiche außerhalb des Motivs grau oder weiß werden (was relativ schnell vorkommt).

▲ **Abbildung 10.43**
Schalten Sie auf die Maskenansicht, um die Stanzmaske besser beurteilen und bearbeiten zu können.

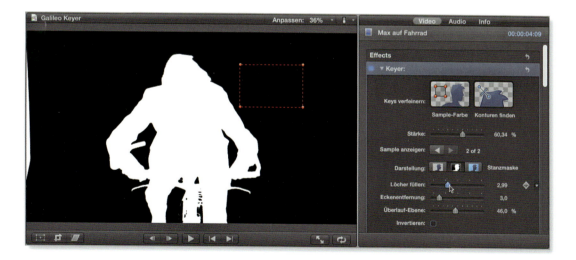

Haben Sie alle grauen Löcher gefüllt, schalten Sie die Darstellung wieder auf das Ergebnis (Composite) zurück, um die letzten Feineinstellungen zu machen, nämlich die Kanten zu bearbeiten.

Mit der Einstellung ECKENENTFERNUNG können Sie die Kanten ein wenig weicher zeichnen, damit das Motiv nicht aussieht, als hätten Sie es mit einer Nagelschere ausgeschnitten. Je höher Sie die Eckenentfernung ziehen, umso weicher (aber auch kleiner) wird die Maske an den Rändern.

▲ **Abbildung 10.44**
Ziehen Sie den Regler LÖCHER FÜLLEN so weit nach oben, dass kein grauer Bereich mehr zu sehen ist.

Grünstich entfernen | Die meisten Greenscreen-Aufnahmen haben einen leichten Grünstich, was einfach an der Reflexion des Hintergrunds zurück auf das Motiv im Vordergrund liegt. Um diesem Grünstich entgegenzuwirken, gibt es die Einstellung Überlauf-Ebene.

Ziehen Sie diese Einstellung nach oben, wird das Bild in gegensätzlicher Farbrichtung eingefärbt, das heißt, ein Greenscreen bekommt eine leicht magentafarbene Tönung. Achten Sie natürlich auch hier wieder darauf, dass das Bild nicht zu sehr eingefärbt wird. Ein gesunder Hautton sollte hierbei Ihre Referenz sein.

Abbildung 10.45 ▼
Zeichnen Sie zunächst mit der Eckenentfernung die Kanten ein wenig weicher, bevor Sie mit Überlauf-Ebene dem Grünstich entgegenwirken.

Farbauswahl erweitern | Neu in Final Cut Pro X 10.0.3 ist die erweiterte Farbauswahl sowie die Möglichkeit, Schwarz und Weiß zu »clippen«. Öffnen Sie zunächst den Bereich Farbauswahl über das kleine Dreieck ❶. Es erscheint ein Farbspektrum, das Sie erweitern oder einschränken können.

Abbildung 10.46 ▼
So erweitern Sie den Farbbereich, der ausgekeyt werden woll.

Häufig passiert es, dass grüne Hintergründe »nicht sauber« sind, das heißt es haben sich beispielsweise im grünen Stoff Wellen und damit Schatten oder hellere Bereiche gebildet; bei einer grün angestrichenen Wand finden sich oftmals Risse oder Unebenheiten. Diese Farbunterschiede lassen sich häufig nicht durch das einfache Sampling, das heißt das Aufnehmen einer Farbe, fassen, sondern der Sampling-Bereich muss erweitert werden. Dies können Sie durchführen, indem Sie den Winkel erweitern. Greifen Sie eine der beiden Kanten des Winkels ❷, und ziehen Sie diese nach außen; je nachdem welche der beiden Achsen Sie ziehen, erweitern oder verringern Sie damit die Farbe, die ausgestanzt wird.

Ähnliches gilt auch für den darunter liegenden Luma-Bereich ❸. Ziehen Sie den linken, schwarzen Bereich nach außen, um mehr dunklere Bereiche auszustanzen, und/oder den rechten, hellen Bereich, um mehr helle Bereiche aufzunehmen.

Auswahl verkleinern

Sie können die Auswahl auch einschränken, indem Sie die Bereiche jeweils nach innen ziehen. Dieser Schritt ist dann notwendig, wenn zu viel Material des Vordergrundes ausgestanzt wird, und Sie den Bereich daher einschränken müssen.

▲ **Abbildung 10.47**
Zum Erweitern des Helligkeits-Bereichs ziehen Sie die Luma-Einstellungen nach außen.

Schwarz und Weiß clippen | Unterhalb der Farbauswahl finden Sie noch Werkzeuge zum Clipping von Schwarz und Weiß. Öffnen Sie den Bereich PEGEL, so sehen Sie dort zwei Regler für Schwarz und für Weiß. Wohlgemerkt handelt es sich hier nicht um das Schwarz und Weiß des Bildes, sondern um das der Stanzmaske; Sie sollten diese Bereich also am besten Bearbeiten, nachdem Sie die Ansicht (wieder) auf die Stanzmaske geändert haben.

Haben Sie beispielsweise dunkelgraue Bereiche innerhalb der Maske, also Bereiche, die nicht ganz sauber gestanzt werden, ziehen Sie den Pegel für Schwarz ein wenig nach links. Das Schwarz wird dadurch erweitert und die Maske entsprechend ausgewei-

Clipping

Als Clipping bezeichnet man das »Wegschneiden« von Bereichen. Man kann sowohl in der Farbkorrektur zu helle und zu dunkle Bereiche (oder zu grelle Farben) clippen, also auch beim Keying die Stanzmasken erweitern.

Abbildung 10.48 ▼
Ziehen Sie die Pegel-Bereiche für Schwarz und Weiß nach links und rechts, um graue Bereiche innerhalb der Stanzmaske besser zu integrieren.

tet. Selbiges gilt auch für hellgraue Bereiche: Ziehen den Regler für Weiß nach links, so wird auch das Weiß erweitert (sprich: geclippt), und mehr helle Bereiche werden in die Stanzmaske inkludiert. Ziel sollte es daher immer sein, eine möglichst saubere, das heißt weiße Maske zu generieren.

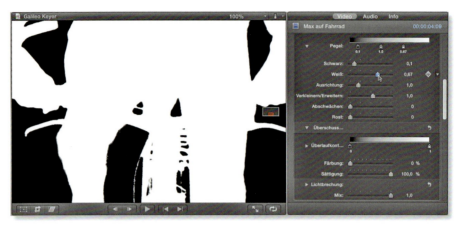

Feinarbeiten | Zum Abschluss kann man natürlich noch ein paar Feinarbeiten durchführen, die das Ergebnis realistischer wirken lassen. So können Sie zum Beispiel den Hintergrund vergrößern und animieren oder den Vordergrund verschieben, damit das Motiv vielleicht nicht ganz mittig im Bild steht. Sollte es passieren, dass der Greenscreen-Vorhang (oder die Hohlkehle) kleiner als der Bildausschnitt ist (was gerade bei 16:9 häufig vorkommt), können Sie das Bild im Vordergrund beschneiden, um unerwünschte Flecken auf dem Bild loszuwerden. Schließlich kann auch eine nachträgliche Farbkorrektur, das heißt das Anpassen des Vordergrunds an die Farbgebung des Hintergrunds entscheidend dafür sein, dass es sich um einen gelungenen Greenscreen-Effekt handelt.

Hohlkehle

Als Hohlkehle bezeichnet man eine Wand, die keine untere Ecke hat (oder auch links und rechts nicht). Stattdessen ist die Wand an der Ecke abgerundet, um einen möglichst gleichförmigen Hintergrund ohne Kante zu bilden.

Abbildung 10.49 ▶
Beschneiden Sie den Clip an den Kanten, um unerwünschte Flecken (Bereich außerhalb des Screens) zu entfernen, platzieren Sie das Objekt nach Belieben, und passen Sie es über die Farbkorrektur dem Hintergrund an.

10.8 Titel und Texte

Final Cut Pro X liefert über 150 Textgeneratoren, die es Ihnen ermöglichen, Ihr Videomaterial mit Titeln zu versehen. Wozu braucht man diese Texte? Zum einen natürlich, um Ihrem Film einen Titel am Anfang und einen Abspann am Ende zu geben. Weitere Anwendungen von Texten sind beispielsweise auch Untertitel in anderen Sprachen oder für hörbehinderte Zuschauer sowie Bauchbinden, um Namen und Beruf eines Protagonisten einzublenden oder um Ergebnisse, Torschützen und so weiter beim Sport zu beschreiben.

> **Von gut bis schlecht**
>
> Final Cut Pro liefert Ihnen hier ausreichend Generatoren, von »wirklich brauchbar« über »ganz nett« bis hin zu »Oh, meine Güte«. Lassen Sie sich überraschen, was Sie alles für Effekte in den Titelgeneratoren finden.

10.8.1 Titel anwenden

Bei allen Titeln von Final Cut Pro X handelt es sich um Textvorlagen aus Motion. Diese finden sich in der TITELÜBERSICHT, die wiederum über den T-Button ❷ rechts über der Timeline zu finden ist. Öffnen Sie die Übersicht, finden Sie fünf unterschiedliche Kategorien sowie einen Bereich ALLE, in dem alle Titelelemente untergebracht sind. Fahren Sie mit der Maus über einen Titel, sehen Sie dessen Voransicht (und gegebenenfalls die enthaltene Animation) in der Vorschau. Haben Sie sich für einen Titel entschieden, reicht das einfache Drag & Drop des Elements aus der Übersicht in die Timeline.

Zur Anwendung eines »ganz normalen«, weniger spektakulär animierten Titels wählen Sie das Element ANPASSEN ❸. Dieses hat zwar unendlich viele Optionen, ist aber eigentlich ein ziemlich einfacher Titel. Ziehen Sie ihn in Ihre Timeline, erscheint ein lilafarbener Balken.

> **Sortierung**
>
> Die Titel sind, wie gesagt, nach der Anwendung, wie Abspann, Auf-/Abbau und Bauchbinden, sortiert. Scrollen Sie weiter nach unten, kommen Sie noch in einen Themenbereich, der ebenfalls Titelgeneratoren enthält. Diesem Bereich widmen wir uns etwas später in Abschnitt 10.10.

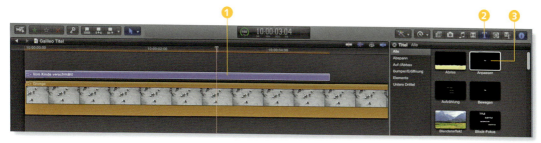

▲ **Abbildung 10.50**
Ziehen Sie den Titel ANPASSEN in Ihre Timeline.

Im Informationsfenster werden zwei neue Bereiche dargestellt, nämlich TITLE, wo Sie die unterschiedlichen Einstellungsoptionen finden, und TEXT, der die eigentliche Formatierung enthält. Klicken Sie zunächst in den Bereich TEXT, und geben Sie hier einen beliebigen Titel ein.

▲ **Abbildung 10.51**
Wechseln Sie im Informationsfenster in den Bereich TEXT, um einen Text einzugeben.

> **Textposition**
>
> Die Position des Textes können Sie natürlich auch später noch ändern, indem Sie den Textgenerator innerhalb der Vorschau nach oben oder nach unten ziehen.

10.8.2 Titel formatieren

Im Bereich TEXT finden Sie alle Formatierungen, die für die grundsätzliche Gestaltung eines Titels notwendig sind. Klicken Sie hier auf das Dropdown-Menü SCHRIFT, können Sie einen Font auswählen und gleich daneben einen Font-Stil, beispielsweise fett oder kursiv. Darunter finden Sie zunächst die Größe der Schrift und weiter unten die Ausrichtungen linksbündig, zentriert und rechtsbündig sowie verschiedene Blocksatz-Optionen. Wiederum darunter bestimmen Sie die vertikale Ausrichtung, das heißt die vertikale Position des Textes auf Ihrem Video.

Titelbereichsrahmen beachten | Bei der Definition der Textgröße sollten Sie darauf achten, nicht über den so genannten Titelbereichsrahmen hinauszugelangen, da Sie sonst Gefahr laufen, dass Ihr Text auf handelsüblichen Fernsehern abgeschnitten wird.

Sie können sich über die Darstellungsoptionen ❶ des Vorschaufensters den Titelbereichsrahmen als Überlagerung anzeigen lassen. Klicken Sie hierfür auf die Optionen ganz rechts oben in der Vorschau (kleiner Schalter), und wählen Sie die Funktion BEREICHSRAHMEN FÜR TITEL/AKTION ANZEIGEN. Es erscheinen daraufhin zwei gelbe Rechtecke in der Vorschau, von denen das äußere Rechteck den Action-Safe darstellt (90 % des Bildes) und das innere Rechteck den Title-Safe (80 %). Wenn Sie sichergehen wollen, dass auch Oma Elsa den Titel Ihres Films auf ihrem Loewe-Echtholzfernseher vollständig lesen kann, bleiben Sie mit Größe und Breite des Textes innerhalb des Title-Safe-Rahmens.

Über die Option ZEILENABSTAND bestimmen Sie die Abstände der einzelnen Zeilen bei mehrzeiligem Text, wohingegen die LAUFWEITE den Abstand der einzelnen Zeichen regelt.

Je nach gewähltem Font können Sie auch den ZEICHENABSTAND definieren (Spationierung) und schließlich auch die SCHRIFTLINIE bestimmen, das heißt den Text höher oder tiefer positionieren.

◀ **Abbildung 10.52**
Ein Klick auf die Schriftart zeigt Ihnen alle verfügbaren Fonts an und stellt diese sogar in dem jeweiligen Zeichensatz dar.

Textfarbe | Die Textfarbe bestimmen Sie über den Bereich STIL. Fahren Sie mit der Maus darüber, und klicken Sie auf die Auswahl ANZEIGEN, um in die Optionen zu gelangen, das heißt das Stil-Menü aufzuklappen. Die Farbe bestimmen Sie durch einen Klick auf das weiße Kästchen, woraufhin der Apple Color Picker erscheint, in dem Sie eine beliebige Farbe wählen können. Weitere Optionen sind die Deckkraft sowie das Weichzeichnen des Textes.

▼ **Abbildung 10.53**
Mit dem Apple Color Picker bestimmen Sie die Farbe des Textes.

Kontur, Glühen und Schattenwurf | Zu den weiteren Optionen der Texteinstellungen gehören die Kontur (Outline), das Glühen und der Schattenwurf (ja, hier gibt es ihn). Sie öffnen die jewei-

> **Kontur-Ersatz**
>
> Da die Konturfunktion von Texten in Final Cut Pro X nicht sonderlich brauchbar ist, können Sie stattdessen auch das Glühen nehmen, indem Sie sowohl die Weichheit als auch den Radius möglichst gering ansetzen; dies kommt durchaus dem Anschein einer Kontur nahe.

lige Option, indem Sie mit der Maus über den Bereich fahren und jeweils auf Anzeige klicken.

Um die Kontur zu aktivieren, klicken Sie zunächst auf das Quadrat neben der Bezeichnung Kontur. Hier finden Sie unterschiedliche Optionen für die Konturfarbe, die Deckkraft, das Weichzeichnen und die Breite des Outline.

Leider muss man dazusagen, dass es Glücksache ist, ob die Kontur korrekt auf den Buchstaben sitzt oder ob sie leicht verschoben ist. Dies hängt im Wesentlichen vom gewählten Font ab. In manchen Fällen liegt die Kontur genau auf dem Text, in manchen Fällen liegt sie auch leicht daneben oder ist sogar leicht beschnitten und damit eigentlich unbrauchbar. Leider gibt es hier keine Option, um die Kontur zu verschieben.

▲ **Abbildung 10.54**
Leider ist die Kontur in den meisten Fällen unbrauchbar, weil sie alles andere als genau auf den Buchstaben liegt.

Die Option Glühen ist hier schon wesentlich besser zu gebrauchen. Auch hier finden Sie wieder die Möglichkeit, eine Farbe zu wählen, die Deckkraft und die Weichheit zu bestimmen. Die eigentliche Größe des Glühens legen Sie über den Radius fest, das heißt, je höher Sie den Radius ziehen, umso mehr glüht auch der Text.

▲ **Abbildung 10.55**
Um einen Text glühen zu lassen, aktivieren Sie die entsprechende Option und passen das Glühen über die Farbe, die Deckkraft, die Weichheit und den Radius an.

Schattenwurf | Um einen Text auf unterschiedlichen oder wechselhaften Untergründen besser lesbar zu machen, bietet sich meist ein leichter Schattenwurf an. Auch diesen können Sie mit der gleichnamigen Option aktivieren und über die Deckkraft, das Weichzeichnen und die Entfernung zum Text nach eigenem Gusto gestalten. Wie der Ausfallswinkel des Schattens in Bezug auf den eigentlichen Text sein soll, bestimmen Sie über die Option WINKEL.

10.8.3 Titel animieren

Der gesamte Bereich TITLE ❶ im Informationsfenster des Anpassen-Textes ist eigentlich der Animation des Textes vorbehalten. Schauen Sie sich die Optionen einmal genau an, und scrollen Sie, falls notwendig, bis zum Ende der Einstellungen nach unten. Die Optionen sind in zwei Teile aufgeteilt, nämlich in »In« und »Out«.

◂ **Abbildung 10.56**
Aktivieren Sie den Schattenwurf, um den Text auch auf wechselhaftem Untergrund besser lesbar zu halten.

Hinein und hinaus | Die Einstellungen »In« stehen hierbei für das Hineinanimieren des Titels, die Optionen »Out« für das Herausanimieren. Stellvertretend für alle anderen Einstellungen werden wir in diesem Beispiel unseren Text über Deckkraft und Weichheit hereinanimieren. Alle anderen Optionen funktionieren nach demselben Prinzip, allerdings fehlt uns in diesem Abschnitt der Platz, alle Einstellungen detailliert zu beschreiben.

◂ **Abbildung 10.57**
Der Titel wird langsam und weich eingeblendet.

▲ **Abbildung 10.58**
Die Optionen der Title-Einstellung sind voranimiert, sodass der Anwender nur den oder die Werte bestimmen muss, über die er herein- oder herausanimieren möchte.

Parameter anpassen | Im Gegensatz zu allen anderen Einstellungen sind die Title-Optionen des Anpassen-Textes voranimiert; Sie brauchen sich also gar nicht weiter um das Setzen von Keyframes zu kümmern. Positionieren Sie stattdessen den Playhead auf dem ersten Frame in der Timeline, und ziehen Sie den Regler IN OPACITY (Deckkraft) auf 0 %. Zudem ziehen Sie den Regler IN BLUR auf einen Wert von 10. Wählen Sie anschließend aus dem Dropdown-Menü IN UNIT SIZE die Option ZEILE, und spielen Sie den Text aus Ihrer Timeline ab. Wie von Zauberhand erscheint nun der Text aus der Unsichtbarkeit und ändert sich dabei noch vom Unscharfen ins Scharfe. Unglaublich, oder?

Woran liegt es, dass alle Einstellungen animiert sind? Nun, wie bereits gesagt, handelt es sich bei dem Text um einen Generator, der in Motion erstellt wurde, wo auch die Animationen mithilfe von Keyframes festgelegt wurden:

- Über IN OPACITY haben wir festgelegt, dass der Text mittels Deckkraft eingeblendet wird, und über IN BLUR, dass er am Anfang weichgezeichnet wurde.
- Dass nicht nur die einzelnen Buchstaben, sondern gleich der gesamte Text animiert wurde, haben wir über die Einstellung IN UNIT SIZE definiert, wo auch Optionen für einzelne Wörter oder gar einzelne Buchstaben zur Verfügung stehen.
- Die Dauer der Animation bestimmen Sie übrigens über die Einstellung IN DURATION, die auf 40 (Frames) vordefiniert ist. Sie können einen Titel aber auch schneller oder langsamer einblenden lassen, indem Sie den Duration-Wert verringern oder erhöhen.

Out-Werte verändern

Nach demselben Prinzip lassen sich Texte auch herausanimieren, indem Sie nicht die In-, sondern die Out-Werte verändern. So stehen hier beispielsweise auch die Rotation, die Skalierung oder das Tracking (Zeichenabstand) zur Verfügung.

Probieren Sie ruhig ein paar Animationsvarianten aus; kaputtmachen können Sie schließlich nichts, und bei einigen Einstellungen gibt es wirklich sehenswerte Animationsergebnisse, ohne dass man sich großartig mit dem Setzen von Keyframes auseinandersetzen muss.

10.8.4 Wichtige Textgeneratoren im Überblick

Alle verfügbaren Textgeneratoren einzeln durchzugehen, würde sicherlich den Rahmen dieses Buches sprengen, daher haben wir nur einige wenige Titel herausgepickt, die wir für erwähnenswert halten. Einer davon ist der Titel BLENDENEFFEKT.

Blendeneffekt | Hierbei wird der Titel jeweils von links und rechts mit leuchtenden Blendenflecken eingeblendet, so genannten Lens Flares. Die Textformatierungen entsprechen hierbei exakt den bereits im vorangegangenen Abschnitt erwähnten Optionen zur Auswahl des Fonts, der Farbe, der Größe sowie der Parameter für Kontur, Glühen und Schattenwurf. Wechseln Sie allerdings in die Einstellungen TITLE, erscheinen hier die Animationsoptionen, das heißt, Sie bestimmen, ob Sie die Animation hinein- und hinausbewegt haben wollen oder nur hinein oder nur hinaus. Außerdem können Sie die Farbe des Titels nachjustieren, was aber in gewisser Weise redundant ist, weil Sie diese Einstellung ja auch in den Textparametern vorfinden.

▼ **Abbildung 10.59**
Ein durchaus sehenswerter und einfach anzuwendender Titeleffekt sind die BLENDENEFFEKT (hier mit Hintergrundgenerator INDUSTRIAL und dem Font Porsche 911).

Gesichtsfeld | Ein ebenfalls ganz ansprechender Titel ist GESICHTSFELD. Hierbei handelt es sich nicht nur um einen, sondern genau genommen um drei Textgeneratoren, die alle über die vertikale Position und die Rotation animiert sind.

▼ **Abbildung 10.60**
Der Titel GESICHTSFELD enthält drei einzelne Textfelder, die man im Title-Bereich ausfüllt und formatiert (hier mit Hintergrund UNTERWASSER, Schriftart DIN, mit leichtem, entferntem Schatten und geringem, dunklem Glühen).

Bei diesem Generator wird die Formatierung nicht wie sonst im TEXT-Bereich vorgenommen, sondern man gibt die Titel in den Feldern LINE 1 bis LINE 3 im Title-Bereich des Informationsfensters an. Außerdem erfolgen hier die grundsätzlichen Formatierungen wie Font, Stil und Schriftgröße. Die weiteren Optionen wie Glühen oder Schattenwurf lassen sich natürlich noch über die Textparameter aktivieren.

Wirbeln | Ein ebenfalls sehr schöner Titel mit ebenfalls drei einzelnen Textgeneratoren und eigenem, weißem Hintergrund ist das WIRBELN. Hierbei wird der Titel von links nach rechts horizontal ins Bild gedreht und dreht sich anschließend wieder heraus, um mit einem neuen Text hereinzukommen. Dieser Titel hat, wie gesagt, einen eigenen, weißen Hintergrund und ist so voreingestellt, dass er eine Spiegelung nach unten wirft, was dem Ganzen einen dreidimensionalen Eindruck verleiht.

Wie auch bei dem vorangegangenen Titel GESICHTSFELD gibt man den oder die Texte in den Title-Einstellungen des Informationsfensters an, wobei die eigentliche Formatierung im TEXT-Bereich stattfindet. Alternativ können Sie auch einfach auf den Text im Vorschaufenster doppelklicken, um den Titel einzugeben (geht übrigens auch bei allen anderen Titelgeneratoren). Außerdem können Sie den Text nach dem Doppelklick darauf auch vertikal und vor allem horizontal verschieben, was vor allem bei längeren Titeln sehr nützlich ist.

> **Spiegeleffekt**
>
> Der Spiegeleffekt dieses Titels wurde übrigens mit einem Schattenwurf generiert. Diesen sollten Sie daher nicht ausschalten, wenn Sie den Effekt beibehalten wollen.

▼ **Abbildung 10.61**
Ein recht ansprechend gestalteter Titel ist das WIRBELN, bei dem der Text quasi im Raum rotiert wird und durch einen Spiegeleffekt ein dreidimensionaler Eindruck entsteht.

Schwall mit Tropfen | Ein sehr aufwendig gestalteter Titeleffekt ist der SCHWALL MIT TROPFEN. Hier baut sich der Titel über einen Tintenfleck und damit weiterfließende Tintentropfen erst langsam auf. Dieser Titel besteht aus zwei Texten (Haupt- und Untertitel), wobei Sie den Untertitel auch leer lassen können, falls Sie keinen benötigen.

In den Titeloptionen bestimmen Sie, ob Sie den (wirklich sehr langen) Aufbau des Titels überhaupt benötigen (Checkbox BUILD IN), ob der grünlich melierte Hintergrund dargestellt werden soll und welche Farben die Tinte, der Text und der Text innerhalb der

> **Parameter belassen**
>
> Als mögliche Parameter finden Sie hier natürlich ein Textfeld sowie Font, Größe und Farbe. Diese sind standardmäßig sehr nah an das Star-Wars-Original angelehnt, daher macht es natürlich Sinn, sie beizubehalten. Aber jeder nach seiner Fasson …

Tinte haben sollen. Außerdem können Sie hier natürlich auch den Font und die Textgröße definieren. Weitere Optionen finden Sie auch hier im Text-Bereich, wo Sie noch Schatten oder Glühen hinzufügen können.

▼ **Abbildung 10.62**
Ein sehr aufwendig gestalteter Titel mit langem Intro ist der Schwall mit Tropfen, der fließende Tinte sehr ansprechend simuliert.

Weit, weit entfernt | Ein Titel, den wir hier nicht unerwähnt lassen wollen, obwohl es dafür wohl eher weniger ernstzunehmende Anwendungen gibt, ist Weit, weit entfernt. Der Ursprung dieses Titels liegt offensichtlich in der bekannten Star-Wars-Serie: Jeweils am Anfang des Films wird die vorangegangene Geschichte in einer Texteinblendung erzählt, die nach hinten ins Weltall verschwindet. Diesen Effekt können Sie nun nachbauen.

▼ **Abbildung 10.63**
Sehr genau an das Original der Star-Wars-Serie angelehnt ist der Titel Weit, weit entfernt, der den Text in den Weiten des Weltraums verschwinden lässt (hier mit dem Generator Sterne im Hintergrund).

10.8 Titel und Texte | **465**

> **Gute Vorlagen**
>
> Einige gute Beispiele finden sich bei den Bauchbinden (auch *Unteres Drittel* oder englisch *Lower Thirds* genannt). Bei diesen Elementen handelt es sich um Texte, die den Namen und meist eine genauere Beschreibung wie den Job einer Person enthalten.

10.8.5 Bauchbinden und sonstige Titeleinblendungen

Neben Filmtiteln werden natürlich auch Bauchbinden, Untertitel und Abspänne recht häufig in der Videoproduktion verwendet. Auch hier bietet Apple in Final Cut Pro X eine große Auswahl an aufwendig gestalteten und größtenteils voranimierten Titelvorlagen an.

Förmliche Bauchbinde | Nehmen wir beispielsweise ein Interview, in dem wir den Namen und die Position der sprechenden Person einblenden möchten. Ein ziemlich einfacher, aber dennoch recht ansprechend gestalteter Titel ist Förmlich. Ziehen Sie diesen Titel über einen Videoclip mit einem Interview, sehen Sie, dass er gleich im unteren Drittel des Bildes platziert ist, um nicht zu viel von der sprechenden Person zu überdecken.

Doppelklicken Sie auf den oberen Text Name, um den Namen der Person einzugeben, und anschließend auf Beschreibung, um den Beruf in das Feld zu schreiben. Natürlich können Sie auch hier im Informationsfenster den Font, die Größe und die Farbe nach Belieben ändern oder einen Schatten hinzufügen.

Abbildung 10.64 ▲▶
Auch für das Generieren von Bauchbinden finden Sie einige Vorlagen, wie hier zum Beispiel den Titel Förmlich.

Da die sprechende Person in unserem Fall auf der linken Seite sitzt, sich jedoch noch eine weitere Person rechts im Bild befindet, möchten wir natürlich den Namen nicht zentriert, sondern linksbündig platzieren, um mögliche Verwechslungen zu vermeiden. Hierfür stehen Ihnen im Text-Bereich die Ausrichtungen zur Verfügung, mit denen Sie den Text auch links- oder rechtsbündig anordnen können.

Papier-Bauchbinde | Eine weitere recht ansprechende Bauchbinde ist auch der Generator Papier, bei dem der Name und die Beschreibung auf einem wie ausgerissen wirkenden Stück Papier dargestellt werden. Auch hier finden Sie wieder alle möglichen

Parameter wie Schriftart, Stil, Größe, Farbe, Schatten und so weiter, um diesen Titel nach Wunsch anzupassen.

Nehmen Sie sich ruhig die Zeit, die unterschiedlichen Titelgeneratoren auszuprobieren. Vielleicht finden auch Sie hier die eine oder andere Perle, die perfekt zu Ihrem Film passt.

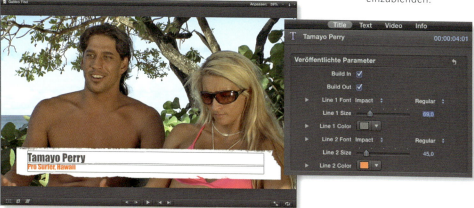

◄ **Abbildung 10.65**
Auch der Titel PAPIER eignet sich gut, um den Namen und die Position eines Protagonisten einzublenden.

10.8.6 Schriftstile

Eine letzte Option, die wir zum Thema Titel und Texte noch nicht angesprochen haben, sind die Schriftstile. Neben den Standardschriften, die auf Ihrem System installiert sind, können Sie noch ca. 30 so genannte Schriftstile laden, um Ihren Text individuell zu gestalten. Bei diesen Schriftstilen handelt es sich nicht um eigenständige Schriften, sondern eher um Designs, die Sie auf Ihre Titel anwenden können, egal welche Fonts Sie dafür wählen.

◄ **Abbildung 10.66**
Neben den Schriftarten, die auf Ihrem System installiert sind, können Sie auch zusätzlich gestaltete Schriftstile auswählen.

10.8 Titel und Texte | **467**

Schriftart ändern

Wie gesagt, der Stil ist variabel und kann auf jeder beliebigen Schriftart angewandt werden, sodass Sie nach Auswahl des Schriftstils in den Texteinstellungen jederzeit auch den Font ändern können. Ob es dann passt, überlassen wir Ihrem Geschmack …

Zur Anwendung eines Schriftstils kopieren Sie einen beliebigen Titel in Ihre Timeline und wechseln in den TEXT-Bereich des Informationsfensters. Ganz oben, noch über dem Textfeld, finden Sie ein Dropdown-Menü, das Sie aufklappen können und in dem die unterschiedlichen Schriftstile ausgewählt werden können. Unter anderem finden Sie hier Schriften aus der Kalligrafie, leuchtende Schriften, Schriften mit Verläufen und sonstige mehr oder minder geschmackvoll gestaltete Stile.

Haben Sie einen Text nach eigenem Gusto gestaltet, können Sie ihn auch über das Dropdown-Menü mit der Funktion STIL-ATTRIBUTE SICHERN abspeichern, um ihn auch in anderen Projekten verwenden zu können.

10.9 Generatoren

Bereits mehrfach erwähnt (und auch angewandt) haben wir ja bereits die Generatoren, also Elemente und Hintergründe, die Apple in Final Cut Pro X mitliefert und die sich für alle möglichen Einsatzgebiete eignen, sei es als Background für Animationen und Texte, als Stanzmasken, als Platzhalter oder als Zusatzelemente in Ihrem Video.

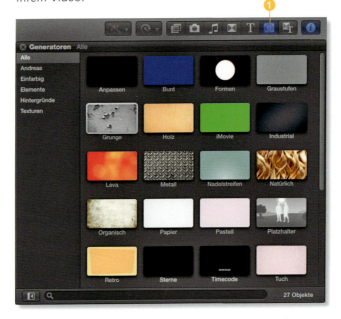

Abbildung 10.67 ▶
Zugriff auf alle Generatoren

Final Cut Pro X umfasst etwa 40 Generatoren, von denen manche aufwendiger gestaltet, andere eher einfach gehalten sind. Alle Generatoren finden Sie im Effekte-Browser, indem Sie auf die kleine Schaltfläche mit der »2« klicken ❶. Die Generatoren sind zunächst in vier Kategorien unterteilt, die allerdings erweitert werden können, wenn Sie eigene Generatoren in Motion erstellen oder wenn Sie Plugin-Sammlungen installieren, in denen Generatoren enthalten sind.

10.9.1 Generatoren anwenden

Die Anwendung von Generatoren ist denkbar einfach: Suchen Sie sich den gewünschten Generator aus der Liste, und ziehen Sie ihn in Ihr Projekt. Sollte der Generator das erste Element im Projekt sein, werden Sie aufgefordert, ein Format zu wählen, zum Beispiel HD1080p bei 25 fps. Ansonsten passt Final Cut Pro X den Generator automatisch an das Format Ihres Projekts an.

◀ **Abbildung 10.68**
Zur Anwendung eines Generators ziehen Sie ihn einfach in Ihr Projekt. Sollte es das erste Element in der Timeline sein, sollten Sie das Format anpassen.

Generatoren in der Timeline verhalten sich ähnlich wie Fotos oder sonstige Standbilder. Sie können sie beliebig lang ziehen, transformieren und sogar mit Filtereffekten belegen.

10.9.2 Generatoren bearbeiten

Neben den oben erwähnten Standard-Bearbeitungsmöglichkeiten haben Generatoren auch eigene Einstellungen im Informationsfenster; diese erreichen Sie, indem Sie den Generator in der Timeline aktivieren, in das Informationsfenster wechseln und dort auf den Bereich GENERATOR klicken.

▼ **Abbildung 10.69**
Aktivieren Sie einen Generator in der Timeline, und wechseln Sie in den Bereich GENERATOR des Informationsfensters, um in die Einstellungen zu gelangen.

Je nachdem, welchen Generator Sie angewandt haben, finden Sie mehr oder weniger Einstellungsmöglichkeiten. Der Generator

GRUNGE hat zum Beispiel wesentlich mehr Parameter als INDUSTRIAL, der eigentlich gar keine Einstellungsmöglichkeiten hat – »gekauft, wie gesehen« sozusagen.

10.9.3 Wichtige Generatoren im Überblick

Nachfolgend zeigen wir Ihnen noch ein paar Beispiele für Generatoren, die wir für sehr interessant halten.

»Bunt« und »Graustufen« | Zwei Generatoren, die man für sehr viele Zwecke einsetzen kann, sind BUNT und GRAUSTUFEN. BUNT gibt Ihnen die Möglichkeit, farbige Hintergründe zu erstellen, während GRAUSTUFEN graues Material in unterschiedlichen Schattierungen liefert.

Wechseln Sie in die Einstellungen von BUNT, können Sie über den Parameter POP-UP unterschiedliche Farben wählen. Beim Generator GRAUSTUFEN finden Sie die Schattierung in 10-Prozent-Schritten, von 0 % (schwarz) bis 100 % (weiß). Zugegeben, beide Generatoren sind eher unspektakulär, aber äußerst hilfreich, um mal eben eine Farbe oder einen grauen Hintergrund zu generieren.

> **Auf Motion-Basis**
>
> Wie auch die Filter sind alle Generatoren innerhalb von Final Cut Pro X Elemente, die in Motion erstellt wurden. Entsprechend finden Sie in den Generator-Einstellungen auch nur die Parameter, die vom Entwickler freigegeben wurde. Es besteht daher die Möglichkeit, Generatoren (als Kopie) in Motion zu öffnen und weitere Einstellungen hinzuzufügen (siehe Kapitel 12, »Motion 5«), oder Sie arbeiten mit den Parametern, die Sie vorfinden.

Abbildung 10.70 ▲
Mit dem Generator BUNT lassen sich unterschiedliche Farben als Hintergründe oder Füllungen generieren.

»Holz« und »Metall« | Etwas aufwendiger gestaltet sind die beiden Generatoren HOLZ und METALL. Während Sie bei dem Holz-Generator unterschiedliche Arten an Hölzern, von Bambus über Kirsche bis hin zu Walnussbaum auswählen können, enthält der Metall-Generator verschiedene Metalle wie Kupfer sowie genietetes und oxidiertes Metall.

In beiden Generatoren finden Sie zusätzlich noch die Einstellungen TINT COLOR und TINT AMOUNT, die den Generator in einer beliebigen Farbe einfärben, deren Einfärbestärke Sie entsprechend bestimmen können.

▲ **Abbildung 10.71**
Der Metall-Generator enthält verschiedene Metalle, von Kupfer über oxidiert bis genietet.

»Grunge« und »Industrial« | Ebenfalls sehr aufwendig gestaltet sind die beiden Generatoren GRUNGE und INDUSTRIAL. Während INDUSTRIAL eigentlich nur ein (sehr interessant beleuchtetes) Lochblech ohne irgendwelche Einstellungsmöglichkeiten darstellt, enthält der Grunge-Generator verschiedene Fotos alter, abgenutzter Texturen. Hier finden Sie in der Einstellung TYPE Bilder von aufgeplatzten oder schlecht verputzten Wänden, rostigen Rohren, alten Fahrbahnmarkierungen oder durchgerosteten Metallflächen. Leider sind die Texturen nicht sauber benannt, sondern reichen nur von TEXTURE 1 bis TEXTURE 15. Es lohnt sich aber auf jeden Fall, die unterschiedlichen Einstellungen einmal durchzuschauen; Sie werden für Ihr nächstes Heavy-Metal-Video bestimmt fündig …

▼ **Abbildung 10.72**
Sehr interessante Hintergründe und Texturen finden Sie im Grunge-Generator.

Organisch | Der Generator ORGANISCH ist aus zwei Gründen erwähnenswert: Zum einen ist dieser Generator sehr schön im Stile von altem, vergilbtem Papier gestaltet. Zum anderen ist er einer der wenigen Elemente, die auch animiert sind.

> **Keine Parameter**
>
> Leider hat dieser Generator keine Einstellungsmöglichkeiten. Nichtsdestotrotz eignet er sich sehr gut als Hintergrund für Schriften, beispielsweise mit kalligrafischem Schriftstil.

Kopieren Sie den Generator in die Timeline und spielen ihn ab, werden Sie erkennen, dass sich in der rechten, oberen Ecke ein Ornament aufbaut. Die Dauer des Aufbaus hängt direkt mit der Dauer des Elements in der Timeline zusammen: Ist das Element von kürzerer Dauer, baut sich das Ornament schneller auf; ziehen Sie es in Ihrem Projekt länger, erfolgt auch der Aufbau langsamer.

Abbildung 10.73 ▶
Der Generator ORGANISCH ist im Look von vergilbtem Papier gestaltet und baut rechts oben in der Ecke ein Ornament auf (hier mit Schrift im Font Zapfino).

Timecode | Ein eher praktischer als schöner Generator ist TIMECODE. Angewandt auf einer Spur über Ihrem Schnitt in der Timeline generiert dieses Element einen Timecode im Bild, was vor allem bei Kunden- und/oder Redaktionsabnahmen nicht nur hilfreich, sondern meist auch ein Muss ist.

Die Einstellungsmöglichkeiten sind eher übersichtlich, reichen aber für die einfache Gestaltung weitestgehend aus. So können Sie beispielsweise den Font und dessen Größe sowie die Farbe der Schrift und des Hintergrunds definieren. Bei der Schriftart sollten Sie auf eine *Monospace-Schrift* wie beispielsweise Courier zurückgreifen, damit der Generator beim Hochzählen nicht hin- und herspringt. Der Generator ist standardmäßig mittig im unteren Drittel angebracht, kann aber über die Transformationsoptionen an jede andere Position im Video geschoben werden. Sollten Sie eine leichte Transparenz wünschen, können Sie dies in den Videoeinstellungen über die Deckkraft regeln.

> **Monospace-Schrift**
>
> Monospace-Schriften haben bei allen Ziffern dieselbe Breite, ähnlich einer alten Schreibmaschine.

Als Format stehen hier HMSF (Stunde, Minute, Sekunde, Frames), nur HMS und Einzelbilder zur Verfügung. Auch können Sie die Zeitbasis (TIMECODE BASE) von Ihrem aktuellen Projekt variieren – was allerdings seltener vorkommt. Der Timecode-Start entspricht im Übrigen immer dem in Ihrem Projekt; fangen Sie das Projekt also mit einem Timecode von 10:00:00:00 an, startet der Generator auch an diesem Punkt und liest den Timecode des Projekts natürlich framegenau aus.

Sollten Sie sich für das Erstellen eigener Generatoren interessieren, werfen Sie auf jeden Fall einen Blick in unser Motion-Kapitel, in dem wir Schritt für Schritt erklären, wie man Generatoren erstellt und für die Nutzung in Final Cut Pro X freigibt. Viel Spaß!

▲ **Abbildung 10.74**
Der Timecode-Generator generiert einen Timecode auf dem Bild und ist daher unabdinglich für Kunden- und Redaktionsabnahmen.

10.10 Themen

Nicht ganz unerwähnt lassen wollen wir noch die so genannten THEMEN. Diese finden Sie ganz rechts unter der zweiten Schaltfläche von rechts ❶. Im Gegensatz zu iMovie, wo Sie ja ganze Trailer auf Basis von Themen erstellen können, sind diese in Final Cut Pro X nichts anderes als eine Zusammenfassung thematisch passender Übergänge und Titel, daher ist deren Anwendung auch auf diese Effektarten beschränkt.

> **Effekt-Kategorien**
>
> Die Themen sind nach Kategorie geordnet, sodass Sie hier unterschiedliche Übergänge für Nachrichten, Natur, Pinnwand, Sport und so weiter finden.

◀ **Abbildung 10.75**
Die Themenübersicht, hier die Kategorie PINNWAND

Viele der Effekte sind eher unspektakulär, einige sind geschmacklich eher fragwürdig, und einige sind insofern interessant, als sie so genannte Drop Zones enthalten, über die Sie Ihre eigenen Bilder oder Videoclips integrieren können.

Drop Zones | Nehmen wir als Beispiel mal den Titel TEAM, den Sie in der Sport-Kategorie finden. Ziehen Sie diesen Titel in die Timeline, sehen Sie eine Animation auf blauem Hintergrund mit zwei (noch leeren) Fenstern und zwei Titelfeldern. Diese leeren Fenster sind so genannte Drop Zones, die für Ihre Bilder zur Verfügung stehen.

Aktivieren Sie hierfür den Titel in der Timeline, und wechseln Sie in das Informationsfenster und dort in den Title-Bereich. Ganz oben sehen Sie ein Feld mit der Bezeichnung LT DROP ZONE (LT steht in diesem Fall wohl für Left Team). Ziehen Sie einen Videoclip oder ein Bild, beispielsweise ein Vereinslogo in das graue Feld. Es erscheint zunächst ein Pluszeichen; dann wird das Bild oder Logo im linken Fenster des Titelgenerators dargestellt. Um die gesamte Drop Zone auszufüllen, wählen Sie aus dem Dropdown-Menü LOGO IMAGE TYPE die Funktion NON-SQUARE; ansonsten erscheint das Bild quadratisch.

Weitere Einstellungen an dem Bild können Sie durchführen, indem Sie es skalieren und über die Positionen X, Y und Z anpassen. Dasselbe führen Sie natürlich auch im Feld RT DROP ZONE durch, um auch das zweite Team zu »bebildern«. Anschließend können Sie in den TEXT-Bereich des Informationsfensters wechseln, um dort die Namen der Teams oder Spieler einzugeben und hier Font, Farbe und Größe anzupassen (wenn es denn notwendig ist).

> **Rendern notwendig**
>
> Nachdem Sie den Titel gestaltet haben, sollten Sie ihn natürlich rendern lassen, da es ansonsten in der Echtzeitvorschau zum Ruckeln kommt (siehe Seite 477). Der Team-Titel ist sehr aufwendig im Aufbau und braucht daher viel Rechenzeit.

▼ **Abbildung 10.76**
Über die Drop Zone können Sie eigene Bilder in den Titel integrieren.

Bildauswahl für Übergang | Ein anderer, sehr interessanter Effekt ist die Bildauswahl bei komplexeren Übergängen. Nachdem Sie ein paar Schnitte in der Timeline gemacht haben, können Sie einen Übergang anwenden und Bilder aus der Timeline auswählen, die in den Übergang integriert werden sollen. Ein Beispiel hierfür ist der Übergang NACH GANZ RECHTS VERSCHIEBEN, den Sie in der Kategorie PINNWAND innerhalb der Themen finden.

Wenden Sie diesen Übergang auf einen Clip in der Timeline an, erscheinen sechs kleine, gelbe Fähnchen in der Timeline über den Clips. Diese Fähnchen, mit 1 bis 6 benannt, markieren jeweils die Bilder, die auf der »Pinnwand« des Übergangs dargestellt werden. Indem Sie die Fähnchen in der Timeline greifen und verschieben, wählen Sie entsprechend andere Frames aus, die im Übergang erscheinen. Je mehr Clips Sie in Ihrem Projekt haben (also mindestens sechs), umso interessanter wird also auch der Übergang. Welches Fähnchen zu welchem Bild im Übergang gehört, erkennen Sie an den Zahlen, die erscheinen, wenn Sie den Playhead auf dem Übergang in der Timeline platzieren.

▼ **Abbildung 10.77**
Platzieren Sie die Fähnchen in der Timeline auf verschiedenen Clips, um den Übergang interessanter zu gestalten.

Auch an dieser Stelle können wir Ihnen nur raten, sich ein wenig Zeit zu nehmen und die Themen einmal durchzuschauen. Es ist zwar nicht alles Gold, was glänzt, aber einige Perlen sind schon dabei.

10.11 Rendern

Abschließen möchten wir diesen sehr umfangreichen Abschnitt noch mit ein paar Worten zum Rendering, das heißt zur Berechnung Ihrer Effekte. Um Sie mit technischen Details nicht allzu sehr zu langweilen, versuchen wir uns ausnahmsweise mal kurz zu fassen.

CPU und GPU | Wir erzählen Ihnen sicherlich nicht viel Neues, wenn wir sagen, dass Final Cut Pro X, im Gegensatz zur Vorversion, eine 64-Bit-Applikation ist, die damit die Architektur der neuen, Intel-basierten Macs optimal ausnutzt. Neben der reinen CPU-Performance greift Final Cut Pro X auch auf die GPU (Graphics Processing Unit), also auf den Prozessor Ihrer Grafikkarte zu. Das heißt, je schneller Ihre Grafikkarte ist, umso schneller vollzieht sich auch die Darstellung und das Rendering Ihrer Effekte.

Nun sind die vom Werk aus verbauten Grafikkarten sowohl bei stationären Rechnern (Mac Pro, iMac) als auch bei mobilen Rechnern (MacBook, MacBook Pro) schon ziemlich schnell, allerdings geht es noch schneller. Wir nutzen beispielsweise in unserem Produktionsrechner eine Grafikkarte des Herstellers NVIDIA, namentlich die Quadro FX4800, die im Gegensatz zu vielen anderen Karten nicht nur für das Gaming entwickelt wurde, sondern für schnelles Arbeiten mit Bild und Video (manche Videoprogramme wie beispielsweise DaVinci Resolve oder Autodesk Smoke for Mac setzen diese (oder bessere) Karten sogar zum Arbeiten voraus). Bei einem Grafikspeicher von 1,5 Gigabyte kann diese Karte sehr viel mehr Echtzeiteffekte darstellen, als es die »normalen« Grafikkarten können. Sollten Sie also ein echter Power User von Final Cut Pro X sein, lohnt sich die Investition in eine schnellere Grafikkarte sehr bald.

Automatisches Hintergrund-Rendering | Wie bereits im Abschnitt zur Farbkorrektur erwähnt, ist Final Cut Pro X standardmäßig auf sofortiges Hintergrund-Rendering eingestellt, und zwar nach relativ kurzer Zeit. Dieses Hintergrund-Renderings ist zwar bei gelegentlicher Nutzung des Programms ganz praktisch; sollten Sie aber öfter mit Final Cut Pro X und den enthaltenen Effekten arbeiten, kann es dazu führen, dass das Programm Ihre Festplatte mit unnützen Renderdateien vollmüllt. (Bedenken Sie: Renderdateien benötigen ebenso viel Platz wie Videomaterial.)

Es ist wahrscheinlich, dass Final Cut Pro X des Öfteren anfängt zu rendern, obwohl Sie mit dem Effekt oder der Farbkorrektur noch gar nicht fertig sind. Daher macht es Sinn, entweder das Hintergrund-Rendering ganz zu deaktivieren oder einen längeren Zeitraum einzustellen, bevor das Rendering beginnt. Die entsprechenden Parameter finden Sie in den Einstellungen von Final Cut Pro X (siehe Seite 298).

Manuelles Rendering | Sollten Sie das automatische Hintergrund-Rendering deaktiviert haben oder sollte es nicht schnell genug anspringen, können Sie Ihr Projekt auch manuell rendern, und zwar entweder als gesamte Timeline oder nur einen Abschnitt.

Um die gesamte Timeline zu rendern, wählen Sie aus dem Menü ÄNDERN • ALLES RENDERN (Tastenkürzel [ctrl]+[⇧]+[R]). Final Cut Pro X beginnt sodann mit der Berechnung der zu rendernden Bereiche und zeigt den Fortschritt in der kleinen Uhr des Dashboards an.

Alternativ dazu können Sie auch nur einen Abschnitt rendern, beispielsweise den Clip, den Sie gerade bearbeitet haben. Das spart sowohl Zeit (es wird weniger berechnet) als auch Speicherkapazität (es werden weniger Renderdaten geschrieben). Zum Rendern eines Bereichs aktivieren Sie den Clip oder die Clips mit dem Lasso in der Timeline und wählen aus dem Menü ÄNDERN • AUSWAHL RENDERN (Tastenkürzel [ctrl]+[R]). Es werden daraufhin nur der oder die Clips berechnet, die in der Timeline tatsächlich aktiv sind.

> **Balken**
> Erinnern Sie sich? Abschnitte, die in der Timeline einen orangefarbenen Balken haben, müssen gerendert werden – Abschnitte ohne Balken nicht (oder wurden bereits gerendert).

◄ **Abbildung 10.78**
Zum Rendern eines Auswahlbereichs aktivieren Sie die betreffenden Clips in der Timeline und drücken [ctrl]+[R]. Auch hier wird der Fortschritt im Dashboard angezeigt.

Rendern zeitweilig anhalten oder abbrechen | Nicht nur automatische, sondern auch manuell gestartete Renderings sind natürlich Hintergrundaktionen, das heißt, während Sie im Hintergrund rendern, können Sie im Vordergrund weiterarbeiten.

Nun kann es vorkommen, dass Ihre Berechnung etwas länger dauert, zum Beispiel beim Umrechnen von Formaten oder bei sehr komplexen Effekten, und Ihnen beim Rendering auffällt, dass Sie noch Änderungen machen wollen. Wie brechen Sie also das Rendering ab? Klicken Sie auf die Render-Uhr im Dashboard, um das Fenster für die Hintergrundaktion zu öffnen. Hier finden Sie einen Bereich RENDERN, den Sie auch aufklappen können, um den Fortschritt besser sehen zu können. Klicken Sie auf das Kreuz, um den Rendervorgang abzubrechen, oder auf das Pause-Zeichen (zwei Striche), um die Berechnung zeitweilig anzuhalten (für den Fall, dass Sie sie später fortsetzen möchten). Das Rendern wird anschließend angehalten (oder abgebrochen), wobei bereits gerenderte Bereiche bestehen bleiben; es wurde also nicht umsonst gerechnet.

Abbildung 10.79 ▸
Zum Abbrechen des Renderings klicken Sie auf das Kreuz, zum Pausieren auf das Pause-Zeichen.

Aufräumen – projektbasiert | Von Zeit zu Zeit sollten Sie Ihren Rechner, genauer gesagt, Ihre Festplatte, aufräumen und von unnötigen Renderdateien befreien. Renderdateien werden zwar gelöscht, wenn Sie ein Projekt in den Papierkorb legen. Allerdings kommt es nicht selten vor, dass man Projekte behalten möchte, aber »alte« Renderdateien nicht mehr braucht, vor allem wenn es sich um »Zwischen-Renderings« handelt, also Renderdateien, die obsolet geworden sind, weil Sie neue Effekte oder Farbkorrekturen darauf angewandt haben.

Renderdateien werden zusammen mit den Projekten gespeichert und befinden sich daher in dem jeweiligen Projektordner, genauer gesagt, in einem Ordner namens RENDER FILES/HIGH QUALITY MEDIA. Schauen Sie ruhig mal in einige von Ihren Projektordnern; Sie werden erstaunt sein, was sich dort alles für speicherfressender Müll angesammelt hat.

Zum Löschen von Renderdateien ziehen Sie die entsprechenden Ordner (oder gleich den Ordner HIGH QUALITY MEDIA) in den Papierkorb. Sollte es sich um ein noch »laufendes« Projekt handeln, also um ein Projekt, das noch geöffnet ist, so ist Final Cut Pro X (im Gegensatz zur Vorversion) schlau genug, um die

Neu rendern

Sie brauchen sich über das Löschen von Renderdateien (im Gegensatz zu Mediendaten) keinen großen Kopf zu machen; das Schlimmste, was beim Löschen von Renderdateien passieren kann, ist, dass Sie einen Bereich (oder ein Projekt) neu rendern müssen.

Renderdateien auch aus dem Papierkorb heraus noch zu verbinden; Sie können den Papierkorb deswegen auch nicht vollständig entleeren. Schließen Sie also Final Cut Pro X, entleeren Sie den Papierkorb, und weg sind die lästigen Dateien.

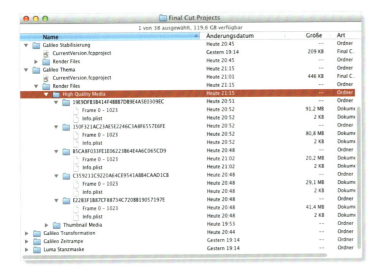

◄ **Abbildung 10.80**
Renderdateien werden mit in den Projektordner gelegt und wachsen beständig, auch wenn sie nicht mehr benötigt werden.

Aufräumen – ereignisbasiert | Wenn Sie nicht nur die Renderdateien eines Projekts, sondern eines kompletten Ereignisses löschen möchten, stellt Ihnen Final Cut Pro X hierfür einen eigenständigen Befehl zur Verfügung. Aktivieren Sie zunächst das betreffende Ereignis in Ihrer Ereignis-Mediathek, und wählen Sie anschließend aus dem Menü ABLAGE • RENDERDATEIEN DES EREIGNISSES LÖSCHEN.

Es erscheint ein Dialogfenster im oberen Bereich, in dem Sie die Auswahl treffen können, ob Sie alle Renderdateien oder nur die ungenutzten Renderdateien entfernen möchten:

▶ Entscheiden Sie sich für die Einstellung NUR UNBENUTZTE RENDERDATEIEN, löscht Final Cut Pro nur die Render Files, die in dem Ereignis nicht mehr benötigt werden, also beispielsweise Renderings, die obsolet geworden sind, weil Sie nach dem Rendering noch andere Effekte angewandt oder Änderungen durchgeführt haben, oder von Clips, die Sie später aus Ihrem Projekt wieder gelöscht haben.

▶ Entscheiden Sie sich für ALLE RENDERDATEIEN, werden alle zu dem Ereignis gehörenden Render Files gelöscht, und Sie müssen gegebenenfalls alles noch einmal rendern. Aber keine Angst, es geht ja nicht wirklich etwas kaputt. Wie bereits weiter oben erwähnt, reicht ein erneutes Rendering, um die gelöschten Bereiche wiederherzustellen.

Abbildung 10.81 ▶
Über das ABLAGE-Menü können Sie alle Renderdateien eines Ereignisses löschen.

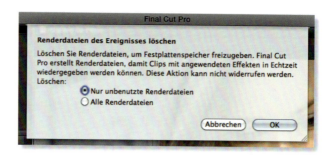

Der Unterschied zwischen dem manuellen Löschen der Renderdateien und dem Menübefehl liegt darin, dass Sie beim manuellen Löschen auswählen können, für welches Projekt Sie die Renderdateien entfernen, während das ereignisbasierte Löschen alle Renderdateien aller diesem Ereignis zugeordneten Projekte löscht.

11 Ausgabe

Nachdem Sie Ihr cineastisches Werk fertiggestellt haben, möchten Sie natürlich den Film auch ausgeben, das heißt für die Weitergabe via DVD, Datei oder Web optimieren. Im Gegensatz zur Vorversion ist die Ausgabe unter Final Cut Pro X jedoch leider sehr eingeschränkt und zum Teil sehr auf Apple-Gerätschaften wie iPhone, iPad und Apple TV fokussiert. Nichtsdestotrotz stehen Ihnen natürlich auch andere Exportoptionen zur Verfügung.

Die Ausgabe von Filmen erfolgt naturgemäß natürlich immer über die Auswahl eines Projekts, nicht über das Ereignis, das heißt, Sie exportieren immer einen Schnitt aus der Timeline heraus. Hierfür können Sie entweder ein Projekt in der Projekt-Mediathek aktivieren oder ein Projekt im Timeline-Fenster öffnen. Erst dann erscheinen die entsprechenden Ausgabeoptionen unter dem Menü BEREITSTELLEN.

▼ **Abbildung 11.1**
Zum Exportieren eines Films sollten Sie entweder ein Projekt in der Projekt-Mediathek auswählen oder das Projekt in der Timeline öffnen.

11.1 Ausgabe als Medienübersicht und für Apple-Geräte

Unter der Bereitstellen-Funktion bietet Ihnen Final Cut Pro X zunächst zwei Optionen an: Die Ausgabe als MEDIENÜBERSICHT und das Veröffentlichen für APPLE-GERÄTE. Verwirrenderweise handelt es sich hier eigentlich um dieselbe Funktion, nämlich die Ausgabe als MPEG-4-Datei in unterschiedlichen Größen und Qualitätsstufen, mit dem einzigen Unterschied, dass bei der Ausgabe als Medienübersicht der Film für andere Apple-Programme

Dateigrößen

In unseren Beispielen haben wir einen Film gewählt, der genau eine Minute lang ist. Dies soll Ihnen helfen, anhand der später erwähnten Dateigrößen besser kalkulieren zu können, wie groß Ihr Film bei der jeweils gewählten Exportoption werden wird.

wie iWork und Keynote auf Festplatte gespeichert wird, während bei der Ausgabe für Apple-Geräte der Film zur Synchronisierung an iTunes geschickt wird. Das Ergebnis ist aber dasselbe; wir bleiben daher beim Bereitstellen für Apple-Geräte, da Sie hier einfach ein paar mehr Optionen zur Verfügung haben.

▲ **Abbildung 11.2**
Die beiden Ausgabeoptionen MEDIENÜBERSICHT und APPLE-GERÄTE sind weitestgehend identisch. Bei den Apple-Geräten haben Sie lediglich einige Einstellungen mehr. In den Grundeinstellungen des oberen Bereichs erscheinen iPhone, iPad und Konsorten sowie eine Voransicht Ihres Films in dem entsprechenden Gerät.

11.1.1 Export-Grundfunktionen

Schauen wir uns zunächst einmal die Grundfunktionen an, die Ihnen bei der Ausgabe für Apple-Geräte (und über die Medienübersicht) zur Verfügung stehen. Aktivieren Sie Ihr Projekt in der Projektübersicht oder in der Timeline, und wählen Sie aus dem Menü BEREITSTELLEN • APPLE-GERÄTE. Es erscheint ein Menü, in dem Sie vier Apple-Gerätschaften sehen: das iPhone, das iPad, Apple TV und einen iMac, der für den Export für Mac und PC steht. Klicken Sie auf das jeweilige Gerät, erscheint der aktuelle Frame, auf dem sich Ihr Playhead in der Timeline gerade befindet, in dem entsprechenden Gerät, und Sie sehen einige Angaben wie die zu erwartende Dateigröße und die Kompatibilität des Films mit den unterschiedlichen Geräte-Generationen. Fahren Sie mit der Maus über den Film im Gerät, um eine Voransicht des Films zu sehen.

Exportformate | In den Standardeinstellungen dieser Ausgabeoption wird der Film in folgende Formate exportiert:
- **iPhone**: Format *.m4v* (MPEG-4 Video), Typ H.264, Größe 1.280 × 720 Pixel bei ca. 52 MB pro Minute
- **iPad**: Format *.m4v* (MPEG-4 Video), Typ H.264, Größe 1.280 × 720 Pixel bei ca. 52 MB pro Minute

- **Apple TV**: Format .m4v (MPEG-4 Video), Typ H.264, Größe 1.280 × 720 Pixel bei ca. 52 MB pro Minute
- **Mac und PC**: Format .mp4 (MPEG-4 Video), Typ MPEG-4, Größe 1.920 × 1.080 Pixel bei ca. 75 MB pro Minute

Wie Sie sicherlich erkennen, sind die Ergebnisse für iPhone, iPad und Apple TV hier identisch. Einzig die Ausgabe für Mac und PC variiert, da hier aus Gründen der besseren Kompatibilität vor allem mit Windows-PCs ein anderer Dateityp (MPEG-4 statt H.264) gewählt wurde und weil hier in vollem HD, nicht nur in 720p exportiert wird.

Zu iTunes hinzufügen | Als weitere Option finden Sie hier die Möglichkeit, den Film direkt zu iTunes hinzuzufügen, damit er bei der nächsten Synchronisation automatisch auf ein iPhone oder Apple TV übertragen wird. Sollten Sie Ihren Film nicht zu iTunes senden wollen, nehmen Sie einfach das Häkchen in der Funktion Zu iTunes hinzufügen raus.

11.1.2 Optionen zur Mehrfachausgabe

Klicken Sie in dem Bereitstellen-Dialog zunächst auf Details einblenden ❶ und dann auf die Schaltfläche Optionen, können Sie zunächst bestimmen, für welche Geräte Sie den Film exportieren möchten, wie der Film heißen soll und zu welcher Playlist in iTunes er hinzugefügt werden soll (nur wenn die Synchronisation mit iTunes eingeschaltet ist).

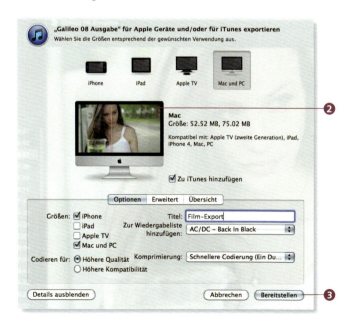

◀ **Abbildung 11.3**
Um den Film für mehrere Geräte gleichzeitig auszugeben, machen Sie ein Häkchen vor dem jeweiligen Device.

Um den Film zugleich für mehrere Geräte in einem Arbeitsgang zu exportieren, machen Sie jeweils ein Häkchen vor dem entsprechenden Gerät. Außerdem können Sie Ihrem Film einen anderen Titel als dem Projekt geben und diesen automatisch zu einer bestimmten Wiedergabeliste in iTunes hinzufügen, beispielsweise wenn Sie Wiedergabelisten für einen bestimmten Kunden oder eine bestimmte Filmart festgelegt haben. Ist die iTunes-Option deaktiviert, werden Sie vor dem Export gefragt, wo die Filmdatei(en) gespeichert werden soll.

Da in den Standardeinstellungen dieses Dialogs, wie gesagt, die Formate für iPhone, iPad und Apple TV identisch sind, reicht es, den Film nur für eines dieser Geräte zu exportieren, und gegebenenfalls noch in voller HD-Qualität für Mac und PC. Die entsprechenden zu erwartenden Ergebnisse erscheinen daraufhin neben der Voransicht ❷ im oberen Bereich.

Share Monitor | Klicken Sie anschließend auf die Schaltfläche BEREITSTELLEN ❸, beginnt Final Cut Pro X mit dem Export. Hierbei erscheint zunächst ein Bearbeiten-Fenster in Final Cut Pro. Dort können Sie auf die Schaltfläche SHARE MONITOR klicken, um zu sehen, was gerade passiert. Der Share Monitor ist ein Zusatzprogramm, das für das Komprimieren von Filmen zuständig ist und das zugleich auch vom Compressor genutzt wird. Nähere Informationen zum Share Monitor finden Sie daher auch in Kapitel 13, »Compressor 4«.

▼ **Abbildung 11.4**
Starten Sie den Export Ihres Films, wird der Share Monitor geöffnet, der für das Encoding von Filmen zuständig ist.

Qualität und Kompatibilität | Ebenfalls unter den Optionen befinden sich solche für die Qualität und die Kompatibilität des Films. Wählen Sie eine HÖHERE KOMPATIBILITÄT statt einer HÖHEREN QUALITÄT, werden die Filme für iPhone, iPad und Apple TV nicht mehr in derselben Größe und Qualität exportiert, sondern Final Cut Pro X wählt hier unterschiedliche Größen und Datenraten, um auch mit Apple-Geräten älterer Generationen kompatibel zu sein. Im Einzelnen werden die Filme dann folgendermaßen komprimiert:

- **iPhone**: Format *.m4v* (MPEG-4 Video), Typ H.264, Größe 640 × 480 Pixel bei ca. 12 MB pro Minute (kompatibel auch mit iPhones der 3. Generation sowie iPod touch (3. Generation) und videofähigem iPod)
- **iPad**: Format *.m4v* (MPEG-4 Video), Typ H.264, Größe 1.280 × 720 Pixel bei ca. 52 MB pro Minute
- **Apple TV**: Format *.m4v* (MPEG-4 Video), Typ H.264, Größe 960 × 720 Pixel bei ca. 38 MB pro Minute (kompatibel auch mit Apple TV der 1. Generation)
- **Mac und PC**: Format *.mp4* (MPEG-4 Video), Typ MPEG-4, Größe 1.920 × 1.080 Pixel bei ca. 75 MB pro Minute

Sprich, wenn Sie kleinere Dateien auch für ältere Geräte haben möchten, aktivieren Sie höhere Kompatibilität.

Komprimierung | Auch die Exportqualität Ihres Films können Sie in gewisser Form beeinflussen, indem Sie nicht nur ein so genanntes *Single Pass Encoding* durchführen, sondern ein *Multi Pass Encoding*. Der Unterschied hierbei ist, dass bei einem Single Pass Encoding (Einstellung: Schnellere Codierung (Ein Durchgang)) der Film sofort Bild für Bild komprimiert wird, wohingegen beim Multi Pass Encoding (Einstellung: Bessere Qualität (Mehrere Durchgänge)) der Film zunächst im ersten Durchgang analysiert wird, bevor er im zweiten Durchgang komprimiert wird. Das Ergebnis hierbei ist natürlich wesentlich besser, allerdings dauert das Multi Pass Encoding auch entsprechend länger.

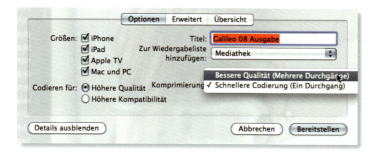

◀ **Abbildung 11.5**
Wählen Sie die Einstellung für mehrere Durchgänge, um die Qualität Ihres Films beim Encoding zu optimieren.

11.1.3 Erweitert und Übersicht

Zwei weitere Optionen, die Ihnen bei den Apple-Geräten (und in der Medienübersicht) noch zur Verfügung stehen, sind die Schaltflächen Erweitert und Übersicht.

Klicken Sie auf Erweitert, können Sie das Encoding Ihres Films von Ihrem Mac auf das Netzwerk ausweiten (Einstellung:

DIESER COMPUTER PLUS). Hierbei greift Final Cut Pro X nicht nur auf den eigenen Share Monitor zu, sondern auch auf einen so genannten Cluster, das heißt, das Rendering wird auf mehrere Computer verteilt, was speziell bei sehr langen Filmen praktisch ist. Voraussetzung hierfür ist allerdings, dass Sie den Compressor auf mehreren im Netzwerk verfügbaren Rechnern installiert haben und dass ein Cluster über das Programm Qmaster konfiguriert wurde. Zudem können Sie in dieser Einstellung auch Ihr Encoding an den Compressor senden (wenn dieser denn installiert ist) und dort aus den Voreinstellungen ein anderes Format wählen. Hierfür steht auch ein eigner Menübefehl zur Verfügung, auf den wir später und vor allem in Kapitel 13, »Compressor 4«, noch genauer eingehen.

Klicken Sie hingegen auf die Schaltfläche ÜBERSICHT, stellt Ihnen Final Cut Pro X eine Zusammenfassung der geplanten Encodings dar. Hier erfahren Sie nicht nur, wie viele Filme erstellt werden (sollten Sie es seit dem Aufruf des Exports vergessen haben), sondern auch in welchem Format und in welcher Größe der oder die Filme exportiert werden. Weitere Informationen umfassen die Audiokanäle, die Abtastrate sowie die Bildrate.

Abbildung 11.6 ▶
Der Übersicht können Sie die Anzahl der Encodings sowie Detailinformationen über Größe, Audiokanäle und Abtastraten entnehmen.

Blu-rays auf Standard-DVD

Auch Blu-rays lassen sich auf Standard-DVD-Rohlinge brennen. Voraussetzung für die Wiedergabe ist allerdings, dass Sie einen Blu-ray-Player besitzen, der auch den »roten Laser« besitzt, also Standard-DVDs lesen kann, wie beispielsweise die Sony Playstation 3.

11.2 DVD und Blu-ray erstellen

Möchten Sie lieber eine Scheibe brennen als eine Datei exportieren, können Sie dies in Form einer Standard- oder Blu-ray-Disc tun. Beide Optionen finden Sie innerhalb des Bereitstellen-Dialogs, wobei auch in diesem Fall die Funktionen weitestgehend identisch sind, mit dem Unterschied, dass Sie bei der Blu-ray noch eine Titelgrafik und ein Logo hinzufügen können. Wir bleiben daher bei der Erstellung einer Blu-ray und erwähnen die DVD, wenn sie sich von der BD unterscheidet.

11.2.1 Basis-Optionen

Haben Sie keinen Blu-ray-Brenner an Ihren Mac angeschlossen, bevor Sie aus dem Menü die Funktion BEREITSTELLEN • BLU-RAY wählen, steht der Brenner (natürlich) nicht als AUSGABEGERÄT zur Verfügung. Sollten Sie eine »normale« DVD brennen wollen, wählen Sie aus dem Menü BEREITSTELLEN • DVD, und wählen Sie aus der Auswahl AUSGABEGERÄT den internen Brenner Ihres Macs oder bei Bedarf natürlich auch einen externen Brenner.

Geräte anschließen

Bevor Sie eine Blu-ray-Disc erstellen, sollten Sie zunächst einen Blu-ray-Brenner an Ihren Mac anschließen. Obwohl diese Technologie schon etwas älter ist, verbaut Apple diese Brenner noch immer nicht in den Macs, das heißt, das »normale« SuperDrive-Laufwerk kann zwar CDs und DVDs brennen, aber keine Blu-rays. Dafür ist die Anschaffung eines externen Geräts notwendig, das Sie über USB an Ihren Mac anschließen. Für die Erstellung von Blu-rays benutzen wir einen LaCie-Slim-Blu-ray-Brenner mit sechsfacher Brenngeschwindigkeit, den Sie für ca. 200 Euro im Fachhandel erhalten.

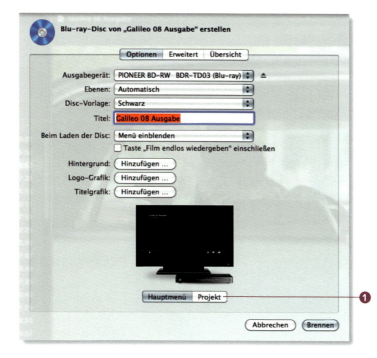

◄ **Abbildung 11.7**
Ist ein Blu-ray-Brenner angeschlossen, erscheint dieser als Auswahl in den Ausgabegeräten.

Einstellungen vornehmen | Unter den weiteren Einstellungen finden Sie:

- EBENEN: Hier stellen Sie ein, ob Sie eine einschichtige oder doppelschichtige (Single Layer oder Dual Layer) DVD oder Blu-ray brennen wollen. In den allermeisten Fällen wählen Sie hier EINSCHICHTIG.
- DISC-VORLAGE: Hier bestimmen Sie die Farbe des Menüs. Zur Auswahl stehen hier ein schwarzer und ein weißer Hintergrund sowie Blaugrün, die Außenaufnahme einer Häuserfassade und ein buntes Straßenpflaster (ist nur wichtig, wenn Sie auch ein Menü auf Ihrer DVD oder Blu-ray haben möchten).
- TITEL: Bestimmt den Titel Ihrer DVD oder Blu-ray.
- BEIM LADEN DER DISC: Hier legen Sie fest, ob Sie zunächst ein Menü einblenden möchten oder ob der Film beim Einlegen in einen Player sofort losspielen soll.

»Hauptmenü« und »Projekt«

Über diese beiden Schaltflächen ❶ ändern Sie den Inhalt des kleinen Vorschaumonitors. Während HAUPTMENÜ das Menü inklusive eventuell geladener Grafiken darstellt, zeigt Ihnen PROJEKT (ähnlich der Voransicht bei Apple-Geräten) den aktuellen Film an (in dem Sie auch hin- und herscrollen können, um den Filminhalt zu sehen).

- TASTE »FILM ENDLOS WIEDERGEBEN« EINSCHLIESSEN: Fügt dem Film/der DVD eine Endlosschleife des Films hinzu (wichtig bei Produktionen, die beispielsweise bei Messen als Screener unbeaufsichtigt endlos laufen sollen).
- HINTERGRUND: Hier können Sie dem Menü noch einen eigenen Hintergrund hinzufügen. Klicken Sie hierzu auf die Schaltfläche HINTERGRUND: HINZUFÜGEN, und navigieren Sie auf Ihrer Festplatte zu dem Bild, dass Sie laden möchten.
- LOGO-GRAFIK und TITELGRAFIK (nur Blu-ray): Zusätzlich zum Hintergrund können Sie noch ein Logo und eine Titelgrafik einblenden.

11.2.2 Erweiterte Einstellungen und Brennen

Klicken Sie auf die Schaltfläche ERWEITERT, um das Encoding auf einen Cluster auszulagern (der Compressor muss, wie gesagt, auf den anderen Rechnern auch installiert sein), und/oder auf ÜBERSICHT, um eine Zusammenfassung dessen zu bekommen, was Sie jetzt encodieren werden.

Legen Sie abschließend eine leere Blu-ray-Disc oder einen DVD-Rohling in den Brenner, und klicken Sie auf die Schaltfläche BRENNEN. Den Rest erledigt Final Cut Pro X für Sie.

> **Zwei Dateien**
>
> Wundern Sie sich nicht, dass hier zwei Dateien erstellt werden. DVDs und Blu-rays bestehen immer aus getrennten Bild- und Tonspuren. Im Fall von DVD werden eine MPEG-2- und ein AC3-Datei erstellt, im Fall von Blu-ray erfolgt das Encoding einer H.264- und einer AC3-Datei.

11.3 Podcast-Produzent und E-Mail

Auch wenn die Podcast-Option einige nützliche Einstellungen beinhaltet, können Sie sie tatsächlich nur dann nutzen, wenn Sie auch wirklich einen Upload auf einen Server durchführen, da das Speichern der Datei auf einem lokalen Volume nicht möglich ist.

11.3.1 Podcast-Produzent

Wählen Sie also zunächst Ihre Timeline und anschließend im Menü BEREITSTELLEN • PODCAST-PRODUZENT. Hier erscheint ein Dialogfenster, in dem Sie zunächst den Account konfigurieren müssen. Klicken Sie hierfür auf die Schaltfläche KONFIGURIEREN, geben Sie einen Server, den Login-Namen und das Passwort an, und wechseln Sie dann zurück in den Sichern-Dialog.

Zurück im Export-Dialog können Sie einen Titel und eine Beschreibung angeben, die Größe wählen (nachdem Sie das Häkchen GRÖSSE AUTOMATISCH EINSTELLEN abgewählt haben) und eine Qualität auswählen. Auch hier gibt es, wie bei den Apple-Geräten auch, die Möglichkeit, Single Pass oder Multi Pass Encodings zu wählen. Sind alle Einstellungen getätigt, klicken Sie auf

▲ Abbildung 11.8
In den Ausgabeoptionen des Podcast-Produzenten muss man zunächst einen Server konfigurieren.

die Schaltfläche VERÖFFENTLICHEN, um den Film zu komprimieren und im Anschluss daran auf den Server zu laden.

11.3.2 E-Mail

Einen ähnlichen Workflow finden Sie auch bei der Kompression als E-Mail-Anlage. Hier wählen Sie zunächst die Größe, beispielsweise 428 × 240 Pixel für längere Filme (bis 5 Minuten), 854 × 480 Pixel bei mittleren Filmen (bis ca. 3 Minuten), und 960 × 540 bei kurzen Filmen und Spots (< 1 Min.). Anschließend wählen Sie noch die Qualität (Single Pass oder Multi Pass für bessere Qualität), klicken Sie auf die Schaltfläche E-MAIL ERSTELLEN, und Final Cut Pro X beginnt mit der Kompression. Ist diese abgeschlossen, wird das Programm Mail geöffnet, eine neue E-Mail erstellt und der Film automatisch darangehängt.

> **E-Mail-Anhänge**
>
> Achten Sie darauf, dass Ihr Mail-Server Anhänge bestimmter Größe auch noch versenden kann. Bei privaten Mail-Servern (Firmen) können Sie locker 10 MB, bei manchen sogar 15 oder 20 MB als Anhänge mitsenden. Öffentliche Mail-Dienste wie beispielsweise GMX, Hotmail, Web.de und so weiter sind häufig auf 5 MB oder sogar noch weniger limitiert.

◀ **Abbildung 11.9**
Wählen Sie zunächst die Größe des Films (abhängig von dessen Dauer) und die Qualität, bevor Sie mit dem Encoding beginnen.

11.4 YouTube, Facebook, Vimeo

Im Wesentlichen unterscheiden sich die Optionen für das Bereitstellen Ihrer Filme auf YouTube, Facebook und Vimeo auch nicht von den Optionen des Podcasts. Einzig die portalspezifischen Felder wie die YouTube-Kategorien und -Attribute oder die Einschränkungen bei Facebook und Vimeo sind hier unterschiedlich. Das Ergebnis, nämlich ein MPEG-4-Film in verschiedenen Größen und Qualitäten, ist identisch.

11.4.1 Film auf YouTube bereitstellen

Um einen Film direkt aus der Timeline auf YouTube zu veröffentlichen, wählen Sie aus dem Menü BEREITSTELLEN • YOUTUBE. Es erscheint der bereits bekannte Dialog, in dem Sie am besten damit beginnen, einen Account hinzuzufügen. Hierfür geben Sie Ihren Benutzernamen und anschließend Ihr Kennwort ein. Über die Schaltfläche KATEGORIE wählen Sie die YouTube-Kategorie, die Ihrem Film am ehesten entspricht, und geben anschließend Titel, Beschreibung und Attribute ein. Möchten Sie Ihren Film nur einem bestimmten Kreis von Leuten zugänglich machen, aktivieren Sie die Checkbox FILM ALS PRIVAT FESTLEGEN.

Abbildung 11.10 ▶
Mit Ausnahme einiger Attribute und Optionen sind die Einstellungen für YouTube identisch mit denen der Podcast-Produktionen.

In der Auswahl der Filmgröße stehen Ihnen wieder die automatische Größe (also die Größe, in der Sie Ihren Film geschnitten haben) sowie die Größen SD 640 × 360, 540p 960 × 540, 720p mit 1.280 × 720 Pixeln und Full-HD in 1.920 × 1.080 Pixeln zur Verfügung. Auch bei diesem Encodiervorgang können Sie die Qualität wieder von schnellerem Single Pass Encoding auf qualitativ besseres Multi Pass Encoding umstellen.

Qualität für YouTube

In den meisten Fällen reicht für YouTube das Encoding in 720p, da die Qualität und die Größe hier locker ausreichend sind. In den wenigsten Fällen haben YouTube-Besucher auch wirklich Monitore, die die Auflösung von Full-HD unterstützen.

11.4.2 Film auf Facebook veröffentlichen

Auch bei der Veröffentlichung auf Facebook sind die Optionen nur marginal unterschiedlich.

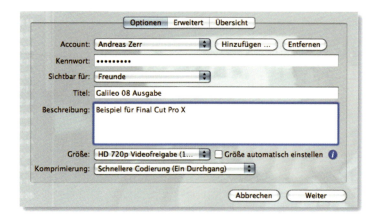

Abbildung 11.11 ▶
Auch ein direkter Upload auf Facebook ist möglich. Allerdings gibt es hier Einschränkungen in der möglichen Länge des Films.

Wie auch bei den anderen automatischen Portal-Uploads geben Sie hier zunächst den Account und das Passwort ein. Anschließend wählen Sie, wer den Film sehen darf, also alle Facebook-Nutzer, Freunde oder auch Freunde von Freunden, geben dann Namen und Beschreibung an und wählen abschließend die Größe und die Qualität.

11.4.3 Filme auf Vimeo hochladen

Das letzte Portal, das wir hier noch kurz besprechen wollen, ist Vimeo. Auch hier sind die Optionen weitestgehend identisch mit denen für Facebook und YouTube. Sie geben zunächst Ihren Account und das Passwort an und wählen anschließend, für wen der Film sichtbar sein soll (ALLE, KONTAKTE, NIEMAND). Neben Titel, Beschreibung und Attributen können Sie dann noch die Größe (identisch mit der YouTube-Funktion) und die Komprimierungsqualität wählen. Klicken Sie abschließend auf die Schaltfläche WEITER, um den Film zu encodieren und automatisch auf Vimeo hochzuladen.

> **Länge beschränkt**
>
> Bei der Veröffentlichung auf Facebook gibt es allerdings zu beachten, dass die Betreiber (momentan noch) eine Limitation der Dauer von Filmen implementiert haben, nämlich drei Minuten. Haben Sie längere Filme, macht es eher Sinn, diese auf YouTube oder Vimeo zu veröffentlichen und über Facebook zu verlinken.

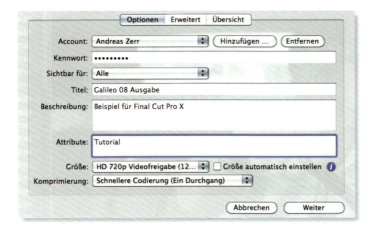

◄ **Abbildung 11.12**
Der Upload auf Vimeo entspricht im Wesentlichen den Optionen, die auch für Facebook und YouTube zur Verfügung stehen.

11.5 Medien exportieren

Wie Sie vielleicht festgestellt haben, sind wir in der Beschreibung der Ausgabeoptionen in der Reihenfolge vorgegangen, in der die Funktionen im Bereitstellen-Menü erscheinen. Allerdings haben alle bis dato erwähnten Exportoptionen einen MPEG-4-Film in unterschiedlichen Größen oder Qualitäten (sowie DVD und Blu-ray) als Ergebnis. Was jedoch, wenn Sie Ihren Film verlustfrei exportieren möchten, beispielsweise in dem Format, in dem Sie auch gefilmt und geschnitten haben?

Die Funktion für das verlustfreie Exportieren von Filmen finden Sie im Menü unter Bereitstellen • Medien exportieren (Tastenkürzel [cmd]+[E]). Dieser Dialog und die enthaltenen Einstellungen sind sehr einfach gehalten.

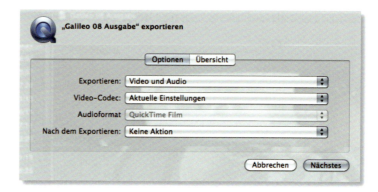

Abbildung 11.13 ▶
Um den Film in dem Format zu exportieren, in dem er auch geschnitten wurde, wählen Sie die aktuellen Einstellungen im Medienexport.

▸ Exportieren: Hier bestimmen Sie, welche »Spuren« Sie exportieren möchten: nur Video, nur Audio, oder Audio und Video (was wohl in den meisten Fällen zutrifft). Auch können Sie hier QuickTime-Filme mit den neuen Funktionen von Final Cut Pro X erstellen (siehe Abschnitt 158).

▸ Video-Codec: Die Grundeinstellung hier ist Aktuelle Einstellungen, was dem Format Ihres Projekts entspricht und den Film so exportiert, wie Sie ihn geschnitten haben. Zu den weiteren Optionen zählt das so genannte Transcodieren, also das Umwandeln in andere Schnittformate wie Apple ProRes, XDCAM und DVCPRO. Diese wählt man beispielsweise dann, wenn man den fertigen Film noch in anderen Programmen weiter bearbeiten möchte, die das eigentliche Schnittformat nicht unterstützen.

▸ Audioformat: Haben Sie für den Export nur Audio gewählt, können Sie hier das Audioformat bestimmen, beispielsweise AAC, AC3 (für DVD), MP3 oder WAVE.

▸ Nach dem Exportieren: Was soll passieren, wenn der Export fertig ist? Sie können den Film mit QuickTime 7 öffnen (soweit diese Version bei Ihnen installiert ist), den Film an Compressor schicken (soweit das Programm bei Ihnen installiert ist) oder auch einfach nichts machen, also Keine Aktion.

Tipp zum besten Format

Wir exportieren eigentlich alle unsere Filme zunächst im besten Format, um sie zum einen natürlich zu archivieren, und zum anderen haben wir bestimmte Workflows wie das Encoding oder die Weiterbearbeitung, in denen wir auf keinen Fall Qualität verlieren möchten.

Bestmögliche Filme exportieren | In den meisten Fällen wird hier wohl der Export in den aktuellen Einstellungen gewählt: Damit erstellen Sie den Film zum einen in der bestmöglichen Qualität beispielsweise für das Archiv, und zum anderen lassen sich mit dem Film andere Dinge durchführen, wie beispielsweise die Weiterbearbeitung in Motion oder After Efffects oder das Komprimieren durch andere Programme wie Squeeze (Flash), Episode (Windows Media, MXF) oder einfach den Compressor.

11.6 Einzelne Bilder und Bildsequenzen sichern

11.6.1 Aktuelles Bild sichern

Nicht selten kommt es vor, dass wir nicht einen gesamten Film, sondern nur einen Frame aus der Timeline sichern. Im Gegensatz zur Erstellung eines Standbildes (Freeze-Frame, siehe Seite 401) handelt es sich hierbei um eine physikalische Datei auf der Festplatte, nicht nur um ein »virtuelles« Element in der Timeline.

Einsatz | Exportierte Standbilder brauchen wir zum Beispiel des Öfteren für die Ankündigung von Sendungen in Programmzeitschriften, für film- oder firmenbezogene Websites, für Broschüren und Lehrbücher oder für Filmplakate oder Cover und Booklets von DVD-Hüllen. Dies geht natürlich nur, wenn die Datei auch wirklich als solche auf der Festplatte liegt.

Einstellungen | Zum Exportieren eines Standbildes navigieren Sie zunächst auf den Frame in Ihrer Timeline, den Sie ausgeben wollen, und wählen Sie anschließend aus dem Menü BEREITSTELLEN • AKTUELLES BILD SICHERN. Im EXPORT-Menü wählen Sie daraufhin das Format, beispielsweise als TIFF- oder als Photoshop-Datei, und können, wenn es sich um eine Produktion handelt, die anamorphotisch oder nicht im vollen HD-Format aufgenommen wurde (zum Beispiel HDV oder DVCPRO-HD), das Bild noch auf das korrekte Seitenverhältnis skalieren. Ein Klick auf die Schaltfläche WEITER speichert das Bild auf Ihrer Festplatte, nachdem Sie den Namen und den Speicherort ausgewählt haben.

> **Abstürze vermeiden**
>
> In der allerersten Version von Final Cut Pro X 10.0 neigte das Programm zum Absturz, wenn der Medienexport gewählt wurde. Erst mit dem Update auf 10.0.2 und später 10.0.3 wurde dieser Umstand behoben. Sollte Final Cut Pro X beim Export auf Ihrem Mac abstürzen, aktualisieren Sie auf jeden Fall auf die neueste Version.

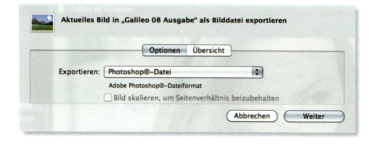

◄ Abbildung 11.14
Zum Export eines einzelnen Bildes navigieren Sie zunächst auf den gewünschten Frame in der Timeline und wählen im Export-Dialog das entsprechende Format.

11.6.2 Bildsequenz exportieren

Ein eher seltenerer Fall ist der Export als Bildsequenz, der allerdings, wenn es denn sein muss, dringend notwendig sein kann.

Einsatz | Man nutzt Bildsequenzen primär für zwei Gegebenheiten: für das Ausbelichten von Video auf Film und für die Übergabe von Projekten an Schnitt- oder Effektsysteme, die QuickTime-Filme (oder andere Videoformate) nicht unterstützen, zum Beispiel ältere Quantel- oder Discreet-Systeme (Flame, Inferno, eQ), da Bildsequenzen vor allem im TIFF- oder TGA-Format von fast allen Programmen und Betriebssystemen gelesen werden können.

Beim Export als Bildsequenz handelt es sich nicht um eine zusammenhängende Videodatei wie bei allen anderen Exportoptionen, sondern um einzelne Bilddateien, die der Ordnung halber durchnummeriert sind. Ein 10-sekündiger Film entspricht also 250 Bilddateien, da jeder Frame als eigenständiges Bild gesichert wird.

Abbildung 11.15 ▶
Beim Export von Bildsequenzen bestimmen Sie nur das Format, während Final Cut Pro X eigenständig einen Ordner stellt.

Einstellungen | Zum Export einer Bildsequenz aktivieren Sie die Timeline und wählen aus dem Menü BEREITSTELLEN • BILDSEQUENZ EXPORTIEREN. Die Optionen hierbei sind identisch mit denen für den Export als Einzelbild, mit dem Unterschied, dass Sie hier auch einen Cluster zur Berechnung wählen können (DIESER COMPUTER PLUS).

Abbildung 11.16 ▼
Eine Bildsequenz kann schnell mal aus tausenden von Einzelbildern bestehen.

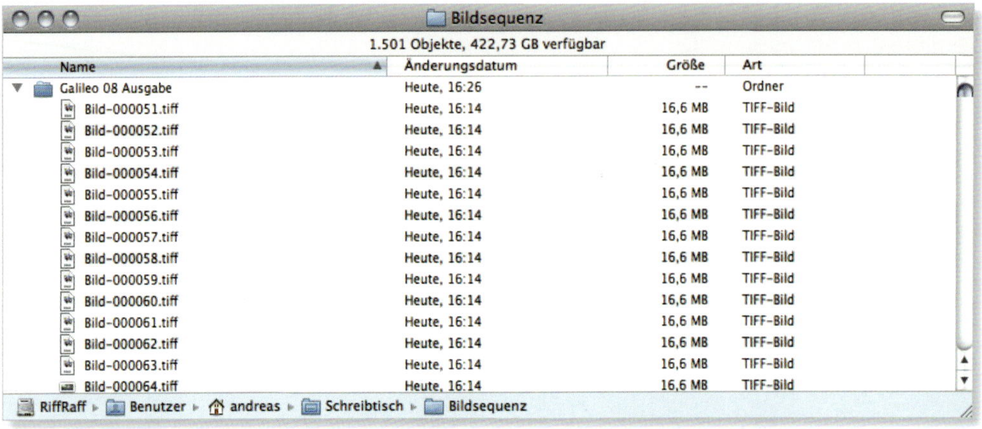

Final Cut Pro X ist schlau genug, um beim Export einer Bildsequenz eigenständig einen neuen Ordner mit dem Namen des Projekts anzulegen und die Dateien darin zu speichern.

> **Tausende Bilder**
>
> Bedenken Sie, dass Sie mit einem Exportvorgang schnell mal tausende von Bildern erstellen könnten (1 Minute entspricht 1.500 Einzelbildern), was ziemlich unübersichtlich werden könnte, wenn alle Bilder kreuz und quer auf dem Schreibtisch verteilt sind.

11.7 Für HTTP-Live-Streaming exportieren

In Zeiten immer beliebter werdender Mobilgeräte wie iPhones, Android-Phones, iPads und ähnlicher Gadgets ist es notwendig, für unterschiedliche Übertragungswege auch unterschiedlich große (oder besser kleine) Filmdateien zu erstellen, um dem Zuschauer die Möglichkeit zu geben, je nach verfügbarer Bandbreite den Film jederzeit ruckelfrei anschauen zu können. Schließlich macht es einen großen Unterschied, ob man im Wohnzimmer mit einer Breitbandleitung einen Film über DSL-Anschluss oder WLAN anschaut oder ob man in der Straßenbahn südlich von Hintertupfingen nur das 3G-Telefonnetz oder gar eine krötenlangsame EDGE-Verbindung hat.

Einsatz | Die Funktion des HTTP-Live-Streamings exportiert einen Film dergestalt, dass automatisch die optimale Bandbreite ausgestrahlt wird, je nachdem, über welches Netz oder über welche Verbindung der Anwender den Film anschaut.

Einstellungen | Aktivieren Sie auch hierfür die Timeline, und wählen Sie aus dem Menü BEREITSTELLEN • FÜR HTTP-LIVE-STREAMING EXPORTIEREN. Es erscheint ein Dialogfenster, in dem Sie auswählen können, für welche Distributionswege der Film encodiert werden soll. Zur Auswahl stehen hier MOBILFUNK (3G und EDGE), WI-FI (Verbindung über WLAN) sowie BREITBAND (Ethernet-Verbindung über DSL oder internes Netzwerk). Wählen Sie alle drei Optionen, erstellt Final Cut Pro X insgesamt sieben Filme:

- MOBILFUNK (GERING): 428 × 240 Pixel, 15 Frames pro Sekunde, ca. 1,5 MB pro Minute (für EDGE-Verbindungen)
- MOBILFUNK (HOCH): 428 × 240 Pixel, 25 Frames pro Sekunde, ca. 3 MB pro Minute (für 3G-Verbindungen)
- WI-FI (GERING): 640 × 360 Pixel, 25 Frames pro Sekunde, ca. 5 MB pro Minute (für 10-Mbit-Verbindungen)
- WI-FI (HOCH): 640 × 360 Pixel, 25 Frames pro Sekunde, ca. 9 MB pro Minute (für 100-Mbit-Verbindungen)
- BREITBAND (GERING): 640 × 360 Pixel, 25 Frames pro Sekunde, ca. 19 MB pro Minute (für ISDN-Verbindungen)

- Breitband (Hoch): 960 × 540 Pixel, 25 Frames pro Sekunde, ca. 38 MB pro Minute (für 100+-Mbit-Verbindungen)
- eine Audiodatei im m4a-Format mit 22 kHz

Abbildung 11.17 ▶
Wählen Sie beim Live-Streaming-Export alle drei Verbindungsoptionen, exportiert Final Cut Pro X insgesamt sieben verschiedene Dateien.

Außerdem können Sie in den Exportoptionen die Segmentlänge beeinflussen (das heißt in welcher Frequenz sich die Bandbreite synchronisiert) sowie eine Bitte-Lesen-Datei, die Anleitungen enthält, wie man ein HTTP-Live-Streaming in eine Website einbindet.

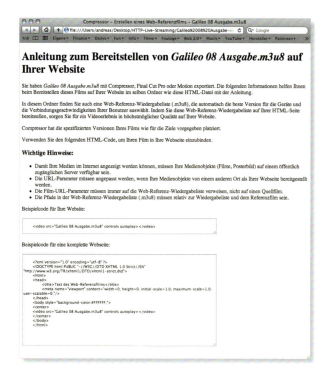

Abbildung 11.18 ▶
Zum Einbinden eines HTTP-Live-Streamings benötigen Sie HTML-Code, den Sie in der Bitte-lesen-Datei finden.

Bitte-lesen-Datei | Technisch ist das HTTP-Live-Streaming allerdings etwas komplizierter als »nur« ein paar MPEG-4-Filmdateien in unterschiedlicher Größe zu haben. Das ist nämlich nicht der Fall. Stattdessen erhalten Sie eine Art Wiedergabeliste (.m3u8), die nur auf die Filme verweist. Die Filme an sich liegen als so genannte MPEG Transport Streams vor, die je nach gewählter Segmentierung kleiner oder größer gehalten werden. Je nach Verbindung »streamt« die Website also das Filmsegment, das gerade passend für die Verbindung des Zuschauers ist.

Um den Film entsprechend auf einer Website korrekt einzubinden, finden Sie in der Bitte-lesen-Datei eine Anleitung mit HTML-Code, den Sie programmieren müssen, um alle Elemente entsprechend einzubinden. Oder Sie rufen Ihren Webmaster an (was wir in einem solchen Fall auch tun …).

11.8 Compressor

Die beiden letzten Optionen, die Sie im Bereitstellen-Menü vorfinden, setzen voraus, dass Sie den Compressor von Apple auf Ihrem Mac installiert haben. Sollten Sie noch niemals etwas von einem Ding namens »Compressor« gehört haben, stören Sie sich auch nicht weiter daran. Der Compressor ist ein Programm zum Komprimieren und Transcodieren von Filmen, genauer gesagt, ein so genannter Stapelkomprimierer, der Ihnen, im Gegensatz zu Final Cut Pro, erlaubt, nicht nur einen Film (also die aktive Timeline), sondern gleichzeitig mehrere Filme in nicht nur ein Format (wie beim Bereitstellen), sondern zugleich in mehrere Formate zu exportieren. Außerdem umfasst der Compressor ein Vielfaches mehr an Einstellungen als Final Cut Pro X (wo die meisten Export-Settings ja im Bereitstellen-Menü vorgegeben sind).

Sollten Sie den Compressor schon verwenden (das Programm kostet übrigens 40 Euro im Mac App Store), können Sie Filme aus der Timeline von Final Cut Pro X direkt an den Compressor senden (wenn Sie mehrere Encodings eines Films durchführen wollen) oder einen Film mithilfe gespeicherter Compressor-Einstellungen exportieren.

> **Compressor-Kapitel**
> Sie benötigen für die Arbeit mit Compressor ein bisschen mehr Grundwissen. Aber dafür haben wir ja auch ein eigenes Kapitel am Ende dieses Buches für Sie erstellt, in dem Sie alles Wissenswerte über das Programm erfahren.

11.8.1 An Compressor senden

Zur Übergabe eines Films an den Compressor aktivieren Sie die Timeline und wählen aus dem Menü BEREITSTELLEN • AN COMPRESSOR SENDEN. Das Projekt wird daraufhin (ohne eigentlich ausgerendert zu werden) an den Compressor übergeben, der sich öffnet und in dem Sie dann eine oder mehrere Einstellungen auf den Film anwenden können.

Abbildung 11.19 ▶
Haben Sie einen Film an den Compressor gesandt, können Sie gleich mehrere Kompressionseinstellungen anwenden.

11.8.2 Mithilfe Compressor-Einstellungen exportieren

Möchten Sie keine der in Final Cut Pro X zur Verfügung stehenden Format- und Kompressionseinstellungen anwenden, sondern haben bereits bestimmte Settings im Compressor festgelegt, so können Sie auch aus Final Cut Pro X heraus darauf zugreifen. Aktivieren Sie wieder Ihre Timeline, und wählen Sie aus dem Menü Bereitstellen • Mithilfe Compressor-Einstellungen exportieren.

Anstatt dass der Compressor jetzt geöffnet wird, erscheint ein Dialogfenster, in dem alle im Compressor gespeicherten Voreinstellungen auftauchen, und zwar sowohl die von Apple mitgelieferten als auch die eigenhändig erstellten Settings. Aktivieren Sie einfach per Klick die Einstellung, die Sie anwenden möchten (Sie können mit gehaltener cmd -Taste auch mehrere Einstellungen selektieren, um gleichzeitig in mehrere Formate und/oder Codecs zu exportieren), und betätigen Sie die Schaltfläche Weiter, um den Namen und den Speicherort der Datei(en) zu definieren. Voilà! Das war's auch schon …

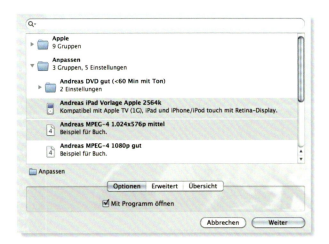

◄ **Abbildung 11.20**
Haben Sie den Export via Compressor gewählt, können Sie eine oder mehrere Einstellungen auswählen.

Ist der Export-Dialog gestartet, öffnet sich auch gleich der Share Monitor, in dem das eigentliche Encoding stattfindet. Der Nachteil bei dieser Form des Exports, im Vergleich zum Senden an den Compressor, besteht darin, dass Final Cut Pro lahmgelegt wird, während Sie exportieren, das heißt, Sie können in dem Programm nicht weiterarbeiten, bis der Export vollständig beendet ist.

Das war's dann auch schon mit den Einstellungen des Bereitstellen-Menüs. Einige wenige Exportoptionen stehen Ihnen auch über das ABLAGE-Menü zur Verfügung; um diese kümmern wir uns als Nächstes.

11.9 XML-Export

Mit dem Update auf Final Cut Pro X 10.0.1 hat Apple unter anderem den Export von XML-Dateien ermöglicht. Eine XML-Datei ist, grob gesagt, eine Art Schnittliste, die neben den Namen der Clips, den In- und Out-Punkten sowie der Position in der Timeline auch den Speicherort sowie andere Metadaten enthält.

Einsatz | Im professionellen Umfeld, beispielsweise bei TV-Sendern, werden XML-Dateien häufig genutzt, um Vorschnitte und Sichtungen aus dem Redaktionssystem an den Schnittplatz zu schicken. XML-Dateien eignen sich außerdem als Übergabeformat zwischen unterschiedlichen Programmen, wobei das noch mehr Theorie als tatsächliche Praxis ist, da das XML-Format keiner wirklichen Standardisierung unterliegt, sondern jeder Hersteller in seiner »eigenen Sprache« programmiert. Das geht unter Umständen so weit, dass sogar bei Apple die XML-Dateien von Final Cut Pro 7 (da gab's den XML-Export auch schon) und Final

Cut Pro X unterschiedlich sind, sodass man (ohne fremde Hilfe) nicht einfach eine XML-Datei aus Final Cut Pro X exportieren und diese in Final Cut Pro 7 importieren kann.

Einstellungen | Zur Ausgabe einer XML-Datei ist es notwendig, dass Sie in Ihre Projekt-Mediathek wechseln und das Projekt auswählen, das Sie exportieren möchten. Anschließend wählen Sie aus dem Menü ABLAGE • XML EXPORTIEREN. Es erscheint ein einfacher Export-Dialog ohne weitere Optionen, sodass Sie hier nur den Namen und den Speicherort für die Datei festlegen. Klicken Sie anschließend auf SICHERN, um die XML-Datei zu generieren.

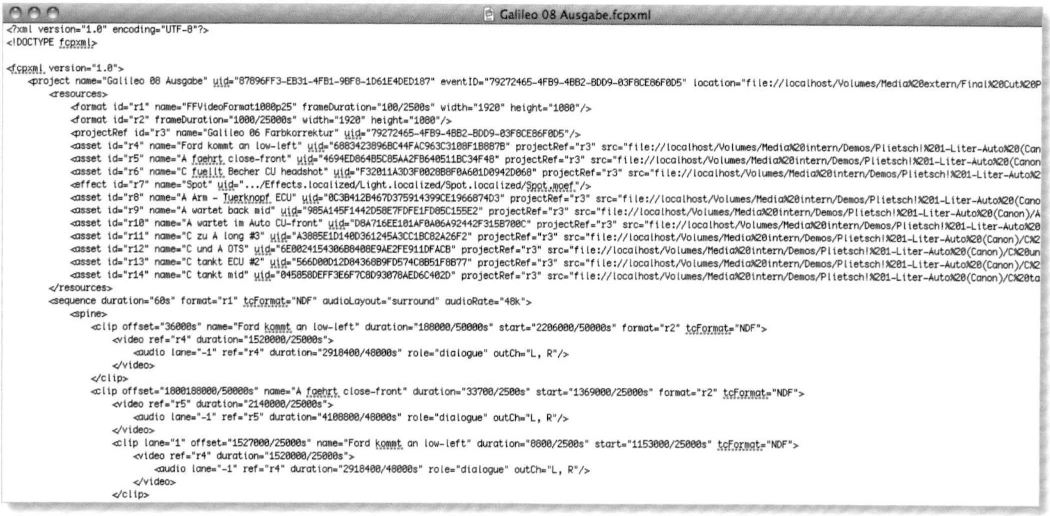


```
<?xml version="1.0" encoding="UTF-8"?>
<!DOCTYPE fcpxml>

<fcpxml version="1.0">
    <project name="Galileo 08 Ausgabe" uid="87896FF3-EB31-4FB1-9BF8-1D61E4DED187" eventID="79272465-4FB9-4BB2-BDD9-03F8CE86F0D5" location="file://localhost/Volumes/Media%20extern/Final%20Cut%20P
        <resources>
            <format id="r1" name="FFVideoFormat1080p25" frameDuration="100/2500s" width="1920" height="1080"/>
            <format id="r2" frameDuration="1000/25000s" width="1920" height="1080"/>
            <projectRef id="r3" name="Galileo 06 Farbkorrektur" uid="79272465-4FB9-4BB2-BDD9-03F8CE86F0D5"/>
            <asset id="r4" name="Ford kommt an low-left" uid="6883423896BC44FAC963C3108F1B887B" projectRef="r3" src="file://localhost/Volumes/Media%20intern/Demos/Plietsch!%201-Liter-Auto%20(Can
            <asset id="r5" name="A faehrt close-front" uid="4694ED864B5C85AA2FB640511BC34F48" projectRef="r3" src="file://localhost/Volumes/Media%20intern/Demos/Plietsch!%201-Liter-Auto%20(Canon
            <asset id="r6" name="C fuellt Becher CU headshot" uid="F32011A3D3F0028B8F0A601D0942D068" projectRef="r3" src="file://localhost/Volumes/Media%20intern/Demos/Plietsch!%201-Liter-Auto%2
            <effect id="r7" name="Spot" uid=".../Effects.localized/Light.localized/Spot.localized/Spot.moef"/>
            <asset id="r8" name="A Arm - Tuerknopf ECU" uid="0C3B412B467D375914399CE1966874D3" projectRef="r3" src="file://localhost/Volumes/Media%20intern/Demos/Plietsch!%201-Liter-Auto%20(Cano
            <asset id="r9" name="A wartet back mid" uid="985A145F1442D58E7FDFE1FD85C155E2" projectRef="r3" src="file://localhost/Volumes/Media%20intern/Demos/Plietsch!%201-Liter-Auto%20(Canon)/A
            <asset id="r10" name="A wartet im Auto CU-front" uid="D8A716EE101AF0A06A92442F315B700C" projectRef="r3" src="file://localhost/Volumes/Media%20intern/Demos/Plietsch!%201-Liter-Auto%20
            <asset id="r11" name="C zu A long #3" uid="A3885E1D140D361245A3CC1BC82A26F2" projectRef="r3" src="file://localhost/Volumes/Media%20intern/Demos/Plietsch!%201-Liter-Auto%20(Canon)/C%2
            <asset id="r12" name="C und A OTS" uid="6E0024154306B8408E9AE2FE911DFACB" projectRef="r3" src="file://localhost/Volumes/Media%20intern/Demos/Plietsch!%201-Liter-Auto%20(Canon)/C%20un
            <asset id="r13" name="C tankt ECU #2" uid="566D00D12D84368B9FD574C8B51F8B77" projectRef="r3" src="file://localhost/Volumes/Media%20intern/Demos/Plietsch!%201-Liter-Auto%20(Canon)/C%2
            <asset id="r14" name="C tankt mid" uid="045858DEFF3E6F7C8D93078AED6C402D" projectRef="r3" src="file://localhost/Volumes/Media%20intern/Demos/Plietsch!%201-Liter-Auto%20(Canon)/C%20ta
        </resources>
        <sequence duration="60s" format="r1" tcFormat="NDF" audioLayout="surround" audioRate="48k">
            <spine>
                <clip offset="36000s" name="Ford kommt an low-left" duration="188000/50000s" start="2206000/50000s" format="r2" tcFormat="NDF">
                    <video ref="r4" duration="1520000/25000s">
                        <audio lane="-1" ref="r4" duration="2918400/48000s" role="dialogue" outCh="L, R"/>
                    </video>
                </clip>
                <clip offset="1800188000/50000s" name="A faehrt close-front" duration="33700/2500s" start="1369000/25000s" format="r2" tcFormat="NDF">
                    <video ref="r5" duration="2140000/25000s">
                        <audio lane="-1" ref="r5" duration="4108800/48000s" role="dialogue" outCh="L, R"/>
                    </video>
                    <clip lane="1" offset="1527000/25000s" name="Ford kommt an low-left" duration="8800/2500s" start="1153000/25000s" tcFormat="NDF">
                        <video ref="r4" duration="1520000/25000s">
                            <audio lane="-1" ref="r4" duration="2918400/48000s" role="dialogue" outCh="L, R"/>
                        </video>
                    </clip>
```

▲ **Abbildung 11.21**
XML-Dateien enthalten alle relevanten Informationen wie Clipnamen, Schnittmarken und -positionen. Leider sind sie untereinander meist nicht kompatibel.

Momentan ist es leider noch so, dass der XML-Standard, den Apple für Final Cut Pro X geschaffen hat, nur von ganz wenigen anderen Programmen unterstützt wird. So kann zum Beispiel der Hersteller Blackmagic Design mit seinem Farbkorrektur-Programm Resolve (nach eigener Aussage) XML-Dateien aus Final Cut Pro X importieren, während das Programm X27 (X-to-7) die XML-Dateien aus Final Cut Pro X so umcodieren kann, dass Final Cut Pro 7 diese lesen kann. Genau andersherum macht es der Hersteller Square Box mit dem Programm CatDV 9, der nämlich XMLs aus Final Cut Pro 7 für Final Cut Pro X lesbar macht.

Wie dem auch sei, mit der allgemeinen Unterstützung von XML-Dateien aus Final Cut Pro X ist es noch nicht so weit her. Man mag gespannt sein, ob dieser Standard bald auch von anderen Herstellern unterstützt wird.

11.10 Export als OMF und AAF mit Automatic Duck

Ein Plugin, genauer gesagt ein Zusatzprogramm, das wir an dieser Stelle nicht unerwähnt lassen wollen, ist der **Pro Export FCP** des Herstellers Automatic Duck.

Wie Sie ja sicherlich mittlerweile wissen, gibt es derzeit (noch) keine Möglichkeit, ein Projekt unter Beibehaltung aller Spuren und Schnitte im OMF- oder AAF-Format auszugeben. In diese Bresche ist Automatic Duck gesprungen und offeriert nicht nur eine Applikation, die den Übergabeexport unterstützt, sondern verschenkt das seit kurzem auch.

> **Audio bevorzugt**
>
> OMF und AAF sind Formate, die für die Übergabe primär von Tönen an andere Programme bestimmt sind. So ist beispielsweise OMF (Open Media Format) eine Erfindung von AVID, um Töne inklusive Spurenzuweisung und Schnitten an das hauseigene Studioprogramm ProTools übergeben zu können.

◄ **Abbildung 11.22**
Das (einzige) Programmfenster von Automatic Duck gibt Anweisungen, was für den Export als OMF oder AAF zu tun ist.

Projekt übernehmen | Nachdem Sie den Pro Export FCP von der Website *www.automaticduck.com* heruntergeladen und installiert haben, öffnen Sie das Programm. Hier steht bereits detailliert beschrieben, was es zu tun gibt, nämlich ein Projekt aus der Projekt-Mediathek per Drag & Drop in das Programmfenster zu ziehen.

▼ **Abbildung 11.23**
Ziehen Sie das Projekt aus der Übersicht via Drag & Drop auf die Ente von Automatic Duck.

Ziehen Sie also das Programmfenster von Final Cut Pro X bei Bedarf etwas kleiner, damit Sie sowohl Final Cut Pro X als auch Automatic Duck gleichzeitig sehen (sonst geht's ja nicht), und ziehen Sie das zu exportierende Projekt per Drag & Drop auf die Ente im Automatic-Duck-Fenster.

Einstellungen | Im nächsten Schritt werden Sie gefragt, welches Format (AAF oder OMF) Sie exportieren möchten und wo die Datei gespeichert werden soll. Klicken Sie auf die EDIT SETTINGS, um in die Optionen von Automatic Duck zu gelangen.

Im Settings-Fenster finden Sie folgende Parameter für den Export von OMF:

- OMF2.0: Exportiert den Clip im OMF 2.0-Format, steht aber in Final Cut Pro X derzeit noch nicht zur Verfügung.
- EXTERNAL LINKED FILES oder EMBED AUDIO: Hier wählen Sie, ob Sie die Audiospuren extra als AIFF oder WAV mit Verknüpfung auf die OMF exportieren wollen oder ob die OMF-Datei die Audiodateien bereits enthält (EMBED AUDIO). Wir wählen eigentlich immer EMBED AUDIO, da hier das Risiko von Problemen beim Import am geringsten ist.
- SAMPLE RATE und BIT DEPTH: Die Frequenz und die Bit-Tiefe werden hier spezifiziert. Bleiben Sie am besten bei den videotypischen Einstellungen 48.000 (Hertz) und 16 Bit.
- HANDLES: Hier können Sie angeben, ob Sie den gesamten Clip, keine Handles oder Handles einer Länge von x Bildern ausgeben möchten. In den meisten Fällen macht es Sinn, hier nicht den gesamten Clip (dieser kann ja extrem lang sein) und Handles auszugeben. Stattdessen sollten Sie 2 bis 5 Sekunden (zwischen 50 und 125 Frames) zusätzlich exportieren, damit Ihr Tonmeister später die Möglichkeit hat, die einzelnen Elemente besser zu blenden.

▼ **Abbildung 11.24**
In den Settings von Automatic Duck geben Sie das Format, die Verknüpfung, die Raten und die zusätzlichen Handles an.

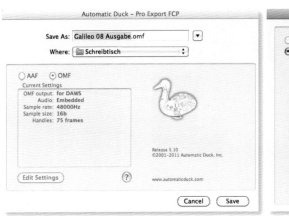
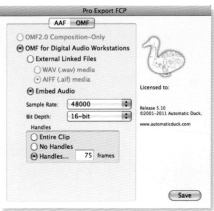

Klicken Sie anschließend auf Save, um den Export durchzuführen. Die OMF-Datei können Sie anschließend an Ihr Tonstudio übergeben.

11.11 Playouts

Ein paar »famous last words« zum Abschluss dieses Kapitels: Vielleicht vermissen Sie Kapitel in diesem Buch, das sich mit der Ausspielung Ihres Projekts (zurück) auf Band befasst. Es ist nicht so, dass wir es vergessen haben. Mitnichten. Der Grund, warum es dieses Kapitel nicht gibt, ist einfach: Final Cut Pro X unterstützt diese Funktion in der aktuellen Version nicht! Sie können zwar von Band digitalisieren (wenn es sich um ein FireWire-kompatibles Format handelt) und Ihren Film in unterschiedlichen Dateiformaten speichern, aber zurück auf Band kommen Sie derzeit noch nicht (was leider auch ein herbes K.-o.-Kriterium für viele professionelle Studios und Sender ist, Final Cut Pro X überhaupt einzusetzen).

Da Apple anscheinend keinen großen Wert mehr auf die Unterstützung bandbasierter Formate legt, ist es mehr als fraglich, dass eine Playout-Funktion in zukünftigen Versionen von Final Cut Pro X jemals implementiert wird. Es gibt jedoch die eine oder andere Möglichkeit, Ihren Film trotzdem auf ein Band zu bekommen, allerdings benötigen Sie dafür Software von Drittherstellern.

▼ **Abbildung 11.25**
Mit der Media Express-Software ist die Ausgabe exportierter QuickTime-Filme auch auf Band möglich.

Media Express von Blackmagic Design | So bietet zum Beispiel die Firma Blackmagic Design ein Tool namens Media Express an, das das Mastering auf Band (Assemble und Insert) möglich macht. Voraussetzung hierfür ist, dass Sie Ihr Projekt zunächst als QuickTime-Film exportieren (möglichst in den nativen Einstellungen wie ProRes oder unkomprimiert) und dass Sie eine entsprechende Videokarte installiert haben, die die Ausgabe auf Band unterstützt, zum Beispiel die Blackmagic Intensity.

OnTheAir Video Express von Softron | Eine andere Alternative bietet die Firma Softron (*www.softron.tv*), deren OnTheAir Video Express die Ausspielung nicht nur über Videokarten, sondern auch über den Mini-DisplayPort oder den HDMI-Ausgang ermöglicht. Diese Software ist allerdings nicht kostenfrei, sondern schlägt mit 295 US-Dollar zu Buche.

TEIL II
Motion & Compressor

12   Motion 5

Das Programm Motion ist dem kreativen Design sowie Spezialeffekten vorbehalten und dient dazu, Videos, Bilder, Texte oder sonstige Elemente zu verbinden und zu animieren. Neben den üblichen Animationswerkzeugen finden sich die Möglichkeiten, in 3D zu arbeiten, Filter, Übergänge und Generatoren für Final Cut Pro zu erstellen und Bildkorrekturen durchzuführen.

Ein komplexes Programm wie Motion auf den uns zur Verfügung stehenden Seiten komplett zu erklären, ist natürlich unmöglich. Daher werden wir versuchen, Ihnen in den nachfolgenden Abschnitten anhand kleiner Workshops einen Eindruck zu vermitteln, auf dessen Basis es Ihnen leichter fallen wird, tiefer in die Möglichkeiten der Applikation einzusteigen.

Wozu, warum, wieso? | Wozu braucht man eigentlich Motion? Die Frage ist tatsächlich nicht ganz unberechtigt, denn Final Cut Pro bietet an sich ja schon recht umfangreiche Möglichkeiten für Spezialeffekte und Animationen. Wobei ... umfangreich ja, aber wirklich gut? Nein. Kaum eine Animation, die wir in unserer professionellen Video-Karriere erstellt haben, wurde in Final Cut Pro gemacht, außer vielleicht mal die eine oder andere simple Titelanimation, ein Splitscreen oder eine einfache Bauchbinde. Für die allermeisten unserer Bewegtbild-Kompositionen bedienten wir uns anderer, dedizierter Software (zugegebenermaßen eher Adobe After Effects als Motion – aber sagen Sie's nicht weiter).

Warum wir das so machen? Ganz einfach: Final Cut Pro bietet bei weitem nicht die Funktionalität, die wir benötigen, um eine professionelle Animation zu erstellen, denn es ist und bleibt ein Schnittprogramm – sicherlich ein umfangreiches, aber letztlich doch »nur« ein Schnittprogramm. Wenn wir Animationen erstellen, benötigen wir umfangreiche, idealerweise sogar automatisierte Keyframe-Funktionen, eine layerbasierte Timeline, Einstellungsebenen und einen 3D-Raum mit virtuellen Kameras, Tiefenunschärfe sowie Licht- und Schatteneinflüssen.

After Effects

Tatsächlich ist es in unserer Produktionsumgebung so, dass wir das Motion-Design hauptsächlich mit After Effects durchführen, uns jedoch hier und da Generatoren aus Motion »klauen« oder in Motion tracken.

Motion Design

Der weit verbreitete Begriff »Motion Design« stammt nicht, wie man vielleicht vermuten könnte, von dem Programm Motion ab, sondern beschreibt einfach das Design bewegter Elemente (Motion = Bewegung).

Wieso sollten Sie sich jetzt gerade mit Motion beschäftigen? Auch ganz einfach: Gleichzeitig mit Final Cut Pro X hat Apple auch Motion 5 vorgestellt, und zwar als eigenständiges Programm (also nicht mehr als Teil des mittlerweile obsoleten Studio-Pakets) und zu einem unschlagbaren Preis von knapp 40 Euro – im Vergleich beispielsweise zu After Effects (ca. 1.400 Euro) oder gar Smoke for Mac (ca. 15.000 US-Dollar) ein wahres Schnäppchen.

Abbildung 12.1 ▶
Ein so umfangreiches Programm wie Motion für nur 40 Euro zu bekommen, ist wirklich günstig. Die Anschaffung lohnt sich, selbst wenn man nur die eine oder andere Funktion der Applikation benutzt.

Natürlich ist Motion bei weitem nicht so umfangreich wie Adobe After Effects oder Smoke, aber es ist trotzdem brauchbar, vor allem im heimischen oder semiprofessionellen Umfeld. Im Vergleich zu anderen Programmen ist es außerdem relativ leicht zu erlernen, das heißt, man erhält durch viele Vorlagen und automatisierte Animationen schnell ansehnliche Ergebnisse – und es macht jede Menge Spaß. Sie werden sehen, wie schnell Sie die ersten Wow-Effekte erzielen und wie sehr Sie mit ein paar einfachen Mausklicks Ihre Videofilme aufwerten können. Außerdem sind der Tracker und der Stabilizer sehr gut, es gibt jede Menge Elemente im Partikelsystem, und auch die 3D-Welt scheint nicht mehr so fern zu sein. Selbst wenn Sie nicht mit Final Cut Pro arbeiten (sondern vielleicht Avid- oder gar Premiere-Fan sind), ist Motion ein nützliches Programm, um hier und da einfache Animationsaufgaben zu erledigen.

> **Export mit Alphakanal**
>
> Alle eigenständigen Videoelemente aus der Motion-Bibliothek lassen sich als eigenständige QuickTime-Filme unter Beibehaltung der Hintergrundtransparenz via ProRes 4444 oder Animation-Codec mit Alpha exportieren.

◄ **Abbildung 12.2**
Für dieses Beispiel aus der ZDFneo-Serie »Herr Eppert sucht …« haben wir für den Hintergrund einige vorgefertigte Elemente wie Kreise und Audiometer aus Motion ausgerendert und in After Effects gebraucht.

Doch genug der Vorrede; der Platz wird ob unseres endlosen Geschnatters ja jetzt schon knapp … Lassen Sie uns einfach beginnen:

12.1 Kauf und Installation

Motion gehört, genau wie Final Cut Pro X, zu den ersten Programmen, die ausschließlich über den Mac App Store erhältlich sind und nicht über Fachhändler verkauft werden. Dies setzt natürlich voraus, dass Sie das Programm »App Store« installiert haben, das mit Mac OS X 10.6.8 geliefert wurde. Sollten Sie noch mit einer früheren Version von Mac OS X arbeiten, so ist das Update zwingend erforderlich (aber das wissen Sie sicherlich schon alles, da Sie ja bestimmt Final Cut Pro X bezogen haben).

Motion installiert sich quasi selbst, nachdem Sie den »Kaufen«-Button betätigt haben, wie man es auch von den iApps aus dem App Store für iPhone/iPad gewohnt ist. Motion setzt außerdem voraus, dass Sie einen Mac der neueren Generation mit Intel-Chipsatz benutzen und dass Sie über eine ausreichend schnelle Grafikkarte verfügen. Sollten Sie einen iMac oder ein MacBook (Pro) benutzen, so prüfen Sie bitte vor dem Kauf, ob die integrierte Grafikkarte schnell genug ist. Anwendern von Mac Pros empfehlen wir mindestens die ATI-Grafikkarte Radeon 4870 HD, besser aber NVIDIA-Karten mit viel Grafikspeicher, beispielsweise die Quadro FX 4800 mit 1,5 GB (diese benutzen wir auch).

Seit Anfang 2012 steht außerdem das kostenlose Update zu Motion 5.0.2 zur Verfügung. Dieses Update finden Sie allerdings nicht, wie vielleicht gewohnt, über die Software-Aktualisierung Ihres Macs, sondern nur im App Store. Hierfür rufen Sie das Programm App Store auf und klicken im Bereich Ihrer Einkäufe

> **Software-Aktualisierung**
>
> Sollten Sie Motion erst jetzt heruntergeladen haben, starten Sie nach dem Download gleich die Software-Aktualisierung. Dort stehen weitere Inhalte für Motion kostenlos zur Verfügung.

Mehrfach installieren

Um ein einmal gekauftes Motion auf mehreren Rechnern zu installieren, beispielsweise auf einem stationären und einem mobilen Mac, reicht es, den App Store und dort Motion erneut aufzurufen. Der App Store erkennt anhand der Apple-ID, dass Sie das Programm bereits gekauft haben, und installiert es automatisch und kostenfrei. Beachten Sie jedoch, dass Sie nur mit jeweils einer Person an einer Lizenz arbeiten dürfen. Brauchen Sie gleichzeitig mehrere Lizenzen, müssen Sie diese auch im App Store kaufen.

auf MOTION • AKTUALISIEREN. Das Update wird automatisch heruntergeladen und installiert sich auch selbst. Die neue Version bringt unter anderem mehr Stabilität, verbesserte Keyframe-Handhabung und die Unterstützung von zwei Monitoren. Doch dazu später mehr.

12.2 Die Benutzeroberfläche

Bevor wir jetzt sofort mit einem neuen Projekt starten, schauen wir uns zunächst einmal die Oberfläche und die Werkzeuge an. Das Interface von Motion besteht eigentlich nur aus einem Fenster mit zwei Teilbereichen: dem Inspektor links und dem Vorschaufenster rechts. Je nach Komplexität Ihrer Animation (auch Komposition genannt, weil ja nicht immer alles animiert wird) können Sie weitere Fenster aufziehen, zum Beispiel die Ebenenübersicht, eine Timeline, einen Keyframe- und Audio-Editor sowie Schwebepaletten (so genannte HUDs – Head-up-Displays). Wie gesagt, man kommt auch mit wenigen Fenstern aus, zum Beispiel wenn man nur schnell einen Filter auf einen Clip anwenden will. Man braucht jedoch entsprechend viele Fenster und Bereiche, wenn man mit Dutzenden einzelner Ebenen, Verhalten und Medien arbeiten möchte.

▼ **Abbildung 12.3**
Die Benutzeroberfläche kann je nach Bedarf erweitert werden, je nachdem, wie viele Medien und Effekte man verwalten möchte.

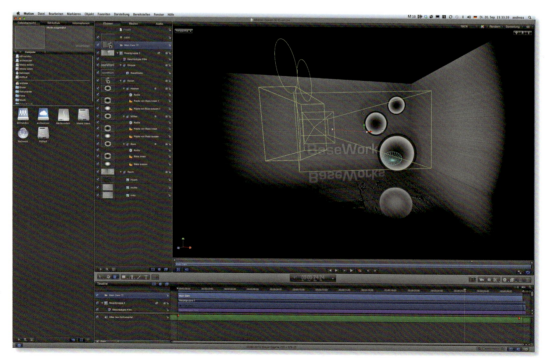

12.2.1 Die Dateiübersicht

Üblicherweise auf der linken Seite Ihres Bildschirms finden Sie die Dateiübersicht. Diese Übersicht besteht aus drei Teilen, nämlich einer kleinen Vorschau oben, einer Liste von Speicherplätzen und Ordnern sowie einem Übersichtsfenster der Dateien (daher wohl auch der Name Dateiübersicht). Benötigt wird dieses Fenster, Sie ahnen es schon, um Medien zu suchen und in Ihr Projekt zu laden. Klicken Sie hierfür im oberen Bereich auf die Festplatte, wo sich Ihr Videoclip, das Foto, die Audiodatei oder die Grafik befindet, und wählen Sie aus dem unteren Bereich zunächst den Ordner und dann die Datei, die Sie in Motion laden wollen. Alle kompatiblen Medien werden hierbei übrigens im kleinen Vorschaufenster abgespielt.

Grundsätzlich gilt, dass Sie in Motion alle Medien importieren können, die QuickTime-kompatibel sind, das heißt, die sich im QuickTime-Player öffnen oder in Final Cut Pro X verarbeiten lassen. Auch hier gelten dieselben Restriktionen wie in Final Cut Pro, zum Beispiel keine CMYK-Druckdateien.

Zur vereinfachten Navigation finden Sie in der Dateiübersicht noch zwei kleine Pfeile, mit denen Sie in Ihrer Ordnerstruktur vor- und zurückspringen können, sowie eine Liste PFAD, die Ihnen den aktuell gewählten Dateipfad anzeigt. Über das Suchen-Feld ganz unten können Sie Ihre Festplatte auch nach Dateien durchsuchen, vorausgesetzt natürlich, Sie kennen deren Namen.

▲ Abbildung 12.4
Mit der Dateiübersicht suchen Sie die für eine Komposition benötigten Medien und laden diese in Ihr Projekt.

▲ Abbildung 12.5
Über das Dropdown PFAD können Sie den Dateipfad aufrufen und ändern.

Das Abspielen einer Film- oder Audiodatei startet übrigens automatisch (also nicht erschrecken – könnte sehr laut sein und den

In RGB umwandeln

EPS- oder CMYK-Dateien lassen sich in Adobe Photoshop sehr leicht in RGB umwandeln oder als Bitmap-Datei, zum Beispiel als TIFF speichern. Motion verarbeitet übrigens auch freigestellte Photoshop-Dateien.

einen oder anderen Kollegen aus dem Schlaf reißen) und kann über die einfache Abspielsteuerung angehalten werden. Zum Laden einer Datei klicken Sie auf den Button IMPORTIEREN, oder Sie ziehen das Medium direkt in Ihre Komposition. Doch mehr dazu später.

Ein Doppelklick auf eine Datei im unteren Bereich öffnet diese übrigens in einem eigenen Ansichtsfenster in der Originalgröße.

Abbildung 12.6 ▶
Führen Sie einen Doppelklick auf einer Datei aus, wird diese in der Originalgröße in einem eigenen Fenster geöffnet.

In- und Out-Punkte

Man kann zwar einen Film in einem eigenen Fenster öffnen, jedoch lassen sich hier keine In- und Out-Punkte setzen. Sollten diese benötigt werden, legt man Ins und Outs in der Timeline fest.

Inspirationsquelle

Aber schauen Sie ruhig schon einmal rein – es ist ganz spannend, vor allem weil die meisten Kategorien auch eine kleine Vorschau haben. Alleine die über 200 Partikelemitter einmal durchzuscrollen, ist unterhaltsam und regt die Kreativität an.

Parameter

Welche Parameter Sie im Informationenfenster sehen, hängt mit Ihrer Auswahl zusammen: Aktivieren Sie eine Kamera, sehen Sie Kameraoptionen wie Schärfentiefe etc., aktivieren Sie ein Textelement, finden Sie u. a. Fonts und Schriftgröße.

Im Gegensatz zu Final Cut Pro können Sie in Motion auch eigene Ordner anlegen, beispielsweise um Projekte besser verwalten zu können. Hierfür führen Sie im unteren Bereich der Dateiübersicht (auf dem grauen Bereich) einen Rechtsklick aus und wählen aus dem Kontextmenü den Eintrag NEUER ORDNER. Daraufhin wird ein neuer Ordner im aktuellen Pfad angelegt. Um diesen umzubenennen, machen Sie einen Rechts- oder [ctrl]-Klick darauf und wählen aus dem erscheinenden Kontextmenü UMBENENNEN. Zum Löschen wählen Sie IN DEN PAPIERKORB LEGEN.

12.2.2 Die Bibliothek

Neben dem Reiter DATEIÜBERSICHT finden Sie den Reiter BIBLIOTHEK. Klicken Sie auf diesen, so gelangen Sie in Motions umfangreiche Bibliothek der Filter, Generatoren, Textstile, Partikel und so weiter. Außerdem haben Sie hier direkten Zugriff auf Ihre iTunes-Bibliothek (MUSIK), auf iPhoto (FOTOS) sowie auf hunderte vorgefertigter Medien aller Art, die Apple Ihnen kostenlos überlässt. Was sich hinter den einzelnen Ordnern wie den Generatoren, Bildeinheiten, Replikatoren, Verläufen, Formen und so weiter befindet, erfahren Sie später, wenn wir damit arbeiten.

12.2.3 Informationen

Wiederum rechts neben dem Reiter BIBLIOTHEK finden Sie einen weiteren Reiter INFORMATIONEN, der Ihnen den Zugriff auf die

Parameter einzelner Elemente Ihrer Komposition erlaubt. Je nach gewähltem Medientyp sind hier zum Beispiel Manipulationsmöglichkeiten wie Skalierung und Rotation (zum Beispiel für Videoelemente oder Bilder), Schriftarten, Größe und Stile, Kameraoptionen, Einstellungen für angewandte Verhalten sowie Filteroptionen vorhanden. Wir kommen auf die Parameter zurück, sobald wir uns mit Animationen beschäftigen.

▲ Abbildung 12.7
In der Bibliothek finden Sie neben den Filtern, Emittern, Partikelsystemen und Motion-Medien auch Ihr eigene iTunes- und iPhoto-Bibliothek.

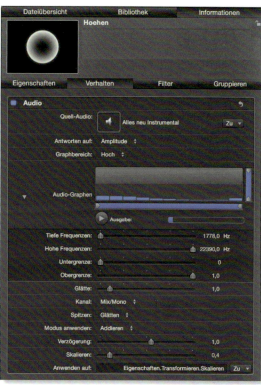

▲ Abbildung 12.8
Hier sehen Sie die Optionen für das Audioverhalten eines Grafikelements.

12.2.4 Darstellungs- und Renderoptionen

Relativ klein und unscheinbar in der rechten oberen Ecke von Motion befinden sich die äußerst wichtigen Anzeige- und Renderoptionen für die Darstellungsgröße, das Vorschau-Rendering, die Farbkanäle, die Darstellungsmöglichkeiten sowie einen optionalen Splitscreen.

Zoomfaktor | Mit dem Dropdown-Menü der Darstellungsgröße ❶ bestimmen Sie, wie tief Sie in Ihre Komposition ein- oder aus-

> **Voransicht**
>
> Wie bei Final Cut Pro auch können Sie mit dem Tastenkürzel ⇧ + Z die optimale Größe für die Voransicht erwirken. Hierbei stellt Motion auch »ungerade« Zoomfaktoren, zum Beispiel 136 %, dar.

zoomen möchten. In den meisten Fällen arbeitet man mit der Option AN FENSTERGRÖSSE ANPASSEN, um möglichst alle Elemente auf einen Blick erfassen zu können. Andererseits sollten Sie auch spätestens vor dem finalen Rendering Ihr Projekt in der Größe 100 % kontrollieren, damit Sie wenigstens einmal gesehen haben, was beim Zuschauer ankommt. Wenn Sie pixelgenau arbeiten möchten, steht Ihnen eine Zoomfaktor bis 1.600 %, also eine sechzehnfache Vergrößerung zur Verfügung.

Abbildung 12.9 ▶
Über die Darstellungsoptionen bestimmen Sie den Zoomfaktor der Voransicht, die Renderqualität, die Farbkanäle, Hilfsmittel der Darstellung sowie den Splitscreen.

Renderqualität | Über das Dropdown-Menü RENDERN ❸ geben Sie an, in welcher Qualität Ihre Komposition dargestellt wird – dies hat wohlgemerkt (noch) keinen Einfluss auf das spätere, finale Rendering Ihres Projekts. Vielmehr können Sie speziell bei langsameren Computern oder hochkomplexen Projekten die Darstellung beschleunigen, indem Sie statt VOLL die Optionen HALB oder VIERTEL wählen. In diesen Fällen wird statt der vollen Anzahl an Pixeln nur jedes zweite oder gar nur jedes vierte Pixel tatsächlich neu berechnet. Der Rest wird einfach interpoliert; dementsprechend blockig sieht zwar das Bild dann auch aus, aber in vielen Fällen reicht diese Darstellung, um einen Bewegungsrhythmus oder eine Keyframe-Animation beurteilen zu können.

Farbkanäle | Über die FARBE ❷ definieren Sie, welche Farbkanäle Sie sehen möchten oder ob nur das Alpha direkt oder invertiert dargestellt werden soll. Diese Darstellungsoption ist vor allem bei der Farbkorrektur sehr hilfreich (ja, auch in Motion kann man farbkorrigieren ...) und bei der Erstellung von Keyings aufgrund von Blue- oder Greenscreens oder eines anderen Chroma-Signals.

> **Optionen testen**
>
> Werfen Sie aber auf jeden Fall einmal einen genaueren Blick auf die Hilfsmittel, und probieren Sie ruhig die eine oder andere Option aus – kaputtmachen können Sie hier nichts.

Hilfsmittel | Im Bereich DARSTELLUNG ❹ finden Sie Hilfsmittel wie dynamische Hilfslinien, Film- und Titelbereichsrahmen sowie 3D-Überlagerungen für die spätere Animation in der dritten Dimension. Optional lassen sich hier auch Halbbilder sowie eine Bewegungsunschärfe einstellen. Auf alle verfügbaren Einstellungen unter diesem Dropdown-Menü einzugehen, würde allerdings den Rahmen dieses Kapitels sprengen, deswegen kommen wir auf die verschiedenen Optionen in den jeweiligen Abschnitten zu sprechen.

Splitscreen | Speziell bei der Arbeit mit 3D ist es ungemein hilfreich, einen Splitscreen sehen zu können, das heißt mehrere Ansichten derselben Komposition, um diese von unterschiedlichen Seiten beurteilen zu können. Hierfür finden Sie die Schaltfläche ganz rechts ❺. Zur Auswahl stehen hier Zweier-, Dreier- und Vierer-Splitscreens, sprich, Sie können hier bis zu vier verschiedene Ansichten (Achsen) einer Komposition auswählen. Wie man zwischen den einzelnen Ansichten hin- und herschaltet und welche Darstellung für welche Art der Animation Sinn macht, erfahren Sie in Abschnitt 12.7 über Animationen in 3D.

▼ **Abbildung 12.10**
Speziell für die Arbeit in 3D machen Splitscreen-Ansichten Sinn, um dieselbe Komposition aus mehreren Ansichten beurteilen zu können.

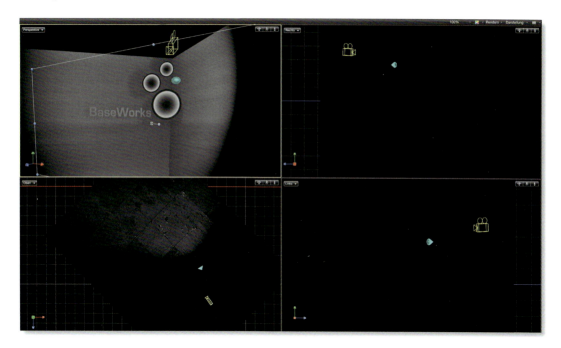

12.2.5 Werkzeugleiste

Unterhalb des großen Vorschaufensters, also zwischen Vorschau und Timeline, befindet sich die Werkzeugleiste, die wiederum in drei Bereiche unterteilt ist: Werkzeuge (links), Dashboard (Mitte) und Objektauswahl (rechts).

Werkzeuge | Der linke Bereich enthält zunächst Werkzeuge zum Greifen, Transformieren und zur Änderung der Vorschaudarstellung ❻, zum Beispiel die 3D-Navigation, eine Hand zum Verschieben der Anzeige, das Zoomwerkzeug und den so genannten Kameragang (die letzteren befinden sich unter der Hand).

Abbildung 12.11 ▶
Die Werkzeugleiste

Daneben befinden sich Tools zum Generieren von geometrischen Formen, das Malwerkzeug, das Textwerkzeug sowie die Schaltflächen für das Definieren und Umgestalten von Masken ❼.

> **Zeit vs. Bilder**
>
> Ob Sie in realer Zeit (das heißt Stunden, Minuten und Sekunden) arbeiten oder in Bildern, macht eigentlich keinen Unterschied. Die reale Zeit ist sehr hilfreich, wenn Sie Animationen für Video oder Fernsehen erstellen, während Sie für Kinoproduktionen am besten in Bildern arbeiten (24 Bilder = eine Sekunde Film).

Dashboard | Mittig unterhalb des Vorschaufensters ist das so genannte Dashboard zu finden, das neu in der Version 5 von Motion ist. Das Dashboard hat mehrere Funktionen: Zum einen zeigt es Ihnen die aktuelle Position des Playheads an, zum anderen sehen Sie die Dauer Ihrer Komposition, wenn Sie auf die kleine Uhr klicken. Ist auf der analogen Uhr die Uhrzeit »fünf nach zwölf« zu sehen, zeigt Ihnen das Dashboard die Playhead-Position an; ist die Uhrzeit »Viertel nach zwölf« zu erkennen, so sehen Sie die Dauer der Komposition. Sowohl die Playhead-Position als auch die Dauer können Sie im Dashboard direkt eingeben, oder Sie platzieren Ihre Maus auf eine der Zahlen (Stunden:Minuten:Sekunden:Frames) und ziehen nach oben oder nach unten, um die Zeit entsprechend zu ändern.

Über das kleine Dropdown-Dreieck ändern Sie die Darstellung außerdem von Minuten und Sekunden auf Bilder (Frames).

▲ **Abbildung 12.12**
Das Dashboard zeigt die aktuelle Position des Playheads oder die Dauer Ihrer Komposition an.

Objektauswahl | Die rechte Schaltflächen-Sammlung blendet zum einen die Schwebepalette, auch HUD genannt, ein und aus ❶, während Sie über die rechten Symbole zusätzliche Elemente zu Ihrer Komposition hinzufügen. Von links nach rechts sind dies: Kamera, Licht und über Dropdown-Menüs die Generatoren, Verhalten, Filter, Partikelemitter und Replikatoren.

Abbildung 12.13 ▶
Mit den Schaltflächen im rechten Bereich können Sie zusätzliche Elemente zu Ihrer Komposition hinzufügen.

12.2.6 HUD oder die Schwebepalette

Ein ebenfalls praktisches, wenn auch ressourcenfressendes Hilfsmittel ist die Schwebepalette. Über die gleichnamige Schaltfläche ❶ schalten Sie dieses kleine, variable Fenster ein und aus, wobei es sich frei im Vorschaufenster positionieren lässt.

Je nach gewähltem Element zeigt Ihnen die Schwebepalette die wichtigsten Einstellungen einzelner Medien, Verhalten, Filter oder Partikel an. Aktivieren Sie zum Beispiel einen Videoclip oder eine Gruppe in der Ebenenübersicht oder in der Timeline, so können Sie über die semitransparente Schwebepalette die Position, die Deckkraft, die Füllmethode oder einen Schattenwurf definieren.

Ist ein Filter aktiviert, bestimmen Sie über die Schwebepalette die einzelnen Effekt-Einstellungen, und auch die Parameter eines angewählten Partikelsystems (Emitter) lassen sich über die Schwebepalette definieren.

◄ **Abbildung 12.14**
Über die semitransparente Schwebepalette haben Sie direkten Zugriff auf die wichtigsten Einstellungen von Medien, Filtern, Kameras oder Partikelsysteme (hier ein Text mit entsprechenden 3D-Optionen).

Infofenster einblenden

Lassen Sie sich also nicht verwirren, wenn Sie eine notwendige Emitter-Einstellung nicht in der Schwebepalette finden: Ein Klick auf das kleine »i« ❷ der Schwebepalette öffnet das aktivierte Informationsfenster des Partikelsystems.

Wie bereits erwähnt, enthält die Schwebepalette, abhängig vom gewählten Medium, Filter, Verhalten oder Emitter, mitunter nur die wichtigsten Einstellungen, ist also nicht unbedingt vollständig. Wählen Sie zum Beispiel den Filter FARBE, so finden Sie alle verfügbaren Einstellungen in der Schwebepalette (es sind insgesamt nur drei). Aktivieren Sie jedoch einen Emitter wie den FLARE, so sind in der Schwebepalette nur fünf Einstellungen zu finden, während das Emitter-Fenster unter INFORMATIONEN über 30 Parameter enthält.

Neu in Motion 5 ist die grafische Darstellung von Einstellungen. Im Beispiel des Flares sehen Sie für den Parameter EMISSIONSBEREICH nicht nur einen Schieberegler, sondern auch einen Kreis mit der Streuung des Flares. Greifen Sie hier eine der beiden Achsen, so können Sie die Streuung erweitern oder einschränken. Dieser Parameter steht Ihnen zwar auch im Informationsfenster zur Verfügung, allerdings ist das kleine Drehrädchen so winzig,

> **Schwebepalette nicht konfigurierbar**
>
> Im Gegensatz zur Vorversion von Motion können Sie die Deckkraft der Schwebepalette nicht mehr nach eigenem Gusto ändern. Dafür gibt es jetzt einen Schnellzugriff auf die Schwebepalette, nämlich die Taste [F7].

dass man es kaum genau bedienen kann. Es macht also durchaus Sinn, mal einen Blick auf die Schwebepalette zu werfen, ob man dort nicht bequemer arbeiten kann.

Schneller ohne Schwebepalette | Schwebepaletten können gerade bei komplexen Animationen auch durchaus mal nervig sein – man schiebt sie hin und her, und trotzdem sind sie noch im Weg. Sie deaktivieren einen Schwebepalette durch einfachen Klick auf das kleine Kreuz links oben. Gerade bei sehr langsamen Rechnern oder Grafikkarten kann die Schwebepalette auch zum Stocken des Abspielens oder zu Renderfehlern bei der Darstellung führen, schließlich muss neben der reinen Komposition auch noch ein semitransparentes Fenster mit berechnet werden; sollte es auf Ihrem System zum Ruckeln kommen, deaktivieren Sie zunächst die Palette, bevor Sie die Auflösung herunterschalten.

12.2.7 Die Abspielsteuerung

Ähnlich wie After Effects und im Gegensatz zu Shake (R. I. P.) ist Motion ein Timeline-basiertes Animationsprogramm, das heißt, Sie arbeiten ständig in einer (wenn auch mitunter ausgeblendeten) Zeitleiste. Dazu gehört natürlich auch, dass Sie Ihre Komposition jederzeit in Echtzeit (oder zumindest beinahe) abspielen können, ohne das Projekt berechnen zu müssen.

> **Echtzeit?**
>
> Apple brüstet sich sehr damit, alles in Echtzeit darstellen zu können, jedoch ist diese Aussage mit äußerster Vorsicht zu genießen: Die Echtzeit-Fähigkeit hängt in erster Linie von Ihrer Systemleistung, der Performance der Grafikkarte, der Komplexität Ihrer Komposition und den angewandten Filtern, Effekten und Emittern ab. Einfache Animationen wie das Durch-die-Gegend-Fliegen zweidimensionaler Texte vor einem stillen Hintergrund sind natürlich eher in Echtzeit zu bewundern als mehrere ineinandergreifende Partikelsysteme mit Motion Blur, Kamerabewegung und zusätzlichen Filtern.

Auch ohne eingeblendete Timeline können Sie Ihre Komposition natürlich abspielen, wobei Ihnen die Schaltflächen und die Laufleiste unterhalb des Vorschaufensters zur Verfügung stehen. Wie Sie es von Final Cut Pro mittlerweile wohl auch schon kennen, können Sie in der Laufleiste In- und Out-Punkte setzen, was zum einen die Dauer der Darstellung beeinflusst, zum anderen aber auch das Render-Ergebnis; Sie können sich der Schaltflächen für das Abspielen und Aufnehmen bedienen oder Motion mittels Tastenkürzel steuern. Natürlich können Sie auch den winzigen Playhead der Laufleiste direkt greifen und hin- und herziehen, um zu einem bestimmten Frame zu gelangen.

▲ **Abbildung 12.15**
Unterhalb des Vorschaufensters finden Sie die Laufleiste mit Playhead, den In- und Out-Punkten, der Abspielsteuerung sowie Funktionen zum Loopen oder zur Vollbildanzeige.

Die Dauer Ihrer Komposition bestimmen Sie zum einen beim Anlegen eines Projekts (mehr dazu später), zum anderen können Sie aber auch die In- und Out-Punkte der Laufleiste ziehen oder einen festen Wert im Dashboard-Fenster angeben. Klicken Sie auf die Sekunden-Anzeige des Dashboards, und ziehen Sie die Maus nach oben, verlängern Sie Ihre Animation; ziehen Sie die

Maus nach unten, verkürzen Sie das Projekt (die Anzeige des Dashboard muss hierbei natürlich auf DAUER, also auf 12:15 Uhr stehen).

Die Abspielsteuerung von Motion ist eigentlich sehr ähnlich wie die von Final Cut Pro und anhand leicht verständlicher Symbole auch nicht wirklich kompliziert. Gehen wir sie daher einfach von links nach rechts durch:

- ZUM START: Springt mit dem Playhead zum Start des Projekts, unabhängig davon, wo sich der In-Punkt befindet (Tastenkürzel: Home).
- ZUM ENDE: Springt zum Ende der Komposition, unabhängig von der Position des Out-Punkts (Tastenkürzel: End).
- VOM START WIEDERGEBEN: Egal wo Sie sich in der Timeline befinden, ein Klick auf diese Schaltfläche startet die Wiedergabe vom Beginn Ihrer Komposition, das heißt, die Komposition wird von In- bis Out-Punkt abgespielt.
- WIEDERGABE/PAUSE: Ein Klick auf diesen Button, und die Wiedergabe startet dort, wo sich Ihr Playhead befindet. Ein erneuter Klick hält die Wiedergabe an (Tastenkürzel: Leertaste).
- AUFZEICHNEN: Ist diese Schaltfläche aktiviert, so wird jede Änderung, die Sie in Ihrer Komposition durchführen, per Keyframe gespeichert (mehr dazu später).
- ZUM VORHERIGEN BILD GEHEN: Springt in der Timeline/Laufleiste einen Frame zurück (Tastenkürzel: ← oder ↑).
- ZUM NÄCHSTEN BILD GEHEN: Springt in der Timeline/Laufleiste einen Frame weiter (Tastenkürzel: → oder ↓).

Ganz links und ganz rechts der Timeline finden sich noch zusätzliche Schaltflächen, die Ihnen die Arbeit vereinfachen sollen:

- BEREICH PROJEKT EIN-/AUSBLENDEN: Öffnet die Ebenenliste, wo auch die Bereiche MEDIEN und AUDIO zu finden sind.
- AUDIO EIN/AUS: Schaltet den Ton Ihrer Komposition bei der Wiedergabe ein bzw. aus (wurde für Großraumbüros erfunden und vermeidet fliegende und bisweilen schmerzhaft einschlagende Büro-Utensilien).
- BILDSCHIRMFÜLLEND: Klicken Sie auf diese Schaltfläche, um die maximale Wiedergabegröße Ihres Monitors auszunutzen. Diese Funktion eignet sich besonders für die RAM-Vorschau.
- ENDLOSSCHLEIFE: Aktivieren Sie diese Schaltfläche, um die Wiedergabe von In bis Out endlos zu wiederholen. Zur Deaktivierung des Loops klicken Sie erneut auf den Button.

▲ **Abbildung 12.16**
Ist das Dashboard auf die Anzeige der Dauer eingestellt, können Sie mit der Maustaste über dem Bereich Sekunden nach oben und unten ziehen.

Gesamtdauer

Die Gesamtdauer Ihrer Komposition hat übrigens nur eine sekundäre Bedeutung; viel wichtiger ist der Bereich zwischen In- und Out-Punkten, den Sie später ausrendern oder den Sie in der Voransicht sehen. Die Dauer eines Projekts ändert man eigentlich nur dann, wenn man während der Arbeit merkt, dass es zu kurz ist. Was letztlich ausgerendert wird, bestimmt man meist über die In- und Out-Punkte.

◄ **Abbildung 12.17**
Die Abspielsteuerung von Motion ist übersichtlich und schnell verständlich. Tastenkürzel vereinfachen die Arbeit jedoch sehr.

Vorbildfunktion

Ab und an setzt Apple selbst mit einfachen Programmen wie Motion Maßstäbe. Kaum gab es die Keyframe-Aufnahme in Motion, dauerte es auch nicht lange, bis Adobe diese Funktion im wesentlich mächtigeren After Effects implementierte (das gut 25 Jahre ohne Keyframe-Aufnahme ausgekommen ist).

12.2.8 Timeline, Keyframe-Editor und Audio-Editor

Unterhalb der Vorschau finden sich die Timeline, der Keyframe-Editor und der Audio-Editor. Während die Timeline alle Elemente im zeitlichen Ablauf als Balken darstellt, ist der Keyframe-Editor für das Finetuning von Animationen gedacht, während der Audio-Editor das Ein- und Ausblenden sowie das Panning erlaubt.

Timeline | In Motion können Sie mit und ohne Timeline arbeiten: Haben Sie zum Beispiel nur einen Videoclip, auf dem Sie einen Filter ohne Keyframes anwenden möchten, so kommen Sie sicherlich ohne Timeline aus; komplexere Animationen mit vielen Elementen jedoch erfordern es bisweilen, die Timeline zu sehen und dort zeitliche Änderungen durchzuführen. Sie blenden die Timeline über die Schaltfläche VIDEO-TIMELINE EIN-/AUSBLENDEN ❶ ein bzw. aus. Das »Aufreißen« der Timeline, wie Sie es vielleicht aus der Vorversion kennen, ist leider nicht mehr möglich.

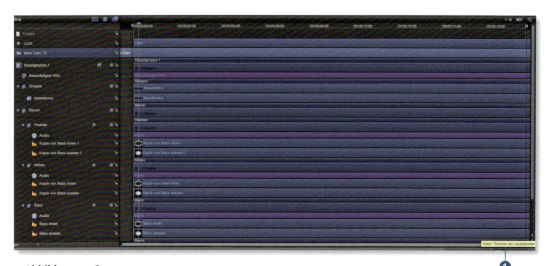

▲ **Abbildung 12.18**
Die Timeline ist optional und zeigt Ihnen die Elemente und Gruppen als Balken an. Über die Schaltfläche rechts unten bestimmen Sie, ob Sie die Timeline sehen wollen oder nicht.

Innerhalb der Timeline werden die Elemente entweder als Gruppe oder einzeln dargestellt; Gruppen lassen sich hierzu über die kleinen Dreiecke vor dem Namen ein- und ausklappen. Jedes Element und jede Gruppe kann innerhalb der Timeline verschoben oder »geschnitten« werden, indem Sie den Anfang oder das Ende eines jeden Balkens nach innen oder außen ziehen. Des Weiteren können Sie Elemente und Gruppen auch sperren, indem Sie auf das winzige Schloss klicken; hierbei wird das Element oder die Gruppe für unbeabsichtigte Änderungen deaktiviert. Neben der Laufleiste unterhalb des Vorschaufensters verfügt auch die Timeline über einen Playhead, der sich frei verschieben lässt.

Neben den einzelnen Elementen und Gruppen zeigt die Timeline auch Filter, Partikelsysteme und Verhalten an: Diese werden anhand verschiedenfarbiger Balken dargestellt. Vom reinen Zeitverhalten her lassen sich auch Filter und Verhalten verschieben oder schneiden, das heißt länger und kürzer gestalten.

Um ein Element oder eine Gruppe zu deaktivieren, das heißt in der Komposition unsichtbar zu machen, reicht ein Klick auf die kleine Checkbox vor dem Gruppen- oder Elementnamen. Ein Häkchen steht für »sichtbar«, eine leere Checkbox für »unsichtbar«. Sind in einer Gruppe einzelne Elemente sichtbar und andere Elemente unsichtbar, erscheint ein Minus in der Checkbox.

> **Elemente in der Timeline**
>
> Welche Elemente Sie in der Timeline sehen wollen, bestimmen Sie über die Schaltflächen MASKEN EIN-/AUSBLENDEN ❷, VERHALTEN EIN-/AUSBLENDEN ❸, FILTER EIN-/AUSBLENDEN ❹.

Darstellungsoptionen | Die unterschiedlichen Darstellungsoptionen finden Sie rechts unten als winzige Schaltflächen, als Regler und als Scrollbalken. Gehen wir auch diese kleinen Buttons der Reihenfolge nach einzeln durch:

- ❺ Regler für die Skalierung: Zoomt die Timeline ein und aus, je nachdem, wie framegenau Sie arbeiten möchten.
- ❻ TIMELINE EIN- /AUSBLENDEN: Stellt nur die Videoebenen in der Timeline dar, nicht die Audioebenen (Audioebenen müssen aktiviert sein, sonst hat die Schaltfläche keine Funktion).
- ❼ AUDIO EIN- /AUSBLENDEN: Teilt die Timeline in Video- und Audioebenen. Sind die Videoebenen deaktiviert, erscheinen nur die Audioebenen.
- ❽ KEYFRAME EIN- /AUSBLENDEN: Stellt eventuell vorhandene Keyframes innerhalb der Gruppen und Elemente dar (hilfreich bei Animationen mit vielen Keyframes).

▲ **Abbildung 12.19**
Auch Filter und Verhalten werden in der Timeline als eigenständige Balken (hier: Filter BESCHÄDIGTER FILM, Verhalten AUDIO) dargestellt.

▲ **Abbildung 12.20**
Die winzigen Schaltflächen unterhalb der Timeline dienen den unterschiedlichen Darstellungsoptionen und schalten verschiedene Ansichten frei.

Wie bei Final Cut Pro auch dient der Scrollbalken unterhalb der Timeline sowohl zur Navigation bei größerem Zoomfaktor als auch zur Gesamtansicht der Timeline sowie zu ihrer Skalierung: Ziehen Sie die Griffe links und rechts des Scrollbalkens nach innen, vergrößern Sie die Timeline, ziehen Sie die Griffe nach außen, verkleinern Sie die Darstellung.

Keyframe-Editor | Der Keyframe-Editor stellt alle Keyframes und Verhalten anhand von Linien und Kurven dar; Sie blenden ihn über den Keyframe-Button ❾ rechts unten ein. Allerdings beschränkt sich der Keyframe-Editor nur auf die gerade aktivierte Ebene, das heißt die aktive Gruppe oder das ausgewählte Element. Auf der linken Seite werden die jeweiligen Parameter angezeigt, während

▼ **Abbildung 12.21**
Der Keyframe-Editor stellt alle Animationen und Verhalten eines Elements anhand von Linien (lineare Bewegung) oder Kurven (Bézier) dar.

die Timeline entsprechend aus bunten Linien und Kurven besteht. Genauer auf den Keyframe-Editor einzugehen, wäre an dieser Stelle müßig, da wir noch nicht einmal die Keyframe-Funktion besprochen haben; also belassen wir es erst mal dabei und kommen zu einem späteren Zeitpunkt darauf zurück.

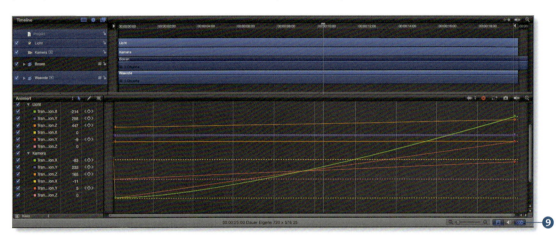

▼ **Abbildung 12.22**
Der Audio-Editor zeigt vorhandenes Tonmaterial anhand einer Waveform-Darstellung an und ermöglicht das Einstellen von Lautstärke und Panning.

Audio-Editor | Der Audio-Editor, über den Audio-Button ❿ direkt daneben erreichbar, zeigt eventuell vorhandenes Soundmaterial anhand einer Waveform-Darstellung an. Über die Schaltfläche PEGEL bestimmen Sie hierbei die Lautstärke, wobei natürlich mithilfe der Aufnahme-Funktion auch Keyframes zum Ein- und Ausblenden gesetzt werden können.

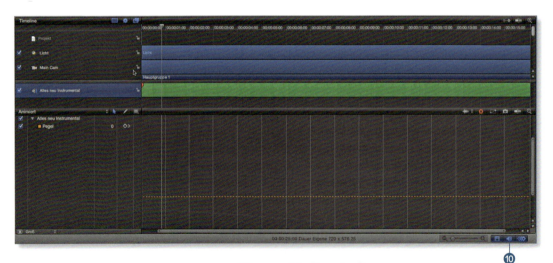

12.2.9 Ebenen, Medien, Audio

Der letzte Bestandteil der Benutzeroberfläche, den wir noch besprechen wollen, bevor es mit der Arbeit losgeht, sind die Ebenen-, Medien- und Audiolisten. Sie finden dieses Fenster links der

Vorschau – es muss manuell aufgeklappt werden, und zwar über die kleine Schaltfläche ganz links unten unterhalb der Vorschau.

Ebenenliste | Die Ebenenliste enthält, Sie ahnen es schon, eine Liste der Ebenen. Diese gliedert sich in die Ebenenbestandteile Gruppen, Einzelmedien, Masken, Verhalten und sogar Filter. Eine Gruppe kann mehrere unterschiedliche Medien beinhalten, jedes Medium kann mehrere Masken besitzen, mit mehreren Verhalten belegt sein und/oder mehrere Filter aufweisen. Zur besseren Übersicht gibt es deshalb die Ebenenliste, die sich, je nach Bedarf, immer weiter auf- oder immer weiter zuklappen lässt.

▲ **Abbildung 12.23**
Mit der Schaltfläche PROJEKT werden die Listen eingeblendet.

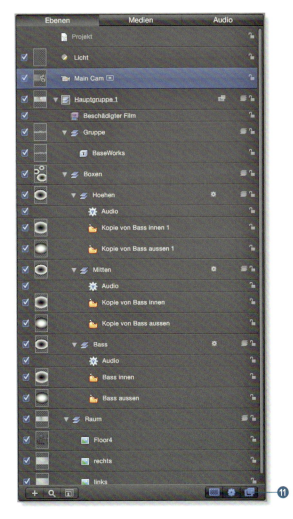

◄ **Abbildung 12.24**
Mit der Ebenenliste erhalten Sie einen schnellen Überblick, welche Medien, Verhalten, Masken und Filter Sie in Ihrer Komposition benutzt haben und welche Gruppe was dabei enthält.

Welche Bestandteile Ihrer Komposition Sie genau sehen möchten, bestimmen Sie über die winzigen Schaltflächen ⑪ im rechten unteren Bereich der Liste (von links nach rechts):

> **Verwaltung in Gruppen**
>
> Elemente wie Videoclips oder Bilder werden grundsätzlich in Gruppen verwaltet, was den Vorteil hat, dass ein Filter oder ein Verhalten auf alle Elemente der Gruppe angewandt wird. Ausnahmen bilden hierbei Licht- und Kameraobjekte, die einzeln in der Ebenenliste erscheinen.

- MASKEN EINBLENDEN: Zeigt die auf dem Video- oder Bildmaterial vorhandenen Masken an.
- VERHALTEN EINBLENDEN: Zeigt angewandte Verhalten auf Audio, Video, Grafiken und Bildern an.
- FILTER EINBLENDEN: Zeigt eventuell angewandte Filter in der Liste an.

Die Ebenenliste eignet sich nicht nur für einen schnellen Überblick, sondern auch dazu, ein Element oder eine Gruppe in ein 3D-Objekt umzuwandeln oder eine Ebene über das kleine Schloss zu sperren.

▲ **Abbildung 12.25**
Neben den reinen, in Ihrem Projekt genutzten Medien zeigt Ihnen die Medienliste auch noch weitere Informationen über Dauer, Format, Größe etc. Ihrer Bilder, Videos und Musikdateien an.

Medienliste | Klicken Sie auf den Reiter MEDIEN rechts neben dem Reiter EBENEN, so gelangen Sie in eine Übersicht aller in Ihrem Projekt genutzten Elemente, also zum Beispiel Video, Musikdateien und Grafiken, diesmal ganz ohne Filter, Verhalten oder andere Kinkerlitzchen. Sie können die Medienliste breiter ziehen und erfahren hier mehr über das genutzte Element, zum Beispiel über die Dauer, die Bildgröße, den Kompressor und die Farbtiefe sowie das Videoformat. Sie können auch anhand dieser Spalten sortieren oder die Spaltenreihenfolge ändern.

Abbildung 12.26 ▲
Die Audioliste zeigt Ihnen alle Tonelemente Ihrer Komposition an und erlaubt gleichzeitig das Lauter- und Leiserstellen der einzelnen Ebenen. Am Fuß der Liste finden Sie einen Masterregler für die Gesamtlautstärke.

Audioübersicht | Über einen weiteren Klick auf den Reiter AUDIO gelangen Sie in die Audioübersicht, wo alle Audioelemente aufgelistet werden. Außerdem finden Sie hier Regler für die Lautstärke und das Panning sowie zwei Schaltflächen für Mute (Lautsprechersymbol) und Single-Out (Kopfhörer). Die Audioliste gilt nicht nur der reinen Information, sondern gleichzeitig auch als kleines Mischpult, da Sie hier direkt Audioelemente gegeneinander abmischen können. Ein Masterregler und ein winziger Audiopegel am Fuß der Liste erlauben es, die Gesamtlautstärke Ihrer Komposition zu bestimmen.

Das war's dann auch mit der Benutzeroberfläche. War ein bisschen trocken, nicht wahr? Es wird aber gleich besser – sobald wir noch kurz die wichtigsten Einstellungen und das Projektmanagement durchgegangen sind. Das dauert aber nicht so lange. Versprochen.

12.3 Wichtige Einstellungen

Keine Angst, wir gehen jetzt nicht jede Programmeinstellung einzeln durch, sondern werfen nur einen kurzen Blick auf die Settings, die wirklich wichtig sind für Ihre tägliche Arbeit. Schließlich wollen wir uns später nicht vorwerfen lassen: »Warum habt Ihr mir das nicht gesagt?« Also, auf die Plätze ... (Die Einstellungen finden Sie übrigens im Menü MOTION • EINSTELLUNGEN.)

12.3.1 Allgemein
Eigentlich gibt es hier gar keine so wichtigen Einstellungen. Sie legen hier fest, ob Sie beim Start von Motion lieber ein neues Projekt anlegen oder das letzte Projekt öffnen möchten. Außerdem wird hier definiert, in welcher Geschwindigkeit die Drop-Paletten aufspringen sollen und ob Sie Tipps sehen möchten.

Weitere Optionen umfassen die Verwaltung von Medien (sollten Sie aktiviert lassen) und die Sortierreihenfolge der Elemente in Dateiübersicht und Bibliothek.

12.3.2 Erscheinungsbild
Auch diese Einstellungen sind nicht wirklich wichtig: Hier geben Sie an, ob Sie Name und/oder Piktogramm der Elemente sehen möchten, ob der Hintergrund aus einem Schachbrettmuster besteht (gilt nur für Piktogramme, nicht für die Vorschau) und welche Informationen Sie in der Statusleiste sehen möchten.

12.3.3 Projekt
Wichtigere und für Ihre Arbeit entscheidendere Einstellungen finden Sie unter PROJEKT. Hier können Sie nämlich die Standarddauer Ihres Projekts definieren (10 Sekunden sind voreingestellt). Was ebenfalls nicht ganz unwichtig ist, ist die Einstellung, ob Sie bei neuen Projekten die Projektübersicht sehen möchten (beispielsweise zur Erstellung von Filter oder Generatoren für Final Cut Pro X), sowie die automatische Skalierung/Reduzierung von Einzelbildern auf die Canvas-Größe (Vorschau).

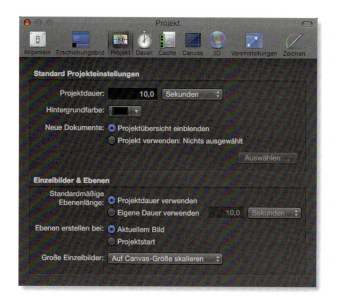

Abbildung 12.27 ▶
In den Projekteinstellungen definieren Sie die Zeitdarstellung als Einzelbilder oder realen Timecode und vorgegebene Projektdauer.

12.3.4 Dauer

Um die Zeitdarstellung dauerhaft von realem Timecode auf Frames (oder andersherum) einzustellen, wählen Sie die Einstellung ZEIT-DARSTELLUNG sowie den Beginn des Timecodes oder Bildes. Sollte es bei der Wiedergabe Ihrer Komposition zum Stocken oder zur Asynchronität von Audio und Video kommen (was bei komplexen Projekten zwangsläufig der Fall ist), bestimmen Sie in den Einstellungen für die Wiedergabesteuerung, ob Videobilder übersprungen werden sollen und ob Motion die Wiedergaberate auf Ihre Projekteinstellung beschränken soll (also meist 25 Frames pro Sekunde).

12.3.5 Cache

Ebenfalls nicht ganz unwichtig sind die Einstellungen unter CACHE: Hier geben Sie an, in welcher Frequenz Ihre Projekte automatisch gesichert werden sollen, wie viele Projekte Sie verwalten möchten und wo die Sicherungen gespeichert werden sollen. Wir raten Ihnen an dieser Stelle, Ihre Speicherung so oft wie möglich durchführen zu lassen (solange es nicht nervt) und die Sicherungsdateien wenn möglich auf einer externen Festplatte oder auf einem angeschlossenen RAID durchzuführen – was nützen Ihnen die besten Sicherungen, wenn Ihre einzige Festplatte abraucht?

12.3.6 Voreinstellungen

Die beiden Punkte CANVAS und 3D überspringen wir, weil es hier weitestgehend um Kosmetik geht, und werfen kurz einen

Blick auf die VOREINSTELLUNGEN: Hier bestimmen Sie, in welchem Format Projekte angelegt werden sollen. Da wir uns ja mittlerweile im Jahre 2012 befinden, spielt (zumindest in dem Großteil unserer Arbeiten) das PAL-Format so gut wie keine Rolle mehr. Eigentlich produzieren wir ausschließlich HD, und zwar in der Größe 1.920 × 1.080 Pixel. Diese Voreinstellung findet sich zwar in Motion 5, allerdings nur in NTSC, das heißt mit 29,97 Frames pro Sekunde. Um mit 25 Frames als Voreinstellung zu arbeiten, duplizieren Sie die Einstellung BROADCAST HD 1080 und wählen als Bildrate 25 FPS. Anschließend können Sie der Einstellung noch einen Namen geben und diese als Standard auswählen, indem Sie ein Häkchen vor die Einstellung setzen. Legen Sie nun ein neues Projekt an, so weiß Motion, dass Sie in HD mit 25 Frames arbeiten möchten.

Einstellung schnell ändern
Die Einstellung eines Projekts lässt sich auch während der Arbeit jederzeit über das Tastenkürzel [cmd]+[J] ändern. Hier erscheinen entsprechende Informationen im Informationsfenster.

◀ **Abbildung 12.28**
Um mit HD bei 25 Frames pro Sekunde als Standard zu arbeiten, muss man diese Einstellung zunächst manuell definieren.

12.4 Erstes Projekt: Titel

In unserem ersten Motion-Projekt werden wir aus einer Anzahl an Standbildern sowie ein bisschen Musik, Filtern und vorgefertigten Titelanimationen einen Titel für einen Film generieren.

Seit Motion 5, genauer gesagt, seit der verbesserten Zusammenarbeit mit Final Cut Pro X, ist es möglich, nicht nur Animationen, sondern auch Filter, Generatoren, Übergänge und Titel zu generieren und diese an Final Cut Pro X zu übergeben. Für diese Art von Projekt benötigt man allerdings ein wenig mehr Grundwissen, weswegen wir uns (zunächst) auf die Erstellung einfacher Kompositionen beschränken.

Projekt aus Videodatei

Um ein Projekt aus einer Videodatei zu generieren, klicken Sie auf die Schaltfläche PROJEKT AUS DATEI ERSTELLEN. Das Motion-Projekt erhält dieselben Einstellungen wie auch die Videodatei.

Projekt anlegen | Öffnen Sie Motion ohne ein Projekt (oder ohne die Option LETZTES PROJEKT LADEN), werden Sie zunächst aufgefordert, sich für eine Projektart zu entscheiden. Wählen Sie hier aus der Liste links die Option LEER, und klicken Sie auf MOTION-PROJEKT. Rechts können Sie jetzt eine Einstellung definieren, und zwar wählen Sie hier VOREINSTELLUNG: EIGENE, AUFLÖSUNG: 1920 × 1080, HALBBILDDOM.: OHNE, BILDFORMAT: QUADRATISCH, BILDRATE: 25 FPS, DAUER: 00:00:30:00 und TIMECODE.

▲ Abbildung 12.29
Um ein neues, leeres Projekt anzulegen, wählen Sie LEER • MOTION-PROJEKT und eine entsprechende Voreinstellung.

12.4.1 Hintergrundbild

Automatische Sicherungen

Automatische Sicherungen erfolgen immer unter dem Namen der Projektdatei. Daher ist es auch für die Datensicherung wichtig, dass Sie Ihrem Projekt frühzeitig einen Namen geben.

Nachdem wir nun ein neues Projekt angelegt haben, wird es zunächst Zeit, dieses als Projektdatei zu speichern. Wählen Sie hierfür aus dem Menü DATEI • SPEICHERN, geben Sie dem Baby einen Namen, und speichern Sie das Projekt dort, wo Sie es auch wiederfinden, zum Beispiel im Dokumente-Ordner.

Zum Einfügen eines Hintergrundbildes wechseln Sie in der Dateiübersicht auf einen Ordner, in dem Bilder abgelegt sind, oder Sie klicken in der Bibliothek auf FOTOS, um auf Ihre iPhoto-Bibliothek zurückzugreifen. Anschließend zieht man das Bild in die Ebenenliste und dort in die bereits vorhandene GRUPPE. Das Bild erscheint daraufhin in der Vorschau.

◀ **Abbildung 12.30**
Elemente wie Videos oder Bilder lassen sich per Drag & Drop in eine Gruppe ziehen und erscheinen daraufhin in der Vorschau.

> **Vorschaugröße anpassen**
>
> Nach dem Anlegen eines neuen Projekts sehen Sie die Vorschau zunächst immer in 100 %, was natürlich zu groß für die meisten Monitore ist. Mit dem Tastenkürzel ⌘+Z passen Sie die Größe der Vorschau Ihrem Monitor an.

Bildgröße und Position | Je nachdem, wie groß Ihr Bild und Ihr Projekt sind, kann es sein, dass das Bild nicht den gesamten Inhalt des Videos ausfüllt. Um das Bild entsprechend zu skalieren (und gegebenenfalls auch neu zu positionieren), aktivieren Sie das Element in der Gruppe, und wechseln Sie in das Informationsfenster. Unter EIGENSCHAFTEN finden Sie die Funktion SKALIEREN. Diesen Regler können Sie nach links oder rechts ziehen (kleiner oder größer), oder Sie ziehen das Bild in der Vorschau nach Belieben an den blauen Knubbeln an den jeweiligen Ecken nach außen.

▼ **Abbildung 12.31**
Über den Regler SKALIEREN können Sie die Größe eines Bildes anpassen. Alternativ dazu zieht man die Ecken eines Bildes auseinander (oder zusammen).

Um das Bild innerhalb des Vorschaufensters neu zu positionieren, aktivieren Sie das Element zunächst in der Ebenenliste. Auf dem Bild ist jetzt mittig ein Kreis zu sehen, mit einem Strich und einem kleineren, blauen Kreis rechts. Der mittlere Kreis ist der Mittelpunkt, den Sie frei mit der Maus verschieben können, der rechte Kreis markiert die Rotation. Sollten Sie also mal ein Element drehen wollen, greifen Sie den blauen Punkt, und ziehen Sie diesen nach oben oder unten.

Motion verfügt übrigens über so genannte »Ruler«. Hierbei handelt es sich um magnetische Hilfslinien, die automatisch erscheinen, sobald Sie ein Element in der Vorschau bewegen. Um die Ruler zu aktivieren, betätigen Sie die Taste N. Um die Ruler

▲ **Abbildung 12.32**
Zum Repositionieren eines Elements greift man den Mittelpunkt und zieht ihn in eine beliebige Richtung.

12.4 Erstes Projekt: Titel | **529**

Canvas = Vorschaufenster

Das Vorschaufenster bezeichnet Apple selbst auch als »Canvas«. Sollten wir also ab und an diesen Begriff nutzen, wissen Sie jetzt, was gemeint ist.

wieder abzuschalten, nutzen Sie ebenfalls die Taste [N]. Ruler bieten die Möglichkeit, Elemente an anderen Elementen oder dem Mittelpunkt und Rändern passgenau anzulegen.

12.4.2 Weitere Elemente und Partikelsysteme

Ist der Hintergrund korrekt positioniert, benennen wir zunächst die Gruppe um in »HG Wolken«. »HG« steht in diesem Fall für »Hintergrund«. Da wir später die Wolken auch noch im Vordergrund brauchen, ist die ordentliche Benennung sehr vorteilhaft – speziell wenn Sie mit vielen Elementen in der Komposition arbeiten.

Unser nächster Schritt ist das Anlegen einer Gruppe. Hierfür klicken Sie auf das kleine Plus-Zeichen links unter der Ebenenliste. Es erscheint eine neue Gruppe an oberster Stelle der Ebenenliste. Wir benennen diese Gruppe mal in »Flugzeug« um.

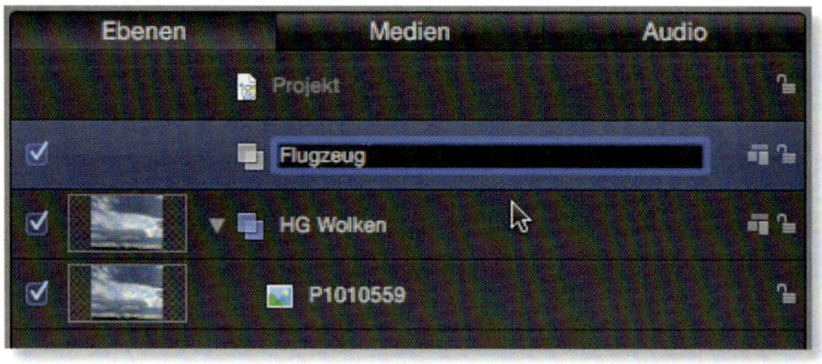

Abbildung 12.33 ▶
Die neue Gruppe erscheint an oberster Stelle. Sie sollten sie möglichst bald umbenennen, um Konfusion während der Arbeit zu vermeiden.

Besser mit Photoshop

Zwar kann man in Motion auch Freistellungsmasken erstellen, die Arbeit in Photoshop ist aber durch die vielfältigen Maskenwerkzeuge weitaus angenehmer und vor allem effizienter.

Aus der Dateiübersicht ziehen wir das Foto eines Flugzeugs per Drag & Drop in die neue Gruppe. Das Flugzeug haben wir vorher in Adobe Photoshop freigestellt, sodass es ohne Hintergrund auf den Wolken erscheint.

Die Größe des Flugzeugs passen wir nun ebenfalls über die Skalierungsregler an. Halten Sie beim Skalieren mit der Maus die ⇧-Taste gedrückt, um im korrekten Seitenverhältnis zu skalieren.

▲ **Abbildung 12.34**
Wir ziehen das Flugzeug per Drag & Drop in die neue Gruppe und skalieren es anschließend auf eine passende Größe.

Emitter hinzufügen | Der Grund, warum wir das Flugzeug in eine eigene Gruppe gelegt haben, ist einfach: Wir möchten noch Elemente hinzufügen und die Gruppe anschließend als Gesamtes animieren. Bei den zusätzlichen Elementen handelt es sich um ein Partikelsystem, das Sie in der Bibliothek unter PARTIKELEMITTER finden. Klicken Sie hierfür auf den Ordner FEUERWERK; Sie finden in der Liste der Emitter das Element GAS TORCH. Dieses Element ziehen wir per Drag & Drop in den Ordner »Flugzeug«.

Bei dem Emitter handelt es sich um eine Gasflamme, die wir als Düsen-Emission nutzen wollen. Da die Gasflamme erst langsam entsteht, verschieben wir den In-Punkt des Emitters in der Timeline, indem wir das Element greifen und den In-Punkt aus dem sichtbaren Bereich herausziehen, und zwar so weit, bis der Emitter seine volle Größe erreicht hat.

> **Effizient arbeiten**
>
> Es gibt sicherlich auch die Möglichkeit, die Entstehung über die Emitter-Einstellungen zu regeln, aber bevor man die Regler gefunden und eingestellt hat, ist das Verschieben des In-Punkts erledigt.

▼ **Abbildung 12.35**
Entstehung des Emitters zeitlich anpassen

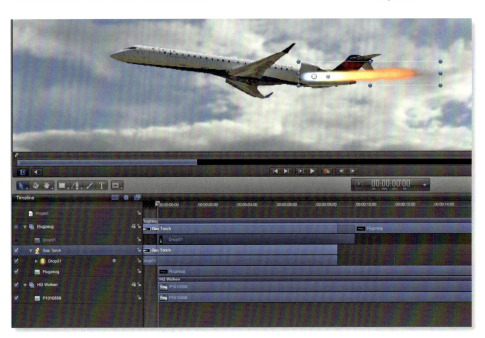

Der Emitter ist an dieser Stelle allerdings etwas zu groß und strahlt auch in die falsche Richtung. Daher passen wir das Element sowohl in der Größe als auch in der Form so an, dass es wirkt, als würde das Glühen direkt aus dem hinteren Triebwerk kommen.

> **Pixelgenau verschieben**
>
> Wenn Sie Elemente pixelgenau verschieben wollen, bietet es sich an, die Einrasten-Funktion an den Rulern zu deaktivieren.

◀ **Abbildung 12.36**
Anpassung des Emitters

12.4 Erstes Projekt: Titel | **531**

▲ Abbildung 12.37
Reihenfolge der Elemente innerhalb einer Gruppe per Drag & Drop ändern

Da der Jet ja zwei Triebwerke hat, sollten wir an dieser Stelle das Emitter-Element (nachdem wir es angepasst haben) über das Menü BEARBEITEN duplizieren. In der Ebenenliste, das heißt auch innerhalb der Gruppe, verschieben wir das Duplikat nun unter das Flugzeug, sodass der zweite Emitter zum Teil vom Flugzeug verdeckt wird. Im Vorschaufenster verschieben wir nun das Element in etwa so, dass es leicht unterhalb des ersten Emitters und leicht nach links versetzt liegt.

12.4.3 Erste Animationen

Ist das Flugzeug erst einmal gestaltet, können wir es jetzt animieren, und zwar als gesamte Gruppe, sodass nicht nur das Flugzeug, sondern auch die Partikelemitter durch die Gegend fliegen.

Abbildung 12.38 ▲
Zum Start der Animation aktiviert man zunächst den Aufnahme-Knopf und zieht die Gruppe komplett aus dem Bild.

Zunächst zoomen wir die Darstellung der Vorschau so weit aus, dass wir auch den Rand außerhalb des Bildes sehen können, um das Flugzeug zum Start der Animation dort zu platzieren. Je nach Monitorgröße und -auflösung bietet sich ein Zoomfaktor von 50 % oder kleiner an. Zum Start der Animation klickt man zunächst auf den Aufnahme-Button ❶ unterhalb des Canvas, um gleich die erste Position als Keyframe zu speichern. Anschließend aktivieren wir die gesamte Gruppe »Flugzeug« und ziehen diese per Drag & Drop heraus aus dem Bild. Hierfür ist es natürlich wichtig, dass sich der Playhead am Anfang der Timeline befindet.

Ist der Startpunkt der Animation festgelegt, bewegen wir den Playhead rund sechs Sekunden in der Timeline weiter, greifen anschließend die Flugzeug-Gruppe und ziehen diese quer durch das Bild, und zwar so weit, dass auch der letzte Schweif des Emitters nicht mehr zu sehen ist. Bedenken Sie dabei, dass die Aufzeichnung der Keyframes aktiviert bleibt, da die Animation ansonsten nicht gespeichert wird.

> **Echtzeit-Vorschau**
>
> Motion reagiert mitunter ziemlich zickig, wenn es darum geht, Animationen mit Partikelemittern durchzuführen, da die Echtzeit-Vorschau von Partikeln relativ viel Rechenleistung beansprucht. Sollten Sie die Gruppe nicht ordentlich ziehen können, deaktivieren Sie den Emitter, indem Sie das Häkchen vor den Elementen in der Ebenenliste herausnehmen.

▲ Abbildung 12.39
Nach sechs Sekunden ziehen wir die Flugzeug-Gruppe quer durch das Bild. Die Aufzeichnung der Keyframes sollte dabei aktiviert bleiben.

Animation testen | Schauen Sie sich die Animation an, indem Sie den Playhead der Timeline an den Beginn Ihrer Komposition stellen und die Play-Taste drücken. Sie werden feststellen, dass die Animation zunächst etwas langsamer beginnt, dann an Fahrt aufnimmt, um am Ende wieder ein klein wenig abzubremsen. Das liegt daran, dass Motion von sich auch Bézier-Kurven für Start und Ende einer Animation setzt – das so genannte Ease-in/Ease-out. Dies kann bei einer bestimmten Art von Bewegung sehr elegant aussehen, passt jedoch im Fall unseres Flugzeugs nicht – schließlich ist die Geschwindigkeit eines Fliegers in der Luft meist ziemlich gleichbleibend.

Lineare Animation | Zum »Begradigen« der Bézier-Kurve wechseln wir in den Keyframe-Editor von Motion. Diesen öffnen Sie über den Button mit den drei Rauten ganz unten rechts unter der Timeline. Ist die Flugzeug-Gruppe noch aktiviert, können Sie hier gut erkennen, dass die TRANSFORMATION.POSITION.X, also die Änderung der horizontalen Position, in leichter Kurvenform verläuft (grüne Linie). Zum »Begradigen« dieser Linie führen Sie einen Rechtsklick auf dem ersten Keyframe ganz links durch, und wählen Sie hier die Funktion INTERPOLATION • LINEAR. Die Linie wird daraufhin begradigt, und die Geschwindigkeit der Gruppe »Flugzeug« wird gleichmäßig. Sollten Sie es bis jetzt noch nicht getan haben, deaktivieren Sie die Keyframe-Aufnahme, und schalten Sie die Partikelemitter wieder an.

> **Aufnahme ausschalten**
>
> Achten Sie stets darauf, ob die Aufzeichnung der Keyframes an- oder ausgeschaltet ist. Ist die Aufnahme aktiviert, werden sämtliche Änderungen Ihrer Komposition automatisch gespeichert, was durchaus auch mal nicht in Ihrem Sinne sein kann. Unser Tipp: Gewöhnen Sie sich an, die Aufnahme sofort abzuschalten, nachdem Sie eine Animation durchgeführt haben.

12.4 Erstes Projekt: Titel | **533**

Abbildung 12.40 ▶
Die Interpolation von Keyframe-Animationen wird per Rechtsklick auf einen Keyframe im Keyframe-Editor angepasst.

Schauen Sie sich die Animation aufmerksam an, werden Sie feststellen, dass es einen kleinen »Rechenfehler« gibt: Motion hat nämlich die allererste, mittige Position des Emitters per Keyframe gespeichert und beginnt die Animation entsprechend auch mittig mit der Gas Torch. Diesen Keyframe können Sie einfach löschen, indem Sie im Canvas einen Rechtsklick darauf ausführen und aus dem Kontextmenü die Funktion PUNKT LÖSCHEN wählen. Die Animation sollte jetzt ganz rechts im Bild beginnen und sich über eine Dauer von sechs Sekunden nach links bewegen.

Abbildung 12.41 ▶
Zum Löschen eines Keyframes im Canvas wählt man aus dem Kontextmenü PUNKT LÖSCHEN.

12.4.4 RAM-Vorschau

Wie bereits erwähnt, benötigen Partikelemitter häufig sehr lange Darstellungs- und Renderzeiten. Um eine Animation auch auf langsameren Rechnern mit komplexeren Emittern oder Effekten zu sehen, bietet sich die RAM-Vorschau an. Hierbei werden die einzelnen Bilder zunächst berechnet, im Hauptspeicher abgelegt und anschließend von dort aus in Echtzeit aufgerufen und entsprechend dargestellt.

Die RAM-Vorschau kann sich auf den Wiedergabebereich (von In- bis Out-Punkt) beziehen, auf alles (also unabhängig von den In- und Out-Punkten) oder auf einen ausgewählten Bereich, zum Beispiel einen Emitter. In diesem Fall würde die RAM-Vorschau

---

Echte RAM-Vorschau

Im Gegensatz zu After Effects oder anderen, gleichartigen Programmen ist die RAM-Vorschau kein eigener Film auf der Festplatte, sondern tatsächlich nur eine Vorschau im Hauptspeicher. Sobald Änderungen durchgeführt werden, verschwindet auch die Vorschau aus dem RAM.

nur über die Dauer des Emitters errechnet werden. Um jetzt die Animation mit dem Emitter in Echtzeit zu sehen, aktivieren wir diesen in der Timeline (einer von beiden reicht, da beide dieselbe Länge haben und natürlich alle Elemente in der Zeitspanne berechnet werden) und wählen aus dem Menü MARKIEREN • RAM-VORSCHAU • AUSWAHL. Motion fängt daraufhin an zu rechnen, und ein grüner Balken erscheint über dem Bereich in der Timeline, der signalisiert, dass es sich hierbei um einen »gerenderten« Bereich handelt.

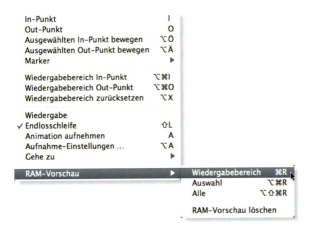

◀ **Abbildung 12.42**
Über die Funktion der RAM-Vorschau wählt der Anwender, ob er den Wiedergabebereich (von In bis Out), das aktive, ausgewählte Element oder alles berechnen möchte.

Copy & Paste

Anstatt die alt-Taste gedrückt zu halten, können Sie auch das altbekannte (guter Wortwitz, was?) Copy & Paste verwenden. Aktivieren Sie hierfür das zu kopierende Element, betätigen Sie die Tastenkombination cmd+C, aktivieren Sie nun die Gruppe, in die das Element hineinkopiert werden soll, und drücken Sie cmd+V.

12.4.5 Maskierung

Scrollen wir an dieser Stelle in der Timeline ein bisschen zurück, so ist zu sehen, dass der Flug des Flugzeugs so angelegt ist, dass er vor den Wolken, im Speziellen vor einem Wolkenzipfel fliegt. Wäre es nicht ganz cool, wenn der Flieger hinter den Wolken hervorkommen würde? Kein Problem, denn dafür gibt es in Motion so genannte Masken.

Duplikat anlegen | Zunächst legen wir in unserer Ebenenliste eine neue Gruppe an und nennen diese »VG Wolken«. (Sie erinnern sich an die Gruppe »HG Wolken«, die für den Hintergrund stand. »VG« steht jetzt ... richtig, für den Vordergrund.) Anschließend greifen wir die Wolke aus der Gruppe »HG Wolken«, halten die alt-Taste gedrückt und ziehen das Bild der Wolken per Drag & Drop in die Gruppe »VG Wolken«. Durch das Drücken der alt-Taste erreichen wir, dass eine Kopie des Bildes erstellt wird. Dies hat den Vorteil, dass alle Einstellungen in puncto Größe und Position von der Ursprungsdatei beibehalten werden – was für die Maskierung wichtig ist. Würden wir ein »frisches« Bild aus unserer Dateiübersicht ziehen, so würden Vorder- und Hintergrund nicht übereinstimmen.

▲ **Abbildung 12.43**
Halten Sie die alt-Taste gedrückt, und ziehen Sie das Element aus einer Gruppe in eine andere, um eine Kopie zu erstellen.

Maske anlegen | Das Flugzeug ist an dieser Stelle zunächst einmal verschwunden. Warum? Ganz einfach, das neue Wolkenbild verdeckt die gesamte Komposition. Um jedoch nur den Wolkenzipfel im Vordergrund zu sehen, generieren wir eine Maske; wir schneiden den Vordergrund praktisch aus. Hierfür aktivieren Sie zunächst die Wolke in der Vordergrund-Gruppe und wählen dann das Bézier-Werkzeug. Sie finden das Werkzeug als viertes Tool von oben in den Maskenwerkzeugen ❶.

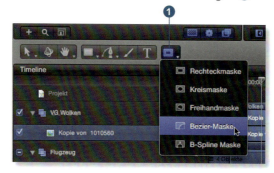

Abbildung 12.44 ▶
Zum Erstellen einer Maske wählen Sie zunächst das Bézier-Maske-Werkzeug.

Wir klicken nun beliebig oft um die Form der Maske herum, und zwar so, dass die Maske ungefähr der Form des dunklen Wolkenzipfels entspricht. Die Maske wird geschlossen, indem Sie mit dem Werkzeug erneut auf den ersten Punkt klicken (es erscheint ein kleiner Kreis rechts neben dem Werkzeug). Ist die Maske geschlossen, bleibt nur noch der ausgeschnittene Teil des Bildes übrig; alles andere wird weggerechnet. In unserem Beispiel gestalten wir die Maske zunächst ein wenig kleiner, weil wir sie später noch abrunden und »aufweichen« möchten.

▼ **Abbildung 12.45**
Ist die Maske geschlossen, wird alles außer dem Maskeninhalt aus dem Bild entfernt. Ergo erscheint auch das Flugzeug wieder.

Maske weiter anpassen | Masken erscheinen, wie alle anderen Effekte und Elemente auch, als eigenständige Objekte ❷ in der Ebenenliste, und zwar genau unter dem Objekt, zu dem sie gehören. Aktiviert man die Maske, so kann man über das Informationsfenster die Eigenschaften der Maske bearbeiten. Da es sich in unserem Fall ja um ein Stück Wolke handelt, möchten wir die Maske möglichst rund gestalten und an den Rändern weich, ganz so, als würde das Flugzeug aus einer weichen, fast konsistenzlosen Wolke herausfliegen. Hierfür erhöhen wir die RUNDHEIT ❸ auf einen Wert von 30, und das AUSLAUFEN ❹ (ergo: die Weichheit) auf 60. Via NACHLASSEN ❺ können wir die Maske noch einengen (nach rechts) oder ausweiten (nach links), was in unserem Fall allerdings nicht so notwendig ist.

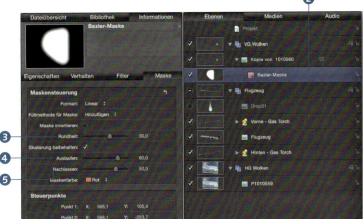

◄ **Abbildung 12.46**
Mit aktiviertem Maskenobjekt kann man die Maske im Informationsfenster (Bereich MASKE) weicher, runder, enger oder breiter zeichnen.

Voilà! Schon sieht es aus, als würde der Flieger aus einer weichen, flauschigen Wolke herausfliegen.

12.4.6 Vordergrundelemente platzieren

Ein alter Spruch unter Fernseh-Kameramännern lautet: »Vordergrund macht Bild gesund«. Aus diesem Grund möchten wir unse-

---

Masken für Freisteller

Masken eignen sich für eine Vielzahl von Arbeiten, u. a. auch für das Freistellen bewegter Objekte. Hierfür werden die einzelnen Maskenpunkte via Keyframe gespeichert. Stellen Sie für diese Art der Arbeit sicher, dass Sie die Aufnahme-Funktion aktiviert haben, bevor Sie anfangen, die Maske zu zeichnen.

> **Kein Qualitätsverlust**
>
> Wie bei allen Grafik- und Videoprogrammen auch können Sie auch in Motion die Skalierung von digitalen Bildern (Bitmaps) immer bis auf 100 % der Originalgröße verändern, ohne dabei an Qualität zu verlieren.

rer Komposition jetzt einen Vordergrund hinzufügen, um der ganzen Animation ein wenig mehr Tiefe zu verleihen. (Nein, 3D machen wir in diesem Abschnitt noch nicht. Aber man kann Tiefe auch durch ein paar Tricks im 2D-Bereich vortäuschen.)

Zunächst legen wir für den Vordergrund eine neue Gruppe, und zwar »VG Bäume« an. Wie es sich für einen Vordergrund gehört, sollte dieser natürlich an oberster Stelle der Ebenenliste platziert sein. Über unsere Dateiansicht wählen wir nun den Ordner, in dem sich die Bilder für den Vordergrund befinden, und ziehen diese einfach per Drag & Drop in die Gruppe »VG Bäume«. In unserem Beispiel handelt es sich um zwei Bäume, die wir vorher in Photoshop freigestellt haben.

Elemente, die Sie per Drag & Drop in eine Gruppe ziehen, werden zunächst mittig im Canvas angelegt und auf eine Größe herunter- (oder herauf-)skaliert, dass das Canvas ausgefüllt wird, das heißt das eingefügte Element entweder oben und unten oder, bei breiten Elementen, links und rechts anstößt.

▼ **Abbildung 12.47**
Die vorher in Photoshop freigestellten Bäume ziehen wir per Drag & Drop in die Gruppe »VG Bäume«.

Um die Größe und Position der Bäume anzupassen, greifen wir zunächst den ersten Baum, ziehen diesen in die linke untere Ecke und verändern dabei abwechselnd die Skalierung so lange, bis uns Position und Größe zusagen. Wir persönlich halten es für einfacher, die Größe hierbei über den Skalierungsregler des Inspektors zu verändern – aber das ist Geschmackssache.

◄ Abbildung 12.48
Die Bäume für den Vordergrund platzieren wir in der linken Ecke und skalieren diese etwas größer.

12.4.7 Anwenden von Filtern

Um dem Bild jetzt ein wenig mehr Tiefe zu geben, simulieren wir eine Art Tiefenunschärfe, indem wir einen Weichzeichner auf den Bäumen anwenden. Da sich beide Bäume in einer Gruppe befinden, reicht es aus, den Filter auf die Gruppe zu legen, da in diesem Fall alle enthaltenen Elemente von dem Filter beeinflusst werden. Natürlich können Sie Filter auch auf einzelne Elemente innerhalb einer Gruppe anwenden; in diesem Fall wird dann natürlich nur das Element gefiltert, auf dem sich der Filter befindet.

Zum Anwenden eines Filters wechseln wir zunächst in unsere Bibliothek und dort in den Bereich FILTER. Scrollen Sie im rechten Bereich nach ganz unten, so finden Sie dort den Ordner WEICHZEICHNEN und darin den Filter GAUSS'SCHES WEICHZEICHEN. Ziehen Sie diesen Filter per Drag & Drop auf die Gruppe »VG Bäume«, sodass dieser als eigenes Element unterhalb der Gruppe erscheint. Aktivieren Sie anschließend das Filterelement, und wechseln Sie in die Informationen und dort in den Bereich FILTER, um den Effekt anzupassen.

Effektvollere Unschärfe

Eine wesentlich effektvollere Unschärfe als mit dem Weichzeichner erreichen Sie natürlich über die virtuellen Kameras von Motion. Allerdings muss man dafür in den 3D-Raum wechseln. Diese Technologie schauen wir uns in einem späteren Abschnitt an (siehe Seite 561).

◄ Abbildung 12.49
Zum Anpassen der Einstellungen eines Filters aktiviert man diesen in der Ebenenliste und wechselt in den Filter-Bereich des Inspektors.

▼ **Abbildung 12.50**
Um den Effekt der Schärfentiefe auf den Bäumen zu erreichen, erhöhen wir den Wert des Weichzeichners auf einen Radius von 30.

Der Weichzeichner ist bereits mit einem Radius (STÄRKE) von 4 voreingestellt. Dieser Wert ergibt zwar schon eine gewisse Unschärfe, aber noch viel zu wenig für den Effekt, den wir hier erzielen wollen. Aus diesem Grund ziehen wir den Wert für die Stärke so weit hinauf, dass die Bäume im Vordergrund wirklich komplett unscharf werden. Ein Wert um die 30 sorgt hierbei für eine brauchbare Unschärfe.

▲ **Abbildung 12.51**
Soll die Reihenfolge geändert werden, muss sich der kleine Kreis an der roten Linie ganz links befinden.

Lesbarkeit am Bildschirm

Achten Sie immer darauf, die Textgröße ausreichend groß zu wählen, und auf eine möglichst »einfache« Schriftart. Fonts mit Serifen, zum Beispiel Times oder ähnliche, sind im Videobild meist schlechter zu lesen als geradlinige Schriften wie Arial oder DIN.

12.4.8 Titel schreiben

Als letzte Elemente unserer kleinen Titelanimation wollen wir noch einen Text und einen Untertitel einfügen. Hierfür legen wir zunächst wieder eine Gruppe in der Ebenenliste an, und zwar so, dass diese unterhalb der Bäume liegt, also nachher hinter den Bäumen erscheint. Neu angelegte Gruppen erscheinen immer ganz oben in der Ebenenliste. Nachdem Sie also eine Gruppe angelegt haben, ziehen Sie sie per Drag & Drop unter die Gruppe »VG Bäume«. Achten Sie darauf, dass der kleine Kreis links der roten Linie ganz links in der Ebenenliste erscheint. Ansonsten laufen Sie Gefahr, die Titelgruppe in die Bäumegruppe zu legen (siehe Abbildung 12.51).

Titelbereich definieren | Ist die Gruppe korrekt positioniert, klicken Sie die Gruppe in der Ebenenliste an (damit Motion weiß, in welche Gruppe der Text gelegt werden soll), wechseln in das Titelwerkzeug (Schaltfläche mit dem T links oberhalb der Timeline) und ziehen mit diesem Werkzeug einen Bereich ❶ auf, der ungefähr der gewünschten Größe unseres Titels entspricht. Alternativ können Sie auch einfach mit dem Titelwerkzeug in das Canvas klicken und losschreiben. Wir bevorzugen aber die Titelbereiche, da diese später einfacher nachzubearbeiten sind.

Text eingeben | Um jetzt einen Text einzugeben, klicken wir mit aktiviertem Textwerkzeug in den Titelbereich und fangen an zu tippen. Entsprechende Formatierungsoptionen für den Text finden Sie im Inspektor unter INFORMATIONEN • TEXT • FORMAT. Unter anderem kann man hier natürlich die Schriftart wechseln, die Größe, die Ausrichtung, die Laufweite zwischen den Buchstaben, die Schräge und die Umstellung auf Großbuchstaben. In unserem Beispiel entscheiden wir uns für die Schrift Akko Pro bei einer Größe von 200 und für eine zentrierte Ausrichtung.

▲ **Abbildung 12.52**
Mit dem Titelwerkzeug kann man im Canvas einen Titelbereich aufziehen, in den später der Text eingegeben wird.

Zur Änderung des Schriftstils wechseln wir in den Bereich STIL des Textinspektors. Hier können wir unter anderem die Textfarbe wählen, eine Kontur hinzufügen (Glühen) und einen Schattenwurf. Wir wählen ein sehr helles Blau aus dem Himmel des Hintergrundes, fügen ein Glühen in dunklerem Blau (dieselbe Farbe,

▲ **Abbildung 12.53**
Für das erste Layout unseres Textes wählen wir die Schrift Akko Pro und eine zentrierte Ausrichtung.

12.4 Erstes Projekt: Titel | **541**

nur im Helligkeitsregler des Apple Color Pickers dunkler gezogen) mit einem Radius von 28 hinzu und aktivieren den Schattenwurf bei einer Deckkraft von 85%, Weichzeichner 3,5 und einer Entfernung von 9.

◄▲ **Abbildung 12.54**
Die Layouteinstellung des Textes nimmt man im Inspektor über die Bereiche FORMAT, STIL und LAYOUT vor.

Untertitel einfügen | Um jetzt einen Untertitel einzufügen, reicht es, dass wir das bestehende Textelement in der Ebenenliste per Tastenkürzel cmd + D duplizieren. Vorher jedoch passen wir die Größe des Textfeldes an, indem wir zunächst das Textelement in Ebenenliste oder Timeline aktivieren und mit der Maus den unteren und die seitlichen Ränder so dicht wie möglich an den Text heranziehen, ohne dass dieser umbricht. Wichtig hierbei ist, dass Sie das Textwerkzeug aktiviert haben, nicht den Auswahlpfeil. Versuchen Sie mit dem Auswahlpfeil den Rahmen zu ziehen, stauchen oder quetschen Sie das Textelement. Mit dem Schriftwerkzeug verkleinern Sie tatsächlich nur den Textrahmen, ohne dabei Einfluss auf den eigentlichen Text zu nehmen.

▲ **Abbildung 12.55**
Um den Textrahmen zu bearbeiten, ist es notwendig, dass Sie vorher das Textwerkzeug auswählen und nicht mit dem Auswahlpfeil arbeiten.

Nachdem wir den Text dupliziert haben, ziehen wir diesen unter den Haupttitel, formatieren ihn ein wenig kleiner als den Haupttitel und passen Farbe, Stil und andere Eigenschaften nach Wunsch an.

> **Einzelne Buchstaben formatieren**
>
> Textelemente werden grundsätzlich als Ganzes formatiert. Wenn Sie einzelne Wörter oder gar Buchstaben anders als den Rest des Textes formatieren wollen, aktivieren Sie die gewünschten Lettern einfach im Textfeld, und ändern Sie deren Format.

◄ **Abbildung 12.56**
Haupt- und Untertitel werden abschließend so formatiert, dass sie untereinanderstehen und auch zusammenpassen.

12.4.9 Verhalten einfügen

Es ist zwar möglich, ein Titelelement (ähnlich wie auch das Flugzeug) mit Keyframes über ganz unterschiedliche Einstellungen zu animieren, aber das machen selbst wir höchst selten, denn Motion liefert eine Vielzahl an wirklich brauchbaren Textanimationen mit. Wozu das Rad neu erfinden und per Hand komplexe Animationen bauen, wenn man draußen im Café sitzen und Kaffee schlürfen kann? (Erzählen Sie das bitte nicht unseren Kunden, okay?)

Textanimation | Die vorgefertigten Animationen finden Sie im Inspektor, und zwar in BIBLIOTHEK • VERHALTEN • TEXTSEQUENZ (nicht in TEXTANIMATION, wie man vielleicht denken würde). In den Textsequenzen wiederum sind sechs Ordner enthalten, die, mehr oder minder thematisch sortiert, unterschiedliche Animationen enthalten. Öffnen Sie die Ordner, und klicken Sie auf ein beliebiges Verhalten, so sehen Sie in der kleinen Vorschau oben im Inspektor eine Voransicht der Animation.

Animationen »In« und »Out«

Die meisten der Animationen sind zweimal vorhanden und unterscheiden sich durch die Bezeichnungen »In« und »Out«. »In« bedeutet, dass es eine Animation ins Bild ist (der Text fliegt beispielsweise ins Bild), »Out« bedeutet, dass es eine Animation aus dem Bild ist (der Text löst sich beispielsweise auf). Dachten Sie sich? Dachten wir uns!

▼ **Abbildung 12.57**
Angewandte Verhalten erscheinen als eigene Elemente in der Ebenenliste und der Timeline und können hier verschoben werden.

12.4 Erstes Projekt: Titel | **543**

Animation der Texte

Man hätte natürlich Haupt- und Untertitel zusammen in einem Generator schreiben und nur unterschiedlich formatieren können. Wir entscheiden uns aber für zwei eigenständige Elemente, da wir diese individuell animieren möchten.

Verhalten weiter bearbeiten

Die Verhalten von Motion bestehen auch »nur« aus den Einstellungen des Textes und dessen Eigenschaften, animiert mit »einfachen« Keyframes. Das heißt natürlich, dass Sie die Verhalten auch über den Keyframe-Editor oder den Inspektor nachbearbeiten können. Diese Übung heben wir uns für einen späteren Abschnitt auf (siehe Seite 584).

Überschuss

Als kleiner Tipp am Rande: Wenn Sie eine Komposition ausgeben wollen, rechnen Sie immer eine oder zwei Sekunden mehr aus, als Sie wirklich brauchen. Da die meisten Animationen ohnehin in einem Schnittprogramm weiter verwurstet werden, kann man auch dort noch optimal schneiden. Nichts ist ärgerlicher, als wenn man eine Komposition neu ausrendern muss, weil einem am Schluss ein oder zwei Frames fehlen.

Für unsere kleine Animation entscheiden wir uns für die Animation Vaporize In im Ordner Text-Glühen. Zur Anwendung ziehen wir das Verhalten einfach per Drag & Drop auf das zu animierende Textelement in der Ebenenliste oder in der Timeline. Das Verhalten erscheint nun als eigenständiges Element unterhalb des Titels und verdeutlicht damit, zu welchem Element es gehört. Dass das Verhalten ein eigenes Element ist, ist sehr praktisch, denn so kann man es einfach in der Timeline hin- und herziehen, um das Timing zu optimieren. Doch dazu gleich.

Auch der Untertitel erhält ein Verhalten, und zwar entscheiden wir uns in diesem Fall für Materialize In, das wir aus der Bibliothek per Drag & Drop auf den Titel in der Timeline ziehen.

12.4.10 Optimieren des Timings

Bei einer gelungenen Animation ist eines entscheidend: das optimale Timing. Wann kommt welches Element hineingeflogen, wann fliegt es wieder hinaus, wie lange bleibt es stehen, worauf lenkt man die Aufmerksamkeit des Zuschauers etc.? In unserer derzeitigen Animation passiert ja alles gleichzeitig: Das Flugzeug fliegt durch das Bild, und der Haupttitel und auch der Untertitel werden mehr oder minder synchron eingeblendet. Das ist natürlich alles andere als optimal, daher verschieben wir Elemente in der Timeline, um eine möglichst flüssige Animation zu gewährleisten.

Animationen verteilen | Schauen wir uns zunächst die Animation des Flugzeugs an: Dieses fliegt ab Sekunde 00:00 durch das Bild und ist ca. bei Sekunde 3:00 hinter den Bäumen. Erst ab diesem Punkt möchten wir den Haupttitel einblenden. Daher schieben wir das Element in der Timeline so weit nach rechts, bis das Verhalten erst ab Sekunde 3:00 beginnt. Ungefähr bei Sekunde 4:10 ist das Verhalten vollständig animiert und der Text lesbar. Geben wir dem Zuschauer noch, sagen wir, zwei Sekunden zum Lesen des Titels, sollte der Untertitel etwa bei Sekunde 6:10 losgehen. Daher verschieben wir auch dieses Element entsprechend weit nach rechts. Etwa bei Sekunde 7:20 ist auch die Animation des Untertitels abgeschlossen. Lassen wir beide Elemente nun noch für weitere vier Sekunden stehen, so sollte die Endanimation etwa bei Sekunde 11:20 beginnen.

Zum »Rausanimieren« der Texte nehmen wir das jeweilige Verhalten Vaporize für den Haupttitel und Materialize für den Untertitel aus der Bibliothek, und zwar mit dem Zusatz Out, und ziehen diese zunächst per Drag & Drop auf die jeweiligen Titel. Zur Anpassung des Timings greifen wir nun das Verhalten direkt und ziehen es an die gewünschte Position in der Timeline. Da es sich hierbei um das Ende der Animation handelt, können beide Titel gleichzeitig herausanimiert werden.

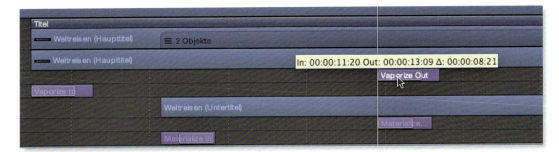

▲ Abbildung 12.58
Verhalten lassen sich in der Timeline frei ziehen, um das Timing einer Animation zu optimieren.

Textelemente kürzen | Schauen Sie sich die Animation jetzt an, so werden Sie feststellen, dass nach dem Ende des letzten Verhaltens der Text plötzlich wieder erscheint, was natürlich sehr unschön ist. Aus diesem Grund kürzen wir die beiden Textelemente genau auf dem letzten Frame des jeweiligen Verhaltens.

Positionieren Sie hierfür den Playhead der Timeline auf dem entsprechenden Frame, aktivieren Sie das Element, und wählen Sie aus dem Menü BEARBEITEN • TEILEN. Das Element wird an dieser Stelle durchgeschnitten, und ein zweites Element mit dem Zusatz 1 erscheint in der Timeline. Dieses können wir nun aktivieren und via ←-Taste löschen.

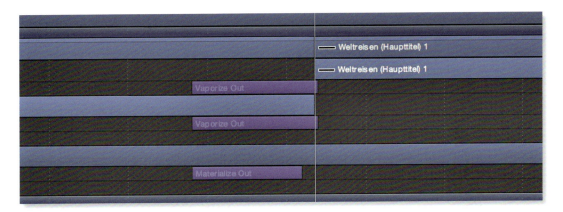

Kompositionsdauer anpassen | In unserer Animation ist der Text jetzt bereits nach knapp 13 Sekunden wieder verschwunden, unsere gesamte Komposition ist allerdings auf 30 Sekunden angelegt. Wir können jetzt natürlich noch weitere, atemberaubende Spezialeffekte für die restlichen 17 Sekunden gestalten, wir können aber auch einfach sagen, die Titelanimation endet früher. Hierfür klicken wir zunächst einmal auf die kleine Uhr des Dashboards, sodass die Zeiger auf Viertel nach zwölf stehen

▲ Abbildung 12.59
Zunächst wird die Ebene in der Timeline geteilt, bevor man den überflüssigen Teil wegschmeißt.

Dauer festlegen

Wenn Sie die Dauer Ihrer Komposition nicht so genau im Dashboard festlegen können, können Sie auch den Out-Punkt der Timeline mit der Maus an eine beliebige Position ziehen.

Abbildung 12.60 ▶
Steht die Uhr auf Viertel nach zwölf, so zeigt das Dashboard die Dauer an. Diesen Wert können Sie manuell durch einen Doppelklick auf den Timecode ändern.

Vorinstallierte Loops

Wenn Sie nicht über eine eigene Soundeffekte-Bibliothek verfügen, aber Final Cut Pro 7, X, Soundtrack oder Garage Band haben, so finden Sie einige Effekte und Sound-Loops vorinstalliert auf Ihrer Festplatte. Diese liegen standardmäßig unter LIBRARY/AUDIO/APPLE LOOPS/APPLE FINAL CUT PRO SOUND EFFECTS.

▼ **Abbildung 12.61**
Zum Einfügen einer Atmo reicht das Drag & Drop der Datei in die Timeline, wo das Element auch noch zeitlich verschoben werden kann.

(Dauer). Anschließend führen wir einen Doppelklick auf den Timecode des Dashboards aus, geben hier den Wert 1500 ein und bestätigen mit der Eingabetaste. Die Dauer unserer Komposition wird damit auf genau 15 Sekunden festgelegt, das heißt, der Out-Punkt der Timeline wird entsprechend verschoben.

12.4.11 Soundeffekte

Eine Animation wird durch entsprechende Toneffekte erst wirklich reizvoll. Daher sollten Sie auch der Soundbearbeitung noch ein wenig Aufmerksamkeit widmen. Motion bietet zwar nicht wirklich viele Möglichkeiten einer guten Mischung, für das Anlegen und Lauter- und Leiserregeln von Tonelementen reicht es jedoch gerade noch.

Toneffekt hinzufügen | Um Tonobjekte framegenau anzulegen, wechseln Sie zunächst in den Audiobereich der Timeline, indem Sie auf den kleinen Lautsprecher rechts unten unter der Timeline klicken. Es öffnet sich eine neue (Ton-)Timeline, die wahrscheinlich bei Ihnen zunächst leer ist. Wechseln Sie zurück auf die Dateiübersicht des Inspektors, und suchen Sie hier nach dem gewünschten Toneffekt.

Ein Toneffekt, den man gut für den Hintergrund (Bäume, Wolken ...) verwenden kann, ist der Schnipsel »Country Day.caf« aus dem Ordner AMBIENTE. Ziehen Sie diesen einfach per Drag & Drop in die Timeline, um Ihrer Komposition eine schöne Atmo zu geben. Ab ca. 12 Sekunden wird die Atmo lauter, weil hier verschiedene Vögel einsetzen. Sollten Sie eine lautere Atmo bevorzugen, ziehen Sie das Tonelement in der Timeline einfach nach vorne.

Als Nächstes braucht natürlich auch das Flugzeug einen entsprechenden Sound. Hierfür wählen wir die Datei »Airplane Jet Figher Pass 3« aus dem Ordner TRANSPORTATION. Auch diese ziehen wir per Drag & Drop in die Audio-Timeline und legen das Element so an, dass es zeitlich mit dem vorbeifliegenden Flugzeug übereinstimmt. Ist das Flugzeug durch das Bild geflogen, schneiden wir den Tonschnipsel ab.

Als Letztes geben wir noch dem Titel einen Effekt für das Raus- und Reinfliegen, und zwar finden Sie einige Whooshes, Wipes und Swifts im Ordner Motions & Transitions. Aus Mangel an Alternativen entscheiden wir uns hier für den »Title Whip« und legen diesen so an, dass die Bewegung mit dem Ton übereinstimmt. Der »Title Whip« ist eine Surround-Datei mit sechs Spuren, weswegen auch sechs Elemente in der Timeline erscheinen. Wenn Sie nicht in 5.1-Surround produzieren, können Sie fünf der sechs Elemente wieder löschen.

Da wir ja zwei hereinfliegende Titel haben, brauchen wir auch zwei Toneffekte. Um diesen Abschnitt nicht ins Endlose fortzuführen, duplizieren wir einfach die bestehende Datei »Title Whip« mit dem Tastenkürzel [cmd]+[D] in der Timeline und ziehen diese per Drag & Drop auch unter die Animation des Untertitels. Wenn Sie möchten, können Sie natürlich auch noch Musik unter den Titel legen, aber darauf verzichten wir jetzt mal.

> **Sammelleidenschaft**
>
> Machen Sie sich ruhig die Mühe, Toneffekte, Atmos und Geräusche zu sammeln, denn man weiß nie so genau, wann man einen Sound dringend benötigt. Wir exportieren vor dem Löschen unserer Projekte meist noch fein säuberlich alle Atmos als eigenständige AIFF-Dateien in unsere Tonbibliothek, die dadurch wächst und gedeiht.

▲ **Abbildung 12.62**
Jedes Element der Komposition erhält einen eigenen Soundeffekt aus der Apple-Bibliothek.

Tonmischung | Motion ist sicherlich einiges, aber kein Soundmixer. Nichtsdestotrotz haben Sie natürlich die Möglichkeit, Töne in der Lautstärke anzupassen, zu blenden oder die Balance zu regeln. Hierfür stehen Ihnen zwei Werkzeuge zur Verfügung: der Audiobereich hinter der Ebenenliste und der Keyframe-Editor der Timeline.

Zur generellen Mischung, das heißt zum Lauter- und Leiserstellen der einzelnen Tonspuren (und der Gesamtmischung) wechseln Sie in die Audioliste, indem Sie auf die Schaltfläche Audio klicken (neben Ebenen und Medien im Ebenenbereich).

Hier sind alle Audioelemente mit der aktuellen Lautstärke, der Balance und sonstigen Optionen zu finden. Außerdem gibt es hier noch einen Masterregler im unteren Bereich, um die Gesamtmischung lauter oder leiser zu gestalten.

Abbildung 12.63 ►
Mit dem Audiomischer lassen sich die einzelnen Elemente lauter und leiser regeln.

Nachfolgende Funktionen sind im Audiomischer zu finden:

❶ Häkchen: Mit dem Häkchen schalten Sie eine Spur aus oder ein.

❷ Regler: Ziehen Sie den Regler rauf oder runter, um die betreffende Spur lauter oder leiser zu gestalten.

❸ Kanal: Über das Dropdown-Menü bestimmen Sie, über welchen Kanal das Audio ausgegeben werden soll. Zur Auswahl stehen hier STEREO, LINKS und RECHTS sowie die Surround-Kanäle MITTE, LFE, LINKS SURROUND und RECHTS SURROUND.

❹ Balance: Über den Balanceregler bestimmen Sie, um wie viel Prozent der Ton auf einen Kanal gelegt werden soll.

❺ Lautsprecher: Schaltet den Ton aus (Mute).

❻ Kopfhörer: Schaltet alle anderen Kanäle aus.

❼ Schloss: Sperrt Audiospuren.

❽ Link: Verknüpft Audio- und Videospuren (bei A/V-Clips).

Extern abmischen

Motion kann zwar Töne rudimentär mischen, allerdings eignet es sich keinesfalls für eine ausgeklügelte Tonmischung. Hier sollten Sie entweder zu Final Cut Pro oder zu einem Tonprogramm wie Soundtrack (gibt es leider nicht mehr) oder zu Logic greifen.

Zur Audiomischung reicht es, dass Sie den Abspielvorgang starten, und während das Video in der Vorschau läuft, können Sie über den Lautstärkeregler die Lautstärke anpassen. Je nach Komplexität Ihrer Animation kann die Wiedergabe natürlich ruckeln, was die exakte Audiomischung natürlich nicht einfacher macht. Daher bietet es sich an, vor der Mischung den Wiedergabebereich einmal zu rendern ([cmd]+[R]).

Audio-Keyframes | Neben der Mischung der einzelnen Tonspuren können Sie diese natürlich auch ein-, aus- oder zwischenblenden. Hierfür eignet sich der Keyframe-Editor der Timeline, den Sie öffnen, indem Sie zunächst den Audioteil der Timeline aktivieren ⑪ und anschließend den Keyframe-Editor ⑫. Hier sehen Sie zunächst wahrscheinlich nichts, da dieser Bereich standardmäßig auf »Animiert« gestellt ist (Sie haben ja noch gar nichts animiert) und wohl auch noch kein Tonelement ausgewählt wurde. Dies können Sie ändern, indem Sie aus dem kleinen Dropdown-Menü mit der Waveform ⑩ die zu bearbeitende Spur wählen und die Keyframe-Anzeige ⑨ auf ALLE stellen.

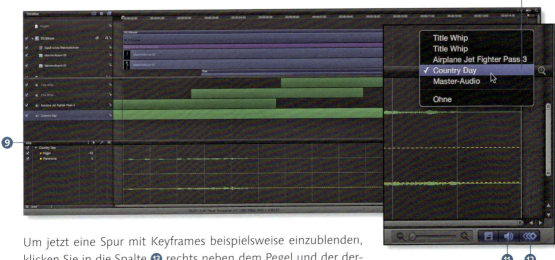

Um jetzt eine Spur mit Keyframes beispielsweise einzublenden, klicken Sie in die Spalte ⑬ rechts neben dem Pegel und der derzeitigen Lautstärke. Es erscheint eine Schaltfläche mit einem Plus-Zeichen. Indem Sie mit der Maus auf diese Schaltfläche klicken, wird der Spur an der jeweiligen Position des Playheads ein Keyframe hinzugefügt. Bewegen Sie den Playhead nun um die gewünschte Dauer der Blende weiter in der Timeline, und setzen Sie dort erneut einen Keyframe über das Plus-Zeichen. Mit der Maus können Sie jetzt die Keyframes greifen und nach unten (oder oben) ziehen, um eine Ein- oder Ausblendung zu generieren.

▲ **Abbildung 12.64**
Öffnen Sie den Keyframe-Editor, und wählen Sie dort sowohl die zu bearbeitende Spur als auch die Funktion ALLE für die Darstellung aller Parameter aus.

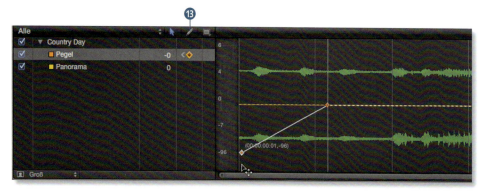

Abbildung 12.65 ▲
Nachdem Sie die Keyframes an den betreffenden Stellen gesetzt haben, können Sie diese mit der Maus bewegen.

Auf diese Art und Weise lassen sich Blenden am Anfang und Ende eines Elements generieren, oder eine Zwischenblende, wenn ein anderer Ton angespielt wird. Auch die Balance (über den Bereich PANORAMA) kann mit Keyframes von links nach rechts oder andersherum geregelt werden, um einer Animation die gebührende Soundbewegung, beispielsweise vom rechten auf den linken Kanal, zu geben.

12.4.12 Ausgabe

Ist Ihre Komposition fertig animiert, so möchten Sie diese sicherlich auch ausgeben. Ebenso wie bei Final Cut Pro X finden Sie auch in Motion das Menü BEREITSTELLEN, mit dem Sie Ihren Film für unterschiedliche Plattformen oder für die Weiterverarbeitung exportieren können. Da man aus Motion heraus eher selten einen Film direkt an YouTube übergibt oder auf DVD brennt, sondern Motion-Projekte eher zur Weiterverarbeitung an Final Cut Pro übergibt, überspringen wir alle Exportoptionen und fokussieren uns ausschließlich auf die QuickTime-Ausgabe im nativen Format oder in ProRes (Sie finden alle weiteren Exportoptionen in Kapitel 13, »Compressor 4«).

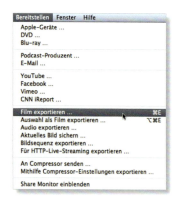

▲ **Abbildung 12.66**
Über das BEREITSTELLEN-Menü findet der Anwender eine Vielzahl von Distributionsformaten, die man in Motion allerdings eher selten anwendet.

Eigentlich sollte man eine Motion-Komposition, die man ja ohnehin meist noch weiter verarbeitet, nur in zwei Formaten ausgeben: in dem Format, in dem die Komposition angelegt ist (meist das Schnittformat, beispielsweise XDCAM oder DVCPRO), oder in ProRes – entweder 422 HQ oder 4444, falls man einen Alphakanal (Transparenz) benötigt.

Nehmen wir einmal an, Sie haben einen Titel für eine Sendung oder einen Videofilm generiert, den Sie in XDCAM EX gefilmt und geschnitten haben. Wählen Sie für diese Ausgabe aus dem Menü BEREITSTELLEN • FILM EXPORTIEREN ([cmd]+[E]). Es erscheint ein Dialogfenster, in dem Sie das Format für das Rendering festlegen können. Wählen Sie hier aus dem Dropdown-Menü EXPORTIEREN • XDCAM EX (35 MBPS) statt AKTUELLE EINSTELLUNGEN. Anschließend bestimmen Sie, was nach dem Export geschehen soll (Öffnen mit QuickTime ist zum Prüfen des Renderings keine schlechte Variante) und ob Sie Video und Audio oder nur Video (oder Audio) exportieren möchten. Die Bereiche RENDERN, ERWEITERT und ÜBERSICHT brauchen wir in diesem Fall nicht, sondern wechseln über die Schaltfläche NÄCHSTE SEITE auf den Speichern-Dialog, wo wir das Ziel der Datei und deren Namen spezifizieren.

◄ Abbildung 12.67
Zum Export als XDCAM wählt man diese Option aus den Voreinstellungen des Export-Dialogs.

Das Rendern startet nach dem Klick auf die Schaltfläche SICHERN. Während der Berechnung zeigt Motion den aktuellen Status in Form von Prozenten und eines Statusbalkens an und berechnet auch die voraussichtliche Zeit bis zum Finalisieren des Rendervorgangs.

◄ Abbildung 12.68
Während des Renderings zeigt Motion einen Statusbalken, die abgeschlossenen Prozentwerte und die restliche verbleibende Zeit an.

Komposition mit Alphakanal | Sollten Sie eine Komposition erstellt haben, die einen Alphakanal, also eine Transparenz enthält, wo später Videomaterial erscheinen soll, zum Beispiel bei Titeln oder animierten Logos, so sollten Sie ein Format wählen, das auch den Alphakanal unterstützt, denn »normale« Videoformate wie XDCAM, DVCPRO oder AVC kenne keine Transparenz. Zur Auswahl stehen hier eigentlich nur der uralte QuickTime-Codec Animation oder das neuere ProRes 4444. Da wir ja auf dem Mac bleiben wollen, können wir in ProRes 4444 exportieren. Wenn Sie mit dem Clip zum PC oder zu einem anderen Schnittprogramm, beispielsweise dem Media Composer von Avid wechseln wollen, sollten Sie unbedingt den Animation-Codec wählen.

> **Wiedergabebereich rendern**
>
> Sollten Sie statt der gesamten Timeline nur den Wiedergabebereich rendern wollen, raten wir Ihnen an dieser Stelle dringend, diesen etwas größer zu machen, als Sie ihn tatsächlich brauchen. Man weiß nie, ob man beim Schnitt nicht noch ein paar Frames mehr benötigt, und nichts ist nerviger, als eine Komposition neu berechnen zu müssen, weil einem ein Frame fehlt.

Zum Export in ProRes wählen wir wieder BEREITSTELLEN • FILM EXPORTIEREN und aus den Einstellungen das Format APPLE PRORES 4444. Wichtig ist, dass Sie aus dem Bereich RENDERN aus dem Dropdown-Menü FARBE die Option FARBE + ALPHA wählen, da ohne Alpha zwar in Farbe exportiert wird, allerdings die Transparenz flöten geht, da diese ja im Alphakanal integriert ist.

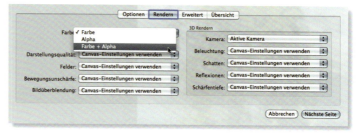

▲ Abbildung 12.69
Zum Erhalt der Transparenz ist es zwingend erforderlich, dass Sie auch den Alphakanal mit exportieren.

Ist der Export erfolgt, können Sie Ihre Komposition in Final Cut Pro (auch in der Version 7) öffnen und in die dortige Timeline kopieren; sollten Transparenzen vorliegen, können Sie das Bild in der unteren Spur durchschimmern sehen.

12.5 Zweites Projekt: Stabilisierung

Wie Sie ja in den umfangreichen Final-Cut-Pro-Abschnitten dieses Buches gelernt haben, kann man über die Videooptionen in Final Cut Pro X einen Clip stabilisieren. Eine ähnliche Technologie finden Sie auch in Motion. Basierend auf diesem Stabilisierer gibt es zusätzlich auch einen Tracker, den wir Ihnen im nächsten Projekt vorstellen.

Eine der Technologien, die beim so genannten Upgrade von Final Cut Pro 7 auf X bzw. von Motion 4 auf Motion 5 leider weggefallen sind, ist das Senden von Clips aus der Final-Cut-Pro-Timeline an Motion und die damit einhergehende Aktualisierung der Timeline in umgekehrter Workflow-Richtung. Doch wir wollen Ihnen den Mund nicht mit Techniken wässrig machen, die in der Form nicht mehr funktionieren. Stattdessen schauen wir uns an, wie Sie ein Projekt aus einer Datei generieren.

Projekt aus Datei | Öffnen Sie hierfür Motion (oder legen Sie ein neues Projekt an), und wählen Sie aus der PROJEKTÜBERSICHT die Schaltfläche PROJEKT AUS DATEI ERSTELLEN ❶.

◀ **Abbildung 12.70**
Mit Projekt aus Datei erstellen spart man sich einige Arbeitsschritte, da Motion sowohl Format als auch Dauer automatisch einstellt.

Navigieren Sie anschließend zu der Videodatei, die Sie stabilisieren möchten, und betätigen Sie die Schaltfläche Als Projekt importieren. Motion legt daraufhin ein Projekt mit den exakten Formateinstellungen Ihres Ursprungsclips an und definiert die Länge des Projekts auch auf die Dauer der Datei. Sie sparen über den Weg »Projekt aus Datei« einige Arbeitsschritte. Vergessen Sie auch nicht, das Projekt nach dem Anlegen zu speichern – dies macht Motion nicht von alleine.

Projekte selbst anlegen

Wenn Sie lieber selbst Projekte anlegen, als sie von Motion auf Basis einer Datei definieren zu lassen, achten Sie auf die korrekte Wahl des Formats, denn unterschiedliche HD-Formate haben auch verschiedene Bildgrößen, zum Beispiel 1.440 × 1.080 statt 1.920 × 1.080.

◀ **Abbildung 12.71**
Erscheint Ihr Material in Motion, klappen Sie zunächst die erste Gruppe auf, da man das Stabilisierungsverhalten ausschließlich auf Einzelelementen anwenden kann.

12.5 Zweites Projekt: Stabilisierung | **553**

Ist Motion mit dem Videomaterial geöffnet, klappen Sie zunächst die Ebenenliste auf, indem Sie sie entweder aufziehen oder über die Schaltfläche Projekt öffnen. In der Liste sehen Sie nun eine erste Gruppe, in der Ihr Videoelement enthalten ist. Bei der Stabilisierung ist es notwendig, diese Gruppe aufzuklappen und den Stabilisierer direkt auf dem Videomaterial anzuwenden; auf einer Gruppe funktioniert dieser nicht.

Stabilisierer hinzufügen | Aktivieren Sie jetzt Ihr Videomaterial mit einem Mausklick, und wählen Sie aus dem Dropdown-Fenster Verhalten hinzufügen • Motion Tracking • Stabilisieren. Das Verhalten erscheint als Element unterhalb Ihres Videoelements in der Ebenenliste. Aktivieren Sie dieses Verhalten wieder durch einen Mausklick, und wechseln Sie von der Dateiübersicht auf die Informationen, oder rufen Sie die Schwebepalette auf.

Abbildung 12.72 ▶
Aktivieren Sie das Videoelement, und wählen Sie aus dem Dropdown-Fenster Verhalten hinzufügen • Motion Tracking • Stabilisieren.

Clip analysieren | In den Informationen (oder in der Schwebepalette) im Bereich Verhalten sehen Sie nun die Einstellungsmöglichkeiten des Stabilisierers. Bevor wir mit der Stabilisierung beginnen können, müssen wir den Clip zunächst analysieren. Dazu klicken Sie auf die entsprechende Schaltfläche ❶. Je nach Dauer und Format Ihres Clips und der Geschwindigkeit Ihres Rechners kann dieser Vorgang zwischen einigen Sekunden und mehreren Minuten in Anspruch nehmen. Den Fortschritt der Analyse sehen Sie hierbei in einem eigenen Fenster über dem Videomaterial. Bei der Analyse untersucht Motion das Material eigenständig und versucht zu erkennen, wo die störenden Bewegungen sind.

Diese so genannte Optical-Flow-Technologie hat zwei Vorteile: Zum einen bleiben die Grundbewegungen Ihres Materials weitestgehend erhalten, beispielsweise bei einem Schwenk oder einer Mitfahrt/einem Mitflug. Zum anderen brauchen Sie nicht, wie bei anderen Programmen, eigene Tracking-Punkte zu setzen, die dann verloren gehen könnten. Man muss hierzu auch noch sagen, dass Motion sehr akkurat rechnet und in fast allen Fällen eine saubere Analyse durchführt.

◄ **Abbildung 12.73**
Klicken Sie auf die Schaltfläche ANALYSIEREN, um die Bewegungen des Videos von Motion untersuchen zu lassen.

Ist die Analyse durchgeführt, schlägt Ihnen Motion gleich eine Stabilisierung auf Basis der Position (das sind X- und Y-Achse) vor, das heißt, Sie können das Material jetzt direkt abspielen.

Drehung ausgleichen | Nun ist es bei Verwackelungen, speziell bei Hand- und Schulterkamera, häufig so, dass man nicht nur auf der X- und Y-Achse wackelt, also nach oben und unten oder nach rechts und links, sondern die Kamera auch leicht gedreht wird. Indem Sie auf die Schaltfläche ROTATION ❷ klicken, wird auch diese Bewegung stabilisiert. Sollte sich die Kamera auch noch leicht nach vorne und hinten bewegen, das heißt, sollte das Bild kleiner und größer werden, können Sie auch noch die Skalierung ❸ zur Stabilisierung hinzuschalten.

Zwangspause
Lassen Sie Motion während der Analyse bloß in Ruhe. Anders als beim Rendern oder beim Export, wo Sie Motion problemlos verlassen können, um sich beispielsweise dem Internet oder Ihren E-Mails zuzuwenden, bricht Motion den Analysevorgang sofort ab, wenn Sie in ein anderes Programm wechseln.

◄ **Abbildung 12.74**
Klicken Sie auch die Schaltflächen ROTATION und SKALIEREN an, um alle Achsen für die Stabilisierung zu aktivieren.

12.6 Zweites Projekt: Stabilisierung | **555**

Probleme beim Stabilisieren

Besonders bei Fahrten, also Aufnahmen aus einem Auto, tut Motion sich natürlich schwer, weil es hier keine Motive oder Bereiche gibt, auf die sich der Stabilisierer konzentrieren kann. Sollte sich also Ihr Bild bei der Stabilisierung extrem verkleinern oder sollte es zu merkwürdigem Verhalten kommen, wählen Sie auf jeden Fall die Option für die gleichmäßige Stabilisierung.

Ränder entfernen | Spielen Sie das Material nun aus der Timeline ab, sehen Sie wahrscheinlich einen schwarzen Rand, und zwar immer dort, wo Motion das Bild verschiebt, um es zu stabilisieren. In diesem Fall muss das Video leicht skaliert, also vergrößert werden, damit der schwarze Hintergrund nicht mehr zu sehen ist. Diese Skalierung kann automatisch erfolgen, indem Sie aus den Verhaltenseinstellungen die Funktion RAHMEN • ZOOM 1 wählen. Motion skaliert das Bild daraufhin auf die optimale Größe, um den Hintergrund zu verdecken.

Natürlichere Stabilisierung | Nicht in allen Fällen ist eine »harte« Stabilisierung das Optimum für ein Bild. Speziell bei dynamischen Aufnahmen, zum Beispiel aus einem Auto oder einem Heli, ist ein bisschen »Restwackeln« immer angebracht, damit das Bild nicht zu statisch und artifiziell aussieht. Auch wenn Sie Aufnahmen aus einem Boot bei Wellengang haben, sollten Sie noch immer ein bisschen Bewegung beibehalten.

Anstatt das Bild komplett zu stabilisieren, können Sie die METHODE 2 auf GLEICHMÄSSIG stellen. Es erscheinen drei Schieberegler für die drei Stabilisierungsachsen, die Sie entsprechend der gewünschten Bewegung stärker oder weniger stark regulieren können. Möchten Sie zum Beispiel etwas Bewegung auf der X- und Y-Achse beibehalten, ziehen Sie den Regler für die GLEICHMÄSSIGE ROTATION weiter nach links; wenn Sie die Rotation mehr eindämmen möchten, ziehen Sie diesen Regler nach rechts (also mehr Stabilisierung).

▼ **Abbildung 12.75**
Links: Um den schwarzen Hintergrund nicht mehr zu sehen, wählen Sie die Funktion RAHMEN • ZOOM, woraufhin das Bild optimal skaliert wird.

▼ **Abbildung 12.76**
Rechts: Um die Stabilisierung etwas weicher zu gestalten, können Sie die Regler in der Methode GLEICHMÄSSIG betätigen.

12.6 Drittes Projekt: Tracking

Nach ganz ähnlichem Prinzip wie die Stabilisierung funktioniert auch das Tracking in Motion, das heißt das Verfolgen von Bildelementen innerhalb des Videomaterials. Wozu man das braucht, fragen Sie jetzt berechtigterweise. Nun, Tracking kann sowohl zur Bildkorrektur als auch zum Aufpimpen von Videoaufnahmen genutzt werden. Ein typisches Beispiel ist das Verpixeln von Gesichtern oder Autokennzeichen in TV-Reportagen und Dokus. Anstatt einen Effekt Bild für Bild zu animieren, kann ein Tracking-Pfad genutzt werden, um eine Verpixelung automatisch immer auf dem Gesicht oder dem Kennzeichen zu halten. Beliebte Spezialeffekte, bei denen Tracking genutzt wird, sind zum Beispiel LensFlares (Lichteffekte) auf Autoscheinwerfern oder anderen Lichtquellen.

In unserem Beispiel werden wir anhand eines Partikelemitters von Motion das Licht eines Bootes tracken und dadurch interessanter machen. Sie finden das benutzte Material auf der beiliegenden DVD und können den Effekt entsprechend nachbauen.

Clip »Boot« im Ordner MOTION

Projekt aus Datei | Beginnen wir zunächst einmal damit, ein neues Projekt anzulegen und das Material zu importieren. Wir gehen hierbei genauso vor wie auch bei der Stabilisierung, nämlich indem wir ein Projekt auf Basis einer Datei erstellen. Navigieren Sie hierfür auf Ihrer Festplatte zu der Videodatei »Boot.mov« (diese sollten Sie vor Beginn des Projekts von der DVD auf Ihren Rechner kopieren). Schauen Sie sich den Clip an, und beachten Sie hierbei die rote Leuchte auf dem Boot; dieses Bildelement werden wir jetzt verfolgen.

▲ Abbildung 12.77
Die rote Laterne auf dem Boot wird das Ziel unseres Trackings werden.

▲ Abbildung 12.78
Die Motion-Bibliothek bietet zahlreiche Partikelemitter

Emitter hinzufügen | Bevor wir uns allerdings an das Tracking machen, wenden wir zunächst einen Partikelemitter aus der Motion-Bibliothek an. Emitter sind Partikelsysteme, die Apple in großer Anzahl mitliefert und mit denen man interessante Effekte generieren kann. So finden sich hier Emitter für Feuer, Regen, Nebel, digitalen Krimskrams, Lichter und so weiter.

Jeder Emitter kann frei in einem Projekt angewandt und über die zahlreichen Emitter-Einstellungen nach Wunsch angepasst werden. Für unser Beispiel nehmen wir den Emitter Flare aus der Bibliothek und ziehen diesen in das Vorschaufenster. Achten Sie darauf, dass sich der Playhead am Anfang Ihres Projekts befindet, da der Emitter sonst irgendwo in der Mitte startet. Positionieren Sie den Emitter ungefähr mittig auf der roten Leuchte des Bootes.

▲ **Abbildung 12.79**
Ziehen Sie den Emitter auf die Mitte der Leuchte.

Emitter anpassen | Der Emitter ist in seiner jetzigen Form zugegebenermaßen etwas groß für das kleine Boot, daher legen wir zunächst Hand an das Partikelsystem. Wählen Sie den Emitter Flare ❺ aus der Ebenenliste (den mit dem Häkchen, nicht den ausgegrauten), und wechseln Sie im Informationsfenster auf den Reiter Emitter ❶. Hier sehen Sie alle Einstellungen, die mit dem Emitter zu tun haben. Ändern Sie zunächst die Geschwindigkeit ❷ auf 0, damit der Emitter aufhört zu zittern. Wenn Sie möchten, können Sie auch die Farbe ❸ des Emitters ändern, zum Beispiel auf ein helles Rot, da die Leuchte ja auch rot ist. Anschließend können Sie über die Eigenschaften auch die Skalierung ❹ des Emitters ändern, um diesen der Größe der Leuchte anzupassen. Ziehen Sie den Emitter notfalls noch etwas genauer auf die Leuchte, nachdem Sie ihn verkleinert haben.

Emitter tracken | Jetzt wird es Zeit, das Tracking zu beginnen. Das Tracking wird nicht auf dem Videomaterial angewandt, sondern auf dem Flare, da wir diesen ja animieren wollen. Das Boot ist jedoch unsere Quelle, die wir in den Tracking-Einstellungen wählen. Aktivieren Sie hierfür den Flare in der Ebenenliste, und wählen Sie aus der Schaltfläche VERHALTEN HINZUFÜGEN • MOTION TRACKING • BEWEGUNG ANPASSEN. Im Informationsfenster VERHALTEN des Flares erscheinen die Einstellungen für den Tracker.

Hier können Sie auch schon erkennen, dass das Tracking als Quelle das darunter liegende Bildmaterial nimmt. Als weitere Einstellungen haben wir die POSITION ❼ und die Transformation AN QUELLE ANHÄNGEN ❻, die als Standard vorgegeben sind. Diese können wir auch zunächst unverändert lassen. Auf dem Flare erscheint ein Kreis mit einem roten Kreuz; das ist unser Tracker. Ziehen Sie diesen mit der Maus auf eine innere Kante der Bootsleuchte. Versuchen Sie hierbei, Pixel zu finden, die sich möglichst kontrastreich von den Pixeln in der Umgebung abheben. In den Verhaltenseinstellungen finden Sie außerdem eine Vergrößerung des Tracking-Bereichs; hier können Sie den Tracker noch feinjustieren.

Sind alle Tracking-Einstellungen vorgenommen, können wir den Tracker-Pfad analysieren lassen (und dabei hoffen, dass der Tracking-Punkt nicht verloren geht, was leider sehr häufig vorkommt, zum Beispiel wenn der Tracking-Punkt überdeckt wird, sich zu stark bewegt oder aus dem Bild verschwindet; in unserem Fall ist das Bildmaterial jedoch sehr einfach und sollte daher problemlos zu tracken sein). Klicken Sie auf die Schaltfläche ANALYSIEREN ❺, um das Tracking zu starten. Achten Sie auch hier wieder darauf, dass sich Ihr Playhead am Anfang des Projekts befindet.

▲ **Abbildung 12.80**
Ändern Sie die Geschwindigkeit des Emitters und dessen Farbe, um ihn mehr an das Original-Footage anzupassen.

Funktionsweise des Trackers

Im Gegensatz zu den meisten anderen, vergleichbaren Programmen wird der Tracker von Motion auf dem zu bewegenden Element angewandt, nicht auf dem zu trackenden Motiv. Bei Adobe After Effects beispielsweise wendet man das Tracking auf dem Originalmaterial an und kopiert die so entstehenden Positionsdaten auf das zu animierende Objekt.

▲ **Abbildung 12.81**
Passen Sie den Tracking-Punkt so an, dass er auf einem möglichst kontrastreichen Bereich der Leuchte liegt.

Während des Trackings, das je nach Rechnergeschwindigkeit und Ursprungsmaterial durchaus ein paar Minuten in Anspruch nehmen kann, sehen Sie wie Motion den Bewegungspfad quasi malt. Hierbei handelt es sich um die Position des Flares auf jedem einzelnen Bild. Ist das Tracking abgeschlossen, können Sie den vollständigen Tracking-Pfad sehen und das Material abspielen. Der Flare sollte über die gesamte Dauer des Clips/des Projekts wie festgenagelt auf der Leuchte des Bootes liegen.

▲ **Abbildung 12.82**
Nach Abschluss der Analyse sollten Sie einen sauberen Tracking-Pfad sehen können.

Verhalten erneut anwenden

Sollte der Tracking-Punkt einmal verloren gehen, weil das Bild zu sehr wackelt oder weil ein anderes Objekt die Sicht versperrt, können Sie das Verhalten auch ein zweites Mal auf einem Element anwenden und das Tracking von dort aus weiterführen.

Tracker nachjustieren | Sollte der Flare nicht ganz genau auf der Leuchte liegen, können Sie ihn natürlich noch nachjustieren. Hierfür ist es aber wichtig, dass Sie aus den Tracking-Einstellungen zunächst die Option TRANSFORMIEREN – QUELLE NACHAHMEN wählen, denn erst dadurch geben Sie den Bewegungspfad für die Weiterbearbeitung frei.

Realistischere Wirkung | Um die ganze Komposition noch ein bisschen natürlicher aussehen zu lassen, können Sie noch weitere Arbeiten durchführen, zum Beispiel die Füllmethode des Flares auf PUNKTUELLES LICHT setzen und die Deckkraft auf etwa 75 % regulieren.

◄ **Abbildung 12.83**
Um den Effekt wirklich realistisch aussehen zu lassen, kopieren Sie den Flare, und legen Sie ihn auf die Wasseroberfläche als Spiegelung.

Noch ein bisschen spektakulärer wird der Effekt, wenn Sie den Flare noch im Wasser spiegeln lassen. Aktivieren Sie den Flare aus der Ebenenliste, und machen Sie über das Tastenkürzel `cmd`+`D` ein Duplikat davon. Ziehen Sie die Kopie des Flares nun unter das Boot. Um dem Ganzen einen wirklichen Spiegelungseffekt zu verpassen, ändern Sie die Skalierungsgröße nur für die Y-Achse auf ca. 12 % (der Flare wird dadurch gestaucht), verringern Sie die Deckkraft auf 50 %, und legen Sie noch einen Gauß'schen Blur mit einem Radius von 25 % auf den Flare. Voilà! War doch gar nicht so schwer, oder?

12.7 Viertes Projekt: 3D-Generator für Final Cut Pro X

Nachdem wir nun drei mehr oder minder einfache Projekte durchgeführt haben, wird es Zeit, ein bisschen tiefer in Motion einzusteigen. Im nachfolgenden Projekt erstellen wir nicht nur eine Animation im 3D-Raum, sondern bereiten diese auch so vor, dass man das Objekt in Final Cut Pro ändern und animieren kann. Ziel dieser Übung ist es, eine Art Kompass mit vier Himmelsrichtungen zu bauen und diese über die Y-Achse dreh- und animierbar zu machen. Außerdem soll der Cutter in Final Cut Pro X selbst entscheiden können, welche Texte in den vier Richtungen stehen. Bei diesem Projekt benötigen wir kein Fremdmaterial; alle Elemente der Animation werden ausschließlich in Motion generiert und lassen sich daher einfach nachbauen. Also, viel Spaß!

12.7.1 Generator-Projekt anlegen

Beginnen wir zunächst damit, ein Projekt anzulegen, indem wir Motion öffnen oder über `cmd`+`N` ein neues Projekt erstellen.

▲ **Abbildung 12.84**
Legen Sie zunächst einen Final Cut-Generator in HD mit einer Dauer von einer Minute an.

Aus der Projektübersicht wählen wir die Vorlage FINAL CUT-GENERATOR und ändern die Voreinstellungen rechts (falls nötig) auf BROADCAST HD 1080 25FPS bei einer Bildrate von 25 FPS und einer Dauer von einer Minute (00:01:00:00).

Beginnen wir damit, den Generator zunächst zu sichern. Im Gegensatz zu »normalen« Projekten sichert man einen Generator nicht als Datei an einem beliebigen Platz auf der Festplatte, sondern ein Generator wird (wie auch die »alten« Mastervorlagen) in einer Kategorie und in einem Thema als Vorlage von Final Cut Pro X gespeichert.

Abbildung 12.85 ▶
Generatoren werden nicht als Projekte, sondern als Vorlagen für Final Cut Pro X gesichert.

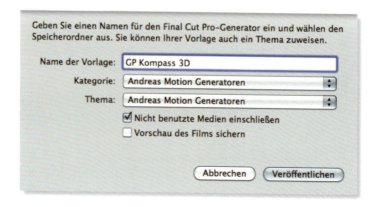

562 | 12 Motion 5

Geben Sie Ihrem neuen Generator einen Namen, legen Sie eine Kategorie für Final Cut Pro X an (oder wählen Sie eine bestehende), und suchen Sie sich ein Thema aus. Klicken Sie anschließend auf die Schaltfläche VERÖFFENTLICHEN, um den Generator zu sichern. In Final Cut Pro X taucht der Generator schon jetzt auf, allerdings ist dieser natürlich noch nicht wirklich zu gebrauchen – schließlich ist das Projekt noch leer.

12.7.2 Erstes Textelement

Wir starten unseren Generator mit einem einfachen Text. Wählen Sie hierfür das Textwerkzeug aus, klicken Sie damit an eine beliebige Stelle Ihrer Komposition, und schreiben Sie das Wort »Norden« (oder was auch immer Sie auf einem Kompass für sinnvoll halten, beispielsweise 0 oder 360°). Der Text braucht weder horizontal noch vertikal mittig zu sitzen – die korrekte Position bestimmen wir später im 3D-Raum; allerdings sollten Sie die Ausrichtung des Textes über die Textoptionen (FORMAT) zentriert gestalten, da es das Ausrichten später vereinfacht.

Automatische Aktualisierung

Ist ein Generator in den Vorlagen gesichert, wird er natürlich automatisch aktualisiert, sobald Sie das Projekt im Laufe Ihrer Arbeit speichern.

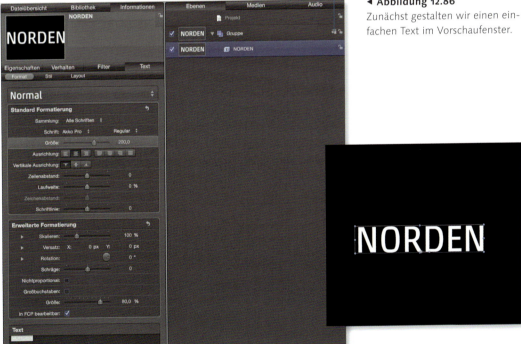

◄ **Abbildung 12.86**
Zunächst gestalten wir einen einfachen Text im Vorschaufenster.

Formatieren Sie den Text nach eigenem Gusto so, dass er möglichst groß ist, also ruhig eine Schriftgröße von 200 hat. Es bietet sich auch an, ausschließlich Großbuchstaben zu nehmen, da diese als Zeichen eines Kompasses besser aussehen als die

Mischung aus Groß- und Kleinschreibung. Die Textfarbe belassen wir bei Weiß, da wir im späteren Verlauf des Projekts noch mit Licht arbeiten möchten.

12.7.3 Kamera und 3D-Raum

Wenn Sie ein neues Projekt in Motion anlegen, ist dies zunächst nur zweidimensional (Video, eben). Um aus einem Projekt eine 3D-Komposition zu machen, gibt es mehrere Möglichkeiten: Zum einen können Sie ein einzelnes Element oder eine Gruppe in 3D umwandeln, oder Sie fügen einfach eine Kamera hinzu.

▲ Abbildung 12.87
Neue Kamera hinzufügen

Umwandlung in 3D | Zur Umwandlung eines Elements in 3D klicken Sie auf das Symbol mit den drei kleinen Flächen rechts des Namens (links vom Schloss) ❶. Das Symbol verwandelt sich in einen kleinen Stapel. Alternativ dazu können Sie, wie gesagt, auf die Schaltfläche NEUE KAMERA ❷ klicken. Es erscheint eine Dialogabfrage, in der Sie die Umwandlung Ihrer 2D-Gruppen in 3D-Gruppen bestätigen, woraufhin alle Elemente in 3D umgewandelt werden.

Sollten Sie in einem Projekt 2D- und 3D-Elemente mischen wollen, zum Beispiel für nicht-animierte Hintergründe, so können Sie die Umwandlung einzelner Gruppen auch rückgängig machen, indem Sie wieder auf das 3D-Symbol klicken und daraus wieder 2D machen.

▼ Abbildung 12.88
Fügen Sie Ihrer Komposition eine Kamera hinzu, werden alle enthaltenen Gruppen in 3D umgewandelt.

Im 3D-Raum von Motion stehen Ihnen vier neue Steuerelemente zur Verfügung:

▶ In der Werkzeugleiste erscheint das Werkzeug 3D-TRANSFORMATION ANPASSEN (kleiner Globus rechts vom Auswahlwerkzeug). Mit diesem Tool können Sie Elemente im 3D-Raum drehen, neigen und kippen.

◀ **Abbildung 12.89**
In der Werkzeugpalette finden Sie das 3D-Transformationswerkzeug, um Elemente im 3D-Raum zu bewegen.

▶ Links oben im Vorschaufenster sehen Sie die unterschiedlichen Ansichten. Hier wechseln Sie zwischen KAMERA und PERSPEKTIVE sowie zwischen den Ansichten OBEN, UNTEN, LINKS, RECHTS und so weiter.

◀ **Abbildung 12.90**
Den Ansichtsmodus wechseln Sie über das Dropdown-Fenster links oben in der Vorschau.

▲ **Abbildung 12.91**
Um die Ansicht schnell zu wechseln, klicken Sie links unten in der Vorschau auf eine beliebige Seite.

▶ Links unten erscheint der Schnellwechsel-Modus. Hier können Sie die Ansicht mit einem einfachen Klick von PERSPEKTIVE auf LINKS, RECHTS, OBEN oder UNTEN wechseln. Diese Funktion ist besonders dann recht praktisch, wenn Sie im 3D-Raum verloren gehen (was durchaus schnell passieren kann).

▶ Rechts oben sind vier Schaltflächen zu finden, mit denen Sie im 3D-Raum navigieren. Diese beziehen sich primär auf den Ansichtsmodus PERSPEKTIVE. Mit dem linken Werkzeug (nicht der Kamera, sondern der Kugel mit den vier Dreiecken) bewegen Sie die Ansicht nach links, rechts, oben und unten. Das mittlere Werkzeug rotiert die Ansicht, und das rechte Werkzeug zoomt die Ansicht ein und aus. Zur Nutzung der drei Werkzeuge platzieren Sie den Mauszeiger darauf und bewegen die Maus in die entsprechende Richtung.

▲ **Abbildung 12.92**
Mit den Navigationswerkzeugen rechts oben in der Vorschau verändern Sie die Ansicht aus der Perspektive.

Bevor wir jetzt im 3D-Raum etwas herumspazieren, sollten Sie sicherstellen, dass in den Darstellungsoptionen von Motion 3D-ÜBERLAGERUNGEN ANZEIGEN aktiviert ist. Diese Überlagerung ist notwendig und hilfreich, wenn es darum geht, Elemente im 3D-Raum zu animieren. Mehr dazu erfahren Sie später.

Abbildung 12.93 ▶

Die 3D-Überlagerung sollte aktiviert sein, um Elemente im 3D-Raum besser animieren zu können.

Navigation üben

Nehmen Sie sich ruhig ein bisschen Zeit, um sich an die Steuerung zu gewöhnen. Es ist wichtig, dass Sie sich im 3D-Raum mehr oder minder sicher bewegen können, um später dort auch Animationen durchzuführen.

12.7.4 Navigation im 3D-Raum

Halten wir es zunächst einmal so einfach wie möglich: Befinden Sie sich mit einer zusätzlichen Kamera im 3D-Raum, stehen Ihnen zwei Ansichten zur Verfügung: die Perspektive und die Kameraansicht. Während die Kameraansicht das Bild darstellt, das später ausgerendert wird, das heißt den Blick des Zuschauers auf die Komposition, handelt es sich bei der Perspektive um den »God-Mode«: Hier sehen Sie also Ihre gesamte 3D-Welt, inklusive aller Elemente, Kameras, Lichter und so weiter. In der Perspektive richten Sie die Objekte so aus, dass sie später »durch die Kamera« gut aussehen.

Sie wechseln in die Perspektivenansicht, indem Sie aus dem linken, oberen Dropdown-Fenster die Option PERSPEKTIVE ❶ wählen (ctrl+P) oder links unten auf das blaue Quadrat in der Mitte klicken.

Um sich jetzt in der Perspektive des 3D-Raums besser bewegen zu können, klicken Sie auf eine der drei Schaltflächen ❷ rechts oben im Vorschaufenster. Halten Sie die Maustaste gedrückt, und ziehen Sie die Maus jeweils nach unten, oben, links und rechts, um Ihre Komposition zu »umfliegen«.

Perspektive beim Export

Die Perspektive und auch die sonstigen Ansichten haben mit den späteren, exportierten (oder in Final Cut Pro bearbeiteten) Ergebnissen nichts zu tun. Es wird immer ausschließlich die Ansicht der Kamera dargestellt. Sie können sich also »frei« bewegen, ohne befürchten zu müssen, das Endergebnis zu beeinflussen.

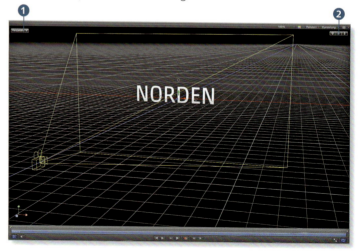

Abbildung 12.94 ▶

In der Perspektive sehen Sie zunächst Ihre Elemente sowie eine Kamera (in diesem Fall von hinten).

566 | 12 Motion 5

4 Up | Um die Navigation zu vereinfachen, stehen Ihnen bis zu vier Fenster gleichzeitig in der Vorschau zur Verfügung. Über das Dropdown-Fenster ❸ wechseln Sie zu zwei, drei oder vier gleichzeitig dargestellten Ansichten.

Jede Darstellung hat eine eigene Navigation, sodass Sie jedes Fenster auch Ihren direkten Bedürfnissen anpassen können. Klicken Sie zunächst in ein Fenster, um es mit einem gelben Rahmen zu versehen (aktives Fenster), und klicken Sie links unten in der Navigation auf eines der Elemente, um die Ansicht auf Links, Oben, Unten, Rechts oder Perspektive zu verändern. Weitere Steuerungen finden Sie, wie gesagt, rechts oben in der Navigation.

▼ **Abbildung 12.95**
Bis zu vier Ansichtsfenster lassen sich gleichzeitig anzeigen. Über die Schnellnavigation unten links wechseln Sie jeweils die Ansichtsrichtung.

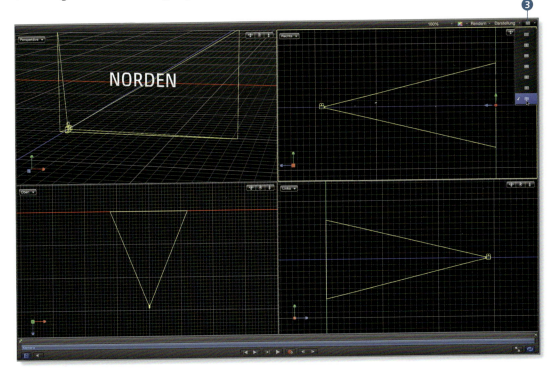

Ein Vorteil, den Sie bei der Schnellnavigation links unten vorfinden, ist die kleine Animation, die die Ansicht in die korrekte Richtung dreht. Dadurch können Sie genau sehen, wo Sie sich im 3D-Raum befinden, und gegebenenfalls Anpassungen der anderen Ansichten durchführen.

12.7.5 Vier Textobjekte

Kommen wir zurück zu unserer kleinen Animation. Ziel ist es zunächst, alle vier Himmelsrichtungen zu gestalten und diese im 3D-Raum auszurichten. Die Ausrichtung des »Nordens« ist insoweit schon korrekt, als diese mittig vor der Kamera sitzt.

Zwei Ansichten

Es kommt verhältnismäßig selten vor, dass man wirklich mit vier Ansichten arbeitet, schließlich braucht man auch etwas Platz auf dem Monitor. Meist arbeiten wir mit zwei Ansichten: mit der Perspektive und der Ansicht von links, rechts oder oben.

»Süden« gestalten | Um den »Süden« zu gestalten, duplizieren wir zunächst das Textelement in der Gruppe über das Tastenkürzel cmd + D . Achten Sie darauf, dass beide Textelemente in einer Gruppe sind, denn wir werden später die gesamte Gruppe animieren.

Das Textelement benennen wir um in »Süden«, wechseln auf die Ansicht OBEN und auf das 3D-Transformationswerkzeug (Q) und aktivieren das Element in der Ebenenliste. Es erscheinen drei Pfeile in Blau (Z-Achse), in Rot (X-Achse) und in Grün (Y-Achse), wobei Sie den grünen Pfeil nur als Punkt sehen, da Sie direkt von oben daraufschauen.

Mit dem Werkzeug greifen wir nun den blauen Pfeil und ziehen das Textelement zwei (große) Quadrate weiter nach hinten, sodass sich der »Süden« deutlich weiter hinten befindet als der »Norden«.

> **Achse beim Verschieben**
>
> Man kann zwar auch mit dem »normalen« Auswahlwerkzeug ein Element verschieben, allerdings kann man sich nie sicher sein, auf welcher Achse man sich gerade bewegt. Über das Transformationswerkzeug und die entsprechenden bunten Pfeile bewegt man sich ausschließlich in einer Achse.

▲ **Abbildung 12.96** ▶
Mit dem Transformationswerkzeug greifen wir den blauen Pfeil und ziehen das Element nach oben (also weiter nach hinten aus Sicht der Kamera).

Ist das zweite Textelement entsprechend positioniert, wechseln wir in das Textwerkzeug und schreiben statt des Wortes »Norden« das Wort »Süden« in das Element. Hierfür bietet es sich an, entweder in die perspektivische Ansicht zu wechseln oder den Text im Inspektor (TEXT • FORMAT) zu ändern.

Da wir den fertigen Kompass später in Final Cut Pro um die mittlere Achse drehen wollen, müssen wir die Ausrichtung des Textelements »Süden« entsprechend verändern, da es ansonsten bei der Drehung der Gruppe um 180° verkehrt herum zu lesen wäre. Daher wechseln wir in die Eigenschaften des Elements und rotieren es über die Y-Achse um 180° ❶.

»Osten« und »Westen« gestalten | Nach ähnlichem Muster gestalten wir auch die beiden Richtungen »Osten« und »Westen«. Zunächst duplizieren wir ein bestehendes Textelement, benennen es um und schieben es mithilfe des Transformationswerkzeugs nach rechts, und zwar so weit, dass es einen Quadranten weiter rechts und einen Quadranten weiter oben (hinten) als der Norden liegt. Über die Eigenschaften rotieren wir das Element diesmal um 90° in der Y-Achse ❷, sodass der Text nach rechts zeigt. Schließlich ändern wir noch den Textinhalt in »Osten«.

▲ **Abbildung 12.97**
Das hintere Elemente (»Süden«) rotieren wir in der Y-Achse um 180°, damit es bei einer späteren Rotation der Gesamtkomposition noch richtig herum lesbar ist.

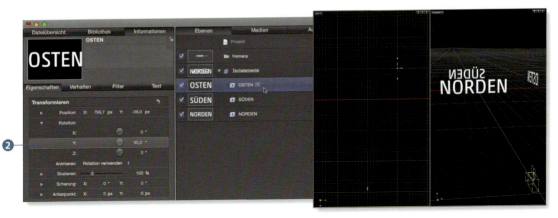

Dasselbe führen wir jetzt auch für den Westen durch, mit dem Unterschied, dass der Westen natürlich nach links zeigt (Rotation = 270°) und auch links vom Norden positioniert wird.

▲ **Abbildung 12.98**
Den »Osten« gestalten wir so, dass das Element mittig weiter rechts liegt und auch die Schrift nach rechts deutet.

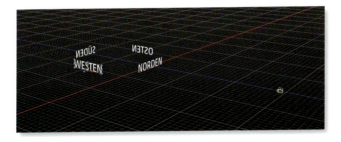

◀ **Abbildung 12.99**
Aus der Entfernung gesehen sollte die Komposition jetzt so aussehen.

12.7.6 Erste Tests

Nachdem wir unsere Komposition zumindest mit den Grundelementen fertig gebaut haben, wird es Zeit, ein paar erste Tests zu machen, und zwar, ob sich alle Elemente so verhalten, wie wir es uns für den späteren Generator in Final Cut Pro vorstellen. Die Idee ist hier, dass sich der Kompass um seinen Mittelpunkt horizontal drehen lässt, also in die verschiedenen Himmelsrichtungen, und dass man die Kamera je nach Blickwinkel nach oben oder nach unten verschieben kann.

Y-Rotation | Der erste Test ist die Drehung: Hierfür aktivieren wir die Gruppe mit den Textelementen ❶ und ändern die Rotation der Y-Achse ❷. Wie Sie jetzt wahrscheinlich voller Schrecken feststellen werden, rotiert die Gruppe um den falschen Mittelpunkt, nämlich um die Mitte des Wortes »Norden«, daher müssen wir den Ankerpunkt des Elements verschieben.

> **Kameraparameter**
>
> Bei der Kamera unterscheidet man zwischen dem GERÜST, also dem Fokuspunkt, und dem STANDORT. Hierbei handelt es sich um die tatsächliche Position der Kamera. Sie schalten beide Werte unter KAMERATYP in den Einstellungen KAMERA des Inspektors um.

▲ **Abbildung 12.100**
Die Textgruppe rotiert zunächst um die falsche Achse.

Zum Ändern des Ankerpunktes wechseln wir in die Ansicht OBEN und öffnen die Einstellungen ANKERPUNKT ❸ der Textgruppe. Hier greifen wir den Wert für Z ❹ und ziehen ihn so nach unten, dass der Ankerpunkt mittig zwischen den Textelementen sitzt. Die gesamte Gruppe bewegt sich dabei zwar weiter auf die Kamera zu, jedoch können Sie erkennen, dass dies gar nicht so schlecht aussieht. Belassen wir es also bei der neuen Position.

Probieren Sie an dieser Stelle ruhig einmal aus, ob die Y-Rotation jetzt auch wirklich mittig verläuft, das heißt, dass die Gruppe sich tatsächlich horizontal zentriert dreht.

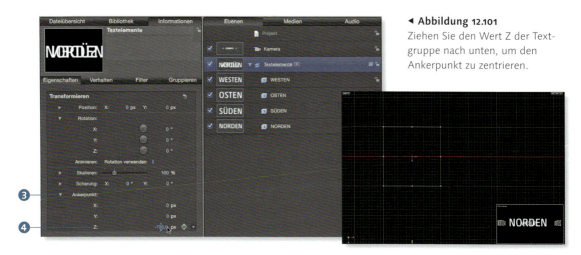

◀ **Abbildung 12.101**
Ziehen Sie den Wert Z der Textgruppe nach unten, um den Ankerpunkt zu zentrieren.

X-Rotation | Ein zweiter Wert, den wir später in Final Cut Pro X animieren möchten, ist die X-Rotation der Kamera. Diese Drehung bestimmt, ob der Blick auf die Animation ober- oder untersichtig ist, das heißt von oben oder von unten auf die Worte fällt.

Aktivieren Sie hierfür die Kamera ❺ in der Ebenenliste, wechseln Sie auf die Ansicht Rechts, und ziehen Sie in den Einstellungen des Kameraobjekts den Rotationswert X ❻ nach oben oder nach unten. Sie werden erkennen, dass die Kamera sich um den Mittelpunkt des so genannten Gerüsts dreht, was in etwa den Fokuspunkt des Objektivs darstellt. Drehen Sie den X-Wert nach oben, wird der Blick untersichtig, drehen Sie den X-Wert nach unten, wird der Blick obersichtig. Für den Moment sollte diese Drehung reichen. Bevor wir in unserem Projekt fortfahren, stellen Sie bitte alle Rotationswerte (nicht den Ankerpunkt) auf 0 zurück.

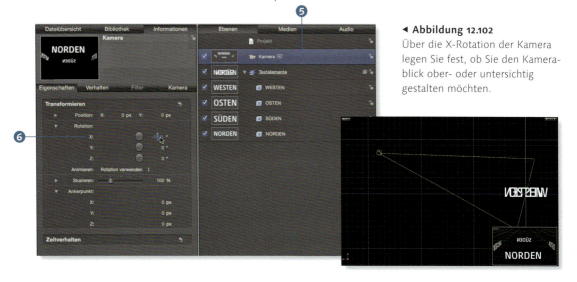

◀ **Abbildung 12.102**
Über die X-Rotation der Kamera legen Sie fest, ob Sie den Kamerablick ober- oder untersichtig gestalten möchten.

12.7.7 Licht und Schatten

Bevor wir jetzt mit der Übergabe an Final Cut Pro X beginnen, wird es Zeit, die Szene neu auszuleuchten. Momentan nutzen wir ein so genanntes Ambient Light, also ein Umgebungslicht, das immer da ist und aus keiner speziellen Richtung kommt. Umgebungslicht ist vergleichbar mit dem Tageslicht ohne direkte Sonne in einem Raum, der nur aus Fenstern besteht. Das Ambient Light ist zwar nützlich für das Bauen einer Animation, sieht aber nicht wirklich spannend aus. Daher fügen wir zunächst eine neue Lichtquelle hinzu.

Lichtquelle hinzufügen | Wählen Sie hierfür aus dem Menü Objekt • Neues Licht. Es erscheint ein neues Element in Ihrer Ebenenliste, das Ambient Light wird ausgeschaltet, und Ihre Szenerie erscheint nur schwach beleuchtet (was momentan daran liegt, dass die Ausrichtung des Lichts nicht stimmt). Bevor wir uns jedoch um genau diese Ausrichtung und die Stärke des Lichts kümmern, wählen Sie im Informationsfenster für das Lichtobjekt den Licht-Typ Scheinwerfer ❶.

▼ **Abbildung 12.103**
Legen Sie ein neues Licht an, und wechseln Sie in den Lichteinstellungen auf Scheinwerfer.

Position des Lichts | Dvas Licht befindet sich zunächst mittig in der Textgruppe und leuchtet daher nur den »Süden« an. Daher ist es notwendig, dass wir das Licht zunächst ordentlich positionieren. Hierfür wechseln wir in die Ansicht Rechts und aktivieren zunächst das Lichtelement und anschließend das Transformationswerkzeug. Es ist nun gut zu sehen, dass auch das Licht die drei Richtungspfeile aufweist. Greifen Sie mit dem Transformationswerkzeug den blauen Pfeil, und ziehen Sie das Licht nach links in Richtung Kamera. Während des Ziehens werden Sie feststellen, dass, je weiter Sie nach links kommen, immer mehr Textelemente beleuchtet werden.

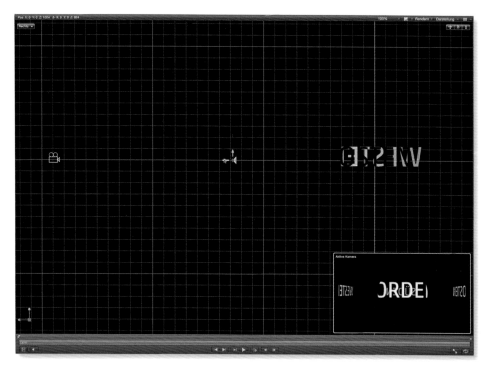

Positionieren Sie das Lichtobjekt knapp vor der Kamera, und greifen Sie anschließend mit dem Transformationswerkzeug den grünen Pfeil, um den Scheinwerfer nach oben zu ziehen. Positionieren Sie das Objekt bei rund zwei Dritteln des Quadranten oberhalb der Kamera. Um den Lichteinfluss jetzt noch zu verstärken, drehen Sie das Lichtobjekt so um die X-Achse, dass der Scheinwerfer direkt auf die Textgruppe gerichtet ist (Rotation X = –16°).

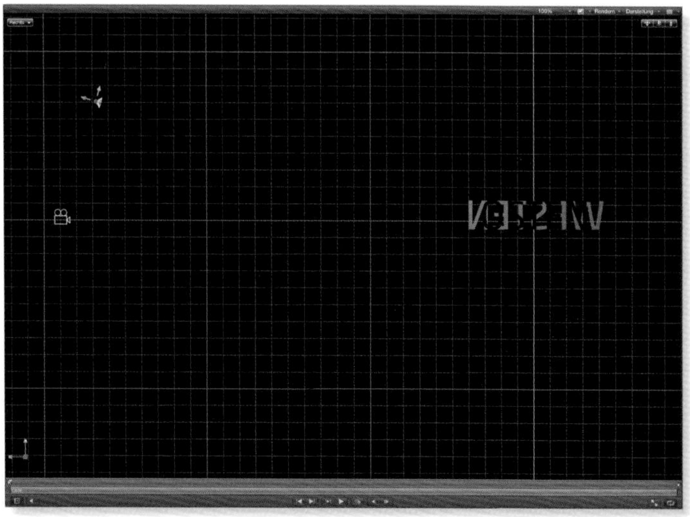

◀ **Abbildung 12.104**
Während Sie das Licht nach links ziehen, sehen Sie, wie immer mehr Elemente beleuchtet werden.

◀ **Abbildung 12.105**
Das Licht sollte leicht über der Kamera positioniert sein und so gedreht werden, dass es die Textgruppe direkt anscheint.

Monitorinhalt verschieben

Sollten die Objekte, die Sie bearbeiten wollen, nicht immer mittig auf Ihrem Monitor zu sehen sein, können Sie sich des Hand-Werkzeugs (Tastenkürzel H) bedienen, um den Monitorinhalt hin- und herzuschieben. Über die Tab-Taste gelangen Sie auf das Werkzeug zurück, das Sie vor dem Handwerkzeug benutzt haben.

Lichteinfluss gestalten | Neben der reinen Positionierung des Lichts ist es auch möglich, den Lichteinfluss anders zu gestalten. Wechseln Sie hierfür in die Kameraansicht, und wählen Sie die Option Licht des Informationsfensters. In der Lichtsteuerung finden Sie Parameter für die Farbe, die Intensität, den Abnahme-Start und das Nachlassen sowie die Spot-Optionen, namentlich die Breite des Lichtkegels sowie dessen Kantenweichheit.

Um die Kante zu sehen, erhöhen wir zunächst die Intensität auf 275 %, schränken den Kegelwinkel auf 3° ein und erhöhen die weiche Kante auf 19 %. Der »Norden« sollte jetzt hell angestrahlt sein, während »Osten« und »Westen« in weichen Schatten und Restlicht gebettet sind.

▲ **Abbildung 12.106**
Das Licht gestalten wir so, dass der Norden im hellen Strahl erscheint, während Osten und Westen leicht im Schatten liegen.

12.7.8 Untergrund für den Schattenwurf

Wo Licht ist, ist auch Schatten. (Bing! 5 Euro in die Abgedroschene-Phrasen-Kasse.) Allerdings nicht in unserer Komposition, denn wir haben zwar Licht (und wohl auch Schatten), aber nichts, wo Licht und Schatten drauffallen könnten. Daher benötigen wir zunächst einen Untergrund, auf den unser Schatten fallen kann. Wir entscheiden uns in diesem Fall für einen einfachen runden Kreis, den wir unter unseren Kompass legen; Sie können natürlich auch eine schicke Kompassrose, eine andere Farbe oder ein Foto nehmen.

Kameraansicht

In der Kameraansicht kann man relativ gut sehen, wenn der Kreis genau bündig unterhalb des Textes liegt. Sollte Ihnen das nicht beim ersten Mal gelingen, können Sie den Kreis auch zu einem späteren Zeitpunkt noch verschieben.

Kreis als Untergrund | Für das Erstellen des Kreises wechseln wir zunächst auf die Ansicht Oben und wählen das Kreis-Werkzeug aus der Werkzeugpalette (unterhalb des Rechteckwerkzeugs).

Ziehen Sie nun einen großen Kreis um die gesamte Textgruppe, indem Sie mit dem Werkzeug in das Vorschaufenster klicken und mit gehaltener Maustaste nach außen ziehen. Halten Sie dazu noch die ⇧-Taste gedrückt, wird die Form auch tatsächlich ein perfekter Kreis und kein Ei.

◄ **Abbildung 12.107**
Mit dem Kreis-Werkzeug kann man Ovale und Kreise in der Komposition malen.

Sobald Sie die Maustaste loslassen (erst Maus, dann die ⇧-Taste), erscheint die Form in Ihrer Komposition und wird auch entsprechend dem Lichteinfall beleuchtet.

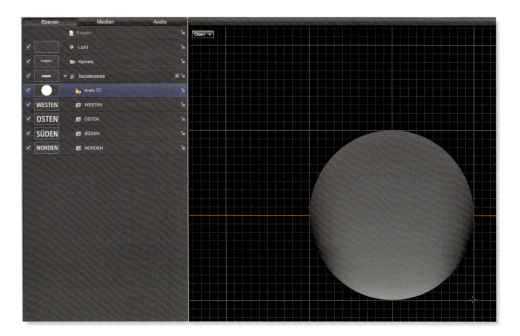

Wechseln Sie nun in die Perspektivenansicht. Hier ist deutlich zu erkennen, dass der Kreis nicht unterhalb der Textgruppe liegt, sondern mittig – die Texte also quasi durchschneidet. Wechseln Sie nun in das Transformationswerkzeug und die Ansicht RECHTS, um die Form unterhalb der Textgruppe zu positionieren (über den blauen Pfeil für die Y-Achse).

▲ **Abbildung 12.108**
Lassen Sie die Maustaste los, erscheint der Kreis in der entsprechenden Beleuchtung.

Abbildung 12.109 ▶
Schieben Sie den Kreis so weit nach unten, dass der Text quasi auf dem Kreis steht.

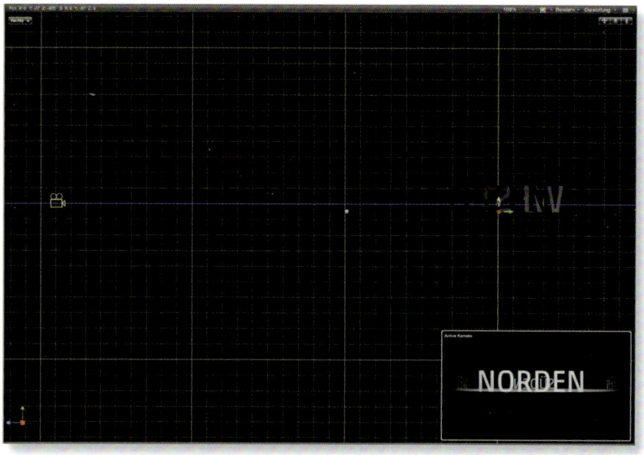

> **Richtung des Schattens**
>
> Der Schattenwurf von Motion ist ziemlich clever, was die Richtung betrifft. Wenn Sie entweder die Lichtquelle oder das jeweilige Element bewegen, werden Sie erkennen, dass auch der Schatten physikalisch korrekt mitwandert.

▼ **Abbildung 12.110**
Über die Schattenoptionen ist es möglich, den Schatten der Objekte heller und weicher zu zeichnen.

Schatten aktivieren | Als Letztes müssen wir nun den Schatten aktivieren und so anpassen, dass er uns gefällt. Jedes Element ist von sich aus so voreingestellt, dass es sowohl Schatten wirft als auch Schatten empfängt. Sie können diese Eigenschaften in den Informationen eines jeden Elements unter SCHATTEN prüfen (und umstellen, wenn nötig). Um jedoch den Schatten von einer Lichtquelle ausgehen zu lassen, ist es notwendig, diesen im Lichtobjekt zu aktivieren.

Wechseln Sie hierfür in die Einstellung LICHT des Lichtelements, und aktivieren Sie dort die Option SCHATTEN. Anschließend klicken Sie auf ANZEIGEN, um die einzelnen Parameter zu sehen. Hier erscheinen die Deckkraft des Schattens, dessen Weichheit sowie die Farbe. In unserem Beispiel ändern wir die DECKKRAFT ❶ auf ca. 55 % und die WEICHHEIT ❷ auf 9, damit der Schatten nicht allzu hart und zu dunkel auf den weißen Teller trifft.

12.7.9 Reflexion

Eine ebenfalls recht schicke Option, die Ihrer Komposition auch zu mehr Tiefe und Realismus verhilft, ist die Reflexion von Objekten auf dem Untergrund. Bevor wir jedoch diese Option aktivieren und anpassen, ist es notwendig, dass wir den Kreis ein wenig vergrößern, damit die Textobjekte auch entsprechende Flächen für das Reflektieren zur Verfügung haben.

Aktivieren Sie hierfür das Element KREIS, wechseln Sie im Inspektor auf die INFORMATIONEN und dort auf die EIGENSCHAFTEN. Über den Wert SKALIEREN ❸ können Sie den Kreis nun ein wenig größer gestalten, beispielsweise auf einen Wert von 130 %.

◄ **Abbildung 12.111**
Über die Reflexionseigenschaften bestimmen Sie den Grad der Spiegelung sowie deren Weichheit.

Bei der Reflexion ist es so, dass man diese Option nicht auf den Elementen aktiviert, die reflektieren sollen, sondern auf dem Element, das die Reflexion erhalten soll. Bleiben Sie also in Ihrer Komposition auf dem Kreiselement, und aktivieren Sie im Informationsfenster die Option REFLEKTION. Sie sehen daraufhin schon, dass sich die Wörter wie auf einem blank polierten Boden spiegeln. Öffnen Sie außerdem die Reflexionsoptionen, können Sie das Reflexionsvermögen, den Weichzeichner sowie das Nach-

Beliebter Effekt

Spätestens seit Cover Flow von iTunes erfreut sich die Reflexion in der Werbung und bei Animationen großer Beliebtheit. Vor allem bei Fotoanimationen lässt sich dieser Effekt sehr gut einsetzen.

lassen definieren. Nachlassen bedeutet in diesem Fall, dass umso weniger Spiegelung geworfen wird, je weiter sich ein Objekt von der Reflexionsfläche entfernt befindet. Da wir in unserer Komposition ja keine Meister-Proper-Werbung machen wollen, ändern wir das REFLEXIONSVERMÖGEN ❹ auf ca. 47 % und die Weichheit ❺ auf 6 %, was für eine leichte Spiegelung genügen sollte.

12.7.10 Schärfentiefe

Auch die Schärfentiefe (oft auch Tiefenschärfe) von Kameras ist eine oft sehenswerte Möglichkeit, noch mehr Realismus in eine Computeranimation zu bringen. Bevor wir die Schärfentiefe jedoch aktivieren und anpassen können, müssen wir die Kamera zunächst ordentlich positionieren. Wechseln Sie hierfür in die Kameraansicht des Vorschaufensters, und schauen Sie, was Ihre Zuschauer momentan sehen: Die Kamera ist sehr weit unten, und Teile der Animation sind links und rechts abgeschnitten (was daran liegt, dass wir über den Ankerpunkt die Textgruppe nach vorne bewegt haben).

Öffnen Sie eine zweite Ansicht, wechseln Sie dort auf RECHTS, wählen Sie das Transformationswerkzeug, und aktivieren Sie die Kamera. Ziehen Sie die Kamera nun so weit zurück, dass die Worte »Westen« und »Osten« nicht mehr abgeschnitten sind, und ändern Sie die Rotation des X-Wertes auf ca. –6°. Ausgehend von dieser Position werden wir uns nun um die Schärfentiefe der Kamera kümmern.

> **Schärfentiefe deaktivieren**
>
> Keine Funktion von Motion kostet so viel Renderzeit zur Darstellung wie die Schärfentiefe, daher aktiviert man diese meist ganz zum Schluss, wenn alle anderen Arbeiten abgeschlossen sind. Sollten Sie nach der Aktivierung noch weitere Animationen erstellen wollen, deaktivieren Sie die Schärfentiefe wieder temporär, um flüssig arbeiten zu können.

▼ **Abbildung 12.112**
Bevor wir uns um die Schärfentiefe der Kamera kümmern, positionieren wir zunächst die Kamera in einem attraktiven Winkel.

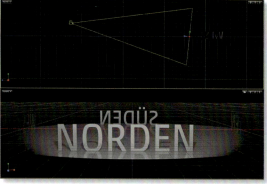

Die Schärfentiefe einer virtuellen Kamera in Motion ist eigentlich ständig aktiv, man muss sie nur mit anzeigen/rendern lassen. Hierfür aktivieren Sie im Dropdown-Menü RENDERN die Funktion SCHÄRFENTIEFE. Sobald diese Funktion aktiviert ist, erkennen Sie, dass bestimmte Teile Ihres Videos bereits unscharf dargestellt werden.

Die Schärfentiefe hat unterschiedliche Optionen, die Sie in den Kameraeinstellungen vorfinden. Hier gibt es den Weichzeichner (oben), der den Grad der Unschärfe bestimmt. Über den Fokusversatz bestimmen Sie, welcher Teil Ihrer 3D-Komposition scharf bzw. unscharf dargestellt wird (zu vergleichen mit dem FokusDrehring an einer Kamera), während Sie über Fokus (Nahe) und Fokus (Ferne) den Schärfentiefe-Bereich angeben, also von wo bis wo der Schärfebereich liegt.

In unserem Beispiel möchten wir natürlich den Vordergrund scharf und den Hintergrund möglichst unscharf – aber gerade noch lesbar – gestalten. Hierfür ändern wir zunächst den Fokusversatz ❷ auf –500 und den Grad der Unschärfe (Schärfentiefe für Weichzeichnung ❶) auf 30. Der »Norden« im Vordergrund sollte jetzt bombenscharf sein, während der »Süden« im Hintergrund gerade noch so als Wort erkennbar ist. Die Nähe und Ferne des Fokus müssen wir in diesem Fall nicht genauer definieren, da wir ja nur ein Textobjekt im Vordergrund scharfzeichnen wollen.

▲ **Abbildung 12.113**
Um die Schärfentiefe sichtbar zu machen, aktivieren Sie die Option in den Rendereinstellungen.

▲ **Abbildung 12.114**
Über den Grad der Weichzeichnung und den Fokusversatz bestimmen wir einen scharfen Vorder- und einen weichen Hintergrund.

12.7 Viertes Projekt: 3D-Generator für Final Cut Pro X | **579**

Spielen Sie ruhig ein bisschen mit den Schärfentiefe-Optionen herum. Es macht sehr viel Spaß und erzeugt tatsächlich oft atemberaubende Ergebnisse, wenn man über das Schärfenziehen eine Animation in unterschiedlichen Schärfegraden aufzeichnet.

12.7.11 Rigs für die Übergabe an FCP X

Nachdem nun Licht, Schatten, Reflexionen und Schärfentiefe definiert sind, wird es Zeit, unseren Generator an Final Cut Pro X zu übergeben. Damit jedoch bestimmte Parameter auch in Final Cut Pro zu bearbeiten sind, benötigen wir so genannte Rigs. Diese kann man sich als kleine Fernbedienungen vorstellen, die man aus Motion an Final Cut Pro sendet und die der Cutter zur Verfügung hat, um seine Animation zu gestalten. Sie als »Animator« bestimmen hierbei, welche Optionen der Cutter bearbeiten darf und welche von Ihnen festgelegt und nicht zu ändern sind.

Schauen wir noch einmal zurück und erinnern uns, welche Parameter wir übergeben wollten. Zum einen sollte der Cutter die Möglichkeit haben, den Kompass zu drehen, zum anderen wollten wir den Blickwinkel der Kamera editierbar halten, je nachdem, wo der Cutter den Kompass einsetzen möchte. Wir benötigen also die Y-Rotation der Textgruppe (zur Drehung) und die X-Rotation der Kamera (für den Blickwinkel). Wenn Sie sich nicht mehr ganz sicher sind, welche Werte die korrekten waren, probieren Sie ruhig mal aus, was passiert, wenn Sie an unterschiedlichen Reglern drehen. Nicht vergessen: Es gibt immer noch [cmd]+[Z].

▲ **Abbildung 12.115**
Legt man ein Rig an, erscheint es als oberstes Element in der Ebenenliste.

Rig für die Y-Rotation der Textgruppe | Um ein Rig anzulegen, wählen Sie aus dem Menü OBJEKT • NEUES RIG. Es erscheint ein Rig-Element an oberster Stelle Ihrer Ebenenliste. In unserem Fall spielt es keine Rolle, ob wir entweder zwei Rigs für je eine Einstellung anlegen oder beide Einstellungen in ein Rig legen. Wir entscheiden uns für die erste Variante, also zwei Rigs, und benennen das erste Rig daher zunächst um, sodass wir die beiden Rigs später besser auseinanderhalten können.

Ist das Rig angelegt, ziehen Sie die gewünschte Einstellung, in unserem Fall die ROTATION Y, aus den Einstellungen der Textgruppe per Drag & Drop in das Rig. Halten Sie die Maustaste für eine Sekunde gedrückt, so erscheint ein Popup-Menü, aus dem Sie die Funktion ZU NEUEM REGLER HINZUFÜGEN wählen. Ein neuer Schieberegler erscheint daraufhin im Rig und lässt sich dort weiterhin anpassen, beispielsweise umbenennen oder auf einen Minimal- oder Maximalbereich einschränken (was in unserem Fall allerdings nicht notwendig ist).

◄ **Abbildung 12.116**
Um dem Rig eine Einstellung hinzuzufügen, zieht man den Parameter aus den Einstellungen einfach auf das Rig.

Bevor wir uns nun dem zweiten Rig, nämlich der Kamerarotation zuwenden, ist es zwingend notwendig, dass wir den Parameter, den wir soeben ins Rig gezogen haben, für Final Cut Pro veröffentlichen. Hierfür wechseln Sie zunächst in die Einstellungen der Textelemente zurück. Neben der Y-Rotation, die wir ins Rig gezogen haben, ist ein kleines Rig-Symbol zu sehen (das ein wenig aussieht wie ein 80er-Jahre-Atari-Joystick). Rechts neben dem Symbol erscheint ein Dropdown-Menü ❶, wenn Sie die Maus dort platzieren. Wählen Sie aus diesem Menü die Funktion VERÖFFENTLICHEN, um die Rotation der Textgruppe auch in Final Cut Pro X bearbeiten zu können.

Änderungen übernehmen

Sollten Sie sich bei einem Parameter geirrt haben oder einen Fehler in der Animation entdecken, können Sie einen Generator oder einen Filter aus Final Cut Pro jederzeit in Motion öffnen und korrigieren. Sobald das Projekt neu gesichert ist, werden die Änderungen aktualisiert.

◄ **Abbildung 12.117**
Um eine Einstellung auch in Final Cut Pro X ändern zu können, ist es notwendig, diese in Motion über das Dropdown-Menü zu veröffentlichen.

Rig für X-Rotation der Kamera | Nach demselben Prinzip wie auch für die Textgruppe fügen wir unserem Generator nun auch eine Einstellung für die Kamera hinzu, namentlich die X-Rotation,

> **Einstellungen testen**
>
> Die gewählten Einstellungen eines Rigs lassen sich auch vor der Veröffentlichung testen, indem Sie den Schieberegler aus der Ebenenliste wählen; im Informationsfenster erscheinen daraufhin die jeweiligen Einstellungen des Rigs.

um den Blickwinkel in Final Cut Pro X ändern zu können. Hierfür legen wir über das Menü OBJEKT • NEUES RIG ein neues Rig an, benennen es um und ziehen aus den Einstellungen der Kamera die X-Rotation in das neue Rig. Auch hier legen Sie wieder einen neuen Schieberegler an.

Abbildung 12.118 ▶
Klicken Sie auf den SCHIEBEREGLER ❶ in der Ebenenliste, um die Funktion, also die Änderung des Kamerablickwinkels zu testen.

Vergessen Sie nicht, auch die X-Rotation der Kamera zu veröffentlichen, indem Sie in den Einstellungen neben das Rig-Symbol klicken und aus dem Dropdown-Menü die Funktion VERÖFFENTLICHEN wählen.

12.7.12 Generator in Final Cut Pro X

Ob mit der Übergabe alles geklappt hat, erfahren wir spätestens, wenn wir Final Cut Pro X öffnen, um den Generator dort zu testen. Öffnen Sie hierfür zunächst das Generator-Fenster. Hier sollte das von Ihnen angelegte Thema erscheinen. Innerhalb des Themas finden Sie, wenn Sie alles richtig gemacht haben, dann auch Ihren Generator.

Abbildung 12.119 ▼
Nach dem Veröffentlichen und dem Speichern sollte der Generator in Final Cut Pro mitsamt den Einstellungen erscheinen.

Ziehen Sie diesen per Drag & Drop in eine Timeline, und prüfen Sie, ob die Einstellungen für die beiden Rotationen entsprechend Ihren Vorgaben übernommen wurden.

Wenn Sie alle Einstellungen prüfen, werden Sie feststellen, dass es zwei kleinere Fehler in unserem Motion-Projekt gibt: Zum einen ist die Kamera zu nah an der Gruppe, sodass der Teller links und rechts abgeschnitten wird (gut zu sehen, wenn Sie das Element kleiner skalieren), zum anderen verdeckt der Teller den Kompass, wenn Sie den Kamerawinkel nach unten bewegen.

Beide Missstände lassen sich beheben, indem wir einfach den Teller entfernen. Diesen haben wir ja ohnehin nur gebraucht, um Ihnen die Reflexion und den Schattenwurf zu demonstrieren; schöner macht die Scheibe unseren Generator ja auch nicht, oder?

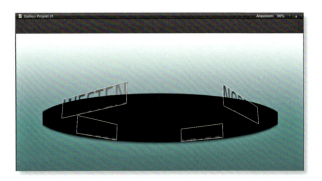

◄ **Abbildung 12.120**
Unsere Komposition hat noch zwei Fehler: Der Teller ist zum einen abgeschnitten, zum anderen verdeckt er bei einer positiven Kameradrehung den Kompass.

Sollten Sie Motion bereits geschlossen haben, klicken Sie im Generator-Fenster von Final Cut Pro mit der rechten Maustaste auf Ihren Generator, und wählen Sie IN MOTION ÖFFNEN, um den Generator zu verändern.

Suchen Sie in der Ebenenliste nach dem Element »Kreis«, und deaktivieren Sie es, indem Sie auf das Häkchen vor dem Objekt klicken. Unser Generator sollte jetzt frei schweben und nicht mehr auf dem Teller stehen. Speichern Sie das Projekt erneut, und wechseln Sie zurück zu Final Cut Pro X, um die Änderungen zu sehen.

◄ **Abbildung 12.121**
Ist der Teller verschwunden, kann man die Komposition von allen Seiten gut sehen.

Mehrere Versionen

Sie können natürlich auch mehrere Versionen eines Generators erzeugen, um diesen in verschiedenen Projekten einzusetzen. Die Arbeitsdateien der Generatoren finden Sie in Ihrem Home-Verzeichnis im Ordner Filme/Motion Templates/Generators (oder Effects oder Transitions etc.).

12.7.13 Animation und Textänderung in Final Cut Pro X

Die veröffentlichten Parameter können jetzt in Final Cut Pro nicht nur geändert, sondern auch animiert werden. Positionieren Sie hierfür den Playhead der Timeline auf dem ersten Frame, und fügen Sie hier beispielsweise für die Y-Rotation einen Keyframe am Wert 0° hinzu. Bewegen Sie jetzt den Playhead der Timeline auf 30 Sekunden, ändern Sie den Wert der Y-Rotation auf 360°, und fügen Sie erneut einen Keyframe hinzu. Schließlich können Sie den Playhead noch auf den letzten Frame parken, hier erneut einen Keyframe setzen und den Wert 0° angeben. Der Generator dreht sich nun über die Dauer von 30 Sekunden einmal im Kreis, und über die gesamte Dauer zweimal. Super, oder?

▲ **Abbildung 12.122**
Mit Keyframes haben Sie die Möglichkeit, den Generator in Final Cut Pro zu animieren.

▲ **Abbildung 12.123**
Nur wenn das Häkchen in In FCP bearbeitbar aktiviert ist, können die Textelemente des Generators in Final Cut Pro bearbeitet werden.

Haben Sie mal ausprobiert, was geschieht, wenn Sie einen Doppelklick auf einen der Texte des Generators machen? Richtig: Sie können hier sogar die Texte nach eigenem Geschmack ändern. Und nicht nur das, über die Einstellung Text des Generators können Sie auch die Schriftart, die Größe, die Schriftlinie und andere Parameter des Textes ändern. Aktivieren Sie hierfür den Generator in der Timeline, um alle Werte ändern zu können, oder führen Sie einen Doppelklick auf einem der vier Textelemente aus, um nur einen Text zu ändern.

Verantwortlich für die Möglichkeit, einen Text in Final Cut Pro ändern zu können, ist eine winzig kleine Einstellung in Motion, nämlich das Häkchen bei IN FCP BEARBEITBAR ❶, ganz unten in den Einstellungen des Textes (FORMAT). Ist das Häkchen aktiviert, können alle Texte und Titel in Final Cut Pro verändert werden. Möchten Sie nicht, dass der Cutter in den Texten herumfuhrwerkt, nehmen Sie das Häkchen einfach raus; der Text bleibt dann in Final Cut Pro genau so, wie Sie ihn in Motion angelegt haben.

▲ **Abbildung 12.125**
Neben den Rotationsparametern können Sie auch die Texte des Elements ändern.

An dieser Stelle erfolgt, wie üblich, die Entschuldigung, dass wir das Kapitel nun abschließen müssen. Es gibt noch so viele Funktionen in Motion zu entdecken, zum Beispiel das Painting, die Geschwindigkeitsänderung, die Replikatoren und so weiter. Damit wir jedoch alles in ein Buch bekommen, ohne dass wir einen Harry-Potter-mäßigen Fortsetzungsroman gestalten, sind wir bekanntermaßen im Umfang eingeschränkt. Wir sind jedoch davon überzeugt, in diesem Kapitel viele der grundlegenden Funktionen besprochen zu haben, sodass Sie frohen Mutes weiter experimentieren können. Viel Spaß dabei.

Die Projektdatei des Kompasses finden Sie übrigens auf der mitgelieferten DVD. Sie können dort ja mal reinschauen, ob Ihre Einstellungen mit unseren Einstellungen übereinstimmen.

Datei »GP Kompass 3D.motn« im Ordner MOTION

13 Compressor 4

Mit dem Compressor komprimiert man Filme im so genannten Stapelverarbeitungsverfahren. Wie sich der Compressor in den typischen Workflow einfügt und wie Sie bei der Kompression in unterschiedliche Formate das Optimum aus Ihren Videos herausholen, erfahren Sie in diesem Kapitel.

Vorteile | Wozu braucht man ein zusätzliches Programm, wenn man (fast) alle Formate auch aus Final Cut Pro X oder Motion heraus exportieren und komprimieren kann? Die Antwort ist eigentlich ganz einfach: Weil der Compressor im Hintergrund läuft und weil man seine individuellen Voreinstellungen im Gegensatz zu Final Cut Pro ein für alle Mal speichern kann. Der Compressor lässt sich direkt aus Final Cut Pro mit dem BEREITSTELLEN-Befehl aufrufen, sodass Sie Ihre Einstellungen im Compressor tätigen und aus Final Cut Pro X heraus aufrufen, besser gesagt, exportieren können.

Sie können aus Final Cut Pro X heraus in jedes QuickTime-kompatible Format und in jeden Codec exportieren, zum Beispiel H.264, ProRes oder MPEG-2 für DVD. Der Compressor arbeitet parallel zu Final Cut Pro: Während im Hintergrund komprimiert wird, können Sie im Vordergrund in Final Cut Pro bereits andere Projekte bearbeiten – Zeit ist schließlich Geld. Doch bevor wir Ihnen genauer aufdröseln, wie man seinen Workflow entsprechend optimiert, schauen wir uns zunächst die Komponenten und die Benutzeroberfläche des Compressors an.

> **Stapelverarbeitung**
>
> Der Ausdruck »Stapelverarbeitungsverfahren« hat seinen Ursprung im englischen »Batch Processing«, also dem Abarbeiten verschiedener Jobs in einem Arbeitsgang. Vereinfacht gesagt: Sie legen alle zu komprimierenden Filme in den Compressor, und mit einem einfachen Klick wird der gesamte Job für Sie abgearbeitet, ohne dass Sie sich weiter darum kümmern müssen.

13.1 Die Benutzeroberfläche

Der Compressor besteht eigentlich aus zwei Programmen: dem **Compressor**, in dem Sie Ihre Jobs anlegen, Voreinstellungen für die Kompression sowie Speicherziele definieren und in dem Sie auch eine Vorschau des zu erwartenden Ergebnisses finden, sowie dem Programm **Share Monitor**, wo Ihre Jobs nacheinander abgearbeitet werden.

Öffnen Sie den Compressor, sehen Sie, dass dieser in fünf Bereiche unterteilt ist: das Jobfenster links oben ❶, die Vorschau rechts oben ❹, die Voreinstellungen links unten ❷, das Informationsfenster ❸ in der Mitte sowie der Verlauf rechts unten ❺ (in der Standardauflösung wohlgemerkt, bevor Sie die Fenster in der Gegend rumschieben).

▲ **Abbildung 13.1**
Die Oberfläche des Compressors ist gut strukturiert und besteht aus dem Jobfenster, der Vorschau, den Voreinstellungen, dem Informationsfenster und dem Verlauf.

Senden Sie einen Job aus dem Compressor heraus zur Kompression, öffnet sich automatisch der Share Monitor. Hierbei handelt es sich eigentlich nur um eine mehr oder minder einfache Liste, die Ihnen Ihre Jobs und deren Status darstellt. Sollte sich der Share Monitor nicht automatisch öffnen, was durchaus einmal vorkommen kann (oder sich auch so einstellen lässt), können Sie im Compressor auch auf die Schaltfläche SHARE MONITOR klicken, um dieses Programm zu öffnen.

13.1.1 Workflow I – Senden aus Final Cut Pro X

Sie können Filme, das heißt Timeline oder Projekt, direkt aus Final Cut Pro zur Kompression schicken. Hierbei öffnet sich eine Art »Mini-Compressor«, der Ihnen alle Kompressions-Codecs und -Einstellungen sofort zur Verfügung stellt. Der Compressor sowie der Share Monitor arbeiten hierbei im Hintergrund, sodass Sie in Final Cut Pro sofort weiterarbeiten können.

▲ **Abbildung 13.2**
Der Share Monitor öffnet sich nach dem Senden automatisch und zeigt in Listenform die aktuellen Jobs und deren Status an.

13.1.2 Workflow II – Arbeiten mit QuickTime-Dateien

Die andere Methode ist der vorherige Export einer nativen QuickTime-Datei aus Final Cut Pro. Ist ein Projekt abgeschlossen, exportieren wir zumeist einen vollständigen, das heißt einen eigenständigen QuickTime-Film im nativen Format, also dem Originalformat. Da ein Großteil unserer Filme nach Final Cut Pro ohnehin meist noch durch die After-Effects-Mühle gedreht wird (oder Motion, Color oder Resolve etc.), erübrigt sich die Frage, ob wir den Film direkt an den Compressor senden oder ob wir ihn vorher als QuickTime-Film exportieren, denn hier arbeiten wir natürlich mit den ausgerenderten Ergebnissen weiter.

▲ **Abbildung 13.3**
Um mit einer QuickTime-Datei zu arbeiten, exportieren Sie Ihr Projekt zunächst als QuickTime-Film.

QuickTime-Film exportieren | Schauen wir uns daher mal diesen Workflow an: Aktivieren Sie das zu exportierende Projekt in Final Cut Pro X, und wählen Sie aus dem Menü BEREITSTELLEN • MEDIEN EXPORTIEREN. In dem erscheinenden Dialogfenster wählen Sie VIDEO UND AUDIO ❻ und bei VIDEO-CODEC den Eintrag AKTUELLE EINSTELLUNGEN ❼. Final Cut Pro X exportiert nun den Film, den Sie nach vollendeter Sicherung einfach per Drag & Drop in das kleine Backförmchen des Jobfensters im Compressor ziehen können.

Sie können sich auch einen Schritt, nämlich das Drag & Drop sparen, wenn Sie im Export-Dialog von Final Cut Pro X aus dem Dropdown-Menü NACH DEM EXPORTIEREN ❽ die Option MIT

COMPRESSOR ÖFFNEN wählen. Diese Option steht Ihnen aber natürlich nur in Final Cut Pro X (und Motion) zur Verfügung. Bei allen anderen Programmen, das heißt Encodings von QuickTime-Filmen, ziehen Sie diese am einfachsten per Drag & Drop in das Jobfenster.

Abbildung 13.4
Im Export-Dialog belassen Sie alle Einstellungen, wie sie sind, und exportieren den Film damit als eigenständige QuickTime-Datei.

Abbildung 13.5
Nach dem Export ziehen Sie die QuickTime-Datei in das leere Backförmchen des Jobfensters im Compressor.

13.1.3 Jobverwaltung

Statt nur eine QuickTime-Datei pro Job zu komprimieren, können Sie natürlich auch mehrere Filme nacheinander abarbeiten. Hierfür reicht es, die Dateien nacheinander per Drag & Drop in das Jobfenster zu ziehen. Auch wenn kein Backförmchen zu sehen ist, wird ein neuer Job angelegt, und Sie können Ihre Einstellungen entsprechend darauf durchführen.

Ähnlich einfach verhält es sich natürlich auch mit dem Entfernen von Elementen aus dem Jobfenster. Aktivieren Sie hierfür den Job, und klicken Sie die ←- oder die Entf-Taste; in diesem Fall werden natürlich auch alle Einstellungen, die Sie bereits getätigt haben, wieder entfernt.

◄ **Abbildung 13.6**
Ziehen Sie einfach einen zweiten, dritten oder vierten Film in das Jobfenster des Compressors, um mehrere Filme nacheinander zu encodieren.

Vorschaufenster | Neben der winzigen Vorschau links, die Sie nicht abspielen, sondern nur mit kleinen Schiebereglern durchscrollen können, finden Sie im rechten Bereich das große Vorschaufenster. Hier wird Ihnen der Clip in der aktuellen Qualität und Größe anzeigt. Über das kleine Dropdown-Menü ❶ können Sie außerdem die Darstellungsgröße noch Ihren Wünschen entsprechend verändern.

> **Vorschau**
> Seien Sie geduldig; je nach Ursprungsformat und Rechnergeschwindigkeit kann es durchaus ein paar Sekunden dauern, bis der Compressor die kleine Vorschau darstellen kann.

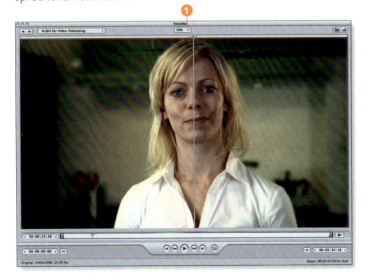

◄ **Abbildung 13.7**
Das im Jobfenster aktivierte Element wird in der Vorschau angezeigt und kann dort abgespielt und sogar nachgeschnitten werden.

Clipteil komprimieren | Sollten Sie nicht den gesamten Clip, sondern nur einen Teil daraus komprimieren wollen, können Sie ein Element im Vorschaufenster nachschneiden. Verschieben Sie hierfür entweder die In- und Out-Punkte direkt, oder bewegen

> **Weitere Infos**
> Sie sehen im unteren Bereich der Vorschau auch Informationen wie den Start- und End-Timecode, die Dauer zwischen In- und Out-Punkten und die aktuelle Timecode-Position.

13.1 Die Benutzeroberfläche | **591**

Sie den Playhead mittels Maus, Abspielsteuerung oder mit den Pfeiltasten nach links und rechts, und setzen Sie an der gewünschten Anfangsposition über die Taste ⌈I⌉ einen In- und an der gewünschten Endposition über die Taste ⌈O⌉ einen Out-Punkt.

Der Compressor weiß damit, welchen Teil des Filmes Sie encodieren möchten (auch ganz praktisch, um bei längeren Filmen eine kurze Testkomprimierung durchzuführen).

Informationen | An dieser Stelle können Sie auch mal einen Blick auf das kleine Informationsfenster in der Mitte riskieren. Unter A/V-ATTRIBUTE entnehmen Sie wichtige Informationen über Ihr zu berechnendes Videomaterial, zum Beispiel die aktuelle Bildgröße, das Pixelformat, Frame-Rate (Bilder pro Sekunde) sowie die native Halbbilddominanz. Außerdem erkennen Sie, ob und welche Form von Audio dem Videomaterial unterlegt ist.

Abbildung 13.8 ▶
Dem Informationsfenster entnehmen Sie wichtige Infos über Ihren Film, zum Beispiel Bildgröße oder Halbbilddominanz.

Abbildung 13.9 ▶▶
Auch auf die Metadaten einer QuickTime-Datei haben Sie im Compressor Zugriff und können diese auch in der Originaldatei verändern oder erweitern.

Klicken Sie auf den Reiter ZUSÄTZLICHE INFOS, können Sie Ihrem Videofilm (wir reden hier noch immer über das Original, nicht eine komprimierte Kopie) so genannte Metadaten hinzufügen, zum Beispiel Autor, Beschreibung, Copyright und andere Schlagwörter.

13.2 Vorlagen

Auch in der Version 4 des Compressors finden sich viele Vorlagen, allerdings leider weit weniger als in den Vorgängerversionen. Apple hat ziemlich ausgemistet und den Fokus eindeutig auf die eigenen Gerätschaften, namentlich iPod, iPad und iPhone gelegt.

Kein MobileMe mehr

Die ursprünglichen Einstellungen des Veröffentlichens auf MobileMe und als Referenzfilm gibt es leider nicht mehr, was nicht zuletzt damit zusammenhängt, dass Apple den MobileMe-Service zum Sommer 2012 einstellen wird (oder schon eingestellt hat, je nachdem, wann Sie dieses Buch lesen).

Trotzdem finden sich natürlich noch einige andere Settings wie das Brennen von Medien (DVD und Blu-ray-Disc), das ProRes-Verarbeitungsformat und das neue HTTP-Streaming.

◄ **Abbildung 13.10**
Die neuen Vorlagen von Compressor 4 vereinfachen viele Arbeiten der Kompression, weil sie brauchbare Einstellungen enthalten und Arbeiten wie den Upload oder das Brennen automatisch übernehmen.

Diese Einstellungen können Sie direkt aus dem BEREITSTELLEN-Menü von Final Cut Pro X aufrufen oder auch als Voreinstellung beim Compressor, unter anderem gleich wenn Sie das Programm öffnen. Als kleiner Überblick hier noch einmal die zur Verfügung stehenden Einstellungen:

- ERSTELLT EINEN AUDIO-PODCAST: Hierbei wird eine AAC-Audiodatei (ohne Video) erstellt, die sich direkt in die iTunes-Mediathek einfügt und sich dort mit dem iPod oder einem iPhone synchronisieren lässt.
- BLU-RAY-DISC ERSTELLEN: Generiert eine Blu-ray Disc oder ein Blu-ray Image im H.264-Video- und Dolby-Digital-Audio-Codec (.ac3). Optional können Sie hier Menüs für die Steuerung sowie Kapitelmenüs generieren lassen. Wahlweise wird hierbei direkt eine Blu-ray Disc gebrannt oder ein Disk-Image erstellt, das Sie über einen Blu-ray-Brenner auf ein BD-Medium brennen können.
- DVD ERSTELLEN: Analog zur Funktion BLU-RAY ERSTELLEN können Sie über DVD ERSTELLEN eine DVD oder ein Image erstellen. Genutzt werden hierbei die Standards MPEG-2 für Video und Dolby Digital für Audio. Die DVD kann entweder direkt gebrannt oder als Disk-Image gesichert werden. Auch stehen hier wieder Menüs für die Steuerung und Kapitel zur Verfügung. Möchten Sie ein individuelleres Design als die vorgegebenen Menüs nutzen, benötigen Sie ein Programm wie DVD Studio Pro, das jedoch von Apple nicht mehr ausgeliefert wird (es war Bestandteil des alten Final Cut Pro Studio).

- HTTP-Live-Streaming: Unter diesem Begriff versteht man das sofortige Abspielen (»Streamen«) von Filmen auf Webseiten.
- Auf Apple TV veröffentlichen: Was sich wie ein toller Fernsehsender anhört, ist eigentlich nur die Kompression des Films in H.264 für die Nutzung mit Apples Settop-Box.
- Auf YouTube veröffentlichen: Möchten Sie Ihren Film auf der Website YouTube publizieren, bietet sich diese Vorlage an. Genutzt wird hier auch wieder der MP4-Standard für Audio und Video, wobei der Upload auf YouTube automatisch durch den Compressor erfolgt. Voraussetzung hierfür ist natürlich, dass Sie ein YouTube-Konto und das entsprechende Passwort haben.

> **Konto und Rechte benötigt**
>
> Um einen Film auf ein soziales Netzwerk zu laden, benötigen Sie dort natürlich ein Konto. Außerdem sollten Sie dringend darauf achten, dass sowohl die Bild- als auch die Tonrechte bei Ihnen oder Ihrer Firma liegen.

Auftragseigenschaften | Im Informationsfenster eines Films in Compressor 4 finden Sie den Reiter Auftragseigenschaft. Hierbei handelt es sich im Prinzip um dieselben Einstellungen wie bei den Vorlagen – Sie steuern damit die Durchführung eines Jobs nach Erledigung der Kompression. Sollten Sie das Vorlagenfenster nicht sehen, weil Sie es weggeklickt oder ausgeschaltet haben, so haben Sie über die Auftragseigenschaften wieder Zugriff auf die Vorlagen und können auch von hier aus eine Blu-ray-Disc erstellen oder einen Film auf YouTube oder Vimeo hochladen.

Nach der Kompression | Zusätzlich finden Sie noch automatisierte Aufträge, die Sie vom Compressor durchführen lassen können. Hierfür steht Ihnen das Dropdown-Fenster Wenn Auftrag abgeschlossen zur Verfügung. Eine Auswahl daraus:

- Zur iTunes-Mediathek hinzufügen: Lädt den komprimierten Film automatisch in die iTunes Library des Computers, um ihn von dort aus mit mobilen Geräte wie iPod Video/touch und dem iPhone oder mit Apple TV zu synchronisieren.
- Mit Programm öffnen: Sollten Sie ein Transcoding, also das Umrechnen eines Films in ein anderes zu verarbeitendes Format, zum Beispiel in ProRes, durchgeführt haben, öffnet diese Auftragseigenschaft den Film automatisch in einem Programm Ihrer Wahl, beispielsweise Final Cut Pro, Motion, Soundtrack oder After Effects.
- Automator-Arbeitsablauf ausführen: Der Automator ist die neue Scripting-Sprache von Mac OS X, die es ermöglicht, immer wiederkehrende Arbeiten automatisch ausführen zu lassen. Sollten Sie ein Automator-Script programmiert haben, können Sie es über den Compressor automatisch ausführen lassen.

- AUF … VERÖFFENTLICHEN: Liefert eine Auswahl an bekannten und beliebten Websites zum Upload von Video, beispielsweise Facebook, Vimeo oder YouTube.

◀ Abbildung 13.11
Über die Auftragseigenschaften können Sie bestimmte Arbeiten nach der Kompression des Films vom Compressor automatisch durchführen lassen.

13.3 Voreinstellungen

Sollten Sie unter den Vorlagen für Ihren Zweck nicht fündig werden, können Sie andere Voreinstellungen von Apple nutzen oder selbst welche festlegen. Voreinstellung heißt in diesem Zusammenhang die Spezifikation von Größe, Datenrate, Qualität und anderen Parametern. Und Apple wäre nicht Apple, wenn sie nicht einen ganzen Berg an mehr oder minder brauchbaren Einstellungen gleich mitliefern würden.

Vorinstallierte Einstellungen | Die Liste der Voreinstellungen von Apple ist lang und umfasst so ziemlich alle Bereiche der Kompression, angefangen bei kleinstem Web-, Podcast- oder iPod-Video über Standard-DVD-Kompressoren bis hin zu Blu-rays.

Werfen Sie einen Blick auf das Fenster VOREINSTELLUNGEN, erkennen Sie dort zunächst zwei Gruppen: APPLE und EIGENE. Diese beiden Gruppen lassen sich aufklappen, wobei die Untergruppen sichtbar werden, im Fall von Apple die Apple-Geräte (gemeint sind hier unter anderem der iPod mit Video, das iPhone sowie die Settop-Box Apple TV), DVD (Standard und Blu-ray), weitere Formate für Audio sowie die unterschiedlichen MPEG-Derivate und Produktionsformate, unter anderem der ProRes-Codec. Unterhalb der Ordner wird Ihnen angezeigt, wie viele Voreinstellungen oder Gruppen sich jeweils in den dargestellten Ordnern befinden.

Eigene Voreinstellungen

Trotz der Masse an werkseitig vorinstallierten Settings kommt es doch nicht selten vor, dass man die eigentlich benötigten Einstellungen gar nicht oder nicht in ausreichendem Umfang vorfindet. In diesem Fall können Sie selbst Voreinstellungen anlegen, diese speichern und auch bei späteren Einsätzen wieder aufrufen, zum Beispiel, wenn Sie einen Kunden haben, der regelmäßig dasselbe Format für seine Website braucht, wenn Sie zur Abnahme einen Film per E-Mail verschicken oder auf einen Server stellen wollen oder wenn Sie immer mal wieder eine DVD bzw. eine Blu-ray-Disc ausspielen müssen.

Öffnen Sie eine Gruppe so weit, dass Sie die enthaltenen Voreinstellungen sehen, wird Ihnen neben dem Namen der Einstellung auch noch die Beschreibung eingeblendet.

▲ **Abbildung 13.13**
Das Voreinstellungsfenster zeigt Ihnen unter anderem auch die Beschreibung eines Komprimierers an.

Wesentlich umfangreicher sind die Informationen im Informationsfenster. Hier sehen Sie tatsächlich jede noch so kleine Einstellung, um genau prüfen zu können, ob die Settings Ihren Vorstellungen entsprechen oder ob Sie eine Voreinstellung in bestimmten Parametern korrigieren müssen. Außerdem finden Sie hier natürlich auch den Voreinstellungsnamen sowie eine kurze Beschreibung, zum Beispiel für welchen Kunden oder für welches Projekt Sie die Einstellung angelegt haben.

▲ **Abbildung 13.12**
Innerhalb der Gruppen wird angezeigt, wie viele Untergruppen oder Voreinstellungen sich darin befinden.

Abbildung 13.14 ▶
Das Informationsfenster zeigt Ihnen sehr detailliert alle Einstellungen Ihres Komprimierers an.

Wir gehen auf die einzelnen Parameter und Optionen später genauer ein; momentan werfen wir jedoch zunächst einen Blick darauf, wie man eine oder mehrere Einstellungen eigentlich anwendet.

13.3.1 Anwendung von Einstellungen

Die gewünschten Voreinstellungen auf einen zu encodierenden Clip zu bekommen, funktioniert nach dem altbewährten Apple-Prinzip per Drag & Drop: Nachdem Sie einen Clip in das Jobfenster gezogen haben, greifen Sie einfach die Voreinstellung aus dem Voreinstellungsfenster und ziehen sie auf den Clip. Voilà! Der Name der Einstellung und ein vorgeschlagener Zielname erscheinen nun im Jobfenster neben dem Clip.

◄ **Abbildung 13.15**
Zum Anwenden einer Einstellung auf einem Clip reicht das Drag & Drop aus dem Voreinstellungsfenster.

Audio-Encoder

Speziell die von Apple mitgelieferten DVD-Voreinstellungen enthalten neben dem MPEG-2-Video gleichzeitig und praktischerweise auch einen brauchbaren Audio-Encoder.

Mehrere Voreinstellungen | Formate wie MPEG-2 für DVD erfordern es, dass Sie mehrere Kompressionsvorgänge durchführen, nämlich einen für das Video (.m2v) und einen für die Audiospur (.ac3 oder andere). Daher müssen Sie auch zwei Voreinstellungen auf einen Film legen. Zum einen können Sie die zweite Einstellung natürlich auch einfach per Drag & Drop in das Jobfenster ziehen (das gilt auch, wenn Sie mehrere Versionen/Formate aus einem Film erstellen möchten), oder Sie ziehen einen ganzen Ordner mit mehreren enthaltenen Einstellungen per Drag & Drop auf den Filmclip.

Abbildung 13.16 ▶
Alternativ zu einer einzelnen Einstellung können Sie auch einen ganzen Ordner mit Voreinstellungen auf einen Clip ziehen.

Codecs von Drittanbietern

Der Compressor kann auf installierte Codecs von Drittanbietern zurückgreifen, zum Beispiel Flip4Mac für die Codierung von Windows-Media-Dateien, sodass Sie Ihrem Kunden neben QuickTime auch MPEG-1, DivX, Real Media und/oder Windows Media anbieten können. Doch mehr dazu später.

Das Drag & Drop von ganzen Ordnern kann speziell dann ganz praktisch sein, wenn ein Kunde unterschiedliche Versionen desselben Films haben möchte, beispielsweise zum Download von seiner Website oder fürs Streaming-Verfahren.

13.3.2 Vorschau

Sobald Sie eine Einstellung auf einem Clip angewandt haben, aktiviert sich dieser erneut im Vorschaufenster, und zwar nach dem Splitscreen-Verfahren, sodass Sie zum einen die Originalqualität und zum anderen das zu erwartende Kompressionsergebnis sehen.

Sollten Sie mehrere Voreinstellungen auf einem Clip angewandt haben, müssen Sie zunächst auf eine Einstellung klicken, um die Vorschau zu sehen. Alternativ dazu finden Sie links über der Vorschau auch ein kleines Dropdown-Menü ❷, das Ihnen die angewandten Codecs auf Ihrem Video zur Auswahl stellt. Zwischen den Einstellungen hin- und herschalten können Sie über die kleinen Dreiecke ❶ links des Dropdowns.

Abbildung 13.17 ▶
Über das kleine Dropdown-Menü oberhalb der Vorschau können Sie einen angewandten Kompressor für die Preview wählen.

Vorschau anpassen | Ein kleiner Schieberegler ❸ am oberen Bildrand der Vorschau ermöglicht Ihnen das Verschieben des Splitscreens nach links oder rechts, je nachdem, welchen Bildausschnitt Sie mit und welchen Bildausschnitt Sie ohne angewandten Kompressor sehen möchten.

Ein weiteres kleines Dropdown-Fenster ❹ erlaubt das Ein- und Auszoomen aus dem Bild. Hier stehen Ihnen unterschiedliche Zoomfaktoren von 50 % bis 100 % zur Verfügung. Um die Fenstergröße dem Vorschaubild anzupassen, klicken Sie auf die beiden winzigen Schaltflächen ❺ rechts der Darstellungsgröße.

> **Genaue Prüfung**
>
> Gerade bei komplexeren Bildinhalten wie Verläufen (zum Beispiel einem Sonnenuntergang), unruhigen Bildern wie einer glitzernden Wasseroberfläche oder im Wind wehenden Weizenfeldern sowie bei schnellen Aufnahmen aus dem Sportbereich bietet es sich an, das Bild in der Vorschau genauestens auf Bildfehler hin zu überprüfen, um nach dem Encoding böse Überraschungen zu vermeiden.

▲ **Abbildung 13.18**
Über das kleine Dropdown-Fenster oberhalb der Vorschau stellen Sie die Darstellungsgröße des Videos ein.

13.3.3 Name und Zielort

Sind alle Einstellungen zu Ihrer Zufriedenheit angewandt, können Sie vor dem Start des Encoding-Prozesses den Namen der Zieldatei sowie einen Speicherort festlegen. Der Compressor hat die wenig charmante Eigenschaft, dem Filmnamen als eindeutige Benennung einfach den Namen des Encoders anzuhängen, was dazu führt, dass die Dateinamen mitunter sehr lang werden.

Dateiname ändern | Sie ändern den Namen der Zieldatei, indem Sie in das rechte der beiden Felder im Jobfenster klicken. Hier erscheint zunächst der Name (inklusive Zusatz der Voreinstellungen), den Sie jedoch frei wählen und verändern können.

▼ **Abbildung 13.19**
Zur Änderung des Namens einer Zieldatei klicken Sie einfach in das rechte Namensfeld.

Speicherort festlegen | Der Speicherort ist ein weiterer Parameter, den Sie im Jobfenster definieren können. Typischerweise speichert der Compressor die Zieldatei im »Original«, das heißt an der Stelle, wo sich auch die Ursprungsdatei befindet. Sollten Sie diesen Ort ändern wollen, klicken Sie einfach mit der rechten Maustaste in den Bereich ORIGINAL, und wählen Sie aus dem erscheinenden Kontextmenü einen anderen Zielort aus. Zur Verfügung stehen Ihnen hier neben dem Original unter anderem auch der Schreibtisch oder der Ordner FILME.

Abbildung 13.20 ▼
Über die rechte Maustaste oder ctrl -Klick können Sie ein neues Ziel für die zu encodierende Datei auswählen.

Sollte Ihnen keiner der vorgeschlagenen Orte zusagen, klicken Sie in ANDERE..., um den Sichern-Dialog des Compressors aufzurufen, und wählen Sie hier einen beliebigen Ort auf Ihrer Festplatte oder auf angeschlossenen Netzwerkrechnern aus.

Abbildung 13.21 ▶
Zur Definition von Zielorten wählen Sie zunächst den Ordner EIGENE und klicken anschließend auf das kleine Plus-Zeichen. Hier wählen Sie dann zwischen lokalen und entfernten Volumes.

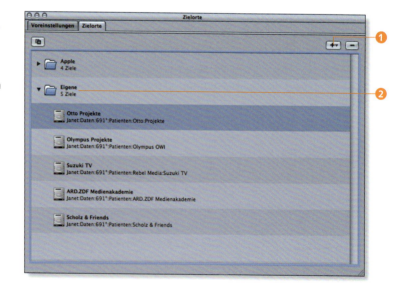

Einstellungen speichern | Zielorte lassen sich auch permanent speichern und damit immer wieder per Drag & Drop aufrufen, was besonders praktisch ist, wenn Sie viele Filme für einen bestimmten Kunden oder für einen Synchronisationsordner komprimieren, zum Beispiel zum Upload auf einen Server.

Um einen Zielort festzulegen, klicken Sie auf den Reiter ZIELORTE neben dem Fenster VOREINSTELLUNGEN im Informationsfenster. Ähnlich wie auch bei den Voreinstellungen erscheinen hier Ordner und Einstellungen, die Ihnen das Festlegen von Speicherzielen ermöglichen. Aktivieren Sie zunächst den Ordner EIGENE ❷, und klicken Sie anschließend auf das kleine Dropdown-Menü mit dem Plus ❶. Hier können Sie einen lokalen oder einen entfernten Speicherort festlegen. Lokale Speicherorte sind interne und externe Festplatten sowie alle Volumes, die auf Ihrem Rechner gemountet sind, also beispielsweise auch Rechner im Netzwerk.

Um einen Zielort für einen Job anzuwenden, ziehen Sie diesen einfach per Drag & Drop aus dem Zielorte-Fenster und legen ihn auf das Zielfeld (wo zunächst ORIGINAL steht). Der Name des Zielortes erscheint dort und zeigt damit an, wo die Zieldatei gespeichert wird. Um einen Zielort wieder aus den Voreinstellungen zu löschen, aktivieren Sie diesen im Zielorte-Fenster und klicken auf das Minus-Zeichen.

> **Entfernt vs. lokal**
>
> Bei entfernten Speicherorten handelt es sich um Computer, die Sie nur über Internetadressen erreichen können (zum Beispiel TCP/IP-Adressen); in diesem Fall müssen Sie die Internetadresse sowie gegebenenfalls Ihren Benutzernamen und ein Passwort eingeben. Lokale Rechner lassen sich einfach über den Öffnen-Dialog anwählen.

▲ Abbildung 13.22
Um eine komprimierte Datei an einem definierten Ort zu speichern, reicht das Drag & Drop des Zielortes auf den Job.

13.3.4 Ab die Post! – Encoding starten

Mit diesen Informationen sind Sie eigentlich auch schon gerüstet, Ihren Encoding-Vorgang zu starten. Klicken Sie hierfür auf die Schaltfläche SENDEN im Jobfenster. Es erscheint zunächst ein Dialogfenster, indem Sie dem zu sendenden Job einen Namen geben können (müssen Sie aber nicht) und wo Sie Cluster und Priorität auswählen. Einen Cluster, das heißt einen virtuellen Verbund aus Computern, können Sie natürlich nur dann anwählen, wenn Sie ihn vorher definiert haben, und Prioritäten zu vergeben macht nur dann Sinn, wenn Sie viele verschiedene Jobs vergeben und diese unterschiedlich dringend sind.

◄ Abbildung 13.23
Nach dem SENDEN-Befehl erscheint zunächst ein Dialogfenster für die Auswahl von Namen, Cluster und Priorität.

Bestätigen Sie den SENDEN-Befehl, öffnet der Compressor nun den Share Monitor, in dem Ihr Job erscheint und abgearbeitet wird. Sollte der Share Monitor nicht in Erscheinung treten, klicken Sie einfach auf die Schaltfläche SHARE MONITOR.

13.3.5 Share Monitor

Der Share Monitor stellt unterschiedliche Informationen dar und lässt Sie Ihre Jobs mehr oder minder gut steuern. Zunächst klicken Sie auf den Bereich DIESER COMPUTER links in der Spalte; hier erscheinen alle Job, die Sie an den Share-Monitor gesandt haben. Sollten Sie mehrere Computer/Cluster verwalten, zeigt Ihnen die Liste auch diese an.

Im rechten Fensterbereich sehen Sie zunächst den Job mit dem von Ihnen vergebenen Namen. Klappen Sie diesen auf, können Sie die einzelnen Encoding-Prozesse sehen, basierend auf dem Film, den Sie losgeschickt haben, und mit einer Liste aller Voreinstellungen, die Sie auf diesen Film angewandt haben. Auf der rechten Seite erkennen Sie zudem einen Statusbalken mit kleiner Zeitanzeige, die die aktuell verstrichene Zeit anzeigt, sowie drei winzige Schaltflächen zum Pausieren (zwei Striche), zum Abbrechen eines Jobs (x) und für Informationen (i).

Abbildung 13.24 ▼
Der Share Monitor stellt alle aktuellen und kürzlich abgearbeiteten Jobs sowie Zeiten dar und verfügt über Steuerungsschaltflächen.

Ist ein Job fertig encodiert, erhalten Sie im Stapelfenster die Meldung ERFOLGREICH ❶. Hier werden aber auch etwaige Probleme dargestellt, die während eines Prozesses auftreten könnten.

Abbildung 13.25 ▶
Nach geglücktem Encoding erscheint die Meldung ERFOLGREICH hinter dem Job im Share Monitor.

Darstellung anpassen | Abhängig davon, wie viele Jobs Sie gleichzeitig verwalten oder berechnen lassen, können Sie die Darstellung der Elemente im Share Monitor einschränken, um einen besseren Überblick zu erhalten. Zum einen lassen sich die Jobs über die kleinen Dreiecke links des Jobnamens aufklappen, zum anderen können Sie sich auch der Schaltflächen im oberen Bereich des Share Monitors bedienen. Hier finden Sie zum einen Funktionen wie das Ein- und Ausklappen aller Jobs sowie die Änderung der Sortierreihenfolge. Im rechten Bereich können Sie bestimmen, ob die Darstellung auf die eigenen Jobs (Ich) ❸ eingeschränkt wird oder ob alle ❷ Jobs aufgeführt werden. Außerdem können Sie sich nur die abgeschlossenen, nur die aktiven oder natürlich wieder alle Jobs anzeigen lassen ❹.

▲ **Abbildung 13.26**
In der oberen Leiste des Stapelfensters sind die Darstellungseinschränkungen zu finden.

13.3.6 Programmeinstellungen

Bevor wir uns gleich ausgiebig mit den Encoding-Einstellungen für die unterschiedlichen Video- und Audioformate auseinandersetzen, werfen wir noch einen kurzen Blick auf die wichtigsten Programmeinstellungen des Compressors. Sie finden diese im Menü Compressor • Einstellungen.

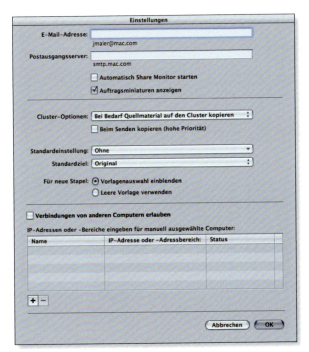

◀ **Abbildung 13.27**
Die wichtigsten Einstellungen des Compressors sind die E-Mail-Adresse sowie die Wahl der Standardeinstellung und des Standardziels.

13.3 Voreinstellungen | **603**

> **Jeder Ordner möglich**
>
> Alternativ zum Originalordner können Sie zum Beispiel den Schreibtisch wählen (was wir eigentlich meistens machen) oder einen anderen Ordner auf Ihrem Computer, im Netzwerk oder im Internet. Zu beachten ist hier natürlich, dass der entsprechende Zielserver gemountet sein muss.

In diesem Fenster können Sie zum einen Ihre E-Mail-Adresse und den SMTP-Server (für ausgehende Mails) angeben, um benachrichtigt zu werden, wenn ein Job abgeschlossen ist. Zum anderen bestimmen Sie hier auch, dass der Share Monitor automatisch geöffnet wird, sobald Sie einen Job aus dem Compressor absenden. Wichtig ist außerdem die Option STANDARDEINSTELLUNG, mit der Sie einen Codec bzw. ein Format auswählen können, das immer angewandt wird, wenn Sie einen Film in den Compressor importieren, sowie das STANDARDZIEL, also das Volume und der Ordner, in dem alle komprimierten Filme landen. Werkseitig ist hier der Originalordner eingestellt, in dem sich auch die Quelldatei befindet.

13.3.7 Kompressionsvoreinstellungen

Ein Komprimierungsprogramm ist natürlich immer nur so gut wie die installierten Formate und Codecs. In der Version 4 verfügt der Compressor über viele brauchbare Kompressionsalgorithmen und lässt sich über QuickTime-Komponenten wie Flip4Mac für das Windows-Media-Format oder den Flash-Encoder von Adobe erweitern. Auch sind die weiter oben erwähnten werkseitigen Voreinstellungen schon sehr gut und umfangreich. Wer jedoch auch noch das letzte bisschen Qualität bei möglichst geringer Datenrate aus seinem Film herauskitzeln möchte, muss sich mit den Voreinstellungen auseinandersetzen und diese entweder neu anlegen oder vorhandene Einstellungen bearbeiten.

Abbildung 13.28 ▶
Zum Anlegen einer neuen Kompressionseinstellung wählt man zunächst das Format aus.

Eigene Einstellungen | Zum Anlegen einer neuen Voreinstellung wählen Sie zunächst einen Ordner im Fenster VOREINSTELLUNGEN aus oder legen einen neuen Ordner an (über das winzige Symbol ❶ mit dem Ordner und dem Plus-Zeichen). Jetzt klicken Sie im rechten Bereich des Voreinstellungsfensters auf die Schaltfläche mit dem Plus ❷ und wählen hier ein Format aus. Zur Auswahl stehen Audioformate wie AIFF, MP3 oder Dolby Digital und Videoformate aus der MPEG-Familie sowie H.264, das DV-Stream-Format und natürlich das QuickTime-Format mit allen installierten Codecs.

Haben Sie ein Format gewählt, erscheint es im Fenster INFORMATIONEN, wo Sie zunächst einen Namen ❸ und eine Beschreibung ❹ für diese Voreinstellung angeben können.

Sinnvolle Namen

Je mehr Voreinstellungen Sie anzulegen und zu verwalten planen, umso mehr Sinn macht es, diese möglichst eindeutig zu benennen und zu beschreiben, beispielsweise wenn unterschiedliche Kunden immer verschiedene Formate wünschen.

◄ Abbildung 13.29
Je nach Anzahl der zu verwaltenden Voreinstellungen macht eine möglichst genaue Beschreibung durchaus Sinn.

Im nächsten Schritt beginnen Sie, sich durch die einzelnen Schaltflächen ❺ des Informationsfensters zu klicken, um die Voreinstellung entsprechend Ihren Vorstellungen zu definieren.

13.3.8 Kompressionsvoreinstellungen für DVD (Standard PAL)

Natürlich haben wir in diesem kleinen Büchlein nicht die Möglichkeit, alle Formate und Kompressoren durchzusprechen, weswegen wir uns an dieser Stelle nur mit den gängigsten Ausgabemedien wie DVD, Blu-ray und MPEG-4 befassen.

Videoformat | Neben MPEG-4 ist eine der am häufigsten gebrauchten Einstellungen sicherlich noch immer das Format MPEG-2 für Standard-DVDs. Obwohl Apple vorgefertigte Settings für MPEG-2 mitliefert, kann man doch über ein paar Regler ein noch besseres Ergebnis erzielen als mithilfe der werkseitigen Einstellungen. Nachdem Sie, wie oben beschrieben, ein neues Setting für MPEG-2 ausgewählt und benannt haben, klicken Sie zunächst auf die Schaltfläche CODIERER ❻, um das korrekte Videoformat ❼ für Ihr MPEG-2-Encoding zu wählen. Hier stehen Ihnen PAL und NTSC als Länderformate und die Bildraten 25 und 29,97 Frames pro Sekunde zur Verfügung. Über SEITENVERHÄLTNIS bestimmen Sie, ob Sie eine 4:3- oder 16:9-Videodarstellung wünschen. Außerdem haben Sie die Möglichkeit, die Halbbilddominanz einzustellen, wobei Sie mit AUTOMATISCH eigentlich immer recht gut fahren, da der Compressor hier selten Fehler machen.

Optionen einblenden

Sollten bestimmte Optionen bei Ihnen nicht auswählbar sein, klicken Sie auf die kleine Schaltfläche mit dem Zahnrädchen, um diese Optionen freizugeben (sie werden ansonsten vom Compressor automatisch gefüllt).

Sollten Sie einen anderen Start-Timecode wünschen als in Ihrer Quelldatei angegeben (zum Beispiel 10:00:00:00 statt des Standardstarts von 00:00:00:00), machen Sie ein Häkchen bei START-TIMECODE AUSWÄHLEN und geben den Timecode entsprechend in das Feld darunter ein.

Abbildung 13.30 ▶
Unter dem Reiter VIDEOFORMAT finden Sie die grundlegenden Einstellungen für das MPEG-2-Encoding.

Qualitätseinstellungen | Klicken Sie nun auf den Reiter QUALITÄT ❽, um die Qualitätseinstellungen vorzunehmen. Je nachdem, wie eilig Sie es haben oder wie hoch Sie die Qualität Ihres Videos wünschen, können Sie zwischen unterschiedlichen Modi des Encodings wählen:

▶ Relativ große Dateien, dafür aber das schnellste Encoding liefert Ihnen 1-PASS-CBR, also ein einfacher Encodiervorgang mit konstanter Bitrate.

▶ Kleiner wird die Datei, wenn Sie statt CBR (Constant Bit Rate) die Option VBR (Variable Bit Rate) wählen, da hierbei die Bilder entsprechend ihrem Inhalt unterschiedlich hoch komprimiert werden, wodurch Sie einen Großteil unnötiger Datenkapazität einsparen, das heißt, Sie bekommen längere Filme auf eine Standard-DVD.

▶ Das beste Ergebnis erreichen Sie natürlich über die Einstellung 2-PASS-VBR, OPTIMAL, da beim Zweiwegeverfahren das Originalmaterial zunächst analysiert wird, bevor der Compressor es komprimiert.

> **Sinnvolle Werte**
>
> Für einen kurzen Film können Sie durchaus einen Mittelwert von 5 MBit und einen Höchstwert von 8,2 MBit angeben, um eine möglichst hohe Qualität zu erhalten. Höher als 8,2 MBit sollten Sie allerdings nicht gehen, da es bei einigen DVD-Playern zum Ruckeln bei der Darstellung führen kann, schließlich muss das Audio auch noch mit abgespielt werden.

Über die darunter liegenden Regler stellen Sie außerdem die durchschnittliche und die maximale Bitrate ein. Über diese Optionen entscheiden Sie direkt, wie groß Ihre Datei wird bzw. wie hoch die Qualität sein soll.

Haben Sie nur einen kurzen Film, zum Beispiel einen Beitrag oder einen Videoclip, können Sie die durchschnittliche Datenrate natürlich sehr hoch setzen, wobei Sie bei einem langen Film darauf achten müssen, dass dieser anschließend auch auf die DVD passt.

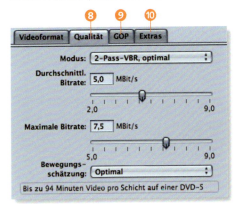

◄ Abbildung 13.31
Eine optimale Qualität erreichen Sie, wenn Sie auf 2-Pass-VBR, OPTIMAL schalten und die Datenraten bei 5 MBit im Durchschnitt und 7,5–8,2 im Höchstwert angeben.

»GOP« und »Extras« | Über den Reiter GOP ❾ geben Sie die Anzahl der Bildgruppen (Group Of Pictures) und das GOP-Muster ein. Sollten Sie nicht wissen, was das bedeutet, sind Sie mit den voreingestellten 12 gut bedient. In den EXTRAS ❿ wählen Sie außerdem die Kapitelmarkierungen und das Multiplexing für MPEG-Transport-Streams aus, wenn nämlich Video und Audio zu einer (.m2t-)Datei zusammengerechnet werden. Aber diese Option benötigt man auch nur in Ausnahmefällen, beispielsweise zur Weitergabe an Windows-Rechnern.

Bildsteuerungen | Über die dritte Schaltfläche von links, die Bildsteuerungen ❶, können Sie Formate umrechnen oder genauer angeben, ob Sie zum Beispiel Material mit Halbbildern als progressiv ausgeben möchten (das heißt ein Deinterlacing durchführen möchten). Auch hier müssen Sie zunächst auf das kleine Zahnrädchen klicken, um Änderungen durchführen zu können.

Filter anwenden | Schließlich können Sie auf Ihr Video auch noch Filter anwenden, wenn Sie auf die dritte Schaltfläche von rechts ❷ klicken: Wenn Ihnen der Codierer in der Vorschau zum Beispiel sehr blass vorkommt, aktivieren Sie hier die Gamma-Korrektur oder den Schwarz-Weiß-Pegel, und stellen Sie diese im darunter liegenden Feld ein.

Häufiger als eine nachträgliche Farbkorrektur jedoch benötigt man einen Timecode auf dem Bild, zum Beispiel für eine

Timecode formatieren

Außerdem können Sie auch Farbe, Größe und Timecode-Start bei 00:00:00:00 angeben, wobei wir Ihnen für die Schriftart eine große Monospacing-Schrift empfehlen, zum Beispiel Courier fett, da andere Schriftarten ständig hin- und herspringen, wenn die Breite der Ziffern sich ändert (was überaus nervig ist).

Redaktions- oder Produktionsabnahme. Auch hierfür finden Sie im Compressor einen Filter, den Sie zwar nicht frei auf dem Bild bewegen können, aber es lässt sich festlegen, ob der Timecode oben, unten, links oder rechts und innerhalb des Titelbereichsrahmens oder am Bildrand angezeigt wird.

Abbildung 13.32 ▶
Sollten Sie einen Timecode auf dem Bild benötigen, können Sie ihn über die dynamischen Filter des Compressors aktivieren.

Größe, Beschnitt, E-Mail-Versand | Zum Schluss können Sie über die zweite Schaltfläche von rechts ❸ noch die Größe Ihres Filmes und den Beschnitt ändern und auch Automatismen wie den E-Mail-Versand über die rechte Schaltfläche ❹ aktivieren.

Mit diesen Einstellungen sind Sie jetzt ziemlich gut gerüstet für ein qualitativ hochwertiges Encoding für kurze Filme. Ändern Sie die Qualitätseinstellungen, wenn Ihre Filme länger sind, und schalten Sie auf 1-Pass um, wenn Sie es gerade eilig haben.

Zusammenfassung | Klicken Sie jetzt auf die ganz linke Schaltfläche des Informationsfensters, um die Zusammenfassung Ihrer Einstellungen zu sehen, und vergessen Sie nicht, die Einstellung auch zu sichern ❺.

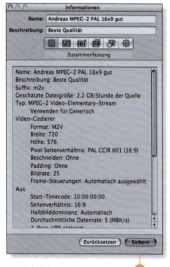

▲ **Abbildung 13.33**
Klicken Sie auf die Schaltfläche ZUSAMMENFASSUNG, um die Einstellungen noch einmal zu überprüfen, und vergessen Sie das Sichern nicht.

Audio encodieren | Sind alle Einstellungen getätigt, ziehen Sie diese Voreinstellung einfach aus Ihrem Ordner auf einen Clip im Stapelfenster, um sie dort anzuwenden. Vergessen Sie aber nicht, auch das Audio Ihres Films mit zu encodieren. Hierfür eignet sich der von Apple mitgelieferte Codierer Dolby Digital Professional 2.0 für Stereofilme (zu finden unter APPLE • BRENNEN VON MEDIEN). Heraus kommt dabei eine .ac3-Audiodatei, die Sie zusammen mit der .m2v-Videodatei in Ihr DVD-Programm, zum Beispiel DVD Studio Pro importieren können.

13.3.9 Kompressionsvoreinstellungen für Blu-ray-Discs

Da HD immer beliebter und damit die Nutzung von Standard-DVDs immer seltener wird, kann man über den Compressor auch Filme auf Blu-ray-Discs brennen. Diese Funktion erreichen Sie am einfachsten über die automatisierten Vorlagen des Compressors oder über BEREITSTELLEN aus Final Cut Pro X. Zum Erstellen einer Blu-ray-Disc wählen Sie die entsprechende Funktion aus dem Compressor aus, und wechseln Sie im Informationsfenster auf AUFTRAGSEIGENSCHAFT. In diesem Menü können Sie ein Ausgabegerät, also einen Blu-ray-Brenner auswählen (wenn einer angeschlossen ist), die Ebenen festlegen (einschichtig oder zweischichtig) sowie die Blu-ray-Disc in puncto Hintergrund, Menü und Titel gestalten.

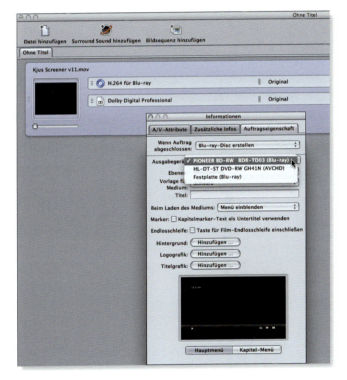

◄ Abbildung 13.34
Wenn Sie die Blu-ray-Disc sofort brennen möchten, wählen Sie einen Blu-ray-Brenner aus.

▲ Abbildung 13.35
Apple liefert fünf Vorlagen für das Hauptmenü mit, aus denen Sie auswählen können.

Menüvorlagen | Zunächst können Sie wählen, welche der Menüvorlagen Sie nutzen wollen. Zur Verfügung stehen hier stille und voranimierte Menüs in einfachem Schwarz und Weiß oder mit farbigen Grafikelementen.

Anschließend können Sie auswählen, ob Sie überhaupt ein Menü brauchen oder ob der Film sofort abgespielt werden soll.

Sind Kapitelmarkierungen in Ihrem Film vorhanden, können Sie diese als Untertiteltext verwenden. Außerdem steht Ihnen noch eine Endlosschleife zur Verfügung, die man mit einer optionalen Taste festlegen kann. Möchten Sie eine eigene Titel-, Logo- oder Hintergrundgrafik festlegen, können Sie diese per Hinzufügen-Taste von Ihrer Festplatte laden. Hier bietet es sich an, eine Grafik vorher in Photoshop oder einem anderen Programm vorzubereiten. Die Größe der Datei sollte hierbei HD entsprechen, also 1.920 × 1.080 Pixel bei 72 dpi, und das Speicherformat kann TIFF (ohne Ebenen) in RGB sein.

> **Blue-ray-Brenner**
>
> Diese gibt es mittlerweile (Stand März 2012) für 200 Euro als externe Geräte, die sich problemlos für Mac und PC eignen. Wir nutzen einen Brenner der Firma LaCie, die ihrerseits die Pioneer-Brenner verbauen.

Encoding und Brennen | Sind alle Einstellungen getätigt, klicken Sie auf EXPORTIEREN, und der Compressor beginnt mit dem Encoding und dem Brennen der Blu-ray-Disc. Verwendet wird hierbei der H.264-Codec in Full HD. Wenn Sie eine »echte« Blu-ray brennen möchten, muss natürlich auch ein Blu-ray-Brenner mit einem leeren Blu-ray-Medium an Ihrem Computer angeschlossen sein.

Mehrere Filme | Zwei kleine Tipps haben wir an dieser Stelle noch: Wie Sie ja sicherlich schon bemerkt haben, sind die Möglichkeiten einer Blu-ray-Disc mit Compressor noch lange nicht ausgereizt. Vielmehr stehen Ihnen eigentlich nur Basisfunktionen zur Verfügung. So können Sie keine Untertitel einbeziehen, keine Sprachversionen, kein Bonusmaterial etc. Auch mit DVD Studio Pro geht es nicht, denn dieses Programm wurde nicht aktualisiert und beherrscht damit auch den Blu-ray-Standard nicht. Vielmehr ist die Blu-ray-Unterstützung des Compressors auf das Nötigste, nämlich das einfache Brennen einer Film-Disk, beschränkt.

Möchten Sie aber zum Beispiel nicht nur einen, sondern mehrere Filme auf einem Medium unterbringen, zum Beispiel verschiedene Versionen oder unterschiedliche Arbeiten auf einem Showreel, so behelfen wir uns damit, alle Filme in Final Cut Pro X in eine Timeline zu legen. Getrennt durch einen einsekündigen Slug, setzen wir am Anfang jedes Films einen Kapitelmarker im Compressor und gaukeln im Menü entsprechend vor, dass es sich nicht nur um einen, sondern um mehrere Filme handelt. Um jetzt auf die unterschiedlichen Filme zu springen, braucht der Anwender nur das Kapitelmenü aufzurufen und hat dadurch direkten Zugang zu den unterschiedlichen Clips. Oder er spielt die komplette Disk mit allen Filmen ab.

Kapitelmarker setzen | Da man in Final Cut Pro X, im Gegensatz zur Vorgängerversion, keine Kapitelmarker mehr für eine DVD oder eine Blu-ray setzen kann, muss dies im Compressor geschehen. Hierfür klicken Sie auf den Film im Stapelfenster, sodass dieser in der Vorschau erscheint, und navigieren mit dem Playhead zu dem Frame, wo Sie die Kapitelmarkierung setzen möchten. Anschließend betätigen Sie die Taste [M]; es erscheint ein kleiner Marker in der Laufleiste der Vorschau.

◄ **Abbildung 13.36**
Zum Festlegen einer Markierung klicken Sie auf die Taste [M] im Vorschaufenster des Compressors.

Standardmäßig handelt es sich bei den Markierungen leider nicht um Kapitel-, sondern um Kompressionsmarker. Daher ist es notwendig, dass Sie die soeben gesetzte Markierung noch einmal bearbeiten. Platzieren Sie hierfür den Playhead erneut auf dem Marker (wenn Sie ihn fortbewegt haben), und wählen Sie entweder aus dem kleinen Dropdown-Menü rechts der Laufleiste die Funktion BEARBEITEN, oder betätigen Sie die Tastenkombination [Cmd]+[E]. Über der Vorschau erscheint ein kleines Menü, aus dem Sie die ART, nämlich KAPITEL wählen und dem Kapitelmarker noch einen Namen verpassen können, beispielsweise »Start« oder »Kapitel 1«. Klicken Sie anschließend auf OK, um den Kompressionsmarker in einen Kapitelmarker umzuwandeln.

▲ **Abbildung 13.37**
Gesetzte Marker müssen vor der Nutzung als Kapitel noch in Kapitelmarkierungen umgewandelt werden.

Blu-ray ohne Blu-ray-Brenner | Wenn Sie keinen Blu-ray-Brenner haben oder Ihnen die Medien für kurze Filme einfach zu teuer sind, können Sie Blu-rays auch auf »normale« DVD-Rohlinge brennen. Voraussetzung hierfür ist nur, dass der Blu-ray-Player nicht nur den blauen, sondern auch den roten Laser unterstützt.

Zu den beliebtesten BD-Playern in unseren Breiten, wie eigentlich überall auf der Welt, gehört die Play Station 3 von Sony. Die PS3 unterstützt den roten Laser und spielt auch Standard-DVDs problemlos ab. Brennen Sie also Ihr BD-Projekt auf einen DVD-Rohling, macht die PS3 keinen Unterschied zu einem Blu-ray-Medium und stellt den Film in voller HD-Auflösung dar.

Beachten müssen Sie hierbei nur, dass ein Standardrohling mit 4,3 GB natürlich wesentlich weniger Kapazität hat als ein Blu-ray-Medium mit 23 GB. Sie bekommen nur knapp 40 Minuten Film auf eine DVD-R (was jedoch für die meisten Projekte ausreicht).

13.3.10 Kompressionsvoreinstellungen für MPEG-4 (HD für Internet und Computer)

Zu den beliebtesten Codecs, die es derzeit für die Distribution von Video gibt, gehört sicherlich das MPEG-4-Format, das von Apple mit entwickelt wurde. Der enthaltene H.264-Codec liefert eine ausgezeichnete Qualität bei vergleichsweise kleinen Datenmengen. H.264 ist auf keine Größe beschränkt, sodass man diesen Codec sowohl für SD-Material (oder sogar auch kleiner) als auch für HD in 720 und 1080 verwenden kann. Die Vorlage HD 1080p VIDEOFREIGABE liefert schon hervorragende Ergebnisse. Trotzdem können Sie natürlich auch eigene Einstellungen für MP4 festlegen, wenn Sie speziellen Bedarf an Größen, zum Beispiel für eine festgelegte Größe auf einer Webseite haben oder wenn Sie die Datenrate noch weiter einschränken möchten, beispielsweise für den E-Mail-Versand. In diesem Beispiel legen wir eine Vorlage für ein qualitativ hochwertiges Ergebnis in HD fest. Im nächsten Abschnitt schauen wir uns die Codierung für mobile Geräte bzw. kleinere Ergebnisse an.

> **Voreinstellungen benennen**
>
> Je öfter Sie mit dem Compressor arbeiten, umso mehr Voreinstellungen werden sich in dem Programm anhäufen. Je genauer und detaillierter Sie daher Ihre persönlichen Voreinstellungen benennen und beschreiben, umso einfacher wird es später, die benötigten Settings wiederzufinden.

Voreinstellung anlegen | Um eine Voreinstellung für MPEG-4 festzulegen, wählen Sie über die kleine Plus-Schaltfläche zunächst das Format MPEG-4. Geben Sie nun im Informationsfenster einen neuen Namen und eine neue Beschreibung an, beispielsweise »HD 1080p, gute Qualität«.

Video | Im Bereich VIDEO wählen Sie aus dem Dropdown VIDEOKOMPRIMIERUNG nun MPEG-4 VERBESSERT und stellen die BILDRATE auf 25 FPS. In unserem Fall möchten wir einen qualitativ hochwertigen Film in HD-Auflösung erstellen, deswegen setzen wir die Framerate nicht herunter; dafür verringern wir die Rate der Keyframes auf 25, das heißt, der Compressor setzt jetzt pro Sekunde einen Keyframe, was durchaus ausreichend ist.

Die BIT-RATE legen wir auf 7.200 KBit/s fest. Sie können die Bit-Rate zwar bis 30 MBit hochreißen, allerdings werden die Qualitätsunterschiede zu geringeren Datenraten immer marginaler, je höher Sie kommen. Dafür jedoch steigt die Dateigröße ungemein. In verschiedenen Tests (für uns und unsere Kunden) haben wir festgestellt, dass man kaum noch sehenswerte Unterschiede im Bereich ab 7.200 KBit feststellen kann; dafür jedoch bleibt die Gesamtgröße der Datei auch bei längeren Filmen noch so klein, dass man sie in Echtzeit über das Internet anschauen oder via Server austauschen kann. Natürlich steht es Ihnen aber frei, unterschiedliche Einstellungen und Bit-Größen auszuprobieren; gegebenenfalls finden Sie sogar eine Lösung für Ihre Filme, die qualitativ hochwertiger ist.

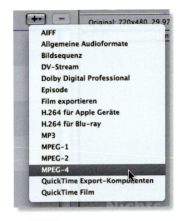

▲ **Abbildung 13.38**
Für das Encoding in MPEG-4 wählt man das entsprechende Format aus den Settings im Informationsfenster.

Audio | Natürlich sollten Sie dem Ton Ihres Films auch noch ein wenig Aufmerksamkeit schenken. Klicken Sie hierfür im Informationsfenster auf den Reiter AUDIO. Hier bestimmen Sie die Kanäle, also Mono oder Stereo, sowie die Samplingrate und die Qualität. Erfahrungsgemäß wählen wir hier natürlich Stereokanäle sowie eine SAMPLE-RATE von 44,1 kHz (entspricht CD-Ton). Die QUALITÄT belassen wir auf HOCH und setzen die BIT-RATE auf 192 KBit, was in fast allen Fällen ausreichend ist (sogar 128 KBit ist noch okay, kann allerdings mitunter ziemlich dumpf klingen).

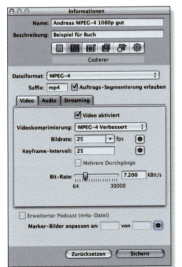 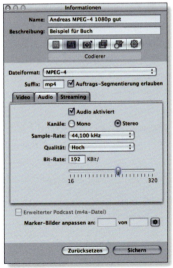

◄◄ **Abbildung 13.39**
In den Einstellungen bestimmen Sie den Codec, die Framerate sowie die Qualität und die Anzahl der Keyframes.

◄ **Abbildung 13.40**
Für den Ton wählen wir Stereo bei 44,1 kHz und 192 KBit/s.

Halbbilder entfernen | Ein für die Qualität nicht zu unterschätzender Faktor ist das Umrechnen von Material mit Halbbildern in einen progressiven Film. Speziell bei der Wiedergabe am Compu-

> **Lange Rechenzeiten**
>
> Je besser Sie die Einstellung wählen, umso perfekter sieht das Bild natürlich nach dem Encoding aus – allerdings führen diese Einstellungen zu einem unglaublich langen Rechenprozess (teilweise ganze Nächte). Probieren Sie das Deinterlacing also lieber zunächst an einem kurzen Film oder einem Filmausschnitt aus, bevor Sie Stunden über Stunden auf ein Ergebnis warten, das nicht Ihren Vorstellungen entspricht.

ter, wo es keine Halbbilder gibt, führt die Darstellung von Material mit Halbbildern zu einem qualitativ schlechteren Ergebnis.

Zum Entfernen der Halbbilder klicken Sie auf die Schaltfläche der Bildsteuerungen und aktivieren diese über EIN (hier müssen Sie zunächst auf das kleine Zahnrädchen rechts daneben klicken). Wählen Sie zunächst in den Ausgabefeldern PROGRESSIV, und bestimmen Sie dann über die Qualitätseinstellungen für Filter und das Deinterlacing, wie genau der Compressor die Halbbilder umrechnen soll.

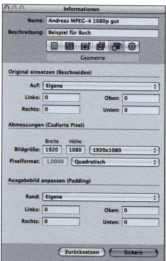

Abbildung 13.41 ▶
Die Bildsteuerung erzielt zwar gute Ergebnisse, benötigt aber auch entsprechend lange für das Encoding.

Abbildung 13.42 ▶▶
Für eine Darstellung in vollem HD wählen wir eine Größe von 1.920 × 1.080 (quadratischen) Pixeln.

Geometrie | Schließlich sollten Sie noch die Bildgröße Ihrer Ausgabedatei bestimmen. In unserem Beispiel bleiben wir bei HD, wählen also eine Bildgröße von 1.920 × 1.080 bei quadratischen Pixeln. Diese Einstellung ist wichtig, damit Ihr Encoding-Ergebnis auch immer dem vollen HD-Bild entspricht und nicht einem interpolierten, anamorphotischen HD-Bild wie beispielsweise bei HD oder DVCPRO mit 1.440 × 1.080 Pixeln.

Abbildung 13.43 ▶
Die MPEG-4-Codierung in HD liefert bei 7.200 KBit bereits ein hervorragendes Ergebnis. Diese Datei ist für knapp 3,5 Minuten nur etwa 130 MB groß.

Natürlich haben Sie auch bei H.264 noch die Möglichkeit, Filter anzuwenden. Aber das haben wir ja schon im vorherigen Abschnitt besprochen.

13.3.11 Kompressionsvoreinstellungen für MPEG-4 (klein für Geräte und Abnahmen)

Im Wesentlichen handelt es sich bei diesen Einstellungen wieder um das MPEG-4-Format, das wir im vorangegangenen Abschnitt auch schon für HD benutzt haben, mit dem Unterschied, dass wir das Bild sowohl in der Auflösung als auch im Hinblick auf die Datenraten (also die Dateigröße) kleiner rechnen als zuvor. Grundsätzlich sollte man sich bei der Wahl der Bildgröße im Klaren sein, wer der Empfänger ist, wo der Film abgespielt werden soll und wie groß die Datei werden darf. Als Beispiel haben wir daher einige Größen für Sie zusammengetragen (alle Größen errechnen sich für 16:9-Endformate, also Breite / 16 × 9; für 4:3-Formate wählen Sie die Formel Breite / 4 × 3):

- 480 × 270 (Datenrate: <1.000 KBit/s):
Diese Größe nutzen wir zugegebenermaßen nur noch selten. Sie eignet sich vor allem für lange Filme, die Sie für die Abnahme via Server versenden wollen, oder für Kunden, deren Rechnerleistung und Download-Geschwindigkeit nicht sonderlich hoch sind, beispielsweise in Ländern wie Bulgarien oder in Afrika oder Südamerika.

- 640 × 360 (Datenrate: 1.000–1.600 KBit/s):
Diese Größe entspricht dem Display des älteren iPhone 3 oder des iPod touch, sieht jedoch auch auf dem neuen iPhone 4(S) oder iPod touch noch sehr gut aus. Wir nutzen diese Größe nicht nur für mobile Geräte, sondern auch für den Großteil unserer (längeren) Redaktions- und Kundenabnahmen, denn hier kommt es mehr auf Inhalt als auf Qualität an. Diese Größe entspricht außerdem dem Format vieler Websites, auf denen Videos abgespielt werden, so auch unserer Firmenseite. Die Qualität ist gut, der Besucher muss allerdings nicht allzu lange auf den Start des Films warten.

- 1.024 × 576 (Datenrate 1.600–2.800 KBit/s):
Diese Größe entspricht der Display-Breite des iPad 2. Das neue iPad (3. Generation) unterstützt mit dem Retina-Display auch die volle HD-Auflösung. Wir nutzen dieses Format ebenfalls sehr häufig für kürzere Filme oder Spots, um Dateien über einen Server zu verteilen oder auf dem iPad wiederzugeben.

- 1.280 × 720 (Datenrate 2.400–4.200 KBit/s):
Dieses Format ist das offizielle, »kleinere« HD-Format (auch als »720p« bezeichnet) und liefert ein qualitativ hochwertiges

> **Unterschiedliche Datenraten**
>
> »Stillere« Bilder, wie beispielsweise eine wachsende Mondsichel oder eine Pressekonferenz, benötigen natürlich wesentlich geringere Datenraten als das Formel-1-Rennen mit roten Ferraris. Hier bietet es sich gegebenenfalls an, kleinere Testdateien über In- und Out-Punkte zu erstellen.

Bild, das sich vor allem für Websites wie YouTube etc. eignet, wenn man wirklich gute Qualität liefern möchte. Da noch immer die wenigsten Computerbildschirme die volle HD-Auflösung von 1.920 × 1.080 unterstützen, benötigt man für YouTube oder Vimeo auch keine höhere Auflösung, da diese vom Zuschauer meist ohnehin nicht ausgenutzt wird.

Video | Bleiben wir als Beispiel bei dem Format 1.024 × 576 Pixel. Zum Festlegen dieser Voreinstellung wählen Sie über das Plus-Zeichen wieder das Format MPEG-4 und vergeben sowohl NAME als auch BEZEICHNUNG. Anschließend setzen Sie die VIDEOKOMPRIMIERUNG wieder auf MPEG-4 VERBESSERT, die BILDRATE auf 25 und das KEYFRAME-INTERVALL auf 25. Über die BIT-RATE beeinflussen Sie nun direkt die Qualität: Möchten Sie eine kleinere Datei mit geringerer Qualität, wählen Sie hier einen Wert um 1.800 KBit/s herum; um eine bessere Qualität zu erzielen (aber auch eine größere Datei), wählen Sie eine höhere Rate, beispielsweise 2.500 KBit. Hier hängt es, wie gesagt, wieder sehr von Ihrem Videomaterial ab, welche Rate Sie mindestens benötigen.

▲ **Abbildung 13.44**
Abgesehen von der Bit-Rate entsprechen diese MPEG-4-Einstellungen den Settings für HD.

> **Nur Video oder Audio**
>
> Wie Sie vielleicht schon gesehen haben, kann man auch nur Video oder nur Audio encodieren, beispielsweise wenn Sie einen »stummen« Film haben, der keine Audiospur benötigt. Hierfür deaktivieren Sie einfach die Checkbox AUDIO AKTIVIERT im Bereich Codierer bzw. VIDEO AKTIVIERT, wenn Sie nur den Ton benötigen.

Audio und Bildsteuerungen | Bei der Audiokompression können Sie alle Einstellungen so belassen, wie sie sind; die BIT-RATE können Sie gegebenenfalls wieder auf 192 KBit/s setzen, sollte Ihnen der Ton zu dumpf vorkommen. Wechseln Sie anschließend zu den Bildsteuerungen, um auch hier das Material wieder zu deinterlacen. Dies ist natürlich nur notwendig, wenn Sie mit Halbbildern filmen und/oder schneiden.

Geometrie | Eine Einstellung, die wir natürlich noch ändern müssen, ist die Bildgröße. Wechseln Sie daher in der Bereich GEOMETRIE, und geben Sie für die BILDGRÖSSE den Wert 1.024 × 576 an. Dieser Wert entspricht einer Höhe von PAL, allerdings bei voller 16:9-Breite. Natürlich können Sie hier auch jede andere Größe eingeben oder aus dem Dropdown-Menü einen relativen Wert wählen, beispielsweise die halbe oder nur eine Viertel-Auflösung, gerechnet von der Originalgröße des Films. Ferner sollten Sie aus dem PIXELFORMAT noch die Einstellung QUADRATISCH wählen, um das Bild nicht versehentlich zu verzerren. Wechseln Sie anschließend zurück auf die Übersicht, um sich alle Informationen konsolidiert anzeigen zu lassen (Abbildung 13.45).

13.3.12 Wissenswertes

Leider sind wir auch in diesem Abschnitt ein wenig eingeschränkt, was den möglichen Umfang anbelangt. Gerne hätten wir Ihnen noch andere Codecs oder fortgeschrittene Technologien wie den QMaster erläutert. Wir müssen uns allerdings kürzer fassen, um keinen Ärger mit unserer Lieblingslektorin Katharina zu riskieren. Nichtsdestotrotz möchten wir noch die Gelegenheit nutzen, Ihnen ein paar Tricks und Tipps mit auf den Weg zu geben:

▶ **Transcodings**: Der Compressor eignet sich wegen seiner Stapelfunktion natürlich hervorragend auch für Transcodings von einem Format ins andere. So können Sie den Compressor zum Beispiel dazu benutzen, um Filme in unterschiedlichen Formaten in Apples neuen ProRes-Codec umzuwandeln, um diese wiederum problemlos und nativ in Final Cut Pro (7 oder früher) schneiden zu können. In diesem Fall wählen Sie in den Videoeinstellungen von QuickTime den Codec ProRes oder ProRes (HQ) bzw. die neuen Codecs LT, Proxy oder 4444, stellen die Bildrate auf 25 und den Audio-Codec auf PCM, also unkomprimierten Sound. Diese Funktion nutzen wir zum Beispiel recht häufig, wenn wir Material von einer Canon-Spiegelreflexkamera im MPEG-4-Format bekommen (was ja in den letzten zwei Jahren immer häufiger vorkommt) und wir dieses in Final Cut Pro 7 schneiden wollen. Für Final Cut Pro X benötigen Sie diese Funktion natürlich nicht, da Sie entweder nativ in MPEG-4 schneiden können oder das Material im Hintergrund umwandeln lassen.

▲ **Abbildung 13.45**
In der Übersicht erkennen Sie alle Einstellungen für dieses Preset auf einen Blick.

◀ **Abbildung 13.46**
Zum Sichern eines Droplets wählen Sie die zweite Schaltfläche von links und geben anschließend sowohl einen Speicherort für das Droplet als auch für die finalen Encodings an.

▶ **Droplets**: Einstellungen, die Sie häufig verwenden, lassen sich als so genannte Droplets sichern. Hierbei handelt es sich um kleine Scripts, die auf dem Schreibtisch oder einem anderen Ordner erscheinen und den Compressor automatisch anwerfen, wenn Sie einen Film daraufziehen. Zum Sichern eines Droplets aktivieren Sie die gewünschte Einstellung und klicken auf die zweite Schaltfläche von links in den Voreinstellungen. Es erscheint ein Sicherungsdialog, in dem Sie das Droplet benennen und einen Speicherort auswählen. Ziehen Sie nun einen Film auf das Droplet, öffnet sich ein Dialog mit den

Compressor-Einstellungen sowie weiteren Optionen der Speicherung. Klicken Sie hier auf SENDEN, wird der Compressor automatisch gestartet, und das Encoding Ihres Films beginnt.

▶ **Filme analysieren**: Nicht selten kommt es vor, dass man vom Kunden eine Filmdatei bekommt, mit dem Hinweis: »So wollen wir die Größe/Datenrate/Kompression haben.« Oder Sie laden sich aus dem Internet einen Film und möchten Ihr Werk in ähnlicher Qualität komprimieren. Früher musste man in solchen Fällen mühsam die QuickTime-Infos abschreiben, die Datenrate messen, in die Compressor-Einstellungen übertragen und hoffen, ein ähnliches Encoding zu erreichen. In Compressor 4 reicht es, eine Vorlage einfach in das VOREINSTELLUNGEN-Fenster hineinzuziehen. Der Compressor analysiert den Film und speichert die Einstellungen automatisch, sodass Sie sie nur noch per Drag & Drop auf einen Film in der Jobliste ziehen müssen.

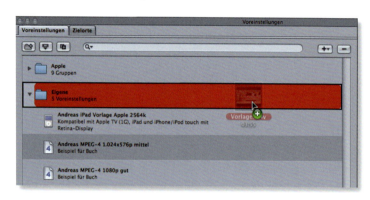

Abbildung 13.47 ▶
Ziehen Sie einen Film in das Voreinstellungen-Fenster, analysiert der Compressor die Einstellungen und speichert sie automatisch zur späteren Anwendung.

Danke | Das war's jetzt auch schon mit diesem Büchlein. Ging schnell, oder? Wir möchten uns an diesem Punkt sehr herzlich bei Ihnen, lieber Leser, bedanken, dass Sie sich nicht nur für dieses Buch entschieden sondern auch bis zum Ende durchgehalten haben. Wir hoffen natürlich, Sie hatten Spaß und haben viel gelernt, und wünschen Ihnen an dieser Stelle viel Erfolg bei der Arbeit mit Final Cut Pro X. Empfehlen Sie uns weiter, und vergessen Sie nicht: Wichtiger als alles andere ist es, Spaß an der Arbeit zu haben.

Ihr **Manu** und **Andreas**
(nach Diktat verreist)

Die DVD zum Buch

Damit Sie alle Schritte und Techniken, die wir Ihnen in unserem Buch erläutern, besser nachvollziehen können, finden Sie auf der DVD Videomaterial zum Üben. Die Firma Rebel Media aus Hamburg hat uns die Bilder freundlicherweise zur Verfügung gestellt. Bitte beachten Sie, dass alle Urheberrechte für die Clips auf der DVD zum Buch bei der Firma REBEL-Productions GmbH liegen und ausschließlich für den privaten Gebrauch gedacht sind. Kommerziell dürfen Sie die Clips nicht verwenden.

Videomaterial

Für die Arbeit im Final-Cut-Pro-Teil des Buchs finden Sie alle Clips im Ordner VIDEOMATERIAL. Bitte kopieren Sie den kompletten Ordner von der DVD auf Ihre Festplatte. Ein Arbeiten direkt von der DVD ist zwar generell möglich, aber aufgrund der geringen Lesegeschwindigkeit des DVD-Laufwerks nicht zu empfehlen.

Sobald Sie die Dateien kopiert und entzippt haben, öffnen Sie Final Cut Pro X. Für das erste Kapitel des Buchs finden Sie einen Unterordner FCP_KAPITEL 1, in dem sich die benötigten Clips befinden. Wie Sie mit ihnen arbeiten, wird in Kapitel 1 genau erklärt.

Im Unterordner WEITERE_CLIPS finden Sie, der Name sagt es schon, Clips für die weiteren Kapitel. Da die Clips oft mehrmals in verschiedenen Kapiteln verwendet werden, sind sie nicht weiter sortiert und alle in eine zip-Datei gepackt.

Es gibt in allen Kapiteln immer wieder Stellen, an denen wir Sie bitten, Clips in ein Projekt zu importieren. Das Buch ist so aufgebaut, dass wir bestimmte Clips für bestimmte Übungen verwenden. Dabei nutzen wir eine möglichst große Vielfalt verschiedener Videos. So können Sie alle Schritte am besten nachvollziehen, und der Lerneffekt für Sie ist sicherlich am größten. Damit Sie sich nicht langweilen und auch neben unseren Übungen noch Raum zum Experimentieren haben, haben wir noch zusätzliche Clips auf die DVD gepackt. Wundern Sie sich also nicht, wenn nicht alle Clips explizit im Buch erwähnt werden. Generell sind wir der Meinung, dass man Final Cut Pro X am besten durch Ausprobieren lernt, und genau dabei sollen Ihnen unsere Clips helfen.

Motion

Auch für Motion können wir Ihnen Material mitgeben. Sie finden zum einen den Clip »boot.mov«, der im Tracking-Projekt auf Seite 557 verwendet wird, und die Datei »GP Kompass 3D.motn«. Sie ist das Endergebnis des letzten Motion-Projektes auf Seite 561. Hier wird ein 3D-Generator für Final Cut Pro X erstellt.

PDF-Dateien

Im Ordner PDF-DATEIEN finden Sie einige Tabellen mit Tastenkürzeln und Übersichten aus dem Buch, die Sie sich zur besseren Übersicht ausdrucken können.

Index

2K-Auflösung 70
3-Wege-Farbkorrektur 378
4K-Auflösung 70
4:2:0 63
4:3 56
5.1-Surround 320

A

AAC 78
Abspann 457, 466
Abspielgeschwindigkeit 30
Abspielposition
   Einstellung 298
Abspielrichtung umkehren 397
Adaptive Limiter 345
After Effects 75, 128, 507
AIFF 77
Aktuelles Bild sichern 493
Alle Clips einklappen 275
Alphakanal
   Import 76
Als verbundenen Clip einsetzen 209
Alternativen 276
   Clip hinzufügen 278
   Effekte 280
   erstellen 276
   fertigstellen 280
   in Ereignissen erstellen 281
   Kurzbefehle 282, 283
   Schlagwörter und Marker 282
   testen 277
   Übergänge 281
   wählen 278
Analyse
   Audioprobleme beheben 105
   beim Import 99
   intelligente Sammlung 102
   nachträglich 104
   sinnvoll? 104
Analyseschlagwörter 102, 154
   löschen 103
Analyse zur Stabilisierung 99
Analysieren und beheben 104
Anamorphotisch 57
An Compressor senden 497
An Handling anhängen 198

Animation 423
   Bewegungspfad 442
   Keyframes 408, 438
   Parameter-Keyframes 441
   Texte 461
Anpassen-Funktion
   Audio 334
   Video 380
Apple-Geräte 481
Apple ProRes 61
   422 63
   422 (HQ) 63
   422 (LT) 64
   422 (Proxy) 64
   4444 62
   Versionen 62
App Store 509
Archiv erstellen 115
Atmo 201, 305
Audio
   Analyse zurücksetzen 326
   analysieren 329
   aufnehmen 349
   automatisch verbessern 329
   Blenden 311
   Blendentyp 313
   Brummen entfernen 338
   Clipping 308
   deaktivieren 42
   Dynamikumfang verringern 337
   Einstellung 298
   Equalizer-Einstellungen
      übertragen 334
   Hintergrundgeräusche 337
   importieren 305
   in Stereo gruppieren 106
   Keyframes 313
   Lautsprecher zuweisen 326
   Monoclips 319
   Rauschminderung 338
   Samples bearbeiten 317
   trennen 275
   trimmen 273
   überblenden 312
   Übergänge 311
   übersteuert 308
   Zwischenblende 314
Audio-Abtastrate 177

Audioanimation 319
Audiobalance 318
Audiobearbeitung 305
Audioblende 363
Audioclips
   aneinander anpassen 333
Audioeffekt 338
   Adaptive Limiter 345
   Compressor 344
   Echo 346
   Fernseher 348
   Hall-Filter 346
   Linear Phase EQ 346
   Multiband Compressor 344
   Radios 348
   Space Designer 346
   Verbesserung für Voice Over 351
Audiofilter 342
   einstellen 343
Audioformate 77
Audio-Importoptionen 104
Audiokanal
   anpassen 325
   stummschalten 325
Audiokanäle auswählen 40
Audiomessgeräte 81
Audio-Monitoring 81
Audiopegel 81, 307
   Surround-Ton 321
Audio-Podcast 593
Audioschnitt
   Besonderheiten 306
Audiospur 272
Audio-Vektorskop 82
Audioverbesserungen 328
   Brummen entfernen 338
   Equalizer 331
   Hintergrundgeräusche entfernen 337
   Loudness 337
Audio-/Video-Clips erweitern 275
Audio/Video erweitern 272
Audiowellenform 309
Aufgaben 285
Auflösung in Pixeln 57
   Definition 60
Ausgabe 481, 489
   AAF 501

als Bildsequenz 494
als Datei 50
als Medienübersicht 481
auf Video 50
Blu-ray 486
DVD 486
E-Mail 489
Facebook 490
für Apple-Geräte 481
für Apple TV 482
für iPad 482
für iPhone 482
für Mac und PC 482
Komprimierung 485
mit Compressor 497
Netzwerk 485
OMF 501
Podcast-Produzent 488
verlustfrei 491
Vimeo 491
Ausgangsframe 266
Ausgangsmedien 306
Ausgelassene Bilder 195
Aus Kamera importieren 48
Ausspielung auf Band 503
Austastlücke 59
Auswahlende 32
Auswahlstart 32
Automatic Duck 501
AVCHD 63, 66
AVC-Intra 67
AVID 123
   Projekte importieren 123

B

Backtiming 225
Backup erstellen 114
Band
   Ausgabe 503
Bandformate 71
Bandlos arbeiten 47
Bauchbinde 466
Benutzereinstellungen anpassen
   292, 296
Benutzeroberfläche 22
Bereich markieren 223
Bereichsauswahl-Werkzeug
   223, 315
Bereitstellen 481
   Apple-Geräte 50
   Medienübersicht 481

Beschneiden-Funktion 430
BetaCam SP 73
Bézierpfad 442
Bild
   Alphakanal 76
   Auflösung 75
   bearbeiten 75
   Bildmodus 75
   freistellen 76
   für 16:9 erstellen 59
   Importformat 75
   mehrfach duplizieren 418
   Standard-Länge 74
   zur Timeline hinzufügen 199
Bild-in-Bild-Effekt 424
   kreisrunder 449
Bildsequenz 75
   exportieren 494
Bildton 305
Bild und Ton
   aktivieren 202
   trennen 201
Bitrate 62
Blende 45, 354
   Dauer anpassen 47
   löschen 47
Blendeneffekt 462
Blendenflecke 462
Blend Mode 445
   Hintergrund 448
   Multiplizieren 446
   Überlagern 447
Bluescreen-Aufnahmen
   freistellen 450
Blu-ray
   Export 486
Blu-ray-Disc 593
   brennen 611
B-WAV 78

C

CAF 78
Canon 5D Mark II 67
Canvas 23
CATdv Pro 123
Chroma-Subsampling 62
Chrominanz 369
Cine Alta 72
Clip 23, 240
   als verbundenen Clip
      einsetzen 209

an Handlung anhängen 198
anhängen 198
animieren 438
ausblenden 354
aus Handlung löschen 229
aus primärer Handlung
   extrahieren 218
beschleunigen 395
beschneiden 429
Bewertung entfernen 146
deaktivieren 241
drehen 428
Drehpunkt festlegen 428
duplizieren 208
durch die Eingabe von Timecode
   verschieben 205
durch mehrere Clips ersetzen 213
einblenden 354
einfügen 198
ersetzen 210
erweitern 275
fehlt 168
genau verschieben 205
im Ereignis gruppieren 237
importieren 108
in der Timeline ersetzen 221
in die Timeline einfügen 33
in die Timeline kopieren 197, 199
in Timeline gruppieren 236
in Timeline verschieben 202
isolieren 240
kacheln 418
kopieren 208
Länge ändern 261
löschen 146
magnetisch einrasten 204
markieren 221
mehrere auswählen 225
mehrfach verwenden 34
Metadaten anzeigen 166
mit Gap-Clip verbinden 217
mit primärer Handlung verbinden
   41, 198
mit Tastatur schneiden 207
neu verbinden 169
Originalname wieder-
   herstellen 142
positionieren 427
rückwärts abspielen 30
schneiden 206
skalieren 425
solo schalten 240

spiegeln 416
stummschalten 42
suchen 160
Teile kopieren 209
überschreiben 198, 205
umbenennen 138
umkehren 396
verbinden 198
vergrößern/verkleinern 425
verlangsamen 395
verschieben 202
vor- und zurückspulen 29
zu Handlungen hinzufügen 228
zur Timeline hinzufügen 197
Clipdarstellung 45, 135
Clip-Informationen
  erweiterte Ansicht 166
  Funktionen 155
Clipinhalt
  verschieben 267
Clip-Objekte
  teilen 240
Clips
  bewerten 145
  gruppieren 144, 236
  sortieren 137, 143
  sichten 28, 48, 109
  synchronisieren 327
  überlagern 41
Cluster 486
CMYK-Modus 75
Codec 54
  Apple ProRes 61
  Definition 60
Color Matching 379
Composite-Modi 445
Compositing 423
Compressor 344, 497, 344
  Audio encodieren 608
  aufrufen 587
  Auftragseigenschaften 594
  Blu-ray-Disc 609
  Clipteil komprimieren 591
  Cluster 601
  Droplets 617
  DVD 605
  eigene Einstellungen 604
  Einstellungen 603
  Encoding starten 601
  Filme analysieren 618
  H.264-Codec 612
  Halbbilder entfernen 613

  Jobverwaltung 590
  Kompressionsvoreinstellungen 604
  MPEG-2 605
  MPEG-4 612, 615
  Priorität 601
  Share Monitor 602
  Transcodings 617
  Voreinstellungen
  Voreinstellungen 595
  Voreinstellungen anwenden 597
  Vorlagen 592
CurrentVersion.fcpevent 84

D

Dateien
  importieren 24, 94
  neu verbinden 169
Dateistatus einblenden 168
Datumsbereich 92
DaVinci Resolve 123
Deaktivieren
  Clip 241
Deckkraft 436
  animieren 437
Detailliertes Trimming-Feedback einblenden 266
Dezibel-Wert 308
Dialog 155
DigiBeta 72
Digital Video 73
Dolby-Surround 177
Drag & Drop 35, 104
Drei-Punkte-Schnitt 219
  Bild und Ton getrennt 224
  einfügen 225
Drop Zones 474
DSLR-Fotokameras 67
DSLR-Kamera 118
  Codec 119
Duplizieren 208
Durch Gap ersetzen 213
DV 73
DV-Bänder aufnehmen 128
DV-Clip separieren 283
DVCPRO 50 70
DVCPRO 100 69
DVCPRO HD 69
DVD
  erstellen 593
  Export 486

E

Echo 346
Effekt 353
  Alternativen 280
  Audioeffekte 341
  berechnen 476
  Filmkörnung 419
  gespiegelt 416
  Keyer 451
  Numerisch 416
  Projektor 419
  Rendering 476
  Spot 419
  Super 8mm 419
  Übergänge 354
  Videoeffekte 405
  Wasserscheibe 421
  Zensor 417
  zurücksetzen 412
Effekte-Übersicht
  Audiofilter 342
  Videofilter 405
Eigenton 305
Einfügen
  mehrere Elemente 225
  mit Drei-Punkte-Schnitt 225
Eingangsframe 266
Einrasten 204
Einstellungen
  Import 106
Einstellungsgröße 102
Einzelbilder
  Einstellung 298
E-Mail-Anhänge 489
E-Mail-Ausgabe 488
Ende trimmen 264
Entzerrung 331
Equalizer 331
  grafischer 332
Ereignis 23, 83
  Alternativen erstellen 281
  ausblenden 92
  bewegen 90
  Clips kopieren 86
  erstellen 83
  kopieren 89
  löschen 93
  umbenennen 86
  verschieben 90
Ereignisdateien
  erneut verknüpfen 172
  verwalten 85

Ereignis-Mediathek 23
   ausblenden 137
   Ordner erstellen 164
Ereignisse
   nach Volume gruppieren 89
   sortieren 90
   teilen 88
   verbinden 88
   zusammenführen 88
Ereignisübersicht 23, 134
   Clipdarstellung 135
   Clips gruppieren 144
   Clips sortieren 143
   Filmstreifen-Darstellung 134
   Listendarstellung 136
Erneut verknüpfen 172
Ersetzen 210
   durch Gap 213
   mit neuer Länge 210
Erstellungsdatum anpassen 250
EXIF 165
Export 50, 481
   Breitband 495
   Funktionen nutzen 158
   Mobilfunk 495
   Nur Audiofunktionen 159
   Wi-Fi 495
Exportformate 482

F

Facebook-Ausgabe 490
FaceTime-HD-Kamera 117
Farbbalance
   analysieren 100, 375
   automatisch korrigieren 373
Farbe ausgleichen 375
Farbkorrektur 369, 377
   automatische Balance 373
   Farben austauschen 387
   Farben übertragen 379
   Kontrast 376
   primäre 376
   Sättigung 379
   sekundäre 383
   selektive Farbe 387
   speichern 380
   Voreinstellungen 381
   weitere hinzufügen 382
   Werkzeuge 376
   Zielfarbe 379
Farbmaske 387

Farbstich 373, 378
Farbtiefe 63
Favoriten 145
Fazen 72
Feinschnitt 197
Fensteranordnung 292
Film 24
Filmkörnung 419
Filmlook 67
   erzeugen 419
Filmstreifen-Darstellung 134
Filter 405
Final Cut Ereignisse 25
Final Cut Events 84
Final Cut Pro 7
   Projekte importieren 122
Final Cut Projects 178
Final Cut Pro Sound Effects 338
Format 54
   Apple ProRes 61
   AVCHD 66
   AVC-Intra 67
   bandbasiertes 71
   bandloses 64
   BetaCam SP 73
   Cine Alta 72
   DigiBeta 72
   DV 73
   DVCPRO 50 70
   DVCPRO 100 69
   DVCPRO HD 69
   H.264 67
   HDCAM 71
   HDCAM SR 72
   HDV 67
   m4v 65
   REDCODE 70
   Speicherbedarf 73
   XDCAM 68
   XDCAM EX 69
   XDCAM HD 68
Formmaske 384
Frame 24, 32, 206
   sichern 493
Framerate
   Definition 60
Freeze-Frame 402
Füllmethode 445
Funktion 154
   anwenden 157
   zuordnen 155, 156
Für HTTP-Live-Streaming
   exportieren 495

G

Gap 204
   einfügen 204
   füllen 219
Gap-Clip 204, 217
Gauß'scher Weichzeichner 435
Gelber Rahmen 31
Generator 424, 468
   animiert 472
   anwenden 469
   aus Motion 582
   bearbeiten 469
   Grunge 471
   Industrial 471
   Organisch 471
   Timecode 472
Geschwindigkeit
   ändern 394
   *Clip auf Normalgeschwindigkeit
     beschleunigen* 401
   Clip langsam anhalten 400
   lineare Anpassung 394
   Tonhöhe 397
   Zeitraffer 395
   zurücksetzen 396
Geschwindigkeitsänderung
   Clipbereich 398
   gesamter Clip 394
   Temporampe 400
Geschwindigkeitsrampe 399
Getrennte Schnitte 272
Grafik
   Formate 74
   für 16:9 erstellen 59
Greenscreen-Aufnahmen
   freistellen 450
Grundbegriffe 23

H

H.264 67
Halbbild 59
Halbbilddominanz 59
   Definition 60
Hall-Filter 346
Handlung 36, 224, 226
   auflösen 230
   Backtiming 233
   Clip hinzufügen 228
   Clip kopieren 233
   Clip löschen 229
   Clip schneiden 232

Clip trimmen 233
Clip verschieben 231
erstellen 227
Getrennte Schnitte 233
löschen 230
schneiden 230
trimmen 268
Übergänge anwenden 234
und Effekte 234
verschieben 230
zusammenfügen 231
Hand-Werkzeug 296
Hardware
   zusätzliche 78
HDCAM 71
HDCAM 63
HDCAM SR 72
HD-Format 57, 59
HDV 67
HDV-Bänder aufnehmen 129
Highlights setzen 419
Hintergrundaktionen 87
Hintergrundaktivitäten 87
Hintergrund des Players
   Einstellung 299
Hintergründe 468
Hintergrundgeräusche
   entfernen 337
Hohlkehle 456
Holz 470
Hörprobe 276

I

iFrame 66
iMovie 123
Import
   After Effects 128
   Analyse 99, 111
   Audioformate 77
   aus anderen Programmen 122
   bandlose Aufnahmen 107
   Bildformate 74
   Clipteile 112
   Darstellungsoptionen 110
   Einstellung 299
   FaceTime-HD-Kamera 117
   Final Cut Pro 7 122
   fortsetzen 114
   iMovie 123
   iPhoto 127
   iSight-Kamera 117

iTunes 125
Material sichten 48, 109
MAZ 131
mehrere Clips aufnehmen 130
per Drag & Drop 106
Photoshop 76
Schlagwortsammlung 95
segmentierte Clips 116
stoppen 113
transcodieren 97, 111
von Band 50, 128
von der Kamera 47
von DSLR-Kameras 118
von DVD 107
von Festplatte 94
von iPhone, iPod und iPad 118
von Kamera (Band) 128
von Kamera (bandlos) 107
von Speicherkarte 47, 107
XDCAM 120
XML 123
Importoptionen 95
   Audio 104
IMX 69
In der Ereignisübersicht
   anzeigen 213
Informationen-Fenster 40
Instant Replay 403
Intelligente Sammlung 102, 162
Interlaced 59
Interview
   Zwischenblende einfügen 314
In- und Out-Punkt 31
   mithilfe von Schlagwörtern 152
iPad 118
iPhone 65, 118
iPhoto 127
iPod 65, 118
IPTC 165
iSight-Kamera 117
iTunes 125

J

JKL-Steuerung 29
Jump Cut 260

K

Kamera-Archiv 114
   von Bändern 130
Kamera-Editor 252

Kamera-Viewer 253
Kanalkonfiguration 324
   automatisch entdecken 326
Kapitelmarker
   im Compressor 610
Ken-Burns-Effekt 429, 431
Keyer 450
Keyframe
   Audio 313
   automatischer 315
   bearbeiten 409
   deaktivieren 444
   Elemente animieren 438
   für Parameter 441
   gleichmäßig 442
   globaler 441
   hinzufügen 316
   linear 442
   schützen 443
   Videofilter animieren 409
Kommentar aufzeichnen 348
Komprimierung
   Compressor 587
Kontern 416
Kontrastloses Bild 373
Kontrast verbessern 376
Kontrollkamera 255
Kopfhörer 81
Kopieren 208
Kopierfunktionen 210
Kurzbefehl
   suchen 302
   zuordnen 302

L

Lautstärke
   anpassen 307
   kritischer Bereich 308
Lautstärke anpassen
   im Ereignis 311
   mehrere Clips 311
Lens Flares 462
Lesezeichen 283
Letterbox 58
Linear Phase EQ 346
Loggen
   Definition 108
Logic 125
Lücke füllen 219
Luma-Stanzmaske 448
Luminanz 369

Index | **625**

M

M4A 78
m4v 65
Marker 283
  bearbeiten 285
  löschen 287
  Navigation 286
  neu positionieren 286
  setzen 284
Markierte Bereiche
  ausblenden 152
Markierungen 283
Maske
  animieren 386
  erstellen 383
Match Frame 213
Material importieren 47
Material sichten 28
  vor dem Import 48
MAZ einspielen 131
Media Express 132, 504
Mediatheken-Darstellung 296
Medien 23
  analysieren 99
  exportieren 491
  importieren 24, 94
  neu zuordnen 168
  organisieren 133
  umcodieren 98
Medien organisieren
  Ereignisse 83
Medienübersicht 481
Mehrfachausgabe 483
Metadaten 136, 165
  anzeigen 166
  für Clipnamen 140
Metadaten-Ansicht 167
Metall 470
Mickey-Mouse-Effekt 397
MIDI 78
Mit primärer Handlung
  verbinden 198
MobileMe 592
Mobilfunk
  Export 495
Monitor
  zweiter 294
Mono-Kompatibilität 82
Motion 507
  3D-Generator 561
  3D-Navigation 566
  3D-Szene auszuleuchten 572

3D-Umwandlung 564
Abspielsteuerung 518
Alphakanal 551
Animation 532
Anzeige- und Render-
  optionen 513
Atmo 546
Audio-Editor 520, 522
Audio-Keyframes 549
Audioübersicht 524
Ausgabe 550
Ausgabe mit Alphakanal 551
Benutzeroberfläche 510
Bézier-Maske 536
Bibliothek 512
Canvas 530
Clip analysieren 554
Dashboard 516
Dateiübersicht 511
Ebenenliste 523
Einsatzzwecke 507
Einstellungen 525
Final-Cut-Generator 562
Hintergrundbild einfügen 528
HUD 516
Informationen 512
Installation 509
Keyframe-Editor 520
Komposition ausgeben 550
Komposition, Gesamtdauer 519
Lichtquelle hinzufügen 572
Maskierung 535
Medienliste 524
Motion Tracking,
  Stabilisieren 554
Partikelemitter 558
Projekt anlegen 528
Projekt aus Datei 552
Projekteinstellungen 526
RAM-Vorschau 534
Rig anlegen 580
Schärfentiefe 578
Schwebepalette 516
Soundeffekte 546
Splitscreen 515
Stabilisierer hinzufügen 554
Systemvoraussetzungen 509
Tastenkürzel 519
Textanimation 543
Tiefenschärfe 578
Timeline 520
Titel generieren 527

Toneffekt 546
Tonmischung 547
Tracking 557
Video-Timeline 520
Voreinstellungen 527
Werkzeugleiste 515
Zoomfaktor 513
mov 54
MP3 78
MP4 78
Multiband Compressor 344
Multicam
  Kamera-Reihenfolge ändern 255
Multicam-Clip
  auswählen 247
  bearbeiten 251
  erstellen 245
  Kamera hinzufügen 256
  Kamera-Clip sortieren 250
  Kamera-Synchronisierung 250
  Kamera zuweisen 249
  manuell synchronisieren 249
  schneiden 257
  synchronisieren 248
  Synchronpunkt automatisch
    versetzen 256
  Synchronpunkt versetzen 255
Multicam-Kamera 246, 255
Multicam-Schnitt 242
  Clips importieren 243
  optimierte Medien 244
  planen 243
  unterschiedliche Kameras 244
Multikanalaudio 82
Multimedia-Lautsprecher 81
Multi Pass Encoding 485
Multiplizieren 446
Musikclip
  Marker setzen 284
MXF-Container 47, 120

N

Nachlauf 278
Navigation
  Bild für Bild 37
  im Clip 29
  in der Timeline 37
  per Timecode 39
  Schnitt für Schnitt 37
Neuer zusammengesetzter
  Clip 236

NTSC-Format 57
Nur Audio 225
Nur Video 225

O

Offline-Clip 131, 168
Offline-Schnitt 193
OMF 78
OnTheAir Video Express 504
Optimale Bandbreite
 exportieren 495
Optimierte Medien erstellen 97, 244
Ordner
 in Ereignissen 84
Original-Layout wiederherstellen 293
Original Media 85
Overvoice 348

P

P2-Karte 47, 68
PAL-Format 56
Pan-Modus 318, 322
 Raum erzeugen 320
Panorama 319
Papierkorb 93
PC-Lautsprecher 81
PDF 77
Peakmeter 81, 82
Personensuche 101
 zusammenführen 102
Photoshop-Dateien
 Import 76
Photoshop Elements 75
Pitch Shifting 397
Pixel
 Definition 60
Pixelformat 59
Pixelseitenverhältnis 56
Platzhalter 241
 modifizieren 242
Playhead 24
Playouts 503
Plugin 354
Podcast-Produzent 488
Positionswerkzeug 203
Post-Roll 278
Post-Roll-Dauer 299
Präzisions-Editor 269

Pre-Roll 278
Pre-Roll-Dauer 299
Primäre Handlung 39, 227
Pro Export FCP 501
Progressiv 60
Projekt 23
 anlegen 26, 175
 ausblenden 192
 bewegen 188
 duplizieren 210
 konsolidieren 189
 kopieren und verschieben 186
 löschen 192
 öffnen 179
 Renderformat 177
 sichern 178
 Speicherort 178
 umbenennen 180
Projektdateien neu verknüpfen 173
Projekteinstellungen 182
Projekt-Mediathek 24, 178
 Ordner erstellen 180
Projektmedien zusammenführen 189
Proxy 98, 193
 Dateistatus 168
 Definition 98
Proyx-Medien verwenden 194

R

Rasierklinge 207
REDCODE 70
RED-Kamera 63, 70
RED-One 70
Referenzmonitor 80
Referenz-Wellenform 310
Renderdateien 187
 löschen 478
Render Files 84
Renderformat 177
Rendern 46, 476
 abbrechen 477
 anhalten 477
 Einstellung 298
 manuell starten 477
Retime
 Halten 402
 Instant Replay 403
 Videoqualität 404
 Zurückspulen 403

Retime-Bereiche löschen 403
Retime-Editor 394
Retime-Schaltfläche 397
RGB-Modus 75
Rolling Shutter 99, 390, 393
RTW 81
Rückwärts abspielen 396

S

Sampling 63
SAN-Speicherort 192
Sättigung korrigieren 379
Schattenwurf 433, 447
 Text 460
Schlagwort 149
 automatisch vergeben 96
 beim Import 96
 für Teilbereiche 151
 Tastenkürzel 149
Schlagwort-Editor 149
Schlagwörter
 mehrere 151
Schlagwortsammlung 95, 153
Schneiden 206
Schneiden-Werkzeug 206
Schnittbilder 41
Schnitthilfe 284
Schnittmarke 262
 Definition 260
 nächste 38
 neu positionieren 263
 verschieben 266
 vorherige 38
Schnittmarker 24
Schnittpunkt
 Definition 260
 löschen 34
 synchron verschieben 267
 über Rahmen setzen 200
Schnitt-Techniken 235
Schnittüberlagerung 35, 41
Schriftstile 467
Schwarzblende 361
SD-Format 57
Secondary 383
Seitenverhältnis 56
Sendestandard 370
Sequenz
 Versionen erstellen 210
Share Monitor 484, 588
Shuttlen 29, 37

Sicherung, automatische 27
Single Pass Encoding 485
Skalieren 425
    Ankerpunkt festlegen 428
Skimmen 28, 37, 263
Skimmer 24
    deaktivieren 37
    Ton deaktivieren 37
Skimmer-Informationen 152
SmoothCam-Effekt 390
Snapping 204
Softwarekomponenten 54
Solo schalten 238
Sound Effect 338
    anwenden 339
Soundeffekte 126
Space Designer 346
Speicherbedarf 73
    errechnen 73
Speicherkarte 47
Spiegeln 416
Spiegelreflexkamera 118
Splitscreen 438
Spuren 40
Stabilisierung 99, 390
    anpassen 392
Standardereignis 175, 183
Standardübergang 358
Standbild 401
    exportieren 493
Standbildformate 74
Stapelaufnahme 130
Start trimmen 264
Stereo
    Surround umwandeln 320
Stille Kanäle 105
    entfernen 106
Storyline 227
Stumm schalten 42
Subframes
    Audio-Subframes schneiden 317
Suchfunktion 160
    intelligente Sammlung 163
Suchkriterien 161
Surround-Panner 320
Surround-Ton 177, 320
    abmischen 320
    animieren 323
    exportieren 324
    wiedergeben 324
Synchronisieren
    Bild und Ton 326

T

Tastatur 207
Tastaturbelegung 301
Tastatur-Einstellungen 299
Tastenkürzel
    Clip-Navigation 29
    Timeline-Navigation 38
Temporampe 400
Texte 457
Texturen 468
Themen 473
Timecode 24, 32
    eingeben 206
    im Video zeigen 472
Timecode-Start 176
Timecode-Unterbrechungen 130
Timeline 23
    Aufbau 36
    Clipdarstellung 45
    Clip löschen 35
    Clip minimieren 158
    Darstellung anpassen 44
    Einstellung 297
    Elemente duplizieren 208
    Elemente kopieren 208
    Funktionen 157
    Navigation 37
    Navigation per Timecode 39
Timeline-Darstellung 296
Timeline-Index 148, 287
    Clips bearbeiten 289
    Funktionen 291
    Marker 291
    Navigation 288
    Schlagwörter anzeigen 290
Timeline-Navigation
    Tastenkürzel 38
Time Remapping 394, 399
Tintenfleck 464
Titel
    animieren 461
    anwenden 457
    Blendeneffekt 462
    formatieren 458
    Gesichtsfeld 463
    Schattenwurf 460
    Schriftstile 467
    Schwall mit Tropfen 464
    Weit, weit entfernt 465
    Wirbeln 464
Titel 457
Titelbereichsrahmen 458

Titelübersicht 457
Ton 81
    bearbeiten 305
    zur Timeline hinzufügen 199
Tonhöhe beibehalten 398
Tonspur ausblenden 325
Transformation
    Anker 428
    beschneiden 430
    Drehpunkt festlegen 428
    Parameter zurücksetzen 433
    positionieren 427
    Rotation 428
    skalieren 425
    trimmen 430
    verzerren 432
Transparenz 76
Trennen, Bild und Ton 275
Trimmen 260
    Ende 264
    in Handlung 268
    In- und Out-Punkte 264
    in verbundenen Clips 268
    mit Timecode 265
    Start 264
Trimmen-Funktion 430
Trimmen-Werkzeug 265

U

Überblenden hinzufügen 46, 358
Übergang 45, 354
    anwenden 357
    auswählen 354
    automatische Tonblende 363
    Dauer ändern 359
    Einstellung 298
Unkenntlichmachen 417
Untertitel 466

V

Vektorgrafik 77
Verbindungspunkt
    versetzen 216
Verbundene Clips 214
    in die primäre Handlung
        übernehmen 217
    löschen 216
    trimmen 268
    Verbindungspunkt versetzen 216
    versetzen 215

Verknüpfte Ereignisse   183
Verknüpfung   53
Verlustfrei exportieren   491
Verpixeln   417
Verschieben   202
   cmd-Taste   205
   Genauigkeit   205
   Hilfsmittel   205
   Komma- und Punkt-Taste   205
   mittels Timecode   205
Versionen   276
   erstellen   210
Videoanimation
   Deckkraft   437
   einblenden   410
Videoeffekt   405
Videofilter
   animieren   408
   anwenden   407
   deaktivieren   412
   ein- und ausblenden   411
   finden   405
   Keyframes setzen   409
   löschen   412
   Onscreen-Kontrolle   408
Videoformate   56
Videomessgeräte   80
Video-Monitoring   78
Videoschnitt   219
Videoscope   370
   RGB-Überlagerungen   371
   Vectorscope   371
   Wellenform-Anzeige   372
Videospur   40, 272

Viewer   23, 29
   Hintergrundfarbe wechseln   295
   navigieren   295
   zoomen   294
Vignette   408
Vimeo-Ausgabe   491
Voice Over   348
Vollbild   59
Volume   90
Vorlauf   278
Vorschau   28, 29
   in Zeitlupe   30
   rückwärts   30
VTR-Modus   107
VTR Xchange   132

W

Warnungen
   Einstellung   298
Wasserscheibe simulieren   421
WAV   78
   B-WAV   78
Weißblitz   361
Wiedergabe   294
   Einstellung   298
Wiedergabequalität   195

X

XDCAM   68
XDCAM EX   69
XDCAM HD   63, 68
XDCAM-Import   120
XML   122

Y

YouTube-Ausgabe   489

Z

Zeilensprungverfahren   59
   Definition   60
Zeitdarstellung   297
Zeitlich rückwärts einfügen   226
Zeitlich rückwärts mit primärer
   Handlung verbinden   226
Zeitlich rückwärts überschreiben   226
Zeitlupe   395
   Bereich wiederholen   403
   Instant Replay   403
Zeitraffer   395
Zielfarbe   379
Zoomeffekt animieren   431
Zoomen-Werkzeug   296
Zu iTunes hinzufügen   483
Zurückspulen   403
Zusammengesetzte Clips   235
   bearbeiten   238
   Clips hinzufügen und
     entfernen   238
   Einsatz   236
   erstellen   236
   trennen   240
   umbenennen   237
   verschachtelt   239
Zwei-Punkte-Schnitt   226
Zwischenablage   208

- Videoschnitt mit dem zertifizierten Final-Cut-Trainer

- Expertentipps für Import, Schnitt und Postproduktion

- Inkl. Workshops zu Motion und Compressor

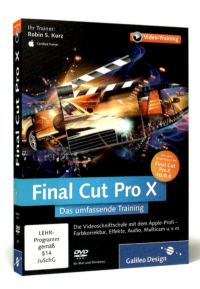

Robin S. Kurz

Video-Training:
Final Cut Pro X
Das umfassende Training

Holen Sie sich Ihre professionelle Final-Cut-Schulung einfach nach Hause. Lernen Sie mit dem zertifizierten Final-Cut-Experten, wie Sie Ihre Filme besser schneiden und mit Spezialeffekten veredeln. Inkl. Workshops zu Motion und Compressor. So werden Ihre Filme zum cineastischen Leckerbissen.

DVD, Mac, 11 Stunden Spielzeit, 49,90 Euro
ISBN 978-3-8362-1837-5
www.galileodesign.de/2984

»Dieses Videotraining ist eine gelungene Hilfe, um sich mit den neuen Werkzeugen und Möglichkeiten des Programms vertraut zu machen.«
Mac Life

- Filmen mit Camcorder & Co. – von der ersten Idee bis zum fertigen Film

- Alle Aufnahmesituationen im Griff: Sport-Events, Geburtstage, Reise-Doku, Kinder, u.v.m.

- Technik, Kamerabedienung und Grundlagenwissen verständlich erklärt

Robert Klaßen

Grundkurs Digitales Video

Schritt für Schritt zum perfekten Film

In diesem Praxisbuch lernen Sie, wie Sie mit Camcorder & Co. richtig gute Filme machen. Robert Klaßen führt Sie Schritt für Schritt in die Welt des digitalen Videofilmens ein und begleitet Sie von der ersten Idee über den Umgang mit der Kamera vor Ort bis hin zur Nachbearbeitung und der Ausgabe am Computer. Von der Urlaubsdoku über festliche Anlässe bis hin zum Sport-Event haben Sie so schnell die verschiedensten Aufnahmesituationen im Griff. Mit zahlreichen Beispiel-Clips auf DVD.

416 S., 2012, komplett in Farbe, mit DVD, 29,90 Euro
ISBN 978-3-8362-1819-1
www.galileodesign.de/2964

Versandkostenfrei bestellen: www.galileodesign.de

- Die Geheimnisse des guten Schnitts verständlich erklärt

- Aufnahmefehler beheben, Schnittfehler vermeiden

- Mit zahlreichen Tipps und Hintergrundinfos vom Profi

- Für alle Schnittprogramme geeignet

Axel Rogge

Die Videoschnitt-Schule
Für spannende und überzeugende Filme

Axel Rogge, Schnittprofi vom TV-Sender ProSieben, verrät Ihnen, wie Sie mit einfachen Mitteln unterhaltsamere und spannendere Filme schneiden. Sie lernen, worauf Sie beim Dreh achten können, wie Sie Szenen richtig auswählen und welche Videoeffekte, Übergänge und Hintergrundmusik sich eignen. Egal mit welcher Schnittsoftware – so fesseln Sie Ihre Zuschauer!

328 S., 4. Auflage 2013, komplett in Farbe, mit DVD, 29,90 Euro
ISBN 978-3-8362-2029-3
www.galileodesign.de/3292

»Rogge ist ein guter Didakt, von dem man gerne lernen möchte. Alltagstaugliche Sprache mit handfesten Tipps ohne zu viele umständliche Details! Ein Buch für Filmanfänger, aber auch für Kinobegeisterte oder Cineasten, die sich für die Struktur von Filmen interessieren.«
spielemagazin.de

Galileo Press

- Der perfekte Einstieg in die Mac-Welt
- Alle Neuerungen bis ins Detail erklärt
- Power-User-Tipps für Fortgeschrittene
- Auch für Windows-Umsteiger geeignet

Thomas Kuhn

Video-Training:
OS X Mountain Lion
Das umfassende Mac-Training

Dieses Training verrät Ihnen, was alles im neuen OS X Mountain Lion steckt. In über 120 einzelnen Video-Lektionen erklärt Ihnen Thomas Kuhn die Bedienung des Mac besonders anschaulich und verständlich. Dieses Training ist Fundgrube und Rundum-sorglos-Paket für Einsteiger, Umsteiger und fortgeschrittene Mac-Anwender.

DVD, Windows und Mac, 17 Stunden Spielzeit, 39,90 Euro
ISBN 978-3-8362-1965-5
www.galileodesign.de/3183

»Ein- und Umsteiger freundlich!«
PC.de

Ausführliche Informationen: www.galileodesign.de

- Grundlagen, Anwendung, Praxiswissen

- Mit iCloud, Boot Camp Time Machine, u.v.m.

- Inkl. Automator, Terminal, AppleScript & Netzwerke

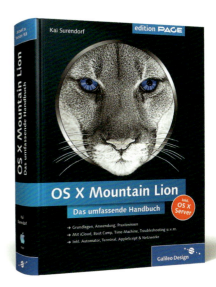

Kai Surendorf

OS X 10.8 Mountain Lion

Das umfassende Handbuch

Das seit vielen Jahren bewährte Standardwerk von Kai Surendorf aktuell zu OS X Mountain Lion. So lernen Sie, Ihren Mac optimal zu bedienen und zu konfigurieren, Netzwerke und Drucker zu administrieren sowie Aufgaben zu automatisieren und Probleme selbstständig zu lösen. Mit allen Neuerungen von OS X 10.8

1009 S., 2013, 39,90 Euro
ISBN 978-3-8362-1989-1
www.galileodesign.de/3231

»Alle relevanten Mac-Themen – gründlich und erschöpfend!«
Macwelt

- Das umfassende Handbuch zur digitalen Fotografie
- Digitale Technik verständlich erklärt
- Mit vielen Tipps für die fotografische Praxis
- Auf der Buch-DVD: Beispielbilder, Testberichte, Software-Testversionen u.v.m.

Christian Westphalen

Die große Fotoschule

Digitale Fotopraxis

Vollständig und verständlich präsentiert dieses Schwergewicht unter den Fotoschulen Kamera- und Objektivtechnik, Regeln und Prinzipien der Bildgestaltung, Umgang mit Licht und Beleuchtung, Blitzfotografie, Techniken der Scharfstellung und vieles mehr. Die großen Fotogenres werden vorgestellt, und Sie erhalten Anregungen und Kniffe für Ihre tägliche Fotopraxis!

602 S., 2011, komplett in Farbe, mit DVD, 39,90 Euro
ISBN 978-3-8362-1311-0
www.galileodesign.de/1950

»Das umfassende Handbuch garantiert Wissen pur und bietet wertvolle Tipps rund um die digitale Fotografie und dazu, wie man fotografisch über sich hinauswächst.«
prophoto-online.de

Das gesamte Buchprogramm: www.galileocomputing.de

- Alle Werkzeuge, Funktionen und Techniken

- Mit zahlreichen Workshops, Praxis-Tipps und Insider-Infos

- Großer Infoteil mit Tastenkürzeln, Troubleshooting u.v.m.

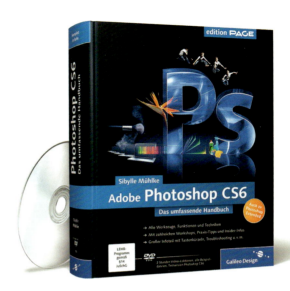

Sibylle Mühlke

Adobe Photoshop CS6

Das umfassende Handbuch

Sie wollen fundiertes Photoshop CS6-Wissen stets griffbereit? Dann sind Sie hier richtig! Mit dem Buch unserer Autorin Sibylle Mühlke halten Sie geballtes Photoshop-Know-how in Ihren Händen: Bewährt, praxisnah und randvoll mit Informationen finden Sie hier immer, was Sie brauchen. Inkl. DVD, Tastenkürzel-Übersicht, Infoteil, Zusatzinfos im Web u.v.m.

1219 S., 2013, komplett in Farbe, mit DVD, 49,90 Euro
ISBN 978-3-8362-1883-2
www.galileodesign.de/3058

»Die aktuelle Ausgabe zu CS6 bietet in gewohnter Perfektion umfangreiches Wissen zu jedem Detail des Programms.«
DigitalPHOTO Photoshop

- Fotografieren und Filmen mit der Canon EOS 5D Mark III
- Die Kameratechnik durchleuchtet
- Alle Funktionen und Menüs im Detail erklärt
- Individuelle Konfiguration für den praktischen Einsatz im Studio und on location

Holger Haarmeyer, Christian Westphalen

Canon EOS 5D Mark III. Das Kamerahandbuch
Ihre Kamera im Praxiseinsatz

Mit diesem Praxisbuch erfahren Sie alles über die Canon EOS 5D Mark III: von der Kameratechnik mit Autofokus, Belichtung und sinnvollem Zubehör bis zum praktischen Einsatz in zahlreichen Aufnahmesituationen. Viele Konfigurationstipps sowie ein ausführlicher Anhang mit der Bedienung im Überblick ermöglichen Ihnen einen schnellen und erfolgreichen Start!

444 S., 2012, komplett in Farbe, mit Referenzkarte, 39,90 Euro
ISBN 978-3-8362-1950-1
www.galileodesign.de/3169

»Eine klare Kaufempfehlung ohne jegliche Einschränkung, vor allem für Kamerakäufer, die gleichzeitig ihren technischen, Canon-System-spezifischen und fotografischen Horizont erweitern wollen. Wohl gelungen!«
Franz Szabo

Immer gut informiert: Bestellen Sie unseren Newsletter!

- Fotografieren, veröffentlichen, verwerten, Rechte schützen

- Recht verständlich gemacht: Beispiele, Merksätze und Empfehlungen

- Aktuelles und praktisches Wissen für den Fotoalltag

Wolfgang Rau

Recht für Fotografen
Der Ratgeber für die fotografische Praxis

Wolfgang Rau erklärt anhand zahlreicher Beispiele Ihre Rechte und Grenzen beim Fotografieren! Ob es um Fotos von Natur, Architektur oder Menschen geht, um Begriffe wie Urheberrecht, Panoramafreiheit oder das Recht am eigenen Bild, um die Frage, wie Sie Ihre Rechte schützen oder selbst Verträge aufsetzen – alles wird kompetent und verständlich erklärt.

352 S., 2012, 34,90 Euro
ISBN 978-3-8362-1795-8
www.galileodesign.de/2904

»Recht für Fotografen sollte in keinem Fotografenregal fehlen. Das Buch eignet sich als umfangreiches Nachschlagewerk für jeden Hobby- und Berufsfotografen und hilft dabei, die vielfach im Netz verbreiteten Fehlaussagen aufzuklären. Eine absolute Kaufempfehlung!«
der bildbearbeiter

Der Name Galileo Press geht auf den italienischen Mathematiker und Philosophen Galileo Galilei (1564–1642) zurück. Er gilt als Gründungsfigur der neuzeitlichen Wissenschaft und wurde berühmt als Verfechter des modernen, heliozentrischen Weltbilds. Legendär ist sein Ausspruch *Eppur si muove* (Und sie bewegt sich doch). Das Emblem von Galileo Press ist der Jupiter, umkreist von den vier Galileischen Monden. Galilei entdeckte die nach ihm benannten Monde 1610.

Lektorat Katharina Geißler
Korrektorat Petra Bromand, Düsseldorf
Herstellung Steffi Ehrentraut
Einbandgestaltung Klasse 3b, Hamburg
Coverbild Fotolia.com: Mircea Maties 25209254, Jon Le-Bon 9464970, Stephane Bonnel 7139213, Stephane Bonnel 6695678, S. Silver 9783141, Antonio Nunes 447290; istockphoto: lior2 000012604527
Satz TEXT & BILD, Michael Grätzbach, Kernen
Druck Himmer AG, Augsburg

Dieses Buch wurde gesetzt aus der Linotype Syntax (9,25 pt/13 pt) in Adobe InDesign CS 5.5. Gedruckt wurde es auf matt gestrichenem Bilderdruckpapier (135 g/m^2).

Gerne stehen wir Ihnen mit Rat und Tat zur Seite:
katharina.geissler@galileo-press.de
bei Fragen und Anmerkungen zum Inhalt des Buches

service@galileo-press.de
für versandkostenfreie Bestellungen und Reklamationen

julia.mueller@galileo-press.de
für Rezensions- und Schulungsexemplare

Bibliografische Information der Deutschen Nationalbibliothek
Die Deutsche Nationalbibliothek verzeichnet diese Publikation in der Deutschen Nationalbibliografie; detaillierte bibliografische Daten sind im Internet über *http://dnb.d-nb.de* abrufbar.

ISBN 978-3-8362-1860-3

© Galileo Press, Bonn 2012
1. Auflage 2012, 1., korrigierter Nachdruck 2013

Das vorliegende Werk ist in all seinen Teilen urheberrechtlich geschützt. Alle Rechte vorbehalten, insbesondere das Recht der Übersetzung, des Vortrags, der Reproduktion, der Vervielfältigung auf fotomechanischem oder anderen Wegen und der Speicherung in elektronischen Medien. Ungeachtet der Sorgfalt, die auf die Erstellung von Text, Abbildungen und Programmen verwendet wurde, können weder Verlag noch Autor, Herausgeber oder Übersetzer für mögliche Fehler und deren Folgen eine juristische Verantwortung oder irgendeine Haftung übernehmen. Die in diesem Werk wiedergegebenen Gebrauchsnamen, Handelsnamen, Warenbezeichnungen usw. können auch ohne besondere Kennzeichnung Marken sein und als solche den gesetzlichen Bestimmungen unterliegen.

In unserem Webshop finden Sie unser aktuelles
Programm mit ausführlichen Informationen,
umfassenden Leseproben, kostenlosen Video-Lektionen –
und dazu die Möglichkeit der Volltextsuche in allen Büchern.

www.galileodesign.de

Galileo Design

Know-how für Kreative.